史記論叢

史记学与大学生人文素养学术研讨会暨中国史记研究会第二十届年会论文集——《史记论丛》第十九集

主编 张大可 赵超 王娜 陈曦

中国文史出版社

图书在版编目（CIP）数据

史记论丛. 第 19 集 / 张大可等主编 . -- 北京：中
国文史出版社，2023.10

ISBN 978 - 7 - 5205 - 4340 - 8

Ⅰ . ①史… Ⅱ . ①张… Ⅲ . ①《史记》-学术会议-
文集 Ⅳ . ①K204.2 - 53

中国国家版本馆 CIP 数据核字（2023）第 186628 号

责任编辑：王文运

出版发行：中国文史出版社
社　　址：北京市海淀区西八里庄路 69 号　邮编：100142
电　　话：010 - 81136606　81136602　81136603（发行部）
传　　真：010 - 81136655
印　　装：河北巴彩丰包装制品有限公司
经　　销：全国新华书店
开　　本：710mm×1000mm　1/16
字　　数：614 千字
印　　张：29.75
版　　次：2023 年 11 月北京第 1 版
印　　次：2023 年 11 月第 1 次印刷
定　　价：140.00 元

题　　记

　　本集论文为"史记学与大学生人文素养学术研讨会暨中国史记研究会第二十届年会论文集——《史记论丛》第十九集"。

　　中国史记研究会每年举办一届年会，出版一集年会论文集《史记论丛》，为全国学者提供一个学术交流的平台。由于疫情影响，已有两年停办。如今是2023年农历的金秋九月，当第二十届年会论文集清样呈现在编委会的案头，在编委提笔写这篇简短的"题记"时，感慨良多。首先，本届年会是在东道主即承办单位陕西国际商贸学院鼎力支持下举办的，论文集也是在东道主资助下才得以顺利出版的；其次，本届年会是在各家协同下得以特别召开的。本次年会在今年5月重新筹备，中国史记研究会顾问丁德科教授积极奔走联络，很快商定：本届年会由中国史记研究会与陕西国际商贸学院联合举办，泰国格乐大学、新加坡南洋管理学院以及西北大学中国思想文化研究所、中国史记学网协办，陕西国际商贸学院文学与教育学院承办；最后，经过中国史记研究会老、中、青学者和会员的通力合作与奋斗，得以在短短三个月时间征集到62篇高质量的学术论文，总字数60余万字。这充分说明了会员们研究《史记》的高昂热情，也印证了大家在《史记》研究领域的深厚积累。

　　本论文集共设置五大栏目：一、《史记》文本与注释研究；二、《史记》与大学生人文素养研究；三、《史记》思想文化研究；四、《史记》文学艺术研究；五、史事研讨及其他。本"题记"特别提示"一、二"两组栏目有关论文对《史记》研究的新开拓。

　　第一栏目，关于《史记》文本阐释与注释的新开拓。

　　中国史记研究会会长张大可先生不顾耄耋之龄，持续奋战在学术研究的最前沿，每年均有厚重成果推出，为广大《史记》研究者树立了学习的标杆。他特地为今年论文集撰写的专稿《什么是历史，怎样做历史研究》，是对其60多年钻研历史、探究《史记》的一个思想总结和理论升华。该文通过对《史记·殷本纪》"商都五迁与盘庚迁殷"文本解读，与对《项羽本纪》中项羽在四隤山突围，文本是"决战"还是"快战"，特别是"项羽死地"是"东城"还是"乌江"的解读，上升为一个历史哲学命题"什么是历史，怎样做历史研究"的研讨，这是一个带有根本性的历史研究方法论的探索与研讨。另外，本栏目对一部解读《史记》新书的评介值得关注，即陈曦教授、周旻编审的文章。中华书局"三全本"《史记》出版后，被誉为"现代人阅读《史记》的理想版本"。两位作者是这套书的主创，在文章中介绍了导师韩兆琦先生对她们的辛勤指导，介绍了中华书局"三全本"《史记》的师承与创新。这套书有八大看点：1. 是市面上仅见的真正全本全注全译版《史记》；2. 不仅是全本全注全译，还有"释名""集评""评论"等；
3. 全面校正《史记》文本；4. 注释贯通《史记》，提示别篇相关内容；5. 注释注
重发微索隐，揭示深层内涵；6. 汇集古今评论；7. 对《史记》各篇相关问题做详
细分析和延伸探讨；8.《史记》研究资深专家韩兆琦先生审阅把关。这套书在
2022 年 9 月出版以来，不到一年，已重印数次，反映了广大读者对该书的欢迎
程度。

此外，郭瑶洁《〈史记新证〉引文考——以十二本纪为例》一文，是对历史细
则研究的一大开拓，具有多方面的历史意义，编委会特加"编者后按"予以肯
定，并发出期待，希望作者百尺竿头更进一步，对古本、今本《竹书纪年》的辑
文引书做出一一详考，以补王国维、朱右曾、方诗铭等人研究之不足，用以洞察
《竹书纪年》之价值，可以更正王国维等人研究之瑕疵。

第二栏目，关于《史记》与大学生人文素养的研究，是新课题的开拓，充分
体现《史记》研究的时代性。

如何使《史记》融入当代生活，在做到古为今用的同时，实现对《史记》的
创造性转化和创新性发展，一直是《史记》研究者努力的方向。论文集今年推出
的关于"《史记》与大学生人文素养研究"的一组论文，呈现的就是这一努力方
向的最新成果。其中，王长顺教授的《司马迁"不朽意识"对大学生命教育的启
示》一文，认为司马迁的不朽意识足以启示大学生正确认识生命、尊重生命、珍
惜生命，树立远大理想目标，为实现生命价值不懈奋斗；闫伟老师的《"史记学"
的建立对当代大学人文教育的影响》一文，指出"史记学"促进了大学的德育教
育，培养了师生们的高尚情操，强化了他们的民族自豪感和家国情怀；陈郑云老
师的《〈史记〉的人文精神融入大学生社会责任教育刍议》一文，揭示了《史记》
的人文精神对大学生的启发教育，主要表现在自觉担当的社会责任、以人为本的
主体精神、忠诚爱国的家国情怀、自强不息的进取精神。这批论文的集中推出，
必能激发大学生研读《史记》的热情，推动这一群体从《史记》中汲取丰富的精
神营养。

其他几组栏目的文章亦不无精彩亮点，不一一备述。本集编委会摘要写了几
则"编者后按"，即在作者论文之后写的简短按语，希望通过与作者的互动，推
进《史记》研究向前发展。加按的几篇文章都是各有特色的，但亦有大醇小疵，
按语也指出其中的不足，旨在凸显学术贵歧，重在争鸣商讨，有不当之处，作者
谅之。

今年的年会及本集《史记论丛》是中国史记研究会在大疫之后推出的一个重
磅成果。但愿它的出版带给大家的喜悦，能多少抵消此前所经历的诸多曲折、所
遭遇的诸多磨难。最后恭祝国泰民安，天下太平！恭祝研究会的全体会员身体健
康、阖家幸福！

本集论文由张大可、赵超、王娜、陈曦四人组成编委会，共同担任主编。张
大可，中国史记研究会会长，中央社会主义学院教授；赵超，陕西国际商贸学院

董事长，兼《就业力就业率的理论与实践探索》主编；王娜，陕西国际商贸学院文学与教育学院党总支副书记；陈曦，国防大学教授。中国文史出版社对中国史记研究会和本书出版一直以来给予重视和支持，责任编辑认真并高效率审读书稿、安排出版，保证了本论文集在较短时间付印出版，在此谨致谢意。

编委会

2023 年 10 月 18 日于北京

目　　录

一、《史记》文本与注释研究

二、《史记》与大学生人文素养研究

五、史事研讨及其他

一、《史记》文本与注释研究

什么是历史，怎样做历史研究

※ 本文作者张大可。中央社会主义学院教授，中国史记研究会会长。

这是一个历史哲学探讨的命题，以下分四个方面来阐释：一、问题的提出；二、什么是历史；三、怎样做历史研究；四、释例二题。

一、问题的提出

笔者回顾 60 余年前，即 1961 年，高中毕业报考了北京大学中文系古典文献专业。当年笔者的志向是大学毕业从事秦汉史研究。搞中国古代史研究，首要是读懂中国古典文献，所以入学后，啃读《史记》成了第一要务，同时关注历史理论的学习，《史通》也是笔者经常翻阅的书。初读两书，我蒙眬感觉《史通》不是一部历史学理论的书，只是一部中国历史编纂学。《史通》作者刘知几主张历史著作要做到纯客观实录，不能有作者的思想意识，所以批评《史记》中的"太史公曰"是画蛇添足。笔者当年初读《史记》就十分赞赏司马迁的识见，蒙眬感悟《史记》才是一部真正的历史学，司马迁不仅实录了古代三千年历史的发展，而且阐释了古代三千年历史为什么如此发展，《史记》的最高境界是"成一家之言"。"成一家之言"就是作者的历史思想和理论。所谓"历史学"，不仅只是载述历史，核心是阐释历史为什么如此发展，作者必须讲出自己的"一家之言"，启迪读者。所以当笔者正式从事《史记》研究，第一部论著就是《史记论赞辑释》，成书于 1983 年，出版却晚于 1985 年出版的论文集《史记研究》之后一年，于1986 年出版。原因是书稿在出版社压了三年。

　　1962 年，我读了梁启超的《历史研究法》，梁氏提出做历史研究的基本方法，第一步是"鸟瞰"，先观其整体面貌；第二步是落到地上做"解剖"研究。假若我们要研究一片森林，先做"鸟瞰"观察整片森林；然后落地进入森林"解剖"，一根一根树木及其品种一一考察。梁氏的提示，使笔者十分兴奋。但掩卷思考，表面看，梁氏说得十分通透，但细思十分懵懂，怎样"鸟瞰"，具体瞰什么，梁氏什么也没有说清楚，似乎只是提出了一个思考问题，没有给出答案。数十年来，当我直接从事历史研究，也纠结了数十年，没有给出答案。直到最近几年，对耕耘数十年的《史记疏证》工程进行定稿收尾工作，又碰到了两个具体的历史问题，再一次纠结于梁氏的"鸟瞰"与"解剖"，希望找到解决的方法。

　　哪两个历史问题呢？一个是《殷本纪》中的"盘庚迁殷"，《史记》记载由河北迁河南，依汤之旧居，即从今河南省黄河北的温县南迁到黄河南的西亳，在今河南偃师；而王国维据殷墟出土甲骨文与《古本竹书纪年》考证"盘庚迁殷"由奄迁北蒙曰殷，当从山东今曲阜北迁至今河南安阳，这可真是南辕北辙，两个权威，哪一个都不好否定，或者两个都对，如何并存呢？不仅没有人出来作阐释，史学界、考古界各说各的，而且还衍生出许多纷争的学术问题，如汤是否迁都，汤都在何处，商都为何屡迁，怎样解读"乃五迁"等。另一个是《项羽本纪》中的悲剧英雄项羽，《史记》记载项羽突围"四隤山"战死于乌江，在今安徽和县长江西岸。2006 年学术界有人提出项羽没有突围"四隤山"不死于乌江而死于东城，在今安徽定远县，还掀起了一场学术大讨论。如此一来，"盘庚迁殷"与"项羽战死之地"成为了两个重大的疑难课题，《史记疏证》必须解决。正当为难之时，被一个偶然事件中一句话点醒，似乎明白了什么是"鸟瞰"，什么是"解剖"，找到了解读"盘庚迁殷"与"项羽战死之地"两大疑难课题的方法，并作出解读试探，形成了本文论题"什么是历史，怎样做历史研究"这一历史哲学思考。点悟笔者的偶然事件是陕西师范大学文学院青年副教授刘彦青氏，他在 2022 年秋寄给笔者一本他将要出版的学术论著，题称《史记十二本纪文本生成研究》，索要一篇书序。刘彦青氏与我虽有几次蒙面，只是初识的忘年朋友，所以他寄书稿给我索序，是一个偶然事件。刘彦青氏寄稿的时间恰好又是我正在纠结如何解读《史记》中的两个疑难课题，这两个疑难课题又恰好是刘氏论著中研究的内容，这纯属巧合。当我展卷看到刘彦青氏研究的书题，其中"文本生成研究"六个字吸引了我的注意，再看书稿的前言，浏览刘氏对两个疑难问题的解读顿时陷入深思，口中反复咀嚼"文本生成研究"六个字，突然眼睛为之一亮，仿佛看到一片光明，感悟到了什么，立即与刘彦青氏通了电话。我问：文本生成研究，是否是"复盘司马迁的研究"？刘彦青先生肯定地回答："文本生成"就是"复盘"的意思。用直白语言表述，"文本生成"可以有两个解读：第一，"史记的文本生成"，就是指"司马迁怎么样写成史记的"，主体是司马迁，可以说这是绝对多数读者，包括历代以来的研究者直觉的解读，是一个低层次的思维，旨在揭示研究对象是什么，即知其一；第二，"史记文本生成"再加上"研究"，即"文本生成研究"，主体是读者或研究者，旨在追问"司马迁为什么把史记写成'这样'"，是自己来回答，毫无疑问是深层次的哲学思考，揭示研究对象"为什么"是这样，即知其二。两者天差地别，但并不是矛盾的对立，而是相辅相成的两种思维方式的递进，由低级向高级转化，这就是梁氏所说的"鸟瞰"与"解剖"。"鸟瞰"就是宏观的历史哲学思维，即抽象思维，洞察研究对象的本质，产生历史研究的理论；"解剖"就是历代以来解读历史的各种具体研究方法，是具象思维，比如传统的校勘、辨伪、考证，以及近现代的"二重证据"方法、层累式考证方法、历史分析方法、阶级分析方法、比较研究方法、系统分析方法、计量分析方法，等等。随着历史的发展，人们还会创造许多新的具象思维方法，用以解读一个又一个新的具体问题，即"解剖"。所有"解剖"方法，均属微观研究，只解读具体的历史问题；而"鸟瞰"则是居高临下的哲学思维，透视研究对象的本质，找到指导"解剖"的理论，是研究方法的理论指导，即根本准则，或称之为最高准则。下面三题就是笔者感悟的历史哲学思考与运用尝试，和盘托出，以期抛砖引玉。

二、什么是历史？

查当代各种辞书，对"历史"一词的认知，表达的述语有详有略，而释义一致，概括起来是两个含义。一是对"历史"本身的释义是："自然界和人类社会的发展过程"，或省称为"过去的事实""过去的存在"。二是对"历史学"的释义是："过去的事实记载"。这样的认知已固化在人们的头脑中，习以为常，似乎已经把"历史"阐释得很清楚了，其实这只是一个直观"历史"表面现象的描述，用梁启超的话说，就是"解剖"历史的认识，并没有说清楚"历史"的本质，不具有哲学理论的高度。我们换用梁启超"鸟瞰"的观察方法，准确地表述"什么是历史"，用一句话概括："在一定的时间和空间范围内存在的物与人和事就是历史"，即历史的本质就是存在于一定范围的时空之中。试想，一个人、一个民族、一个国家的一朝一代的传递，无一不是存在于一定范围的时空之中。空间谓之宇，时间谓之宙，合称谓之宇宙。宇宙中存在的物是自然历史，宇宙中存在的人与事是人文历史。本文只探讨人文历史。

历史存在的两个条件：空间与时间。由于宇的空间无限大，人生短暂的时间感知不到它的变化，而时间是一个矢量，永远沿着直线向一个方向飞逝，即时间在不断地蜕变，表现为消逝。时间不回流，也就是消逝的历史不再重现，即不可知。消逝的历史蜕变的存在就在当下，即一个民族的现代史就是这个民族历史的遗存，所以一切历史都是当代史。中华民族存在的中华大地，空间至今未变，就是中华人民共和国的版图。只要中华大地永存，中华民族就永远存在。但司马迁所写《史记》，记载中华民族上起黄帝，下迄西汉太初年间三千年时段的原生态历史，已随时间的流逝而消逝，已不可知。而可知的这一段中华民族三千年古代历史是依据《史记》记载的历史记忆，它不是原生态的历史，而是原生态历史的复制品。同一个时段的历史，由不同的历史家写出，就是不同版本的复制品。原生态历史，只有一个版本，而复制品历史可以有多个版本，因为它夹杂了作者的创作，《史记》就夹杂了，或者说融入了司马迁的创作。由于时间转瞬即逝，原生态历史是无法记录的，因此，所有语言、文字记录的历史都不是原生态的历史，而是历史记忆，即复制品历史。记录者亲身经历，或是目击者所记录的历史，我们称为第一手资料，用哲学思维的语言叫历史记忆，或称为历史碎片；依据前人的历史记录转述的历史，我们称之为第二手、第三手资料，用哲学语言就叫多次复制品历史。司马迁是西汉人，他不是三千年古代历史的亲历者和目击者，而是依据前人的历史记忆以及前人的复制品历史又重新建构的三千年古代历史，所以《史记》是一部再生的复制品历史。

逻辑推理，原生态历史无法记录，而原生态历史随时间流逝而消逝，消逝的历史已不可知。问：岂不是原生态历史根本就不可知？答：正是如此。由于原生态历史随时间的转瞬即逝，无法记录，所以根本不可知。问：你是怎么知道的？又将如何证明呢？答：从已知中领悟不可知，从已知中证明不可知，这就是哲学辩证法。当今科技如此发达，每日的新闻报道并不是即时的原生态新闻，而是记忆留下的新闻历史。即便是一场足球赛现场直播，收视观众目击的并不是现场的足球赛，而是无限逼近现场足球赛的影像。人类社会存在了几十万年、上百万年，而我们已知的文明史只有几千年，或一万年。这是为什么？因为几十万年或上百万年的人类社会是进化缓慢的原始社会，其实就是人类初始语言的进化极其缓慢，还是一个没有记忆功能的时代。鸟叫兽鸣就是飞禽走兽的语言。人类初始语言从伊呀发声进化到顺畅交流、互相表情达意的阶段，经历了几十万年或上百年万年。原始社会的群体很小，实质就是动物世界的灵长类，基本是个体思维，没有记忆功能。群体活动靠的是本能，进化极其缓慢。当人类创造出语言、文字之后，带给人类社会记忆功能和记忆积累，人类社会的进化一日千里，突飞猛进。到了近现代的科技发展，简直就是日新月异了。所以，人类社会存在了几十万年、上百万年，只有产生语言文字以后才能留下历史记忆，这就是已知历史只有几千年、一万年的原因。中华民族用语言记忆的最早历史，就是三皇时代，以及更早的有巢氏、燧人氏等神话、传说，距今七八千年或一万年。文字记载的中华民族文明史，上起五千年前的黄帝时代，是以司马迁的《史记》为标杆的，所以只有五千年。文字记述的历史就固化下来，理论上一个故事、一段历史只有一个版本，即原生态历史，但不同创作人复制的历史就有多个版本，例如《史记》与《古本竹书纪年》就是两个版本，对古史的记载就有许多不同。已经固化下来的文字版本成为经典，永远只有一个，这一版本属于创作人，就以他的名字为代表，例如《史记》这一版本只属于司马迁。

原生态历史与历史记忆两者的关系与区别用一个比喻来说明。原生态历史是一片玻璃或一幅油画，消逝的原生态历史如同被打成碎片的玻璃、被撕成碎片的油画，原有的一片玻璃、一幅油画消失了，不复存在，不可知。但人类有了语言、文字就有了记忆，而记忆的历史不是原生态历史，而是已在人的头脑中经过思维的提练加工形成的印象，称为历史记忆，形象地就称之为历史碎片。修复专家捡拾玻璃碎片、或油画碎片，可以重新拼接粘合成一片复制品玻璃、或复制品油画。历史家捡拾历史碎片，重新拼接粘合的历史就是复制品历史。

综上所述，"什么是历史"，用"鸟瞰"法透视的人文历史的本质是："在一定的时间和空间存在的人和事就是人文历史"。换一句话说："历史存在的两个条件，时间和空间缺一不可。"由于时间的转瞬即逝，原生态历史随时间的飞逝而消逝，也就不可知。当人类社会发明语言、文字之后，产生历史记忆，留下消逝历史的碎片，历史家捡拾历史碎片，重新拼接粘合成复制品历史，这就是人们已知的历史。用一句话概括：一切用语言、文字记述的历史，均是复制品历史，这就是已知历史的本质。

三、怎样做历史研究

"怎样做历史研究"这一命题的历史哲学思维，不是研讨具体的历史研究方法，而是"鸟瞰"升华印象成为指导一切历史研究的理论，即一切历史必须遵守的基本原则，或称为一切历史研究的最高准则。"什么是历史研究"，这一命题有广狭二义。广义的历史研究包括人类一切历史活动，核心是指历史创作，二十四史皆为历史研究。狭义的历史研究是指对某一历史专题或某一历史著作的审视，即再研究再考察。如本文提及的"盘庚迁殷"与"项羽死地"即属历史专题。由于这两个专题出自《史记》的记载，所以也属于《史记》的课题研究，因此在《史记疏证》中必须解决，做出答案。历史专题的范围极其广泛，诸如金石、简牍、考古等均在其中。狭义历史研究包容在广义历史研究中，所以"怎样做历史研究"的核心问题就是研讨指导历史创作的最高准则，它适用于一切历史研究。《史记》是中华文明的第一部通史，它成书于西汉人司马迁之手，得到全社会的公认。因此，《史记》是历史创作的标杆，我们以《史记》为例，研讨司马迁是怎样创作《史记》的，所总结出来的理论必然具有普遍的意义，可以指导一切历史研究，试解析之如下。

以已往传统的《史记》研究，诸如校勘、注释、解析、辨伪、考证等，就是梁启超所说的"解剖"方法。前文指出，"解剖"方法是具象思维的某一方法只解决具体的某一问题，属于微观思维，不能洞察全貌，如同盲人摸象。用"解剖"方法研究《史记》主体是司马迁，客体是研究者，即研究者仰望司马迁，视觉受限制，被动解读司马迁是怎样写成《史记》的，解读过程是一个局部又一个局部解读的累加，所构成的全貌有很大的误差。由于研究者在没有全貌视角下的"解剖"，就如同盲人摸象，对一些疑难问题不知如何着手成为无解。运用"文本生成研究"的方法，研究《史记》的研究者，不是直接研究司马迁是怎样写成《史记》的，只解读"是什么"；而是"复盘"司马迁为什么把《史记》写成五体一百三十篇这个样，研讨是"复盘"，解读"为什么"。这就是"鸟瞰"的方法，先观其全貌，然后在有整体模板印象下进行"解剖"，则解读过程的思维有三个步骤，与直接"解剖"境界完全不一样。

哪三个思维步骤，分述如次。

第一步思维，是考察司马迁写《史记》的依据，也就是系统清理司马迁能捡拾到哪些历史碎片。例如殷墟考古所发现的文物、历史遗址，这是物质历史碎片，司马迁没有看到。《古本竹书纪年》成书于战国后期魏襄王二十年（前 299），早于司马迁出生（前 145）155 年。由于该书是供魏王室子弟学习的编年史教材，流传不广，直到西晋时从魏襄王墓出土，也就是司马迁未能看到的文字记忆历史碎片，西晋之后的人却能看到。愈在司马迁之后的人，理论上愈能掌握更多的历史碎片，也就是今人研究历史，理论上应当超越前人的任何权威，包括原作者。所以历史研究者不能仰视研究对象，而是"鸟瞰"，俯视研究对象，审察研究对象，第一步思维，就是审察创作者依据了哪些历史碎片？捡拾了多少？缺失了多少？还要辨识真伪。

第二步思维，考察司马迁用什么方法把历史碎片黏合成《史记》的，即司马迁复制历史的蓝图与黏合剂是什么，研究者要在司马迁的创作成果中把它找出来。历史创作是思想的产物，所以蓝图与粘合剂不是物质的而是历史哲学思维，即思想理论。其一，指导历史创作者的构想，或称为思想蓝图，用哲学语言表述，称为创作者的历史观。其二，指导历史的创作方法，用通俗语言表述，就是拼接粘合历史碎片的黏合剂，用哲学语言表述称为历史推论。而历史推论又有两个方面的内容：一是把捡拾的历史碎片放置在适宜的原有位置，这一推论要合于逻辑；二是补充缺失的历史碎片的推论，称之为遥情想象，类似文学虚构，要合于常理。推论的这两个方面，凡不合逻辑、不符常理的推论，无须考证即可推翻。历史观和历史推论就是指导历史创作的最高准则，也是历史研究的最高准则。同理，历史上任何权威的论说与记载，凡不合逻辑与不符常理者，无须考证即可推翻。司马迁从事历史创作的理论，即历史观，就是家国情怀与大一统构想，统称为大一统历史观。从哪里来的，就从《史记》书中来。《史记》开篇《五帝本纪》主旨写黄帝立家建国与平乱诛暴展现的就是大一统历史观。司马迁对历史推论的运用存在于《史记》全书中。

第三步思维，司马迁怎样动手制作，把捡拾筛选出的历史碎片，按照设计的蓝图用黏合剂（即推论）拼接到蓝图上完成复制品历史《史记》的创作。

总括上述三个思维步骤，是一个综合性的思维内容，并不是分三个思维。说的是司马迁创作《史记》的过程，其实是研究者的研究过程，用哲学思维的语言表达而已。所用的表述语言就是两个关键术语："历史观"与"历史推论"，耳熟能详，历史创作者与历史研究者在传统"解剖"式研究中早已经常运用，只是把它作为一个"解剖"方法来运用，没有把它摆放在最高基本原则的地位，因此未能发挥它应有的作用。当我们有了"鸟瞰"的视角，把"历史观"与"历史推论"

放置在历史创作与历史研究的最高准则，即最高基本原则的位置上，则视野豁然开朗，能够找到解读疑难问题的路径，这就是本文第四节目："释例二题"所谈的内容。

四、释例二题

（一）第一题：商都五迁与盘庚迁殷

本题核心是解读疑难"盘庚迁殷"，因涉及商都五迁，故题称"商都五迁与盘庚迁殷"。

司马迁创作《史记》，已开启了首先"鸟瞰"，规划全局，然后"解剖"，一个局部又一个局部构建实录的历史完成《史记》创作。《史记》全书内容从黄帝统一诸侯开启创立国家，到秦始皇的大一统中国，三千年历史的承传，十二本纪的王朝变迁，三十世家列国诸侯，以及周边各民族，皆为黄帝子孙，家，是父子相承的个人小家；国，是全社会不断壮大发展的一个大家，可以制成一张史表来表现，称之为《史记大一统历史观结构简表》，载于笔者《司马迁的历史观》一文中，刊于《兰州大学学报》1984年第3期，收入商务印书馆2013年出版的《张大可文集》第二卷《史记研究》中，兹不赘。大一统历史观就是司马迁构建《史记》创作的蓝图。《史记·殷本纪》开篇简叙殷朝先公先王之后总括说："成汤，自契至汤八迁。汤始居亳，从先王居，作《帝诰》。"这两句话是承上启下的过渡语，其实就是司马迁"鸟瞰"殷人全局发展的文眼。篇中凡是承上总按启下提示语的过渡段落，皆为"鸟瞰"全局的概括。例如篇中："自仲丁以来，废嫡而更立诸弟子，弟子或争相代立，比九世乱，于是诸侯莫朝。"提示商都屡迁集中在这一时段，与国家的"治"与"乱"密切相关。我们要破解"盘庚迁殷"之谜，就要依循司马迁创作《殷本纪》的路径，运用"鸟瞰"的视角层层递进剥笋深入应当是一个捷径。试析之如次。

1. 首先"鸟瞰"商朝一代的变迁大势

殷商一代，先公先王始于契至汤历十四代，有八次迁居。汤之前的七次迁居，只是商人发展过程中的漂移，没有建国，不能叫迁都，只能称迁邑。商人从关中走出，沿黄河向东转移，进入今山东，折南至今河南商丘，古称南亳。商汤即位在十八年灭夏建国于南亳，二十七年迁都于西亳，在今河南偃师，此为商都一迁。

《殷本纪》载有商一代迁都六次。商中期由仲丁至盘庚第一次迁都，共四次迁都，加汤王迁都是为"乃五迁"。盘庚之后，帝武乙"去亳，徙河北"，是第六次迁都。武乙迁都是司马迁误载，应为盘庚十四年第二次迁都，去亳徙河北。

有商一代，《竹书纪年》古本、今本均为历时496年，而据《今本竹书纪年》各王在位年数相加为525年。按《今本竹书纪年》中以仲丁迁隞与盘庚十四年迁都河北为临界点，可划分商朝为前期、中期、后期三个时段。

商朝前期，由汤至中丁，历九朝帝王，即：汤、外丙、中壬、太甲、沃丁、太庚、小甲、雍己、太戊，历时 175 年。汤在位二十九年，第二十七年迁都，从南亳迁西亳，即从今河南商丘向西迁入今河南偃师，历时 159 年（175－26）至仲丁，政局有起落兴衰，但没有发生迁都。

商朝中期，由中丁至盘庚历九朝帝王，加盘庚为十朝，即：中丁、外壬、河亶甲、祖乙、祖辛、沃甲、祖丁、南庚、阳甲九朝。从中丁元年迁都至盘庚元年迁都为 85 年，至盘庚十四年迁都为 98 年，均不足百年，迁都四次或五次。《殷本纪》载由汤至盘庚元年迁河南共五次迁都，书曰："乃五迁。"《集解》引孔安国曰："自汤至盘庚，凡五迁都。"《正义》曰："汤自南亳迁西亳，仲丁迁隞，河亶甲居相，祖乙居耿，盘庚渡河，南居西亳，是五迁也。"《殷本纪》载"祖乙迁于邢"。邢，指春秋时晋邑邢丘，在今河南温县东，或汉县名邢丘，在今河南沁阳县东南，两地相距不远，在黄河北岸，与黄河南岸偃师相对。《正义》释为"祖乙居耿"，耿在今山西河津，此为《正义》据《今本竹书纪年》的误载而误释。

商朝后期，从盘庚十四年迁都至纣之灭，历十二朝帝王，即盘庚、小辛、小乙、武丁、祖庚、祖甲、廪辛、康丁、武乙、太丁、帝乙、帝辛纣，凡 252 年。古本、今本《今本竹书纪年》均载盘庚迁河北至纣之灭，没有发生迁都，已为考古所证明。

以上就是"鸟瞰"有商一代 525 年天下，历经前、中、后三个时段发展变迁的大势。中期时段最短不足 100 年，只占有商一代 500 余年天下的五分之一，而商都六迁，其中五次均发生在这一时段，为什么？下面作为一个专题节目来研讨

2. 商都五迁为何集中在商朝中期时段？

提出这一问题并给予解答的中国古代历史家只有一个，他就是司马迁，特地写入《殷本纪》中。司马迁认为是兄终弟及引发了九世乱。有商一代历十七代三十王，其中有十三次兄终弟及。正统史家依儒学仁爱观点为说，殷人亲亲，所以多兄终弟及。其实是宗法制度嫡子继承尚未确立的过渡期，凡兄终弟及皆为一场权力斗争，司马迁指出了事实的本质，是为卓识。但商朝前期、后期也常有兄终弟及，为何没有发生迁都的乱局呢？可见司马迁的解读并不完善，因为他未见《竹书纪年》作参照，引入《竹书纪年》对照或许能发现完善的答案。《殷本纪》载商朝中期迁都四次，《古本竹书纪年》载迁都五次，《今本竹书纪年》载迁都六次。排比如次：

《殷本纪》载 四次迁都	《古本竹书纪年》载 五次迁都	《今本竹书纪年》载 六次迁都
1. 帝中丁迁于隞 （隞，即嚣）	1. 仲丁元年自亳迁于嚣 征蓝夷	1. 仲丁元年即位迁于嚣 六年征蓝夷
2. 河亶甲居相。	2. 河亶甲即位自嚣迁 于相。 征蓝夷，再征班方。	2. 河亶甲元年即位迁于相 三年克邳，四年征蓝夷 五年征班方，侁人来宾
3. 祖乙迁于邢 自中丁以来，… …弟子或争相 代立，比九世乱， 于是诸侯莫朝	3. 祖乙即位居庇 4. 南庚自庇迁于奄	3. 祖乙元年即位迁于耿 4. 祖乙二年因水灾迁于庇
4. 盘庚渡河南，乃五迁， 治亳	5. 盘庚自奄迁于北蒙 曰殷	5. 南庚三年迁于奄 6. 盘庚十四年自奄迁于北蒙 曰殷

按：上列三表对照，即《史记》与《竹书纪年》参错互校，商朝中期从仲丁到盘庚为十王，司马迁总括为"比九世乱"，未计盘庚，极有深意。此一"乱"字并非指国家大乱，而是揭示兄终弟及的迁都实质是权力斗争。盘庚为中兴治世之主，他夺权为了振兴国家，故司马迁把他排除在"乱"之外，盘庚中兴商朝，他的成就可与成汤比肩。商朝一代的屡次迁都，以成汤与盘庚两次的迁都最为显赫重要。汤由今河南商丘迁都河南偃师，盘庚十四年最终由偃师北迁到黄河北的河南安阳，即殷墟。迁都所呈现的大势是商王朝向北扩张的形势。都城向北迁，是加强北方的国防，打击戎狄，开疆拓土。从对照表中，我们可以看到：仲丁迁嚣，征蓝夷；河亶甲迁相，征蓝夷、再征班方；祖乙因水患南迁居邢，亦征蓝夷、班方。《殷本记》载盘庚十四年由黄河南的奄今山东曲阜迁北蒙，即黄河北安阳。这是否是盘庚一生两次迁都，元年由河北迁河南，十四年由河南迁河北呢？下一节详说。依上分析，参照《殷本纪》与《竹本纪年》的记载，商都五迁集中在商朝中期有两大原因：其一，兄终弟及的权力斗争，用迁都的形式可以说是一场和平演变形式的宫廷斗争与权力交替。其二，国力扩张，打击戎狄成了迁都冠冕堂皇的借口，既夺权又张大国力，一箭双雕。但为何只发生在中期，也有两个原因。一是"亲亲"确实是人间的一种朴素感情，原始社会的推举禅让到文明国家的制度建立有一个相当长的过渡时期，殷人尊祖敬鬼神，自然保有这份感情，儒家的说法有一定道理。所以前期和后期的兄终弟及没有发生迁都之争。二是仲丁、河亶甲、祖乙、盘庚都是有所作为的明君、明主，他们接连奋起振兴商朝。一个朝代，经过一百多年的发展，呈现腐败衰落可以说是一个规律，这将出现明君，王朝中兴，正是由于王室腐败，诸侯莫朝，盘庚打出重整祖业的旗号，迁入成汤之故都，并改国号为殷，《盘庚》三篇做了明示。

3. 盘庚一生两迁都，元年迁殷，十四年迁北蒙曰殷

《殷本纪》载盘庚迁殷，其文曰：

> 帝阳甲崩，弟盘庚立，是为帝盘庚。帝盘庚之时，殷已都河北，盘庚渡河南，复居成汤之故居，乃五迁。

盘庚迁都河南，看行文语气，应在元年。商朝中朝"九世乱"的三次迁都据《竹书纪年》均在新王即位的元年。

> 仲丁，名庄。元年辛丑，王即位，自亳迁于嚣。
>
> 河亶甲，名整。元年庚申，王即位，自嚣迁于相。
>
> 祖乙，名滕。元年己巳，王即位，自相迁于耿。

兄终弟及，改变权力交替，在合法继承人还没有即位的元年，夺取权力是最佳时机，所以盘庚第一次迁都应当在元年。而《竹书纪年》记载为十四年：

> 盘庚，名旬。元年丙寅，王即位居奄。十四年，自奄迁于北蒙曰殷。十五年，营殷邑。

《竹书纪年》所载应是盘庚第二次迁都。盘庚是一位大有为之君,他元年迁都,依成汤之旧居是积蓄力量,以弘扬祖业为号召。到十四年,已有成就,力量充实,北迁再展宏图。《竹书纪年》记载有误,应作如下修正:

　　　　盘庚,名旬。元年丙寅,王即位自邢迁于亳,别号殷。十四年,自殷迁于北蒙曰殷。十五年,营殷邑。

这一推论是依据原始资料《盘庚》三篇、十三经注疏、《史记·殷本纪》与《今本竹书纪年》对校,参以历代相关典籍《汉书·地理志》、《帝王世纪》、《水经注》、唐人《史记》三家注、《括地志》等典籍,与今考古成果相结合,综合研讨的结论。由于《竹书纪年》几经转手,今存残篇断句,存有瑕疵,应在情理之中。

《竹书纪年》是先秦时代魏国王室所传的一部编年史,在西晋时出土于汲郡魏襄王墓,故称"汲冢古文",或称"汲冢竹书"、"汲冢竹简",是司马迁所未见的原始资料。"汲冢古文"经西晋学者束皙等人整理,称《竹书纪年》,已是第二手资科。束皙整理参照《史记·殷本纪》,证据在哪里,证据在今本《竹书纪年》所载夏、商、周三代传世帝王与《史记》夏商周各本纪的记载可以说完全一致,此为晋人整理者束皙等人,参照《史记》的痕迹,如同王国维辑校古本《竹书纪年》与释读甲骨文参照《史记》一样。古本《竹书纪年》已逸,今存王国维整理的《古本竹书纪年辑校》不及原书十分之一。又,王国维疏证的《今本竹书纪年》,从各书中辑录的残篇断句,已是二手、三手,不知几手的资料,毫无疑问真假并存,既不可不信,又不可全信,与《史记》所据的《盘庚》三篇不可同日而语。因此使用《竹书纪年》不能拿来主义,更不能全信,要审慎使用。梁玉绳、王国维的拿来主义,依《竹书纪年》校正《史记》也就是用第二手、三手的资料来校正《史记》,所作的结论,必然谬误,必须纠正。殷墟甲骨文只能证明商朝后期都城在河南安阳,它不能证明盘庚是从何地迁殷!王国维依《竹书纪年》说盘庚由奄迁殷,即从山东曲阜迁殷,完全打断了《盘庚》三篇和《史记》的记载,是不能成立的。王国维必须提出有力证据推翻《盘庚》三篇和《史记》记载,他的结论才能成立。恰恰相反,如果有证据和逻辑推理,证明今本《竹书纪年》经过二手、三手辗转的记载,存在缺陷、合理修正,问题迎刃而解。《竹书纪年》是残缺的原始资料,虽然具有重要的参照价值,由于残缺、一而再再而三地转手,古本、今年两种《竹书纪年》就有很大的异同误差,从而存在讹误是正常的。

从"鸟瞰"的视角,司马迁写《史记》他无法穷尽在他之前的历史碎片,他既就没有看到《竹书纪年》,更不能看到在他身后新发现的历史实物碎片,因此他看不到殷墟考古。依此类推,愈是后面的人看到的历史碎片愈多,而一切语言与文字记载的历史,均为复制品历史,所以后人研究历史,是复盘历史创作,理论上应当超越前人,不管他是什么大家,顶极权威,凡不符合逻辑的推论,无须考证予以否定。例如《殷本纪》所载"乃五迁",十三经注疏、《史记正义》均鲜明地指出由汤至盘庚商人五次迁都,可偏偏有人误认为盘庚一人五次迁都。单从文字，"乃五迁"，只能解释为"已是第五次迁都"或"这一次是第五次迁都"。迁都是国家大政，请看刘邦建国从洛都迁都长安，满朝文武争论了多时不能决，是何等的艰难。像盘庚那样，一生两次迁都在古今中外历史上你能找出几例？又《竹书纪年》载祖乙两年两次长距离迁都，远在 1000 公里之上，别说祖乙做不到，今人谁能办到？以今日中国的国力，在一个大都市打造一个新区都要好几年，祖乙是何方圣贤，能两年两迁都！此等不符常理的记载，无须考证即可否定。

上述论辩可以成立，则商都六迁，其中五次迁都均发生在商朝历史的中期，盘庚一生两次迁都，元年由河北邢丘南迁河南汤都西亳。由于西亳别号殷，盘庚改弦更张，所建新都就取名殷都，从而改商为殷。十四年由殷迁北蒙，于是改北蒙曰殷，十五年所建新都 就叫殷都 。从《竹书纪年》文字的表述"自奄迁北蒙曰殷"，也只能解释为：殷人自奄迁来改北蒙叫殷，而绝不是北蒙本身叫殷，如若是应当直接写为"自奄迁殷"，何来"迁北蒙曰殷""曰殷"者，改名为殷也。

（二）第二题：不死于乌江的项羽不是悲剧英雄

2007 年，学术界展开一场"项羽不死于乌江考"的学术研讨。本题研讨，争峰相对题称："不死于乌江的项羽不是悲剧英雄"。本题研讨的重心有两个方面：一是如何解读《项羽本纪》中所载项羽死地"自刎乌江"与"身死东城"，并涉及项羽"四隤山突围之战"的用语是"快战"还是"决战"的文本解读；二是"项羽死地"与"悲剧英雄"两者的因果关系，涉及项羽晚节的定位，意义极为重大。本文解析之如次。

1. 不符常理的伪命题："项羽不死于乌江考"

何为悲剧英雄？字面意义的悲剧英雄，指英雄末路，不幸结局，令人叹惋，英雄末路，不幸结局，不仅令人叹惋，而且激发人的斗志，拍案而起，成为人们效法的榜样，这才是真正的悲剧英雄，凡不畏牺牲为国殉难的人就是悲剧英雄。三国末年，晋灭吴，吴国丞相张悌率领十余万吴军与晋军交战，当他得知吴都金陵城破，吴主孙皓已出降，吴国灭亡，再战斗下去，只是杀人，毫无意义。张悌把军权交给副统帅，令他撤出战斗，保护全军将士性命，不得已可以投降。而作为丞相的张悌，必须死于国难，他交代完毕，扔下头盔，匹马冲入敌阵，顷刻间被踏为肉泥。张悌之死，重于泰山，是殉国的悲剧英雄。南宋灭亡，丞相陆秀夫负幼主投海殉国，陆秀夫与幼主，皆为悲剧英雄。我们看项羽的末路是怎么结局的呢？项羽作为楚国霸主，最高统帅，垓下被围，项羽出路只有三条：认输，求活，出降，这是第一条路；率领全军突围，以期东山再起，这是第二条路；率领全军死战，为国殉难，做一个悲剧英雄，这是第三条路。项羽不服输，政治不成熟，他要快速突围东山再起，因此不是率领全军突围，而是异想天开率领八百壮士偷营而出，作出了弃军的错误选择；在天明渡淮之时，不等全军渡河，又率领一百七余骑奔逃，再次弃军。作为一个弃军的统帅，应当上军事法庭受审，处以极刑。如在半道被汉军追杀，项羽只是一个被敌军追杀的懦夫，连做烈士的资格都没有。这是古今中外的用兵打仗常识。汉朝飞将军李广与匈奴血战，寡不敌众大败而回，按军法"当斩"。汉武帝看在李广血战的份，免死，赎为庶人。"项羽不死于乌江考"的"红学"名家，连起码的军法常识都没有，所以他提出的课题就是一个伪命题。

"项羽不死于乌江考"的作者为提出这一伪命题，颇费了一番机心与巧辩，既为古代东城人的今地安徽省定远县争夺悲剧英雄项羽，又为自己纠正司马迁《史记》、班固《汉书》之误获取大师之名吧！随后，项羽自刎地古代乌江，今地安徽和县与中国史记研究会在 2008 年举办了"乌江论坛"学术研讨会，多篇论文批驳了"项羽不死于乌江考"这一伪命题，其中《〈项羽不死于乌江考〉解读》一文逐句解读伪命题作者误读或根本就不懂历史的种种谬误。2009 年《乌江论坛》在陕西人民教育出版社出版，当年在北京师范大学举办首发式学术研讨会，从而阻止了定远县拨款巨资打造假文物的规划。本文严肃提起这一公案，旨在引起学术界与社会各界的重视，避免类似学术闹剧的重演

2. 项羽死于乌江才是悲剧英雄

"不死于乌江的项羽不是悲剧英雄"，这是反说，用以凸显正说："项羽死于乌江才是悲剧英雄"，其理与据何在？即什么道理，什么事实，分说于后。

先说"理"。

宋代词人李清照，在金兵南下，历经家国破碎、颠沛流离的痛苦，南逃至乌江边，深切怀念救世英雄之时，从切身体悟中怀念反秦暴政的英雄项羽，写下了一首五律绝句，透彻地解读了为什么"项羽死于乌江才是悲剧英雄"的真谛。诗云：

> 生当作人杰，死亦为鬼雄。
> 至今思项羽，不肯过江东。

请读者仔细看清，项羽不是"不能过江东"，而是"不肯过江东"。"不肯"二字极为传神，也就是项羽过江可以求生，"不肯"过江则死，即项羽在"生"与"死"之间毅然选择殉难而死，所以这才是"悲剧英雄"，项羽离开了"不肯"过江的条件，正如前文所说，真的"死在东城"，只不过是汉军追杀了一个弃军逃跑的懦夫，不但不是"英雄"，连"狗熊"都不是。这样一个应钉在历史耻辱柱上的人死在哪里是哪里人的一个耻辱，请问：死在东城的项羽给东城带来了什么？

其次，说"据"，即历史事实。

项羽弃军突围，渡江来到阴陵县地界，被田父欺骗，陷入阴陵大泽，汉兵抢先进入东城，项羽绕东城而过，未能得到休整与补充，被汉军咬上激烈地一日九战，到达四隤山项羽只剩下二十八骑，被五千汉军四面团团包围，此时项羽清醒地意识到即将谢幕，但他绝不服输，对部下二十八骑说：今天的境地，是上天要灭亡我，不是我不会打仗。项羽紧接着又说："今日固决死，愿为诸君决战，必三胜之，为诸君溃围、斩将、刈旗，令诸君知天亡我。"已萌生了殉国而死战的意

识，但仍抱有突围而出以图东山再起的壮志，四隤山已离乌江不远，只有三十五里之遥，骑兵半个时辰即达。项羽激励二十八骑以决死战斗的气概突围，所以提出了溃围、斩将、刈旗三胜的目的。项羽部署分骑四队、四向突围，一番决死的血战，达到了三胜的目的，突围成功，仅亡两骑。二十六骑心服口服，钦佩地称赞项羽说："果如大王言。"项羽率领二十六骑来到称为乌江段的长江边，只有乌江亭长的一只小渡船，只能渡一人一骑。亭长催促项羽渡江，说江东虽小仍可称王。项羽环顾，他不能弄丢二十六骑，独自偷生！八千江东子弟为国捐躯，无一生还，项羽何颜见江东父老。他下定决心要为国殉难。项羽赠马亭长，令二十六骑全都下马步战，也就是全体为国殉难，这就是司马迁笔下的"悲剧英雄项羽"，一个"不肯过江东"的"悲剧英雄项羽"。司马迁写项羽"至东城"被围，即在东城地界被围，而不是在东城被围，因汉军抢先进了东城。项羽在东城地界快到乌江的四隤山被围，他部署二十八骑四面突围，"期山东为三处"，即突围而出在被围山头的东面分三处集合。山的东面就是面向乌江。《汉书》记载与《史记》完全一致，补充项羽被围的山头叫"四隤山"。《史》《汉》两书所载完全是实录，并非司马迁、班固所虚构。

《史》《汉》实录项羽"自刎乌江"，为何又说"身死东城"呢？俞樾《古书疑义举例》中早就指出："古人之文有举大名以代小名者，后人读之而不能解，每每失其义矣。"这说的是地名借代以大代小，即以东城指代所属之"乌江浦"。如同今天说："中国人"这一大名，可以指代全中国人一样。举大名以代所属的小地名，视语法环境而定。司马迁在两个地方提及，一是《项羽本纪》的"太史公曰"评论说项羽"身死东城"，二是《灌婴传》说汉将灌婴率领五千骑追杀项羽于东城。两处语境是总提，宜用大名，项羽是怎样战斗而死是实录，必须用实地的名称小名。那位伪命题作者是对历史的无知，还是有意诡辩，将地名借代的大名与小名对立的论说，实为谬论。

3. 司马迁所书"四隤山突围之战"是"决战"还是"快战"

中华书局点校本《史记》《汉书》，对项羽所说"愿为诸军决战"一句，均作"快战"。首先我们看历代版本的依据。蜀本、黄善夫本、百衲本作"快战"；林稚隆评林本、孙月峰评本、徐孚远测议本、汲古阁本、武英殿本作"决战"。又《史汉方驾》、清顺治刻本、《史记论文》本也作"决战"。版本文献，作"决战"略占优！

今人解读"快战"占优，以王伯祥氏《史记选》的解说为代表。其言曰："决战，胜负难分，决一雌雄的想法，仍存幸胜希望。快战，但求快一时，痛痛快快打一个出手而已，其为不求幸胜，昭然明白，自当以快战合适。"王伯祥氏的解读是脱离文本的抽象解说"决战"与"快战"两个单词的字面意义，符合一般初读的感情印象，稍作理性思考，则王氏解读的字面意义似是而非，其实是误说。置入文本，更是大错特错，"快战"绝非司马迁原作，当为后人妄改。本文解读如下。

抽象地解读"快战"之义，有两解：在双方实力绝对悬殊情况下，一是此战轻轻松松就能取胜；二是此战很快就能取胜，而决不是"痛痛快快打一个出手而已"。战，凶器也，不是儿童游戏，古今中外，哪有痛痛快快打一仗玩的？当今世界，各种地缘冲突，都十分注重擦枪走火，哪有随随便便打一仗玩的？

"决战"，就是决出胜负或决死之战；决战以求"幸胜"，绝无此解。套入文本，是非立现。项羽说的第一句："今日固决死"，就是激励二十八骑以决死的战斗勇气打一仗，言下之意，争取死中求活。所以紧接着说："愿为诸君决战，必三胜之。"说得十分明白，决战就是要取胜，而且要获得三个胜利成果：即突围、斩杀挡道的汉将、夺取敌军指挥战旗，目的一个就是突围。此时项羽说的"决战"，不是要用二十八骑消灭汉军取胜，更不是打一个痛快仗以求幸胜。当务之急，就是突围求活，突围成功就是胜利，以决死之战赢得死中求活的胜利。项羽做到了，突围成功了，三胜达到了，所以诸骑曰："果如大王言。"由此可见，项羽弃军偷营而出，不是贪生怕死以图苟活，而是政治幼稚做出的错误选择，随后项羽在"不肯过江东"中，对自己的错误的行为做出了纠正，最终选择决死之战，为国殉难，终于成就了"悲剧英雄"的美名。有了四隤山突围之战的艰辛，有了乌江阻隔，项羽"不肯过江东"，在生与死的决择关头，选择死，不选择生，这才成就了悲剧英雄，这都是项羽自己用生命写成的历史，为司马迁所捕捉而已。全面深思，"快战"二字绝非司马迁所写，应予更正，还原历史真实。

高山仰止追司马　景行行止颂史公

——写在"三全本"《史记》出版之际

＊本文作者陈曦，国防大学军事文化学院教授。

难忘 2015 年 10 月 24 日上午对导师韩兆琦先生的一次会议访谈。那是一场纪念司马迁诞辰 2160 周年的座谈会，我担任主持人，在访谈伊始首先请教的便是担任中国史记研究会名誉会长的韩先生："请问您如何看待此次纪念活动，或者说我们为什么要纪念司马迁？"没料到韩先生并未马上正面应对，而是向我以及在场的近百名专家学者提出了以下问题：

> "为什么要纪念司马迁，这个听起来好像还需要思考，我把这个题目颠倒一下换成另外一个提法，可能大家的思维马上就可以积极一些：假定古代没有司马迁，那么中国古代文化领域会是怎样一个情况？在史学发展的系统里面会是怎样一种面貌？在文学发展的系统里面又会是怎样一种面貌？"

七年过去了，韩先生提出的这些问题仍时常萦绕在我的脑海。

司马迁被誉为中国的"史学之父"，在史学领域有许多伟大的首创，比如他首创纪传体、首创贯通古今的通史、首创经济史传、首创军事史传、首创学术史传、首创民族史传等。仅就纪传体而言，《史记》以下《汉书》《三国志》《后汉书》等二十余部中国历代正史著作，无一例外均沿用了司马迁所开创的这一撰史体例。洋洋大观、卷帙繁富的正史著作，其基本记述框架是由司马迁所构建的，假如没有司马迁，很难想象历代正史的记述会是一种什么面貌。

再看文学领域，《史记》是中国古代写人文学的高峰，首创以人为中心的写作模式，它对中国古代散文、小说的发展所产生的深远影响，可由如下表述窥得一斑——"司马迁的散文，乃是纯正的散文，乃是唐宋以来所奉为模范的散文"（李长之《司马迁之人格与风格》）、"小说家之神品，大都得力于读《史记》者为多"（吴如法《小说家言》）、"千古小说祖庭，应归司马"（邱炜萲《客云庐小说话》）。假如没有司马迁，中国古代文学史的基本面貌也会大不一样！

然而仅仅这么粗线条地介绍《史记》对后世史学、文学发展的影响，仍不足以清晰彰显《史记》成功征服历代读者、似乎永不过时的特殊魅力。应该说，这种魅力来自作者"究天人之际，通古今之变"的宏大抱负，来自他遭遇宫刑耻辱、痛定思痛之后对人类社会的透彻审视，来自他对先秦文化全面继承之后的扬弃升华，来自他所记录、塑造的四千多个鲜活立体的历史人物……于是乎，我们在他所撰著的这部犹如百科全书的通史著作中，充分看到了挺立于黄帝至汉武帝期间三千年文明史中的中华民族精神，它如熊熊火炬般光芒万丈，照耀人心，能够有效激发每一个国人的民族心、中国魂。回到韩先生提出的第一个问题——"假定古代没有司马迁，那么中国古代文化领域会是怎样一个情况？"答案是：我们将失去司马迁所创造的那个"成一家之言"、内蕴丰厚的精神文化宝藏。人们常说文化是一个民族的灵魂，诉说着一个民族最深沉的精神追求，那么被称为"人人必读的国学根柢书"（张大可先生语）的《史记》，到底传达了哪些弥足珍贵的精神价值理念？显然，这篇小文是难以全面回答这个问题的，只能粗略谈谈个人的学习体会。

其一，大一统理念。

《史记》是司马谈、司马迁父子二代心血的结晶。按照司马谈发凡起例的计划，《史记》记事的断限是"陶唐以来，至于麟止"，但司马迁后来将上限溯至"黄帝以来"，下限延至"太初而讫"。司马迁匠心独运地安排黄帝在《史记》全书第一个出场，记述了他打败炎帝、擒杀蚩尤而一统天下的事迹。经由司马迁创造性的叙述，黄帝作为华夏民族始祖的历史地位得以确立，中华民族皆黄帝子孙的思想理念亦得以奠定，黄帝从此成为一个我国境内多民族人民共同皈依的偶像，成为一面彰显中华民族大团结、大融合的旗帜。司马迁在黄帝身上所寄寓的大一统历史观，至今仍能激励国人为追求统一、反对分裂而不懈奋斗。鉴于黄帝在中华民族历史上无与伦比的崇高地位与《史记》在历朝历代持久不衰的巨大影响，司马迁在开掘与传播大一统理念方面真是功莫大焉！

其二，爱国精神。

爱国乃天下之盛德大业！司马迁对不同时期历史人物拯救国难、舍身报国的感人事迹，如蔺相如的"先国家之急而后私仇"、信陵君的"窃符救赵"、霍去病的"匈奴未灭，无以家为"等，总是会给予浓墨重彩的褒扬。为写好《史记》而壮游天下、搜寻素材时，司马迁会特别探寻一些爱国人物的生活轨迹，比如他曾长途跋涉，抵达爱国诗人屈原生命历程中的最后一站汨罗，"观屈原所自沉渊，未尝不垂涕，想见其为人"（《屈原贾生列传》），颂扬屈原"虽与日月争光可也"高洁人格；他还曾探访魏国大梁古城，求问城中一座城门——夷门的位置，得知"夷门者，城之东门也"（《魏公子列传》）。之所以要专门探寻这个夷门，是因为侯嬴曾是大梁夷门的看守，他想实地感受侯嬴的悲壮人生。作为信陵君智囊的侯嬴，不仅为信陵君献计"窃符"，还以"北乡自刭"的方式坚定了信陵君击杀晋鄙的信念，用其宝贵的生命推动信陵君完成了"救赵"伟业。侯嬴与李同、毛遂等，均为司马迁所倾心歌颂的小人物。他们有思想、有见识、有气节，在国家最需要的时刻能挺身而出，舍生忘死。

其三，爱民精神。

司马迁在他所描绘的诸多明君、贤臣人物形象中，寄托了他的爱民利民的政治理想。比如他在《五帝本纪》记述尧舜禅让的故事时，特别记录了尧在接班人问题上内心所掀起的思想波澜：是传给自己的儿子丹朱呢？还是传给天下公认的贤臣舜呢？经过一番心理斗争，他毅然决然地把天下传给了舜，并声称"终不以天下之病而利一人"，绝不因贪图一家一姓的利益而让天下百姓受苦受难。再如他在《周本纪》记述周文王的祖父古公亶父，不愿看到民众因追随他而遭戎狄屠戮，说："民欲以我故战，杀人父子而君之，予不忍为。"因珍惜民众性命而有意避开强敌，不与戎狄争长。此外，《史记》还记录了诸多关于爱民利民的格言警句，如《鲁周公世家》所载"平易近民，民必归之"，《赵世家》所载"制国有常，利民为本"、《张仪列传》所载"欲强兵者务富其民"、《郦生陆贾列传》所载"王者以民人为天，而民人以食为天"等，这些都足以证明《史记》是中国历史上声势浩大的民本思想的重要载体。

其四，抗暴精神。

美国汉学家浦安迪说："正如植根于西方人灵魂深处的'普罗米修斯精神''阿波罗精神''缪斯精神'等无不源出于古希腊的神话与史诗，中国古典长篇小说中的典型人物的内心世界也处处与《史记》中凸显的'荆轲精神''伍子胥精神'等遥相暗合。"所谓"荆轲精神""伍子胥精神"的内核便是反抗暴政。尤其是伍子胥，司马迁在他身上特别凸显了这一精神指向。伍子胥的父亲、兄长都被残暴的楚平王无辜杀害，为报此血海深仇，他逃到吴国，终率吴兵攻入楚国国都，对已死的暴君楚平王鞭尸三百。《左传》《公羊传》均未记述伍子胥鞭平王尸一事；《穀梁传》以贬斥的口气描述吴人在楚国"坏宗庙，徙陈器，挞平王之墓"，且未曾交代"挞平王之墓"者到底姓甚名谁。司马迁在《伍子胥列传》中明确提及是伍子胥，写他做出了比鞭墓更为惊骇人心的举动——鞭尸三百！当申包胥指责伍子胥身为"故平王之臣"，不该对君王实行极端报复时，伍子胥坚定地喊出"吾故倒行而逆施之"的话语，表明了他义无反顾反抗暴君的坚强意志。项羽也是《史记》颂扬的抗击强暴的英雄豪杰的突出代表。司马迁秉承"不虚美、不隐恶"的"实录"精神，以确凿记录粉碎了刘邦集团对项羽的歪曲与污蔑，在《项羽本纪》中大力歌颂了项羽在巨鹿之战力挽狂澜、力克强秦的辉煌战绩。司马迁还突破了"德""力"对峙的思想藩篱，淋漓尽致地渲染了项羽抗击暴秦的大无畏英雄气概，使项羽能以感人肺腑的反秦"战神"形象而傲然进入华夏民族的英雄谱系。

其五，忍辱奋斗精神。

司马迁有名言道："人固有一死，死有重于泰山，或轻于鸿毛。"他的生死观表现为两个层面：其一，人在生死关头要慎于选择，必要时要勇于"豁出去"，《史记》中的军人传记篇章在这方面记述得尤其充分。司马迁笔下的杰出军人，往往是在非生即死的危急关头，演绎着他们令人动容的生命传奇。读了《淮阴侯列传》，不会忘记韩信曾一度面临"坐法当斩"的生死考验，临刑前他毫无畏惧地质问道："上不欲就天下乎？何为斩壮士！"读了《陈涉世家》，不会忘记陈胜在遇雨失期、"法皆斩"的危急时刻，喊出的震古烁今的话语——"壮士不死即已，死即举大名耳，王侯将相宁有种乎？"读了《李将军列传》，不会忘记当他深陷匈奴大军的围困，身边的"吏士皆无人色"，他却毫不畏惧，"意气自如"。他们的英雄行为足以激励国人培塑血性，锤炼意志，创造非凡业绩。其二，在意义不大的时候，绝不应该随意轻生，绝不能动不动就"豁出去"拼命，不能死得毫无意义，轻于鸿毛。忍辱发愤是《史记》中的一个重要主题，《越王句践世家》则是司马迁表现这种主题最令人难忘的一篇。司马迁的发愤著书与句践的含耻图强可谓精神相通，所以他能满怀敬意精选句践"苦身焦思，置胆于坐，坐卧即仰胆，饮食亦尝胆"的生活细节加以描绘，使"卧薪尝胆"从此成为华夏民族忍辱奋斗的精神象征。

　　传统文化活跃着生生不息的民族基因，蕴含着我们这个伟大国度的精神魂魄。毫无疑问，中国古代的大思想家、大历史家、大文学家对于中华民族的精神建构做出了无可磨灭的重大贡献。他们的思想、著作在被各族人民所接受、所热爱的过程中，凝成了一种无形而又强大的精神力量，而司马迁就是在这方面有着巨大贡献的历史人物。我想，这应该就是韩先生数十年如一日刻苦钻研《史记》并奉为使命的原因所在吧！高山仰止追司马，景行行止颂史公！作为韩门弟子，我们理当传承韩先生的这份使命感。此次在他指导下完成的"三全本"《史记》，可视为我们向恩师提交的一份作业，当然也可视为我们向"史圣"司马迁的虔诚敬礼！

师门箕裘不坠，小子踵武赓续

——写在"三全本"《史记》出版之际

* 本文作者周旻，中华书局编审。

"三全本"《史记》终于出版，这真是一个既令人激动又令人忐忑的时刻。这部书原本是中华书局约请我们的老师韩兆琦先生撰写的，老师自认为年事已高，更多的是为了提携后学，将这个工作交付给我们，他自己则作为幕后指导为我们把关。这是老师对我们的信任，而我们则在感到光荣的同时深感责任重大。我们希望能通过这部书，将这些年韩老师带领着我们对《史记》进行不懈研究的最新成果与精华充分展示出来。

我从 1995 年拜入韩老师门下，非常荣幸地成为韩门弟子。即便毕业已经 20 多年了，仍然时常聆听老师的教诲，收获新知，可以说是毕业而从未结业。韩老师睿智博学，对我们这些学生是言传身教，毫无保留地倾囊相授；我们从老师那里学到的不仅是知识，更是治学方法、治学精神。

老师非常强调阅读原著的重要性。他曾经用当年蒋天枢先生指导他读《史记》的经历教导我们，读原著不能是"读过"，而是要静下心来反复读、仔细读，要能提出问题，要有自己的思考。老师给我们展示过一部他早年间读的《史记》，书页的四边空白处写满了他的批注，有些书页甚至因反复翻阅而掉落了。如今老师研究《史记》已经 60 多年了，仍旧不断地挖掘、探究着《史记》中的各种问题，因此他的思想总在不断发展，常有观点让人耳目一新。例如早些年，讲到刘邦在彭城大败奔逃时遇到自己的一双儿女，好不容易带着他们逃了出来，却转身就将他们送回了老家丰邑，而那时丰邑在项羽的控制之下，属于"敌占区"，老师认为这里一定有问题，应该是司马迁写错了，孩子们大概是被送去了关中的栎阳，因为大约一个多月后，儿子刘盈就在栎阳被立为太子。这次做"三全本"《史记》时，老师突然提到《高祖功臣侯者年表》中的一条记录，即刘邦的部将加老友王陵当时就驻守在丰邑，刘邦应该是把孩子送到了王陵处。老师推翻了自己多年来一直认为正确的观点，这种反复推敲、严谨治学的精神令人由衷敬佩。我们的"三全本"《史记》所用的就是这一新的观点。再比如老师对张良的看法、对于范蠡形象的形成、对于司马迁执着于"复仇"的态度、对于《史记》中的"代言"的认识，都有一个不断发展、深化的过程。我们在做"三全本"《史记》时，老师多次强调，要把这些新的观点反映出来。在对《史记》原文的校勘方面，老师也下了很大功夫。早在老师的大作《史记笺证》中，老师就对《史记》原文做了精心的校勘，但他并没有就此止步，而是一直不断地补充、修订，前后共达 500 余处。我们在做"三全本"《史记》时全面吸收了这些校勘成果，有些重要的校勘内容，我们还在"评论"的最后部分给予了着重说明。

在老师的影响下，我们也自觉地细读每一部书、每一篇文章。做"三全本"《史记》时，我们在一些篇章中也提出了自己的观点。如在《项羽本纪》中，提出司马迁突破了儒家"德""力"对峙的僵硬教条，秉承史家"不虚美、不隐恶"的"实录"传统，塑造了项羽这一屹立于华夏民族的英雄谱系"战神"形象；在《屈原贾生列传》中提到《史记》与《汉书》对贾谊一生命运评论的差异，认为从人物传记角度说，写人物要写出其精神实质，司马迁正是从"人"的角度去表现贾谊，写的是贾谊内在的"心"，而班固写的则是贾谊外在的"事功"，所以《史记》做得更好；在《郑世家》中提出司马迁不记子产"铸刑书"，是因为社会时论的偏颇与司马迁个人情感的偏向；在《秦本纪》《秦始皇本纪》中提出司马迁故意说秦王姓"赵"是出于汉初人们对秦朝的憎恨而有意侮辱、践踏；在《卫将军骠骑列传》中总结司马迁对卫青、霍去病未予应有的描写与评价是因为司马迁对汉武帝的战争政策发生了一个由歌颂到贬损的思想转变，以及卫青、霍去病虽然战功赫赫，但在司马迁看来他们均未能树立与其军功相匹配的口碑与声望等等。这些观点都是在韩老师指导下反复阅读原文、查阅资料、认真思考的结果。

韩老师的治学还非常注重广博贯通。老师的《史记》注本，都以注释引证丰富广博为特色，他的《史记笺证》就是这方面的代表。当年我们参加《史记笺证》工作时，老师就要求我们尽可能地搜集一切相关资料，不仅是古代文献，还包括当代人的论著文章、出土文物，我记得老师还曾请人帮着翻译过外国评论《史记》的文章。"三全本"《史记》也延续了这一风格，在注释中引证了大量古今资料，有的解释词义，有的揭示深意，有的评论人物和事件，有的点评文章精彩之处……老师强调精当的资料与精彩的评论能够给人启迪，发人深省，是引导读者深入学习研究《史记》的好"向导"。为此，我们做三全本《史记》，除了注释里的引证，还特别在每篇之后加了"集评"，筛选出具有代表性、启发性的古人评论集中展示，方便读者多侧面、多维度地理解每篇文章。

随时关注引用考古成果也是韩老师治学的重要方法，《史记笺证》中就有大量遗址的考古资料和图片。这次做"三全本"《史记》，我们也贯彻了老师的这一精神，注意引用最新考古成果，如汉长安城、未央宫、阿房宫的新近考古数据，以及北大藏汉简中的《赵正书》、清华简、岳麓书院藏秦简中的相关资料等。2021年 12 月，国家文物局确定汉文帝的霸陵即今西安东郊白鹿原的江村大墓，而非传统认为的西安灞桥区毛窑院村的"凤凰嘴"，我们及时注意到这一信息，立即在"三全本"《史记》的相关注释中采用了这种说法。

老师的广博融通不仅限于古今，还注意中外比较，这是一种非常难得的大格局。他将《史记》与古希腊的《名人传》进行比较，用马克思的经济学观点评价司马迁的经济思想，努力将《史记》放在世界文化的视野中进行观照。受老师的启发和影响，我们在阅读《史记》时也尝试借鉴一些西方批评方法，将《史记》与其他世界名著进行比较。例如《李斯列传》，我们就将李斯与莎士比亚笔下的悲剧人物麦克白进行了比较，认为他们都野心勃勃，对功名富贵充满着强烈的攫取欲望，却没料到正是这种欲望引领他们走向罪恶与覆亡；同时以此为例，论述了李斯作为一个悲剧人物的丰富文化内涵，也探讨了司马迁塑造的悲剧人物的深刻性。

韩老师专注于《史记》研究，也关心《史记》的推广与传播。他总会设身处地地为读者考虑，安排设计书籍内容、体例。《史记笺证》的史表，韩老师创造性地将注释放入相关记事格内，将没有记事的格子进行压缩，使史表表格呈现出整齐而又错落有致的状态，表格内容更紧凑而便于阅读。这次我们做"三全本"《史记》，韩老师为我们制定了标准："三全本"是普及本，就是要适应更多读者的阅读需要，所以词语注释要照顾到各层次读者，不能只注偏僻字词，而且释义要简明准确，要注意区分本义与文中实际意义；引证要细致丰富，但不能"掉书袋"，更不要烦琐考证，能用自己的话解释清楚的尽量不大段引用古文；引用各种资料要精要，"集评"不能求多求全，意思相同的只保留一种最典型、表述最清楚的。我们努力按照老师的要求去做，争取让"三全本"《史记》能够达到"雅俗共赏"的标准。史表部分，"三全本"《史记》是全译，我们也本着方便读者阅读的原则，在与编辑们多次讨论后，将译文放入记事格内，而注释则放在表格外。考虑到史表少则几十面，多则几百面，注释全部放在表格后极不适合读者使用，我们就听从编辑们的建议，隔几页集中出一批注释，让注释尽可能接近所注释的内容。我们又在每个表的每一对开面的前头加上表头，以减少读者翻检之劳。只是这一来就加大了编辑核对的难度，像《秦楚之际月表》《汉兴以来诸侯王年表》等的表头难度很大，给编辑们增加了不小的麻烦，在这里向他们表示衷心的感谢。

在追随韩老师学习的这些年中，我们深深地为老师对《史记》研究的执着与热情所打动，那种孜孜以求的精神不是仅仅用热爱所能概括的，更饱含着一种崇高的使命感。老师自己说过，蒋天枢、白寿彝等老一辈学者都深感国内缺少一部有分量的《史记》精注本，于是老师在几十年研究的基础上，又用了十年时间集中准备、撰著了《史记笺证》，可以说填补了这一空白，完成了老学者们的嘱托。我们作为学生，传承着老师的学问，更应该传承老师这份使命感。《史记笺证》的学术性强，更适合学者、研究者阅读使用，我们觉得有责任在《史记笺证》的基础上，将老师的《史记》研究成果推广给更多的读者，希望这部"三全本"《史记》能够实现我们和老师的愿望。我们也会像韩老师一样，不断进取，将这部书视为一个新的起点，为《史记》研究和传播做更多工作，让《史记》学脉生生不息。

"三全本"《史记》八大看点

＊本文作者"三全本"《史记》项目组。

1. **真正的全本全注全译**。十表有注有译，是市面上仅见的真正全本全注全译版《史记》。

市面上常见的《史记》注译本，对于"十表"部分，一般只对表序做注释翻译，表的正文部分往往略去或者有注而无译。三全本《史记》，对"十表"的序言和正文都做了注释翻译，真正实现了《史记》的全本全注全译。

2. **不仅是全本全注全译**。三全本《史记》在注释、翻译之外，丰富了三全本体例，篇首有"释名"概括本篇内容要点，篇末有"集评"汇集古人点评，另有"评论"做延伸探讨。部分本纪、世家、列传附"世系表"。

为帮助读者更好地阅读《史记》，本书在注释、翻译，各篇篇首有"释名"，解释篇题含义，概括本篇的内容层次及要点。如《项羽本纪》"释名"概括了十条内容提要，使得读者对项羽生平经历一目了然。篇末设"集评"汇集古人的精彩点评，另有"评论"阐述注译者对《史记》有关问题的看法，为进一步研究提示线索。《夏本纪》等5篇本纪、《吴太伯世家》等16篇世家、《匈奴列传》等篇末另附"世系表"，尤其匈奴世系表，是此前其他版本没有的。

3. **全面校正《史记》文本**。《史记》一书中有不少错讹或记载歧异之处，有些是原著有误，有些是流传过程中的版本讹误，本次全面吸收历代学者校正《史记》的研究成果，对《史记》文本做了全面校正。

例如：《史记》十表中的系年错误不少，尤其是记述战国历史的《六国年表》，由于史料不足，系年多有讹误，如齐国、魏国、赵国、韩国、燕国的世系均有讹误。例如，据《竹书纪年》，魏惠王在位五十多年，称王后改元，而《六国年表》梁惠王只有前元三十六年，称王改元后的十六年则误为魏襄王。本书在表格正文中，以"〔〕"括注正确年份，出注说明校改依据。

又如：《高祖功臣侯者年表》记载高祖功臣的事迹，其中作为高祖第一功臣的萧何，封酂（cuó）侯，萧何死后，儿子萧禄继位，萧禄死后，表中列有一位"懿侯同"，司马迁说"同，禄弟"。而根据《汉书》的《萧何传》及《高惠高后文功臣表》，这位"懿侯同"实为萧何之妻，因在吕后执政期间，吕后让她在她儿子去世后袭爵。故古代不仅有女皇帝，也有女诸侯。

4. **注释贯通《史记》，提示别篇相关内容**。《史记》是纪传体史书，往往同一事件，在不同人物的传记中都有详略不同的记载，作者会提示参见相关篇目，以便了解。还有一些《史记》中反复出现的语句或者现象，作者也会在注释中做出提示。

例如：《高祖本纪》讲到楚汉相争期间，刘邦用陈平之计，给陈平黄金四万斤，让他离间项羽和部将的关系，此事详情见记载陈平事迹的《陈丞相世家》，作者于注释中引述了《陈丞相世家》的相关片段，帮助读者了解此事的细节；同时又指出在秦统一天下的过程中，李斯也曾采用相似的重金收买离间六国君臣的计策。

又如：《项羽本纪》鸿门宴一段，樊哙说过一句名言，"大行不顾细谨，大礼不辞小让"，作者在注释中指出，《史记》其他篇目也有类似的话，如《李斯列传》"大行不小谨，盛德不辞让"，《郦生陆贾列传》"举大事不细谨，盛德不辞让"。

《楚世家》记载楚庄王一鸣惊人的故事，注释中指出这个故事又见于《滑稽列传》。

5. 注释注重发微索隐，揭示深层意涵。揭示《史记》诸多记载的隐含意义。

例如：《孝景本纪》开篇记载汉景帝是汉文帝中子，他之所以被立为太子，是因为汉文帝所娶的前王后及她所生的三个儿子都死了。注释中推测，吕太后给高祖的儿子娶的都是吕家的女子，汉文帝的前王后可能也是吕氏女，死于诛灭诸吕的政变，她所生的孩子也可能因而被杀。

又如：战国四公子，孟尝君、平原君、信陵君、春申君，其他三人都以封号名篇，称《孟尝君列传》《平原君列传》《春申君列传》，只有信陵君的传记称《魏公子列传》，表明公子无忌身系魏国安危，篇末附载魏亡之事，也是此意，也表明司马迁对公子无忌的崇敬之情。

6. 汇集古今评论，点评《史记》人物事件及写作艺术。除各篇篇末的"集评"外，本书在注释、评论中都大量引述古今学者的精彩评论，有些分析《史记》中的人物事件，有些揭示《史记》的艺术手法，帮助我们更深入地了解《史记》。

分析人物事件：

例如：《项羽本纪》开篇写项羽学书，不成，又去学剑，又不成，说"剑一人敌，不足学，学万人敌"，于是项梁教他兵法，项羽"略知其意，又不肯竟学"。注释引郭嵩焘点评说："此历叙项羽为人磊磊有英雄气，然苦少深沉之量，是以终身无成。"即项羽为人沉不住气，不能认真学，所以后来虽然个人很勇猛，但缺少权谋。

又如：《留侯世家》记载张良献计，请来商山四皓辅佐太子刘盈，使刘邦放弃了改立太子的想法。作者在注释中引用司马光等人的评论，怀疑此事的可信性，认为刘邦放弃废太子，主要因大臣不支持。"集评"又引吴汝纶的评论，认为此事是张良暗中在讨好吕后。

分析《史记》写作艺术：

例如：《项羽本纪》写项羽之勇猛，注释引凌约言："羽杀会稽守，则'一府慑伏，莫敢起'；羽杀宋义，'诸将皆慑伏，莫敢枝梧'；羽救钜鹿，'诸侯莫敢纵兵'；已破秦军，'诸侯膝行而前，莫敢仰视'：势愈张而人愈惧，下四'莫敢'字，而羽当时勇猛可想见也。"

又如：《李斯列传》"集评"中引用李景星说，认为该篇行文"以五叹为筋节"，其中"五叹"分别指李斯出仕之前见仓鼠而叹、当丞相之后感慨盛极将衰而叹、沙丘之中难舍富贵被迫与赵高合作时而叹、被赵高陷害入狱后而叹、临刑前渴望到上蔡打猎而叹。可见《史记》行文之艺术。

7. 作者"评论"，对《史记》各篇相关问题做详细分析和延伸探讨。《史记》一书留下了不少待解之谜，如《史记》亡佚十篇究竟是哪些？项羽被灭的垓下之战究竟在何处？《汉兴以来将相名臣年表》中的"倒书"究竟是何原因？作者在篇末评论中都有详析的探讨。

例如：《史记》一百三十篇，但到东汉班固写《司马迁传》，就提到有十篇"有录无书"，即有十篇亡佚了，其中之一就是《史记》"八书"中的《兵书》。本书作者在篇末"评论"中指出，今本《律书》，一部分是谈兵，应该是《兵书》的遗文，另一部分谈律，则是将《律历书》中"律"的部分拆分出来的。并从《太史公自序》关于《律书》提要、关于"八书"的总论及余嘉锡先生的考证三个方面，论证了这一观点。

又如：我们都知道项羽最后被刘邦率领的各路大军围困在垓下，四面楚歌，不得不霸王别姬，这是楚汉相争的关键性一战。可就是这一关键战役，《史记》各篇的说法却不一致。作者在《樊郦滕灌列传》篇末的"评论"中指出；《项羽本纪》只提到垓下之围，没有讲到垓下作战的情况；《高祖本纪》则具体记载了韩信等与项羽在垓下作战的情况；而《曹相国世家》《樊郦滕灌列传》《傅靳蒯成列传》却都提到大破项羽于陈县。垓下之战前，刘邦先是在固陵被项羽大败，然后再召集韩信、彭越等一起在垓下大败项羽，而垓下在固陵东南 500 华里，也即项羽在固陵大败刘邦后，又向东南撤退 500 华里才被围困；而陈县离固陵不到 30 里，那么项羽究竟是在哪里跟刘邦决战失败的呢？这是一个谜题。

8.《史记》研究权威韩兆琦先生审阅全稿，学术把关。

韩兆琦先生是当今《史记》研究学界的资深专家，出版《史记选注集评》《史记笺证》《点赞与志疑：史记研读随笔》等多部《史记》研究专著，尤其《史记笺证》集韩先生数十年研究《史记》之功力，吸收了古今众多学者的研究成果，是近年来《史记》注本的标志性成果。本次三全本《史记》注译者均为韩兆琦先生弟子，均追随韩先生研究《史记》多年，全面吸收了韩先生的《史记》研究成果。

《史记·夏本纪》赞大禹"身为度"
乃"禹步"之丈量尺度考

＊本文作者徐日辉，浙江工商大学人文与传播学院教授。

大禹是人，所谓"禹步"的基本框架是人行走的姿态，而且是大禹在治水过程中被流传下来的具有代表性的行进姿态，或者说特殊动作，否则不会冠名为"禹步"，因而具有一定程度的可知性。今读司马迁《史记·夏本纪》相关记载，偶有心得，遂成此文，述略如下。

一、《史记·夏本纪》载大禹"身为度"的背景考察

《史记·夏本纪》是司马迁记载中国第一个王朝的重要篇章，有功颇深，着力反映出社会大变革的历史背景，所以他从五帝末期开始叙述。因此，考察大禹治水建立夏王朝，社会变革发展意义重大。

司马迁撰写大禹治水的历史时，距离当事人的时代已有两千多年，在没有文字记录的夏王朝，大禹功绩只能是口耳相传，包括民俗活动，其中"禹步"堪称代表。

大禹是中华民族的英雄偶像，距今已有4000多年之遥，具体的细节已经难以得知。比如走路的姿态，是内八字步还是外八字步，是习惯于步伐急促还是四平八稳，还有具有功能性动作，等等。作为具体行姿的描述，以战国时期《尸子》一书的记载颇有影响。文曰：

> 古者龙门未辟，吕梁未凿，河出于孟门之上，大溢逆流，无有丘陵，高阜灭之，名曰洪水。禹于是疏河决江，十年不窥其家。手不爪，胫不生毛，生偏枯之病，步不相过，人曰禹步。

《尸子》所言乃是讲述大禹治水不辞劳苦，十三年将自身置之度外，辛劳过度，落下一身体的毛病，尤其是两条腿受伤害最大，以至于改变了走路的姿态。对此，《庄子·天下篇》曰：

> 墨子称道曰："昔禹之湮洪水，绝江河而通四夷九州也，名山三百，支川三千，小者无数。禹亲自操橐耜而九杂天下之川；腓无胈，胫无毛，沐甚

雨，栉疾风，置万国。禹大圣也，而形劳天下也如此。"

显而易见，作为语类文献，上述"禹步"的出现，是建立在大禹治水历尽千辛万苦"形劳天下"的基础之上，其积极意义就在于为我们勾画出一幅中华民族战天斗地人定胜天的壮丽场面。另外，出土简牍《容成氏》记载：

> 舜听政三年，山陵不处，水潦不浴，乃立禹以为司工。禹既已受命，乃草服、笭箸、茅蒲、藊□，疌□，面□皵，不生之毛。

传统文献与出土材料都印证了一个事实，至少在战国时期有关"禹步"之说已经被认同，其内涵是对大禹治水辛劳的具体描述，具有一定的教育意义。后来司马迁撰写《史记·李斯列传》，亦相同的记载：

> 尧之有天下也，堂高三尺，采椽不斫，茅茨不剪，虽逆旅之宿不勤于此矣。……禹凿龙门，通大夏，疏九河，曲九防，决渟水致之海，而股无胈，胫无毛，手足胼胝，面目黧黑，遂以死于外，葬于会稽，臣虏之劳不烈于此矣。

上述是秦二世回答李斯劝谏的一段话，意思是说能够统治天下的贤明人，如果连自家都得不到好处，还怎么样治理天下？在秦二世看来，作为首领一味地付出而不知道享受，是不对的也是不可以的。秦二世借用韩非子那里听来的理论，在为自己重大过错狡辩的同时，否定了大禹专一奉献而不知享受的做法。

毫无疑问，史称之"禹步"，本是大禹行走的步伐，确与治水活动相关。李零先生认为："在中国古代传说中，九州是禹用脚丫子走出来的。他所走过的地方，大江南北，到处都留下他老人家的足迹，而'禹迹'者，则是用'禹步'走出来的。"[①] 不过，杨德春先生认为："禹步有两种，一种是大禹之禹步，其特点是步不相过，这是最早的具有创始意义之禹步；另一种是俗巫多效禹步，但巫步并非禹步，其产生在大禹之禹步之后，巫步称为禹步法，简称禹步，但绝非大禹之禹步，仅具禹步之名而已。"[②] 事实上，"禹步"具有特殊的动作表现和功能性内涵，大禹具体的"禹步"步伐早在文字出现之前，虽未彻底淡化，却已相当模糊了，后来的记载都属于口耳相传的语类文献，而且是根据不同时代教育的需求的特点不断地加工、丰富与发展。

二、道教对"禹步"的拓展及探讨

围绕着"禹步"的社会影响，当广大于道教，毋庸置疑。尤其于"禹步"内涵与外延之拓展用功之深者，非道教莫属。道教给"禹步"不仅设定了具体动作

---

① 李零：《禹步探原——从"大禹治水"想起的》，《书城》2005 年第 3 期，第 55 页。
② 汤德春：《禹步、禹步伐、踽步、邯郸步、跕屣考辩》，《河北北方学院学报》2014 年第 30 卷第 6 期，第 1 页。

的规范，而且还赋予了不同的内涵，包括神秘文化在内，遗憾的是与"禹步"的内核却愈行愈远。如晋代葛洪的《抱朴子·内篇·登涉》曰：

> 又禹步法：正立，右足在前，左足在后，次复前右足，以左足从右足并，是一步也。次复前右足，次前左足，以右足从左足并，是二步也。次复前右足，以左足从右足并，是三步也。如此，禹步之道毕矣。凡作天下百术，皆宜知禹步，不独此事也。

可以看得出，在这里"禹步"成为道教活动过程中不可缺少的基本动作，其后的道教有关"禹步"步伐的具体展示，大体上是在葛洪所记的基础之上有所拓展，如《洞神八帝元变经》称：

> 又禹步法：正立，右足在前，左足在后，次复前右足，以左足从右足并，是一步也。次复前右足，次前左足，以右足从左足并，是二步也。次复前右足，以左足从右足并，是三步也。如此，禹步之道毕矣。凡作天下百术，皆宜知禹步，不独此事也。①

另外，《抱朴子·内篇·仙药》亦称：

> 禹步法：前举左，右过左，左就右。次举右，左过右，右就左。次举左，右过左，左就右。如此三步，当满二丈一尺，后有九迹。

九迹，九个脚印，是验证"禹步"的标准。对于"禹步"步伐的具体解读，熊永翔、王进、谭超诸先生称："禹步的三步九迹，是丁字九步，一步七尺，三七二十一尺。这是禹步最基本的步伐。其步先举左足，三步九迹，迹成离坎卦。此法在道教的科书中，称之为三步九迹星纲。"② 其性质，一般认为："禹步是巫和道士所操的一种巫术或法术，禹步是战国巫师创造的一种整齐有序、规范严谨的巫术步法。"③ 对此，王青先生称："禹作为通天通神的大巫，又有登山涉水，遭遇神鬼精怪、毒虫猛兽的传奇经历，人们又有对夏铸鼎象物的记忆，因此，大禹在人们的信仰里面就有了禁御百物的神奇本领。"④ 对此，晁天义先生指出："禹步巫术就是历史人物在不同时期先后被神话化，进而被巫术化的文化产物。"⑤ 时代局限，作为古人的认识，其自有原因，今随古而解无须苛求。

夏德靠先生认为："主要缘于对'步'的性质缺乏足够的认知和重视。其实，'步'在上古社会是一种禳除灾害的祀典仪式，而禹与这种'步'发生联系又同

---

① 上海书店出版社编：《道藏》第 28 册《洞神八帝元变经》，上海书店 1988 年版，第 398 页。
② 熊永翔、王进、谭超：《道教禹步论》，《湖北社会科学》2010 年第 4 期。
③ 熊永翔、王进、谭超：《道教禹步论》，《湖北社会科学》2010 年第 4 期。
④ 王青：《禹步史料的历史民俗文献分析》，《西北民族研究》2011 年第 1 期（总第 68 期），第 65 页。
⑤ 晁天义：《禹步巫术与禹的神化》，《陕西师范大学继续教育学报》2009 年 9 月第 17 卷。

禹的山川神主特殊身份有关。"① 大禹是中国事实上的第一位主山川的大首领。所以，李剑国、张玉莲二位先生提出："禹步系春秋战国巫觋依据大禹传说而创造，是模拟禹偏枯'步不相过'的一种巫步，包含着禹铸鼎象物禁御百物的巫术意义。"② 还有，任塘珂先生明确提出："禹步，传说系古代河洛地区大禹所创造，后来演化为巫和道士所操的一种巫术或法术。"③ 河洛地区以河洛文化著称，出自《易·系辞上》"河出图，洛出书，圣人则之。"早期地域范围，大体为司马迁所说天下之中，即今河南洛阳一带。

禹都阳城，为大禹建夏治国的重中心，但并非大禹治水的重点，既然"禹步"的形成乃是治水过程中的产物，故此，不可能局限于一城一地。

余健先生则从"禹步"出现的时间节点考察，提出"禹步"不是大禹的步伐，而是巫借用了大禹之名，"'禹步'本乃酋长大巫之舞步，其态蹒跚凝重，非庶民能行，踽或即禹步的本字。后世或因大禹曾舞，而增治水之说以溢美之，实则是禹效巫步，而非'俗巫多效禹步'，古巫、舞字本亦相通。"④ 该观点颇有意思，将"禹步"出现的年代有所前提，可与传统的民俗相对应。不过，"古巫、舞字本亦相通"却与部分专家的观点相吻合。刘宗迪先生就认为"禹步"与原始舞蹈、巫师有关，并且列举"商羊舞"等予以说明。⑤

考察"禹步"的渊源，学界一直有着不同的观点，以文献解读，大体上是以大禹治水辛劳过度身体受到损伤后留下的病疾为本；以民俗解读，多与各地祈福驱邪所表现的带有巫的性质的传统活动相关；文化艺术解读，以地方性舞蹈活动相关联，其中也包含着祈福驱邪等。从道教的角度，则是放大了大禹的能量，以步伐、手势等肢体语言，配合符咒等，以期达到神秘的效果。所以《洞神八帝元变经·禹步致灵第四》云：

> 禹步者，盖是夏禹所为术，召役神灵之行步。以为万术之根源，玄机之要旨。昔大禹治水，不可预测高深，故设黑矩重望，以程其事。或有伏泉盘石，非眼所及者，必召海若河宗，山神地祇，问以决之。然禹届南海之滨，见鸟禁咒，能令大石翻动。此鸟禁时，常作是步。禹遂摹写其形，令之入术。自兹以还，术无不验。因禹制作，故曰禹步。

上述"然禹届南海之滨，见鸟禁咒"，可能与鸟能够进行交流相关，其内涵崇拜正是古越的鸟崇拜。《越绝书》卷十称：

> 大越海滨之民，独以鸟田，大小有差，进退有行，莫将自使。其故何也？

①　夏德靠：《"禹步"起源及其嬗变》，《四川师范大学学报》2010 年第 6 期。
②　李剑国、张玉莲：《"禹步"考论》，《求是学刊》2006 年第 5 期。
③　任塘珂：《道家视角下"禹步"渊源及健身功能研究》，《吉林体育学院学报》2010 年第 6 期。
④　余健：《卍及禹步考》，《东南大学学报》2002 年第 1 期。
⑤　刘宗迪：《禹步·商羊舞·焚巫尪——兼论大禹治水神话的文化原形》，《民间艺术》1997 年第 4 期。

禹始也忧民，救水到大越，上茅山……因病亡死，葬会稽……无以报民功，教民鸟田，一盛一衰。……当禹之时，舜死苍梧，象为民田。

鸟作为古越人的图腾崇拜，至少从距今5300—4300年前的良渚文化时期就已经存在，如具有代表性的反山①、瑶山等高规格遗址②，其出土的鸟及神鸟和鸟图形，并一直影响着后代③。因此，程群先生提出："'禹步'起源于鸟类步伐的说法无论是否可以据为信史，这种说法与舞蹈起源于对动物行为摹仿的看法是相类似的。"④ 其说言之有理。

张鹏先生另辟蹊径，利用出土文献睡虎地秦简之《日书》（甲种）、天水放马滩秦简《日书》乙种165号简等，提出"合理的追溯逻辑应该是从禹步追溯到'禹须臾'，再从'禹须臾'追溯到大禹神话，如果把'禹须臾'这一环节去掉，直接把禹步与大禹神话联系，难免会产生不少附会。……因此，我们抛开古人对禹步的附会，把它置于'禹须臾'术之下解释，则'禹步'仅是一种方术之步法，与大禹未必有直接的联系。"另外，胡新生先生的文章《禹步探源》，用功颇深值得关注。他认为："联系社会史的背景来分析，禹步只能是在春秋战国时代跛者为巫现象盛极一时的环境中形成的一种巫术步法，它的首创者是当时那些腿脚有残疾的巫师，它的直接渊源就是跛脚巫师所跳的跛舞。"至于具体的姿态，胡新生先生描述为"夏禹治水时腿脚落下残疾，两脚走路不能递相跨越，只能有一个并步的动作，这就叫'步不相过'。"⑤ 人们为了学习大禹治水公而忘私的情怀，并将其不同的特征作为教育后人的具体内容呈现予以传播。不过，道家将其开拓为己所用，在科学不发达的古代，属生活之正常。今天可以评判，却不能代替在历史上曾经发生过的文化影响，包括"禹步"对宇宙的探索。

道教对宇宙的探索，与北斗七星密切相关，所以"禹步"也称为步罡踏斗，斗即北斗。中国人对北斗的崇拜由来已久，考古发现最早的是1978年湖北随州曾侯乙墓，在出土的漆衣箱上的漆画中发现了二十八宿图以及北斗星⑥，有意义的是二十八宿的中央是一个篆书写的"斗"字，"斗"字代表着北斗星，是古人北斗崇拜的见证。今山东滕州博物馆收藏有一块北斗画像石，其"滕州画像石中老者足踏北斗，下压刀斧，表明死者亡魂归于斗极之时，以禹步除道，厌辟刀兵。"⑦

---

① 浙江省文物考古研究所反山考古队：《浙江余杭反山良渚墓地发掘简报》，《文物》1988年第1期。

② 浙江省文物考古研究所：《余杭瑶山良渚文化祭坛遗址发掘简报》，《文物》1988年1期。

③ 徐日辉：《古越鸟文化与农业经济初探》，《百越文化研究》，厦门大学出版社2005年版，第269页。

④ 程群：《舞蹈艺术与道教中的步罡踏斗》，《西藏大学学报》2008年6月第23卷第2期，第74页。

⑤ 胡新生：《禹步探源》，《文史哲》1996年第1期。

⑥ 郭德维：《曾侯乙墓中漆箱上日月和伏羲、女娲图象试释》，《江汉考古》1981年第1期。

⑦ 朱磊、张耘、燕燕燕：《山东滕州出土北斗星象画像石》，《文物》2012年第4期。

山东滕州出土的"禹步踏斗巫术画像",证明与北斗星相关,虽然"祠北斗虽虚妄,但体现的则是功利性,即求解困,求重生。"巫师通过踏禹步"使灵魂早归北斗。"① 北斗崇拜,作为道教文化的传统,以天象对应人事,结合现实解决生活中出现的具体问题,正是中国农业文明惯常的做法。

道教是中国的本土宗教,受传统文化的影响,道教相对朴实接地气,往往以解决现实生活中的实际问题为目的。所以"禹步"在道教的实践过程中,功能性非常明确,并且具有治病救人与康健益寿的功能。在马王堆出土的文献当中就有明确的记载,根据刘玉堂、贾海燕二位先生的研究表明:"禹步和祝由《五十二病方》祛疣方四的'禹步',祛疣方七的'祝尤(疣),都带有明显的巫术色彩。其他如用(块)、葵茎等磨疣等方法,很可能也与巫术有关。《五十二病方》祛疣方四中,有'以晦往之(块)所,禹步三'。'禹步',是一种特殊的步伐,为驱鬼逐魔'的巫术。"② 对于《五十二病方》,袁玮先生则认为"祝由疗法多配合'禹步',禹步之法所传不一。《病方》有六处祝由法标有'两步三'。虔诚的患者在祝由者咒语的引导下模仿禹步,如果再加上呼吸吐纳的配合,其中便含有体操或气功的因素。"③ 至于具体的疗效,通过"禹步"的动作与治疗疾病保健安康和延年益寿结合起来,能否见效,不得而知,但不排除心理暗示的效果。

三、"禹步"是大禹治水时使用的测量手段

"禹步",我的研究认为,应该是大禹治水时使用的测量手段之一,简而言之,就是用脚步丈量长度并以此测算面积。

出土简牍《清华简·厚父》记载:"王若曰:'父!遹闻禹□□□□□□□□□□川,乃降之民,建夏邦'。"十分遗憾,该简中缺 11 字。由于遂公盨的出现,所以整理专家根据遂公盨,拟补为"受帝命,敷土定九州,随山浚川",如是,则全文为"厚父!遹闻禹受帝命,敷土定九州,随山浚川,乃降之民,建夏邦,"④ 与《尚书·禹贡》"禹敷土,随山刊木,奠高山大川"记载相吻合。意思是太甲说:厚父,我听说大禹接受帝的命令带领百姓勤恳劳作,治理洪水,始定九州,建立了夏朝。⑤ 作为前提,大禹建夏王朝治水是关键,所以成为中国人四千年来赞颂的民族英雄。

---

① 高梓梅:《论墓葬北斗叙事画像蕴涵的生命意识》,《湖北第二师范学院学报》2017 年第 9 期。

② 刘玉堂、贾海燕:《马王堆帛书"五十二病方·祛疣"所涉之巫术与民俗》,《中南民族大学学报》2009 年第 1 期。

③ 袁玮:《五十二病方》祝由疗法浅析》,《湖南中医学院学报》,1988 年第 1 期。

④ 清华大学出土文献研究与保护中心编,李学勤主编:《清华大学藏战国竹简(五)》,中华书局 2015 年版,第 111 页。

⑤ 徐日辉:《禹德与出土文献的考察》,《禹绩——大禹研讨会论文集第一集》,中国三峡出版社 2020 年版。

《史记·夏本纪》在记载大禹治水时曾经采取了类似于今天的测量技术，其中就有"行山表木，定高山大川"和"左准绳，右规矩"等。"行山表木"。就是采取了发动民众先做前期的勘测工作。并且以刻木为桩标配合测量，使之更加精确。

首先，确立高山大川的基本走势，如遂公盨铭记载"天命禹敷土，随山浚川"①；其次，分辨清楚高山大川与洪水之间的关系，因为中国的水系并非全都是由西向东流，受山势的影响，不少水恰恰是随山依势由东向西由南向北，民间称之为"倒流"。所以说"定高山大川"与"行山表木"一样，是大禹治水的前期测量工作，作为工程施建的重要环节，丈量长度与计算面积土方等正是大禹治水成功的科学依据。具体而言，"行山表木"就是用刻木为桩标。"说明禹治水时曾用着准绳和规矩的工具"，② 并且应用数学的方法使之更加精确。在精确勘测与调查研究的基础之上，大禹才制定出切合实际的工程方案，改"围"之壅堵，为以排流为主的"疏导"方法，获得了巨大的成功。③

"左准绳，右规矩"，《史记索隐》称"左所运用堪为人之准绳，右所举动必应规矩也。"准、绳、规、矩，分别是测量平面的水平仪、丈量长度的绳索、校核圆的规和平面长方的矩。

左右是相对而言，是说大禹在治水的过程中不时地要使用准、绳、规、矩四种测量工具，除了水平仪之外其余三样工具都有一定的体积和重量，并非大禹左手拿着水平仪和绳索，右手拿着圆规和矩，不能用今天的水平去对应4000年前的社会。

至于圆规之圆，也不是像今天那么简单，据《周髀算经》记载：圆本出于方，圆出于对宇宙的认识。在大禹治水的年代，规划方圆与现时大不一样，不是直接就求出圆，而是从方中求圆，这在考古发现的红山文化建筑的圆形祭坛、良渚文化之玉琮的天圆地方之在射方上取圆等，便是最好的解释。

《史记·夏本纪》又载："禹为人敏给克勤；其德不违，其仁可亲，其言可信；声为律，身为度，称以出；亹亹穆穆，为纲为纪。"《史记集解》引王肃曰"以身为法度"。《史记索隐》按："今巫犹称'禹步'。"由此可见，"禹步"是"身为度"的具象化，负有"法度"意义。表明"禹步"之"法度"，作为丈量的标准，必须统一执行。所以，在司马迁笔下宣传的是大禹设立的"法度"，树立的是完美形象，赞誉的是为人表率，突出的则是"身为度"的不朽典范。

度和量是不同的器物，度，量器，容，容乃容器。早夏时期小范围的度器比较精确，但没有大面积大范围的度器，因此往往以人身体的不同部位为标准进行测量，通常以手、臂度物以量长短，所称"禹步"者，正是以大禹的步幅为标准，

---

① 李学勤：《论遂公盨及其重要意义》，载《中国历史文物》2002年第6期，第5页。
② 李俨、钱宝琮：《科学史全集》第三卷，辽宁教育出版社1998年版，第8页。
③ 徐日辉：《大禹治水—奉献于世界的文化遗产》，《大禹文化·成果荟萃》2021年版，第141—144页。

进行大地测量。以人身体部位命名，是中国优秀文化的传统，如同今天在表述青铜器身上部位时，使用"耳""肩""腹""足"一样。

在 20 世纪 50 年代以前，中国农村有不少地方就是以步幅来丈量土地。如我在调研甘肃省天水大禹遗迹"导流山"下的农民时，当地农民告诉我过去丈量土地面积时，就是用两步一弓的"禹步"来丈量的，并且请出老者为我现场演示。

用脚步丈量长度是最简单最有效的方法，关键在准确度的掌握。20 世纪 90 年代，在一些建筑工地正式放线之前，依然使用这种方法测量。我曾经采访过一位资深的领工员，现场测试，三步二米，在 100 米内，没有误差。他们之间唯一的区别就在于，老者在山坡地丈量是躬身甩手，建筑工地丈量则是挺胸背手，颇似拔正步。

结　语

"禹步"从物理性的因素讲，就是作用与反作用和摩擦力能，是直立走路的人类区别于其他动物的基本要素。但是，由于工作环境的需要，改变走路姿态以达目的，屡见不鲜。大禹治水在进行工程测量时以特殊的步伐行进，而且步幅必须是同一距离，行进的节奏也不能更改。对于旁观者而言，一眼望去与常人走路的姿态大不相同，所以美其名曰"禹步"。当时人称"禹步"是对大禹发明测量手段的肯定，是对大禹为民福祉的赞美。随着时间的远去，人们不清楚"禹步"的本来内涵，逐渐演变为犹如残疾之跛行。尽管"禹步"被各方赋予了深刻的文化内涵，但与本意却相差甚远。

《〈史记会注考证〉驳议》辨误两札

＊本文作者孙利政，泰州学院人文学院讲师。

鲁实先《〈史记会注考证〉驳议》（以下简称《驳议》）一书胪举日人泷川资言《史记会注考证》（以下简称《会注》）存在体例未精、校刊未善、采辑未备、无所发明、立说疵谬、多所剿窃、去取不明等七大缺点，极斥其非。其中"采辑未备"条驳斥泷川资言《史记会注考证》"即采专书，亦有未尽"，详列《会注》未称引的中国《史记》考订专籍，如下表：

序号	作者	书名	《驳议》原注
1	钱　唐	《史记三书释疑》	有乾隆丁未四益斋本及《邃雅斋丛书》本。
2	孙星衍	《天官书考证》	稿旧藏吴襄勤处，愚有其副本。
3	洪颐煊、臧在东	《天官书补证》	皆为补证孙氏之作，洪说见《筠轩文钞》卷七，并有刊本。
4	袁之升	《纤批史记》	字吉南，章丘人。
5	王克挑	《马班异同》	字幼藻，一字至泉，胶州人，乾隆丁酉举人。
6	徐　煜	《史汉考异》	字含光，胶州人。说见《蘜园类存》。
7	杨　橒	《读史管窥》	其第八卷为《史记》。又有《东皋漫录》八卷，亦为考《史记》之作。又《德州志》载有"续录"，未见。
8	张　熷	《读史举正》	《仰视千七百二十九鹤斋丛书》本。
9	齐召南	《史记功臣侯第考》	齐氏尚有《功臣侯年表考证》五卷，附刻殿本《史记》每卷之后。《侯第考》一卷，但有传写本。
10	周禹吉	《史记质疑》	无注。
11	葛　璇	《史记笺略》	无注。
12	汪　怀	《史记人名考证》	无注。
13	查克念	《史汉识大识小录》	无注。
14	吴兴祚	《史迁句解》	无注。

续表

序号	作者	书名	《驳议》原注
15	丁 斌	《史记补遗》	书残阙，有传抄本，唯《夏少康本纪》附刊《丁氏谱》中。
16	王先谦	《史记旁证》	王氏家藏稿本。
17	傅泽鸿	《史汉发明》	光绪壬辰刊本。
18	李 惇	《史记说文引书字异考》	有传抄本。
19	宋书升	《史记正讹》	在二十四史正讹中，抄本。
21	程余庆	《史记集说》	坊刻本。
22	许鸿磐	《史记批》	无注。
23	洪 遵	《订正史记真本》	《学海类编》本。
24	章诒燕	《读史诤言》	道光十年刊本。
25	潘永孝	《史记劄记》	《昭代丛书》本。
26	李元春	《史记注正》	在《史汉通鉴注正》中，《青照堂丛书》本。
27	丁 晏	《史记余论》	在《四史余论》中，抄本。
28	尚 镕	《史记辨证》	《持雅堂全集》本。
29	邱逢年	《史记通论》	传抄本，北平图书馆藏抄本。
30	文天祥	《手批史记》	旧藏王德瑛家。愚有其副本。
31	王荣兰	《史记义林》	无注。
32	周大鹤	《史记刊误》	无注。
33	邵泰衢	《史记疑问》	无注。
34	何绍基	《手批史记》	旧藏长沙叶德辉家。
35	李慈铭	《手批史记》	北平图书馆藏。
36	李 笠	《史记订补补遗》	载《武汉大学文哲季刊》第一期。
37	瞿方梅	《史记三家注补正》	载《学衡杂志》第四十期至五十八期。
38	缪凤林	《史记探源正谬》又《读史微言》	载《史学与地学》杂志。
39	张采田	《史微》	《史微》虽为《史通》《文史通义》一类之作，然于《史记》义例甚多发明。
40	周永年	《孔子世家补》	无注。
41	郑 环	《孔子世家考》	孔广牧《先圣生卒年月考》亦引其说，余如作孔子年谱者甚多。以非考史之专籍，此不尽列。

续表

序号	作者	书名	《驳议》原注
42	金　甡	《史记评林订误》	泷川既录《评林》，亦当参证此书。
43	刘光蕡	《货殖传太史公自序注》	《烟霞草堂遗书》本。
44	朱文鑫	《天官书恒星图考》	有单行本。
45	张　骥	《扁鹊仓公传补注》	有单行本。
46	刘朝阳	《天官书研究》	有单行本。
47	杨启高	《史记通论》	有单行本。
48	朱师辙	《史记补注》	国学汇编本。
49	胡韫玉	《史记汉书用字考证》	国学汇编本。
50	章炳麟	《太史公尚书说》	刊于《章氏续丛书》中。

《驳议》称以上诸书"皆具有成书，卓然超迈者"。这些专著无疑会对《史记会注考证》乃至我们今后的《史记》文本研究工作提供有益的参考和借鉴，产生良好的促进作用。但问题在于：以上诸书是否俱有传本？换言之，《驳议》是否目录原书？

其实，《驳议》原注未注明版本信息者，实系钩稽旧籍（尤其是地方志）称引《史记》之作，并无传本；明确注明版本信息者相对可靠，然其中如孙星衍《天官书考证》、齐召南《史记功臣侯第考》、王先谦《史记旁证》、李惇《史记说文引书字异考》、邱逢年《史记通论》等稿本、抄本罕见流传。《驳议》以此责难，不免有意气之争。今对《驳议》所举李元春《史记注正》、周永年《孔子世家补》二目考辨如下：

一、李元春《史记注正》

《驳议》所举李元春《史记注正》称"在《史汉通鉴注正》中，《青照堂丛书》本"。《青照堂丛书》为清李元春所辑，有道光十五年（1835）刊本，分三编，《驳议》所举"《史汉通鉴注正》"在次编。其实，《青照堂丛书》本《史汉通鉴注正》书名前明确标有"顾氏"两个小字，可知该书作者姓顾。吴平、周保明选编的《〈史记〉研究文献辑刊》第六册收录该书"史记注正"的部分，作者作"清顾□撰"，持阙疑态度。

此"顾氏"即明末清初一代大儒顾炎武。《史汉通鉴注正》不过是将顾氏《日知录》卷二十七"史记注""汉书注""后汉书注"和"通鉴注"四部分内容依次辑出而成，著作权仍应归于顾炎武。《史记会注考证》多采顾炎武之说。鲁氏对该书未作细考，误将《史记注正》的作者当作编者李元春。

二、周永年《孔子世家补》

今考《驳议》所举周永年《孔子世家补》，作者实为宋人欧阳士秀，此书最早见著于明代《文渊阁书目》《内阁藏书目录》和《国史经籍志》三部书目。三部书目著录的其实是同一部书，即明代内府所藏的一部六册十二卷本。原书世所罕见，至清乾隆时早已失传①，四库馆臣据《永乐大典》辑出遗文，厘定卷次，列入《四库全书总目》史部传记类存目。关于此书辑者，前人无说，实即山东历城人周永年。卢文弨《抱经堂文集》载《与周林汲（永年）太史书》（原注：壬寅），略云：

> 前见示《孔子世家补》一书，因校《左氏传》未毕功，久置箧中，今始得一读。其考订岁年行事，以正史公之误，诚有足多者。又所引《左传》昭廿五年"万者二人"，谓当作"二八"。鲁自隐公考仲子之宫，始用六羽，其后群公之庙必皆用六佾可知。季氏，卿也，舞用四佾，今又取襄庙之四佾而为八佾，故唯有二八在耳。又引郑赂晋悼公女乐二八，而悼公分一八以赐魏绛；秦之遗戎王，亦以女乐二八。是知乐无问雅俗，皆以八人为佾也。此段"二人"之误，学者亦多疑之，而未有若此之剖析明而证据确也。又昭廿九年传："赵鞅赋晋国一鼓铁，以铸刑鼎。"谓"铁"当作"钟"，鼓钟皆量名。一乃齐壹之义。毁其不齐者，更铸以给焉，又取其余以为铸刑鼎之用也。古人铸鼎皆以铜，未闻以铁。杜氏不考古制，乃云鼓为鼓橐。凡铸钟鼎，谁非鼓橐者，何必以是为文耶？斯言当矣。至若"太宰问多能"，则据《列子》《家语》断其为宋太宰。"郑人谓夫子其颡似尧"数语，谓假相人而隐其辞以晓子贡。其语颇辨。此书诚当版行，以垂示久远，不可任其湮没也。文弨见识浅陋，其中亦尚有疑焉者。《论语》乃孔门弟子所记，比之他书为可信，而此书闲有不用者。如卫灵公问陈而孔子行，置之鲁哀二年；在陈绝粮，则置哀六年。接舆歌而过孔子，谓歌于孔氏之庭。"与之庾"谓当作"与之廋"，廋与籔同，季孙使冉有问田赋一节亦云然。不知郑康成注《聘礼记》云"籔或为逾"，则与庾音正相近。《考工记》作"斞"，《庄子》作"㪷"，其字皆从"臾"，则安得改从"叟"以合于"籔"之音素口反也。……其最谬者，乃取《庄子·渔父》之寓言而全载之，何其卑视吾孔子之甚也！今当付雕，亦不必为之改订，唯俟读者之自为取舍焉耳。此书见示只五册，尚未见"夫子曳杖之辰"，应尚有一册在合下所，此闲未移置他处，不宜有遗失。今粗校一过，仍送上，刻成时见赐可也。②

---

① 清人黄虞稷《千顷堂书目》著录"宋欧阳士秀《孔子世家补》十二卷"，当据《国史经籍志》等明代书目迻录，非亲见原书。

② 卢文弨撰，王文锦点校：《抱经堂文集》，卷19，中华书局1990年版，第274—275页。

据此乾隆四十七年壬寅（1782），卢文弨已将周永年寄示的《孔子世家补》五册校读一过。《驳议》指该书作者为周永年即源于此。然细绎此信，并未明言作者，且此书若为周永年作，则所称"今当付雕，亦不必为之改订，唯俟读者之自为取舍焉耳"云云颇为费解。袁枚《随园随笔・辨讹类》"左氏万者二人之讹"条载：

> 周林汲太史云："《左氏》昭二十五年，'万者二人'，当作'二八'。鲁自隐公考仲子之宫始用六羽，其群公之庙必皆用六佾可知。季氏卿也，舞用四佾，今又取襄庙四佾而为佾，故惟有二八在。郑赂晋悼公女乐二八，而悼公分一人以赐魏绛。秦之遗戎王，亦以女乐二八。是知乐不分雅俗，皆以八人为佾也。"①

又"左氏赋一鼓铁之讹"条载：

> 铁当作钟，钟、鼓皆量名，一乃齐壹之义。毁其不齐者，更铸以给焉，又取其余，以为铸刑鼎之用也。古人铸鼎用铜不用铁，杜氏乃云"鼓为鼓橐之鼓"，凡铸钟鼎谁非鼓橐者耶？此亦林汲太史之说。②

《随园随笔》这两条校订文字与卢氏所引《孔子世家补》说若合符契，皆指为周永年，似乎证明了周氏即《孔子世家补》作者。今检卢文弨《钟山札记》"二八"条载：

> 《左氏》昭廿五年《传》："将禘于襄公，万者二人，其众万于季氏。"《吕览》《淮南》亦并作"二人"。吴斗南《两汉刊误补遗》曰："舞必以八人成列，故郑赂晋以女乐二八。晋侯以乐之半赐魏绛，亦是以八为列。此'二人'乃'二八'之误。"欧阳士秀《孔子世家补》曰："鲁隐公考仲子之宫，初用六佾，则鲁群公之庙庭由是亦皆六佾可知。季氏大夫当用四佾，而乃僭用八佾，故于襄庙六佾之中取其四佾，并自有之四佾而成八佾。以此知'万者二人'之当作'二八'明矣。"③

又"鼓钟"条载：

> 《家语・正论解》："赵简子赋晋国一鼓、钟，以著刑鼎。"鼓、钟，权量名也。王肃注云："三十斤谓之钧，钧四谓之石，石四谓之鼓。"《左氏》载晏子称："四升为豆，各自其四，以登于釜，釜十则钟。"今《左传》作"赋晋国一鼓铁，以铸刑鼎"，杜注训"鼓"为"鼓橐"。宋欧阳士秀作《孔子世家补》辨之云："古人铸鼎皆用铜，未闻以铁。又凡铸钟鼎，谁非鼓橐者，何必

---

① 袁枚：《随园随笔》，卷18，王英志编纂校点：《袁枚全集新编》，浙江古籍出版社2015年版，第362页。
② 袁枚：《随园随笔》，卷18，第363页。
③ 卢文弨撰，杨晓春点校：《钟山札记》，卷2，中华书局2010年版，第44页。

赘此'一'字？当从《家语》作鼓钟。盖简子兴城而用不足，故其赋敛于晋国之内，自一鼓、十鼓以至百鼓已上，自一钟、十钟至于千钟有畸，以是为率数也。又以公私鼓、钟之量有不齐者，索而齐壹之。一即壹也。毁其不齐者，更铸以给焉。又取其销毁之余以为铸刑鼎之用。"此说似较之杜注为胜。①

《钟山札记》引据宋欧阳士秀《孔子世家补》校订《左传》"二八"作"二人"、"铁"作"钟"两条文字，与《与周林汲（永年）太史书》所称《孔子世家补》校语全合，指称一书无疑，是作者为欧阳士秀。《钟山札记》"鼓钟"条所引《孔子世家补》当系原文，信中则为意引，故文字详略颇有不同。《随园随笔》引周永年说与信中文字几乎全同，可证其实据《与周林汲（永年）太史书》转引，因卢氏未言明作者，故有此误会。

关于周永年据《永乐大典》校辑佚书事，章学诚《周书昌别传》记载颇详，文云：

> 宋元遗书，岁久湮没，畸篇剩简，多见采于明成祖时所辑《永乐大典》，时议转从《大典》采缀，以还旧观，而馆臣多次择其易为功者，遂谓搜取无遗逸矣。书昌固执以争，谓其中多可录。同列无如之何，则尽举而委之书昌。书昌无闲风雨寒暑，目尽九千巨册，计卷一万八千有余，丹铅标识，摘抉编摩，于是永新刘氏兄弟《公是》、《公非》诸集以下，又得十有余家，皆前人所未见者，咸著于录。好古之士，以为书昌有功斯文，而书昌自是不复任载笔矣。②

据此，《总目》传记类存目所载《永乐大典》本《孔子世家补》即由周永年衰辑而成，并将辑本或誊抄本中的五册交给卢文弨，嘱其帮助校勘。提要称此书"大抵据《皇极经世》以驳《史记·孔子世家》之讹。然邵子精于数学，不闻精于史学，所书先圣事迹，亦未必尽确"③，评价并不高，因而也未缮录入《四库全书》，亦未能版行于世，辑本遂亦亡佚。可证《驳议》列目"周永年《孔子世家补》"之谬。

从以上两例可以看出，《驳议》所列《会注》"采辑未备"的《史记》研究书目非全经鲁氏目验，民族情绪促使此书存在贪大求全、贪多求胜的心理，这是今后从事《史记》研究应克服的缺点。

---

① 卢文弨撰，杨晓春点校：《钟山札记》，卷2，第46页。
② 章学诚：《章学诚遗书》，卷18，文物出版社1985年版，第181页。
③ 纪昀等：《四库全书总目》，卷59，中华书局1965年版，第531页。

《史记新证》引文考

——以十二本纪为例

＊本文作者郭瑶洁，陕西师范大学文学院硕士研究生。

《史记新证》是陈直先生在《史记会注考证》与《考证校补》的基础上，参考传世铜器铭文、殷墟甲骨文、权量、石刻、竹简、陶器及相关文献后对《史记》典章制度、官吏名、地名、人名、器物名等内容所作的考证。过往研究《史记》的首选方法都是文本互证法，《考证》创作时虽已有了二重证据法的理论，但由于出土文物数量以及泷川君日人身份的限制，主要还是依靠传统的考证方式，鲜少以地下之材料为证。《新证》参考传世文献与出土文献，充分利用文本外证法、文本内证法与二重证据法对《史记》原文及旧注做出了 759 条考证，其中本纪部分 143 条。作为实践了二重证据法的作品，《新证》在体例与方法上都为后世学者提供了极好的借鉴。过往著作没有对《史记新证》全书展开过详细的介绍，涉及考证方法的创新之处时也往往集中在传统的二重证据法上。然而基于书中引用材料的复杂性与研究方法的更新迭代，将引文简单地归纳为纸上之材料与地下之下材料已略显不妥，故本文以四重证据法的材料划分方式来解析《新证》。主要介绍引文的类型、来源、目的与特点。

一、引文类型

根据《史记新证》引用之书与原书内容的不同，呈现出不同的面貌，主要有原文照录和裁缀概括等方式。

（一）原文照录

引文所引内容完整且正确，这一类在《史记新证》引文中所占比例最大。
例如《孝文本纪》：

> 欲出周鼎，当有玉英见。
> 直按：屈原《九章·涉江》云："登昆仑兮食玉英。"又按：《小校经阁金文》卷十五、九十页，有上太山镜铭云："上太山，见神人，食玉英，饮醴

泉，驾蛟龙，乘浮云。"……①

又如《五帝本纪》：

> 尧曰：鲧负命毁族，不可。
>
> 直按：屈子《离骚》云："鲧婞直以亡身兮，终然夭乎羽之野。"屈子对鲧的评价，与其他文献纪载不同。②

又如《五帝本纪》：

> 贪于饮食，冒于货贿，天下谓之饕餮。
>
> 直按：《吕氏春秋·识览篇》云："周鼎著饕餮，有首无身，食人未咽，害及其身。"与本文适合，现出土商鼎，以饕餮纹为多，与《吕氏春秋》亦合。③

又如《秦始皇本纪》：

> 于是立石东海上朐界中，以为秦东门。
>
> 直按：《全后汉文》卷一百零二《汉熹平元年东海庙碑》云："阙者秦始皇所立，名之秦东门阙，事在《史记》。"此石原在江苏海州，为汉之临朐界，碑文所记，与本文正合。④

还有《高祖本纪》：

> 至南郑，诸将及士卒多道亡归，士卒皆歌思东归。
>
> 直按：《汉铙歌十八曲》有《巫山高》篇云："巫山高，高以大，淮水深，难以逝。我欲东归，害梁不为？我集无高曳，水何梁，汤汤回回，临水远望，泣下露衣，远道之人心思归，谓之何。"余昔撰《铙歌十八曲解诂》，疑此诗即写此事……⑤

以上示例中的引文，无论是引《离骚》《吕氏春秋》，还是引《全后汉文》或汉乐府，内容皆清晰明确、首尾完整。

（二）裁缀概括

除了原文引用，为了简明扼要地表明观点，《史记新证》或将原文内容删减增改，或只引一段话中某一小句，或在不改变原文大意的情况下改动个别字句，或者抄撮复杂内容的主旨所引内容重点明确。如《秦始皇本纪》：

> 三十七年十月癸丑，始皇出游，左丞相斯从，右丞相去疾守。
>
> 直按：《盐铁论·毁学篇》云"过九轶二"（指李斯而言）。过九者谓九卿

---

①②③④⑤　陈直：《史记新证》，天津人民出版社 1979 年版，第 35 页、第 2 页、第 3 页、第 24 页、第 30 页。

也……①

此条《盐铁论》作："方李斯在荀卿之门，阘茸与之齐轸，及其奋翼高举，龙升骥骜，过九轶二，翱翔万仞，鸿鹄华骝且同侣，况跋跲燕雀之属乎！"② 在原文"过九轶二"上下语句中，《史记新证》只引其中几个字，大概缘于"过九轶二"四字，在此处最为要紧。

再如《高祖本纪》：

> 夫齐东有琅邪、即墨之饶，南有泰山之固，西有浊河之限，北有勃海之利。
>
> 直按：……《战国策·齐策》云"齐城之不下者，惟莒与即墨"，知即墨亦为要地。③

此条《战国策》原文作"唯独莒、即墨"而非"惟莒与即墨"。值得注意的是，这条引文本系《战国策》之《燕策》，并非如陈直所说出于《齐策》，应该是陈直误记所致。

又如《高祖本纪》：

> 夫运筹策帷帐之中，决胜于千里之外，吾不如子房。
>
> 直按：《汉张迁碑》文，叙张良事作"运筹惟幕之内，决胜千里之外"。虽用《史》《汉》语，与今本却不同。④

查《汉张迁碑》，此处为"善用筹策在帷幕之内，决胜负千里之外"，与《史记新证》中的内容略有不同，显然是摘录所致。

还如《殷本纪》：

> 太子太丁未立而卒，于是乃立太丁之弟外丙。
>
> 直按：《太平御览》卷八十三引《竹书纪年》，作外丙名胜，沃丁名绚，小庚名辨，小甲名高，雍己名仲，河亶甲名整，祖乙名滕，小辛名颂，小乙名敛，祖庚名曜，祖甲名载，商代帝王之名，多不见于其他文献，当有所本。⑤

此处，《太平御览》作"《纪年》曰外丙胜居亳……《纪年》曰沃丁绚即位居亳……《纪年》曰小庚辩即位居亳……《纪年》曰小甲高即位居亳……"⑥ 所记较为复杂，《史记新证》隐括其大意进行综述，使要点更加鲜明。

---

① 陈直：《史记新证》，天津人民出版社 1979 年版，第 25 页。
② 王利器：《盐铁论校注》，中华书局 1992 年版，第 231 页。
③ 陈直：《史记新证》，天津人民出版社 1979 年版，第 31 页。
④ 同上，第 30 页。
⑤ 同上，第 7 页。
⑥ 李昉、徐铉等：《太平御览》，中华书局 1959 年版，第 390 页。

二、《史记新证》引文来源

　　《史记新证》广泛征引了文学、史学各方面文献，参考了许多传世器物。书中引文来源丰富，有遗址中的砖瓦器物，如西安南郊出土的陶尊；有传世的经史子集各部文献，如《尚书》《汉书》《庄子》《楚辞》；还有陈直自著，如《关中秦汉陶录》《两汉经济史料论丛》等，且涉及的文献时代跨度大、数量多、学科门类广，但从性质来看，大致可以划分文物与文献两类。

　　陈直在《自序》中说："余之为《史记新证》……其材料多取材于考古各方面。如殷代则用殷墟甲骨文，两周则用铜器铭文，秦汉则用权量、石刻、竹简、铜器、陶器诸铭文。使文献与考古合为一家……"① 又在《汉书新证·自序》中提到："以本文为经，以出土古物材料证明为纬。使考古为历史服务，既非为考古而考古，亦非单独停滞于文献方面。"② 而其书名"新证"二字，亦能看出陈直大量使用出土之古器物来证明《史记》与《汉书》原文的方法，与以往逐字作音义训诂的考证之作的区别，故《史记新证》与《汉书新证》也被学者公认为是二重证据法的开山之作③。现将《史记新证》十二本纪"直按"里涉及到的书名、物名与遗址归类整理如下：

表一　《史记新证》十二本纪引用文物一览表

可见文物/遗址/考古发现		
出土文献		实物图像
1919 年天水西南乡出土秦公敦	蓝田利鼎文	出土商鼎
1948 年鄠县出土秦右庶长歜封邑陶券	武梁祠画像题字	西安半坡村、鱼化寨新石器时代遗址种子
1954 年 10 日大港区烟墩山下发现的青铜器	长沙仰天湖所出楚竹简	秦惠文君冢
1954 年长安县斗门镇普渡村发现的铜器	石鼓文	周武王陵
1957 年霍去病墓上所出不知名兽	大郑宫遗址瓦当	河南王城发现的文信钱钱范
1976 年岐山出土墙盘文	秦代权量	长沙、信阳战国楚墓中所出羽觞
西安西南乡战国秦时墓中"蒲阪"方足布	秦度秦釜	西安汉城遗址出土蜚廉画瓦

---

① 陈直：《史记新证》，天津人民出版社 1979 年版，第 3 页。
② 同上，第 4 页。
③ 王志勇：《以出土文献为基础的〈史记〉研究综述》，《渭南师范学院学报》2017 年第 1 期。

续表

出土文献		实物图像
西安汉城遗址"童马厩将"印	出土汉印	
西安汉城遗址出土铜鼎	丈八沟出土杜符	
西安汉城遗址出土带钩	秦右庶长歜封邑陶券文	
西安南郊出土陶尊	甘肃庆阳出土禾石铁权	
秦始皇陵断砖残瓦	张迁碑	
秦始皇陵出土"左司高瓦"	曹全碑	
甲骨文	泰山刻石	

表二 《史记新证》十二本纪引用传世文献一览表①

朝代	传世文献	共计
先秦	《尚书》《论语》《左传》《孟子》《管子》《庄子》《吕氏春秋》	7
秦	《世本》	1
西汉	《山海经》《公羊传》《淮南子》《史记》《盐铁论》《国语》《战国策》《楚辞》《大戴礼》	9
东汉	《汉书》《说文解字》《四民月令》	3
南北朝	《昭明文选》《玉台新咏》《颜氏家训》	3
唐	《艺文类聚》《经典释文》《晋书》《两京新记》	4
北宋	《太平御览》《绛帖》《集古录》《长安志》《资治通鉴》《乐府诗集》《汝帖》《东观余论》	8
南宋	《历代钟鼎彝器款识法帖》《隶释》《啸堂集古录》	3
辽、金、西夏		
元	《长安志图》	1

---

① 注：《史记新证》中，涉及《楚辞》中篇目时而单独言篇名，如《天问》，时而言书名及篇名，如《楚辞·天问》，又如《楚辞·九歌·云中君》，此表中统一称《楚辞》。《乐府诗集》，《史记新证》中时而写作"汉乐府"，时而直言"汉铙歌十八曲"，时而写作《乐府诗集》，此表中统一称《乐府诗集》。《古玉图考》，《史记新证》作"今本《竹书纪年》……徐文靖笺云……"。另外，《说文解字》《两京新记》《资治通鉴》《历代钟鼎彝器款识法帖》《长安志图》《小蓬莱阁金石文字》《全上古三代秦汉三国六朝文》《积古斋钟鼎彝器款识》《青溪旧屋文集》《殷墟书契前编》《小校经阁金文拓本》和《流沙坠简》，《史记新证》分别称作《说文》《两京记》《秦纪》、薛氏《钟鼎款识》《长安图志》《小蓬莱阁金石文字记》《全后汉文》《积古斋钟鼎款识》《青溪旧屋集》《殷墟前编》《小校经阁金文》和《流沙坠简考释》。

续表

朝代	传世文献	共计
清	《秦汉瓦当文字》《山左金石志》《金石萃编》《藤花亭镜谱》《金石索》《小蓬莱阁金石文字》《全上古三代秦汉三国六朝文》《积古斋钟鼎彝器款识》《三辅旧事》《青溪旧屋文集》《竹书纪年统笺》《十钟山房印举》《恒轩吉金录》《十六金符斋印存》《古玉图考》《攈古录》《古籀馀论》《封泥考略》《长安获古编》《陶斋吉金续录》	20
中华民国	《殷墟书契前编》《齐鲁封泥集存》《殷墟书契菁华》《周金文存》《金泥石屑》《愙斋集古录》《古石抱守录》《愙斋砖瓦录》《观堂集林》《双剑誃吉金图录》《小校经阁金文拓本》《簠斋藏器目》	12
新中国	《释殷代求年于四方和四方风的祭祀》《古泉大辞典》《流沙坠简》《关中秦汉陶录》	5
总计		76

（一）传世文献

从上表中不难看出，清代文献《史记新证》引用频率最高，仅本纪部分就出现了 24 种，然后是民国（12 种）与西汉（9 种）。《史记》创作于西汉，两汉文献距《史记》相去不远，最可能保留事件的原貌，书中与《史记》相同或者相异的内容都有较高的可信度，是用以考证的最佳选择。清代考据学发展到鼎盛，出现了像王昶、阮元、吴世芬这样的金石学名家，他们致力于搜集石鼓、铜器、瓦当等材料，来整理或补正某一典籍，并尽可能保留了金石、简牍、封泥的原貌。近代以来出土文献的不断发现为学者们提供了新的研究途径，为《史记新证》提供了必要的参考数据。

从具体典籍来看，本纪部分引用频率依次为《史记》（25 次）、《汉书》（24 次）和《楚辞》（11 次）。此外，"金石"与"金文"共出现了 24 次。《史记》内证法与史汉互证法是《史记新证》最主要的方法。《史记》作为一部规模宏大、体系完备的史学著作，其自有的体例、上下文逻辑、不同篇章之间的联系都可以作为考证的依据。例如《孝文本纪》"大将军陈武"之记载，泷川资言《史记会注考证》认为《汉书》也有"大将军武"的记载，应参考服虔之说，认定"大将军武"是柴武，且柴武为大将军应在文帝三年，陈武则"他无所见"。针对泷川资言的看法，陈直认为陈武就是柴武，还指出《高祖功臣侯表》和《文帝纪》中都有对陈武的记载[1]，并以《史记》上下文证《史记会注考证》为非。又如《项羽本纪》中"是时赤泉侯为骑将追项王，项王瞋目而叱之"几句，陈直指出《汉书》中的

---

① 中国东方文化研究会历史文化分会：《历代碑志丛书》第一册，江苏古籍出版社 1998 年版，第 31 页。

赤泉侯写作杨喜，《史记》此处将杨喜改称为赤泉侯是为了避太史公祖父司马喜之讳①。这些论述，无疑是正确的。传世文献在考证过程中发挥的主要是文本外证的作用。无论是以诗证史、以文证史还是以史证史，文本外证法在金石、简牍、出土文献不多的年代里一向是学者们展开考证的首选方法。

从类型来看，经部文献占总数的12.86％，史部占64.86％，子部占13.51％，集部占9％。显然，缘于《史记》的史书性质，金石、目录、考古类的著作文献在《史记新证》中起着重要的作用。例如《周本纪》中"辛伯告王，王杀周公"两句，《史记新证》指出"周公之后，仍称周公"，并以《周金文存》卷六、二十二页杭州邹氏藏的周公戈为证，足见其说法的可靠性②。又如《周本纪》"帝纣闻武王来，亦发兵七十万人距武王"③ 两句，《史记新证》以殷墟甲骨文中对商代用兵情况的记载为证，认为甲骨文记载商代用兵至多一万余人，此处《史记》本文记载商代用兵七十万人，与实际不符合，并对此提出疑问。当然，传世文献在传抄与翻刻的过程中会不可避免地出现讹、脱、衍、倒等问题，自然灾害、政治干预与各朝代的避讳也会给考证者造成许多困惑。而历代名家所藏的印章、封泥、瓦当及各种器具上的铭文不像纸张这样容易损毁，又经过金石、收藏家们整理成书，可以最大限度地保留其部分原貌，能够更加真切地展示出汉代诸多方面的情况，具有"与史传正其阙谬"④ 的功能。

（二）出土文献

文学人类学一派将新发现的甲骨文、金文资料以及新出土的东周时期以来的竹简帛书等出土文献都视为"二重证据"⑤。《史记新证·自序》中陈直先生提到，自己亦有意将文献与考古合成一家。近代以来考古发掘的器物、印章、残瓦与流传至今的碑刻、权量等未著述成书，但刻有文字资料，对《史记》的考证都有着至关重要的作用。《史记新证》对出土文献的引用有两种形式，一是引用原文，二是隐括大意。

引用原文者，如《秦本纪》"四年天子致文武胙，齐魏为王"两句，陈直引用了1948年鄠县出土的秦右庶长歜封邑陶券上的文字，文云："四年周天子使卿大夫辰来致文武之酢，冬十一月辛酉，大良造庶长游出命日，取杜在邦邱到滿水，以为右庶长歜宗邑，乃为付书，卑司御不更颟封之曰：子子孙孙，以为宗邑。颟以四年冬十一月癸酉封之，自桑障之封以东，□到桑□（以上正面），封一里廿辑。大田佐敖童，曰未史，曰初□，卜蛰史骂手，司御心志，是□封（以上背

①　中国东方文化研究会历史文化分会：《历代碑志丛书》第一册，江苏古籍出版社 1998 年版，第 28 页。
②　同上，第 10 页
③　同上，第 8 页。
④　同上，第 101 页。
⑤　叶舒宪：《大熊伏羲创世记——四重证据法解读天水伏羲文化》，《兰州大学学报》2018 第 6 期。

面）。"① 陶券叙述了周天子使卿大夫辰来致文武之酢的事，与《史记》本文"四年天子致文武胙"正合。又如《项羽本纪》"封吕马童为中水侯"，《史记新证》言"汉城遗址曾出土过'童马厩将'印，马童即童马，为初壮之马，盖当时之习俗语，故取以为名（又平州侯昭涉掉尾之子，亦名马童）。"② 大量引用陶券与汉印上的文字以证明《史记》为信史。

隐括大意者，如《周本纪》"子昌立，是为西伯，西伯曰文王"，《史记新证》按语作"一九七六年岐山出土墙盘叙文武成康昭穆世系甚详……"③，但没具体引用墙盘之文。又如《孝武本纪》"更印章以五字"，按语说"现以出土汉印考之，章为五字，多用于太守都尉及将军……"，只言出土汉印而未引用印文。上文引用印章的两例中，"童马厩将"印因为"童马"二字对考证原文有用，故引明了印章上的文字内容，而"出土汉印"的重点只在五字与否，所以没有点明印章之具体内容。大概当器物上的文字对于文字校勘、史实考证有着必不可少的作用时，《史记新证》会选择引明这些砖、瓦、简、印上的文字，且不会因为器物上文字的多寡而决定详引或略引。当所用的文献只能起到补充说明的作用而与正误判别无涉时，则概括其内容以起到精练表达的目的。

（三）民俗学与器物图像

除了传世文献与出土文献之外，《史记新证》在论述中，还引用了少量民俗学与器物图像资料。如《项羽本纪》"楚左尹项伯者，项羽季父也"两句，泷川资言引用中井积德之言，对项伯为季父但取字作"伯"表示不解。《史记新证》言项伯的排行在同父兄中则为伯，在共祖兄弟中为季，故名季字伯，并进一步指出至今江南各地仍有这样的风气④。显然，虽然一地的风俗鲜少见于文献，但是其代代相传的风俗习惯却使其解释了泷川资言项伯名"季"之惑。至于"物证或图像证"，一向被认为是更加客观、更有说服力的文献，故使用物证得出的结果自然就更加令人信服。相比起创作时可以被政治控制的铭文资料，那些在遗址中发现的种子、陵墓的形制、铜器上的花纹都是一个时代文明的投射，这种呈现虽然十分隐匿，但却有着极高的说服力。《史记新证》创作时，虽然没有特意使用民俗学方法，但是其用以考证的资料却开启了后来四重证据法的萌芽，口传叙事、物的叙事与文字叙事的结合让《史记新证》独具光彩。

三、引文目的

（一）证明《史记》确为信史或旧注无误

经过统计，发现《史记新证·十二本纪》中，16.78%的内容是为证明《史

---

① ② ③ ④　陈直：《史记新证》，天津人民出版社 1979 年版，第 14 页、第 30 页、第 9 页、第 28 页。

记》与旧注的可靠性而做。

如《吕后本纪》"及封中大谒者张释为建陵侯"句，《史记新证》指出《汉书·百官公卿表》中有"谒者"，《灌婴传》里有"中谒者"，但都没有出现过"中大谒者"之名，认为这是汉初的官制，应该与谒者、仆射属于同一类。又强调类似的例子也可见崔寔《四民月令》，其中"后汉大尚书崔寔撰"句，也是在官职前加上"大"字，并认为"中大谒者"的出现是合理的现象①。

又有《五帝本纪》"帝喾取陈锋氏女，生放勋"两句，《索隐》引了皇甫谧之言，点明陈锋氏女的名字是庆都。《史记新证》指出《小蓬莱阁金石文字记》中有《汉成阳灵台碑》②，这碑是为尧母庆都而立，可见证明皇甫谧的说法是正确的。

（二）对《史记》及旧注进行纠正

每一本书在流传的过程中都不可避免地会出现一些讹误，即使《史记》这样宏大的作品也不例外。因此，对有误的内容进行纠谬是考据的重要内容。此类引文占 18.88%，既有对个别文字的校勘，又有对史实的考证。

校勘文字者，如《秦本纪》"伐取韩石章，伐败赵将泥"两句，按语将《史记·六国年表》中的"虏将赵莊"与此处"赵将泥"做对比，认为"莊"字在汉代可能写作"庄"，与"尼"字相似，后人在传抄的过程中又逐渐由"尼"变"泥"③。又《秦本纪》"于是复予秦仲后，及其先大骆地犬丘并有之，为西垂大夫"下，《史记新证》以《陶斋吉金续录》中记载的大驫权上刻的秦始皇二十六年及二世元年的诏书为证，认为"大驫"疑为地名，《史记》本文此处的"大骆"应该是为大驫误文④。

考证史实者，如《秦始皇本纪》"三十二年，始皇之碣石，使燕卢生求羡门高誓"几句，《集解》言羡门为古仙人，《正义》也认为高誓是古仙人，泷川资言引梁玉绳认为《封禅书》里的羡门子高与《郊祀志》中羡门高是同一人的观点，又引张文虎认为誓字不可解，非衍即误，或有脱文之言，没有明确取舍。诸家说法纷纭。《史记新证》以宋玉《高唐赋》中"有方之士，羡门高溪，上成郁林，公乐聚穀"的记载为证，认为溪与誓为一声之转，宋玉所指的高溪，应该就是《史记》本文的高誓，从而指出旧注诸说自然为非⑤。

（三）对《史记》或旧注完善补充

旧注受到时代与条件的限制，其考证不一定证据充分，故《史记新证》本纪中有 56.64% 的引文，都是为了对旧注进行补充而做。

如《周本纪》"昭王南巡狩不返，卒于江上"两句，按语引《楚辞·天问》

---

①②③④⑤　陈直：《史记新证》，天津人民出版社 1979 年版，第 33 页、第 1 页、第 15 页、第 11 页、第 24 页。

"昭后成游，南土爰底，厥利维何，逢彼白雉"几句，指出《楚辞》所记即为此事①。又如《秦本纪》"十年卫鞅为大良造，将兵围魏安邑，降之"，《史记新证》引用了《小校经阁金文》中大良造商鞅量上"十八年齐率卿大夫众来聘，冬十二月乙酉大良造鞅，爰积十六尊五分尊□为升。临，重泉"的铭文，指出"齐率卿大夫众来聘"句似乎是齐国率众来秦观光，有仿效变法之意②。齐国率众参观之事文献没有记载，旧注也未曾提及，《史记新证》则补充了史书相关的空缺。

此外，《史记新证》在泷川资言《史记会注考证》的基础上写就，对《史记会注考证》中许多按而不断的内容作出了取舍。不过，但是遇到暂时无法得出确切答案的问题时，陈直并不会强下断语，如《秦本纪》"十三年……左更白起攻新城"，此条下泷川资言"据传十三年白起尚未为左更"。《史记新证》指出《秦本纪》十三年和十四年两言左更白起，怀疑白起在十三年已经官至左更，但《白起王翦列传》记载"昭王十三年，而白起为左庶长……其明年，白起为左更……"，此处本纪与本传之异同，不能决定孰是，因此存疑。

如《殷本纪》"冥卒，子振立，振卒，子微立"，《史记新证》指出今本《竹书纪年》"夏帝泄十二年，殷侯子亥宾于有易，有易杀而放之"几句徐文靖笺作"子亥迁殷见《世本》，子亥为冥子……"针对《史记》"子振"在今本《竹书纪年》中作"子亥"之事，《史记新证》提出"余考亥为冥子，《世本》作核，《史记》作振，振即核字传写之误"③。这种释疑存疑类的按语，体现出一个学者客观、科学的考证态度。

四、引文的特点与不足

（一）特点

《史记新证》引文众多，包罗宏富。每一条引文都有明确的引用格式，大多数引文都能精确到篇章，一些金石考古类文献还能精确到页码，这份严谨与详细对读者十分友好。

首先，《史记新证》引文明确，详略得当。当需要引用的内容比较多或比较复杂时，《史记新证》常常简单概括，选取其中最有用部分，其余以"云云"代替，有时也直接用"略云"介绍所引篇章的大致内容。如《秦本纪》"桓公立二十七年卒，子景公立"几句，《史记新证》按语作"一九一九年天水西南乡出土秦公敦，文略云'秦公曰：丕显朕皇且，受天命，鼏宅禹绩，十又二公'云云。与薛氏《钟鼎款识》著录之盠鉌钟辞句相似，十有二公盖自秦仲起算……"④，简明格要。

其次，出处明确，便于查找。当引文涉及近现代出土文物时，《史记新证》会

---

①②③④　陈直：《史记新证》，天津人民出版社 1979 年版，第 10 页、第 13 页、第 5 页、第 12 页。

详述出土地点，如"1976年岐山出土墙盘"①"1919年天水西南乡出土秦公敦"②；当引用金石类研究著作时，《史记新证》会指出其页码，如"《周金文存》卷六、二十二页"③与"《小校经阁金文》卷十一、十九页"④；引用传世经典著作时会详明篇章，如《史记·礼书》《楚辞·招魂》与《盐铁论·论功篇》。这样精确到篇名的记录，十分便于读者查找验证。

再次，格式严谨，类型清晰。《史记新证》无论详引还是略引、引书还是引言，都有着明确的符号标记。引书如上所见，凡引人言皆只用引号，如《项羽本纪》"项羽乃与期洹水南殷虚上"句，《史记新证》按语有"郭宝钧先生云：宋人所指之河亶甲城，当今安阳之侯家庄"⑤，冒号与引号的不同组合，照应着文本不同的引文类型，十分清晰。

（二）不足

陈直对《史记》的研究不在一时一地，而是"越两岁一读，偶有心得，签纸别注"⑥，故《史记新证》引文也存在一些缺点。

如体例不统一。在按语部分，陈直有时先引用内容、再介绍书名，如《高祖本纪》"乃论功，与诸列侯剖符行封"两句，按语指出"其形式今可考者有'与安国侯为虎符第三'符，见《小校经阁金文》卷十四、九十二页。有'与泗水王为虎符泗水左一'符，见《恒轩吉金录》一百二十三页"⑦；有时则先介绍书名，再引用内容，如《吕后本纪》"少府延为梧侯"句，按语作"《十六金符斋印存·续百家姓谱》十一页有'陽成房'印"⑧。这种时而先介绍书名，时而又先引用内容的区别，似乎并没有特殊的标识意义，尽管不会给读者阅读带来困难，但使体例显得不太统一。《史记新证》一般先引原文，原文下酌情引旧注，旧注下为直按。书中时常针对旧注展开考证，但并不是每一条考证都能写明旧注内容，有时直接在原文下写按语。如《孝武本纪》"於是上令长安则作蜚廉、桂观"几句，原文下为："直按：西安汉城遗址出土蜚廉画瓦甚多，其形身如鹿，头如雀，与晋灼注相合，盖即蜚廉观中之物。"⑨提到了晋灼之注却未说明内容，尽管《会注考证》此处有晋灼注的原文，但仍然会对没有看《会注考证》的读者带来阅读的困难。

如书名混乱。引文常有书名前后不一的情况。例如《秦始皇本纪》第12条考证引用了《长安图志》卷中《志图杂记》之语⑩，然引文内容实际出自《长安志图》。又有《殷本纪》第2条考证引《殷墟前编》，然此书名实际应作《殷墟书契前编》。除此之外，《史记新证》在引用《史记》与《汉书》时常常只标篇名，如《殷本纪》第1条考证引用汉书时，直接写作《古今人表》⑪，又《秦本纪》第12条考证引《史记》直接作《楚世家》⑫。大抵有一些名字比较接近的书本来就易造成混淆，而像《殷墟书契前编》《史记》《汉书》这样的作品都具有比较高的知名

---

①②③④⑤⑥⑦⑧⑨⑩⑪⑫　陈直：《史记新证》，天津人民出版社1979年版，第9页、第13页、第11页、第13页、第28页、第1页、第31页、第32页、第38页、第21页、第5页、第14页。

度，稍作简写也不太会影响全书整体的表达。

　　《史记新证》是在《史记会注考证》的基础上有意采用二重证据法，综合利用文物与文献对《史记》及旧注作出的考证。书中引文目的可以分为证明《史记》为信史或旧注可靠、对《史记》及旧注进行纠正、对《史记》及旧注完善补充三类。《新证》综合运用《史记》内证法、史汉互证法和二重证据法，经史子集各部文献中以史部引用为最多。虽然二重证据法在书中有着至关重要的作用，但书中的引文材料实际可以划分为传世文献、出土文献、民俗学资料和实物图像四类，暗藏着四重证据法的萌芽。口传叙事、物的叙事与文字叙事的结合让《新证》独具光彩。书中引文格式严谨、详略得当、出处清晰。尽管《新证》是在比较完善的旧注基础上展开新的补充，但是其体量决定了其不可能面面俱到、一应俱全，其体例不能完全统一以及书名的混乱会给读者带来一些困难。加上受到出土文献数量、检索资料困难、古文字学术发展有限等因素的制约，当然有不能尽善尽美之处，但这无疑是以二重证据法证史书的开山之作。

　　【编者后按】本文《〈史记新证〉引文考》，是对历史研究细则的考证，意义极为重大。本会期待作者对古本、今本《竹书纪年》引文作一番考证，以补王国维、朱右曾、方诗铭等人之不足。今存《竹书纪年》，无论古本、今本辑录的引文绝大多数皆辑录自司马迁之后的典籍，是多次转手的资料，真实性大打折扣。所以若有这样一份《〈竹书纪年〉引文考》，可以判定纪年资料的真实程度，有几分在司马迁之前，所以学术价值特别重大。本条按语是一个呼唤。

《史记正义》考误一则

＊本文作者邰旻，江苏省泰州中学教师。

中华书局点校修订本《史记·孔子世家》"后七日卒"《正义》引《括地志》

　　汉封夫子十二代孙忠为褒成侯；生光，为丞相，封侯；平帝封孔霸孙莽二千户为褒成侯；后汉封十七代孙志为褒成侯；魏封二十二代孙羡为崇圣侯；晋封二十三代孙震为奉圣亭侯；后魏封二十七代孙为崇圣大夫；孝文帝又封三十一代孙珍为崇圣侯，高齐改封珍为恭圣侯，周武帝改封邹国公；隋文帝仍旧封邹国公，炀帝改为绍圣侯；皇唐给复二千户，封孔子裔孙孔德伦为褒圣侯也。①

《正义》引《括地志》所叙孔子后受封一段舛误颇多，修订本《校勘记》已厘正多处，然尚有疏漏，今补订如下：

第一，《汉书·孔光传》载：

　　孔光字子夏，孔子十四世之孙也。孔子生伯鱼鲤，鲤生子思伋，伋生子上帛，帛生子家求，求生子真箕，箕生子高穿。穿生顺，顺为魏相。顺生鲋，鲋为陈涉博士，死陈下。鲋弟子襄为孝惠博士，长沙太傅。襄生忠，忠生武及安国，武生延年。延年生霸，字次儒。霸生光焉。……元帝即位，征霸，以师赐爵关内侯，食邑八百户，号褒成君。……光凡为御史大夫、丞相各再，壹为大司徒、太傅、太师，历三世，居公辅位前后十七年。……光年七十，元始五年薨。莽白太后，使九卿策赠以太师博山侯印绶，赐乘舆秘器，金钱杂帛。……谥曰简烈侯。……元帝下诏曰："其令师褒成君关内侯霸以所食邑八百户祀孔子焉。"故霸还长子福名数于鲁，奉夫子祀。霸薨，子福嗣。福薨，子房嗣。房薨，子莽嗣。元始元年，封周公、孔子后为列侯，食邑各二千户。莽更封为褒成侯，后避王莽，更名均。②

《括地志》所叙汉代孔子后人受封事当源自《汉书》。《正义》"生光，为丞相，封侯"与史载孔光生平完全吻合，其为一人无疑。则前文"汉封夫子十二代孙忠为褒成侯"句有误，此指史文汉元帝封孔光父孔霸为褒成君事，霸为孔子"十三

---

①　司马迁：《史记》卷47，中华书局2014年版，第2353—2354页。

②　班固：《汉书》卷81，中华书局1962年版，第3352—3353页。

代孙"，《正义》"十二代"误，且涉孔子十一代孙孔忠（孔霸祖父）而误"霸"作
"忠"，即本句当校作"汉封夫子十三代孙霸为褒成君"。

第二，《正义》"平帝封孔霸孙莽二千户为褒成侯"即史文汉平帝元始元年封
孔子后孔莽为褒成侯，食邑各二千户事。据上引史文孔莽乃孔霸玄孙。考孔莽
（即孔均）子为孔志，《后汉书·儒林列传》："乃封孔子后孔均为褒成侯，追谥孔
子为褒成宣尼。及莽败，失国。建武十三年，世祖复封均子志为褒成侯。"《正义》
下文"后汉封十七代孙志为褒成侯"与史文世次相合，则孔子十三代孙为孔霸，
十六代孙为孔莽，《正义》"孙"上脱一"玄"字无疑。

第三，《后汉书·儒林·孔僖传》载："建武十三年，世祖复封均子志为褒成
侯。志卒，子损嗣。永元四年，徙封褒亭侯。损卒，子曜嗣。曜卒，子完嗣。世
世相传，至献帝初，国绝。"李贤注："献帝后至魏，封孔子二十一叶孙羡为崇圣
侯。晋封二十三叶孙震为奉圣亭侯。后魏封二十七叶孙乘为崇圣大夫。太和十九
年，孝文幸鲁，亲祠孔子庙，又改封二十八叶孙珍为崇圣侯。北齐改封三十一叶
孙为恭圣侯，周武帝平齐，改封邹国公，隋文帝仍旧封邹国公，隋炀帝改封为绍
圣侯。贞观十一年，封夫子裔孙子德伦为褒圣侯，伦今见存。"[1] 李注称孔羡为孔
子"二十一叶孙"，是。今山东曲阜孔庙存魏碑《魏鲁孔子庙之碑》（又名《孔羡
碑》）云："维黄初元年，大魏受命，胤轩辕之高纵，绍虞氏之遐统，应历数以改
物，扬仁风以作教。于是揖五瑞，班宗彝，钧衡石，同度量。秩群祀于无文，顺
天时以布化。既乃缉熙圣绪，绍显上世，追存二代三愙之礼兼绍宣尼褒成之后，
以鲁县百户命孔子廿一世孙议郎孔羡为宗圣侯，以奉孔子之祀。"据此《正义》
"二十二代"为"二十一代"之误无疑。"崇圣侯"亦当作"宗圣侯"。

---

① 范晔：《后汉书》卷 79 上，中华书局 1965 年版，第 2563—2564 页。

《史记·周本纪》引《尚书·吕刑》考

＊本文作者王甜，陕西师范大学文学院硕士研究生。

《尚书·吕刑》继承了殷商、西周的刑罚观，其中蕴藏着杰出的法治思想，在法治思想史上占有举足轻重的地位，司马迁将部分内容收于《周本纪》中。从收录内容看，司马迁赞同西周所提倡的"明德慎罚"，参以《史记》其他篇目，进一步分析探讨司马迁的刑罚观。

一、《尚书·吕刑》内容解读

《周礼·秋官·大司寇》云："一曰刑新国用轻典，二曰刑平国用中典，三曰刑乱国用重典"，轻典、中典、重典，此三典为西周初年刑法，统治者用以维护社会安定。西周第四代国王周昭王曾三次南征，《古本竹书纪年》载昭王第三次伐楚时"夜清，五色光贯紫微，其王南巡不返"，此次讨伐失利为西周国势初衰之兆，王道微缺，德行有衰，导致阶级矛盾激化，昭王子穆王即位时政乱民怨，此前成康之治以王室之德引领的"刑错不用"已失效。为了缓和阶级矛盾，巩固周王室江山社稷，穆王便令吕侯修订刑律以布告天下，废止过于严酷的旧法，《书序》记此事："吕命穆王训夏赎刑，作《吕刑》。"① 其内容大致可分为三部分：其一，追溯刑罚来源，总结苗民因滥用刑罚而招致灭亡的经验教训，"苗民弗用灵，制以刑，惟作五虐之刑曰法。杀戮无辜，爰始淫为劓、刖、椓、黥"，苗民过度使用刑罚杀害无辜，终被帝尧所灭；其二即本篇主体部分，将刑罚分为五刑、五罚、五过三类，"上下比罪，无僭乱辞，勿用不行，惟察惟法，其审克之！上刑适轻，下服；下刑适重，上服。轻重诸罚有权。刑罚世轻世重，惟齐非齐，有伦有要"，提出"上下比罪"制度，根据具体案件做出灵活判断来保证公平；其三，记载穆王言论，训诫官员及后代恪守本刑。

《吕刑》作为记载有关周代刑法的相关文献，文中反复阐释"明德慎罚"的观点，"官伯族姓，朕言多惧。朕敬于刑，有德惟刑"，主张以刑辅德，只有让臣民对政令感到畏惧，以德教使百姓心悦臣服，才能使国家长治久安。"明德慎罚"此为西周统治者立法活动之创举，该词最早出现在《尚书·多方》中，"慎厥丽，

---

① 孔颖达疏：《尚书正义》，李学勤：《十三经注疏》，北京大学出版社 1999 年版，第 281 页。

乃劝；厥民刑，用劝；以至于帝乙，罔不明德慎罚，亦克用劝"，周公平定三监之乱后，告诫康叔要像文王一样将"明德慎罚"作为治理原则，即一方面以德施刑，减少刑法的阻力，另一方面以刑施德，加强德治，减少犯罪行为，二者兼施相辅相成。从某种程度上说，周王朝是在汲取"明德慎罚"成功经验的基础上建立起来的，因此"明德慎罚"是周代统治阶级最关注的政治准则之一，不管是在周初还是在周末，周王朝的施政者们都将其贯穿于统治过程的各个环节、各个领域。①

二、《史记·周本纪》对《吕刑》的沿袭

"《史记》述五帝三王时事，无不取信《尚书》"②，司马迁有意对《尚书》中佶屈聱牙的字句进行改造，"文有增损，字有通假，义有补缀，或且随笔窜易，以成己一家之言"③。《史记》在引述《尚书》时，并非对原文进行简单的摘抄，而是在理解消化经文的基础之上进行二次创作，引文多有改易，其方式有翻译式引用、概述式引用、摘要式引用、解释式引用、增补式引用、删减式引用、改换式引用④。司马迁在引用《吕刑》时运用了以下三种方式：

1. 摘要式引用

《周本纪》并未全文征引《吕刑》，而是选择性地摘录了其中吕侯制定刑律的背景与刑律的内容：

> 王曰："吁，来！有国有土，告汝祥刑。在今尔安百姓，何择非其人，何敬非其刑，何居非其宜与？两造具备，师听五辞。五辞简信，正于五刑。五刑不简，正于五罚。五罚不服，正于五过。五过之疵，官狱内狱，阅实其罪，惟钧其过。五刑之疑有赦，五罚之疑有赦，其审克之。简信有众，惟讯有稽。无简不疑，共严天威。黥辟疑赦，其罚百率，阅实其罪。劓辟疑赦，其罚倍洒，阅实其罪。膑辟疑赦，其罚倍差，阅实其罪。宫辟疑赦，其罚五百率，阅实其罪。大辟疑赦，其罚千率，阅实其罪。墨罚之属千，劓罚之属千，膑罚之属五百，宫罚之属三百，大辟之罚其属二百：五刑之属三千。

《吕刑》篇幅较长，司马迁选取出其中表达刑罚思想的文字，同时对该部分内容运用翻译式引用与增补式引用两种方式来顺应篇章叙述的需要。

① 王保国：《从〈吕刑〉看"明德慎罚"思想在西周的演变》，《郑州大学学报》（哲学社会科学版），2003 年第 1 期。
②③ 张新科、高益荣、高一农：《史记研究资料萃编》，三秦出版社 2010 年版，第 332 页。
④ 钱宗武：《经书史学化的一个样本——兼论〈史记〉引〈书〉述史》，《苏州大学学报》（哲学社会科学版），2017 年第 5 期。

2. 翻译式引用

《尚书》为古史材料，至汉时文字已不易理解，司马迁为了消除语言隔阂，保持《史记》语言风格的完整性，通常会在忠于原文的基础上，用汉代通用语代替上古语，如：

> 简孚有众，惟貌有稽。《吕刑》
> 简信有众，惟讯有稽。《周本纪》

"孚"，《说文》解云："卵孚也，从爪从子"，本意是鸟儿用爪子紧紧抓住孩子，"鸟之乳卵皆如期不失信"，禽孵卵必以信，后来"孚"的"信"义便产生，《尔雅·释诂》释"孚，信也"。《广雅·释诂》："貌，治也。"《说文·言部》："讯，问也。"《周礼·小司》："以三刺断庶民狱讼之中：一曰讯群臣，二曰讯群吏，三曰讯万民。"诚信有众，治必用三讯之法。"貌"与"讯"义通，故司马迁"貌"作"讯"。"孚"与"信"对译，"貌"与"汛"对译，上古文字于汉人难懂也，故司马迁在引用时多译成当时语，以便通晓。

3. 增补式引用

《尚书》有些文句晦涩难明，司马迁在引述时常通过增加字词的方式将其中的经义补充完整，如：

> 何择非人，何敬非刑，何度非及？《吕刑》
> 何择非其人，何敬非其刑，何居非其宜与？《周本纪》

安抚百姓，应做哪些事？要选择执法人才、尊重刑法、掌握量刑尺度。司马迁在引用时增加虚词"其"，使语言表达更加准确、严谨、生动。《史记》在引述《尚书》时常常补足句子缺少的成分，如《五帝本纪》将《尧典》"异哉！试可乃已"改为"异哉，试不可用而已"，关于鲧治水一事，尧持反对意见："吁！咈哉，方命圮族"，四岳回答"异哉！试可乃已"，令人不明所以，钱大昕指出此处的问题："古人语急，以'不可'为'可'也。"司马迁增加了否定词"不"，补足了文章结构使文意更加明晰。

综上所述，《周本纪》摘取《吕刑》中部分内容进行引用，但也存在些许改动，这些改动反映出司马迁词语选择的通俗化，运用汉代通语改易先秦古语，既保留了《尚书》中的史料，有保持了《史记》语言的通俗晓畅。还反映出司马迁句意表达的精细化，上古语句省略句多，句意表达更加概括，司马迁则顺应语言发展的趋势，增加经文所省略的虚词等成分，完善句子结构，实现了语言的精确化、具体化，增加了句子负载的信息量。司马迁引《吕刑》时对文字进行调整乃出于叙述的需要，此番举动有利于世人更清晰简单地了解西周刑罚有关制度。

三、司马迁的刑罚观：明德慎刑

《史记》八书记载朝章国典，叙礼乐损益，内容丰博①，用以辅政体，但八书之中为何缺少"刑法"一书，此举有悖于司马迁详今略古的史学观，其原因主要有四点：一是司马迁道家黄老思想在《史记》中的实践与完善；二是司马迁对秦皇汉武施行暴政的反抗；三是不向强权低头，希望恢复传统的礼乐制度；四是为自己喊冤叫屈的无声呐喊。司马迁虽未撰"刑法"书，但其刑罚观可互见于《史记》众篇目中。②

司马迁在《周本纪》中引用《吕刑》部分内容，继承了《吕刑》谨慎用刑的观点，"五刑不简，正于五罚。五罚不服，正于五过。五过之疵，官狱内狱，阅实其罪，惟钧其过。五刑之疑有赦，五罚之疑有赦，其审克之"，对犯"五刑"但又有疑问的，则定为五罚之罪；对犯"五罚"之罪却有疑问的，则定为五种过失。对处于轻重之间的罪行，则按照轻罪判处；对于误判重罪的人，则须赦免其罪。谨慎用刑，此种刑罚观在《史记》中多处可见：《夏本纪》中云"率为兴事，慎乃宪，敬哉"，孔安国对此解释到"率臣下为起治之事，当慎汝法度，敬其职"③，君主应率领臣子积极治理国政，与此同时也要谨守法度；《礼书》言"有不由命者，然后侯之以刑，则民知罪矣"，张守节《史记正义》释此云"事君以礼义，民有不由礼义者，然后待之以刑，则民知罪伏刑矣"④，判断一个人的行为，首先看是否符合礼义，然后再从刑罚角度考虑，有谨慎行法之意。《货殖列传序》中司马迁更是明确其对刑罚的态度："法令者治之具，而非制治清浊之源也。昔天下之网尝密矣，然奸伪萌起，其极也，上下相遁，至于不振。当是之时，吏治若救火扬沸，非武健严酷，恶能胜其任而愉快乎！言道德者，溺其职矣"，法令仅仅是统治工具而已，并不是治理好坏的根源所在，汉武帝统治时期连年征战，耗尽了前代帝王所积累的财富，为了维持国家的正常运转，不得不任用张汤、杜周等一大批酷吏，无限度聚敛财富，与民争利，以供征伐所用。据《汉书·刑法志》所载，汉武帝时期"律令凡三百五十九章，大辟四百九条，千八百八十二事，死罪决事比万三千四百七十二事"，法网严密，执法严酷，但司马迁不赞同汉武帝施行严苛刑罚的做法，其在《报任安书》中有言"故祸莫惨于欲利，悲莫痛于伤心，行莫丑于辱先，而诟莫大于宫刑"，一个具有智、仁、义、勇、行五种德行的君子却遭受了宫刑，巧用《老子》"罪莫大于可欲，祸莫大于不足，咎莫大于欲德"句，揭露与谴责汉武帝的苛法与无义。

---

① （西汉）司马迁著，张大可注释：《史记全本新注》，华中科技大学出版社2020年版，第675页。

② 徐日辉：《〈史记〉阙"刑法书"探微》，《浙江学刊》2003年第2期。

③ 霍松林，赵望秦主编：《宋本史记注译》，三秦出版社2011年版，第59页。

④ 同上，第1125页。

司马迁在提倡慎法度的同时，也崇尚以德治国，在《循吏列传》中阐述该观点："法令所以导民也，刑罚所以禁奸也。文武不备，良民惧然身修者，官未曾乱也。奉职循理，亦可以为治，何必威严哉？"，主张以道德礼教使民心归服。秦始皇统一六国后，黎民百姓饱尝战乱之痛苦，司马迁认为彼时应"振百姓之急，养老存孤，务修众庶之和（《史记·蒙恬列传》）"，秦始皇却以暴虐的法律治国；秦二世即位后更是变本加厉导致"刑者相半于道，而死人日积于市（《史记·李斯列传》）"，司马迁对此强烈抨击，认为此乃荒唐之举。秦王朝行苛政，没有顺应民心，施行德治，加速了秦王朝的灭亡。汉朝吸取暴秦的教训，废除肉刑、妻孥连坐等严刑苛法，"破觚而为圜，斫雕而为朴，网漏于吞舟之鱼，而吏治，不至于奸，黎民艾安（《后汉书·杜林传》）"，经济繁荣，社会安定。司马迁通过对秦汉帝王为政的对比，总结出君王须以德治天下，方可国泰民安。

综上所述，司马迁将《吕刑》有关谨慎用刑部分通过将难懂的上古语翻译成汉代常用语、完善句子成分等方式进行改变，以更易于理解的语句收入《周本纪》中，从该引用及司马迁对帝王治国方式的评价、对酷吏的批判可以看出其"明德慎刑"的刑罚观，治理国家应刑德并用，刚柔并济。

《史记》文本解读

＊本文作者王宏波，宝鸡市社会科学院副研究员，陕西省司马迁研究会理事，宝鸡炎帝与周秦文化研究会常务副会长兼秘书长；王欣欣，宝鸡炎帝与周秦文化研究会会员。

一、《史记·淮阴侯列传》"相君之面""相君之背"

（一）离合背向

《汉书·艺文志》兵形势者，"雷动风举，后发而先至，离合背向，变化无常，以轻疾制敌者也。"

银雀山汉简《孙膑兵法·八阵篇》："夫骑者，能离能合，能聚能散，百里为期，千里而赴，出入无间，故名离合之兵也。"

《鬼谷子·忤合》："古之善背向者，乃协四海诸侯，忤合之地而化转之，然后以之求合。"

《宋书·百官志下》："二千石不奉诏书，遵承典制，背公向私，旁诏守利，侵渔百姓，聚敛为奸。"

离合、背向、忤合，意思是"背离、离开、忤逆"与"趋向、合同、迎合"。

（二）向顺背逆

1. 《列子·黄帝篇》："华胥氏之国……不知背逆，不知向顺，故无利害。"以"向顺"为有利，以"背逆"为有害。

2. 《中山王礜方壶》："唯逆生祸，唯顺生福。"

3. 《易·革》："汤武革命，顺乎天而应乎人。"

4. 《易·萃卦》："萃，聚也。坤为顺，兑为说，臣下以顺道承事其君，说德居上待之，上下相应，有事而和通，故曰萃亨也。"

5. 《汉书·循吏列传》"师古曰：循，顺也，上顺公法，下顺人情也。"

6. 《汉书·谷永传》："汉兴九世，百九十载，继体之主七，皆承天顺道，遵先祖法度，或以中兴，或以治安。"

7. 《后汉书·朱冯虞郑周列传》："知者顺时而谋，愚者逆理而动。"

8. 《后汉书·皇甫规张奂段颖》："顺至为休徵，逆来为殃咎。"

9. 《魏书·房法寿传》："知机获福，背机受祸。"

战国以降，人们基本认同"向顺背逆"，认为"向顺"生福、有利，"背逆"

生祸、有害。

（三）向顺忠诚，背叛背离

1. 面从背违。《尚书·益稷》："予违汝弼，汝无面从，退有后言。"

2. 面誉背毁。《庄子·盗跖》："吾闻之，好面誉人者，亦好背而毁之。"

3. 《汉书·五行志》："内臣外乡兹谓背……诸侯更制兹谓叛。"

4. 《陈书·虞荔传》（陈宝应）"尝令左右诵《汉书》，卧而听之，至蒯通说韩信曰相君之背，贵不可言，（陈）宝应蹶然起曰可谓智士。"

5. 《史记·淮阴侯列传》："武涉已去，齐人蒯通知天下之权在韩信，欲为奇策而感动之。以相人说韩信。""相君之面，不过封侯，又危不安。相君之背，贵乃不可言。"

蒯通所说的"相君之面"，"面"寓意"忠诚""向顺""面从"，"相君之背"，"背"寓意"背逆""背叛""背离"，分析判断了两种选择的不同结果，其真正目的是劝诱韩信背叛刘邦自立。①

《史记·淮阴侯列传》："韩信犹豫不忍倍汉，又自以为功多，汉终不夺我齐，遂谢蒯通。"韩信没有选择背叛、背离刘邦，与项羽、刘邦鼎足而三，进而去争取贵不可言的皇帝禄位。

二、《史记·平准书》"乘字牝者傧而不得聚会"

（一）字牝

《史记·平准书》："众庶街巷有马，阡陌之间成群，而乘字牝者傧而不得聚会。"裴骃《集解》引《汉书音义》："皆乘父马，有牝马闲其闲则相踶啮，故斥不得出会同。"《庄子·马蹄》"夫马陆居则食草饮水，喜则交颈相靡，怒则分背相踶。"裴骃的解释是问题的一个方面，却未必合于这段文字的叙事逻辑。

韩兆琦《白话史记》："普通百姓住的大街小巷子都有马匹，田野上更是骒马成群，谁要是骑着一匹母马就要受到歧视，不许参加体面人的聚会。"②

王力《同源字典》：

《史记·平准书》："乘字牝者，傧不得聚会。"朱骏声曰："字牝，孕字之牝也。"《汉书·食货志》下："亭有畜字马，岁课息。"严安传："六畜遂字。"师古曰："字，生也。"

《说苑·理政》："臣故畜牸牛，生子而大，卖之而买驹。"王念孙曰："牸之言字，生子之名。"③

---

①　王宏波、宋婉琴：《秦失其鹿考释》，《寻根》2018 年第 6 期。

②　韩兆琦　主译：《白话史记》，中华书局 2008 年版，第 627 页。

③　王力：《同源字典》，商务印书馆 1982 年版，第 99 页。

综合《同源字典》列举的颜师古、朱骏声和王念孙的解释，"字牝"的意思应是哺乳期、养育幼仔的母马。

分析《史记·平准书》的叙事逻辑，从"自天子不能具钧驷，而将相或乘牛车"，到经过多年的繁殖，马匹"阡陌之间成群"，随处可见，人们出行的选择性极大地增加。对于出行骑乘的人来说，公马各个方面都更胜一筹，是优先选择，事实上，母马同样能满足出行骑乘的需要，如果有人骑乘着携带幼驹的母马，说明其出行的选择性匮乏，境况不及常人，所以，"傫而不得聚会"。

马、牛、鹿、羊等哺乳动物的繁殖，有长短不同的哺乳期，这段时间幼仔离不开母畜。

扬雄《法言·问道》：

"或曰：太古德怀不礼怀。婴儿慕，驹犊从，焉以礼？

曰：婴犊乎！婴犊母怀不父怀。母怀，爱也；父怀，敬也。独母而不父，未若父母之懿也。"[1]

对于母马来说，一胎一般生产一只小马驹，小马驹的哺乳期六个月，这六个月小马驹离不开母马，慕恋跟随母马是其天性；"字牝"指的是哺乳期、养育着幼仔的母马。

（二）《石鼓文》"麀"是哺育幼鹿的母鹿形象，即"牸牝"

《石鼓文·车工》："麀鹿速速。"　　　《石鼓文·田车》："麀鹿雉兔。"

从字形分析，"鹿"有明显的枝角，表达的是"麔"、牡鹿。"麀"头上没有枝角，有硕大的耳朵，腹部之下有一只面朝东的幼鹿，依偎在母鹿身下吮吸着乳汁，其形象可以隶定为"匕"字，表示"麀"是养育、携带幼鹿的母鹿，就是"字牝"。

---

① 《法言·问道》，中华书局 2012 年版，第 102 页。

《石鼓文·车工》："麀鹿速速。"

秦战国鹿纹瓦当，左边一只是面朝东头带角的"麚"、牡鹿，右边是一只面朝西有着大耳朵的幼鹿，依其形象可以隶定为"刀"字，"匕"与"刀"，分别代表了面朝东与面朝西的幼鹿。

捕鹿

江陵松滋枝江村射鹿者，率以淘河乌胫骨为管，以鹿心上脂膜作簧，吹作鹿声，有大号、小号、呦呦之异。或作麚鹿声，则麀鹿毕集，盖为牝声所诱。人得彀矢而注之。南中多鹿，每一牡管牝百头，至春羸瘦，盖游牝多也。及夏则唯食菖蒲一味，却肥。当角解之时，其茸甚痛，猎人逢之，其鹿不敢逸走，伏而不动。猎者以绳系其茸，截而取之，先以其血来唻，然后毙鹿。何其苦也欤！夫狖麝孔雀，以有用贾害，良可愍之。

《广记》四百四十三①

清代皇家设置有多处"木兰围场"，"木兰"是满语，汉语为"哨鹿"的意思。其中最著名的"木兰围场"就是人所熟知的热河行宫，又称为承德避暑山庄。

秦战国鹿纹瓦当，过去习惯命名为"子母鹿纹瓦当"，并不准确。一般而论，可称为"双鹿纹瓦当"②；如果参考鹿群"一牡管牝百头"的方式，"双鹿纹瓦当"实质上是亲密相处的"父子鹿纹瓦当"。

三、《史记·封禅书》"雉"与"野鸡"

（一）《史记·封禅书》"野鸡夜雊，以一牢祠。"

司马迁是第一个把"雉"避讳作"野鸡"的人。"野鸡"的本意是"雉"，晋人裴骃、三国人如淳，唐代人颜师古、韩愈、李峤等有明确的认识。

1.《史记·封禅书》裴骃集解"如淳：野鸡，雉也。吕后名雉，故曰野鸡。"

2.《汉书·杜邺传》："野鸡著怪，高宗深动。""师古曰：谓雉升鼎耳，故惧而修德，解在《五行志》。"《汉书》避讳"雉"为"野鸡"。

3.〔唐〕韩愈《讳辨》："讳吕后名雉为野鸡。"

4.《汉书·楚元王传》："高宗、成王有雉雊、拔木之变，能思其故，故高宗有百年福，成王有复风之报"。《汉书》不避讳，径作"雉雊"。

5.〔唐〕李峤《雉》："楚郊疑凤出，陈宝若鸡鸣。""陈宝若鸡鸣"就是《雉》，就是《史记·封禅书》陈宝祠的"野鸡夜雊""雉夜雊"。

6.〔唐〕魏知古《从猎渭川献诗》："非熊从渭水，瑞翟想陈仓。"魏知古"瑞

---

① 《唐五代笔记小说大观》，上海古籍出版社 2000 年版，第 1995 页。

② 王欣欣、东卫华：《鹿纹释读》，《寻根》2019 年 4 期。

翟想陈仓","瑞翟"就是陈宝祠的"雉"。

7. 当代学者研究石鼓文，认为《石鼓文·马荐》"微微雉血"与秦人对陈宝祠的祭祀有关。"雉血"、陈宝祠"野难夜雊"，说的都是"雉"。《石鼓文·田车》："雉兔其趚"，也有"雉"。

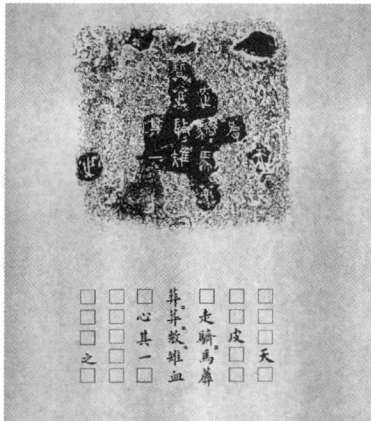

（二）从"野鸡夜雊"到"陈宝鸣鸡"

陈宝祠的"雉雊"，由于避讳的原因被称作"陈宝鸣鸡"。

1. ［东汉］张衡《西京赋》："岐梁汧雍，陈宝鸣鸡在焉。"

2. ［唐］王勃《九成宫颂》："陈宝鸣鸡，响杂司晨之序。"

3. ［唐］李吉甫《元和郡县图志》： "宝鸡县，本秦陈仓县……至德二年（757）改为宝鸡，以昔有陈宝鸣鸡之瑞，故名之。"

（三）从"陈宝鸣鸡"到"宝鸡祠""宝鸡"

在汉人的印象中，陈宝祠有"非礼""福祥""宝鸡""鸣鸡"等评价。从北魏到唐，从"鸡鸣神""祠光表神""宝鸡神祠""瑞宝""祥应陈宝""宝鸡获祉"到"陈宝鸣鸡之瑞"的认知，陈宝祠始终被视为祥瑞。到了唐代，陈宝祠已习惯地称作"宝鸡祠""宝鸡坛"，这是唐肃宗改陈仓县为宝鸡县的社会基础。"宝鸡"这个名称，源于宝鸡祠，就是宝鸡祠。

1.《汉书·郊祀志》"（匡）衡：'今雍鄜、密、上、下畤，本秦各以其意所立，非礼之所载术也。……及北畤，未定时所立，不宜复修。'天子皆从焉。及陈宝祠，由是皆罢。"

2. ［东汉］荀悦《汉纪》："雍鄜、密上下畤及陈仓宝鸡祠，本秦侯以其意所立，非礼也。"

3.《汉书·郊祀志》刘向："及陈宝祠……每见雍太祝祠以太牢，遣候者乘传驰诣行在所，以为福祥。"4. ［东汉］张衡《西京赋》： "岐梁汧雍，陈宝鸣鸡在焉。"

5. ［北魏］郦道元《水经注·渭水》："（陈仓）县陈仓山，山有陈宝鸡鸣祠。

……陈宝。其来也自东南，晖声若雷。野鸡皆鸣，故曰鸡鸣神也。"

6. ［晋］潘岳《西征赋》："宝鸡前鸣，甘泉后涌。"

7. ［梁］刘孝威《正旦春鸡赞》："宝鸡陈苍，祠光表神，雄飞帝汉，雌鸣霸秦。"

8. ［唐］李泰《括地志》："宝鸡（神）祠在汉陈仓县故城中，今陈仓县东。"

9. ［唐］刘祎之《九成宫秋初应诏》："野分鸣鸷岫，路接宝鸡坛。"

10. ［唐］王勃《九成宫颂》："非熊入觊，宝鸡获祉。"

11. ［唐］王勃《檄英王鸡》："文顶武足，五德见称于田饶；雌霸雄王，二宝呈祥于嬴氏。"

12. ［唐］贺知章《奉和御制春台望》："尚有灵蛇下郿畤，还征瑞宝入陈仓。"

13. ［唐］司马贞《史记·秦本记·索隐述赞》："祥应陈宝，妖除丰特。"

14. ［唐］李吉甫《元和郡县图志》："改为宝鸡，以昔有陈宝鸣鸡之瑞，故名之。"

15. ［宋］乐史《太平寰宇记》："宝鸡县……唐至德二年改为宝鸡县，以秦文公获若石于此，以征为名，今犹有宝鸡祠存焉。"

16. 《资治通鉴·唐纪三十八》肃宗上元二年（761 年）二月。"奴剌、党项寇宝鸡。"［元］胡三省注："……至德二载，改陈仓县为宝鸡县，以其地有秦时宝鸡祠故也，时属凤翔府。"

（四）"陈宝""鸡头人身"

1. 《汉书·五行志》："刘向以为，雄雊鸣者，雄也，以赤色为主"。在动物界，雄性善于鸣雊、羽毛华美。所以，《史记·封禅书》"野鸡夜雊"的雊应当是雄雊。

段玉裁《说文解字注》："雊，雄雉鸣也。言雄雉鸣者，别于鷕之为雌雉鸣也。"

2. 《汉书·扬雄传》："追天宝，出一方。""应劭曰：天宝，陈宝也。晋灼曰：天宝鸡头人身。"

"如淳曰：陈宝神来下时，驿然有声，又有光精也。应劭曰：下时穷极山川天地之间，然后得其雌雄。师古曰：雄在陈仓，雌在南阳。故云野尽山穷也。"

［梁］刘孝威《正旦春鸡赞》："雄飞帝汉，雌鸣霸秦"。［唐］王勃《檄英王鸡》："雌霸雄王，二宝呈祥于嬴氏。"《幼学琼林·鸟兽》："雊名陈宝，得雄则王，得雌则霸。"

按照民间故事"雌霸雄王"和"陈宝夫人"的逻辑，应当是雌雊在陈仓，雄雊在南阳。［唐］颜师古为《汉书·扬雄传》作注时说"雄在陈仓，雌在南阳"。原因或者是出于雄雉善于鸣雊的思考，或者是古书抄写刊刻的讹误。

3. 《汉书·扬雄传》晋灼"鸡头人身"。如果没有避讳的影响，"鸡头人身"或者应书作"雊头人身"。

在汉人印象中，陈宝祠有"非礼""福祥""鸣鸡""宝鸡"等评价。《汉书·郊祀志》"（匡）衡：'今雍鄜、密、上、下畤，本秦各以其意所立，非礼之所载术也。……及北畤，未定畤所立，不宜复修。'天子皆从焉。及陈宝祠，由是皆罢。"荀悦《汉纪》："雍鄜、密上下畤及陈仓宝鸡祠，本秦侯以其意所立，非礼也。"《汉书·郊祀志》刘向："及陈宝祠……每见雍太祝祠以太牢，遣候者乘传驰诣行在所，以为福祥。"［东汉］张衡《西京赋》："岐梁汧雍，陈宝鸣鸡在焉。"

李零先生发布了"陈宝"画像石："腰间佩剑""鸡头人身""鸡首人身怪"形象，明显是戴着鸡冠、尖喙突出的雄鸡，而不是雄雉。在文章中，李零先生指出："陈宝应是铁陨石。""宝鸡也是因此而得名。""东汉魏晋，以迄隋唐，皇后所佩金步摇，以六兽为饰。六兽曰熊、虎、赤黑、天鹿、辟邪、南山丰大特，其中有南山丰大特。可见南山丰大特被古人视为瑞兽。"①

［唐］司马贞认为陈宝是祥，丰特是妖。《史记·秦本记·索隐述赞》："祥应陈宝，妖除丰特。"

图 2　绥德画像石中的"陈宝"　　图 3　离石画像石（马茂庄二号墓出土）中的"陈宝"

《史记·封禅书》："作鄜畤后九年，文公获若石云，于陈仓北阪城祠之。""陈仓北阪"，是指陈仓县治北面的山坡。《水经注·渭水》："陈仓水出于陈仓山，东南流注于渭水。"陈仓山只有在渭河以北，陈仓水才能"东南流注于渭水"。陈仓山、陈仓城、陈仓北阪、陈宝祠，都在渭河以北，今天宝鸡市戴家湾。张衡《西京赋》："岐梁汧雍，陈宝鸣鸡在焉"。岐山、梁山、雍山、汧山，都在渭河以北，陈宝祠"陈宝鸣鸡"所在的"陈仓北阪"就在这个大的区域范围，自然应该在渭河以北。

李先生在文章中提到的"宝鸡斗鸡台沟东区""'陈宝'的'陈'指陈仓城""陈仓城上下城"都在渭河以北，在宝鸡市戴家湾一带。斗鸡台所在地解放前叫作陈宝乡，今天叫陈仓镇。显然，陈宝祠与属于秦岭山区西段的宝鸡市区东南的鸡峰山无关，与《史记·秦本纪》"伐南山大梓，丰大特"并没有关系。

《史记·六国年表》："文公逾陇，攘夷狄，尊陈宝。"《史记·封禅书》："光景

---

① 李零：《陈宝怒特解：陨铁与羚牛》，《读书》2021 年 11 期。

动人民唯陈宝。"《汉书·郊祀志》匡衡认为陈宝祠"非礼",刘向"以为福祥"。

秦文公获若石,建陈宝祠,陈宝神来时"光景动人民""野鸡夜雊"的神秘现象,引发人们继续去思考如下的问题:"若石"是什么?秦人"尊陈宝"祭祀"陈宝祠"为什么?后人对陈宝祠怎么看?对"宝鸡"的原型——雉、雄雉怎么看?

四、《史记·张仪列传》"倾危之士"

(一)倾危,表示一种不安、危险的状态。

1.《管子·治道》:"国有四维,一维绝则倾,二维绝则危,三维绝则覆,四维绝则灭。倾可正也,危可安也,覆可起也,灭不可复错也。"

2.《论语·季氏》:"危而不持,颠而不扶,则将焉用彼相矣。"

3.《史记·李斯列传》胡亥:"三者逆德,天下不服,身殆倾危,社稷不血食。"

4.《过秦论》:"借使秦王论上世之事,并殷、周之迹,以制御其政,后虽有淫骄之主,犹未有倾危之患也。"

5.《后汉书·光武本纪》:"将军操执款款,扶倾救危,南距公孙之兵,北御羌胡之乱,是以冯异西征,得以数千百人蹀躞三辅。"

(二)倾危,是主观上倾意、倾向于冒危犯危,行为上进取冒险、履危救危,与苏秦自诩的"臣进取之臣,不事无为之主"意思相通。[①]

1. 倾危,是动宾词组。

《荀子·荣辱》:"义之所在,不倾其权,不顾其利,举国而与不为改视,重死持义而不挠,是士君子之勇也。""倾权""倾危"结构相同,意思是倾意、倾心于权、于危。

扬雄《法言·渊骞》

"周之顺、赧以成周而西倾,秦之惠文、昭襄以西山而东并,孰愈?

曰:周也羊,秦也狼。

然则狼愈羊与?

曰:羊、狼一也。"

"西倾:指周王西向媚秦。"[②]

"西倾"与"左倾""右倾"结构相同,意思是倾向、倾心于西、于左、于右。

《旧唐书·崔胤传》"(崔)胤倾险乐祸,外示宽宏。""倾险"即是"倾危"。

2. 危,指攻伐、兼并的时代主题。

《史记·孟子荀卿列传》:"天下方务于合纵连衡,以攻伐为贤。"

---

① 王宏波:《〈史记·张仪列传〉"倾危之士"解读》,《陕西省司马迁研究会 2021 年会论文集》(第十四辑),陕西人民出版社 2023 年版。

② 扬雄:《法言·渊骞》,中华书局 2012 年版,第 322—323 页。

《史记·六国年表》："务在强兵并敌，谋诈用而从衡短长之说起。矫称蜂出，誓盟不信，虽置质剖符犹不能约束也。"

《商君书·算地》："夫农，民之所苦；而战，民之所危也。犯其所苦行其所危者，计也。"

《韩非子·八说》："古人亟于德，中世逐于智，当今争于力。……处多事之时，用寡事之器，非智者之备也；当大争之世，而循揖让之轨，非圣人之治也。"

《淮南子·主术训》："为智者务于巧诈，为勇者务于斗争。"

《吕氏春秋·季春训·先己》："当今之世，巧谋并行，诈术递用，攻战不休，亡国辱主之愈众，所事者末也。"

《史记·苏秦列传》："苏秦起闾阎，连六国从，此其智有过人者。"

王充《论衡·答佞》："仪秦，排难之人也，处扰攘之世，行揣摩之术。"

苏秦、张仪为了因应战争环境，各为其国，各为其主，进取冒险，扶危救危，立下大功，被司马迁称为"倾危之士"，王充称为"排难之人"。

3. 纵横家，倾危之士。

刘向《战国策》："战国之时，君德浅薄，为之谋策者，不得不因势而为资，据时而为画。故其谋，扶急持倾，为一切之权，虽不可以临国教化，兵革救急之势也。皆高才秀士，度时君之所能行，出奇策异智，转危为安，运亡为存，亦可喜，皆可观。"

荀悦《后汉纪》第二十一卷："袁宏：夫排忧患释疑虑，论形势测虚实，则游说之风有益于时矣。然犹尚谲诈明去就，间君臣疏骨肉，使天下之人专制利害，弊亦大矣。"

《汉书·艺文志》：纵横家"上诈谖而弃其信"。

《旧唐书·经籍志》："纵横家，以纪辩说诡诈。"

《礼记·中庸》："故君子居易以俟命，小人行险以徼幸。"

《庄子·让王》："今世之君子，多危身弃生以殉物，岂不悲哉。"

《庄子·骈拇》："小人则以身殉利，士则以身殉名；大夫则以身殉家；圣人则以身殉天下。故此数子，事业不同，名号异声，其于伤性以身为殉，一也。"

刘大櫆《书战国策后》："下逮战国，诈谋剧而倾危之士起，合从连横，诡谲不信，要在战胜攻取，以相兼并为能。"

《旧唐书·王琚传》："或有上说于玄宗曰：'彼王琚、麻宗嗣谲诡纵横之士，可与履危，不可得志。天下已定，宜益求纯朴经术之士'。玄宗乃疏之"。

纵横之士，可与履危；承平之世，不可共治平。君主尤其忌惮功臣武将，为诈、为暴、亡厌，智诈反覆，不忠于上。

《礼记·祭法》："夫圣王之制祭祀也，法施于民则祀之，以死勤事则祀之，以劳定国则祀之，能御大菑则祀之，能捍大患则祀之。"

纵横家算不上圣人，却属于国家的有功之臣。

《史记·刺客列传·荆轲传》
作者从属问题探论①

＊本文作者张萍，西安培华学院中文系副教授。

在《史记》中，《刺客列传》可算"第一种激烈文字"②，其中荆轲可算是"天壤间第一种激烈人"③，"荆轲刺秦"的故事可算是一篇名文。这段故事不仅见载于《史记》，也见载于《战国策》，两篇文章的内容几乎相同。如果从文字上进行比较，《史记》里的记载比《战国策》或多两三句话，或在个别动词、虚词的使用上略有差异，其余没有大的差别。那么"荆轲刺秦"一篇文章作者的从属如何？这是一个值得探究的问题。

一、历代学者感觉性的判断

前代学者根据《史记》与《战国策》的基本风格，感觉性地判断"荆轲刺秦"的文章风格接近《史记》，而非《战国策》里的文字。明代学者茅坤最早提出了这个问题，他在《史记抄》里《荆轲传》的评语中认为《荆轲传》应属于《史记》之文。清代学者方苞也谈到这个问题，他在《书刺客传后》说："《战国策》本记言之书，中间叙事多者不过数语，而亦未有殊绝者。余少读《燕策·荆轲刺秦王》篇，怪其叙事类太史公，秦以前无此。及见刺客传赞，乃知果太史公文也。彼自称得之公孙季功、董生所口道，则非《国策》之旧文决矣。盖荆轲之事虽奇，而于策则疏，意《国策》本无是文，或以《史记》之文入焉。"④ 方苞认为《战国策》以人物的对话为主的记言之书，叙事的部分不过寥寥数语，而且没有很特殊的。因而他在读《燕策》中《荆轲刺秦王》一篇时，感觉这一段的叙事风格和《史记》的文章风格相像。后来见了《史记·刺客列传》的传赞，更确信此一段文章出于太史公之手。按传赞所言，此事是从公孙季功、董生口里道出，二人曾和

---

① 本文为国家社会科学基金后期资助项目"《史记》风格论"（项目编号：21FZWB031）阶段性成果。
② 吴见思：《史记论文》，上海中华书局1916年排印版，第6册30页。
③ 同上。
④ 方苞：《方苞集·书荆轲传后》，上海古籍出版社1983年版，第54页。

夏无且同游，所以应该是董生转述夏无且之言，司马迁根据董生的转述写成此文。方苞由此推断《战国策》里本无此篇文章，可能是后人以《史记》之文撺入其中。

方苞的推断只是一种感觉性的判断，此后的学者也有类似的疑惑。牛运震认为："《史记》摹写荆轲刺秦王一段，极酣肆生动。《国策》亦全载此文，窃意此太史公之文，非《国策》之文也。《国策》他处记叙文字，不见有此等笔法，况太史公自称得之公孙季功等所口道，则非《国策》之旧文，决矣。方望溪苞以为后人以《史记》文窜入《国策》，当是也。"① 他和方苞的感觉相似，都觉得"荆轲刺秦"一段文章更像是《史记》的风格，认为此篇文章应是太史公所作，后人窜入《战国策》中。《史记论文》中也说："据太史公云，荆轲之事亲得之公孙季功、董生，而此文反若从《战国策》中改出何也？岂《国策》既缺而刘向之徒摭史公之文以附益之与？俟博雅君子。"② 这里也提出了类似的疑惑，吴见思也认为太史公在传赞里明确提到此为亲耳听得之事，又怎会是沿用《战国策》的故事呢？他的看法亦与方苞相同。

清代学者吴汝纶《记太史公所录左氏义后》云："昔者常怪子长能窜易《尚书》及《五帝德帝系姓》之文成一家之言，独至《战国策》则一因仍旧文，多至九十余事，何至乖异如是？及细查《国策》中若赵武灵王、平原君、春申君、范雎、蔡泽、苏秦、鲁仲连、荆轲诸篇，皆取太史公书充入之，非史公尽取材于《战国策》决也。"③《史记》能够杂众家之长而成一家之言，其中撷取《战国策》的文章不少，"多至九十余事"，按照吴汝纶的说法《战国策》也有撷取《史记》的篇章内容，他举了诸篇例子，其中就提到荆轲一篇，认为此文是《战国策》"取太史公书充入"，而不是太史公从《战国策》中取材。

综上所述，历代学者在读到《战国策》和《史记》中"荆轲刺秦"这篇文章时，从感觉上判断这段文字的风格接近《史记》，应该为太史公所作。再加之《史记》此篇的传赞里太史公明确道出自己听得，所以学者们认为此篇应是太史公《史记》中的原创文字，而不是《战国策》中的文章。但是学者们没有提出论据证明，只是一种感觉的疑似和判断，只是提出了问题"俟博雅君子"，而没有做进一步深入地研究，这留给后世读者一个问题。面对这篇名文，我们有兴趣、也有责任对这个问题进行探讨研究。

二、从文本自身解决问题

尽管历代学者在研究过程中，有许多感觉性的疑似判断，认为"荆轲刺秦"

① 牛运震：《史记评注》，三秦出版社 2018 年版，第 220 页。
② 吴见思：《史记论文》，上海中华书局 1916 年排印版，第 6 册 31 页。
③ 吴汝纶：《桐城吴先生文集》，见《清代诗文集汇编》，上海古籍出版社 2010 年版，第 743 册 174 页。

一篇文章应该是《史记》原创的。《战国策》由刘向编校整理成书，虽然成书于西汉后期，但其中文章为汉代之前所作。按照一般常识，《战国策》内容的成文在先，《史记》在后，"荆轲刺秦"这篇文章又分见于两书，同样的文章应该是后者抄袭先者，所以很多人认为是《史记》撷取《战国策》之文。要辨清"荆轲刺秦"一文作者的从属，确有许多困惑与难处。我们无法从版本或者其他方面论证，只能从文章本身入手，从两书本身的特点进行辨别。

（一）太史公传赞的肯定

《史记》作为一部史著，涵盖上下三千年的历史，司马迁作《史记》时，除了实践考察、个人史见以外，还从《尚书》《春秋》《国语》《左传》《战国策》等前代史书中广泛收集史料，"网罗天下放失旧闻，厥协《六经》异传，整齐百家杂语"。据统计《史记》因袭《战国策》旧文的内容"多至九十余事"[1]，《史记》中有近百事的史料都来自《战国策》。由此可见，二者在文本上有密切的关联。

在史书的撰写过程中，史学家对前代史料在文字上不加或略加更动，便直接采用，这是比较普遍的现象。比如《汉书》中就有许多篇章的资料是撷取《史记》的，这种现象不能说是抄袭，这是史官对史料的使用。从常识来看，读者认为《史记·荆轲传》的文章应该是太史公撷取《战国策》的文章，但是《史记》此篇文章末了的"太史公曰"却说得清楚："始公孙季功、董生与夏无且游，具知其事，为余道之如是。"[2] 明确"荆轲刺秦"之事是太史公亲耳听来记载的，这是证明"荆轲刺秦"的文章是《史记》原创的最重要的书面证据。夏无且就是当年在秦始皇旁边目睹荆轲刺秦，并以药囊打荆轲之人，是这件事情的目击者和亲历者。按传赞所言，是夏无且把这件事情讲给公孙季功、董生两位，二人又转述给司马迁，据此写了此文。这是在字面上证明《荆轲传》是《史记》原创唯一可信的依据。

如果"荆轲刺秦"的文章最早出于战国时期策士或史官之手，那太史公在传赞里的论说就显得极不严谨，抄录他人的文章说是自己所作，或非常人所为，更何况是具有实录精神的史官！当时《战国策》里的文章并不是皇家秘籍，在很多人都可以看到的情况下，太史公应该不会说这样的假话。如果《荆轲传》的文章是从《战国策》中抄来的，他就不会在文末说是听人所说，如果抄录了《战国策》的文章，还说是听人所言而为己作，那就太笨拙了。

按照历史记载，"荆轲刺秦"之后五年，燕国被灭，秦王朝统一（前221年）。秦王朝统一后大概二十多年汉兴，从汉兴到司马迁又七十年，前后时间约有九十余年。如果说关于"荆轲刺秦"之事是太史公听到后再记载下来，从时间上判

---

　　① 吴汝纶：《桐城吴先生文集》，见《清代诗文集汇编》第743册，上海古籍出版社2010年版，第174页。

　　② 司马迁：《史记》，中华书局2013年版，第1211页。

断，这个太史公应该是司马谈，而不可能是司马迁。《太史公自序》中，司马迁写明自己受父命修史，"余先周室之太史也。……自获麟以来四百有馀岁，而诸侯相兼，史记放绝。今汉兴，海内一统，明主贤君忠臣死义之士，余为太史而弗论载，废天下之史文，余甚惧焉，汝其念哉！"①继孔子修《春秋》后，修撰史文论载"明主贤君忠臣死义之士"，这是司马谈的临终嘱托，也是他作为史官的遗愿。从中可知，《史记》的创作构想应该是从司马谈就开始了，在做太史公之际，他应该不只有思想的准备，还有部分资料的准备。司马迁创作《史记》是受其父之遗命，《史记》中应该有一部分文字与资料出自太史公司马谈之手。这又给辨别《荆轲传》一篇文章的作者归属增加了困难。

（二）《战国策》成书与传播的复杂性

《战国策》成书的过程比较复杂，这本书是由西汉刘向整理编定的，而其中的文章，出于战国时期各国的史官或者策士之手。刘向在整理各国史书的过程中，去其重复，按其国别，顺其时间，排列归类，成三十三篇，并定名《战国策》。依此推理，"荆轲刺秦"的文章见于《燕策》，应当是燕国的史官或者策士所作。

《战国策》在后世的传播也很复杂。刘向整理编订的《战国策》后来失传，到了北宋时期，文学家曾巩奉旨"访之士大夫家，始尽得其书"，并加以校补，以成今《战国策》三十三篇。曾巩通过借国家、私人的图书资料补全了《战国策》，这个补全的文本面貌已经不是西汉刘向《战国策》的原貌了。再后来南宋学者姚宏，元代学者鲍彪又分别对《战国策》进行了整理注释。由此可见，《战国策》的文本传播是比较复杂的，在传播过程中，不断有整理者对文章的内容进行增补，所以要辨明每一篇文章的作者从属，是比较困难的，这也是我们认为困难的地方。

1973 年，在长沙马王堆汉墓出土了一批帛书，其中一部类似于今本《战国策》，整理后定名为《战国纵横家书》。该书共 27 篇，有 11 篇内容文字与今本《战国策》和《史记》大体相同。据考古发现，这是西汉文帝时期长沙国丞相、轪侯利仓及其家属的墓葬。长沙地处南方，远离政治中心长安，西汉时期只是一个诸侯封国。贾谊就曾贬至此地，并作《鵩鸟赋》。马王堆汉墓出土的《战国纵横家书》说明《战国策》里的史官策士之言在当时是广泛传播流行的，在汉代长沙这样的片源之地也可以看到。此次出土的帛书《战国纵横家书》和现行《战国策》相比较，没有"荆轲刺秦"一文的记载。从这次考古发现的文献来看，汉初传播流行的战国时期纵横家的文章里，很可能没有"荆轲刺秦"故事的记载。如果说"荆轲刺秦"的故事最早见于战国时期史官与策士之言，那《荆轲传》如此精彩的文章，在汉代出土的《战国纵横家书》里却没有此文？由此也可以推测，"荆轲刺秦"的故事可能最早是在后来《史记》里才有记载的。

---

① 司马迁：《史记》，中华书局 2013 年版，第 1776 页。

东汉时期，王充《论衡》卷八《儒增篇》也谈到了"荆轲刺秦"一事："儒书言：荆轲为燕太子刺秦王操匕首之剑，刺之不得。秦王拔剑击之。轲以匕首擿秦王不中，中铜柱，入尺。欲言匕首之利，荆轲势盛，投锐利之刃，陷坚强之柱，称荆轲之勇，故增益其事也。"①王充之意言"荆轲刺秦"的文章为突出荆轲之勇，所以夸张地写投出刺杀秦王的匕首中铜柱入尺。值得注意的是"儒书言"，王充没有明确提到"荆轲刺秦"一事的出处，但是这里提到的"儒书"无论指儒家经典或是儒生所作之书，都不可能是《战国策》。《战国策》具有鲜明的时代特征，集中体现的是战国时期纵横家的思想，反映的是纵横家的人生观，在政治上崇尚谋略、肯定举贤任能，在人生观上追求功名显达、富贵利禄，绝对不是"儒书"。《史记》是在"罢黜百家，独尊儒术"之后，由师承孔安国、董仲舒的司马迁创作的，更符合"儒书"的特点。

东汉时期应劭《风俗通义》卷二也明确指出："谨按：太史记：燕太子质秦，始皇遇之益不善，丹恐而亡归；归求勇士荆轲、秦武阳，函樊于期之首，贡督亢之地图，秦王大悦，礼而见之，变起两楹之间，事败而荆轲立死。"②"太史记"即太史公记，点明此事出于司马迁《史记》的记载。

张衡、应劭二人都是东汉时期人，《论衡》《风俗通义》二作也都是影响后世深远之作，由此可见，东汉时期人们普遍认为"荆轲刺秦"一事出于《史记》的记载。此时刘向编辑整理的《战国策》业已成书，应当广为流传，在汉人的眼里普遍认为"荆轲刺秦"的故事是《史记》中记载的，可见《荆轲传》一文最早应是《史记》中的文章。

（三）从文章的风格判断

文章风格因不同时代、不同的作者而各异，《战国策》里的文章和《史记》创作的时代背景不同，作者的思想也有差异，所以文章整体风格也不同。结合文章的叙事风格、语言特点加以分析，也是辨别"荆轲刺秦"一文作者从属的基本途径。

在内容方面，《战国策》几乎所有篇章都是记载国与国联盟的事情，国与国之间征伐的问题，很少带有故事性；在表现形式上，《战国策》中的篇章大都是记言性的文字。"荆轲刺秦"一段与《战国策》整体风格不同，这是一篇以叙事为主的文章，记载荆轲刺杀虎狼之君秦王嬴政的故事，全文以叙事为中心，无论文章前半的对话，还是后半的叙事，都不类于《战国策》风格，在《战国策》里，也没有另一篇文章和它相似。

《战国策》极富"文辞之胜"，语言铺张扬厉，气势纵横，具有"辩丽横肆"的特点。"荆轲刺秦"一段文章的对话描写不同于其他篇章，不是为了记叙精彩

① 王充著，张宗祥校注：《论衡校注》，上海古籍出版社2013年版，第158页。
② 应劭著，王利器校注：《风俗通义校注》卷二。

的说辞，而是带有明显的叙事作用。正如吴见思《史记论文》所言："史公预先序明燕秦不两立之势于鞠武言之，鞠武再言之，太子自言之，荆轲未行之前又提明之，盖万万计无复之，而后出行刺一著耳。"① 荆轲的出场，是一种带有连锁性叙事特点的人物出场，经过了鞠武、田光等人依次推荐，先由太子丹的老师鞠武介绍出田光，再由田光介绍引出荆轲。就像《三国演义》"三顾茅庐"一章中诸葛亮的出场，经由一个一个人的介绍，在反复渲染下最后出场，叙事色彩极浓，故事性极强。

"荆轲刺秦"的文章后半以叙事为主，详细描写了太子丹怎样款待荆轲，荆轲如何刺秦等内容。特别是荆轲刺杀秦王一节的描写极为精彩，作者很少用长句，主要用短句来表达，短句的运用形成叙事的跳跃性、疏朗性，使叙事节奏异常紧张。司马迁擅长用短句，《史记》中不止一处如此，从文章的风格看，这与《史记》的主体风格一致，体现了司马迁叙事的整体风格特征。吴见思说："史公遇一种题便成一种文字，所以独雄千古。此文（《刺客列传》）逐段脱卸如鳞之次，如羽之压。故论事则一人胜一人，论文则一节更深一节。"② 像《荆轲传》这篇文章的句式、语境、叙事风格，在《燕策》甚或《战国策》里很难再找出第二篇，此文风格更符合司马迁《史记》的基本特点，因此从叙事风格方面判断，应该是出于司马迁之手。

汉武帝时期"罢黜百家，独尊儒术"，儒家思想初被确立为统治思想，司马迁作为汉武帝时期的史官，自然深受影响，但同时具有博采众家之长的特点，他能够融合百家"成一家之言"。《史记》也会从《战国策》中汲取其语言及风格特点，这为我们从风格方面判断作者从属又带来一定的困难。如《史记·春申君列传》里记载春申君和李园的故事，在《战国策》的文章中也有。这两篇文章内容基本相同，而且风格没有什么两样。这个故事叙事简略，不似"荆轲刺秦"的故事叙事精彩，中间插入的是朱武的对话"无妄之人、无妄之祸、无妄之功"等，带有一种反复地讲道理，这种反复的变形被司马迁全盘吸收，他在《史记》中也喜欢反复。另外司马迁喜欢用介宾词组"当是时"、"当此时"等提示语，在《史记》以先，只有《战国策》用得最多，共 14 次。《春秋》《国语》《左传》等都没有用，而《史记》比《战国策》更多，凡用 92 次③。因此，从语言风格的角度去判断《荆轲传》一文的作者从属，最早见于《史记》之文还是《战国策》之文，也有难以判断的地方。

三、从字词运用上看作者的从属

从上文分析可见，从文章自身的语言与风格判断一篇作品的作者从属，也

---

① 吴见思：《史记论文》，上海中华书局 1916 年排印版，第 6 册 31 页。
② 同上，第 6 册 30 页。
③ 魏耕原：《史记叙事的特别提示》，《渭南师范学院学报》，2018 年第 5 期。

有不太确切的一面。因为作家可以学习他人的创作风格，而且可以学得比较像，比较难辨别。要判断《荆轲传》一篇文章作者的从属，在版本上束手无策，通过其他的渠道要辨清作者的从属都难以断定，所以只好采取一种语言考据的方式，从两篇文章用词的习惯、用词量、用词形态的变化等方面进行辩证。通过繁杂琐细的分析辨别作者的从属，这是一种拙劣的方法，但也是较为可靠的方式。

（一）词语的特殊用法

《荆轲传》一文中有几处词语的特殊用法值得注意。荆轲为了刺杀秦王，把匕首藏于献给秦王的地图内，图穷匕见时，"秦王惊，自引而起。拔剑，剑长，操其室；时惶急，剑坚，故不可立拔。"这里"操其室"的"操"用得很特别，"室"是剑鞘，"操"是拿之义，"操其室"就是拿起剑鞘，想把剑抽出来。作者不用持、拿、握等常用的动词，却用了"操"这个特殊的词，值得注意。此外"剑坚"的"坚"字也用得特别，这里的"坚"是说剑在剑鞘里因为太长拔不出来，或者是因剑长，方向上稍微有点错位，在里面阻涩而拔不出来。在突如其来的行刺下要将秦王拔不出剑来的原因说清楚，本是很费事的叙说，这里用了"剑坚"一词，就十分简洁，而且生动形象。再者当荆轲刺秦王的时候，仓皇急促之时，"侍医夏无且以其所奉药囊提荆轲"，"提荆轲"的"提"字用得也很特殊，很引人注目。现从这三个一般在叙事中不常选择的动词入手，总观《战国策》和《史记》的用词习惯，对《荆轲传》一文的作者加以辨别。

首先看"操"字的运用。统观《战国策》一书，"操"字的使用在文中较为普遍。比如《东周·昌他亡西周》里的"冯旦使人操金与书"，此处"操"就是带上金子，带上书信；《秦策·薛公为魏谓魏冉》篇里的"操晋以为重也"，这里的"操晋"就是把持、掌控晋国；《范雎曰臣居山东》中"穰侯使者操王之重"，是说想把大王控制起来，借助大王的重量；《孟尝君有舍人而不悦》中的"操陶铸与农夫居垄亩之中"，是说拿上农具，到田野和耕地的农夫在一起；《应侯谓昭王》篇里的"操大国之势"；《有献不死之药于荆王者》中的"谒者操以入"；《赵惠文王三十年》中"操其刃人而刺"；《郑同北见赵王》篇中"今有人操隋侯之珠"等等，这些"操"字都用得很特殊，用得引人注目。通过以上的整理分析，《战国策》里"操"字较为普遍，文中不止一处使用，从以上示例中可见，"操"字不仅仅有拿、带之意，还是一种特意、用心地拿。

《史记》中"操"字使用没有《战国策》多，但精彩不啻于《战国策》。鸿门宴里张良问刘邦"大王来何操"，问赴宴特意带了什么珍贵的东西；《范雎传》中有"乃遂操范雎亡，伏匿"，是说范雎被藏在车里带到秦国；此外就是《荆轲传》中的"操其室"的"操"用得很特别。《史记》中的"操"也有特意、用心地拿的意思，单凭"操"的语义很难判断《荆轲传》此文出于《史记》还是《战国策》。但是"操其室"的"室"却是一个特殊的用法，扬雄《方言》卷九说："剑削，燕

赵之间谓之室。"① 此处"室"就是"剑削",通假"剑鞘"。剑鞘在燕赵之间称为
"室",就像人住的房子,房子谓之"室",而置放剑之鞘也可以称作室,这是比喻
的说法。《方言》的作者扬雄是西汉末年人,这里应指西汉时期燕赵当地的方言
把剑鞘称作"室",由此可以推测,"操其室"这句话应当是西汉时期人们的说法,
是当时燕赵之地的语言习惯。此外《史记·春申君列传》中有"赵使欲夸楚,为
玳瑁簪,刀剑室以珠玉饰之",这里的"刀剑室"即刀与剑之鞘。可见"室"作为
"剑鞘"之意,在汉代是比较普遍的说法。

其次看"坚"字的用法。"剑坚"指剑受阻不能拔出。在《战国策》里还有两
处"坚"字用得比较特殊。《燕策·献书燕王》有"山东不能坚为此"之句,这里
指山东不能坚持为此,这里用单音动词显得比较特殊。《齐攻宋,宋使臧孙子南
求救于荆》中有"必以坚我",这里的"坚"是肯定、坚定之意,把形容词当作一
个动词来用。这两例意思接近"坚定,确切不疑",和"剑坚"的剑受阻不能拔出
之意有很大距离。司马迁在用动词的时候比较别致、比较特殊。所以这个"坚"
可能是司马迁《史记》的独特用法,他用单音动词表达一个复音动词都难以表达
出来的意思,体现了在文字运用上的灵活多变。

再看"提"字的用法。统查《战国策》里的"提"字,除了《荆轲刺秦王》
一篇,其他没有任何特殊的用法。而在《史记》里"提"字多次出现这种特殊的
用法。如《周勃世家》里"薄后以帽絮提汉文帝",是说薄后用帽子打汉文帝;
《吴王濞列传》里,"吴太子以棋盘提汉太子",是吴太子以棋盘打汉太子之义;
《荆轲传》中"夏无且以其所奉药囊提荆轲",是说夏无且用药囊打荆轲之义。以
上三例中,"提"是把东西扔出去打人的意思,所"提"之物棉絮、棋盘、药囊,
都不是重物,是指拿着轻东西却要用力去打。"提"和"掷"都指抛出,但力量大
小是有区别的,"掷"是用力抛出去,比较有力量,比如掷铅球。这种特殊用法在
《战国策》里没有出现过,而在《史记》里不止一次出现。从"提"字的使用上更
能确切地说明《荆轲传》的文章是司马迁《史记》原创的,而不是最早出于《战
国策》之文。

(二) 用词的隐与显

"荆轲刺秦"的故事分见于《史记》《战国策》,两篇文章的内容基本相同,从
两文不同词语的使用情况来看,《史记》中的用词更隐晦,《战国策》中的用词更
显白。

《史记·荆轲传》中,太子丹通过鞠武得交于田光,"太子奉迎,却行为导,
跪而蔽席",表现了太子丹对田光的尊敬。此处"跪而蔽席"里的"蔽",《史记索
隐》解释为"蔽,犹拂也",就是把席上的尘土拂拭干净。"蔽"当为"拂"的意
思,此词用得比较隐晦,对于一般读者来说不容易理解。《战国策·荆轲刺秦王》

---

① 钱绎:《方言笺疏》卷九,上海古籍出版社 1984 年版,下册第 511 页。

一文中为"跪而拂席"，此处"拂"就比"蔽"更加明白易懂，文中"跪而拂席"之义就很简单明了。假设这篇文章最早见于《战国策》，是司马迁将其撷取来，并将"拂"改作"蔽"，就没有此前好了。一般来说，引录前人的文章，是越改越好，越改越明白，而这两个字一显一隐，"拂"字用得显明，"蔽"字用得隐晦，如果此文是司马迁抄录《战国策》，就不能是越改越隐晦。由此推测，应该是后人把《史记》里的这篇文章撷入《战国策》，把"蔽"改成"拂"，改得越来越明白了。

《史记·荆轲传》里太子丹请田光共图国事时，田光说"今太子闻光盛壮之时，不知臣精已消亡矣"，此句也值得注意。田光此话很符合当时的对话习惯，他是个"智深勇沉，可与谋"的普通人，面对太子自然称臣。而《战国策·荆轲刺秦王》一篇中却是"不知吾精已消亡矣"，将"臣"改为"吾"。"吾"作为第一人称代词，是大我之意，"臣"是一个谦称的小我。如果从人物身份来看，田光在太子面前只能称"臣"，不能用"吾"。《战国策》文中把"臣"改成了"吾"，这与其夸饰的文风和反映策士张扬自我的个性是相一致的。由此可见，《战国策·荆轲刺秦王》应是对《史记·荆轲传》一文进行了改动，使其更符合《战国策》的风格。

《史记·荆轲传》中太子丹与田光密谋后，担心田光泄露秘密，所以告诫田光，"戒曰：'丹所报，先生所言，国之大事也，愿先生勿泄。'"《战国策·荆轲刺秦王》中此处没有"戒"字。"戒"有告诫、警示之意，似乎与前者太子对田光毕恭毕敬、求贤若渴的态度不符。田光自刎而死后，《荆轲传》中太子说："丹所以诫田先生毋言者，欲以成大事之谋也。"《战国策》中为"丹所以请田先生毋言者"，没有用"诫"，而是做"请"。这里的"请"比"诫"字用得好，与前文的"跪而拂席""膝行流涕"行文一致。显然把"诫"改成"请"，这个字改得好，如果是司马迁撷取了《战国策》中的文章，把"请"改成"诫"，那就改得太笨拙了。由此可以推测，应是《史记》原文在先。

《史记·荆轲传》中叙写太子丹以荆轲为上卿，每天登门造访，"日造门下"。《战国策》中此处为太子"日日造问"，"造问"兼有造访问候之意，言太子丹每天登门问候，更加生动形象地表现了太子丹对荆轲的恭敬及其急切要复仇的心理，比《史记》中"日造门下"一词意思更加直接丰富。

刺秦王行动之前，荆轲私见樊於期，想以其头奉献秦王，樊於期听说能为己报仇，非常激动，并对荆轲说"此臣日夜切齿腐心也"，于是自刎而死。《战国策》中此处为"此臣日夜切齿拊心也"，"拊"表示动作，是拍打的意思，而《史记》中用的"腐"表示程度，是腐烂的意思。按司马迁《史记》风格来说，"腐"字的感情色彩更浓厚，体现了人物心里的痛苦之深；按照《战国策》的风格，应当是"拊"字好，意思表达更明显，更直接，所以《战国策》用这一个字了。

刺秦临行之时，荆轲等待和自己一起前往之人，《荆轲传》中说"其人居远，未来，而为治行"，这里的"治行"是治理行装之意。《战国策》中为"留待"，即留下来等待，相较而言，"留待"用意更直接，更符合语境，比《史记》中"治行"一词用得好。

荆轲行刺秦王时，秦王惊恐，"剑长，操其室，时惶急"，《战国策》中用的是"时怨急"。"惶"是惊慌失措，情状是一触即发，来不及思考；"怨"是说秦王对荆轲很怨恨，体现了人物的内心活动，意蕴更丰富，从这个角度说，"时惶急"不如"时怨急"好。匕首行刺不成，荆轲便追逐秦王，《史记》载"秦王环柱而走"，《战国策》中用的是"秦王还柱而走"。"环"是环绕之意，而"还"字按照何建章《战国策注释》的解释："绕也"，有旋绕之意，更加生动。

荆轲被杀以后，《荆轲传》作"秦王不怡良久"，"不怡"就是不愉快，心里不高兴。《战国策》则为"秦王目眩良久"，"目眩"就是头昏眼花。这里有作者对人物心情的描写在里边。即就是秦王这样的大国虎狼之君，遇到被行刺的事情，也会眼花缭乱、惊慌失措。从这个角度说"目眩"比"不怡"更贴切，更符合人物的心理特征。

（三）词句的繁复与简洁

"荆轲刺秦"的故事分别见于《史记》和《战国策》，两篇文章的内容几乎相同，如果从文字上进行比较，除了上文所述在个别词语运用上的差别外，在词句的繁复、虚词的使用方面也有不同。

《史记》中"荆轲刺秦"的故事叙事较为繁复，如太子丹回到燕国，见秦国蚕食诸侯，势力越来越强大，恐其祸至，所以和他的老师鞠武商量对策，鞠武说："秦地遍天下，威胁韩、魏、赵氏，（北有甘泉、谷口之固，南有泾、渭之沃，擅巴、汉之饶，右陇、蜀之山，左关、淆之险，民众而士厉，兵革有余。意有所出，）则易水以北，未有所定也。奈何以见陵之怨，欲批其逆鳞哉?"《战国策》中此段则略去了中间（括号里）一段文字。细细读来，《史记》中多出来的一段文字，颇有汉大赋"铺采摛文"的特点，极富有时代特征。《战国策》文中缺少这段描写，丝毫不影响文意，语词更加简练。鞠武向太子丹推荐田光先生时，《史记》中的描写也比较繁复，鞠武曰："夫行危欲求安，造祸而求福，计浅而怨深，连结一人之后交，不顾国家之大害，此谓资怨而助祸矣。夫以鸿毛燎于炉炭之上，必无事矣。且以雕鸷之秦，行怨暴之怒，岂足道哉！燕有田光先生，其为人智深而勇沈，可与谋。"《战国策》此段略去了鞠武的一大通道理，直接向太子丹推荐田光："燕有田光先生，其为人智深而勇沈，可与谋。"内容简洁明了。按照常理而言，《战国策》长于说辞，而此段和《史记》中文章相比，反而略去了表现人物辞令的内容，似乎不同于《战国策》的总体风貌。

两篇文章在虚词的使用上也略有差异。《史记·荆轲传》文句前多副词"以、而、遂、且、乃、所"等，《战国策·荆轲刺秦王》一文中去掉了许多副词，词句更加简洁精练。《史记》中"夫以秦王之暴"，《战国策》文中没有"以"；《史记》文中"又况闻樊将军之所在乎"，《战国策》文中没有"所"字；《史记》文中"其为人智深而勇沉"，《战国策》文中没有"而"字；《史记》文中"丹终不以迫于强秦而弃所哀怜之交"，《战国策》文中没有"以"字；《史记》文中"愿因太傅而得交于田先生"，《战国策》文中没有"而得"二字；《史记》文中"荆轲遂见太子"，《战国策》文中没有"遂"字；《史记》文中"以故荆轲乃逐秦王"，《战国策》文中没有"乃"字；《史记》文中"群臣皆愕"，《战国策》文中没有"皆"字；《史记》文中"于是左右既前杀轲"，《战国策》文中没有"于是"一词等等。《战国策》文中没有这些虚词，显得文辞更加清晰简练。

如前所言，通过对《史记·荆轲传》《战国策·荆轲刺秦王》中荆轲刺秦一段的对比分析，通过特殊词语的使用和两文中不同用词的分析，我们认为"荆轲刺秦"的故事应该是《史记》中最早记载的，后被人略作改动撷入《战国策》中。

综上所述，"荆轲刺秦"的故事分别见于《战国策》与《史记》，两篇文章内容几乎相同，到底是出于《战国策》还是出于《史记》，没有确切明显的证据证实作者的从属。但是历代学者相同的感觉疑似，太史公传赞里的肯定，出土帛书《战国策》荆轲刺秦一文的缺失，都是我们论证观点的重要旁证。通过文本细读，我们从文章的风格、用词的隐显等方面，做种种的猜断和推测，认为"荆轲刺秦"的文章最早应该是《史记》原创的，后被人撷取入《战国策》文中。这个结论只是一种假设结论，但是我们自信这个结论或许接近正确。行文至此，我们尽了很大努力，目的是抛砖引玉，以引起更多人的注意和对问题的发现，能够进而继续讨论。

编者后按： 本文洋洋约 15000 字，论证《史记·荆轲刺秦》为司马迁所写，并非承袭《战国策》之文，以不可辩驳的充实论证，从史实演变、文章风格、特殊用语、特殊句法多个方面深入浅出的论说，可以说做成了铁案，表现了作者用力之勤，是一篇上等论文。但其中仍有瑕疵，太史公论赞交代，此为司马迁亲自听董生所说。本文作者承袭王国维、顾颉刚之说，认为是司马迁转述司马谈的记述，理由是荆轲刺秦与司马迁成人有上百年之遥，不可相接。此乃误算。从夏无且、公孙季功、董生到司马迁已历四代，夏无且言之公孙季功、季功言之董生、董生言之司马迁，三次传递，百年间分为三次，每次仅三十年左右，有何不相及之说。此为本文之大醇小疵，特指出供读者参考。

释《秦本纪》昭五十年所见"晋""楚"

﹡本文作者徐国栋，三江学院文学与新闻传播学院。

《秦本纪》昭五十年（前 257）记录了秦败于诸侯，释邯郸围，后王龁军反击，有所斩获等事。相关史文曰：

> 十二月，益发卒军汾城旁。武安君白起有罪，死。龁攻邯郸，不拔，去，还奔汾军。二月馀攻晋军，斩首六千，晋楚流死河二万人。攻汾城，即从唐拔宁新中，宁新中更名安阳。其中"楚"字，裴骃《集解》引徐广曰："一作'走'。"①

是知，王龁军反击诸侯，发动了"攻晋军，斩首六千，晋楚（或"走"）流死河二万人"之战。先秦叔虞之晋，时早已亡祀，而"楚"又有异文，故"晋"、"楚"之义，引起学苑争鸣。

一

前人论说，大体形成以下数见：

张守节《正义》以为："此时无楚军，'走'字是也。"

梁玉绳驳曰："改'楚'作'走'，则'流死'之文不可接。谓'时无楚军'尤为吃语，盖即楚救邯郸之兵，始缘秦伐赵邯郸而救赵，继缘秦伐魏宁新中而救魏，《楚世家》称'救赵至新中'可证已。'死'字当读为'尸'，古字通用，《吕览·离谓篇》'郑富人有溺者人得其死'，《汉书·酷吏传》'安得求子死'，《鲁世家》'以其尸与之'，《索隐》曰'尸亦作"死"字'，言赵、楚军败，流尸于河有二万人。此河必是汾河。宁新中是魏邑，非赵邑。秦不能拔邯郸，移兵攻魏，楚与赵复救魏，秦拔魏宁新中而去，故此'晋'字指赵。"②

泷川资言云："古钞本'龁'上有'王'字、'河'下有'者'字。梁玉绳曰……（略）愚按晋即魏也。"③杨宽赞其说，谓："是时魏、楚救赵之联军，……（略）

① 本文所有《史记》原文及三家（裴骃《集解》、司马贞《索隐》、张守节《正义》）注文，均引自司马迁《史记》，中华书局 2014 年版。为免烦絮，此部引文不一一注明出处。

② 梁玉绳：《史记志疑》，中华书局 1981 年版，第 160 页。

③ 泷川资言考证，水泽利忠校补：《史记会注考证附校补》，第 138、153 页。

乘胜追击至河东，进攻屯驻汾城之秦军。"①

又李人鉴曰："称'晋'，不知何所指，且与史公文例不合。韩、赵、魏三《世家》皆不言有此事。不知后人何所据而增入此《纪》，必非史公之旧。"②

综之，"晋"字，前人主要有言赵、言魏之分歧；而"楚"字，则存在是否本作"走"之异见。

二

先辨"楚""走"。

张守节是"走"非"楚"，言时无楚军，所据大概为《史记·春申君列传》所载"邯郸告急于楚，楚使春申君将兵往救之，秦兵亦去，春申君归。"按，约前258年十月，楚救邯郸围，时楚军之帅，据《史记》《六国表》及春申、平原、白起三《传》，为春申君。《申传》所录，反映春申君应在前258年冬，邯郸第一次解围后，即返回楚国。后前257年初，秦王龁、郑安平军复围邯郸，《楚世家》考烈王六年（前257）载："秦围邯郸，赵告急楚，楚遣将军景阳救赵。七年，至新中。秦兵去。"似楚复起兵救邯郸，而此回主帅为景阳。罗玉环先生曾推测春申君归时，留下了一支楚军继续攻秦，该军主将为景阳。③ 由于《申传》未明言春申君是否尽撤楚军，且《楚世家》只记录了一次救赵行动，故罗说亦能通。总之，前257年初救邯郸的楚军之帅，应为景阳。《世家》之文又反映，楚人前257年初的救邯郸，与前256年的救新中，乃同属于景阳军所为。是景阳所部，师老于外约一年有余。以此，相关史料实能确证前257年上半年，王龁军反击时，楚军仍在河北活动，张守节"时无楚军"之说，与史料信息不符。

梁玉绳称"楚"字不误，则所据有二：1. 史实可见，楚时仍对秦作战；2. "走"与"流死（尸）"之文不可相接。前据，已辨其然，唯楚甲虽在河北，却未见得一定参与河上之战，前文"攻晋军，斩首六千"，便不涉及楚人。后据，梁氏断言唯作"楚"，语辞方通，此须深入研究。

"流死河二万人"之"死"，前人在训死亡还是尸体上，存有分歧。近世，杨树达曾拟《释死》一文，较详备地举例论述"死"字本义为尸体。其所举之例即有《秦纪》"流死河二万人"事。④ 后马叙伦等家所见略同。⑤ 然《史记》中，除"流死"外，别有"震死"（武乙为暴雷震死）、"幽死"（赵王友幽禁而死）、"谴死"（为汉武生子者，其母无不谴谪而死）等相似词语，其"死"皆不得训为尸

① 杨宽：《战国史料编年辑证》，上海人民出版社 2001 年版，第 1006 页。

② 李人鉴：《太史公校读记》，甘肃人民出版社 1998 年版，第 118 页。

③ 罗玉环：《楚国八百年》，武汉大学出版社 1992 年版，第 373 页。

④ 刘梦溪主编，余嘉锡、杨树达著，李学勤、刘国忠、王志平编校：《中国现代学术经典：余嘉锡、杨树达卷》，河北教育出版社 1996 年版，第 591—593 页。

⑤ 邱冬成：《李学勤主编〈字源〉研究》，杭州师范大学 2021 年硕士学位论文，第 57 页。

体，有学者专门整理研究之，而谓"流死"应指淹死。故"流死"是否即流尸，需打上一个问号。

2013 年，长沙文考所公布了长沙五一广场东汉简牍发掘简报。① 该批简牍中，J1②：285 号木牍记录了一桩刑事案件，其中证人孙诗的证词，提到"于其门，闻不处姓名三男子言，渚下有流死二人"及"持船于湘中粜米，见流死人"。随后，学者赵平安、罗小华深入考析了该案，释"流死"为淹死，并引《秦纪》之文为旁证。③ 此释甚当。牍中"见流死人"云云，"流死"断难解为流尸。

以新出简牍同名词为参，知《秦纪》"流死"更宜解为淹死。梁说第二据不能成立，"晋楚流死河二万人"、"晋走流死河二万人"，皆通。

是则，"楚""走"孰是，缺乏显证，难以论定。由于楚景阳军彼时确在河北，故可略微倾向于"楚"字不误。或许，秦军与晋、楚军对峙，王龁见晋军疲敝，乃择先击之，晋败，晋、楚之军乃皆乱，争渡河而流死者众。

三

复析"晋"义。

叔虞之晋，战国中期灭亡。《赵世家》肃侯元年（前 349）载："夺晋君端氏，徙处屯留。"乃其国之事最后见于载籍。杨宽推测："是年赵夺晋君端氏，徙回屯留，屯留久为韩占有，韩不能容，因而杀之，于是晋灭。"可从。然而，前 349 年后，史料仍屡见"晋"、"晋国"代指某国或地区，甚至晋彻底灭亡前数十年，已有史料见"晋"指某国且非言叔虞之晋。这些"晋""晋国"之义，约有三种：

1. 专指魏国

《秦本纪》献公二十一年（前 364）载："与晋战于石门。"二十三年（前 362）又载："与魏晋战少梁。"对此，王念孙辨后者之"魏"乃羡文，曰："'晋'即魏也。三家分晋，魏得晋之故都，故魏人自称晋国，而韩、赵则否。"并举《孟子·梁惠王上》"晋国，天下莫强焉，叟之所知也。及寡人之身，东败于齐……"等例自证。④ 其说至确。泷川资言所见古钞本、南本正无"魏"字。⑤《史记》点校本中华书局 2014 年版也据高山本及王说而删"魏"字。⑥ "晋"或"晋国"可专指魏，断无疑义。

① 长沙市文物考古研究所：《湖南长沙五一广场东汉简牍发掘简报》，《文物》2013 年第 6 期。
② 赵平安、罗小华：《长沙五一广场出土 J1③：285 号木牍解读》，《齐鲁学刊》2013 年第 4 期。
③ 《战国史料编年辑证》，第 347—348 页。
④ 王念孙撰，徐炜君等点校：《读史记杂志》，《读书杂志》，上海古籍出版社 2014 年版，第 189 页。
⑤ 《史记会注考证附校补》，第 131 页。
⑥ 司马迁：《史记》，中华书局 2014 年版，第 254、282 页。

2. 专指河东地区

《赵世家》惠十六年（前283）载所谓《苏厉为齐遗赵王书》，提及"韩亡三川，魏亡晋国"，此"晋国"，张守节《正义》注云："河北之地，安邑、河内。"张氏盖依《秦本纪》昭二十一年（前286）"错攻魏河内。魏献安邑"及《六国表》同年"魏纳安邑及河内"为说。

其策亦见《战国策·赵策一·赵收天下且以伐齐》，然鲍彪注曰："晋国，谓安邑。"① 又《战国策·燕策二·秦召燕王》载苏代约燕王曰："西河之外、上雒之地、三川，晋国之祸，三晋之半。"姚鼐注其"晋国"，亦云"谓安邑"。且进一步论曰："晋末独有绛、曲沃，而魏居安邑近之，赵、韩皆远，故谓为晋国。"②

又《穰侯列传》载须贾说穰侯语，论及"蚕食魏氏，又尽晋国"，小司马《索隐》注谓："河东、河西、河内并是魏地，即故晋国。今言秦蚕食魏氏，尽晋国之地也。"

其策亦见马王堆汉墓帛书《战国纵横家书》第十五章，而帛书整理小组曰："晋国，指魏国的河西与河东绛、安邑一带。这一带在春秋时为晋地，所以又称晋国。"③

又，《魏世家》安釐王世载策文："异日者，秦在河西晋，国去梁千里"，《正义》曰："晋国都绛州，魏都安邑，皆在河东，去大梁有千里也。"此策亦见《战国纵横家书》第十六章，裘锡圭读成："异日者秦在河西、晋国，去梁千里"，并谓："'晋国'指包括安邑、曲沃等地在内的河东地区，以其为旧晋国的中心地区，直到战国后期仍有'晋国'之称。"④

此外，《战国策·秦策一·泠向谓秦王》载泠向语"宋破，晋国危，安邑王之有也"，高诱注曰："晋国，魏都大梁也。"鲍彪说同。⑤

清人刘宝楠鉴于战国中后期"晋"义淆乱，对其作了较全面的辨析，指出其义有四，分别为：指魏境内晋地、指魏境内晋都、指魏国、指魏都，并各举了若干例证。其中，魏境内晋地义，刘氏从《正义》、《索隐》说，以为可指河西、河东、河内地。⑥

是则，作为地区名（非国家代称）的"晋"、"晋国"旨义，前人所论大体有六：（1）指河内与安邑；（2）指安邑；（3）指河西、河东、河内；（4）指河西与

---

① 本文所有《战国策》原文及鲍彪注文，均引自刘向集录《战国策》，上海古籍出版社1998年版。为免烦絮，此部引文不一一注明出处。

② 范祥雍笺证，范邦瑾协校：《战国策笺证》，上海古籍出版社2006年版，第1718页。

③ 本文所有《战国纵横家书》原文，及帛书整理小组注文，均引自裘锡圭主编《长沙马王堆汉墓简帛集成》（叁），中华书局2014年版。为免烦絮，此部引文不一一注明出处。

④ 裘锡圭：《读〈战国纵横家书释文注释〉札记》，《中国出土古文献十讲》，复旦大学出版社2004年版，第375页。

⑤ 诸祖耿：《战国策集注汇考（增补本）》，凤凰出版社2008年版，第142页。

⑥ 刘宝楠：《愈愚录》，广雅书局清光绪十四年（1888）刻本，卷四"晋国"条。

安邑一带；（5）指河东；（6）指大梁。

考，以上诸说中，裘锡圭河东之说乃不刊之论。

前 286 年，秦人攻击魏河内西端地（轵道以南一带），并迫使魏割让了该地及河东仅存的安邑、绛一带地。① 此后，史料开始频繁见到魏人丢失"晋国"的记述：（1）《战国纵横家书》第十七章载"魏亡晋国，犹重秦也"，此策时当前 284 年春，五国伐齐前夕。（2）《战国纵横家书》第二十一章（同策亦见《赵世家》、《赵策一》）载"韩亡三川，魏亡晋国"，此策时当前 284 年五国伐齐开始后，乐毅攻破临淄前。（3）《战国纵横家书》第十五章（同策亦见《穰侯列传》、《魏策三》）载"蚕食魏氏，尽晋国"、"【割】晋国也，秦兵不攻而魏效绛、安邑"，此策时当前 273 年华阳之战后。

据此可见，魏亡"晋国"，或者说彻底亡"晋国"的标志，就是前 286 年割安邑、绛而完全失去河东地。《战国纵横家书》第十六章（同策亦见《魏世家》、《魏策三》）载"异日者秦在河西、晋国，去梁千里，有河山以阑之，有周、韩而间之"，更是直谓"晋国"、大梁相距千里，有周、韩间隔。此足明魏之"晋国"，不可能包含河内或大梁地。前 286 年，秦正好有攻魏河内西端之行动，故张守节误解"亡晋国"为亡安邑、河内。而"晋国"指大梁说，唯一例证乃泠向所云"宋破，晋国危，安邑王之有也"，此文"晋国"其实根本无法推定指大梁地，释为魏国反而更惬。

此外，《战国纵横家书》第十六章将河西与"晋国"分而述之，《燕策二·秦召燕王》亦载"西河之外、上雒之地、三川，② 晋国之祸，三晋之半"，反映河西与"晋国"为两地。魏之"晋国"，必不包含河西地。

又战国中后期史料中，"晋国"皆以地区名的姿态出现，与河西、三川、上雒③等地区并列。且《秦召燕王》章"西河之外、上雒之地、三川、晋国"，应是包指了三晋所有原本在二周、河内、上党以西的领土，这些领土由四部分构成，除西河外（含河西、上郡）、上雒、三川以外，正余河东。故"晋国"仅指安邑或安邑、绛一带个别城邑的说法极难成立，地区名"晋国"必指河东。

3. 指三晋中的二或三国，可视为"二晋"或"三晋"之省称

《史记·越王句践世家》载有战国中期齐人说越王无彊辞，其中多次出现了"晋"、"二晋"之语。如，开头一段云："图越之所为不伐楚者，为不得晋也。韩、

---

① 此年秦所攻"河内"应为河内西端，《秦本纪》《魏世家》等载前 289、前 287 年秦军在此一带攻略。《吕氏春秋·应言》（陈奇猷《吕氏春秋新校释》，上海古籍出版社 2002 年版，第 1221—1222 页）、《战国策·魏策三·芒卯谓秦王》反映魏献安邑后不久，又献长羊、王屋、洛林，张琦推测三地应在今济源西北（《战国策笺证》，第 1362—1363 页），可从。《六国表》前 286 年魏所纳河内地，当即长羊、王屋、洛林一带。

② "三川""晋国"间应为顿号。

③ 《燕策》"上雒之地"，应指包括上雒在内的华山以南魏地。

魏固不攻楚。韩之攻楚，覆其军，杀其将，则叶、阳翟危；魏亦覆其军，杀其将，则陈、上蔡不安。故二晋之事越也，不至于覆军杀将，马汗之力不效。所重于得晋者何也？"析之，此篇说辞中"晋"皆乃"二晋"之省称，指韩、魏二国。

《韩非子·喻老》载："楚庄王欲伐越，杜子谏曰：'王之伐越何也？'曰：'政乱兵弱。'杜子曰：'……（略）王之兵自败于秦、晋，丧地数百里，此兵之弱也；庄蹻为盗于境内而吏不能禁，此政之乱也。王之弱乱，非越之下也，而欲伐越，此智之如目也。'王乃止。"① 按，钱穆曾举多证，力辨楚顷襄王别谥为"庄"，② 其说甚是。此文又提及庄蹻正在活动，而庄蹻之乱发生于前 301 年垂沙之战后，故知此策时当楚顷襄王初年。故"败于秦、晋，丧地数百里"，显指前301—前298 年，秦、韩、魏对楚发动一系列攻略，鲸吞楚北析、郦、宛、叶等大片领土之事③。因之，此文所谓"晋"，亦指韩、魏二国。

又《战国策·秦策二·陉山之事》（策部分内容亦见《穰侯列传》）载苏代为齐献穰侯书，多次提及"晋"、"三晋"。如其中某段曰："夫三晋相结，秦之深雠也。三晋百背秦，百欺秦，不为不信，不为无行。今破齐以肥赵，赵，秦之深雠，不利于秦。一也。秦之谋者必曰：'破齐弊晋④，而后制晋、楚之胜。'夫齐，罢国也，以天下击之，譬犹以千钧之弩溃痈也。秦王安能制晋、楚哉！二也。秦少出兵。则晋、楚不信；多出兵，则晋、楚为制于秦。齐恐，则必不走于秦，且走晋、楚。三也。"析之，此策可见到天下即将攻齐、秦刚刚取得安邑等关键系年线索，又出现了五国伐齐前数年活跃的人物顺子（齐闵王子田顺）⑤，故策时合约前285 年。《穰传》误系前 273 年，不可从。按，五国伐齐之战，三晋皆是参与国，之前的合纵酝酿期间，魏担任反齐急先锋，⑥ 韩被秦所裹挟，赵则长期骑墙，最终选择西合。此策即反映了齐、秦争赵的一幕。文中将天下视作秦、齐、晋、楚四大板块，而彼时之人，确实预想三晋共伐齐，故他们讨论"破齐弊晋"、"制晋、楚之胜"等问题时，口中的"晋"理当为三晋。此策所谓"晋"，必指赵、魏、韩三国。

至此，战国中后期"晋"、"晋国"三义厘明。

四

于整理、分析"晋""晋国"史料的过程中，笔者发现，其三义之使用，有一

---

① 陈奇猷：《韩非子新校注》，上海古籍出版社 2000 年版，第 457—458 页。

② 钱穆：《先秦诸子系年（外一种）》，河北教育出版社 2002 年版，第 439—441 页。

③ 散见于《秦本纪》、《楚世家》、《战国策·秦策三·魏谓魏冉章》等。

④ 《穰侯列传》版本"晋"下有"楚"字。

⑤ 此人别见《战国策·赵策四·齐欲攻宋》、《战国策·燕策二·苏代为奉阳君说燕于赵以伐齐》。

⑥ 《战国纵横家书》前十四章多篇策文反映，薛公田文相魏之后，时暗时明，力主伐齐。

定年代规律可循。以下博征前349年叔虞之晋灭亡后"晋""晋国"史料，以探其机。碍于篇幅要求，史料系年、词义辨析之过程，大率从省。

1. 前339年。晋：魏。

《六国表·秦表》前339年载："与晋战岸门"。其事《秦本纪》系前338年，作"与晋战雁门，虏其将魏错。"而《索隐》注引《竹书纪年》，乃曰："与魏战岸门。"

2. 前333—前319年期间某时。晋国：魏。

《孟子·梁惠王上》载惠王曰："晋国，天下莫强焉，叟之所知也。及寡人之身，东败于齐，长子死焉，西丧地于秦七百里，南辱于楚，寡人耻之……"①

3. 前323年。晋：魏。

楚地出土材料鄂君启节舟节铭文、包山楚简皆载："大司马昭阳败晋师于襄陵"。②

4. 战国中期某时（约魏襄王时）。晋国：魏。

《孟子·滕文公下》载周霄之言曰："晋国亦仕国也。"③

5. 约前317年。晋：魏。

《战国策·楚策三·五国伐秦》载："五国伐秦，魏欲和，使惠施之楚。……（略）杜赫谓昭阳曰：'魏为子先战，折兵之半，谒病不听，请和不得，魏折而入秦，子何以救之？东有越累，北无晋交，西未定于秦，是楚孤也，不如速和。'昭子曰：'善。'因令人谒和于魏。"

6. 约前313年。晋：韩、魏。

《越世家》："图越之所为不伐楚者，为不得晋也。韩、魏固不攻楚"。前文有辨。

7. 前311年。晋、晋国：不明。

《战国策·楚策三·张仪之楚贫》（战国后期或秦汉人拟作）。

8. 战国中期某时（卫嗣君时）。晋：应指魏。

《韩非子·外储说右上·说三》："卫嗣君谓薄疑曰……（略）一曰：卫君之晋，谓薄疑曰……"④

9. 前298年或稍晚。晋：韩、魏。

《韩非子·喻老》："楚庄王欲伐越，……（略）杜子曰：'……（略）王之兵自败于秦、晋，丧地数百里，此兵之弱也……（略）"⑤ 前文有辨。

10. 约前287年。晋：三晋或魏、赵。

《战国策·秦策三·薛公为魏谓魏冉》⑥ 载：薛公为魏谓魏冉曰："文闻秦王

① 《孟子正义》，第53页。
② 《战国史料编年辑证》，第443—445页。
③ 《孟子正义》，第352页。
④ 《韩非子新校注》，第791—793页。
⑤ 同上，第457—458页。
⑥ 此策亦见《史记·孟尝君列传》，但《孟传》版本策文存在诸多后人改动内容，大失原旨。

欲以吕礼收齐，以济天下，君必轻矣。齐、秦相聚以临三晋，礼必并相之，是君收齐以重吕礼也。齐免于天下之兵，其仇君必深。君不如劝秦王令弊邑卒攻齐之事。齐破，文请以所得封君。齐破晋强，秦王畏晋之强也，必重君以取晋。齐予晋弊邑①，而不能支秦，晋必重君以事秦。是君破齐以为功，操晋以为重也。破齐定封，而秦、晋皆重君；若齐不破，吕礼复用，子必大穷矣。"

11. 约前 287 年。晋国：河东或魏。

《战国纵横家书》第十四章载苏秦谓齐王曰："若三晋相坚也以攻秦，案以负王而取秦，则臣必先知之。王收燕、循楚而唊秦以晋国，三晋必破。是故臣在事中，三晋必不敢反。"

12. 约 287 年。晋国：三晋或魏。

《战国纵横家书》第十三章载秦臣韩珉献书于齐曰："齐不收秦，秦焉受晋国。"

13. 约前 287 年。晋国：魏。

《战国纵横家书》第七章载苏秦献燕王书，提及："薛公未得所欲于晋国，欲齐之先变以谋晋国也。……（略）薛公、徐为有辞，言劝晋国变矣。"

14. 约 286 年。晋国：应指魏。

《战国策·秦策一·泠向謂秦王》载泠向语曰："宋破，晋国危，安邑王之有也。"

15. 约 286 年。晋：应指三晋。

《史记·田世家》潜三十八年载所谓苏代说秦王辞（策亦见《韩策三·韩人攻宋》），提及："……皆不欲齐秦之合也。何晋楚之智而齐秦之愚也！晋楚合必议齐秦，齐秦合必图晋楚，请以此决事。"

16. 约前 285 年。晋：三晋。

《秦策二·陉山之事》（策部分内容亦见《穰侯列传》）载苏代为齐献穰侯书，提及"破齐弊晋，而后制晋、楚之胜"等语。前已辨之。

17. 前 284 年春，晋：三晋。晋国：有指三晋者，有指河东者。

《战国纵横家书》第十七章载齐策士说在魏主持伐齐的秦臣起贾曰："……齐秦相伐，利在晋国。齐晋相伐，重在秦。是以晋国之虑，奉秦，以重虞秦。破齐，秦不妒得，晋之上也。秦食晋以齐，齐毁，晋敝，余齐不足以为晋国主矣。晋国不敢倍背秦伐齐，又不敢背秦收齐，秦两悬齐、晋以持大重，秦之上也。是以秦、晋皆策若计以相伺也。……（略）亡宋得，南阳伤于鲁，北地归于燕，济西破于赵，余齐弱于晋国矣，为齐计者，不逾强晋，□□□□秦，秦【齐】不合，莫尊秦矣。魏亡晋国，犹重秦也。与之攻齐，……"

18. 前 284 年。晋国：河东。

《战国纵横家书》第二十一章（策亦见《赵策一·赵收天下且以伐齐》《赵世

---

① 此"邑"应为羡文。

家》）载苏秦献赵王书，提及说士之计皆曰："韩亡三川，魏亡晋国……"。

19. 约前 279 年。晋国：河东。

《燕策二·秦召燕王》载苏代说燕王语曰："西河之外、上雒之地、三川，晋国之祸，三晋之半。"

20. 前 273 年。晋国：河东。

《战国纵横家书》第十五章（策亦见《魏策三·秦败魏于华走芒卯而围大梁》、《穰侯列传》）载魏长吏谓其王辞，提及："秦，贪戾之国也，而无亲，蚕食魏氏，尽晋国……"又载须贾说穰侯辞，曰："【割】晋国也，秦兵不攻而魏效绛、安邑。"

21. 前 263 年。晋国：河东。

《战国纵横家书》第十六章（策亦见《魏策三·魏将与秦攻韩》、《魏世家》）载纵人朱己谓魏王曰："异日者秦在河西、晋国，去梁千里，有河山以阑之，有周、韩而间之。……（略）秦乃在河西、晋国，去梁千里而祸若是矣。"

22. 前 235 年。晋：三晋。

《史记·秦始皇本纪》载："文信侯不韦死，窃葬。其舍人临者，晋人也逐出之；秦人六百石以上夺爵，迁；五百石以下不临，迁，勿夺爵。"

综上，所见"晋"、"晋国"专指魏国之例，皆不晚于战国中期，准确地说，大体皆不晚于魏彻底丧失河东的前 286 年，其中最晚确凿指魏的一例，在约前 287 年；而专指河东地区之例，则完全相反，均不早于前 286 年左右，其中最早确凿指河东的一例，在前 284 年；至于作"二晋"或"三晋"省称之例，则无明显时代分布规律，战国中、晚期皆有之。

以此，殆可以作出这样的推测：

1. 战国前期至中期前段，如王念孙等所辨，因魏氏强盛，且领有故叔虞晋国的核心地区——河东，故时人往往称魏为晋、晋国，魏人亦自称之，而韩、赵则否。到了战国中期后段，魏氏式微，其西部在秦冲击下一败涂地，先后沦丧河西、上郡、上雒三大地区；前 290 年，又割河东四百里地予秦，在河东仅保留少数大城市；前 286 年，乃复割故都安邑一带，彻底丧失了河东这块故晋核心地区。自此，魏氏突然失去"晋"称。战国后期，魏主要由河内、梁地、上蔡地、宋地四部分构成，其中独河内为故晋地，然并非故晋核心之地，因此，魏氏自然无法再担"晋"号。

2. 战国中期末段，魏氏退出河东后，河东作为故晋国国都所在地的历史事实是不受动摇的，于是"晋国"一词突然被人们转而用以专指河东地，且耐人寻味的是，他们往往令此种意义的"晋国"，以魏失地的状态出现于语境中。说秦臣起贾的齐策士、说赵王的齐臣苏氏、燕臣苏代、魏长吏、魏臣须贾及疑似为赵策士的朱己，各国之人皆有此种行为。相反，在不涉及秦霸占魏河东这一历史情节，而是谈论河东他事的史文中，就不见一例称河东为"晋国"。这也许是因为，客观上，魏已没有道理担"晋""晋国"之号，但人们习惯上仍无法割舍魏与晋之联系，故不少人在谈到魏失河东时，便以"晋国"代言河东，言魏失"晋国"。不过，属于一两代人独有的概念、习惯，终有消逝之时，随着河东脱离魏氏的年岁渐积，此种用辞习惯也便逐渐消亡。前 263 年以后，遂不再见有材料称河东为晋国。

五

至此，观本文所辨，《秦本纪》"攻晋军，斩首六千，晋楚（或"走"）流死河二万人"之"晋"，其义疑难，当可迎刃而解。

首先，该史文所载为前 257 年事，在此数十年前，人们已断然不用"晋"指魏国，而"晋"字，更从未代指过赵、韩。

其次，战国史料中，绝无单用"晋"字指称河东之例，人们代言河东时，皆用"晋国"两字。且此"晋"所在史文，也不存在魏失河东这一语境。故其"晋"，断非谓河东。

因此，若《纪》文不误，则"晋"必须解为：包指三晋中的不止一国。析之，前 257 年初，破秦军，解邯郸围者，乃赵、魏、楚三国联军。韩人在邯郸之战后，不知何时收复了上党郡，[①] 然观 257 年初的史事，并无韩人痕迹，谅韩之参战，应在安阳之战结束，见秦前线军无力组织更多反击以后。故此"晋"军，理宜解为赵、魏之军。

综前所辨，《秦本纪》"攻晋军，斩首六千，晋楚（或"走"）流死河二万人"，合应理解为：王龁军反击赵、魏追兵，斩首六千，使赵、魏军（或赵、魏及周边楚军）皆乱，争渡河亡走而淹死二万之众。

---

① 邯郸之战后，秦太原、上党地皆陷落，秦史皆讳言之，故但载前 248 年复定太原，前 247 年复取上党。见《秦本纪》《六国表》等。

二、《史记》与大学生人文素养研究

司马迁"不朽意识"对大学生生命
教育的启示

＊本文作者王长顺，咸阳师范学院文学与传播学院教授。

司马迁继承先秦士人"立德""立功""立言""三不朽"的观念，以"不朽意识"超越死亡，实现生命价值，在《史记》中记述历史人物生命的不朽与辉煌，这对当代大学生生命教育有着一定的启示。

一、司马迁《史记》的不朽意识

"死而不朽"是西周以来的传统观念，是指生命个体死后的多个"灵魂"依然影响宗族社群的血缘延续性。它最初是一种"灵魂"观念，相信人死后存在着一种称为"魄"的"灵魂"。其实，"不朽"观念的本质，就是如何使"死"的意义变成"生"的意义的问题。春秋时期，人们有了新的不朽观念，《左传·襄公二十四年》记述穆叔与范宣子对话：

穆叔如晋范宣子逆之问焉，曰："古人有言曰，'死而不朽'，何谓也？"穆叔未对。宣子曰："昔匄之祖，自虞以上为陶唐氏，在夏为御龙氏，在商为豕韦氏，在周为唐杜氏，晋主夏盟为范氏，其是之谓乎？"穆叔曰："以豹所闻，此之谓世禄，非不朽也。鲁有先大夫曰臧文仲，既没，其言立，其是之谓乎。豹闻之，大上有立德，其次有立功，其次有立言，虽久不废，此之谓不朽。若夫保姓受氏，以守宗祊，世不绝祀，无国无之。禄之大者，不可谓不朽。"①

在叔孙豹（穆叔）看来，在宗族社群中不忝辱祖宗，保持世卿世禄，延续血缘宗祧等传统"不朽"观念，仅仅是世禄而并不能真正造就自己死后的"不朽"。只有"立德""立功""立言"才是真正的道德自我完成。这样的"不朽"针对个体性的道德自我完成而言，更突出个体自主性、积极性、主动性和社会性的道德实践活动，是一种开放性的，人人通过努力都可以实现的"死而不朽"。

由于"死亡"意味着个体生命的自然终结，而"不朽"则意味个体生命的社会评价。所谓"不朽"，"就是给人类、给社会留下宝贵的精神财富，为后人所敬仰、所学习，永远激励来者，推动社会向合理的方向发展。"② 因此，"死的意义何在"就成了个体完成"自我"的一个重要问题。

司马迁受先秦士人"不朽"思想的影响，将"三不朽"作为自己的人格理想。他在《与挚伯陵书》中用"三不朽"以表明心迹："迁闻君子所贵乎道者三：太上立德，其次立言，其次立功。伏维伯陵材能绝人，高尚其志，以善厥身，冰清玉洁，不以细行荷累其名，固已贵矣；然未尽太上之所繇也！愿先生少致意焉。"③ 这"可以看作司马迁心目中的人生和人格三境界。立德之人，是最高尚的；立言之人，也高尚，但已属次了；立功之人，也高尚，但更属次了。但必须注意，三者境界虽不同，但司马迁都认为是'贵乎道者'的。……司马迁本人的人格演进正是奏出了这样的三步曲：立功——立言——立德。当然，他每前进一步，所付出的代价是巨大的，甚至是生命的全部。"④ 正是这种"不朽意识"，司马迁在困厄中发愤完成《史记》，实现生命不朽。

（一）司马迁及其《史记》的"立功"

司马迁不朽意识首先表现为"立功"，司马迁在《史记》中记录了自己多"功"的家世，载录立功之人，寻访历代"立功者"足迹，尽心尽力于"立功之职"。《史记》中写"司马氏世典周史"，记"司马氏去周适晋"，且对于"去周适晋"实书实写，有名、有姓、有职，甚至有业绩。据学者考证和统计，"司马氏去周适晋"其事大约发生在公元前 6 世纪中叶，司马迁出生于公元前 1 世纪中叶，其间相隔约 500 年。这 500 年间，有名有姓的祖先就提到了 11 人。⑤ 而这"列祖列宗中，有英武的战将（如司马错、司马靳、司马卬之属）、有侠义的剑客（如司马凯、司马蒯聩之属）、有干练的行政长官（如司马喜、司马无泽之属）、有经业有术的货殖者（如司马昌之属）……其实司马迁对自己家世采取的是无功不录的

---

① 《左传·襄公二十四年》，阮元校刻：《十三经注疏》，中华书局 1980 年版，第 1979 页。

② 张新科：《中国古典传记文学的生命价值》，人民出版社 2012 年版，第 94 页。

③ 司马迁：《与挚伯陵书》，严可均辑：《全上古三代秦汉三国六朝文》，中华书局 1958 年版，第 273 页。

④ 陈雪良：《司马迁人格论》，上海人民出版社 1997 年版，第 24 页。

⑤ 同上，第 35 页。

态度。……列祖列宗中的无功者、碌碌无为者被巧妙地删除了，……功业，在司马迁心目中是第一位的。"① 正因为如此，司马迁在《史记》中不仅记录了有功的先祖，还记录了有功的圣者、帝王、贤臣。在司马迁看来，凿开龙门山的大禹就是立功者的偶像，是一位圣者。历史上的成功者，"唯禹之功为大！"《史记》记大禹治水患之功、定九州之功、承帝统之功、树至德之功。②《史记》之中，记述各个不同历史时期、各种复杂社会环境中的"立功之人"。如记录明君贤臣的"治世之功"。他认为："国有贤相良将，民之师表也。"③ 他还说："且欲兴圣统，唯在择任将相哉！唯在择任将相哉！"④《五帝本纪》写黄帝"生而神灵，弱而能言，幼而徇齐，长而敦敏，成而聪明。"⑤ 写虞舜笃谨诚孝，勤政爱民，重用人才，"举八恺，使主后土，以揆百事，莫不时序。举八元，使布五教于四方，父义，母慈，兄友，弟恭，子孝，内外平成。"⑥ 深情歌颂舜艰苦创业的历程和治世功勋。文帝是司马迁心目中最合乎"仁"的君主，《孝文本纪》中写文帝初即位就"施德惠天下，填抚诸侯四夷皆洽驩"，⑦ 政令宽省，废除酷刑；广开言路，积极纳谏；精兵简政，厉行节约；重视农业，轻徭薄赋；反省自励，以德治国。字里行间充溢着由衷的热爱。

《史记》写了帝王、诸侯王、圣贤、谋臣将相、士大夫，农、虞、工、商等社会的直接生产者，这些人物共同发挥作用，都在推动历史发展的进程中有"功"。正如学者所论，"司马迁心目中'功'的观念是广义的。有武功，有政功，有实业之功，有施仁乐义之功。总之，一切利于国、利于民、利于他者，皆可言之为功。这就不难揣测到司马迁为什么写《史记》时涉及的人物是那样的广博了，上及帝王将相，下及黎民百姓，中及失败英雄、落难之辈，还以极大的热诚赞颂了侠士、义士、豪士，其中包括地位低微的鸡鸣狗盗之徒。在司马迁眼中，地位降到低之又低的田地，而是否有功于国、有功于民、有功于人是首位的。"⑧ 可以说，司马迁在《史记》中表达了自己立功的追求，也记述了历史上立功之人及其所立之功。

此外，司马迁还通过"壮游"寻访"立功"者的足迹。《史记·太史公自序》说："二十而南游江、淮，上会稽，探禹穴，窥九疑，浮于沅、湘；北涉汶、泗，讲业齐、鲁之都，观孔子之遗风，乡射邹、峄；厄困鄱、薛、彭城，过梁、楚以归。"⑨ 这样的"壮游"，除了搜集历史史料外，也是在寻访历史上"有功者"足

---

①　陈雪良：《司马迁人格论》，上海人民出版社 1997 年版，第 38 页。

②　详见陈雪良：《司马迁人格论》，上海人民出版社 1997 年版，第 45—50 页。

③　司马迁：《史记·太史公自序》，中华书局 1959 年版，第 3304 页。

④　同上，第 2919 页。

⑤　同上，第 1 页。

⑥　同上，第 35 页。

⑦　同上，第 420 页。

⑧　陈雪良：《司马迁人格论》，上海人民出版社 1997 年版，第 38 页。

⑨　司马迁：《史记·太史公自序》，中华书局 1959 年版，第 329 页。

迹，目的是为自己"做一个名垂千古的建功立业者"打下基础①。

"入士郎中"是司马迁自己"立功"的开始，他"绝宾客之知，忘家室之业""壹心营职"，以"纳忠效信""自结明主"。后来，司马迁奉命"西征巴蜀以南，略邛、笮、昆明"，这就是他"西征南略"之功。"征巴蜀以南"，就是对该地区采用征伐的方式进行治理；对于"邛、笮、昆明"地区，则是采用巡视、安抚的方法。无论怎样，司马迁看探了西南夷地区的地理状况和民族分布情况，了解了西南夷地区的风俗人情，传播了文化。这一切，都是"立功"的具体体现。

（二）司马迁及其《史记》的"立言"

"立言"这种追求"不朽"的方式，乃是中国古代作家创作活动的内在的动力之一。曹丕《典论·论文》说："盖文章经国之大业，不朽之盛事。年寿有时而尽，荣乐止乎其身，二者必至之常期，未若文章之无穷。是以古之作者，寄身于翰墨，见意于篇什。不假良史之辞，不托飞驰之势，而声名自传于后。"② 曹丕认为文学创作是个人赖以不朽的手段，这无疑揭示了作家创作的内在动机。因此，"从终极意义上讲，创作冲动本身就是一种不朽冲动。"③

受先秦士人不朽意识的熏染和影响，司马迁思想深处也有着"立言"的不朽意识，把"立言"作为实现"不朽"的选择，而且成了《史记》创作的原动力。司马迁从父亲的手中接过"著史"这一"不朽"工程，确信"立言"是生命不朽的重要方式。他已经把自我连同其独特的个性和丰富的色彩，成功地转移到另一种超越生死的不朽载体——《史记》之中。因此，司马迁内心深处那种强烈的生命不朽意识，也是创作《史记》的原动力之一。他对古代圣贤发愤"立言"倍加肯定，《汉书·司马迁传》：

> 古者富贵而名摩灭，不可胜记，唯倜傥非常之人称焉。盖西伯拘而演《周易》；仲尼厄而作《春秋》；屈原放逐，乃赋《离骚》；左丘失明，厥有《国语》；孙子膑脚，《兵法》修列；不韦迁蜀，世传《吕览》；韩非囚秦，《说难》《孤愤》；《诗》三百篇，大氐圣贤发愤之所为作也。此人皆意有所郁结，不得通其道，故述往事、思来者。④

古时既富且贵的人而名声却泯灭不传，无法记载下来，只有卓越不凡的人才能名扬后世，圣贤们在遭受困厄时才"发愤为作"，司马迁即使遭受"奇耻大辱"，也要为完成使命，实现人生理想而忍辱负重，坚强活下去。《汉书·司马迁传》载：

---

① 班固：《汉书·司马迁传·报任安书》，中华书局 1962 年版，第 2735 页。

② 曹丕：《典论·论文》，严可均辑：《全上古三代秦汉三国六朝文》，中华书局 1958 年版，第1098 页。

③ 冯川：《〈死亡恐惧与创作冲动〉序言》，四川人民出版社 2003 年版，第 27 页。

④ 司马迁：《报任少卿书》，班固：《汉书·司马迁传》，中华书局 1962 年版，第 2725—2735 页。

仆窃不逊，近自托于无能之辞，网罗天下放失旧闻，考之行事，稽其成败兴坏之理，凡百三十篇，亦欲以究天人之际，通古今之变，成一家之言。草创未就，会遭此祸，惜其不成，是以就极刑而无愠色。仆诚已著此书，藏之名山，传之其人通邑大都，则仆偿前辱之责，虽万被戮，岂有悔哉！然此可为智者道，难为俗人言也。①

司马迁遭受腐刑之后，之所以没有选择死，而隐忍苟活，"就极刑而无愠色"，就在于他自己心中有理想，肩上有使命。若选择就死，则不能实现理想，完成使命，实际上就是他所说的"轻于鸿毛"之死，与"蝼蚁"无异。于是，司马迁"整齐百家杂语"，辩是非，通礼义，明褒贬，重行事，最终成就"一家之言"。

（三）司马迁及其《史记》的"立德"

司马迁在"立言"的同时，走向了"立德"。他在遭"李陵之祸"之后，就开始"在'立言'中寻找自我，并以自我精神去改铸'立言'，并把'立言'和'立德'有机结合起来。"② "他开始真正地感悟到了'立德'之于人生的巨大意义。一个具有崇高德性和人格精神的人，才可能勇敢地面对大灾大难，才会认真严肃地直面生活的一切。"③ 司马迁所立之"德"，是"受辱不屈，受辱奋起"之"德"。司马迁遭"李陵之祸"而受腐刑，乃奇耻大辱。他在《报任少卿书》中说：

太上不辱先，其次不辱身，其次不辱理色，其次不辱辞令，其次诎体受辱，其次易服受辱，其次关木索、被箠楚受辱，其次剔毛发、婴金铁受辱，其次毁肌肤、断肢体受辱，最下腐刑极矣！④

想到这些"辱"，司马迁从"辱中愤起"，"舒愤懑以晓左右""发愤为作"，在逆境中奋起，积极进取。因为，在"辱"中愤起，有着"性格气势优势""精神境界优势""目标设定优势"⑤，正是这样的"辱中发愤"，让司马迁有了异于常人的"德"，那就是从困厄之辱中获得清醒的力量，激励的力量，不懈奋斗的力量，驱使自己直达目标。另外，从某种意义上说，这种"德"通过《史记》升华为永恒而又感人的精神生命。正如学者所论："《史记》这样一部伟大作品就在一个博大而至深的心灵中诞生出来。这是一个奥衍闳深、波谲云诡的世界，历史的大气磅礴与创巨痛深都在这里得到了充分展现。这又是一个蕴含着无限精神内涵的世界，人的希望与绝望，自信与困惑，豪气与柔情……都在这里涌动、隐现。通读《史记》五十二万字，我们无时不感到这是一个艰难而伟大的创造，无时不感到

---

① 班固：《汉书·司马迁传·报任安书》，中华书局 1962 年版，第 2725—2735 页。

② 陈雪良：《司马迁人格论》，上海人民出版社 1997 年版，第 188 页。

③ 同上，第 191 页。

④ 司马迁：《报任少卿书》，班固：《汉书·司马迁传·报任安书》，中华书局 1962 年版，第 2725—2735 页。

⑤ 陈雪良：《司马迁人格论》，上海人民出版社 1997 年版，第 202—206 页。

它渗透着丰富的思想、情感与气质。反复诵读，一种伟大而苍凉的气息自会把我们带入一个崇高的境地。……伟大的艺术是伟大人格的写照，《史记》更是司马迁与艰难伟大历史血肉相连的生命写照。"①

二、司马迁"不朽意识"的意义

司马迁以浓烈的不朽意识"发愤著书"，忍辱完成《史记》以实现生命价值，超越了自然生命。不惟如此，司马迁还以"不朽意识"观照现实和历史中的人物，让他们不朽。

（一）以"不朽意识"超越死亡

死亡是人自然生命走向消亡的必然，然自然生命可以死亡，而人精神生命却可以不死。司马迁以"不朽意识"看待死亡。在《报任少卿书》中对"生死"有所阐述：

> 盖钟子期死，伯牙终身不复鼓琴。何则？士为知己者用，女为说己者容。夫人臣出万死不顾一生之计，赴公家之难，斯已奇矣。
>
> 仆之先非有剖符丹书之功，文史星历近乎卜祝之间，固主上所戏弄，倡优畜之，流俗之所轻也。假令仆伏法受诛，若九牛亡一毛，与蝼蚁何以异？而世又不与能死节者比，特以为智穷罪极，不能自免，卒就死耳。何也？素所自树立使然。人固有一死，死有重于泰山，或轻于鸿毛，用之所趋异也。
>
> 且勇者不必死节，怯夫慕义，何处不勉焉！仆虽怯懦欲苟活，亦颇识去就之分矣，何至自沉溺缧绁之辱哉！且夫臧获婢妾犹能引决，况若仆之不得已乎！所以隐忍苟活，函粪土之中而不辞者，恨私心有所不尽，鄙没世而文采不表于后也。②

在这里，司马迁表达了他对死亡的看法：其一，为知己而死，在所不辞。其二，为赴国难而死，在所不辞。其三，人固有一死，或重于泰山，或轻于鸿毛。重于泰山之死，死之值得；轻于鸿毛之死，一文不值。其四，为节义而死，值得尊敬，但壮志未酬而文章名节不著于后世就死去，实为不值。其五，生前富贵，死后名灭，不算英雄；生前受辱，而能坚强活下来，最终成就一番事业，流芳后世，才是真英雄。其六，完成自己的使命，实现自己的理想，虽遭万戮，也在所不辞。司马迁认为为了国家、为了大义而死的就重于泰山，应当受到后世的敬仰和尊重；而为了使命、为了理想在遭受不公正待遇的境况下，能够坚强地活下来，最终完成使命，实现理想，也同样"重于泰山"。对于生命个体，无论选择生，或是选择死，都是基于其自身肩负的使命、大义和理想。因此说，"死有重于

---

① 程世和：《司马迁精神人格论》，商务印书馆 2013 年版，第 319 页。
② 班固：《汉书·司马迁传·报任安书》，中华书局 1962 年版，第 2725—2735 页。

泰山，有轻于鸿毛"者，司马迁更推崇的是"重于泰山"之死。这是司马迁基于
"不朽意识"的生死观。

在司马迁看来，只要为了神圣的使命，即使遭受"奇耻大辱"，也要为完成
使命，实现人生理想而忍辱负重，坚强活下去。《汉书·司马迁传》载：

> 仆窃不逊，近自托于无能之辞，网罗天下放失旧闻，考之行事，稽其成
> 败兴坏之理，凡百三十篇，亦欲以究天人之际，通古今之变，成一家之言。
> 草创未就，会遭此祸，惜其不成，是以就极刑而无愠色。仆诚已著此书，藏
> 之名山，传之其人通邑大都，则仆偿前辱之责，虽万被戮，岂有悔哉！然此
> 可为智者道，难为俗人言也。①

司马迁遭受腐刑之后，之所以没有选择死而隐忍苟活，"就极刑而无愠色"，
就在于他自己心中有理想，肩上有使命。若不能实现理想，完成使命，而选择就
死，实际上就是"轻于鸿毛"之死，与"蝼蚁"无异。他相信自己只要坚持活下
来，就一定能够完成父亲司马谈的临终遗命，完成"究天人之际，通古今之变，
成一家之言"的史学著作，实现了自己的人生使命。在司马迁看来，"人生本身
就是人超越死亡的战场。在这个战场上，人们通过各种形式的拼搏，与命运对
抗，以获得永存的、不朽的人生价值，从而也就取得了对死亡予以否定的
胜利。"②

（二）以"不朽意识"观照历史人物以使"不朽"

司马迁在《史记》中写不同身份、不同社会地位人物面对生死的态度、立
场、行为，也一定意义上体现了司马迁的生死观和不朽意识。如《刺客列传》所
载荆轲刺杀秦王嬴政虽未成功，但其为了报答对自己有知遇之恩的燕王，为了燕
国利益，重义轻生、勇于牺牲的精神足以彪炳史册。荆轲是为了民族大义和国家
利益而从容赴死的英雄。这样的英雄人物，虽死犹生，流芳百世。

《陈涉世家》记载陈胜吴广谋划起义时说："今亡亦死，举大计亦死；等死，
死国可乎？"同时发出"且壮士不死即已，死即举大名耳，王侯将相宁有种乎！"
的呼号，表现出面对死亡无所畏惧的精神。还有《项羽本纪》载"力拔山兮气盖
世"的项羽，至死不悔与命运抗争，张扬着生命的英雄气概。再如《孔子世家》
记孔子曾困顿、潦倒，却百折不回，为实现其理想奔走游说，以不移的意志与命
运抗争。司马迁对孔子"高山仰之，景行行之，虽不能至，然心向往之。"可见其
崇敬之情。《伍子胥列传》记载"忍辱就功名"的伍子胥，司马迁赞叹"向伍子胥
从奢俱死，何异蝼蚁，弃小义、雪大耻，名垂后世。"是自己人生悲歌的高唱，也
是"不朽意识"的体现。

---

① 班固：《汉书·司马迁传·报任安书》，中华书局 1962 年版，第 2725—2735 页。
② 朱发建：《超越死亡：司马迁的著史心态》，《湘潭大学学报》1996 年第 5 期。

三、司马迁不朽意识对大学生生命教育的启示

生命教育"贯穿人的发展始终，体现于心智启迪、成长导航和幸福关怀的全过程，旨在实现个体自然生命、精神生命和社会生命的协调发展、相互促进与辩证统一。"① 司马迁忍辱就功名，发愤著书，以彪炳千秋的《史记》，用精神生命超越自然生命，实现了生命的不朽，这对于当代大学生生命教育具有重要的启示意义。

（一）正确认识生命，崇尚道德生命

现代社会的快速发展，物质世界的日益丰富，世界无时无刻不在发生着变化，又到处充满了偶然性和不确定性，有些大学生就不能正确看待生命，不明白生命的意义。司马迁的不朽意识和生死观启示我们：人活着就要崇尚道德，修养道德，开阔心胸，从自然生命之欲走向道德生命的高尚；把自然生命的"生"和"死"，与道德生命的"生"和"死"区别开来。自然生命的"生"并不等于道德生命的"生"，自然生命的"死"并不意味道德生命的"死"。因为，"三不朽"中，最为重要的是"立德"。"立德，这是不朽的首要条件。尽管'德'具有明显的时代特征，不同的时代有不同的道德标准，但它也有相对的共性、继承性，这种共性、继承性的长期积淀，就形成为一种民族心理定式。'德'是人们评价一个人的关键条件。要达到不朽，必须在德的方面树立起高风亮节，如崇高的理想、博大的胸怀、坚贞的节操，等等。中国历史上有志之士之所以受到后人的敬重，就是因为他们有高尚的品德。孔子、屈原、司马迁、苏武、诸葛亮……哪个不是在'德'的方面站立在世人前列呢？……可见，在'三不朽'中，德是最重要的，是个体生命的立身根本。当然，立德不能是空洞、抽象的，一定要通过实际的行动来体现，即立功，给绝大多数人谋福利，并树立起光辉的榜样。如果在恶劣的环境中遭受挫折，不能实现政治抱负，仍然保持耿介纯洁的品德。在著述中表达自己的人生态度和政治见解，此为立言。立言实际也是立功的一种特殊表现，或施展文学才华，或表达对社会看法，或提出政治主张，等等，这是文人学士在遭受厄运时的一种追求。因此，立德、立言，最后的归结点仍是立功。'三不朽'中，立功成了最为引人注目的东西，也成为每一时代传记的主旋律。"② "立德"是"立功""立言"的条件，是立身的根本，"立德"又是通过"立功"的实际行动来体现，"立言"又是"立功"的一种特殊表现。所以说，"立德""立功""立言"属不同层次，在个体的身上能够统为一体，而"立功"最能够受到人们的

① 王方国：《新冠疫情应对下大学生生命教育路径探赜》，《西华师范大学学报》（哲学社会科学版）2022 年第 3 期。

② 张新科：《中国古典传记文学的生命价值》，人民出版社 2012 年版，第 94—95 页。

关注。

因此，我们要教育大学生以道德生命超越自然生命，实现人生价值。引导学生不断加强道德修养，明大德，守公德，严私德，把个人的生命价值实现同国家兴旺发达，与民族伟大复兴紧紧地联系在一起，心怀祖国，放眼天下，积极进取，努力拼搏，建功立业，多做贡献，奉献社会，实现立德、立功、立言。

（二）正确认识生命存在，重视生命的过程性意义

司马迁《史记》记述三千年社会发展中各个阶层的历史人物，展现他们生命存在，歌颂英雄人物、古圣先贤的历史贡献，表现在磨难、困厄中奋起志士的精神追求和生死抉择。要教育大学生正确认识生命存在，承认生的偶然，死的必然，重视生命的过程性意义，通过有意义的精神生命实现对自然生命的超越。同时，认识生命存在的社会性、责任性，教育大学生就要为担当社会责任做出正确的生命抉择，把一己行为与为社会贡献关联在一起，给有限的个体生命赋予永恒的意义。

（三）尊重生命，珍惜生命，重视精神生命价值

司马迁以在困厄中不放弃生命的古圣先贤为榜样，汲取精神力量，为了完成《史记》，选择"隐忍苟活"，这是对生命的尊重。

要教育大学生尊重生命。生命对于每一个人来说都至为宝贵，来到世界上的每一个生命都有存在的价值、理由和意义。因此，要尊重自我，尊重亲人，尊重他人。不仅如此，而且还要不轻易放弃生命，以生命的激情，创造价值，实现生命辉煌。要教育大学生"尊生""贵生"，强调生命的重要，不无谓轻易放弃生命。要教育大学生勇于接受挑战，直面现实困难，在遇到挫折的时候不气馁，坚持理想，不懈奋斗，实现生命价值。

就生命本质而言，人的生命与世间其他生命相比，其最为根本的区别就在于人有"精神"活动。因此，人的生命价值乃是自然生命价值和精神生命价值的总和。要教育大学生重视精神生命价值。自然生命的结束是一种必然，那就是用精神生命的完善、建功立业、著书立说等实现对自然生命的超越，实现生命的永恒。此外，在自然生命与道德生命发生冲突时，应选择道德生命，用《史记》中仁人志士为坚持道义而视死如归的精神教育学生，通过对"道义"的坚守完善自然生命。

（四）树立远大理想目标，为实现生命价值不懈奋斗

司马迁"立德""立功""立言"的不朽意识，"究天人之际，通古今之变，成一家之言"的著史宗旨，"藏之名山，传之其人"的事功精神，"重于泰山"的生命观念，启示我们人生要有目标追求，要有理想信仰。人有信仰，有追求，才会积极地面对人生，才会不断完善自我，实现生命价值。因此，要教育大学生树立

远大理想，确立人生目标，要"成己"以完成自己的事功建树，完善自己的道德境界，实现个体的生命价值；要"成人"，帮助他人达到同样的境界，再致力于社会的治理，在为国家奉献中不断奋斗拼搏，实现生命价值。马克思的《青年在选择职业时的考虑》中阐述了自己对未来职业选择的严肃考虑，他说"如果我们选择了最能为人类福利而劳动的职业，那么，重担就不能把我们压倒，因为这是为大家而献身；那时我们所感到的就不是可怜的、有限的、自私的乐趣，我们的幸福将属于千百万人，我们的事业将默默地、但是永恒发挥作用地存在下去，面对我们的骨灰，高尚的人们将洒下热泪。"最能为人类福利而劳动的职业就是为实现人类幸福，为之奋斗就要不惜牺牲自己的一切。因此，要教育大学生树立远大的共产主义理想和社会主义共同理想，把实现个体生命的价值同建设富强、民主、文明、和谐美丽的现代化强国紧密结合起来，刻苦学习，增长才干，磨炼意志，奉献社会，为实现中华民族伟大复兴中国梦贡献力量。

走出心理困境：《史记》

对当代大学生的启示

＊本文作者李穗琦，国防大学军事文化学院硕士研究生。

《中国国民心理健康发展报告（2021—2022）》显示，当前 18—24 岁年龄组的抑郁风险检出率高达 24.1%，显著高于其他年龄组，大学生的心理健康问题需要被重点关注[①]。大学生作为一个特殊的社会群体，正经历着从青春期向成年早期的过渡和转变，处在心理健康逐渐成型的关键人生阶段。根据调查显示，导致大学生抑郁的因素主要有以下三点：一是没有确立明晰的人生意义[②]，二是无聊行为和消极心态，三是不健康人际关系[③]。而明确的人生目标，处事的积极态度，强有力的人际支持则可以有效保护大学生心理健康。

《史记》浓缩了中华优秀传统文化的精髓，具有深厚的历史内涵，对培养中华民族文化自信意义重大[④]。阅读《史记》，从中华优秀传统文化中汲取养分，对大学生确立正确的人生观和价值观大有裨益，更是坚持文化自信，提升大学生的人文素养，维护大学生心理健康的有效途径。本文从大学生心理健康现状调查为出发点，以《史记》记载的人物故事为素材，尝试探讨在《史记》中找到解决当代大学生目标迷茫、态度消极、人际关系处理的办法。

一、确立明确的人生目标

一项调查报告显示，当代大学生对于"是否有明确的人生目标"这一问题，表现出极其显著的家庭经济水平差异和显著的生源地差异。来自城市的大学生选

---

① 傅小兰：《心理健康蓝皮书：中国国民心理健康发展报告（2021～2022）》，社会科学文献出版社 2022 年版。

② 陈祉妍、郭菲、方圆、蔡济民：《2022 年我国不同人群人生意义感与心理健康状况调查报告》，社会科学文献出版社 2022 年版。

③ 方圆、王路石、陈祉妍：《2022 年大学生心理健康状况调查报告》，社会科学文献出版社 2022 年版。

④ 杨海峥：《〈史记〉的当代价值》，《中国社会科学报》2023 年总第 2577 期。

择"有明确的人生目标"的比例显著高于县城和农村①。实施乡村振兴战略是关系全面建设社会主义现代化国家的全局性、历史性任务，教育在乡村振兴中发挥着基础性、先导性作用②，高等教育往往是农村学生改变家庭与自身境遇的重要渠道，因此树立明确的人生目标对于贫困学生的成长和进步具有重大意义，对于国家和社会风气建设有长远影响。从《史记》中可以看到两千多年前出身"贫且贱"的孔子，对于自己人生目标追求的专注。

"天不生仲尼，万古长如夜"③，儒家思想对中华文明乃至世界文明有着深远的影响。孔子作为儒家思想的开创者，却有着坎坷的一生，时局不利，生而贫贱，中年失所，但他百折不回，自始至终，对自己的人生目标保持着极高的专注度。据《史记·孔子世家》记载，"孔子之时，周室微而礼乐废，《诗》《书》缺"，出生于一个时局动荡的社会；虽祖先血统高贵，但他出生时已是"贫且贱"，虽年少好礼，却不受待见，在《论语》中，其自述"吾少也贱，故多能鄙事"，少年时成长在如此恶劣之环境；青年时适周问礼、访老子，本以为可以在鲁国终老一生，不料中年被迫出走，周游卫、郑、陈、蔡等国。甚至在郑国时与弟子走失，郑人谈其状貌，说其"累累若丧家之狗"，人到中年居无定所，更不用谈实现个人理想抱负。

生于乱世，不仅多次身处险境面临险境，还要面对随行弟子的埋怨和疑惑。其中，孔子对自己人生目标专注最突出之表现莫过于孔子及其弟子们困于陈、蔡，"不得行，绝粮，从者病"。子贡提出疑问，"夫子之道至大也，故天下莫能容夫子。夫子盖少贬焉?"孔子教诲子贡，"赐，良农能稼而不能为穑，良工能巧而不能为顺。君子能修其道，纲而纪之，统而理之，而不能为容。今尔不修尔道而求为容。赐，而志不远矣!"借颜回之口表达出其人生目标，"夫子之道至大，故天下莫能容。虽然，夫子推而行之，不容何病，不容然后见君子! 夫道之不修也，是吾丑也。夫道既已大修而不用，是有国者之丑也。不容何病，不容然后见君子!"

他或许也曾有所感伤，曾对子贡说可能只有上天能了解他，"不怨天，不尤人，下学而上达，知我者其天乎"；他或许也曾有所担忧，曾说"君子病没世而名不称焉。吾道不行矣，吾何以自见于后世哉"。孔子虽然出身贫贱，但有着明确的人生目标，一生克己复礼，他的坚持不以人生目标是否可以实现而动摇，终成圣人。

除家庭社会经济地位条件对大学生人生目标设定有影响之外，职业生涯规划也是影响大学生人生目标设定的因素之一。当前大学生普遍存在"空心病"、迷茫等没有明确人生目标的现实情况引人深思。根据北京大学教育学院的某项调查

---

① 宫秀丽《大学生信仰与人生价值观调查分析》，《山东青年政治学报》，2019年第6期。
② 见《振兴乡村教育　赋能乡村振兴》，中华人民共和国教育部政府门户网站（moe. gov. cn），2021年11月29日。
③ 朱熹《孔孟周程张子》，《朱子语类》第六册，卷九十三，崇文书局2018年版。

显示：本科院校中将近 42％的非毕业生对于未来没有清晰的生涯规划，对自己要追求的长远目标不甚明了①。在清华大学教育研究院 2009 年 6 月主持的"中国大学生学习性投入研究"课题组研究结果显示：23 所本科院校中，大一到大三的三个年级学生群体，学习意义感呈现逐年下降趋势，近半数学生同意"很多时候不知道所学的东西对我而言有什么意义"②。在军人逐渐成为全社会尊崇的职业的今天，参军入伍对于大学生来说既是履行义务，更是荣誉与机遇，将个人的理想追求融入到国家和民族事业建设中，是明确人生目标的重要途径。《史记》中出身行伍的将军，心怀拳拳报国之心，不曾对自己的人生目标有过一丝动摇。

"飞将军"李广有着"报效国家，保卫边疆，保护百姓"的明确人生目标，一生在最前线领兵与匈奴作战 70 余次，未满 20 岁就参军入伍抗击匈奴有功，"为汉中郎"。元狩四年，李广年岁六十有余，听闻匈奴单于踪迹，亲自向大将军请求与单于决一死战，"今乃一得当单于，臣愿居前，先死单于"。李广的一生轰轰烈烈、金戈铁马，但终未封侯，他曾对命运也有过疑惑，但从未动摇过人生目标。

与李广类似，18 岁入伍便立下奇功的霍去病，青年时就说出"匈奴不灭，无以家为也"的豪言壮语。在他短暂又传奇的生命中，"直曲塞，广河南，破祁连，通西国，靡北胡"，一直践行着他明确的人生目标，更是他一生的真实写照。

树立明确的人生目标对大学生不仅具有现实意义，更具有精神意义。然而，我们当前不得不面对的现实是，当代大学生往往目标多以物质追求为导向。一项针对"中国大学生社会心态调查（2015—2020）"的研究显示，高房价是引发大学生焦虑的来源之一，大学生认为房价是当前社会面临的主要问题之一③。韩兆琦先生曾在"《史记》与人文精神"学术论坛中说，"司马迁具有英雄主义的人生观，他认为人生下来就应该为国家、为人民做一番事业"。个人与社会的完美融合是确立人生目标的一个方向。"大学是一个小型社会"，对于大学生来说，它既不同于之前的教育环境，又有别于未来的社会环境，把握好这个过渡期尤为重要。作为经过基础教育之后的大学生，应该结合当前国家和社会环境背景，思考自己想要成为一个什么样的人，找到值得为之奋斗一生的事业，这样的人生哪怕偶尔遇到黑暗，但永远前方都有亮光。对于"Z 世代"的大学生来说，电子游戏中的任务机制便是如此，其用以引导玩家对游戏进行探索，在开放世界类型游戏大受欢迎的今天，玩家在游戏中做出的选择何尝不是内心世界的真实映射。大学生在探索世界的过程中，逐步找到自己的角色定位，确立自己的人生目标，即使一时遇

①　鲍威《跨越学术与实践的鸿沟：中国本科教育高影响力教学实践的探索》，《北京大学教育评论》2019 年第 3 期。

②　史静寰、涂冬波、王纾等《基于学习过程的本科教育学情调查报告 2009》，清华大学教育研究 2011 年第 4 期。

③　郑雯、付宇、桂勇等《大学生群体对社会主要问题的认知变迁与积极心态培育——基于"中国大学生社会心态调查（2015—2020）"的经验研究》，《人民论坛》2023 年第 3 期。

到挫折和困难，依然勇于向目标继续前进，敢于向困难发起挑战，最终就一定可以实现。

二、构建积极的人生态度

"丧文化"以"佛系""躺平""摆烂""废柴"为主要代表词汇，是当前流行于青年群体的一种亚文化。其广泛流传始于《我爱我家》情景喜剧中的"葛优瘫"在2016年重回大众视野，而后便以表情包、网络流行语等迅速流行于各大即时通讯平台和社交媒体。形式上是青年群体使用娱乐化、戏谑化、碎片化的反讽式表达方式，传递出青年群体内心中一定程度的无奈、沮丧的心态①。这种消极心态的出现，既是当前青年利用自嘲展现"丧而不气馁"的娱乐心态的独特方式，但同时也反映出部分青年的价值观存在一定程度偏差。"青年是标志时代的最灵敏的晴雨表"②，由于消极心态会直接外化为消极行为，长此以往，青年个人会身陷焦虑与无助的泥沼，与传统"弘毅"之士的观念相悖，人人不思进取，只求自保利益和权力，得过且过，社会将变成一潭死水，失去责任担当，反噬自身。所以构建积极的人生态度，是青年翻越崇山峻岭的必备之物，也是国家和社会不断健康发展的必备之物。从《史记》中可以感受秦朝时期义士陈胜吴广的豪情壮志。

"燕雀安知鸿鹄之志哉"记载在《史记·陈涉世家》中的第一段，其直观反映了陈胜积极的人生态度。他年少时以被人雇佣耕地为生，在秦朝，作为一个底层人民，无名门血统，无科举制度，可却有如此宏大之志向。他从不向命运屈服，相信自己能创非凡的业绩，同时也能努力去创造一切有利于自己的条件去实现目标。

秦二世元年七月，陈胜被发配到渔阳戍边，"会天大雨，道不通"，无法按时到达，按秦律法要被斩首，于是他和吴广相谋，现在去戍边是死，逃跑是死，造反最多也是一死，"天下苦秦久矣"，何不为自己打天下而死？他相信这是自己"成大名"的时机，便假托公子扶苏和将军项燕之名聚众起义。目标制定后，陈胜积极营造周边有利态势，安排人将"陈胜王"的字条放在鱼腹中，假装被人偶然发现，又让吴广夜晚装作狐狸叫"大楚兴，陈胜王"，这些行为都为其获得身边戍边卒的敬畏与支持做了积极铺垫，而后他更是说出了那句震古铄今的"王侯将相宁有种乎"！

虽然他从起义到失败仅有六个月的时间，但当他在面对人生困境时，能结合自身所处形势，顺合天下大势，时刻抱有积极心态，形成积极认知，化为积极行

---

① 段水莲、黄洁菲：《"丧文化"现象批判与大学生积极心态构建》，《高校辅导员学刊》2021年第6期。

② 习近平：《青年要自觉践行社会主义核心价值观》（2014年5月4日），《十八大以来重要文献选编》（中），中央文献出版社2016年版，第2页。

动,不"躺平",为目标实现做出积极努力,自他揭竿而起,"而后海内豪杰之士乃始云合响应,并起而诛之"。作为推翻暴秦首人,真切影响了历史走向。

"00 后"是当前大学生的主力军,他们是真正的"数字原住民",处在信息化时代,关注时事有助于提高观察问题的能力,提升对于事物理解的敏感度和辨析力,以平和心态正确看待生活中的挫折和困难,减缓心理冲击,以积极心态向人生目标不断发起新的冲锋。

"牢骚太盛防肠断,风物长宜放眼量",这是毛泽东所作《七律·和柳亚子先生》,用于规劝对方遇到不顺心的事情牢骚太多会有碍身心健康,对世间一切风光景物要放宽眼界去衡量。大学生在人生观、世界观逐渐成熟的过程中,如果看待事物的角度过于单一,便容易产生过多牢骚,在消极的人生态度中越陷越深。

但不得不面对的事实是,行为失范频发是当代大学生积极社会心态存在的主要问题之一,部分青年由于长期处于象牙塔中,一直被奉为"天之骄子",在家依赖父母,在学校依赖老师、同学,行为上懒散自由,遇到事情以自我为中心①。面对新环境的挫折与困难,由于缺乏良好的心态极易产生强烈的心理冲击,对自我能力产生怀疑,对社会制度极为不满②。《史记》中"天妒英才"的贾谊,与屈原同在一篇传记,均为才华绝伦之人,感叹自己时运不济,才华不能得到赏识,抱负不能得到施展,牢骚和抱怨占满了自己的整个人生,终日郁郁寡欢,在人生壮年时因悲伤过度离世,令人惋惜。

十八岁时,贾谊因文采闻名于郡中。时任河南太守的吴廷尉招其致门下,得到器重。后因河南太守被汉文帝征为廷尉,位列九卿,贾谊得其举荐成为年龄最小的博士。由于才华绝伦,每每应对皇帝下诏的问题,一年之内被破格提拔至太中大夫。

人生得遇明君,才华得到赏识,是古代多少文人梦寐以求之事,用"春风得意马蹄疾,一日看尽长安花"来形容当时的贾谊毫不为过。"诸律令所更定,及列侯悉就过,其说皆自贾生发之",汉文帝甚至考虑让其位列公卿,但这时却遭到了大臣势力集团的妒嫉,汉文帝迫于压力,有心护才,让他远去任长沙王太傅。自此贾谊开始"意不自得",他认为长沙低洼潮湿,自己命不久矣,于是常常心情抑郁。渡湘水时,作《吊屈原赋》抒心中之愤懑;任长沙王太傅第三年,见猫头鹰飞入,作《鵩鸟赋》以自我宽慰,始终处于怀才不遇、情绪低沉的消极心态。直至一年多后,被召回入京,汉文帝命贾谊做自己最喜爱的小儿子梁怀王的老师。贾谊以为自己的抱负终于又一次可以得到施展,不料进谏上书均未得到汉文帝的回应。几年以后,梁怀王"堕马而死",贾谊在仕途上心灰意冷,更加之将梁怀王意外之死归咎于自身,每日哭泣,一年后因悲伤过度去世,时年三十三岁。

---

① 顾熹:《新时代大学生积极社会心态培育路径研究》,《现代职业教育》2022 年第 32 期。

② 赵本燕:《当代青年"丧文化"的典型特质、生成原因与引导路径》,《北京青年研究》2019年第 4 期。

苏轼在《贾谊论》中叹息其"不善处穷"、"志大而量小"，不能自用其才。贾谊虽有过人之才，但遇到挫折时主观情感上过于悲观消极，在不得意时认为汉文帝不能赏识他的才华，实则他未从汉文帝权力角度看问题，不能正确理解个人境遇与时代环境的关系，最终致使自己走向消极心态的极端，郁郁而终，如此天才的陨落，对于社会、他人、自己何尝不是巨大的损失呢？

反观成语"一诺千金"的主人公季布，身为楚人，在项羽麾下多次领兵使刘邦受困，攻城拔寨，是"可谓壮士"。项羽灭亡后，刘邦出千金派人捉拿他，逃亡期间遭受刑罚，给人做奴仆，是"何其下也"。为什么季布可以做到能屈能伸，"终为汉名将"呢？司马迁论其"彼必自负其材，故受辱而不羞，欲有所用其未足也"。

所以贤能的人非常看重自己的生命价值，正如司马迁自己所说，"死有轻于鸿毛或重于泰山"，面对人生困境不轻言放弃，面对未竟之志可以忍受屈辱，不在空虚中堕落，不在自怜中沉沦，不在自哀中毁灭。当代大学生是国家前途之所系、民族希望之所倚，阅读《史记》，用中华传统优秀文化丰盈自己的精神家园，在挫折与困难中时刻调动积极的人生态度，磨砺自己强大的内心世界，对于个人心理健康有重要意义。

三、重视家庭情感与人际关系支持

人际关系支持对一个人心理健康十分重要，家庭情感支持是其中的一个主要因素。近观《史记》作者司马迁的成长经历，父亲司马谈的期望与支持是他树立远大抱负，坚定人生方向的关键所在。

《孟子·万章下·第八节》中说，"颂其诗，读其书，不知其人，可乎？"读《史记》，首先读懂司马迁，离不开他的成长环境和家庭背景。"望子成龙，望女成凤"是中国家庭对于子女的期盼和希望，司马迁的父亲司马谈也不例外。司马谈在司马迁少年求学时便提供了有力支持，因为自己身为太史令，所以当朝学问大家如董仲舒、孔安国等可以亲自教授司马迁，使其年少时便奠定了深厚的文化基础和开阔的眼界。司马迁20岁时壮游四方，又对学习到的理论知识做了实地考察补充，各地史实资料、百姓真实生活使他情感更为细腻，思考更加深邃。可以见得，家庭和父亲的支持对于司马迁的成长影响非常深远。

在《史记·太史公自序》中记录，司马谈病重时向司马迁托付遗愿，他向父亲表示，"迁俯首流涕曰：'小子不敏，请悉论先人所次旧闻，弗敢阙'"。于是司马迁继承父亲遗志，勤奋刻苦，不曾料到日后会因"李陵事件"遭受奇耻大辱。由于司马迁心无旁骛，一心著书，不曾蝇营狗苟，导致"家贫，货赂不足以自赎，交游莫救，左右亲近不为一言"，被身陷囹圄与无人搭救的绝望情绪包围。面临生死抉择如此巨大的人生逆境，他唯念父亲临终时的嘱托，完成著史大业，"小子何敢让焉"就像黑暗中的一团烛火，汪洋中的陆地，引导他勇敢的前行。正是自年少起的家庭支持与父亲教诲，让他在"以肠一日而九回，居则忽忽若有所亡，出则不知其所往。每念斯耻，汗未尝不发背沾衣也"的心态中"苟活于世"，终"究天人之际，通古今之变，成一家之言"。

由司马迁家庭和父亲的情感关系支持可见，善用身边亲近之人的情感支持，不仅在生活中可以提升个人自信和能力，在面对困难时也可以极大激发个人潜能，转化为行为动力。

除了家庭情感支持外，大学生的校园人际关系，也是其心理健康的重要影响因素。贵州大学调查发现，利用人际支持是大学生最有效的情绪调控方式，大学生正处于渴望得到他人的接纳和认同，与他人建立友好人际关系的阶段，同学关系、朋友关系是大学生校园人际关系中的重要组成部分①。当前已有多项研究结果显示，大学生正面临着人际关系困扰问题。如何更好地处理人际关系，与他人融洽相处，是当代大学生需要面临的一项重要课题。从《史记》中可以感受"管鲍之交"的信任与支持。

"生我者父母，知我者鲍子也"是管鲍二人友情中，管仲对鲍叔牙情感的直观描写，也是鲍叔牙给予管仲无限信任与支持的成功侧写。两人相处，涉及利益时，管仲给自己多分钱，鲍叔牙知其贫困；涉及工作时，管仲自己多次做官被免，为鲍叔牙出谋划策却致其身陷困窘，鲍叔牙不怪他而只是认为时机不利；共同参军打仗，管仲多次逃回，鲍叔牙不以贪生怕死而小看他，是知其家有老母；即使因权位争夺彼此对立，鲍叔牙向齐桓公推荐被囚的管仲而甘居其下，才有之后管仲辅佐齐桓公成为春秋时期第一个霸主。

管仲在成为齐相之前，经济受困、求职碰壁、参军逃兵、选错君主，正是鲍叔牙"深知管仲之贤能"，对管仲无条件的信任与支持，使管仲最终实现个人的理想抱负。反观张耳与陈馀，最开始由敬慕为刎颈之交，生死与共，但后来却在利益的驱使下，互生嫌隙，直至"据国争权，卒相灭亡"。

在一对人际关系中，彼此之间的了解和信任，是维护和升华情感的基石，大学生可以遵从平等尊重、诚实守信、互惠互利、宽容谦让的原则，经营与开发良好的人际关系，有利于保护其个人心理健康，提升自我价值认同，塑造积极人格，对发展良好人际关系有着正向影响，从而形成良性循环②。

"重耳任五贤，小白相射钩"，晋文公和齐桓公能成为春秋时期的霸主，均是任人唯贤的圣明之人。重耳与五贤士的故事，可以推为"创业团队"中情感关系支持的早期典范。春秋时期养士之风盛行，晋文公重耳，"自少好士，年十七，有贤士五人"。在他四十三岁时，受郦姬陷害，开始流亡之路，由于五贤士的辅佐，终于在 62 岁时，返国即位，而后又用了短短四年便成就春秋霸主地位。在外流亡的 19 年，辗转于卫、齐、卫、曹、宋、郑、楚、秦 8 个诸侯国，五贤士不离不弃，各尽其职，各显其能，配合无间，可以在重耳安于现状不思复国时将其灌醉

---

①②　班兰美，陈媛：《大学生人际关系的经营与开发》，《教育教学论坛》2020 年第 38 期。

拉走，为安抚其情绪、维护其地位，立下汗马功劳。

五贤士如此忠心耿耿，封建社会视角下的君臣之交是其中一个原因，但不可否认的是，重耳与五贤士之间的互相信任与情感支持，加之意气相投，目标一致，才是他们共渡难关的关键基石。

四、总结

本文基于对大学生心理健康现状的探究，从确立明确的人生目标，构建积极的人生态度，重视家庭情感与人际关系支持三方面，论述了《史记》如何有效解决当代大学生迷茫与焦虑情绪，提高心理健康水平。

《史记》不仅开创了纪传体史书的先河，描绘了数百个各色人物的典型形象，它更是古代民族文化的浓缩，闪耀着民族精神的光辉，是伟大中华人格的凝聚[①]。对当今社会的诸多议题，它也具有深刻的启发意义。

对于当代大学生来说，深入阅读《史记》将有助于其人文素养的提升，以更积极乐观的人生态度面对学业与生活中的各项挑战。

---

① 张大可：《〈史记〉是一部国学根底书——写在 2015 年司马迁诞辰 2160 周年之际》，《博览群书》2015 年第 1 期。

论《史记·李将军列传》
对当代大学生的启示

＊本文作者张晓妮，陕西国际商贸学院副教授。

《史记》作为中国古代文献的重要代表之一，通过对历史人物和事件的记载，既具有史学研究的价值，也可令后人从前人的经历中获得启示，以史为鉴，思考我们所处的时代，思考每一个人的人生，将我们的人生规范在正确的道路上。

《李将军列传》是《史记》七十列传中非常有名的一篇，被很多语文教材选用，有两大原因：

第一，是因为这篇文章以生动的描写和丰富的情节展示了李广作为一位杰出将领的故事，使读者能够深入了解古代历史和文化。同时，它也以其独特的叙事方式和丰富的修辞手法展现了作者司马迁的文学才华，对于语文教育具有很高的教学价值。

第二，是因为李广的故事，传递了一些重要的价值观和道德观念。例如，李广在故事中展现了对国家的忠诚、对军事事业的追求、对人民的关怀等，这些都是中华传统文化中重要的价值观。通过学习这篇文章，学生能够了解到这些价值观并加以领会，对他们的品德修养和社会责任感的培养具有积极的影响。

认真阅读过这篇列传的人会发现，司马迁是以一种极为客观的笔法叙述李广的一生，最令人慨叹的则是李广作为汉代一名让匈奴闻风丧胆的名将，却没有被封侯拜相，以至于王勃在《滕王阁序》中发出"冯唐易老，李广难封"的慨叹。对当代大学生来讲，最具有启示意义的则是"李广难封"的原因，这些原因能让当代大学生明白一个人的成功到底与哪些因素有关。

启示一：时代因素与个人成功的关系

《孟子》有云："虽有智慧，不如乘势；虽有镃基，不如待时。"南怀瑾大师在理解这句话时谈道："你虽然有了无比坚固的基础，还是要等待时机，才能发生功用。所谓时机，也就是现代所讲的'命运''机会'。机会不来，你纵然有天大的本领，也是枉然。"

《李将军列传》中，司马迁对李广难以封侯拜相的第一个原因，便是时运不济。汉文帝时，对内采取休养生息的政策，对外以防御与和亲为主，导致在朝堂上重文臣而轻武将。李广作为武将，不敢说无用武之地，但要想封侯拜相，根本不可能。这一点是通过汉文帝之口慨叹而出。李广因为"用善骑射，杀首虏多"，被封为武骑常侍，曾跟随汉文帝出行，遇到敌军，冲锋陷阵，并与猛兽搏斗。文帝见状，说道："惜乎，子不遇时！如令子当高帝时，万户侯岂足道哉！"汉景帝时，政策亦然，使得李广再次遇到不利于封侯拜相的大环境。汉武帝时期，主张开始讨伐匈奴，按说李广应该有用武之地才对，可汉武帝任人唯亲，而李广与汉武帝又非沾亲带故，时代又在李广面前筑起一道铜墙铁壁。

以上无不说明，时代是个人成功的大环境，有了大环境的孕育，个人才能茁壮成长，扶摇直上。

当今时代，大学生发展面临着一系列有利的大环境，以下是其中几个重要方面：

1. 教育资源丰富：现代社会重视教育，大学及其他学习机构为学生提供了广泛的教育资源，包括先进的教学设施、丰富的学科选择和多样化的教学方法。

2. 科技进步与信息化：科技的快速发展和信息化的普及为大学生提供了广阔的学习和创新空间。互联网、智能设备以及各种科技工具使得获取知识和与世界各地的人进行交流变得更加迅捷和便利。

3. 创业和就业机会增多：现代经济的发展带来了更多的创业和就业机会，大学生能够在各个领域找到适合自己的发展机会。同时，一些国家和地区也提供了创业支持政策和创新创业园区，为大学生提供了创新创业的平台。

4. 多元化的学习和交流机会：国际化的交流和合作成为当今时代的一大特点，大学生有机会参与国际交流项目、学习外语、了解不同文化背景的人群。这种多元化的学习和交流机会有助于培养大学生的全球视野和跨文化交际能力。

5. 社会关注和支持：社会对大学生的关注度和支持力度逐渐增加。许多政府、非政府组织以及企业都开展了各种形式的大学生扶持计划和奖励活动，为大学生提供了更多的机会和资源。

这些有利的大环境为大学生提供了更多的机遇和平台，使得他们能够更好地发展自己的才能和实现个人价值。然而，也需要大学生积极把握机会，不断提升自身素质和能力，以适应和应对当今时代的挑战和竞争。

启示二：个人因素与个人成功的关系

毛泽东曾讲过："外因是变化的条件，内因是变化的根据，外因通过内因而起作用。鸡蛋因得适当的温度而变化为小鸡，但温度不能使石头变为鸡子，因为二者是根本不同的。"

以上言论，无不说明一个人成功的关键在于内因。时代、环境对一个人的成功会产生较大影响，但却是外因，重要的还在于内因，即一个人的思维方式、性格、做事方式，以及对环境的适应能力等对一个人的成功起到至关重要的作用。"李广难封"除了生不逢时外，与内因息息相关。

《李将军列传》中提到一个人物李蔡，是李广的堂弟："广从弟李蔡，亦为郎，皆为武骑常侍，秩八百石。"再看下面这段话：

> 初，广之从弟李蔡与广俱事孝文帝。景帝时，蔡积功劳至二千石。孝武帝时，至代相。以元朔五年为轻车将军，从大将军击右贤王，有功中率，封为乐安侯。元狩二年中，代公孙弘为丞相。蔡为人在下中，名声出广下甚远，然广不得爵邑，官不过九卿，而蔡为列侯，位至三公。

以上这段话很值得人深思，两人起点一致，所处时代完全相同，但境遇却截然不同，重要的是李蔡"为人在下中，名声出广下甚远"，可却封侯拜相，混得相当好。读到这里，我们可以猜测出，司马迁其实是想让后世人读到这里去思考"李广难封"的真正原因。同时司马迁在本文中也给出了答案。

首先，李广缺乏政治眼光，关键时刻做出错误的选择。

> 及孝景初立，广为陇西都尉，徙为骑郎将。吴楚军时，广为骁骑都尉，从太尉亚夫击吴楚军，取旗，显功名昌邑下。以梁王授广将军印，还，赏不行。徙为上谷太守，匈奴日以合战。

景帝刚刚即位，帝位不稳，出现皇室纷争，派李广跟随周亚夫去平定七国之乱，此时，景帝封李广郎中骑将，对他寄予厚望。李广在这场战役中表现英勇，夺得了敌方的军旗，大功一件，按说回到朝廷可以论功行赏，李广本是无限风光，前途将是一片光明。但神奇的是，李广接受了汉景帝的弟弟，梁王刘武的将军印。这让李广的辉煌在这里就戛然而止了。要知道当时景帝与梁王之间存在很大的矛盾，梁王刘武觊觎皇位已久，景帝对他多有防备。此外，封赏将领这是只有皇帝才有资格做的事，一个诸侯竟然封赏臣子，司马昭之心，人尽皆知。可作为景帝的臣子李广却接受了诸侯梁王的将军印。周亚夫他们回朝以后，汉景帝没有给李广相应的赏赐，但也没有把他怎么样。但是从这里开始，他就失去了景帝对他的信任，往后封侯之路更加艰难。被派到上谷当了一名太守，整日与匈奴作战。

所以，我们不得不承认，李广虽有作战才华，但缺乏敏锐的政治眼光，在自己人生的道路上看不清楚形势，往往会做出错误的判断。所以这对他的一生有着致命的影响，以至于到了武帝时期，他不断遭受排挤。虽说汉武帝任人唯亲是不对，大将军卫青设计陷害李广，也是小人之举，但不得不说，李广在朝中被人排斥，除了外因，也与他自身缺乏政治眼光有着密切的关系。

其次，李广不懂得得饶人处且饶人的人生道理。

李广人生处于低谷时期，有一次在田间饮酒之后，夜经过霸陵亭，霸陵尉喝多了酒，不允许他夜间通过，致使李广在亭下夜宿一晚，他记恨在心。后有机会被封为右北平太守，将霸陵尉请至军中，斩之。

　　此事虽在文中简单提到，但也不得不让人深思。霸陵尉虽未将失势的李广放在眼里，但他没让李广通过，也是执行了当时的法度，即"今将军尚不得夜行，何乃故也！"从道理上来讲，他并没有错，李广杀他显得心胸狭窄。再之，霸陵尉难道没有盘根错节的关系？李广杀了一人，得罪的却是许多人。所以李广无形中给自己制造了很多麻烦。

　　第三，李广的射箭特点是硬伤。

　　李广的射箭技术古今中外无人质疑，司马迁也进行了交代：

> 广出猎，见草中石，以为虎而射之，中石没镞，视之石也。因复更射之，终不能复入石矣。广所居郡闻有虎，尝自射之。及居右北平射虎，虎腾伤广，广亦竟射杀之。

　　确实剑术无人能及，可是他射箭时有一个特点，就是"非在数十步之内，度不中不发。"优点就是"发即应弦而倒"，但也有致命的缺陷，就是在战场上，常常被围困，虽最终能够突围，但因损失惨重，不符合汉代封赏的条件，只能看着别的功劳不如自己的将领一个个被封赏。以至于李广后来怀疑自己的命运不好，甚至找看相的王朔解答疑惑。我们试想，如果李广把自己射箭的方式稍微改变一下，也许就没有那么悲惨，这说明，一个人的优点往往潜藏这这个人的缺点。

　　以上通过对《史记·李将军列传》中李广难封的原因的论述，可以让当代大学生深刻体会到，一个人的成功，时代和环境是外因，虽可以产生影响，但不是关键，关键在一个人自身。

　　南怀瑾说："我常说第一流智慧的人，创造机会；第二流的聪明人，把握机会；而愚笨的人错过机会，失去了以后又不断抱怨。"意思是说，面对大环境，人的力量显得十分微弱，无法改变环境，只能学会适应，适应过程中要学会给自己创造机会。南北朝刘昼曾讲："外疾之害，轻于秋毫，人知避之；内疾之害，重于泰山，而莫之避。"意思是说外界对人的伤害比秋天从身上掉下的一根毫发还要轻微，而一个人内在的特点则是致命的伤害，因此告诉我们，如果我们人生遇到难题，遇到坎坷，要多从自己身上寻找解决的方案，而不应一味地怨天尤人，应将儒家"三日而省吾身"的方式用于生活中，相信这样，每个年轻人在生活中才能得到健康的发展。

"史记学"的建立对当代大学
人文精神的影响

＊本文作者闫伟，陕西国际商贸学院文学与教育学院教师。

《史记》自从问世以来，就受到了古今中外历代学者的赞扬和美誉，在古代史学家班固称它为"实录"，在现代鲁迅先生称誉为"绝唱"，可见人们对它的喜爱和崇敬，以至于从其问世之日起，人们对它的研究从未停止，是中外文化研究者眼中的珍宝。就像对莎士比亚研究形成的"莎学"，对《红楼梦》研究形成的"红学"，对《史记》的研究，人们普遍认为或者强烈希望建立一门"史记学"，其主要原因不外乎这样两点，一是《史记》具有博大精深的内容，它不单单是一部历史学的鸿篇巨著，仅就其在文学上的影响，就可以贯穿整个中国古代文学史，更何况它的内容还涉及到社会学、政治学、天文学、军事学、地理学、外交学、宗教学、民俗学、民族学等诸多内容，有取之不尽用之不竭的思想和文化资源。二是它在传播的过程中，不断凝聚和建构中华民族精神的内核和体系，对现代人文精神，特别是大学教育体系中人文精神的建立，具有深刻的借鉴和启示意义。

一、古代"史记学"的发轫

《史记》是中国古代第一部纪传体通史，自从问世到如今已有两千多年的历史，历代学者对它的增补、整理、研究和评价从未停止，逐步形成了一门独特的学科——史记学。从汉代开始，到清代结束，中国古代对于《史记》的研究，因为朝代、社会、政治、思想、文化等背景的差异，呈现出千差万别的特点，大致可分为四个时期，张新科先生在《"史记学"史述略》一文中说道：

> 总的来看，汉魏六朝是"史记学"的萌芽时期，唐宋是"史记学"的形成时期，元明是"史记学"的发展期，清代是"史记学"的高潮期。[①]

同时，丁德科、马雅琴两位教授认为，古代对"史记学"的研究，可以归纳为"本、注、评、著、歌、戏、传、人、台、质"等十个方面。"本"即各种版

---

① 张新科：《"史记学"史述略》，《固原师专学报（社会科学版）》，2005年第4期。

本，包括选本、残本、孤本、全本等，如敦煌石窟写本，建安蔡梦弼刻本等。
"注"即考证、注释，如梁玉绳的《史记志疑》，王念孙的《史记杂志》等。"评"
的内容就比较丰富了，既包括对司马迁本人和《史记》本身的评论，也包括对
《史记》中的人物风貌、文章风格等的评论。"著"即专门性的论著，具有很深的
理论性和辨析性。"歌"分为两种，一是传颂司马迁和《史记》的诗歌，另一是后
代诗歌中引用《史记》中的事件作为典故。"戏"即把《史记》具有代表性的事
件，改编为戏剧作品，著名的如纪君祥的《赵氏孤儿》。"传"即以多种多样的形
式，使《史记》中的故事、成语等广为传颂，如"破釜沉舟""鸿门宴"等，出自
《项羽本纪》，"卧薪尝胆"出自《越王勾践世家》，"毛遂自荐"出自《平原君列
传》等等，不胜枚举。"人"即研究《史记》和司马迁的学者，他们主要是《史
记》人文精神的践行者和传播者。"台"即研究的平台，是司马迁和《史记》研究
集群化的表现，如古代书院。"质"即本质，内在精神，有三个方面，司马迁在其
他著作中所体现的精神，如《报任安书》，司马迁赞扬的《史记》中的人和事所体
现的精神，《史记》中的历史人物和事件本身所体现的精神。①

　　具体到四个阶段，可大体上简述为：1）汉魏六朝。两汉时期：①本。《史记》
以单卷流行，《后汉书》《窦融传》记载有"外戚世家、魏其侯列传"，《循吏传》
记载有"河渠书"。②评。扬雄《法言》认为《史记》是"实录"，班固延续了这
种说法，在《汉书·司马迁传》中亦称其为"实录"，这是正面的评价。反面的评
价是，班彪、班固认为《史记》有它的弊端，如"缪于圣人""先黄老而后六经"
"退处士而进奸雄"，班氏父子的观点影响比较深远，成为此后历代评论《史记》
主题思想的主线。③注。相传有后汉时期延笃的《史记音义》，无名氏的《史记音
隐》，可惜两者均已失传。魏晋时期：注。有梁邹诞生的《史记音义》，徐广的
《史记音义》，裴骃的《史记集解》，其中徐广、裴骃的影响最大。2）唐宋。唐：
①本。有敦煌石窟本、传世唐写本。②评。刘知几在《史通》中肯定司马迁的
"实录"精神，赞扬他开创了纪传体的先河。韩愈、柳宗元从古文运动的角度出
发，称赞《史记》的语言风格。③注。成就最大的是司马贞的《史记索隐》，张守
节的《史记正义》。④歌。著名诗人如李白、杜甫、王维、李商隐等都有关于《史
记》人物的诗歌。宋：①本。宋代印刷技术的改良，使《史记》摆脱了写本的限
制，形成了固定的刻本，主要有景祐本、蔡梦弼本、黄善夫本。②评。宋代学者
普遍站在"通史"的角度，肯定了《史记》的史学价值，如郑樵的《通志·总
序》。③歌。评价司马迁的诗歌作品蔚为大观。④台。《史记》在宋代，成为书院
的学习科目，形成了集中性的学术交流之地，这种制度一直保留到清代。3）元
明。元：①本。有彭寅翁刊本的《史记集解索隐正义》。②戏。元代民族矛盾加
剧，所以戏剧内容多为揭露统治者的残暴、忠臣义士的气节等，如《萧何月下追
韩信》《周公摄政》。③传。元代话本小说流行，和《史记》有关的，如"说韩

---

①　丁德科、马雅琴：《两千年史记学研究》，《渭南师范学院学报》2017 年第 21 期。

信"，《全相平话》中的故事。明：①本。正德到隆庆有 8 种刻本，嘉靖有 5 种。②评。明代评点的著作有 30 多种，代表性的有《史记钞》、《归震川评点史记》等，涉及到的问题有"班马异同"、《史记》与文学的关系。③戏。明代政治斗争激烈，剧作的内容多表现政治理想，如《浣纱记》。④传。明代白话小说发展到了一个高峰，其中和《史记》有关的，如《卓文君慧眼识相如》。4）清。①本。有殿本、局本，出版开始固定化和专业化。②注。清代考据盛行，成绩斐然，其中《史记杂志》、《史记考异》、《史记志疑》的成就最高。③评。其特点是考据和评论相结合，考中有评，评中有考，赵翼的《廿二史札记》即其代表。另外，清代的学者普遍重视"太史公曰"等赞文的研究，这是前代研究所少见的。④传。清代是古典小说发展的最高峰，和《史记》有关的内容颇多，如《聊斋志异·聂政》。

　　古代对于"史记学"的研究，就是以"四段"为基点，以"十方"为经纬展开的，为现代"史记学"的建立和发展奠定了基础，所以，张新科先生说："历代《史记》研究的丰富成果为当代'史记学'的深入发展奠定了坚实的基础。"①

二、现代"史记学"的建立

　　现代"史记学"的建立，与张大可先生的努力是分不开的。1983 年，他首次提出了应该建立一个全国性的《史记》研究组织。他认为：

　　　　成立一个《史记》研究中心，组织全国力量，通盘考虑，改善研究条件，培养专精队伍，有计划地开展工作，分工合作，是十分必要的，也是有条件的。②

　　张先生之所以会发出这样迫切的声音，是因为发生了一件令人痛心的事情。1983 年，他在兰州大学历史系任教时，曾邀请日本东京大学的腾枝冕教授来学校做报告，腾枝冕在报告中说："司马迁在中国，史记学在日本"。这句话不光刺痛了张先生，而且刺痛了全中国所有学者、所有《史记》爱好者的心扉。因此，在中国，在中国的学术界，在司马迁的故里，在《史记》诞生的故乡，建立一门"史记学"的学科，专门去研究它、解析它、传播它，是十分必要的，是能够做到的，而且是必须要做好的。

　　经过张大可、吕锡生、韩兆琦、赵生群、张新科、徐兴海、邓瑞全等多名学者不懈的努力，在 2001 年 4 月，中国史记研究会在无锡的江南大学成立，开辟了新中国《史记》研究的新时代，为"史记学"在国内和国外的发展和繁荣立下了汗马功劳。研究会在建立之初，就确立了三项宗旨：一是要经常性的举办各种年会，开拓学术交流的领域；二是要在学术研究方面、重大课题攻坚方面做出突破性的成绩，使我国"史记学"的研究保持世界领先地位；三是采用各种形式，普

---

①　张新科：《"史记学"史述略》，《固原师专学报（社会科学版）》2005 年第 4 期。
②　陈曦：《读〈中国史记研究会十五年〉》，《博览群书》2015 年第 12 期。

及《史记》的内容，向社会的各个阶层、各个领域传播《史记》的相关知识，尤其要重视在大学教育中激发学生的学习热情、研究愿望，在中小学教育中，要让学生产生浓厚的兴趣，耳熟能详一些著名的故事，使《史记》成为古典文化教育不可或缺的一分子。

正是因为中国史记研究会的努力，此后，各种史记研究会、研讨会如雨后春笋般纷纷建立。从 2006 年起，在无锡连续举办了多届吴文化国际研讨会。2006 年 4 月在河南省的荥阳市举办的楚汉战争学术话题会，促成了国家专项资金保护成皋古城遗址的成果。2008 年在安徽省的和县召开了项羽专题研讨会，肯定了项羽的历史地位，打击了某些学术研究的不正之风。2005 年 8 月份，在陕西省的韩城市，也就是司马迁的故里，为纪念其诞辰 2150 周年，举办了大型国际学术研讨会。十年之后，即 2015 年 10 月，在陕西渭南师范学院，为纪念司马迁诞辰 2160 周年，举办了"史记与人文精神"学术研讨会。

在课题攻坚方面，史记研究会可谓是硕果累累，首先是编纂了《史记教程》，作为全国高等院校的普及性文科教材，2011 年由商务印书馆出版。其次为纪念司马迁诞辰献礼，编写了《史记研究集成》，全书 14 卷 880 万字，此后又将其扩展成《史记论著集成》，20 卷 1200 多万字，内容包括《史记学概要》《史记集评》《司马迁评传》《史记人物与事件》等具有开创性的论著。三是编撰了专辑性的丛书《史记论丛》，共 6 卷，包括《中国史记研究会十五年》《孙武专题研究》《史记文本研究》等，体现了当代《史记》研究最前沿的成果。最后是编著了《史记通解》，包括六项内容，有"题解""集评""简注"等，并对原文的错讹缺漏进行了辨析和整理。

在文化传播方面，河南大学的王立群教授，多次做客中央电视台的《百家讲坛》栏目，主讲《史记》系列人物，如秦始皇、项羽、汉高祖等，绘声绘色。韩兆琦教授在北京电视台举办的《中华文明大讲堂》栏目中，以专题的形式，主讲了《史记》的内容，精彩绝伦。张大可教授分别在中国国家图书馆举办的《中国典籍与文化》论坛和中国国际广播电台举办的"孔子学堂"上，主讲了"史记十五讲"和"《史记》二十二专题"，听者如云。三位教授的讲座均引起了强烈的反响，掀起了一股学习《史记》的热潮，加深了对当代文化和精神的影响。

三、对当代大学人文精神的影响

在"史记学"的建立过程中，陕西具有独特的地理位置条件和丰厚的历史文化积淀。不仅形成了以张新科先生的《史记学概论》为中心的学科体系，而且形成了以渭南师范学院为重点的社科研究基地和人文教育实践基地。

评论界普遍认为，《史记学概论》的出版，为"史记学"作为一门独立的学科构建了模式与框架，确立了"史记学"的理论基础，是一部具有开创性的论著，其内容分为七论十七章，"十七章"是包含在"七论"里面的。"七论"包括"范畴论"、"价值论"、"源流论"、"本质论"、"方法论"、"生存论"、"主体论";"十七章"包括"理论性研究"、"'史记学'疑案"、"'史记学'特点"、"'史记学'资料与方法"、"'史记学'与现实社会"等具体的内容。

张先生专门开辟一节,论述"史记学"与人文精神问题,从三个方面重点阐释了《史记》所表现出的人文精神。学术界普遍持有的观点:《史记》的人文精神可以概括为六个方面,即"君子人格"、"入世精神"、"人格自尊精神"、"牺牲精神"、"社会信义精神"、"人道主义精神"。个体精神和社会精神:个体精神是《史记》精神的具体表现,《史记》的人文精神就是由无数个体呈现出来的。个体也许会消亡,但个体精神经过升华净化,就会转变成社会精神,具有永恒的社会属性。社会精神就是《史记》人文精神的本质,它是中华民族内在精神在历史长河中不断绵延的依据。惰性和活力:每一个民族的生命在发展的过程中,都会呈现出一定的惰性和活力,是由两者纠缠、斗争而曲折前进的。当惰性胜利时,活力就会选择隐忍,民族生命遭受暂时的挫折,呈现出悲壮的精神气质;当活力胜利时,惰性就会被压制,民族生命就会爆发出绚烂的姿彩,呈现出积极进取、刚强不息的精神状态。《史记》的人文精神,就是我们中华民族的精神财富,是我们不断前进、勇于变革的宝贵文化遗产。①

从总体上概括起来,其当代性体现为:1)清醒的求实精神。司马迁在描述人的社会活动时,已经本能地意识到,人只有满足基本的生活需求,才能更好地实现精神上的价值,所以他并不像儒家学者一样,侈谈商业利益问题,在《货殖列传》中,肯定人们追求物质财富的正当性。2)崇高的爱国精神。爱国就是以实现国家利益为己任,让民众安居乐业,让社会繁荣昌盛,为此哪怕牺牲自己也在所不惜,在《屈原列传》中,司马迁赞扬了屈原虽遭贬黜仍然心系故国的品质,渔夫劝他做人要学会随波逐流,实现个人利益,被其拒绝,最终为国捐躯。3)积极的入世精神。入世精神就是坚持理想,积极实践,为了远大的奋斗目标,不断前进,从不退缩,即或是遇到了难以想象的困难,仍会负重前行,不言放弃,在《孔子世家》中,孔子提出了自己的治国理念,却不为统治者采纳,他就周游列国,到处游说,在卫国的匡地被围困五天,在郑国被当成丧家狗,身处逆境,依然不懈追求。4)强烈的平等精神。传统的史学著作,都是为帝王将相、王公贵族树碑立传,很少关注下层民众的声音。

《史记》刻画了一系列底层民众的形象,他们有为人耕田的陈涉,发出了"王侯将相宁有种乎"的质问,取得了和孔子并列的地位。司马迁评价人物,从来不看其出身,只看其做出的历史贡献,有贡献者,身处下位而不贱,无贡献者,身处上位而不尊。《史记》所体现的人文精神,对当代大学教育有着极其重要的意义。

高校文化表现出明显的群体性特征,它以大学生为主体,以老师的言行为指

---

① 张新科:《史记学概论》. 商务印书馆 2003 年版。

引，以学校的研究机构为平台，以传授知识和塑造精神为目的，以产、教、学、研一体为特色。"史记学"所揭示的人文精神，正是通过这样一个大循环而实现的，影响着高校学子的一言一行，渭南师范学院即其先行者，具有很强的借鉴意义。

　　渭南师范学院地处渭水之滨，华岳之间，历来山清水秀，人杰地灵，特别重视《史记》文化和精神研究，力求创建特色校园文化，目前拥有中国司马迁与史记研究院，是陕西省人文社会科学重点研究基地的下设机构，隶属于秦东历史文化研究中心。《渭南师范学院学报》开辟了"司马迁与《史记》研究"专栏，是教育部著名栏目，把教学和科研融为一体。成果更是辉煌，建立了中国史记研究网，作为师生们交流和讨论的平台。设置了司马迁与《史记》研究专题文库，出版了九卷本的《司马迁与史记研究年鉴》，填补了业界的空白，被中国史记研究会授予了"特殊贡献奖"，为教学研究提供了丰富的资料。渭南师范学院在《史记》文化和精神教育方面，也是勇于开拓新的方式和领域。把"史记学"的研究和学科建设联系起来，在全校范围内开设《史记》通识课教育；以学校的人才培养体系为依托，开展各种学生实践活动，编辑《史记》名言手册，组织《史记》名言书法比赛。通过弘扬《史记》文化，彰显其办学特色，为《史记》人文精神的传播，做出了突出的贡献。①

　　"史记学"的建立对当代大学人文精神的影响，是建立在相互作用的基础上。《史记》的人文精神经过研究、提炼和概括，上升为中华民族的共通情感，促进了大学的德育教育，培养了师生们的高尚情操，强化了他们的民族自豪感和家国情怀，赋予了新时期国家"四育"理论新的内容和新的涵义；大学的人文精神教育及开展的各种活动，不仅推动了《史记》的人文精神从理论走向实践，而且在实践中又产生新的课题、新的情况、新的挑战，促使学者们对《史记》的精神价值做进一步的探索和挖掘，不断推陈出新，满足当代社会精神价值的需求。

---

　　① 马雅琴、刘小霞：《史记文化与地方高校校园文化建设融合策略研究——以渭南师范学院为例》，《渭南师范学院学报》2015 年第 11 期。

《史记》的人文精神融入大学生
社会责任教育刍议

＊本文作者陈郑云，淮北师范大学历史文化旅游学院讲师。

大学生的社会责任感始终是党和国家重视、全社会关注的重要议题，也是大学生必须要直面深思和积极践行的人生课题。"先天下之忧而忧，后天下之乐而乐""天下兴亡，匹夫有责"……中华优秀传统文化历来强调勇于担当、敢于担责。党的十八大以来，习近平总书记多次寄语勉励青年，他指出"时代呼唤担当，民族振兴是青年的责任"，要"怀着一颗感恩的心，珍惜时光，努力学习，将来做对国家、对人民、对社会有用的人"。社会责任感体现在个人或组织对社会、公众利益的关注和贡献，是衡量新时代青年综合素养的重要标志。《国家中长期教育改革和发展规划纲要》也强调："着力提高学生服务国家和人民的社会责任感"。① 因此，社会责任教育是高校思想政治教育的重要内容，也是社会主义核心价值观教育的有效切入点。

党的十八大以来，高校思想政治教育工作整体态势不断向好发展，但在百年未有之大变局的背景下，错误思潮不时出现，文化入侵愈演愈烈，思政教育工作遇诸多挑战，如何破局？习近平总书记在二十大报告中创造性提出将马克思主义基本原理同中华优秀传统文化相结合的重要论述，为思政教育工作提供了新思考。本文以高校立德树人根本任务为中心，围绕《史记》人文精神的核心要义，对应大学生社会责任意识的培养主要内容，以培养德、智、体、美、劳全面发展的社会主义建设者和接班人为目标，从社会责任教育的主体认知与客体态度、过程设计和方案实施、教育环境与教育评价、立德树人与全面发展四个维度，发展有引导力、亲和力、灵活力、生命力的大学生社会责任教育工作，在实现中华民族伟大复兴的中国梦中探索经典文化育人实践，为中华优秀传统文化融入大学生思想政治教育提供学理支撑。

一、把握《史记》中人文精神的核心要义

《史记》的人文精神表现在司马迁自觉继承父亲遗志的责任及对所写人物、事件的叙述过程和评价之中，可以启发教育当代大学生具备自觉担当的社会责

① 《国家中长期教育改革和发展规划纲要》，《人民日报》2010 年 7 月 13 日第 13 版。

任、以人为本的主体精神、忠诚爱国的家国情怀、自强不息的进取精神。要对《史记》的人文精神进行认真梳理，厘清其历史渊源与核心要义，才能将其合理融入大学生社会责任培养的过程。

1. 自觉担当的社会责任

人立于世，或重于泰山，或轻于鸿毛，区别就在于是否坚守责任，是否勇于实践。拥有责任心，但怯于实践之人，只能空怀一腔热血。勇于实践，却无法明晰责任之人，只能徒劳奋斗一场。责任与实践相辅相成，是人生最为可贵的精神品质。

《史记》作为公认的伟大史学经典，蕴含了深刻的人生哲学和处事之道。以往学者就《史记》或言历史，或言文学，更有"史家之绝唱，无韵之离骚"之感慨。《史记》构建了一幅幅生动鲜活的社会生活画卷，带我们走进了司马迁的精神世界，更让我们看到了史学家的责任担当。司马迁承袭了父亲史官一职，也承担延续了史官的社会责任，即著史要客观准确地记录历史事实，并不以任何人的意志为转移。春秋战国时期，涌现出了众多铮铮铁骨的史官，面对威逼利诱，他们宁死不屈，誓死也要守护著史者的尊严责任。他们的精神代代传扬，成为后世史官的楷模。司马迁生活在史官家庭，充分沐浴了先贤高贵纯洁的精神品质，将宝贵的责任担当贯穿到著史中；就算身残，他也坚持要为李陵辩护，就算帝王不满，他也坚持要秉笔直书；他注重精神，关注人性，将对历史的敬畏尊重转化为以天下为己任的社会责任，造就了成千上万个性饱满的历史人物，留下了精彩纷呈的社会文化宝库。

从《史记》中可以透视司马迁的社会实践经历。其中，不仅有秦皇汉武的政治韬略，还有江湖游侠的刀光剑影，不仅有高深莫测的处世哲学，还有神秘玄幻的民间信仰，历史真实感扑面而来，这些都与作者的环境熏陶和广泛实践有莫大关系。司马迁实践理念来源甚广，其祖上有从事诸如武将、铁官等职业，从军经历传授他过人胆识，经商过往促进其思维敏捷，这些丰富的环境熏陶，不仅为其提供了广阔的研究视角，而且令其以自由平等之心关心理解社会各个角落。为了解历史时期社会上的每个阶层、每个动态，他游历万水千山、实地走访调研，将这些历史文化客观地呈现于著作中。正是这份负责任的治史态度和实践经验，才让我们看到了风云际会的朝政变革，也看到了包罗万象的风土人情。

《史记》作为伟大的著作，历经千年，至今仍是研究者的案头必备。在很长一段时期内，西方学者对我国五千年文明史一直持质疑态度，《史记》被认为是杜撰之作，而我们的文明古国地位也不被正视。但当殷墟、周原、二里头、石峁及良渚等更多遗址遗存的相继发现，质疑不攻自破，既继续证明了中华文明的悠久历史，又再次验证了司马迁作为史官的伟大之处。司马迁以其独特的精神气质树立了史学典范和处事楷模，是真正的"史家之绝唱"。在司马迁高度负责的责任心和求真践行的精神态度的启发下开展大学生社会责任教育，要时刻将责任与使命高悬头顶，不敢忘记将理论化诸实践，不敢忘记古人实践教诲；更要以史为鉴，将泰山压顶的责任心投入到工作中，将责任担当贯穿到大学生社会责任教育中，做到一丝不苟、严谨求实，用史学家传承千年的责任担当贯穿工作始终。《史记》中展现的司马迁自觉担当的社会责任精神典范永远值得回顾与铭记，要时刻牢记坚守责任、勇于实践，用这份初心践行使命，敢于担当，敢于拼搏，无愧于自身价值，无愧于人生意义。

2. 以人为本的主体精神

司马迁创立纪传体例来展现人在历史发展中的主体地位，其重要特色就是从社会结构的角度出发整体地反映各阶层人群的历史活动。《史记》分为本纪、表、书、世家、列传五种体裁，这不光是文体上的分类，也是人在社会政治关系中不同地位、不同作用的标识，它是一种社会历史结构的反映。他把整个社会分为五个层次：第一层是帝王、时势主宰者；第二层是诸侯王、贤圣、领袖人物与国家重臣；第三层是谋臣将相；第四层是士大夫；第五层是农虞工商等社会的直接生产者。司马迁认为在后几个阶层中蕴藏着巨大的能量，因为他们是社会历史的主体，书写他们就等于叙述了人们自己创造的历史。[①] 这种以"传人"为主的史学体裁要求《史记》建立一种具有人本色彩的历史观，即历史是人的活动的产物，历史的因果要到人事的因果中寻找，这个意义上历史的"天意"就是"人意"。《史记》的历史观承自《春秋》，即兴亡成败、万物之散聚在于道义，"春秋之中，弑君三十六，亡国五十二，诸侯奔走不得保其社稷者不可胜数。察其所以，皆失其本已。"[②] 而这种道义，不外乎"君君臣臣，父父子子"的伦理秩序。《史记》认为，伦理秩序的遵循与否又在人行为的主观而不在天的客观，这意味着历史兴亡最终还要回到人事中考察。如，谈及项羽"何兴之暴也"却"五年卒亡其国，身死东城"，《史记》中驳斥了"天亡我，非用兵之罪也"的宿命论式的观点，而指出"自矜功伐，奋其私智而不师古，谓霸王之业，欲以力征经营天下"，[③] 也就是其经营天下的根本方略的错误，是其败亡的根本原因。同样，在个人的成败上，《史记》也重视人主观上的性格、策略等人事的决定作用，如《淮阴侯列传》中，韩信败于没有"学道谦让，不伐己功，不矜其能"而是"天下已集，乃谋畔逆"，最终"夷灭宗族"，而范蠡意识到"久受尊名，不祥"，与世不争，免于杀身之祸而"三迁，皆有荣名，名垂后世"。[④] 同时，人物的活动也造就着历史的样貌，"子贡一出，存鲁，乱齐，破吴，强晋而霸越。子贡一使，使势相破，十年之中，五国各有变。"[⑤]《史记》以人的活动解释历史的因果，关注人自身的行为对历史的影响，并认为历史的走向是受人的主观意志影响的。司马迁将撰写《史记》视作自己的使命，也是自己生命的独特价值所在，"萧何次律令，韩信申军

---

① 赵明正：《论〈史记〉的人文精神》，《西南民族学院学报（哲社版）》2003 年第 3 期。

② 《史记》卷一三〇《太史公自序》，点校本二十四史修订本，中华书局 2014 年版，第 4003 页。

③ 《史记》卷七《项羽本纪》，第 428 页。

④ 《史记》卷四一《越王勾践世家》，第 2117～2118 页。

⑤ 《史记》卷六十七《仲尼弟子列传》，第 2674 页。

法，张苍为章程，叔孙通定礼仪，则文学彬彬稍进，诗书往往间出矣。自曹参荐盖公言黄老，而贾生、晁错明申、商，公孙弘以儒显"，[1] 司马迁则认为，自己的价值与使命将体现在撰写史书上，为此可以忍受身体的残损。人作为历史的主体应往何处去？这种对人的使命的关怀构成了《史记》中人本思想的形体。

3. 忠诚爱国的家国情怀

关于"家国"，《史记·周本纪》载武王讨伐殷纣王曰："今殷王纣维妇人言是用，自弃其先祖肆祀不答，昏弃其家国，遗其王父母弟不用，乃维四方之多罪逋逃是崇是长，是信是使，俾暴虐于百姓，以奸轨于商国。""情怀"是一种感情，一种心境，一种认同感、归属感。从字意上来看，所谓的"家国情怀"就是（人）对国、对家的一种思想心境，没有国，哪里有家。人不是浮萍，当我们在关注"小家"的时候，不要忘了还有"大家"之国；当我们在建设"大国"的时候，不要忘了还有温暖的"小国"之家。家与国的关系，即"家是最小的国，国是千万家"，家庭的前途命运同国家和民族的前途命运紧密相连。中华儿女自古以来将"爱家爱国"作为做人准则，这就是家国情怀，一个民族的精神正因为有家国情怀才能生生不息、薪火相传。天下之本在于国，国之本在于家，家之本在于身。有国才有家，所有的家共同构筑成一个中国。中国人骨子里的思想中，家国情怀已经成为一种指引，一种刻骨铭心的人生理想。"欲安其家，必先安于国。"从远古到当下，爱国，永远是中华文化的主流。今天翻开《史记》里的屈原爱国捐躯、廉颇和蔺相如为保赵国齐肩并战、战国四公子之一的平原君赵胜启用毛遂游说楚国解救邯郸之围、荆轲谋刺秦王、陈胜吴广起义救人民于水火之中、卫青霍去病大败匈奴……走近那些古老的爱国典范，感受先贤们"位卑未敢忘忧国""临患不忘国，忠也"。感受爱国主义力量之伟大，在它面前，人的爱生之念、畏苦之情，都不算什么。"修身、齐家、治国、平天下"之于中国人，我们骨子里流淌的是它的血液，灵魂里烙着它的印记。所以，无论是国和家，还是己和人，对我们来说，都是不可分割的命运共同体。家国情怀就如同一条韧带将小家和大家紧紧相连，将个人和国家的命运缠绕在一起。这种精神的传承，维系着中华文明的源源不断，让中华文化历久弥新，中华文明永远流传。

4. 自强不息的进取精神

《史记》展现了中华民族的奋斗历史，尽管这个历程极为曲折艰难，但统一始终是人心所向。从黄帝开始，就为一统天下而"修德振兵"，此后，"虞夏之兴，积善累功数十年，德洽百姓，摄行政事，考之于天，然后在位。汤武之王，乃由契、后稷修仁行义十余世，不期而会孟津八百诸侯，犹以为未可，其后乃放弑。秦起襄公，章于文、穆，献、孝之后，稍以蚕食六国，百有余载，至始皇乃能并

---

① 《史记》卷一百三十《太史公自序》，第 4026 页。

冠带之伦。以德若彼，用力如此，盖一统若斯之难矣"。① 这是司马迁对先秦以来统一天下艰难历程的概括。统一是人心所向。司马迁在《太史公自序》中对三十世家体例解释道："二十八宿环北辰，三十辐共一毂，运行无穷，辅拂股肱之臣配焉，忠信行道，以奉主上，作三十世家。"并且他对每篇的写作目的进行了说明，在 20 篇中使用了"嘉"字。这个充满赞誉性情感的"嘉"字绝大多数集中在周代诸侯国辅佐周王室和汉初维护中央统一的人物身上。《史记》"十表"每一表也都体现出了这部著作"大一统"的思想。

社会发展需要不断地开拓进取，夏禹"披九山，通九泽，决九河，定九州"，就是开拓精神的体现。《史记》中体现进取精神的首先是帝王。中华民族的奋斗不能没有理想和目标，帝王就是这种理想和目标的代表，王迹兴衰变化体现着民族的奋斗历程。《史记》以帝王为中心，这是时代的必然，我们不必苛求司马迁。尽管像三代圣君、秦皇汉武等不可避免地带有个人野心，但当他们在结束分裂、统一天下时，或在巩固自己新兴政权时，表现出了非凡气魄和力量，顺应了时代发展的潮流，因而受到人们的称赞。

社会发展是各个阶层人物共同推动的结果，天子毕竟是少数，因此，最能体现我们民族开拓进取精神的当是社会各阶层人物。以将相名臣而言，有的忠心耿耿，辅佐国君成就大业，如周公辅成王、管仲辅桓公、萧何辅汉王等；有的大臣敢于进谏，为国着想，如触龙说赵太后、张释之、冯唐面折汉文帝，汲黯直言汉武帝，等等；有的正直廉洁，奉公守法，如《循吏传》所记的孙叔敖、郑子产等"循吏"；有的为民请愿，除暴安良，如西门豹治邺等；有的出使四方，不辱使命，如蔺相如"渑池会"、张骞通西域等。三千年历史，战火不息，因而传记中出现了许多军事家：有的运筹帷幄，如张良、陈平等；有的驰骋疆场，如孙武、孙膑、司马穰苴、田单、廉颇、白起、王翦、韩信、卫青、霍去病、李广等。像霍去病"匈奴未灭，何以家为"的豪言壮语，代表了这类人物的进取精神。

二、《史记》中人文精神融入大学生社会责任教育的价值意蕴

人文精神是指人们有意识地去关注人、发展人、重视人性，它主要是从人的感情、人格、理想等多方面对人进行关注。《史记》的人文精神主要是通过对历史人物的记述来表现的，他的表现方式多种多样，表现内容异彩纷呈。他并没有以统治者的意识形态为指挥棒，而是从人性的角度对历史人物的行为进行了诠释。《史记》的人文精神在漫漫历史长河中，经过岁月的洗礼，被完整地保留了下来，足以说明它的重要性。历史川流不息，精神代代相传，即使不在时期，《史记》的人文精神也依然具有深刻的现实价值，以其丰富的内涵激励着中华民族继续奋勇拼搏，对大学生社会责任教育的实践具有深远的意义。

---

① 《史记》卷十六《秦楚之际月表序》，第 921~922 页。

1. 生成机理：有利于明确当下大学生的社会责任认知

明确社会责任认知，是大学生社会责任意识培养的首要环节。社会责任认知是指大学生能够准确意识到自身所需承担的社会责任和义务。在其参与社会责任行动的过程中，社会责任认知始终发挥着导向作用。将《史记》的人文精神融入大学生社会责任意识培养的全过程，能够促使大学生明确自身所承担的社会责任，强化责任认知，自觉肩负起民族复兴的大任，增强爱国主义情怀。司马迁在《史记》中主张"以史为鉴"，即通过对历史的研究和分析，来寻找人类社会的规律和经验教训；提出了"见盛观衰"的思想，即历史是治理国家的基础和依据。从司马迁的经历中，可以看到一个真正的学者和文化名人的风范，不仅具有卓越的学术成就，而且还有强烈的社会责任感和家国情怀。这种深沉的社会责任感和家国情怀为大学生社会责任意识的培养提供了弥足珍贵的素材。作为爱国主义教育重点对象的大学生，正处于思想转折的关键时期，价值观的生成往往会受到外在环境影响。在各种思想文化的冲击下，部分大学生极容易产生认知偏差，对自身所应承担的社会责任和历史使命发生动摇，淡化了爱国主义情怀，严重影响个人的发展方向和社会主义的建设目标。因此，要充分利用《史记》的人文精神作为方向指引，教育大学生要敢于作为，"常思奋不顾身，而殉国家之急"，[①] 以此明确大学生的社会责任认知，进而厚植大学生爱国情感。

2. 核心特质：有利于强化当下大学生的社会责任情感

强化社会责任情感是大学生社会责任意识培养的重要部分。社会责任情感是连接大学生社会责任认知和意志，落实社会责任行为的纽带。将《史记》的人文精神融入对强化大学生社会责任情感尤为重要。司马迁在《太史公自序》中对自己的遭遇只写了区区九个字，"遭李陵之祸，幽于缧绁"，云淡风轻地一笔而过，而留给后人的却是他面对"身毁不用"逆境作出的励志选择：向圣人先贤学习，"昔西伯拘羑里，演《周易》；孔子厄陈蔡，作《春秋》；屈原放逐，著《离骚》；左丘失明，厥有《国语》；孙子膑脚，而论兵法；不韦迁蜀，世传《吕览》；韩非囚秦，《说难》《孤愤》；《诗》三百篇，大抵贤圣发愤之所作也"。这些圣人先贤，都是满怀悲愤无处发泄——"皆意有所郁结，不得通其道也"，所以才叙述往事、启迪后人——"故述往事，以思来者"。面对自己的遭遇，司马迁没有流露出消极的情绪，反而要"发愤之所作"。借鉴《史记》的人文精神，对当下大学生进行爱国的情感引领，能促使其形成正向的社会责任情感，自觉肩负起社会主义建设的重任。此外，大学生的社会责任情感得到强化后，其奋发向上的观念也能够进一步提升。大学生在正向社会责任情感的引领下，"原始察终，见盛观衰"能深刻意识到个人命运与国家命运是密切相连的，进而不断积极进取、奋发向上，

---

① 司马迁：《报任安书》，转引自《百家汇评本〈史记〉》，商务印书馆，第911页。

"文学彬彬稍进，诗书往往间出"，为国家富强和民族复兴承担相应的责任。

3. 理论意蕴：有利于坚定当下大学生的社会责任意志

提高社会责任意志是大学生社会责任意识培养的关键所在。责任意志是大学生对本身的责任要求和自我约束，能够促使大学生的责任愿望转换为责任目标，并为之制定出具体实施方案以达到责任目的。在大学生的社会责任意识培养中，如果社会责任意志环节出现问题，其行为的自律性与自觉性则会大打折扣。因此，将《史记》的人文精神融入大学生社会责任意识培养能锤炼其社会责任意志。司马迁是"立"的使命，他的生命的展开不是爆发而是负重，肩负着自周公以来的文化使命，"周虽旧邦，其命维新"，司马迁需要在接续文化传统基础上开启"新"的史学传统。司马迁将自己看作是文化传承者，继承父辈的事业和古往今来圣人的精神理想，《太史公自序》曰："自周公卒五百岁而有孔子。孔子卒后至于今五百岁……意在斯乎！意在斯乎！小子何敢让焉。"可以从中华文化的传承与接续中去理解司马迁的文化使命。在大学生社会责任意识培养中，结合司马迁的文化使命对其进行启发教育，能促使其自觉形成坚忍的社会责任意志，养成良好的行为习惯。将《史记》的人文精神融入大学生社会责任意识培养的全过程，能够强化大学生的社会责任意识，并不断为社会主义现代化建设做出贡献。

4. 实践要求：有利于落实当下大学生的社会责任行为

落实社会责任行为是大学生社会责任意识培养的最终目标。社会责任行为是社会责任认知、情感、意志的集中体现。其是否能够得到实行，关系着大学生社会责任意识培养的成败。因此，要结合《史记》的人文精神，将大学生的社会责任行为落到实处。一方面，要吸收司马迁的文化使命感。从他司马迁的"忍辱就名"来理解，他在《报任安书》中透露心迹："所以隐忍苟活，函粪土之中而不辞者，恨私心有所不尽，鄙没世而文采不表于后也"。这个名不是名利，而是生命的价值，是人生的使命。正是这种文化使命成为司马迁的精神支撑，也让他永垂不朽。另一方面，要借鉴《史记》的人文精神中舍己为人的价值观念。司马迁在《游侠列传》中热情礼赞了的朱亥、郭解等"专趋人之急，甚己之私""赴士之厄困"的侠义精神，舍己为人而不图报答的高尚情操。舍己为人是大学生社会责任意识的重要品质。在落实社会责任行为时，大学生能否秉持舍己为人的价值观念极为重要。因此，要着重学习《史记》中叙述的舍己为人而不图报答的美德，将"扶义倜傥，不令己失时，立功名于天下"的精神融入大学生社会责任培养的过程，能够正确把握大学生社会责任落实的出发点和落脚点，助推大学生社会责任意识的形成。

三、《史记》中人文精神融入大学生社会责任教育的实践路径

大学生的社会责任意识培养是系统全面的过程。将《史记》的人文精神融入

这个过程能够促使大学生增强爱国主义情怀、树立奋发向上的观念、坚定马克思主义的信仰、培养舍己为人的理念。因此，需要从教师认知态度、教学的内容和方式、教学环境与评价、立德树人与全面发展四个方向着力，共同构建《史记》的人文精神融入大学生社会责任意识培养的发展路径，全面提升大学生社会责任意识的深度和效力。

1. 主体认知与客体态度：《史记》中人文精神融入社会责任教育的前提

一要强化思政课教师作为大学生社会责任意识培养的主体认知。思政课是大学生社会责任意识培养的主阵地，思政课教师肩负着大学生社会责任意识培养的主体责任。习近平总书记强调："教师要成为'大先生'，做学生为学、为事、为人的示范，促进学生成长为全面发展的人"。首先，思政课教师要以司马迁为榜样模范，认真领悟《史记》中的人文精神，并将其运用于大学生社会责任意识的培养过程中，促使大学生自觉接受所传递出的精神。其次，思政课教师需要主动研究《史记》的人文精神的历史逻辑和科学内涵，并将其运用于大学生的社会责任意识培养中。思政课教师可以通过对历史资料的研习，厘清司马迁所要反映的复杂社会状况和问题，在课程讲述中让大学生领悟到《史记》中的家国情怀，进而认识到自身所要承担的社会责任，以此来提高大学生的社会责任意识。

二要端正大学生作为接受社会责任意识培养的客体态度。大学生是《史记》的人文精神的主要教育受众，其学习态度决定了社会责任意识培养的成效。因此，要不断提高大学生学习《史记》的人文精神的主动性和积极性，促使其从心理上接受和认可司马迁的社会责任感，并引导大学生以此为行动规范。让大学生能够在感悟先辈谆谆教诲的基础上，提高自身社会责任意识。

2. 过程设计和方案实施：《史记》中人文精神融入社会责任教育的关键

一是在社会责任意识培养设计层面，通过显性教育推进《史记》的人文精神的融入。显性教育是根据一定的规范，充分利用各种场合、手段，有计划地展开系统的思想政治教育的方法。[①] 在社会责任意识培养设计上，显性教育优势较为突出。《史记》的人文精神的教育引导是体现在方方面面的，在世界观、人生观、价值观等层面都有明确的规划。当下对《史记》的人文精神的学习多集中于教学内容中，在其他方面稍有不足。略显单薄地讲解《史记》的人文精神并不足以使大学生得以领悟精髓，社会责任意识培养也难免差强人意。因此，在社会责任意识培养的设计层面，要充分利用显性教育的方式，推动《史记》的人文精神走进大学生心中。一方面，就《史记》的人文精神的传播广度进行拓展。在社会责任意识培养的课程上，定期开展以"《史记》导读"为主题的案例分享会、座谈会

---

① 杜雪松：《探讨高校思想政治教育中显性教育与隐性教育的统一》，《当代教育实践与教学研究》2015 年第 12 期。

等，鼓励大学生积极参与并交流心得体会。在课堂外中，利用校内的报纸杂志等平台，对《史记》的人文精神进行专栏报道，扩大《史记》的人文精神的传播渠道，促使学生全方面了解《史记》中人文精神的内涵，并自觉学习运用于提高自身社会责任意识。另一方面，就《史记》的人文精神内容的深度进行挖掘。教育者要认真研习司马迁的生平事迹，深入了解《史记》的人文精神生成的时代背景，并认真思考其与当下大学生社会责任意识培养的结合点。

二是在社会责任意识培养的实施环节，通过隐性教育推进《史记》的人文精神的融入。隐性教育是一种潜移默化的教育方式，既不存在严肃的课堂教育形式，也不流露直接的教育意图。① 在社会责任意识培养的实施环节，利用隐性教育的方式推进《史记》的人文精神的融入，能够取得事半功倍的效果。对于大学生而言，单纯开展《史记》的人文精神的理论学习并不能有效吸收和消化，必须要通过实践活动来对大学生产生潜移默化的影响。要鼓励大学生踊跃参加各项社会公益实践活动，在对社会的服务与奉献中，感受《史记》的人文精神中无私奉献的精神要义。借助重大节日举办相关的朗诵活动，让学生在历史文化的渲染下感悟启发，引起大学生对《史记》的人文精神的情感上的共鸣，以此来推动《史记》的人文精神的融入。

3. 教育环境与教育评价：《史记》中人文精神融入社会责任教育的保障

一是《史记》的人文精神融入大学生社会责任意识培养需要良好的教育环境。大学生对《史记》的人文精神的接受并非一朝一夕就能实现的，需要从家庭、学校、社会三个层面出发，在长期的培养环境中建立基础。首先，从家庭角度出发，父母要为孩子讲述好历史故事，从小开始培养对先圣先贤的敬仰和信赖，使其能够自觉接受圣贤教育思想，并内化于心，外化于行；其次，从学校角度出发，学校要营造良好的中华优秀传统文化教育氛围，通过举办学习教育活动，讲深讲透司马迁的事迹与思想，让大学生切身感受到《史记》的人文精神的价值意蕴；最后，从社会角度出发，要为大学生参与社会实践、落实《史记》的人文精神要义的行动提供支持，鼓励大学生将对《史记》的人文精神的感悟落实到履行社会责任义务的行动中。

二是《史记》的人文精神融入大学生社会责任意识培养需要完善的评价体系。《史记》的人文精神融入大学生社会责任意识培养的效果，需要通过评价体系来反馈，因此，要构建完善的评价体系来保障融入的效果。从教师角度出发，要掌握大学生对《史记》的人文精神的认知程度，明确其是否能够真正接受《史记》的人文精神，并以此为指导提高自身社会责任意识；从学生角度出发，要不断进行自我评价和同学间的互相评价，及时发现自身在接受《史记》的人文精神

---

① 张舒、蔡胜：《李大钊青年思想融入大学生社会责任教育的路径》，《华北理工大学学报（社科版）》2022年第5期。

中的不足之处，并及时改正，互相督促学习。在良好的教育环境和完善的评价体系下，以《史记》的人文精神为引领，不断提高大学生社会责任意识，促使其为服务国家富强、民族复兴、人民幸福贡献自身力量。

4. 立德树人与全面发展：《史记》中人文精神融入社会责任教育的目标

习近平总书记指出："我们要从党和国家事业发展全局的高度，全面贯彻党的教育方针，坚持优先发展教育事业，坚守为党育人、为国育才，努力办好人民满意的教育"。[①] 教育是民族振兴和社会进步的基石，立德树人是教育的根本任务。教育要面向全体学生、促进学生全面发展，着力提高学生服务国家服务人民的社会责任感、勇于探索的创新精神和善于解决问题的实践能力。一是用《史记》的人文精神优化人才培养模式。科学与人文、为学与为人、能力和德性、知识和人格关系的失衡，是当前大学教育中存在的突出问题。大学的人才培养模式，应使受教育者在德才两个方面同时得到优化，不仅有一流的知识训练，更有健全的人格修养；应适当增加优秀传统文化的课程内容，陶冶学生道德情操。在人才培养目标的定位上，应借鉴《史记》的人文精神中德性优先的理念，将其贯穿到人才培养模式的调整和改革之中。同时，教育引导大学生坚持知行合一，坚持为人与为学的统一，实现理性与情感、智商与情商、知识与修养的均衡发展。二是用《史记》的人文精神为立德树人营造浓郁文化氛围。文化说到底是养成、浸润、生成、升华，而不是制造，更不是拔苗助长。《史记》的人文精神应为大学文化发酵池提供条件，营造浓郁的文化氛围；通过《史记》的的核心价值，增强教育的学术底蕴和文化内涵。大学应围绕立德树人目标进行文化建设，着眼于守护大学传统、弘扬大学精神、构建大学制度、美化校园环境、丰富师生活动，优化配置硬件系统和软件系统，既盖好大楼又培养大师，促使大学教育工作者以"君子之风、圣人气象"来进行言传身教。[②]

结　语

《史记》的人文精神是中华优秀传统文化的宝贵财富，将其蕴含的哲学价值融入大学生社会责任教育工作，为新时代高校思政工作推陈出新提供新的思考。坚持传承和弘扬中华优秀传统典籍文化，推动中华优秀传统文化的创造性转化和创新性发展，扎根中国大地办教育，如此方可固本培新，培养堪当民族复兴重任的时代新人。

---

① 《习近平在教育文化卫生体育领域专家代表座谈会上的讲话（2020 年 9 月 22 日）》，《人民日报》2020 年 9 月 23 日第 2 版。

② 李守信：《弘扬优秀传统文化，大力推进立德树人——深入学习领会习近平同志关于弘扬中华优秀传统文化的论述》，《人民日报》2014 年 1 月 29 日第 12 版。

论《史记》中的人文精神与
人文素养的关系

＊本文作者杨雁，陕西国际商贸学院文学与教育学院。

《史记》作为一部记载历史的文本，其实录精神是《史记》能够受到认可的重要原因。客观性和公正性形成了《史记》的独特精神，即以人为本的人文精神理念。而人文精神的具体内容表现在文中塑造的每一个人物形象中，所体现出的精神和特点也是如今社会中宣扬的文化概念，也是人文素养培养中的重要内容。本文通过人文精神与人文素养的关系，通过人文素养的培养来宣传传统文化。

一、《史记》中的人文精神与以人为本理念的互通性

《史记》中人文精神表现在以人为本的理念上，要求尊重人性，追求理想人格，具有强烈的平等意识。《史记》共记录近四千多个人物形象，其中一百多人的人物形象给读者留下了深刻印象。而这些个性鲜明的人物，往往在社会中能够找到相似的人物，他们代表了一部分人，也反映了一定的社会形象。从人物形象上的塑造，可以从性格、职业来进行划分，而这些也决定了人物弘扬的价值观念。《史记》中更多的是弘扬真善美的价值观，与如今我们要求在教育过程中以学生为本具有互通性。

所谓"真"，《史记》撰写过程中是司马迁本人游历各方，搜集而来和听他人口述所得，对面口述所得的，无人能判断其真伪，同时身为史官的司马迁唯一能做到就是保证他所写的内容是他目前所知最为真实的内容，一定程度上保证了《史记》内容的大部分真实性。《汉书·司马迁传》提到"仆窃不逊，近自托于无能之辞，网罗天下放失旧闻，考之行事，稽其成败兴坏之理，凡百三十篇，亦欲以究天人之际，通古今之变，成一家之言。"强调自己希望可以通过自己努力，将天下散失的历史和轶闻进行收集，并对其真实性进行考订，用客观的态度对事情本末进行概述，并加以评价，推究其深意。而在如今社会中，无论是撰写论文抑或是做人做事，教育理念要求我们应当拒绝学术不端的行为，从真实性的角度要求我们要脚踏实地，认真对待每一件事情。并且如今的教育要求我们应当做到重视人的概念，以人为本，从而提升人的自身价值。

其二，便是"善"在复杂的人际社会中，仍旧保持着内心的那份对善的向往。

尽管司马迁本人曾经因为替李陵说情，而触怒武帝，被贬入狱。司马迁的《汉书·司马迁传》中提到："所以隐忍苟活，幽于粪土之中而不辞者，恨私心有所不尽，鄙陋没世，而文采不表于后世也。"对于成书的执念，让他将生死置之脑后，从而发愤著书，成就《史记》。但在书中，司马迁并未因此自身的遭遇而带有个人情绪，相反他的作品中不免看出对人性"善"的呼吁，通过塑造正面的人物形象来鼓励人们去树立正确的人生观和价值观。如《史记》中人物形象的塑造都由其两面性，一方面表现其人物的善，另一方面对其不好的行为进行批判，如《袁盎晁错列传》，在列传正文中"错所更令三十章，诸侯皆喧哗疾晁错。……错父曰：'刘氏安矣，而氏危矣。'"将晁错忧虑诸侯强大而更改法令，不仅是作为臣子忠心耿耿的原因详细记录下来，虽然在评价中对晁错报私仇的行为不耻，但在正文中却没有掩盖真相。通过这些正面的描写表现其良好的一面，但同时也带有批判性，从双面的角度去看待事物。正如现在，多媒体时代下，我们获得东西越来越多，但我们也应该学会如何去更好分辨其真实性，而不是以一家之言来作为评判事物的表现。

最后，便是"美"的存在。在《史记》中，无论是以善为美，还是求实精神带来的求实美。都是从一个公平公正的角度而产生的，无论是《史记》中的语言美抑或是《史记》中的悲剧美。无论是悲剧人物还是故事，他的基调是高亢激昂的，不是像古代欧洲悲剧那样强调命运作用，而是描写现实，揭露社会矛盾，充分展示造成他们悲剧的深刻的社会原因，具有现实性，给后世的警戒大大增强。而以人为本的美体现在细枝末节上，以人为本的核心理念就是正确认识人、鼓励人的自主发展，提升人的道德素养。而我们应该细微处引导学生走向正确的方向，理性看待问题，对待难题。

综上所述，《史记》中所体现的"真善美"观念与如今以人为本理念有着一定的互通性。

二、《史记》中的人文精神与人文素养的等同性

人文素养是指对于人生、人类、人类文化以及社会生活等方面的理解和认识。它是人类道德、文化和生命观的基础，扮演着非常重要的角色。人文素养能够提高个人的认知能力、情感智慧和文化修养，从而更好地适应社会发展的需要。而《史记》中提出的人文精神概念与如今提出的人文素养概念大致是等同的。

其一，《史记》人文精神中推崇浩大弘毅的圣贤君子人格。文中塑造了许多的英雄形象，其中也不乏文人形象，他们不同于其中的英雄形象，没有强大的武力，更多则是以一个儒家文人的形象出现。如《伯夷列传》中提到："举世混浊，清士乃见，岂以其重若彼、其轻若此哉？"强调节操、道义、精神高于生命，并且在混浊之中才可见其清流，并为某种崇高而圣洁的理想殉道。同样地，在对义不

帝秦的齐国隐士鲁仲连、对不辱使命的蔺相如、对光明磊落的项羽、对于敢于廷争面折的张释之、汲黯等的记述中，都着力张扬着一种令人折服的精神气质。值得注意的是，在司马迁看来，这种"君子人格"并非只是为那些重要知名人物所拥有，在一些名不见经传的小人物身上同样体现出来。比如伍子胥自楚国南逃渡江，所遇见的重义轻财的渔父就具有义重如山的情怀。这样的一种君子形象正是如今我们所强调的文化思想，也正要求去培养这种文化素养，引导我们成为这样的人。君子文化作为如今核心价值观中的重要一环，通过君子文化的提出，真正认识到其文化底蕴。君子概念及君子文化，经过新的阐释激发其勃勃生机和强大活力，在当代社会竖起的一面具有深厚传统底蕴和时代精神的文化旗帜。它不仅可以让传统文化通过其进行传承，也可以培育和弘扬社会主义精神。因此，这也体现出来《史记》君子人文精神与君子文化的等同性。

其二，《史记》人文精神中强调对人格自尊精神的弘扬。从《史记》记载看，强调自尊，高度重视自我人格尊严这一现象，在战国秦汉时期表现得特别突出，也是《史记》有意记载的重点历史现象，所谓义不爱辱、三军可夺帅……都是针对此而言的。如介子推为晋国寒门义士，晋文公流亡途中曾与之有患难之交。但晋文公后来归国继承王位赏赐随从时竟然一时把他给忘记了，介子推难以忍受这样的忽略，于是隐居深山不出，晋文公再三召请，始终拒绝出山。《史记·晋世家》长达万言，主要是晋军国大事，在结尾却对此事大发感慨："太史公曰：晋文公，古所谓明君也，亡居外十九年，至困约。及即位而行赏，尚忘介子推，况骄主乎？"《史记》中大量的人格自尊与礼贤下士故事的记载，一方面是司马迁理想社会观念的体现，同时也是时代人文精神的反映。"自尊、自强、自信"是如今人文素质教育的重要目标。人格尊严是中华民族的重要精神，也是应当我们继承和发扬的文化。这种新的价值体系有利于加强学生的人格培养，形成具有中华民族特色的地方。《史记》中的人格自尊精神和如今人格自尊的培养具有等同性，《史记》中对自尊自信的弘扬与现在自尊自强的精神都在强调人文精神的出现。

其三，《史记》中倡导言必行、行必果的社会诚信精神。在熟知的《赵世家》中关于程婴和公孙杵臼偷梁换柱将赵氏孤儿保护下来，与韩厥即使在获封六卿之后，仍然不忘赵朔临终时的托付。太史公评价："太史公曰：韩厥之感晋景公，绍赵孤之子武，以成程婴、公孙杵臼之义，此天下之阴德也。韩氏之功于晋，未靓其大者也。然与赵、魏终为诸侯十余世，宜乎哉。"同时在《刺客列传》《游侠列传》更是集中记载、彰显了一批战国以来以信义载誉天下的游侠，如聂政、朱家、田仲、剧孟、郭解等。《史记》高度评价游侠："今游侠，其行虽不轨于正义，然其言必信，其行必果，已诺必诚，不爱其躯，赴士之厄困，既已存亡死生矣，而不矜其能，羞伐其德，盖亦有足多者焉。且缓急人之所时有也。""言必信，行必果"遵守诺言，恪守信义是如今社会中强调而又一直在遵守的。在二十四字的社会主义核心价值观中也提出"诚信友善"的观点作为如今为人处世的行为准则，也是人内在文化素养的培养。人物素养主要表现的是人文科学的研究能力、知识水平和人文科学体现出来的人的内在品质。诚信也是内在品质中极为重要的一部分，在如今，无论是考试诚信还是学术诚信，都强调的是诚信在其中的重要地位。因此在人才的素质培养中，诚信素质教育是其中重要的一环。这与《史记》强调游侠虽然行为不能遵守一定的道德在准则，但对于诚信确是他们必定会拥有的品质。其等同性是不言而喻的。

综上所述，《史记》中提倡的部分文人精神的体现是现在人文素养培养中所必须施行的，抑或者说，《史记》中的人文精神不只体现在其文字魅力上，亦体现在其精神文化上。

三、《史记》中的人文精神对人文素养培养的重要性

《史记》中的人文精神与中国传统文化所体现的精神文化是息息相关的，并且在对人生价值的体现和探索中几乎是没有差别的。这意味着《史记》中人文精神在对于人文素养的培养上是密不可分的。自觉而良好的人文精神的教育，可以促使一个人心清目远、富于责任、心灵充实、情感丰富而健康，这也是人文素养培养所要求的。如《史记》中的历史事件的变革，变革的成功失败都能让我们意识到改革的重要性，要勇于改革、善于改革、创新改革意识才能在社会中找到机遇，同时将改革精神进行内化成一种内在气质，拥有创新意识，从历史事件中汲取养分显得格外重要。这也是《史记》中人文精神对人文素养培养所体现的特性。

因此，在人文素养的精神素养培养中更应该从传统的书籍和文字中去汲取成果，并透过其中的人物事迹和历史故事将其精神理念深深扎根于其中。《史记》共130篇，52.65万余字。其中所包含的传统思想和文学概念是无法简单概括的。如《史记》记载秦始皇陵："穿三泉，下铜而致椁，宫观百官，奇器异怪徙藏满之。以水银为百川江河大海，机相灌输。上具天文，下具地理，以人鱼膏为烛，度不灭者久之。"① 将秦始皇陵的内部结构进行详细描述，虽然可能部分内容的真实性无法证实，但对于如今对考古学的研究也有一定价值。其中的人文知识在当今社会被赋予重要作用，对整个时代的进步有着引导作用。《史记》塑造的人物形象性格也造就了其人文精神的体现，对于如今人文素养强调的精神要素和能力要素两方面，突出了以人为本的核心。因此，加强人文素质的一大重要作用就是有助于培养大学生的人文精神。

正如丁德科院长在纪念司马迁2160诞辰学术论坛上所讲的"中华民族是最注重精神的，因为这是最根本的东西，也是最管用的东西，它也是中华民族五千年历史不断走向辉煌的正能量。那么我们学习、研究、挖掘司马迁精神，弘扬传承

---

① （汉）司马迁：《史记》卷六《秦始皇本纪》，中华书局1959年版，第265页。

司马迁精神，为我们现代的发展探讨精神的根本，作出了贡献。"①《史记》中的精神所带来的人文素质教育从各个层面都能体现出来，其中的教育理念在大学生的人文素养培养中也能很好的融入进去。精神层面的东西不是直接灌输进去，而是在学习中不断理解，融入自己的想法，从内在和外在两方面慢慢渗透。

观看全文，人文精神与人文素养间是相辅相成的关系，无论是通过《史记》中的人文精神来看待人文素养的内容及其相关性。《史记》完全可以作为一本人文素质教材，成为学生攫取精神养料的地方。无论是君子文化的提出，还是自尊自强精神的体现，抑或是诚信精神的表现，都可以看出《史记》虽然只是所谓一本史书，其中体现的不仅仅是历史。从司马迁的评价到人物形象的塑造都体现出独特的人文精神方向，而这也是大学生人文素养培养所需要的。

---

① 韩兆琦，岳庆平，丁德科，黄朴民，张新科：《史记》与人文精神学术论坛（一）》，《渭南师范学院学报》，2015 年第 23 期，第 29—36 页。

论《史记·刺客列传》中的人格信仰
在大学教育中的重要性

＊本文作者刘三雄，陕西国际商贸学院文学与教育学院教师。

《史记》一百三十篇分为十二本纪，十表，八书，三十世家，七十列传。除书和表外，余者皆是以人物为中心，其中列传部分篇幅最大，其人物形象刻画也最为经典。而列传七十篇中，80％为个人列传，即抓住一两个历史人物，记录成篇，如为读者所熟知的《李将军列传》、《屈原贾生列传》、《李斯列传》等。20％为群像式塑造，即类传。俗话说"物以类聚、人以群分"，类传大多以职业、地域甚至品行为划分标准，如《刺客列传》、《酷吏列传》、《游侠列传》、《佞幸列传》等。在类传中有一篇比较特殊，即《刺客列传》，洋洋洒洒五千余言，通过曹沫劫齐桓公，专诸刺王僚，豫让伏击赵襄子，聂政刺杀韩相侠累，荆轲刺秦王，高渐离击秦始皇等一幕幕精彩绝伦的历史事件，刻画出一系彪炳史册的刺客形象。当代社会中，随着资本的不断扩充，人们的思想文化甚至信仰亦受到一定的冲击。大学生思想异化、心灵扭曲，"伪娘"现象层出不穷，阳刚精神缺失严重，而《史记》中刺客身上所传递的勇毅、诚信、侠义的人格精神则是这种"精神疲软"之症的一剂良药。

一、以勇见长

刺客，从字面意思来看是以刺杀为职业的杀手。而在《史记·刺客列传》中的"刺客"，其实并不是指职业，只是面对某一特殊事件或具体情况而发生的身份角色的转变而已。扮演这种角色的人，一般来讲，有两个必备的条件：武力和胆识。一个称职甚至优秀的刺客，按理来说应该是勇武兼备。但实际中，不一定每一个刺客都同时具备这两种素质。比如，早年的荆轲勇武皆不足，徒有虚名。

"荆轲尝游过榆次，与盖聂论剑，盖聂怒而目之。荆轲出，人或言复召荆卿。盖曰：'曩者吾与论剑有不称者，吾目之；试往，是宜去，不敢留。'使使往之主人，荆卿则已驾而去榆次矣。使者还报，盖聂曰：'固去也，吾曩者目摄之'"

以上描述足以说明早年荆轲缺乏勇毅气质或者说这种气质尚未形成，换言之，彼时的荆轲还不具备成为刺客的基本条件。

《史记·刺客列传》开篇就交代了曹沫的勇武，"以勇力侍鲁庄公"，而又恰逢鲁庄公喜欢力大勇猛的武士，"庄公好力"。曹沫算是具备了刺客的基本条件，勇武兼备。刺客一般习惯单兵作战，不擅长集体行动，或者说缺乏协同作战的意识和能力。曹沫在鲁国为将，战绩平平，与齐国交战，结果三连败。足以说明曹沫的勇武不足以领兵作战，难称帅才。但"柯地会盟"事件中，曹沫劫持齐桓公一举成名，说明曹沫的单打独斗能力确实不容小觑。概而言之，曹沫的勇武适合单兵作战，领军打仗非其所长。通读这段，读者会发现曹沫之所以一战成名，除了有身强力壮的因素加持以外，主要还得益于出其不意攻其无备的战术，类同闪电战，以速度取胜。而这种一念之间的扭转乾坤，更多是男儿的血性胆识在起作用。先秦时期的"士"，无论文武，较之生命往往更看重名节，而这种价值观也是促使"刺客"勇毅气魄输出的一个重要因素。

勇毅并非与生俱来，也因人而异。前面提到早年的荆轲身上缺乏这种精神，但成年荆轲的勇气胆识颇有增长。荆轲入秦，面对秦宫森严的防卫体系，与胆战心惊、面如土色的秦舞阳形成鲜明对比，表现出来的绝对是泰山崩于前而面不更色的大将风范。从后文荆轲绕柱击秦王的场面来看，其勇毅胆识绝对是胜于武力的。

"未至身，秦王惊，自引而起，袖绝"、"时惶急，剑坚，故不可立拔"，"荆轲逐秦王，秦王环柱而走。群臣皆愕，卒起不意，尽失其度"、"秦王方环柱走，卒惶急，不知所为"，"负剑，遂拔以击荆轲，断其左股。荆轲废，乃引其匕首以摘秦王，不中，中桐柱"。秦王复击轲，轲被八创。轲自知事不就，倚柱而笑，箕踞以骂曰：'事所以不成者，以欲生劫之，必得约契以报太子也。'"于是左右既前杀轲，秦王不怡者良久"。

从以上荆轲刺秦的经典场面描述中可以看出，荆轲只身处于刀枪剑戟险象环生之中，从容应对，镇定自若。反观秦王及秦臣，面对突如其来的变故，乱作一团，慌不择道。而结合早年荆轲与盖聂、鲁句践的懦弱卑怯遭遇，也可以说明对于刺客来讲，勇毅也是可以后天激发渐渐增长的。

勇毅是先秦时期刺客的立身之本，他们体现的是不畏强者，明知不可为而强为之，甚至是敢于牺牲的精神。司马迁在《史记》中单列《刺客列传》，并不是单纯地表现他们的战斗力，而是更侧重于他们的精神斗志。

二、凭信立身

孔子曰："人而无信，而不知其可也"。① 信义是先秦时期各个阶层乃至中华民族历来共同追求的最高精神信仰之一。较之曹沫、聂政、豫让等人，荆轲在刺

---

① （魏）何晏注，（宋）邢昺疏：《论语注疏》，北京大学 1999 年版，第 23 页。

客中的名气最大，其事迹也最为精彩绝伦，之所以能出乎其类拔乎其萃，一字记之曰"信"。但，通读荆轲故事，整体来讲荆轲的战斗力诚属一般。"荆轲游于邯郸，鲁句践与荆轲博，争道，鲁句践怒而叱之，荆轲嘿而逃去，遂不复会。"① 面对赵国当地的侠客，荆轲并未像后世传颂的那样神武，去挥剑争锋，尽显"狭路相逢勇者胜"的气魄，竟然望而生畏抱头鼠窜，丝毫不敢面对劲敌。后世陶渊明也用诗"惜哉剑术疏，其功遂不成"② 来质疑其技击之能；司马迁在本篇末更是言道："世言荆轲，其称太子丹之命，'天雨粟，马生角'也，太过。又言荆轲伤秦王，皆非也。"荆轲之所以为后人所称道，我认为有三点原因。第一，篇幅太长。《刺客列传》总共 6700 多字，有 3800 多字在写荆轲，达 1/2 强。第二，情节精彩，人物众多且个性鲜明，令人印象深刻。第三，与其他刺客不同的是，不单单是有忠勇仁义这些在诠释着荆轲，还有历史剧变趋势的加速。向死而生，在后人认为，这是六国抗秦的最悲壮一笔，荆轲是一个彻彻底底的悲剧英雄。这与《史记》的整体价值取向是一致的，即对悲剧英雄的同情和推崇。所以，在荆轲身上可以看到诸如屈原、项羽、李广等人的影子，这些人没有选择顺势而为，而是有着自己的立身原则。从司马迁个人的生平遭际来看，他自己也在坚守着这种精神信仰。

从另一种角度来讲，司马迁之所以用如此大的篇幅来刻画这个看起来不怎么名副其实的刺客，更多的还是荆轲凭信立身的精神追求。出发前，荆轲拍节高唱："风萧萧兮易水寒，壮士一去兮不复还"。刺秦失败，荆轲大声疾呼"事所以不成者，以欲生劫之，必得约契以报太子也"。这便是荆轲这一精神追求的真实写照。只因与太子丹有约在先，明知是一条不归路，却慨然以赴，视死如归，不负初衷。"人所以立，信，知，勇也"，③ 这是史家对以荆轲为代表的先秦士阶层的肯定和由衷赞叹。

而在荆轲这一段故事中，读者所看到的不光是荆轲凭信立身，这个故事中的其他侧面人物，也都闪烁着一诺千金的光辉。当燕太子丹对刺秦事件表示出疑虑的时候，田光曰："吾闻之，长者为行，不使人疑。今太子告光曰'所言者，国之大事也，愿先生勿泄'，是太子疑光也。夫为行而使人疑之，非节侠也。"④ 遂一死以明志；太子丹不愿出卖投奔自己的樊於期，而樊於期最后也为太子丹而死。这都体现了言必信的信义精神。

太子丹也许只是单纯地挽救燕国的危亡，荆轲也不知道什么叫逆历史潮流而动，而既然答应太子丹，便是一诺千金，决不食言。这其实是先秦时期"士"这个阶层共同的行事原则。

---

① （汉）司马迁：《史记》卷八十六《刺客列传》，中华书局 1959 年版，第 2527 页。

② 袁行霈：《陶渊明集笺注》，中华书局 2003 年版，第 388 页。

③ （周）左丘明传，（晋）杜预注，（唐）孔颖达正义《春秋左传正义》卷二十八，北京大学 1999 年版，第 797 页。

④ （汉）司马迁：《史记》卷八十六《刺客列传》，中华书局 1959 年版，第 2530 页。

三、舍生取义

"生，亦我所欲也，义，亦我所欲也，二者不可得兼，舍生而取义也。"① 孟子对"义"的论断可以说是高屋建瓴，影响至深。孟子在这里将"义"设立成为一种社会评价机制，是用来衡量人之所言所行是非正义的不二法门。

在司马迁所描述的刺客身上，生死之间的抉择往往是没有悬念的，相较于利益他们更看重名节。儒家认为，君子慎独，学人修身之本。这和西方的契约精神类似，不需要外界的监督，更多是自身的内在修养。"士为知己者死，女为悦己者容"，这是豫让受智伯赏识后所发乎内心的独白，并影响后世千百年。而智伯为赵襄子所灭之后，豫让忍受千折万磨之苦，屡次刺杀赵襄子，虽九死其犹未悔，连赵襄子都为其义所感动。襄子曰："彼义人也，吾谨避之耳。且智伯亡无后，而其臣欲为报仇，此天下之贤人也。"足见其为知己宁可粉身碎骨的义气之深。古人对人和社会的认知往往很朴素，人与人之间的关系一般都能呈现出一种因果关系。

聂政因杀人躲避仇人追杀，于是携家人逃至外乡，以屠猪宰狗低调为生。但后来在母亲去世后因感念严仲子礼贤下士的人品而替其行刺韩相侠累。

> "嗟乎！政乃市井之人，鼓刀以屠；而严仲子乃诸侯之卿相也，不远千里，枉车骑而交臣。臣之所以待之，至浅鲜矣，未有大功可以称者，而严仲子奉百金为亲寿，我虽不受，然是者徒深知政也。夫贤者以感忿睚眦之意而亲信穷僻之人，而政独安得嘿然而已乎！且前日要政，政徒以老母；老母今以天年终，政将为知己者用。"

在聂政看来，严仲子的屈身以降，不耻下问，就是对他最大的尊重。他必须"投之以桃，报之以李"，聂政后来找到严仲子，主动提出为其完成行刺的任务，其实就是对这种情义的一种实际回馈。

荆轲刺秦之前，太子丹拒绝以樊於期之死来增加刺秦的筹码，而樊於期得之事情的原委选择以死报答太子丹。这其中的舍生取义岂止千钧之重？而荆轲刺秦未遂之后，其生前朋友、门客皆遭到通缉，高渐离隐姓埋名，忍辱偷生，但一直未忘记荆轲之事。后来因善击筑，为秦王刺其双目而用之。高渐离伺机重演荆轲故事，结果刺而未成，亦为所杀。荆轲与太子丹有约在先，是为信用而死。而高渐离则是单纯地为荆轲报仇，体现的是对知己的厚情重义。

当然，聂政与严仲子之间的义，荆轲与高渐离之间的义与后世的江湖道义没有本质区别，这种"义"更多的存在于个体生命之间，换句话说，《史记·刺客列传》中的"义"是以情感为基石，不问是非曲直，只论亲疏远近。这种"义"有

---

① （汉）赵岐注，（宋）孙奭疏：《孟子注疏》，北京大学1999年版，第23页。

它的局限性，与那种彰显公平正义价值观相比，就略逊一筹了，故不能盲目地美化肯定。但应该取其精华去其糟粕，让这种优秀的精神理念传承下去。

《史记·刺客列传》的刺客更多的是侠客身份，而司马迁并未将其列入《游侠列传》，可见其与游侠还是有着迥异之处。另，也能看出司马迁对这一类人物的重视。先秦时期，君子仗剑而立，其风骨侠义是一种身份标签。其往往凭一己之力敢于挑战一种强大的社会既成力量，虽败犹荣，虽死无悔。刺客身上所彰显的勇、信、义的游侠精神风骨，在任何时代应该都是普世价值的一种体现。后世百姓争相传颂，热情讴歌，也是对社会公平正义价值体系的一种肯定，而当这种呼声愈来愈高之时，便是我们对日益多元化时代价值体系警醒的时候。"但何谓'行侠'。在汉人毕竟还有个大概的标准：除了讲信用、重然诺、赴士之厄困这一正面形象外，还有睚眦必报、藏命作奸、自掌生杀大权这一负面形象。司马迁不讳言其'不轨于正义'，班固则称其'惜乎不入于道德'，后世反游侠者抓住其'不法'、'不道德'不放，赞游侠者则力图使其行为合法化、道德化。"① 其实，刺客除了其武力之外的特点，对当下青年尤其是大学生有积极影响的就是"讲信用、重然诺、赴士之困厄"的精神了。

"其人虽已没，千载有余情"。② 当下的文化精神、价值信仰呈现丰富化多元化态势，这也是全球融合、世界多极化的有力体现。但也要时刻严防劣质文化的入侵，尤其是当下一些扭曲畸形甚至病态的审美在大学频现横行之势。要实现复兴梦，要拥抱世界，青年大学生无疑是先锋队和生力军，既要吸纳其他文化的精髓，更要强调文化自信，固本培元。所以，现阶段的大学更需要中华文化的阳刚之气来驱邪扶正，而《史记·刺客列传》中的勇毅、诚信、侠义正是正统之脉，阳刚之气的有力补充。

---

① 陈平原：《千古文人侠客梦》，北京大学出版社 2010 年版，第 23 页。
② 袁行霈：《陶渊明集笺注》，中华书局 2003 年版，第 388 页。

中华文化国际传播视阈下《史记》
融入国际中文教育的应用研究

＊本文作者张文华，陕西国际商贸学院教师。

一、引言

习近平总书记于中国共产党第二十次全国代表大会上，提出增强中华文明的传播力影响力。强调"坚守中华文化立场，讲好中国故事、传播好中国声音，展现可信、可爱、可敬的中国形象。加强国际传播能力建设，全面提升国际传播效能，深化文明交流互鉴，推动中华文化更好走向世界。"

"中华优秀传统文化源远流长、博大精深，是中华文明的智慧结晶，其中蕴含的天下为公、民为邦本、为政以德、革故鼎新、任人唯贤、天人合一、自强不息、厚德载物、讲信修睦、亲仁善邻等，是中国人民在长期生产生活中积累的宇宙观、天下观、社会观、道德观的重要体现。"2023 年 6 月，习近平总书记在文化传承发展座谈会上强调担负起新的文化使命，努力建设中华民族现代文明。

中国历史上第一部纪传体通史《史记》，是中华民族的优秀文化典籍，亦是具有世界影响力的文化瑰宝。其对外传播与推广，是国际中文教师的责任与担当。

二、中华文化典籍《史记》国际传播的背景与现状

1.《史记》内容及后世影响

西汉史学家司马迁撰写的纪传体史书《史记》，是中国历史上第一部纪传体通史，撰写了从上古传说中的黄帝时代至汉武帝太初四年间共 3000 多年的历史。《史记》全书共计一百三十篇，分本纪、表、书、世家、列传五部分。具体包含十二本纪（按年月记历代帝王言行政绩）、三十世家（记子孙世袭的王侯封国史迹和重要人物事迹）、七十列传（帝王诸侯外其他各方面代表人物生平事迹和少数民族传记）、十表（表格简列世系、人物和史事）、八书（记述礼乐制度、天文兵律、社会经济、河渠地理等制度发展），规模巨大，体系完备。

《史记》对后世史学和文学的发展都产生了深远影响。在史学方面，建立了

模范的通史体裁，其首创的纪传体编史方法为后来历代"正史"所传承；使史学脱离了经学的附庸，成为独立的学科；建立了史传文学传统。在文学方面，《史记》对古代的小说、戏剧、传记文学、散文皆产生广泛影响，从人物类型、体裁、叙事方式影响深远。西汉刘向、扬雄赞其"然自博极群书，皆称迁有良史之材，服其善序事理，辨而不华，质而不俚，其文直，其事核，不虚美，不隐恶，故谓之实录。"鲁迅誉为"史家之绝唱，无韵之《离骚》"。

2. 《史记》国际传播的现状

《史记》的国际传播最早至东亚一带。史书记载，《史记》在魏晋南北朝时期传播到了朝鲜半岛，《旧唐书·东夷》有载高丽："俗爱书籍，至于衡门厮养之家，各于街衢造大屋，谓之扃堂，子弟未婚之前，昼夜于此读书绲习射。其书有五经及史记、汉书、范晔后汉书、三国志、孙盛晋春秋、玉篇、字统、字林；又有文选，尤爱重之。"①

覃启勋推断"《史记》是由第一批遣隋使始传日本的，其时间起点当在公元600年至公元604年之间"。并统计"仅江户时代（相当于我国的明代后期及清代前期），传入日本的《史记》及有关的汉籍就多达260部、3012套"。② 据《正斋书籍考》《三代实录》《日本纪略》以及《扶桑略记》日本史书记载，上至天皇，下至幼童，包括僧徒，都在阅读《史记》，诸王诸臣也讲《史记》，甚至学生入学还要试《史记》。日本学术界评价"《史记》、《三国志》之类的史书，对我国的学术发展产生过无可估量的影响"③。东亚地区日本《史记》研究的成果最为突出。

《史记》传播至欧洲的时间稍晚。张新科教授有言《史记》在18世纪传到俄国，俄罗斯汉学家19世纪起就节译过《史记》，目前《史记》在俄罗斯有广泛的影响；法国汉学家沙畹翻译了第一部西洋《史记》译本；美国19世纪40年代首关注《史记》；1994年英国雷蒙·道森翻译出版了"世界经典系列丛书"之一《司马迁史记》；19世纪中期，奥地利汉学家先驱菲茨迈耶最早把《史记》24卷翻译成德文；丹麦、匈牙利等也有《史记》译本。

1955年苏联东方学家图曼在纪念司马迁诞生2100周年会议中发言："司马迁真正应当在大家公认的世界科学和文化泰斗中占有重要的地位。"《史记》作者司马迁1956年被联合国教科文组织列为世界文化名人。《史记》作为中华优秀传统文化典籍，是中华精神源远流长的源泉，有中国文化精神独特的价值，也给予世界以精神滋养。

---

① 刘昫等撰：《旧唐书·东夷》卷一百九十九上，列传第一百四十九上，中华书局1975年版，第9320页。

② 覃启勋：《关于〈史记〉东传日本的时间起点》，《文史杂志》，1989年第6期。

③ 日本自由国民社《中国古典名著总解说》所载《编辑之辞》。

3.《史记》在国际中文教育领域中的应用现状

国际中文教育中针对汉语二语学习者的文化教学是必不可少的。适应学生语言水平和交际需求的文化教学，即可以促进学生语言的学习、提高对中国文化的认知、提高跨文化交际能力、培养学生人类共同价值观。

面向汉语言文学专业和汉语国际教育的来华本科和硕士留学生的教学课程体系中，中国古代文学和古代汉语课程是必修课程，也是教学的重难点之处。

目前为来华汉语国际教育专业留学生编写的古代文学教材徐宗才的《中国古代文学作品选读》中选编了《史记》中的"将相和""鸿门宴"；徐宗才为来华汉语国际教育留学生编写的古代文学教材《中国古代文学简史》中安排了"司马迁与史记"部分；张群芳面向来华留学生编撰的汉语学习教材《中国古代文学》，以文学作品选读为重点，第六讲选编了《史记》故事：指鹿为马、四面楚歌、多多益善、纸上谈兵、沐猴而冠、《史记》名言摘录、历史小故事；欧阳祯人主编北大版留学生本科汉语教材《中国古代文学史教程》中"汉代散文"部分就介绍了司马迁与《史记》，并节选了作品"史记·留侯世家"与"鸿门宴"，课堂练习人物分析部分探究刘邦、项羽与樊哙的性格。具体如下：

经相关教材来看，面向来华汉语国际教育专业和汉语言文学专业的本科和研究生，中国古代文学相关课程中《史记》内容的教学是非常受到重视的。其中以作者司马迁和文学典籍《史记》的基本介绍为教学内容，教材中多节选"鸿门宴"部分内容。

三、中国文化典籍《史记》融入国际中文教育的价值意蕴

1. 丰富课程资源，促进教学目标的落实

《史记》记载了远古黄帝时代至西汉的三千多年的历史，此文化典籍历经风雨，传世近二千年，有着丰富的语言、文学、文化知识、历史、民俗等方面的知识。《史记》作为国内外影响深远的史学与文献巨著，具有巨大的可供开发的课程资源。

语言方面；《史记》的章法、句式、用词多有独到之处，新异而多变，国际中文教育中学生可学习经典篇章中的句式、用词和成语等，使学生简单了解古代汉语中的语言特点，了解相关成语的历史典故，为中华经典文化典籍的阅读打下一定基础。如"先破秦人咸阳者王之"中"王"的用法；成语"四面楚歌"的《史记·项羽本纪》中垓下之围的典故。

文学方面；《史记》是中国第一部以描写人物为中心的大规模作品，统摄各个阶层、各个民族、各个领域和行业。上自帝王将相，下至市井细民，诸子百家、三教九流，所涉人物四千多个，重要历史人物一百多名，包括帝王、朝臣、名将、改革家、节烈人物、口辩人物、刺客、游侠、商人、方士等，在矛盾冲突中表现

丰富多彩的人物个性。国际中文教育中，教师可根据学生的汉语水平与兴趣爱好，精选经典人物形象和故事来展开教学。如：《项羽本纪》中杀机四伏的"鸿门宴"中展现了圆滑奸诈的刘邦、率直寡谋的项羽、深谋从容的张良、粗犷豪放的樊哙、善良愚昧的项伯等人物形象的明争暗斗，人物个性塑造到极致。再如《廉颇蔺相如列传》中"完璧归赵"、"渑池之会"的紧张场面和尖锐矛盾中体现出的蔺相如的爱国情怀、豁达大度、智勇兼备的人物形象。目前面向汉语二语学习者的文学类课程中《史记》课程资源的开发还有待进一步深入与拓展。

文化知识方面：《史记》中"八书"记述了各种典章制度，包含礼、乐、音律、历法、天文、封禅、水利、财用等方面内容，国际汉语教师可根据教学需要、根据任教国的国情，进行一定的课程资源的开发和利用。

2. 提供课程思政资源，注重德育培养

《史记》是中国传统文化的瑰宝，国际中文教育中学生通过赏析《史记》，能感悟中华文化的思想和魅力，在具象的历史人物事件背后体会蕴藏着民族文化性格与观念。厚重丰富的《史记》文化可为国际中文教育课程思政建设提供资源。教师可在《史记》各人物故事和形象中挖掘思政元素，寓人类共同价值观引导于知识传授和能力培养之中，帮助国际学生塑造正确的世界观、人生观、价值观，提高学生的历史素养、审美素养、艺术素养、人文素养、职业精神，提高个人的诚信、友善、兼爱的修养，丰富学识，增长见识，塑造品格。如：蔺相如的爱国情怀、坦荡襟怀；扁鹊的医者仁心、悬壶济世；孔子的忠君爱国、推行仁礼；尧舜的一心为民、崇尚仁德。培养了学生的道德品质，也使学生深入、客观了解中国，为中国形象的宣传贡献国际友人的力量。

3. 推动中华文化的繁荣与创新

《史记》融入国际中文教育有助于培养国际学生开阔的视野、开放的学习心态和兼容并包的大局发展观。在国际中文教育中，学生接触中华优秀典籍文化，对促进其传播，推动中华优秀传统文化走出国门具有重要意义。同时，中华优秀典籍文化的传播也会在这个过程中受到国际学生母文化的影响不断创新，加快传统文化数字化的脚步，进一步实现繁荣和发展。

4. 培养知华、友华、爱华的力量

在国际中文教育中，中华优秀典籍文化可以引导学生感受人类璀璨的文明，认知中华优秀传统文化的思想精华。《史记》的中外文化交融记录更是中外友谊的有力见证，推动了兄弟国家之间情感认同。如，《史记·朝鲜列传》《史记·大宛列传》等，深入挖掘、节选这些资源，可以增强国际学生对中华文化的接受，使他们乐于在国际社会做中国形象的代言人，对树立和平友善的大国形象，提高我国的国际影响力，助力构建人类命运共同体意义重大。

四、中国文化典籍《史记》融入国际中文教育的难点与对策

1. 降低文本难度，丰富教学方式

《史记》作为中国古代优秀文化典籍，其独特的中国文言句式、用词、异体字、通假字、专业术语等，对于大多数国际中文教育学习者来说读起来困难重重，阅读文化典籍对汉语水平的要求较高，亦对国际汉语教师是较大的挑战。

如何降低文本的教学教育难度，如何培养学生的素养是教师需要重点攻克的难点。教师可根据教学需求节选部分经典篇目，配以学生母语版的《史记》的相关部分翻译文献，并根据学生水平推荐课前需观赏的相关《史记》的话剧、影视、动画。学生根据自己的理解与认知课中与师生进行探讨与汇报，以产出为导向的文学教学方式，增加学生对《史记》的理解、加强中华文化典籍的海外传播、提高学生的表达能力，强化学生的人文素养。

2. 教师增强《史记》的知识储备，提高跨文化传播能力

面向高水平的汉语学习者的中国典籍文化学习需求，任教教师需不断提高自身文化储备，因材施教，根据学生的汉语水平有针对地进行教学，深入浅出地进行文化传播。尤其与学生存在语言沟通障碍的海外教师而言，更需做好更充分的准备与辅助理解的材料，以期达到较好的文化传播效果。

同时教师在进行文化传播的过程中，由于师生间的文化背景、文化礼仪、风俗习惯等的不同，一定要注意交际时避免文化误解或文化冲突，提高跨文化传播能力。引经据典，逐渐帮助学生客观全面地了解中国，消除学生对中国的文化误解，改变对中国的刻板印象。如：《史记·屈原贾生列传》中有关五月初五祭祀屈原活动的记载，可让韩国学生了解到中国端午节由来已久，也向学生强调中韩文化交流的源远流长，一衣带水之紧密关系。帮助汉语学习者学习文化典籍，不仅能够更好地帮助他们了解中国的历史，也有利于弘扬中国传统优秀文化，不断增强中国传统文化的影响力。

中国作为一个历史悠久的千年古国，中华优秀文化典籍《史记》的传承创新和传播是我们的责任和使命。作为国际中文教育的师生而言，同样担负着传播中华文化的任务，培养学生人文素养的职责，文化典籍作为传播中华文化的重要途径，有着举足轻重的作用。

史记文化的"校园＋"数字赋能建设实探^①

＊本文作者刘鑫，渭南师范学院副教授。

《史记》作为一部杰出的作品，在其历史演变与传播过程中不断吸纳着相关文化信息，其言说意义已经超过单纯的文本诠释，有了更多的符号象征色彩，《史记》从文本到意义符号的文化传播趋势，直接影响了《史记》向"史记"的表述变化。在"互联网＋"的现代化转向中，史记文化的传播独立性逐渐增强，史记文化建设成为大学生人文素质教育的新时代主题，高校校园逐渐成为史记文化传播的重要阵地。

高校在史记文化建设中具有着技术与人才优势，成为史记文化建设的重要阵地，智慧"校园＋"的建设与发展有赖于史记文化的推广、普及与深入。在新时代数字赋能的趋势影响下，智慧"校园＋"建设迎来了智能化、数字化发展契机，校园的史记文化建设也由此呈现出文化内涵与文化形态的数字智能转化。"互联网＋"技术的普遍植入，促进了智慧"校园＋"中的史记文化"校园＋"发展，形成了史记文化系统中的有机链接。渭南地区作为司马迁的故乡，自身有着悠久的史记文化传统，不断提供着数字赋能的历史文化信息，也在史记文化传承中不断进行着数字化赋能的改革创新。史记文化中国式现代化发展的当下，渭南地区的高校建设逐渐关注史记文化的数字"校园＋"传播，致力于用好用活史记文化资源，以多种方式助推史记文化传播的"地域＋"改造。在智慧赋能的高校技术支撑下，史记文化传播的渭南化辐射带动了高校的史记文化建设，形成以《史记》作品、史记精神为内核，采用官媒、自媒体方式充分融合的文化传播矩阵，发挥着整体联动的重要作用，具体表现为以下三种模式。

首先，拓展史记文化的"校园＋"智能宣传路径。史记文化在高校的建设发展，有赖于史记文化的有效宣传普及，在新时代数字赋能语境下，史记文化借助于数字媒介技术，可以在作品形式、传播媒介、受众主体等方面取得更大的突破和创新。史记文化的数字转码与解读，将史记文化基础内容分解为各个数字媒介单位，与定期的文化宣传活动与传统宣传路径相互配合，即可整合为系列内容，也可分散为各个独立单元，链接在智慧"校园＋"的文化网络之中，高校师生可以根据自身情况自由选择观看时间与观看方式，更加灵活多样，"线上＋线下"

---

① 该论文为渭南师范学院横向科研项目"陕西地域文化元素的可视化审美分析"的阶段性成果。

的混合式文化宣传加强了史记文化在校园媒介沟通，网络媒介的协同学习，则强化了史记文化宣传的交互性，体现了史记文化的时代感，大数据所带来的精准统计既形成了对史记文化学习的有效督促，也加强了高校师生学习的成就感，在传统学习的全面普及基础上，植入了个体学习的精准管理，史记文化的宣传从群体走向了个体，覆盖到每个学习个体的实际效果，强化了史记文化的个体认同与实践。数字技术关注到了个体的学习情况，这种"校园＋"的智能识别适用于高校较大的师生宣传个体基数，发挥了"大——准——实"的宣传优势，面向大群体的史记文化宣传，精准识别其中个体的实时学习情况，将史记文化的宣传落到实处。史记文化的新时代整合，建构了文化宣传的数字路径，沉淀为新时代文化的有机组成部分，数字技术支撑下的校园矩阵宣传，有效拓展了史记文化宣传的普及面，突出了"校园＋"的智慧运行。

高校史记文化建设需要依托有效高能的文化宣传普及平台，高校拥有大规模的在校学生群体，人员构成较为年轻化，能够熟练掌握数字技术，也保持着对于数字资源的敏锐度。在校大学生的对于史记文化价值认同感奠定了智慧"校园＋"建设的文化认同基础，数字赋能技术则大大增强了学生的主观能动，促使史记文化的宣传贴合了新时代的数字赋能路径。史记文化应该较好地利用"校园＋"的数字智慧优势，以微视频、微电影的多元媒介传播以及交互界面开发拓展史记文化的"校园＋"路径，运用数字媒体技术，开发校园场域的数字增效模式，突破史记文化的校园终端接受，打造以校园为联结点的智能网络连接体系，从而形成史记文化内核与史记文化宣传的协同发展，在多元的宣传形式结点上赋值不同的文化价值内涵，完成史记文化"校园＋"的形式内容总体改造与效能提升。

其次，打造史记文化的"校园＋"虚拟仿真平台。利用智能宣传路径，史记文化得到了更大的宣传、普及范围，孵化、酝酿出以微视频、微平台、学习软件、自媒体等打造的虚拟仿真平台。虚拟仿真平台中以智能问答、资料拓展、情景实践等方式打造高校史记文化的虚拟仿真环境，增强了史记文化"校园＋"智能特色。史记文化在内容上表现为整体文化与校园文化的契合，史记文化进校园完成了校园文化的整合碰撞，在内容上构成史记文化的"校园＋"完善。围绕史记文化主题，将优良的中国传统文化精神转化为文化的内在精神要求，以文化的价值引导助推史记文化传播的校园实践，以史记文化传播的校园实践强化与巩固史记文化的精神感召力，文化与"校园＋"人文素质教育的数字协同成为新时代史记文化传播的重要环节。新时代的数字赋能背景，对于史记文化与校园文化的融合提出了更高的要求，史记文化需要在"校园＋"的技术联结中形成"史记＋校园"的综合文化资源，"＋"智慧对于文化内容的不断突破与更新自然地体现了史记文化建设在内容上的时代完善，也让两种差异文化在"校园＋"能够得到更加圆融的统一。

"史记＋校园"的文化传承与学习在数字赋能中可以形成智慧"校园＋"的

虚拟仿真平台，还原史记文化的实际形成环境，加强校园师生的学习沉浸度与代入感，文化的外在普及转向为内在消化理解。将史记文化建设的受众群体史记文化的"他者"宣传变成自我学习，促进了史记文化中学习主体的身份转换。在虚拟仿真平台中，建立国家、地域、学校三级的史记文化学习体系，打通史记文化的历史传统与新时代史记文化的当代视域，注重史记文化空间与时间的耦合，将史记文化的新时代传播与高校的人文素质教育统一起来，以史记文化强素质教育，以大学生人文素质提升促史记文化的现代化传播。利用数字媒介技术的虚拟仿真特性，打造史记文化的智能体验场域，使得进入学习的每个人都变成践行史记文化的实际行动者，实际感受史记的文化力度，学习主体在虚拟体验中变成个人自律的文化准绳，拉进文化教育与受教主体的距离，主体能够在虚拟仿真的平台学习中真正感受到史记文化的切实存在，切实做到"读史记、爱史记、传史记"，真正感受到史记文化的现实存在，不断探索与发现史记文化在新时代的"＋"传播信息，加强了对史记文化的主体情感认同，也内在地提升了史记文化的个体影响力。

再次，助力史记文化的"校园＋"数字效能提升。在"校园＋"史记文化的智能宣传路径与虚拟仿真平台建设的共同作用下，整体地、综合地助推了"校园＋"数字效能提升。"校园＋"高校作为数字技术研发重地，在数字应用优势的利导下，史记文化的宣传学习效能也有着更加高效的提升。数字技术的可视化特色，可以利用媒介交互等方式，将史记文化进行图像整理，更大程度地具体化了史记文化的意义表达，加强了主体对史记文化的理解。数字技术的整合，史记文化的意义内涵进行了数字转码，使得史记文化的意义生成具备了"＋"特色，提高史记文化的普适性。高校内，史记文化的数字具象化表达与数字意义重构提升了史记文化"校园＋"的文化教育效能，主体能够对史记文化更为深刻的理解中利用数字技术的智能特色探索与选择自身学习史记文化的结合点，最大化地调动史记文化的主体学习效能，呈现为更加深入的文化学习样态。

史记文化作为中华优秀传统文化的一部分，自身的历史文化语境既是史记文化传承的重要特色，也一定程度上沉淀为史记文化的时代局限性，诞生古代文化背景下的史记文化与新时代"互联网＋"传播文化背景存在较大差异。在数字技术高速发展中成长起来的当代大学生更加熟悉"互联网＋"的文化传播环境，因此，史记文化面向当代大学生的文化教育与素质提升存在较为鲜明的时代差异，也存在着一定的传播效能耗损。数字技术的智能化特色，有效地弥补了史记文化传播的时代局限性，采用第一人称视角，将大学生代入到史记的文化环境中，建构史记文化中的对话关系，大学生虚拟地走进历史，史记文化智慧地走出时代，大大增强了史记文化的传播效能。在数字效能提升的总体方向指导下，史记文化"校园＋"传播可以根据受教主体的不同情况，打造更加适合个体的史记文化教育模式，提高了史记文化教育的个体适用性，能够切实增强史记文化的学习兴趣，内在地转化为史记文化的学习动能。"校园＋"的文化建设可以开发相应的史记人文素质教育专题栏目，探索灵活学习教育方法，受教主体在较为明确的学习需求和目标设定下进行史记文化学习，在平衡整体学习效果的基础上，兼顾个体的学习差异，史记文化在数字技术的应用中走向了群体向个体的学习效能跃迁，完成了全体学习到个体践行的自然融合。

　　数字化赋能的新时代使命中，史记文化传播迎来了数字化转型，史记进入了数字化传播的新时代。当代大学生需要不断在史记文化中汲取营养，从而完成史记文化传承者与史记精神践行者的身份转变，史记文化的数字化传播需要调动当代大学生的思想能动性，不断提升大学生的思想文化素质，从而形成"校园＋"的史记文化传播与教育阵地，高校"校园＋"的史记文化建设也势必凸显着数字赋能的典型特征。数字技术的协同联动促使高校不仅仅是学习史记文化的重要场域，还是大学生文化素质教育学习的重要结点，整体文化教育的有效联结纽带，从而表现出"校园＋"的智能特征。新时代的"校园＋"带动了史记文化建设的智能化发展导向，也因此成为校园史记文化建设的新导向和新趋势。

《史记》于今时之新生：
启迪智慧、唤醒责任

＊本文作者王雨晴，陕西国际商贸学院。

《史记》作为历史巨著的价值毋庸置疑，对于史记的研究也同样蔚为大观，形成了一门独立的学科——史记学。从汉魏六朝到宋明清，时代的差异和需求改变着世界，同时也改变了我们对于传统文化的态度，而今天我们如何看待它，就决定着《史记》在当代的新生和创造。一方面，五四运动以来，我们就处于一个新生的、巨变的时代，资本主义的洪流之下，个体变成工具，许多教育也成为培养工匠的工具，社会当然需要做事的工匠，但教育不能只是技术和技能的教育；另一方面，技术革命以来，个体的价值在最大程度上得以凸显，一个人的创造就可以比肩群体的创造，人们鼓吹自由，宣扬个性，但一个追求实现个体价值的时代，不能脱离个人民族历史和文化。所以，《史记》在今天所面临的新生和挑战，是继承的挑战，也是时代的挑战，在灌输式教育成为主流的今天，读史并不仅仅简单从表面上提高大学生的科学人文素养，它在知识性的历史教育中强调思辨，在追求自我个性的时代诉说责任。

在知识性的历史教育中强调思辨。

首先，太史公言读史在："稽其成败兴坏之理。"此即用古之剑，衡量今时社会之象。历史是活在过去的事物，但历史学是活天，在当代人的手中才能焕发出新的活力和生机。任时间之河浩荡而去，但留得失经验在心，这就是历史性的思考和总结。其次，对于读史，宋代著名史学家吕祖谦也有言："人二三十年读圣人书，一旦遇事，便与里巷人无异，只缘读书不作有用看故也。何取？观史如身在其中，见事之利害，时而祸患，必掩卷自思，使我遇此等事，当作何处之如此观史，学问亦可以进，智识亦可以高，方为有益。"历史为我们提供了一个个真实的情景和处事方法，并不是知晓他人之行便可行我之事，历史经验绝不能生搬硬套。此外，读书也有三大层次：诵书、读书、念书，诵书即背书，念书即放在心里并实践，所以学习历史并不是知识的简单堆积、记忆，历史是检验和提升自我的试金石，需要我们主动去迎接这一挑战。清代名臣左宗棠亦有言："读书时，须细看古人处一事，接一物，是如何思量？如何气象？及自己处事接物时，又细心将古人比拟。设若古人当此，其措置之法，当是如何？我自己任性为之，又当如何？然后自己过错始见，古人道理始出。断不可以古人之书，与自己处事接物为两事。"如果读完了历史，你还你，书还是书，你并没有从中领会和学习到可以改变你的东西，你与历史始为两物，历史从未走进你的心里，这便是一种失败的历史学习。

思辨性的历史教育可以启迪智慧，真正的智慧才能指导正确的行动。《史记》记载史太公语，"我欲载之空言，不如见之于行事之深切著明。"只知其言，知识便是纸上的一堆僵死的符号和文字，见诸行事，我们才能真正拥有所学到的智慧。《史记·留侯世家》中有一个故事叫"圯上纳履"，"良尝闲从容步游下邳圯上。有一老父，衣褐，至良所，直堕其履圯上，顾谓良曰："孺子，下取履！"良鄂然，欲殴之，为其老，强忍，下取履。父曰："履我！"良业为取履，因长跪履之。父以足受，笑而去。良殊大惊，随目之。父去里所，复还，曰："孺子可教矣。后五日平明，与我会此。"良因怪之，跪曰："诺。"五日，平明，良往。父已先在，怒曰："与老人期，后，何也？"去，曰："后五日早会"五日，鸡鸣，良往。父又先在，复怒曰："后，何也？"去，曰："后五日复早来。"五日，良夜未半往。有顷，父亦来，喜曰："当如是。"出一编书，曰："读此则为王者师矣。后十年兴。十三年孺子见我济北，谷城山下黄石即我矣。"遂去，无他言，不复见。旦日视其书，乃《太公兵法》也。良因异之，常习诵读之。"这里讲的是谋士张良与其师黄石公的故事，从文中的关键词"先"、"后"我们就可以看到，黄石公教给张良的一个是"忍"，一个是"先发"，等待时机，使其失去防备；出乎意料，才能先发制人，这都是兵法中的计谋。张良作为韩国的贵族，为了替韩王报仇举家之力刺为杀秦始皇，实养于韩国，成于皇室，少年血气，但张良此举缺少计谋。计谋和智慧张良且需行之实践才能学习领悟，况我等乎。这是智慧，也是我们这个时代所缺少的——责任。

在追求自我的时代诉说责任。

第一是孝道的责任。《太史公自序》中司马迁的父亲司马谈说道"余先周室之太史也。自上世尝显功名于虞夏，典天官事。后世中衰，绝于予乎？汝复为太史，则续吾祖矣。今天子接千岁之统，封泰山，而余不得从行，是命也夫，命也夫！余死，汝必为太史；为太史，无忘吾所欲论著矣。"这就是古典时代大文化的传统和延续，这里讲的就是历史传承中史官的责任与担当。绝不能让祖先的事业毁在自己手中，这对于一个职业传承的家族来说是一件何等重要的事情，他们始终不忘国家、民族、时代何以养育和培养他们的初衷，始终铭记自身的责任和担当，从不把手中的任何一碗饭当做理所应当。"且夫孝始于事亲，中于事君，终于立身。扬名于后世，以显父母，此孝之大者。"所以我们可以看到，孝道是古时的第一责任，今天我们也强调孝道，强调感恩，我们常说抚养父母是我们的责任，但偏偏有人计较父母、亲情的多少得失，忽略父母的恩情甚至以德报怨，再自由、个性的时代也不能容忍如此缺乏人伦的事情，人生有很多自由，但你是要承担还是逃避？我们要始终记得我们从哪里来，要往哪里去，《孝经》中也有言：

"身体发肤，受之父母，不敢毁之，孝之始也。"要珍惜我们所拥有的的，感恩为我们付出的。

第二是"当仁不让"的责任。"夫天下称诵周公，言其能论歌文武之德，宣周邵之风，达太王、王季之思虑，爰及公刘，以尊后稷也。幽厉之后，王道缺，礼乐衰，孔子修旧起废，论《诗》《书》，作《春秋》，则学者至今则之。自获麟以来四百有余岁，而诸侯相兼，史记放绝。今汉兴，海内一统，明主贤君忠臣死义之士，余为太史而弗论载，废天下之史文，余甚惧焉，汝其念哉！'迁俯首流涕曰：'小子不敏，请悉论先人所次旧闻，弗敢阙。'"这里讲的是：历史上，诸侯相兼，史记放绝，各国的史书因此中断，秦统一六国之后又可以毁掉六国的史书，只剩下《秦纪》，在《史记·六国年表序》中可以看到，"秦既得意，烧天下诗书，诸侯史记尤甚，为其有所刺讥也。诗书所以复见者，多藏人家，而史记独藏周室，以故灭。惜哉，惜哉！独有秦记，又不载日月，其文略不具。"如果一直如此，中国的史学恐要断绝。我们知道，"谦让"一直是我们民族文化中一个重要的组成部分，但中华五千年的古老深厚文化未曾断绝，正是在民族文化危亡之际，有一个个能人善士站出来，当仁不让其责，即使于他而言得不到任何的实际的利益。历史上，西汉的太史并不是世袭制，太史的职责也并不是修史书而是天文历算，但他们依然可以为后世留下永恒和经典的历史瑰宝——《史记》，因为先看自己，再看别人，先要求自己，再要求别人。这种对于大文化传统的使命感令人咂舌，在历史上无数的中国人身上都得以看见，后来的《汉书》、《三国志》都是如此。感恩和责任，是中华民族的美德，中华民族也是世界上极有责任心的一个民族，只要给他们一点生存的条件和给养，他们就会兢兢业业做好自己的事，责无旁贷，并对此常怀感恩。

时代和社会总是有好有坏，但古人看到的是美好的、珍贵的、需要感恩的一面，所以责任自然而然成为一种传承，但今人却更多看到遗憾的、问题的、需要谴责的一面，不问自己的责任而只有抱怨，这是当代的危机，也是我们要从《史记》学到的地方。

启迪智慧、唤醒责任，这就是《史记》在今天最重要的新生。也是我们今天人，特别是大学生读史的原因。

三、《史记》思想文化研究

论司马迁对孔子的学术传承

＊本文作者魏三原，东南大学人文学院博士研究生。

一、前　言

孔子与司马迁具有紧密、深厚的学术关联，他们二者的学术关系历来引起学者们的诸多讨论，如东汉班固认为司马迁"其是非颇缪于圣人，论大道而先黄、老而后六经"（《汉书·司马迁传》），这一言论隐晦批判了司马迁对孔子及儒学的立场、态度，对后世认知司马迁其人其思想产生了较大影响但多有争论，北宋沈括就指出"班固乃讥迁'是非颇谬于圣贤'，论甚不慊"（《梦溪笔谈·补笔谈》卷一）。①　今人李长之曾在代表著作《司马迁之人格与风格》（1936 年）中列有《司马迁与孔子》一章，以文艺学、美学视角探讨二者关系。部分学者亦肯定孔子对

① 南宋陈傅良认为"迁卒家学乃尽百家之精而断以六艺，《易》本田何，《春秋》本董仲舒，《书》本孔安国，《礼》本河间，独恨不见《毛氏诗》耳……惜自班固看渠不过，妄有瑕摘，后生沿习，遂成牢谈"（《止斋先生文集·答贾端老五》卷三十五），清代王鸣盛认为"其父谈论六家要指……以明孔不如老，此谈之学也。而迁意则尊儒，父子异尚"（《十七史商榷·司马氏父子异尚》卷五），梁玉绳认为"夫史公考信必于六艺，造次必衷仲尼……尊孔子曰仲尼，评老子曰隐君子·固非'先黄老而后六经'矣"（《史记志疑》卷三十六），孙德谦认为"吾独怪班氏亦颇知尊圣者，自是非谬圣之说出，迁之衷圣足垂义法者，后世无闻焉。此非史公之不幸而孟坚之过哉！"（《太史公书义法·衷圣》）以上学者对班固之批判持不同意见。

司马迁的影响，但未有系统论述。① 时至今日，孔子已然成为中国哲学史上的首要人物，但对孔子"虽不能至，心向往之"（《史记·孔子世家》）的司马迁，在中国哲学研究领域还未受到足够重视、重新审视②，这使得对司马迁的思想认知成为一个学理问题。

就中国哲学史发展来看，司马迁是西汉时期中极为重要的人物，他不仅对孔子及儒家学派作了详细记载，将孔子其人冠之以"至圣"，对确立孔子在中国学术史上的崇高地位有巨大贡献；司马迁更是在《史记》通篇行文中对孔子思想进行了大量的引用、评述、解读，并内化于"一家之言"的学术表达中，可以明显察觉到他对孔子为人为学的思想传承与人格尊崇。故关于二者学术关系，在前人先贤及目前学界探讨的基础上，本文意从立言著述、天人追问、为学治世三个方面论证司马迁对孔子的学术传承，请教于方家。

二、立言著述："述而不作"与"一家之言"

孔子作为春秋时期极具影响力的思想家，对司马迁有着极其深刻的学术影响，这种影响既内化于司马迁"一家之言"的学术思想与立言著述中，也给予他坚定的人生使命与强大的精神动力。孔子其人其思想在司马迁笔下得到了丰富、正面的呈现，且看司马迁在《孔子世家》中所流露的景仰之情：

> 《诗》有之："高山仰止，景行行止。"虽不能至，然心向往之。余读孔氏书。想见其为人。适鲁，观仲尼庙堂、车服、礼器。诸生以时习礼其家，余祗回留之不能去云。天下君王至于贤人众矣，当时则荣，没则已焉。孔子布衣，传十余世，学者宗之。自天子王侯，中国言六艺者折中于夫子，可谓至圣矣！

司马迁熟读典籍、阅人无数，他认为天下贤人历来繁多，而孔子能以布衣出

---

① 部分学者对孔子与司马迁的关系给出了明确态度，如徐复观认为"司马迁除了秉承他父亲的此亦愿望外，随着他的人格学问的成长，更进一步深受孔子作《春秋》的影响，以孔子作《春秋》的精神、目的，为他自己作史的精神、目的。"（徐复观：《两汉思想史》，九州出版社，2013年版，第295页），季镇淮认为"司马迁的这种尊重客观事实的精神，是和他著作《史记》的理想有密切联系的，那就是要使他自己成为第二个孔子，使《史记》成为第二部《春秋》"（季镇淮：《司马迁》，北京出版社2016年版，第100页），张强认为"司马迁德治思想来源于孔子以仁为核心的王道思想"（张强：《司马迁学术思想探源》，人民出版社2004年版，第176页），李长春的论文《德性、天命与历史书写——司马迁〈伯夷列传〉释义》（《海南大学学报》2019年第2期）以《伯夷列传》为切入点较为详细比较了孔子与司马迁的思想异同。但上述观点或少量体现在行文之中，或仅以特定文献为例，未对二者学术关系形成系统论述。陈其泰的论文《司马迁与孔子：两位文化巨人的学术关联》（《孔子研究》1991年第4期）主要从历史背景中剖析了司马迁尊儒及受班固批评的内在根源，对本文颇有启发。

② 2021年郭齐勇主编的《中国哲学通史·秦汉卷》将司马迁纳入其中，但也篇幅较小、未能详尽，文中认为"司马谈、司马迁父子，他们二人同宗黄老，但不识时务，故先后招致奇耻大辱"（郭齐勇主编，丁四新、龚建平著：《中国哲学通史·秦汉卷》，江苏人民出版社2021年版，第6页），这种说法遵循了班固的评价，忽略了司马迁对孔子及儒家思想的传承与发展。

身在春秋乱世传教论道，其后辈学者传承延绵不绝，以致"六艺"之学皆从于孔子，这使得司马迁以"至圣"冠称孔子，在其对历史人物的评述中是独一无二的，这是极具感性的真情流露。司马迁对孔子的推崇、敬仰也并不是几句赞美之词一笔带过，而是有着立体、多重的表达。其一，司马迁作《孔子世家》，与众多分封诸侯及帝王将相平起而论，又作《仲尼弟子列传》详细记载孔门弟子的言行事迹，可见对孔子学术思想及儒家后学的重视。其二，司马迁在《史记》通篇行文中，多次引证孔子及其门人之言并阐述个人观点，足见司马迁对孔子整体思想的认知颇有心得且十分推崇。其三，司马迁能完成《史记》这一巨著，是通过孔子来汲取精神动力与树立人生价值的，他著书期间遭遇李陵之祸时，讲"夫诗书隐约者，欲遂其志之思也。昔西伯拘羑里，演周易；孔子厄陈蔡，作春秋…此人皆意有所郁结，不得通其道也，故述往事，思来者。"（《史记·太史公自序》）限于穷困险阻而能不坠其志，这应是他倍加推崇孔子的内在根源。故从司马迁视角审视，孔子其人其学深刻影响着他的学术旨趣与人生使命，也势必直接或间接地作用于司马迁的学术成长。

　　一般认为孔子秉持"述而不作"的学术态度，删述六经是其具体呈现。孔子自言："述而不作，信而好古，窃比于我老彭"（《论语·述而》），尽管历来学者对"老彭"其人未作定论①，但对于孔子"述而不作"并无较大争议。诚如朱熹所言："述"为"传旧"，"作"为"创始"，认为孔子删诗书，定礼乐，赞周易，修春秋，皆传先王之旧，而未尝有所作也，故其自言如此。② 综上，就孔子主观意愿而言，"述而不作"既是为学之谦辞，也符合删述六经的表现形式，但就其实际影响而言，孔子治学远非"述而不作"所能涵盖③，不但其言行学说在后世衍生出《论语》《孔子家语》等经典，经其整理删述的六经亦为后世学者所尊，皆具有孔子本人丰富的思想内涵，故其本质是"明述暗作"。关于孔子与六经的关系④，

---

　　① 包咸认为"老彭"乃商代贤大夫，郑玄则注曰"比于此二者，谦"，可见东汉时对"老彭"解释已有分歧。王弼释曰"老，老聃。彭，彭祖"，王夫之则认为"彭""聃"音相近，"我老彭"为亲近之词，"老彭"即孔子曾问礼之老子。（参见程俊英、蒋见元点校：《新编诸子集成·论语集释》，中华书局1990年版，第431页。）

　　② 朱熹：《四书章句集注》，中华书局2011年版，第90页。

　　③ 冯友兰认为"孔子述而不作，实乃以述为作也。此种精神，此种倾向，传之于后来儒家，孟子、荀子及所谓七十子后学，大家努力于以述为作，放构成儒家思想之整个系统"（冯友兰：《中国哲学史》，华东师范大学出版社2010年版，第44页）。

　　④ 历史上就孔子成六经或删述六经自今文经学与古文经学就有不同观点，但历来并未否认孔子对六经传承、发展的贡献。近代钱玄同曾提出"六经与孔子无关说"，得到了顾颉刚、周予同、钱穆等不同程度的认可，也有持不同意见者如冯友兰、杨伯峻等。目前学界对此仍尚未定论，至近年亦有争论于此的相关学术论文，如任蜜林认为"孔子对'六经'进行创造性转化和创新性发展，从变化的历史事实中抉发'六经'恒常之道（义）"（《论孔子对"六经"的"两创"——从经史关系的角度》，《孔学堂》2022年第9期，第26页），吴天明认为"'孔子成六经说'不仅不符合礼制礼法，也不符合历史逻辑……孔子没有任何权利删除六经"（《"孔子成六经说"考辩》，《学术界》2022年第10期，第138页）。本文仅侧重以司马迁个人视角审视孔子删述六经。

司马迁对此持肯定态度，依《史记·孔子世家》载：

> 孔子之时，周室微而礼乐废，《诗》《书》缺。追迹三代之礼，序《书传》，上纪唐、虞之际，下至秦缪，编次其事……故《书传》《礼记》自孔氏。
>
> 古者《诗》三千余篇，及至孔子，去其重，取可施于礼义，上采契、后稷，中述殷、周之盛，至幽、厉之缺……三百五篇孔子皆弦歌之，以求合《韶》、《武》、《雅》、《颂》之音。礼乐自此可得而还，以备王道，成六艺。
>
> 孔子晚而喜《易》，序《彖》《系》《象》《说卦》《文言》。读《易》，韦编三绝。
>
> 乃因史记作《春秋》，上至隐公，下讫哀公十四年，十二公。据鲁，亲周，故殷，运之三代。约其文辞而指博。

由是观之，司马迁肯定了孔子对六经的整理编订。基于司马迁曾前往仲尼庙堂观礼、问学的亲身经历，以及他在著述中多处言及孔子与六经等相关事宜，应当说在司马迁心中孔子删述六经、传承圣人之学是不争的事实，其中以孔子编次《春秋》最为重要。司马迁称"夫《春秋》，上明三王之道，下辨人事之纪，别嫌疑，明是非，定犹豫，善善恶恶，贤贤贱不肖，存亡国，继绝世，补弊起废，王道之大者也。"（《史记·太史公自序》）可见《春秋》虽是基于历史事件而成的鲁国十二公编年史，但却具有阐明三王之圣，辨别人事之纲纪的价值评断，这自然是经孔子编次所赋予的学术生命力。孔子本人处于礼崩乐坏的春秋时期，便以《春秋》针砭时弊以图重立礼乐圣王之道，故司马迁曾在与壶遂的对话中引孔子之言"我欲载之空言，不如见之于行事之深切著明也"（《史记·太史公自序》），司马贞释"空言"即"褒贬是非也。"据此可知，司马迁认为孔子具有借《春秋》史事记载而阐述褒贬评价的主观动机，他编次《春秋》绝非机械的史料整理，而是内蕴王道的礼法阐述。① 司马迁特别强调了孔子对《春秋》的主观笔、削行为，如"孔子在位听讼，文辞有可与人共者，弗独有也。至于为《春秋》，笔则笔，削则削，子夏之徒不能赞一辞。弟子受《春秋》，孔子曰：'后世知丘者以《春秋》，而罪丘者亦以《春秋》。'"（《史记·孔子世家》）司马迁将孔子的笔削法则总结为"约其辞文，去其烦重，以制义法，王道备，人事浃"（《史记·十二诸侯年表》），"因史记作春秋，以当王法，其辞微而指博"（《史记·儒林列传》），明确表示孔子"削"历史记载中重复烦琐之内容，"笔"义法王道于历史事件，文辞虽简约但意旨却深远博大。故在司马迁笔下，《春秋》成为了反映孔子思想的重要载体，春秋笔法也成为一种特殊的学术表达形式。

孔子编次鲁国《春秋》具有"借史明理"的学术、政治意义，受其影响遂有《国语》《晏子春秋》《吕氏春秋》等经典问世。随着"述史言说"学术传统不断发

---

① 晋代杜预曾言"仲尼因鲁史策书成文，考其真伪而志其典礼，上以遵周公之遗制，下以明将来之法。其教之所存，文之所害，则刊而正之，以示劝诫，其余皆即用旧史。史有文质，辞有详略，不必改也。"（《春秋左传序》）

展，汉代知识分子更注重"借史明理"与探究微言大义，如《春秋》三传、董仲舒《春秋繁露》等问世，乃至经学的兴盛。在此学术背景下，司马迁也将毕生献于著述《史记》。《太史公自序》中司马迁其父司马谈临终前遗言道："幽厉之后，王道缺，礼乐衰，孔子修旧起废，论诗书，作春秋，则学者至今则之……余为太史而弗论载，废天下之史文，余甚惧焉，汝其念哉！"司马迁本人也明确表示秉承先人之言："小子不敏，请悉论先人所次旧闻，弗敢阙"，且进一步明确志向："先人有言：'自周公卒五百岁而有孔子。孔子卒后至于今五百岁，有能绍明世，正易传，继春秋，本诗书礼乐之际？'意在斯乎！意在斯乎！小子何敢让焉。"（《史记·太史公自序》）可见，司马迁与其父感慨于孔子面临"王道缺，礼乐衰"的社会环境，却依然能以作《春秋》传礼乐之学为使命。故司马迁最终能完成《史记》著述绝非单纯基于史官世家的职责要求，而是与孔子作《春秋》之精神保持了内在学术传承，传承了孔子立言著述的使命感、责任感。

　　基于孔子秉持"述而不作，信而好古"的谦逊态度与严谨学风，司马迁极为重视且引用了孔子述古所传的文献资料，如《五帝本纪》中讲"孔子所传《宰予问五帝德》及《帝系姓》，儒者或不传。余尝西至空桐，北过涿鹿，东渐于海，南浮江淮矣，至长老皆各往往称黄帝、尧、舜之处，风教固殊焉，总之不离古文者近是"，司马迁通过实地考究口述遗文，认为孔子所传古文近于史实，故将其作为重要的参考文献依据。再如《三代世表》称"孔子因史文次《春秋》，纪元年，正时日月，盖其详哉。至于序《尚书》则略，无年月；或颇有，然多阙，不可录。故疑则传疑，盖其慎也……余读谍记，黄帝以来皆有年数。稽其历谱牒终始五德之传，古文咸不同，乖异。夫子之弗论次其年月，岂虚哉！"司马迁出身史官世家具有接触大量历史典籍的客观条件，又曾二十壮游、扈从武帝，在多地有过问学实践，故司马迁从文献互证与实地考察两种路径审视孔子所传之文，以"盖其详哉""岂虚哉"之词高度肯定孔子述古的可信度。受孔子"疑则传疑，盖其慎"的学术态度影响司马迁在史事的记载中秉持"实录"原则①，《史记》由此被后世尊为二十四史之首。

　　相较于孔子"明述暗作"删述六经，以春秋笔法将"空言"见于"行事"的历史书写，司马迁之《史记》则具有创新性发展，直言其著述欲成"一家之言"。他自述"为太史公书。序略，以拾遗补艺，成一家之言，厥协六经异传，整齐百家杂语，藏之名山，副在京师，俟后世圣人君子。"（《史记·太史公自序》）首先，《太史公自序》便是能够体现司马迁"一家之言"的直观例证，该篇载有司马谈、司马迁父子对先秦诸子思想的评述、司马谈遗命司马迁时的对话、司马迁与壶遂的对话，自述著述缘由等，都直接反映出司马迁本人的思想观点。其次司马迁在各篇章常以"太史公曰"体例进行大量评述，通过对历史发展、社会人物的评价

---

　　① 班固赞其曰："然自刘向、扬雄博极群书，皆称迁有良史之材，服其善序事理，辨而不华，质而不俚，其文直，其事核，不虚美，不隐恶，故谓之实录"（《汉书·司马迁传》）。

来表达一家之言。除此之外，司马迁还会在行文中直接阐述观点，而不用"太史公曰"句式强调①，以及对历史材料的宏观筛选，对具体历史人物细微刻画等，皆为一家之言的多维度体现。历来学者就重视到司马迁一家之言的意义不仅限于史事记载，而是具有丰富的学术思想，顾炎武在《日知录》中谈"古人作史有不待论断而于序事之中即见其指者，惟太史公能之"②，梁启超认为司马迁著书最大目的，在于发表其"一家之言"，与荀卿著《荀子》，董仲舒著《春秋繁露》本质相同，只是借用史的形式发表③，这类观点在目前学界也有着一定共识。④ 从历史背景看，司马迁能述史明理成一家之言，也基于孔子以及后孔子时代子学兴盛的学术影响，他在《孔子世家》《老子韩非列传》《孟子荀卿列传》《儒林列传》等篇章撰写中都有独到评述，对先秦老子、孔子、孟子、荀子、韩非子先秦学者思想的学理批判是司马迁学术产出的基础，无疑会汲取先秦子学的丰富思想与著述形式。他还曾师从董仲舒、问学孔安国，这使得其"一家之言"并非自说自话，而是基于丰富的学术互动。令人感叹，孔子与司马迁虽间隔近五百载，孔子的"至圣"形象却处处呈现在司马迁的行文中，孔子思想也常出现于司马迁的引证、评述中，究其根源应是司马迁被孔子"述而不作""春秋笔法"的学术旨趣以及为人为学的精神志向所深深影响。孔子之《春秋》与司马迁之《史记》，二者其人其书不仅具有内在的学术传承，也以日月同辉的形象成为中国学术史上的永恒丰碑。

三、天人追问：罕言、慎传"天、道、命"与"余欲以究天人之际"

"天"作为中国传统哲学的研究对象源远流长，对"天"及天人关系问题的不断认知反映了早期华夏民族认知宇宙世界、人与自然关系的精神信仰与思维方

---

① 如《屈原贾生列传》中"夫天者，人之始也；父母者，人之本也。人穷则反本，故劳苦倦极，未尝不呼天也；疾痛惨怛，未尝不呼父母也，屈平正道直行，竭忠尽智以事其君，谗人间之，可谓穷矣。信而见疑，忠而被谤，能无怨乎？屈平之作离骚，盖自怨生也"是司马迁对前文"屈原作离骚"原因的论述，再如《外戚世家》中开篇讲"夫妇之际，人道之大伦也。……能成子姓矣，或不能要其终：岂非命也哉？孔子罕称命，盖难言之也。非通幽明之变，恶能识乎性命哉？"之后才有"太史公曰"之表述，此种表示可视为司马迁思想的间接引证。

② 《顾炎武全集》，上海古籍出版社 2011 年版，第 997 页。

③ 梁启超：《要籍解题及其读法》，岳麓书社 2010 年版，第 21 页。

④ 如周桂钿提出"司马迁著书不是简单罗列事实，而是有深意的。司马迁是借历史人物与事件来表达自己的一家之言、哲学思想，并没有正面阐述，但都在传记中"（周桂钿：《秦汉思想研究》，福建教育出版社 2015 年版，第 217 页）。韩兆琦认为"司马迁的一家之言是一个思想家关于治国平天下的思想理论，通过历史载体进而展现他的治国平天下学说，读《史记》就是读司马迁"（韩兆琦：《〈史记〉解读》，中国人民大学出版社 2008 年版，第 3 页）。张新科认为"每一时代的哲学和史学都有共同的经济基础，《史记》本身就是一部哲学意义上的史书，司马迁的《史记》继承了先秦以来的哲学思想，回应了哲学家的问题"（张新科：《史记学概论》，商务印书馆 2003 年版，第 223 页）。

式，如夏商时期"天"呈现出人格"神"的主宰性与宗教色彩的政治权威，商周之际"天"已显现"德性"内涵。① 至春秋时郑国子产提出"天道远，人道迩，非所及也，何以知之？灶焉知天道？"之问，体现出彼时人们逐渐从"天"中解构出"人"，推动了"天人关系"认知的理性转向。

孔子秉持"述而不作，信而好古"的学术旨趣，以"天命"思想传承了早期先民对天人关系的追问与思考。司马迁受"世主天官"家学及先秦子学影响则更加重视天人之学，他自言"余欲以究天人之际，通古今之变，成一家之言"（《汉书·司马迁传》），对天人关系的追问始终贯穿于中国传统哲学的发展脉络，亦是此二者思想之重点所在，孔子"天命"思想与司马迁"究天人之际"始终保持着内在传承。

在司马迁笔下，孔子之"天"分别涵盖了主宰之天、意志之天、精神之天等不同内涵，如下：

> 子畏于匡。曰："文王既没，文不在兹乎？天之将丧斯文也，后死者不得与于斯文也；天之未丧斯文也，匡人其如予何？"（《论语·子罕》）
>
> 子见南子，子路不说。夫子矢之曰："予所否者，天厌之！天厌之！"（《论语·雍也》）
>
> 子曰："天生德于予，桓魋其如予何？"（《论语·述而》）
>
> 颜渊死。子曰："噫！天丧予！天丧予！"（《论语·乡党》）
>
> 子曰："不怨天，不尤人。下学而上达。知我者其天乎！"（《论语·宪问》）

以上内容皆被引入《孔子世家》中，足见司马迁将孔子之"天"视为其思想的重要内容。孔子对"天"并未被赋予一种明确的定义，在不同语境下有多重解读，其本质是孔子基于生命体悟、学术长成的变化而不断赋予"天"新的内涵，基于对"天"的多重认知才发出了"五十而知天命"（《论语·为政》）的感慨。由此孔子便提出君子应将"知天命"视作修身最高境界，他讲"君子有三畏：畏天命，畏大人，畏圣人之言。小人不知天命而不畏也，狎大人，侮圣人之言"（《论语·尧曰》），在孔子看来"天命"对于人具有客观性、必然性、约束性的特点，君子对天命不仅有"畏"亦要能"知"，"畏"是前提"知"是目的，以便更好在复杂的人生境遇中寻求获得个人或社会价值。据此，孔子之"天命"已经作为哲学意义的形上统摄与人之生命相关联，服务于他的人生哲学与伦理观。

---

① 夏商时期，"天"作为具有人格的万物的主宰，最初与血统观念相关。人们尊上帝、崇祖先，将"天"视为"上帝"。如《诗经·商颂·玄鸟》载"天命玄鸟，降而生商"，《尚书·夏书·甘誓》载"天用剿绝其命，今予惟恭行天之罚"，《尧典》载"帝曰：咨！汝二十有二人，钦哉，惟时亮天功"，《盘庚》载"先王有服，恪谨天命。"商周之际，纳"德"于宗教信仰系统之中，作为天人沟通的根据，天神与统治者便靠着"德"被统一起来，为周人从殷商拿过统治权取得了依据，使"天命"逐渐摆脱宗教神的身份，如《尚书·召诰》载"惟不敬厥德，乃早坠厥命"，《多方》载"诰告尔多方，非天庸释有夏，非天庸释有殷。乃惟尔辟以尔多方，大淫图天之命，屑有辞……天惟降时丧。"

　　然而相较于在为学、修身、为政等方面的丰富阐述，孔子对"天"及相关形上范畴的讨论却仍有所保留，往往表现出一种敬而远之的模糊态度。如下：

　　　　子不语怪、力、乱、神。（《论语·述而》）
　　　　子罕言利与命与仁。（《论语·子罕》）
　　　　子贡曰："夫子之文章，可得闻也。夫子言天道与性命，不可得闻也。"（《论语·公冶长》）

　　此三句亦被引入《孔子世家》中，足见司马迁对孔子关于"天、道、命"学术思辨的复杂态度进行了客观呈现。关于"子罕言利与命与仁"①，何晏对此注解为"罕者，希也…命者，天之命也…寡能及之，故希言之"，他将"利""命""仁"同列，认为孔子对此三者皆罕言之，程颐亦持此观点。② 司马迁对此有独到评述："孔子罕称命，盖难言之也。非通幽明之变，恶能识乎性命哉？"（《史记·外戚世家》）显而易见司马迁是认可孔子罕言"命"的，这可视为对"子罕言利与命与仁"的侧面注解，"罕言"是因为难以言之。《史记·天官书》亦载"是以孔子论六经，纪异而说不书。至天道命，不传；传其人，不待告；告非其人，虽言不著。"显然司马迁认为，孔子将天变异象仅作记载，对天象应验等说法不予回应，至于"天、道、命"之事，孔子应是尊崇认可但需因人而教，但传授方法注重意会心悟而非言说教化。③ 综合而论，孔子在司马迁笔下呈现出一种学术形象，即保持对商周以来"天"的敬畏之心，以生命体验去谨慎追问天人之道，罕言、慎传"天、道、命"等形上思想，以"知天命"来引导君子在修身实践中的积极作为。

　　司马迁传承了孔子的"天命"思想，他肯定"畏天命""知天命"的辩证态度，同时削弱"不可得而闻"的神秘色彩，更侧重以史事直言评述人与"天命"的关系。首先，司马迁明确肯定"天"作为一种具有统摄性的形上存在，对人的生命存在不同程度的约束，这体现在对众多历史人物命运经历的记载与评论中④：其一，"天"具有个人生命不可抗力的内涵（《留候世家》《李将军列传》证）；其二，"天"对人生命的统摄一定程度表现为因果报应（《白起王翦列传》《蒙恬列传》证）；其三，"天"对历史重要人物具有"受命而王"的统摄效力，以便于解释政权更替的合法性。如《秦楚之际月表》有言："五年之间，号令三嬗，自生民

---

　　① 历来大多将此句连读，即"与"字为连词。但金人王若虚在《误谬杂辨》、清人史绳祖在《学斋佔毕》中都提出这句话应断句为"子罕言利。与命，与仁"，"与"字为赞许之意。这一观点近些年仍有争议，赞同者如杨希枚（《〈论语·子罕〉章句辨》，《孔子研究》1987 年第 4 期），杨树达、杨伯峻等则持反对意见。本文认为即便孔子"与"（赞许）命仍不妨碍得出孔子之"天道性命"难以为常人所知的观点，与"罕言"命并不冲突。
　　② 朱熹：《四书章句集注》，中华书局 2011 年版，第 104 页。
　　③ 晁福林认为"孔子对形而上之问题的言谈高深微妙，旁人难以知晓"（见晁福林：《天命与彝伦：先秦社会思想探研》，北京师范大学出版社 2012 年版，第 112 页）。
　　④ 具体论述参见 魏三原：《司马迁天人思想的五重向度》，《渭南师范学院学报》2022 年第 6 期。

以来，未始有受命若斯之亟也！……乡秦之禁，适足以资贤者为驱除难耳，故奋发其所为天下雄，安在无土不王？此乃传之所谓大圣乎？岂非天哉？岂非天哉？非大圣孰能当此受命而帝者乎？"司马迁认为一统天下之业何其艰辛，从秦奋发百年完成一统至刘邦布衣之身统一天下，所谓"受命而帝者乎"正是受"天"之命的表达，这里既为刘邦获"天命"立言，也是对大一统的肯定，故发出"岂非天哉"的感慨。

其次，司马迁并未片面尊崇"天命"统摄效力，同样十分肯定人主动作为的积极意义与精神价值。金春峰提出司马迁所谓"天"有另外两种含义，即支配历史人物个人命运的盲目必然性和历史自身发展的客观趋势，对后一种司马迁探索了"天"的客观趋势与人的主观能动性之间的关系。[①] 故尽管历史发展具有客观趋势，但是否准确把握且顺应这种趋势则属于人的主观能动范围。如司马迁笔下，刘邦与项羽在生命尽头之时分别以"天"来感慨自身命运："吾以布衣提三尺剑取天下，此非天命乎？命乃在天，虽扁鹊何益！"（《史记·高祖本纪》），"天之亡我，我何渡为！且籍与江东子弟八千人渡江而西，今无一人还，纵江东父兄怜而王我，我何面目见之？"（《史记·项羽本纪》）二者生命体验表面看似乎皆为"天"之左右，实则乃是作为不同所致，对历史发展的客观趋势认知不同。司马迁对此基于宏观的历史叙事给出客观分析：高祖刘邦知人善用（如拜韩信为大将军）且能以施仁政赢民心（如占领咸阳可约法三章），反观项羽时有自负（如不听范增之言错失鸿门良机）且时常攻伐暴虐（如屠毁咸阳焚烧宫室）。据此，司马迁直接批评项羽"身死东城，尚不觉寤而不自责，过矣。乃引'天亡我，非用兵之罪也'，岂不谬哉！"（《史记·项羽本纪》）无人不受"天"之统摄，如项羽出身楚国贵族，起兵反秦而至西楚霸王可谓"天"之眷顾，然败于布衣出身的刘邦则不能尽归于"天"，故司马迁以"尚不觉寤而不自责"来批评项羽在人的主动作为方面的消极性。

再次，司马迁对"天命"作了深层的哲理反思，他关注到"天命"统摄下人积极作为的局限性。其一，司马迁借历史进程中外戚的重要影响，言明人之主动作为的结果在一定程度上具有未知性与偶然性。如《外戚世家》："人能弘道，无如命何。甚哉，妃匹之爱，君不能得之于臣，父不能得之于子，况卑下乎！既欢合矣，或不能成子姓；能成子姓矣，或不能要其终，岂非命也哉？"孔子曾讲"人能弘道，非道弘人"（《论语·卫灵公》），强调人可依循于"道"的主观能动性，而司马迁此处却讲"人能弘道，无如命何"，以"妃匹之爱"为例指出夫妇结合何其重要，但往往结局迥异不同。"既合欢矣"是人之作为，然能否育有后人却受"命"之决定，此"命"即为"天命"，凸显了人的主观作为与实际期望结果的不一致性。其二，司马迁着重反思了人之作为是否影响德福合一的问题。在《论语·伯夷列传》中司马迁详细记载了伯夷、叔齐互相退让王位，以及反对武王灭

---

① 金春峰：《汉代思想史》，中国社会科学出版社 2018 年版，第 229 页。

商、二人节食而亡之事。孔子曾对伯夷、叔齐有过评价："伯夷、叔齐，不念旧恶，怨是用希"（《论语·公冶长》），"求仁得仁，又何怨乎？"（《论语·述而》）这两句被司马迁引在《伯夷列传》中，显然孔子是借二者行为宣扬求仁得仁的精神品质，这自然是属于人在复杂境遇中的主动性作为。对于德福关系孔子并未有具体论述，只讲了"死生有命，富贵在天"（《论语·颜渊》）①"富而可求也，虽执鞭之士，吾亦为之。如不可求，从吾所好"（《论语·述而》），他将生死、富贵等境遇结果诉诸于"天""命"，回避了"求仁"之积极行为与境遇结果之间的逻辑关系，其目的是要求人不以个人福祸境遇去质疑德性追求，应当将道德价值本体作为生命目标。司马迁则将德福问题置于天人关系中，强调"天"是统摄人之生死命运的形上存在，言明人求仁、不怨等积极作为与命运福报并无直接联系的必然性，司马迁叹道：

> "或曰：'天道无亲，常与善人。'若伯夷、叔齐，可谓善人者非邪？积仁洁行，如此而饿死。…天之报施善人，其何如哉？盗跖日杀不辜，肝人之肉，暴戾恣睢，聚党数千人，横行天下，竟以寿终，是遵何德哉？……或择地而蹈之，时然后出言，行不由径，非公正不发愤，而遇祸灾者，不可胜数也。余甚惑焉，倘所谓天道，是邪非邪？"（《史记·伯夷列传》）

司马迁此处所引之"善人"乃是"遵德"之人，即孔子所说"求仁""不怨"之人，这也是他使用"或曰"而非"老子曰"的原因所在②，目的是为其后文论述引出逻辑前提。伯夷、叔齐、颜渊、盗跖等人现实境遇并不因遵守德行而决定，直接证实了"天"并不会回报善人，"常与善人"的天道并不存在，司马迁以大量事例为证将人的德性追求与福报境遇作了逻辑论断。从结论来看司马迁与孔子应是殊途同归，即"天"不依人的德性作为决定德福一致，李长春就认为司马迁对于多数人德福观的否定恰恰就是对于孔子德福观的肯定③，区别在于孔子更强调人应坚定行善、弘道的德性追求，司马迁则削弱了"天"具有德性主宰的道德内涵，多了一层"人能弘道，无如命何"的无奈感慨。

司马迁的天人追问并不仅以"天命"关注人的生命体验，他进一步将"究天人之际"的哲学反思与"通古今之变"的历史认知相结合，提出了"天统""天运"等概念丰富了对天人关系的认知，总结历史客观发展的变易模式与恒常规律。孔子也曾关注到历史通变，如他谈到"殷因于夏礼，所损益，可知也；周因于殷礼，所损益，可知也；其或继周者，虽百世可知也"（《论语·为政》），"周监

---

① 《论语·颜渊》原文载：子夏曰："商闻之矣：死生有命，富贵在天。"一般认为子夏此言闻之于孔子，朱熹有此解。

② 老子也曾讲"天道无亲，常与善人"（《道德经·第七十九章》），然老子之善人应是"善于依道而为之人"，是懂得"天地不仁，以万物为刍狗，圣人不仁，以百姓为刍狗"（《第五章》）"道"论之人，故"或曰"之善人非老子之"善人"。

③ 李长春：《德性、天命与历史书写——司马迁〈伯夷列传〉释义》，《海南大学学报》2019 年第 2 期。

于二代，郁郁乎文哉！吾从周"（《论语·八佾》），此处已见孔子基于夏商周三代发展而思考后世所依循的发展规律，却还未有明确的理论表达。不过司马迁却明确表示自己"罔罗天下放失旧闻，王迹所兴，原始察终，见盛观衰，论考之行事，略推三代，录秦汉，上记轩辕，下至于兹……礼乐损益，律历改易，兵权山川鬼神，天人之际，承敝通变"（《史记·太史公自序》），可见"罔罗天下放失旧闻"而形成的十二本纪书写体例体现出宏达的历史叙事，"原始察终，见盛观衰"正是以总结历史发展进程规律为目的，以"天人之际，承敝通变"来进行历史经验总结。

　　司马迁以"天统"来总结历史发展的变易模式。《高祖本纪》中讲："夏之政忠。忠之敝，小人以野，故殷人承之以敬。敬之敝，小人以鬼，故周人承之以文。文之敝，小人以僿，故救僿莫若以忠。三王之道若循环，终而复始。周秦之间，可谓文敝矣。秦政不改，反酷刑法，岂不缪乎？故汉兴，承敝易变，使人不倦，得天统矣。汉兴，承弊易变，使人不倦，得天统矣。"《说文解字》释"统，纪也"，则"统"有纲纪之意。所谓"天统"，便是将纲纪之"统"诉诸于"天"的形上权威性，强调历史发展变化的恒常规律。"天统"是相对于人事政治的概念存在，即终而复始的三王循环之道。那么三王之道如何循环？他在《平准书》中给出深层解释："故《书》道唐虞之际，《诗》述殷周之世，安宁则长庠序，先本绌末，以礼义防于利；事变多故而亦反是。是以物盛则衰，时极而转，一质一文，终始之变也。"据此可推断"三王之道"再至后世并非"忠、敬、文"固定模式循环之变，也并非代表具体时代风气的"文质"二元循环之变，"三王之道若循环"是指三王面对社会发展变化能够准确把握现存社会矛盾，适时提出相应的政治举措治理天下。夏、殷、周的兴起在于实施合理的管理政策，秦面临"文敝"的社会矛盾现实选择"刑法"之政便是南辕北辙了，而汉兴运用了合理休养生息政策，这便是顺应天统。故"天统"所蕴含的变易模式乃是"物盛则衰，时极而转"，以"文、质"作为泛指来形容历史发展进程中不断变化的时代特征，人"得天统"即要求为政之道要依据时代不同而因循变化，以达到"使人不倦"。

　　司马迁在用"天统"来总结历史发展变化模式的基础上，以"天运"来总结历史发展的本质规律。他通过考察历代天象之变提出："夫天运，三十岁一小变，百年中变，五百载大变；三大变一纪，三纪而大备：此其大数也。为国者必贵三五。上下各千岁，然后天人之际续备。"（《史记·天官书》）司马迁通过对秦一统六国，项羽巨鹿之战、刘邦与匈奴战时发生的异象详加记载证实，并肯定了先有天象而后有人事应验，将形而上的"天"与国家发展的历史进程结合起来，认为"天运"即为"国运"，故"天运"不是司马迁纯粹形而上的主观创造，反而是基于客观严谨的历史叙事。紧接着司马迁基于"天象—人事"应验指出"天运"内涵着民心向背的历史规律，他提出"日变修德，月变省刑，星变结和。凡天变，过度乃占……日月晕适，云风，此天之客气，其发见亦有大运。然其与政事俯仰，最近天人之符。此五者，天之感动。为天数者，必通三五。终始古今，深观时变，察其精粗，则天官备矣。"(《史记·天官书》)司马迁多次强调当政者是关注"天人"关系的主体，他根据天象变化提出为政者应注重修德性、减刑罚，如此才能国强民富，天象而到政事的应验互动实质是要求统治阶级重视平民利益的机制，结合上文秦始皇、项羽、刘邦等例，他们在特定时期的作为是符合历史进程方向与普通民众利益需求的。司马迁在"终始古今、深观时变"的历史变化中捕捉到了具有必然性的"三五之变"，"贵三五""通三五"要求为政者需谨慎应对历史发展的重要节点，并以"修德、省刑"等惠民政策回应天变、把握"天运"，这与同时代董仲舒的"天人感应"限制君权相比，在思想上更加犀利直白，在逻辑上更具说服力。故"天运"外在表现形式为"三十年小变""百年中变""五百载大变"的历史兴衰，内在本质规律则是能否满足民心向背的人事作为。

如果说孔子仅在只言片语中以"天命"笼统关注人的生命体验，那么在经过先秦诸子对天人问题更加丰富的阐释后，司马迁"究天人之际"则旗帜鲜明地进行了多维度的理论建构，具有深刻、思辨的哲学内涵。尽管基于时代背景司马迁仍尊崇"天"的至上权威，但他的"天"往往是置于具体的历史人物、历史事变之中，故司马迁之"天"不仅具有对"天命"统摄的批判反思，还辐射到对历史发展进程的剖析，对"天"的探讨是外在表现形式，其本质目的是更好服务于"人"，相比于孔子更显系统化、理论化。

四、为学治世："追修经术，已达王道"与 "述往事，思来者"

对孔子与司马迁而言，无论是历史书写还是天人追问，其本质是要从漫长的历史发展与思想传承中去"执古御今"，二者人生使命与学术精神皆是通过为学以治世——为乱世立法、为治世献策。孔子自言"苟有用我者。期月而已可也，三年有成"(《论语·子路》)，尽管这带有一丝英雄无用武之地的无奈，但也显现出他始终心系天下的胸怀。司马迁认为"周室既衰，诸侯恣行。仲尼悼礼废乐崩，追修经术，以达王道，匡乱世反之于正，见其文辞，为天下制仪法，垂六艺之统纪于后世。作孔子世家第十七"(《史记·太史公自序》)，可见孔子为学与治世本具统一性，他身处春秋伐交之际，以推动社会关系和谐统一为问题导向，重视探讨人在具体社会关系中可应用的准则，故传学、载道于"六艺"，并以生命体验去践行其丰富的伦理、政治思想，一以贯之以复礼乐之教、以达王道之治。

司马迁自言其著述"述往事、思来者"，"一家之言"亦为治世之言。原因有三：其一，司马迁恰逢汉王朝大一统走向成熟之际，他对其间与民生息息相关的政治、经济、战争、文化等史事进行了大量的记载、批判与评述，如《平准书》《河渠书》《货殖列传》等。其二，武帝时期恰逢儒家经学逐渐代替"黄老之学"成为学术主流的转变之际，司马迁思想来源丰富，具有家学传承且曾问学于董仲舒、孔安国，并对先秦诸子思想进行了综合的批判继承，如《礼书》《乐书》《老子韩非列传》《仲尼弟子列传》《孟子荀卿列传》《儒林列传》等，具有个人独立的思想体系。其三，司马迁本人具有丰富的耕学、游学、政学经历①，扩充了对社会各阶层的认知视野，使其对民生百态等社会现实问题具有洞察力与反思性，且司马迁常年伴随武帝左右、扈从巡游②，丰富的社会阅历使其伦理、政治思想具有现实性与批判性，如《封禅书》《循吏列传》《酷吏列传》《游侠列传》等。故孔子与司马迁皆处于社会发展与学术思潮巨大变革之际，司马迁“一家之言”侧重将历史发展的宏观认知与具体事件人物的微观剖析相结合，在具体史实的基础上寻求宇宙变化、人如何安身立命以及社会关系和谐的变易恒常之道，由此涉及到天人观、人性论、伦理学、政治经济思想等。

为学治世的学术旨趣贯穿于自孔子至司马迁数百年间的学术发展，现从三方面简要分析司马迁对孔子思想的继承与发展。

其一，人性有欲。人性论是中国哲学早期就形成的核心命题，它大致涵盖两个方面：一为人与生俱来具有普遍性的本质，即对某种物质存在或精神慰藉的需求，如告子称“性无善无不善”“食、色，性也”（《孟子·告子》）；一为人的本性是否具备道德属性，即是否具备善因或恶因以及二者关系讨论。③ 孔子关于人性曾有“性相近，习相远也”（《论语·阳货》）的著名论断，提出了与“习”相对的“性”，“性”的后天表现差异来自于“习”的影响。由于受孟、荀影响后世对于人性论争以善、恶之主，以此视角似乎孔子在人性论方面未有系统的、逻辑性的论述，其实孔子是有意回避人性具有道德判断的分歧，因为无论如何定义人性皆包涵于“性相近”的普遍性之中，反而在“性相近”基础上言明“富与贵是人之所欲也，不以其道得之，不处也；贫与贱是人之所恶也，不以其道得之，不去也”（《论语·里仁》），故在孔子看来，对富贵的欲望与贫贱的排斥是人性的一条基本性质。

尽管孔子关于人性欲望的论述再未多言，但司马迁之人性论却对孔子进行了有力呼应，他完全弃用、避谈先秦学术影响更广的“善、恶”视角，而是深入剖析人性中追求富、贵的欲望本质。其一，司马迁直言不讳“富者，人之情性，所不学而俱欲者也”（《史记·货殖列传》），他大量举例论证对富贵欲望的追求是人

---

① 《太史公书》载：“迁生龙门，耕牧河山之阳。年十岁则诵古文。二十而南游江、淮，上会稽，探禹穴，窥九疑，浮于沅、湘；北涉汶、泗，讲业齐、鲁之都，观孔子之遗风，乡射邹、峄；厄困鄱、薛、彭城，过梁、楚以归。于是迁仕为郎中，奉使西征巴、蜀以南，南略邛、笮、昆明，还报命。”

② 张大可先生认为司马迁从元狩五年仕为郎中起，到征和四年汉武帝最后一次封禅泰山止，除去因西征巴蜀与下狱受腐刑未能从巡，前后扈从武帝达三十六年（见张大可：《司马迁评传》，南京大学出版社 1994 年版，第 56 页）。

③ 孟子构建了“心—性—天”的逻辑论证，如“尽其心者知其性，知其性则知天”（《孟子·尽心上》），提出“恻隐之心，羞恶之心，恭敬之心，是非之心，人皆有之”（《公孙丑上》），人性来源于“天”本具有“善”的道德属性，以此服务其“仁政”思想。荀子认为“人之性恶，其善者伪也”（《荀子·性恶》），“性者、本始材朴也；伪者、文理隆盛也”（《礼论》），强调人性中的“恶”“朴”，以此强调礼仪教化、隆礼重法的合理性。

性具有普遍性的本质。① 其二，司马迁面对"逐富求利"的人性，进一步从阶级、群体等社会视角进行伦理批判。他认为"礼生于有而废于无。故君子富，好行其德；小人富，以适其力……人富而仁义附焉"（《史记·货殖列传》），显然司马迁认为物质欲望的合理满足是伦理约束、礼法施行的前提，但强调伦理、礼法的适用性还受限于物质财富的多寡②，这亦可成为从反面解释人性"逐富求利"这一社会现象的合理性。司马迁甚至以孔子为例："夫使孔子名布扬于天下者，子贡先后之也。此所谓得执而益彰者乎？"（《史记·货殖列传》），以此凸显财富在现实社会中的巨大作用。其三，司马迁给为政者提出了应对"逐富求利"人性的具体治理方针，他认为"俗之渐民久矣，虽户说以眇论。终不能化。故善者因之，其次利导之，其次教诲之，其次整齐之，最下者与之争"（《史记·货殖列传》），这里的"之"无疑代指为"逐富求利"的人性，司马迁明确表示人性"终不能化"，需要国家力量来恰当引导人性，合理调控财富，保障民众利益。相比于孔子面对"人性有欲"提出要"以道得之"，强调人应遵循相关伦理准则③，突出人的精神及道德价值追求不应被物质利益所蒙蔽的主观性，司马迁对于"人性有欲"的分析则更具社会性、历史性、宏观性。

其二，尊崇孝、仁。孝与仁作为孔子的核心思想，是君子修身齐家的必要条件。孔子分别以"爱人""克己复礼""忠恕"等伦理准则去阐释，使君子以"仁"为目标在多重社会关系中进行道德实践，且强调"为仁由己"实现自律与他律的统一。在以血缘纽带为基础的社会关系中，孔子认为"孝"乃"仁"之本④，只有通过"孝"先处理好家庭、宗族等亲属关系，才能"推己及人"逐渐扩展为"仁爱"。

---

① 司马迁对社会不同阶层、职业等大量群体分析总结："由此观之，贤人深谋于廊庙，论议朝廷，守信死节隐居岩穴之士设为名高者安归乎？归于富厚也。……故壮士在军，攻城先登，陷阵却敌，斩将搴旗，前蒙矢石，不避汤火之难者，为重赏使也。其在闾巷少年，攻剽椎埋，劫人作奸，掘冢铸币，任侠并兼，借交报仇，篡逐幽隐，不避法禁，走死地如骛者，其实皆为财用耳。……弋射渔猎，犯晨夜，冒霜雪，驰坑谷，不避猛兽之害，为得味也。……吏士舞文弄法，刻章伪书，不避刀锯之诛者，没于赂遗也。农工商贾畜长，固求富益货也。此有知尽能索耳，终不余力而让财矣。"（《史记·货殖列传》）

② 司马迁多次感慨"谚曰：'千金之子，不死于市。'此非空言也""夫保佣人牧长，清穷乡寡妇，礼抗万乘，名显天下，岂非以富邪？"（《史记·货殖列传》），足证财富多寡可以影响礼法的约束性。他本人也曾因李陵事件而落入牢狱，自言"因为诬上，卒从吏议。家贫，货赂不足以自赎"（《汉书·司马迁传》），因资产不足未能赎罪而至终身受辱。

③ 《论语·述而》载"富而可求也，虽执鞭之士，吾亦为之。如不可求，从吾所好""饭蔬食饮水，曲肱而枕之，乐亦在其中矣。不义而富且贵，于我如浮云"。显然，孔子赞同追求与人能力、地位相符之财富，但提示人不可被这种欲望所束缚。

④ 《论语·学而》载"其为人也孝弟，而好犯上者，鲜矣；不好犯上，而好作乱者，未之有也。君子务本，本立而道生。孝弟也者，其为仁之本与！"这段话本出自孔子弟子有子之口，但也基本上反映了孔子思想。孔子本人也讲"弟子入则孝，出则弟，谨而信，泛爱众，而亲仁。行有余力，则以学文。"可见，孔子认为"孝"是一切道德行为的核心与根本。

　　司马迁全面继承了孔子的孝、仁思想，一方面表现司马迁本人对其父亲遗命的遵从。司马谈临终之际曾嘱托"余先周室之太史也…汝复为太史，则续吾祖矣…余死，汝必为太史；为太史，无忘吾所欲论著矣。且夫孝始于事亲，中于事君，终于立身。扬名于后世，以显父母，此孝之大者"（《史记·太史公自序》），司马谈提出："孝"统摄家事、公事乃至修身立言，是人毕生应一以贯之的伦理准则。司马迁自言"弗敢阙"表示绝不违背父命，毕生践行"孝"道以完成对父命的承诺，这正是孔子所言"三年无改于父之道，可谓孝矣"（《论语·学而》）。另一方面，司马迁多次将孔子孝、仁思想贯穿于著述中。如《循吏列传》中以石奢不惩其父杀人之事为例进行形象刻画："石奢者，楚昭王相也。坚直廉正，无所阿避。行县，道有杀人者，相追之，乃其父也。纵其父而还自系焉。使人言之王曰：'杀人者，臣之父也。夫以父立政，不孝也；废法纵罪，非忠也；臣罪当死。'"将石奢置于《循吏列传》之中显现出司马迁对石奢本人的正面评价，也反映了司马迁对孝亲与尊法的辩证认知，这与孔子所认可的"父子相隐"① 是殊途同归。再如《孝文本纪》载"太史公曰：'孔子言必世然后仁。善人之治国百年，亦可以胜残去杀'。诚哉是言！汉兴，至孝文四十有余载，德至盛也。……岂不仁哉！"《汉兴以来诸侯王年表》载"臣迁谨记高祖以来至太初诸侯，谱其下益损之时，令后世得览。形势虽强，要之以仁义为本。"司马迁将孔子的孝、仁思想进一步具象化，"孝"凸显出"不违父志""亲亲相隐"的伦理价值对个人行为进行约束，并强调"仁"的政治内涵以要求为政者爱民亲民，这既是司马迁对先秦诸子整体学术批判后的价值认同，更体现出他对于孔子思想的重视与尊崇。

　　其三，礼治、法治、人治。孔子面对"春秋无义战"的社会环境，强调"礼"治是恢复"天下有道"的关键，通过"礼"与"仁"体用不二来构建和谐社会关系，孔子讲"人而不仁，如礼何？人而不仁，如乐何？"（《论语·八佾》）"孝""仁"作为道德价值的自我意识，"礼"则是基于"孝""仁"所形成的的维系社会秩序的客观规范。在孔子看来，礼治关于社会关系的核心要求就是以"正名"来明确等级划分，他认为"亲亲之杀，尊贤之等，礼所以生也。礼者，政之本也"②，并明确表示自己为政的第一要务便是"必也正名"（《论语·子路》），所谓正名就是孔子强调的"君君，臣臣，父父，子子"（《论语·颜渊》），如此才能名正、言顺、事成、礼乐兴、刑罚中，可见孔子之礼治注重以"孝""仁"为内在精神与以"正名"为外在形式的统一。司马迁完全肯定、赞扬并传承了孔子的礼治观，将《礼书》列为"八书"之首是一明显例证，他在讨论孔子之《春秋》时更评述道"夫不通礼义之旨，至于君不君，臣不臣，父不父，子不子。夫君不君则犯，臣不臣则诛，父不父则无道，子不子则不孝。此四行者，天下之大过也。……

---

　　① 《论语·子路》载："叶公语孔子曰：'吾党有直躬者，其父攘羊，而子证之。'孔子曰：'吾党之直者异于是。父为子隐，子为父隐，直在其中矣。'"孔子赞许"父子相隐"之"直"。
　　② 杨朝明，宋立林主编：《孔子家语通解》，齐鲁书社 2013 年版，第 208 页。

故春秋者，礼义之大宗也。夫礼禁未然之前，法施已然之后；法之所为用者易见，而礼之所为禁者难知。"（《史记·太史公自序》）此处司马迁完全是阐释孔子"君、臣、父、子"的正名思想，将不通礼义、不尊名分之举视为天下大过，但司马迁还充分意识到礼与法对维系社会关系皆具有重要性，以及指出二者的互补关系：礼与法俱为维持社会群体关系和谐之制度，礼侧重整饬社会秩序、确立名分等级、调节财富分配、引导精神价值，因其内涵对人思想的引领与教化，故常作用于"未然"且不易察觉；法则表现为法令、规章、条例等，并以具有强制性、约束性的惩治手段为保障，故只能施行"已然"之后且具象易察。与孔子多强调礼治相比，司马迁进一步肯定了与礼相互补的"法"的社会功效性。

孔子与司马迁关于礼、法之治的观点都不可避免涉及到对"人治"的认知，缘由在于礼、法的制订、修正、施行均需人的参与。孔子基于"仁—礼—德"的路径将"为政以德"治作礼治施行的保障，他提出"为政以德，譬如北辰，居其所而众星共之""道之以政，齐之以刑，民免而无耻；道之以德，齐之以礼，有耻且格"（《论语·学而》），"君子怀德，小人怀土；君子怀刑，小人怀惠"（《论语·里仁》），"其身正，不令而行；其不正，虽令不从"（《论语·子路》），"仁、德"在孔子看来适用于君子的修行，对于为政者来说则意味着"仁政""德治"，即为政者自身具备"仁、德"的修养，如此可通过以身作则、上行下效形成最优治理，这是以政令、刑罚所不能比拟的。

反观司马迁，由于他对于礼、法之治的辩证认知，故对于"人治"有两层分析：一方面，与孔子一样肯定为政者进行德治的主观功效。司马迁多次以孝文帝为例论述"为政以德"的社会盛世，如《孝文本纪》载文帝之言"朕闻之，天生蒸民，为之置君以养治之。人主不德，布政不均，则天示之以灾，以诫不治"，《孝景本纪》载"汉兴以来，孝文施大德，天下怀安"，《律书》载"太史公曰：文帝时，会天下新去汤火，人民乐业，因其欲然，能不扰乱，故百姓遂安。自年六七十翁亦未尝至市井，游敖嬉戏如小儿状。孔子所称有德君子者邪！"，据此可知，司马迁十分认可人治（"为政以德"）的主观可行性以及其对民生发展带来的积极意义。但另一方面，司马迁看到礼、法依附于人治的局限性，如下：

> 孔子曰："导之以政，齐之以刑，民免而无耻。导之以德，齐之以礼，有耻且格。"老氏称："上德不德，是以有德；下德不失德，是以无德。法令滋章，盗贼多有。"太史公曰：信哉是言也！法令者治之具，而非制治清浊之源也。昔天下之网尝密矣，然奸伪萌起，其极也，上下相遁，至于不振。当是之时，吏治若救火扬沸，非武健严酷，恶能胜其任而愉快乎！言道德者，溺其职矣。故曰"听讼，吾犹人也，必也使无讼乎！""下士闻道大笑之"，非虚言也。汉兴，破觚而为圜，斲雕而为朴，网漏于吞舟之鱼，而吏治烝烝，不至于奸，黎民艾安。由是观之，在彼不在此。（《史记·酷吏列传》）

此处司马迁引孔子、老子之言，盛赞德治、礼教对于长治久安的重要性与优先级，批判"法令滋章"的治理模式，但其内在逻辑其实是对人治失常的双重批判，其一为依附于人的"德治"存在不稳定性、时效滞后性，其二是"法治"依附于人存在极端性、过度性。"法令者治之具"表明法治存在的必要性，"非制治清浊之源"表明法治的应用不可过度或极端，"法治"的应用受限于自上而下为政者与各级官吏的人治。司马迁在《循吏列传》有补充论述："太史公曰：法令所以导民也，刑罚所以禁奸也。文武不备，良民惧然身修者，官未曾乱也。奉职循理，亦可以为治，何必哉？"这明确表示法令可引导民众和谐相处、刑罚可禁止恶人为非作歹，但要求与之对应的"人治"应"奉职循理"而非"威严"。一言之，孔子重视"仁"之内在性与"礼"之约束性的统一，并提出德治、礼教的社会愿景，司马迁则重视礼、法的社会价值并肯定礼相对于法的优先级，既强调为政者要德治，也批判官吏僭越、滥用法治的危害，其本质是洞察了人治的积极意义与局限性，但司马迁对于人治的内在矛盾也未能作答。

五、结语

就司马迁对孔子的学术传承而言，毫无疑问司马迁始终对孔子饱含"虽不能至，心向往之"的尊崇与景仰之情，孔子以"至圣"的形象深深影响了司马迁的人生使命与学术思想。

在立言著述方面，孔子秉承"述而不作"的谦逊态度、"好古、传古、疑古"的学术旨趣，尽管不同于其他先秦诸子有著作传世，但其言行、语录被后世整理为《论语》《孔子家语》等经典广泛流传，且"删述六经"对中华早期思想文化的传承、延续、发展影响甚远。司马迁秉承了孔子为学的精神、态度、旨趣，尤其深受孔子微言大义作《春秋》的影响，其毕生心血所成的《史记》"网罗天下放失旧闻""厥协六经异传，整齐百家杂语"，不仅成了记载中国早期历史社会发展的纪传体史事性、史诗性巨著，亦是具有学术性、思想性的"一家之言"。

在天人追问方面，孔子对天人关系的回答成了他思考社会与人生问题的形上依据。孔子之所以不同于老子以"天道"进行系统理论构建，而是罕言、慎传"天、道、命"，究其根本是孔子更为重视处于社会关系中的"人"应如何修身、齐家、治世的主体能动性，同时"畏天命""知天命"的辩证认知也显现出积极、豁达的人生哲学。随着天人关系在汉初成为主流话语体系与核心思辨问题，司马迁在对先秦子学的学术批判基础上，依然保持了对孔子"天命"思想的传承与创新，并且将"究天人"与"通古今"进行了学理性融合，进一步以"承敝通变"的历史性视角丰富了天人关系的研究范畴，这是中国传统哲学研究中不容忽略的重要一环。

在为学治世方面，孔子一生不仅"学而不厌，诲人不倦"，亦奉行"先行其言而后从之"（《论语·为政》）的治学原则，他察觉到躬行实践对于君子为学修行的互补性与学优则仕、整齐家国的责任意识，故他"追修经术，以达王道"，始终以生命体验去践行、审视其所思所学，其思想兼具以"孝、仁"为主的伦理观与"德治、礼教"的政治哲学，可谓是"继天立极"的圣人形象、君子楷模。司马迁的学术成长同样受益于实践经历滋养，他本具史官家学渊源，随后兼具耕学、问学、游学、政学经历，这是孔子、司马迁二者为学治世的共通之处，亦是二者区别于他人的关键。故司马迁基于民情考察、口述文献、收集旧闻，在其著述中对各历史阶段、社会行业、学术思想有着客观、理性、细致入微的记载与综合、辩证的学理批判——蕴含了"述往事、思来者"的治世思想。

故可以肯定孔子与司马迁之间具备深厚的学术传承，对孔子其人、其思想的内容及影响研究离不开司马迁笔下之孔子，对司马迁其人其思想的研究不能忽视孔子的深刻影响。司马迁作为汉武帝时代的学术集大成者、作为中国学术史中的关键人物，明确他对孔子的学术传承有助于重新审视司马迁其人其思想在中国哲学史中的地位，有助于进一步认知孔子对于中国学术史的重要影响，亦有助于补充中国传统哲学发展过程的全面认知。

从《汉书·艺文志·诸子略》
看《史记》目录学作用

＊本文作者王睿鑫，陕西师范大学文学院研究生。

中国目录学的起源一般地认为始于刘向、刘歆父子。他们在校理群书的时候对当时浩繁群书进行了搜集、编订、删重、校勘等一系列工作，并对所存书籍编制了一套目录。刘向所著的《别录》与刘歆所著的《七略》开启了后世官书目录编制的传统。而后东汉班固在著录《汉书》之时，采取刘歆《七略》之旧文，删拾其要，写就了《汉书·艺文志》。这也是后世流传所能见到的最早的史家目录。后世的官修史书也沿着这个传统，将历代或当代的图书典籍汇编成目录，这不仅为我们提供了各代图书典籍的存世情况，在各朝书籍的增减变化中也为图书亡佚、伪造情况提供了可依的线索。

司马迁自幼禀承家学，后来又担任太史令，对于博览流传的典籍有得天独厚的优势，有汉时国家藏书的第一手资料。为了修史，他自然也对当时收藏的丰富典籍材料进行了分析的工作，对学术的流变，内容的选择，征引的史迹有自己独特的考虑。《史记》作为二十四史之首虽然没有独立的艺文志或经籍志，也没有编制成《七略》《别录》这样的专书，但是司马迁在《史记》中所依、所引的典籍以及对部分典籍的评论和阐述，也有所谓目录部别的义理，这无疑对西汉所存的典籍进行了大致勾勒。金德建先生对司马迁所见书进行了整理，对于古代典籍的书名、作者以及其书的大致内容有了一部相较于《汉志》更早的参考目录。金德建在《司马迁所见书考》中说道：

> 《史记》当中常常看见"余读某书"或"某书世多有"一类的话，这是司马迁记载他当时所见过的书。但是把这些书名一一抄集之后，却看出司马迁已经把他所见各书完全记在《史记》中了；这些书名汇集起来，无异是一篇《史记》的艺文志；大凡我们所认为可信的书，固然都有记载。这一层很可注意。以时间论，《史记》比《汉书》早二百余年，这篇《史记》的《艺文志》实在可以用来纠正《汉志》；从时代上看，《史记》的时代正是介于古代与中古之间，我们研究古代的事情，对于这时期的一篇《艺文志》确是十分需要。①

---

① 金德建：《司马迁所见书考》，上海人民出版社 1963 年版。

　　这部《史记》的"艺文志"对于我们了解西汉古籍的概貌，以及后世的异同得失开了一片目录学的新境地。古人常常因为各种各样的原因创造了伪书，梁启超先生在其《古书真伪及其年代》中说道："伪书之中，子部为最"。因此笔者以《汉书·艺文志·诸子略》入手探究《史记》的目录学作用。大概内容主要分为以下三点：第一，对书籍作者进行考证。第二，对著书年代进行探究，对《史记》中确有其书的部分至少可以认为诸书的成书年代在《史记》之先。第三，对书籍的大致内容和学术源流进行阐发和讨论。

　　本文笔者将以《汉书·艺文志·诸子略》中的十家为顺序，对至今还未曾亡佚的部分典籍，参照"史记艺文志"的内容，对其中不可尽信的部分进行考证，以探求《史记》所见书的目录学价值。

1. 《晏子》八篇

在《史记·管晏列传》中太史公曰：

　　吾读管氏牧民、山高、乘马、轻重、九府，及晏子春秋，详哉其言之也。既见其著书，欲观其行事，故次其传。至其书，世多有之，是以不论，论其轶事。①

姚际恒《古今伪书考》中写道：

　　陈直斋曰：汉志八篇，但曰晏子。隋唐七卷。始号晏子春秋。今卷数不同。未知果本书否。崇文总目曰，'晏子八篇今亡。'此书盖后人采婴行事为之。②

　　按史记所记载，司马迁当时是曾经看到过《晏子春秋》这本书的。陈氏在《直斋书录解题》中的说法以为《晏子春秋》这个名称始于隋唐，而在《史记》之中已经出现了《晏子春秋》这部书的名字，陈氏的说法是欠妥当的。在应劭的《风俗通义·怪神篇》中也同样有："谨按《晏子春秋》。"③ 汉代的司马迁和应劭都已沿用这个说法，足可证明并非隋唐后才开始的。

　　而今本的《晏子春秋》是否为当时汉代的旧本。依照陈振孙对于《晏子》一书卷数流传的说法，从《汉志》的八篇到《隋志》《唐志》的七卷。如果以篇为卷的话，可以看到其中内容只有一篇出入。但是《崇文总目》说："其书已亡，世所传者，盖后人采婴行事而成。"④ 《崇文总目》认为《汉志》中记录的《晏子》八篇已经亡佚，今存的《晏子春秋》是另外的本子。关于这个问题，刘向在叙录当中有："右《晏子》凡内外八篇总二百十五章。"班固在《汉书》也定为八篇，后来《隋志》《唐志》都称为七卷。孙星衍说："后人以篇为卷，又合《杂上、下》

　　① （汉）司马迁：《史记》，中华书局 1982 年版，第 2136 页。

　　② 姚际恒：《古今伪书考》，《江氏聚珍板丛书》本，第 20 页。

　　③ （汉）应劭撰、王利器校注：《风俗通义校注》，中华书局 1981 年版，第 392 页。

　　④ （明）宋濂：《潜溪后集》，中华书局 2014 年版，第 255 页。

二篇为一，则为七卷。"① 到了宋时《崇文总目》著录《晏子春秋》十四卷。依照孙星衍的看法认为并非是篇幅上突然增加了一倍，而是把七卷分成了十四卷。而且根据近年来的考古成果，山东省临沂市银雀山汉墓在 1972 年出土了《银雀山汉墓竹简》，出土竹简中《晏子》共 16 章，散见于传本 8 篇之中。其中第 10、第 11 两章传本都分别析为两章。今天所流传的八篇在汉初时的竹简上均可以找到。这也可以证明《晏子》一书的流传应该是比较独立的，并不像《崇文总目》中所言书籍存在亡佚的情况。

关于这部书的成书问题，书中有多处提到了晏子死后之事，例如《内篇杂下》有《晏子病将死告妻母变俗节》。《外篇第八》有《晏子没十有七年景公饮诸大夫酒节》。通过这几处内容可以推断《晏子春秋》的成书至少在晏子死后十七年才有人编集起来的。书中另有有墨子对于听闻晏子轶事之后的评价。《内篇问上》：墨子闻之曰："晏子知道，道在为人，而失在为己。"② 书中既然有墨子对晏子的一些评论，可以推断成书的时间应该在墨子游齐时听到了晏婴的事迹后加以称道。因此，对《晏子春秋》这部书编辑成书应该至少在战国中期以后了。

宋濂在《诸子辨》中说："故柳宗元谓墨氏之徒有齐人者为之，非婴所自著。诚哉是言也。"③ 柳宗元对于《晏子》一书的看法认为是墨家学派的后人编录而成的，关于这一点我们也可以在《史记》中找到线索，在《史记·管晏列传》中有："晏平仲婴者，莱之夷维人也。事齐灵公、庄公、景公，以节俭力行重于齐。既相齐，食不重肉，妾不衣帛。"④ 这种崇尚节俭力行的精神和墨家学派的确有一脉相承的地方，在《晏子》书中也有对于这种精神的描述，但其中另一更重要的就是重视礼仪的倾向，儒家的重礼仪和墨家思想是绝对不相融洽的。况且晏婴的时代在墨子之前，不应将前人的言行事迹反而归类到后人的学派中。另外，对于其学说中相符合的一面受到后来学派的推崇，而其主张中和其学派相对立的内容却闭口不谈，这样做也有失偏颇。

2. 《孟子》十一篇

把《孟子》这部书放入经部，是宋神宗熙宁四年开始的。在班固的《汉志》当中，此书还存于子部儒家。《史记·孟子荀卿列传》：

> "孟轲，驺人也。……天下方务于合纵连衡，以攻伐为贤，而孟轲乃述唐、虞、三代之德，是以所如者不合。退而与万章之徒序诗书，述仲尼之意，作孟子七篇。其后有驺子之属。"⑤

---

① 陈国庆：《汉书艺文志注释汇编》，中华书局 1983 年版，第 99 页。

② 唐子恒点校：《晏子春秋》，凤凰出版社 2017 年版，第 44 页。

③ （明）宋濂：《潜溪后集》，中华书局 2014 年版，第 254 页。

④ （汉）司马迁：《史记》，中华书局 1982 年版，第 2134 页。

⑤ （汉）司马迁：《史记》，中华书局 1982 年版，第 2343 页。

首先需要厘清《孟子》在《汉志》与《史记》中卷数不合的问题。司马迁既然所言只见七篇，到了班固时反成为十一篇，那么多出来的四篇应当是司马迁之后的人假孟子之名所附会，外书四篇经汉赵岐鉴定之结果谓其不能宏深，断其为伪，可以将这四篇的成文时间推定在司马迁之后。

关于作者问题，司马迁认为这部书是孟子和万章同时的徒弟共同著作的，汉代赵岐、应劭的观点是和司马迁相同的。赵岐在《孟子题辞》中也有："此书孟子之所作也，故总谓之《孟子》。……于是退而论集所与高弟弟子公孙丑、万章之徒，难疑答问，又自撰其法度之言，著书七篇。"①

到了唐代韩愈，他首先对《孟子》的作者提出了疑问。在《答张籍书》中说：孟轲之书，非轲自著，轲既殁，其徒万章、公孙丑相与记轲所言焉耳。② 韩愈认为《孟子》并非孟子自著，而是孟子死后由其后弟子记录孟子的言行而成的。后晁公武、崔述等也对这种观点进行了支持。其中主要的驳斥理由有两点：第一，《孟子》书中所见诸侯，皆称谥号；第二，孟子门人在书中，多以子称之，但万章、公孙丑等篇幅最多，然而不以子称，若是孟子自著，应该统一称子。

对于第一点，阎若璩在《孟子生卒年考》中已经做出了解释，认为其中的谥号是门人后改的。罗根泽在《孟子评传》中的考证更加精细，他认为凡是书中所称谥号可知的皆先卒于孟子，不可考的就不能拿来作为证据对孟子著书进行驳斥。第二点，子这个称呼在孔子之后已经成为弟子称呼老师所用，所以称孟子是恰当的。同时，"子"也作为男子的通称，带有对同辈彼此之间的尊重，其弟子之间以子相称也是无可厚非的。而其书中对于万章、公孙丑并不称子，而是只称姓名，恰好帮助这两位可能是著书中的实际执笔人，他们应该不会对自己的名字施用尊称。《孟子》整本书前后文笔一致，写作流畅，应该是经过孟子自己审阅之后才定下来的，书中也和《论语》追记老师的生活习惯、态度等方面的琐事进行记载不同，只是单单记述语言的出处。所以司马迁其文可据，是书为孟子及其弟子共著而成的。

3. 《陆贾》二十三篇

按《汉书·艺文志·诸子略》的记载《陆贾》一书有二十三篇。《陆贾》其实就是今天的《新语》，只不过名称上有区别。这部书后来被分成了两卷。《史记·郦生陆贾列传》的张守节《正义》：七录云"新语二卷，陆贾撰"也。③《隋书·经籍志》《旧唐书·经籍志》《新唐书·艺文志》《宋史·艺文志》也都称为两卷。《新语》这部书今天流传下来的有十二章，这正好是《汉志》中二十三篇的一半，分成两卷应该就是将该书厘定成一卷十二篇，另一卷十一篇了。今天所流传的应

---

① （清）焦循撰、沈文倬点校：《孟子正义》，中华书局1987年版，第3页。
② （唐）韩愈：《韩愈文集汇校笺注》，中华书局2010年版，第553页。
③ （汉）司马迁：《史记》，中华书局1982年版，第2699页。

该就是其中的一卷，相较于《汉志》只是有所亡佚，应该是班固所见之旧。而司马迁所见的《新语》可以在《史记》中找到线索。司马迁在《史记·郦生陆贾列传》中有：

> 高帝不怿而有惭色，乃谓陆生曰："试为我著秦所以失天下，吾所以得之者何，及古成败之国。"陆生乃粗述存亡之征，凡著十二篇。每奏一篇，高帝未尝不称善，左右呼万岁，号其书曰"新语"。①

司马迁对于其书的评价是"粗述存亡之征"而今本《新语》却基本上是一部"道术"著作。可以推断今天所流传的十二篇《新语》应当不是司马迁当时所见。而根据金德建在《司马迁所见书考》中推测司马迁所看到陆贾所著作的是一部后来名称叫《楚汉春秋》的书。金先生给出的理由有三：第一，从辑本《楚汉春秋》来看，它的内容是记录秦朝灭亡至楚、汉战争期间的事迹，时间断代大致为秦末汉初这和《史记》中汉高祖问"秦所以失天下，吾所以得之者何"，陆贾"乃粗述存亡之征"的情况正好符合。第二，《汉书·司马迁传》中说司马迁写作《史记》时采取了《楚汉春秋》当中的不少史料，这点是没错的，但是司马迁在书中并未提起这个书名，而是说陆贾有一部叫作《新语》的书。在司马迁时叫作《新语》的这部书应该就是后来改称《楚汉春秋》的书了。第三，《楚汉春秋》在司马迁时期是不会正式叫作《楚汉春秋》的。因为《史记·十二诸侯年表序》里叙说了《虞氏春秋》《晏子春秋》《吕氏春秋》等书，就不该单独缺少《楚汉春秋》这一种而不提起。金说是。

而从史记的《新语》到《楚汉春秋》和《陆贾》正是从《史记》到《汉志》过程中书名的变化，我们已经知道《史记》中的《新语》是今本的《楚汉春秋》。梁阮孝绪《七录》又恢复到《新语》，这个名称中的反复变化也帮助了这之间有增删改篡之事。其书的内容上既然有如此大的差距，那么司马迁所见的《新语》和班固所见的《陆贾》并非一书。也就是说，它并非西汉初年陆贾所著的原书。

再参考《四库全书总目》：

> 然《汉书·司马迁传》称迁取《战国策》《楚汉春秋》《陆贾新语》作《史记》。《楚汉春秋》张守节正义犹引之，今佚不可考。《战国策》取九十三事皆与今本合。惟是书之文悉不见于《史记》。王充《论衡》本性篇引陆贾曰："天地生人也，以礼义之性。人能察己所以受命则顺，顺谓之道。"今本亦无其文。又谷梁传至汉武帝时始出，而道基篇末乃引谷梁传曰："时代尤相抵牾。"其殆后人依托、非贾原本欤。②

《四库全书总目》中说今本的《新语》第一不见于《史记》，第二不见于《论衡》，最后又说今本《新语》的内容里面有征引《谷梁传》的文句。那么今本的

---

① （汉）司马迁：《史记》，中华书局1982年版，第2699页。
② （清）永瑢：《四库全书总目》，中华书局1965年版，第770页。

《新语》最早也应该推迟到《谷梁传》成书之后，即武帝之后了。既然班固所见已和司马迁所见书不同了，那么《新语》成书年代大致可以定为司马迁以后到班固以前这段时期所出的伪书了。

4. 《董仲舒》百二十三篇

关于董仲舒，司马迁在《史记·儒林列传》中写道：

> 董仲舒，广川人也。以治春秋，孝景时为博士。……以春秋灾异之变推阴阳所以错行，故求雨闭诸阳，纵诸阴，其止雨反是。行之一国，未尝不得所欲。中废为中大夫，居舍，著灾异之记。是时辽东高庙灾，主父偃疾之，取其书奏之天子。天子召诸生示其书，有刺讥。董仲舒弟子吕步舒不知其师书，以为下愚。于是下董仲舒吏，当死，诏赦之。于是董仲舒竟不敢复言灾异。……董仲舒恐久获罪，疾免居家。至卒，终不治产业，以修学著书为事。故汉兴至于五世之闲，唯董仲舒名为明于春秋，其传公羊氏也。①

可以看到和司马迁相距不远的董仲舒是"以春秋灾异之变推阴阳"，并著"灾异之记"的。后来"终不治产业，以修学著书为事。"不难想见董仲舒在著书方面一定是下了不少功夫的。我们今天所能见到的只有十七卷本的《春秋繁露》，但这部书不仅在《史记》当中没有提到过，而且在《汉志》当中也没有记载，所以它的来历和真伪问题就值得考证。《汉书·董仲舒传》中记载：

> 仲舒所著，皆明经术之意，及上疏条教，凡百二十三篇。而说春秋事得失，闻举、玉杯、蕃露、清明、竹林之属，复数十篇，十余万言，皆传于后世。掇其切当世施朝廷者著于篇。②

下列各家目录对此书的著录情况以便行文：

《汉书·艺文志》：《董仲舒》百二十三篇。《公羊董仲舒治狱》十六篇。

《后汉书·明德马后纪》：尤善周官、董仲舒书。注：玉杯、蕃露、清明、竹林之属。

《后汉书·应劭传》：董仲舒作《春秋决狱》二百三十二事

《隋书·经籍志》：《董仲舒春秋繁露》十七卷。《春秋决事》十卷。

《唐志》：《仲舒春秋繁露》十七卷。《春秋决狱》十卷。

《崇文总目》：《春秋繁露》十七卷。汉胶西相董仲舒撰。

南宋《馆阁书目》：《春秋繁露》，汉胶西相董仲舒撰。仲舒，广川人。隋、唐书及三朝国史志十七卷。今十卷。

《郡斋读书志》：《春秋繁露》十七卷，汉董仲舒撰。

《直斋书录解题》：《春秋繁露》十七卷，汉胶西相广川董仲舒撰。……其最可

---

① （汉）司马迁：《史记》，中华书局1982年版，第3127—3128页。

② （汉）班固：《汉书》，中华书局1962年版，第2525—2526页。

疑者，本传载所著书百余篇，清明、竹林、繁露、玉杯之属，今总名曰繁露，而玉杯、竹林则皆其篇名，此决非其本真。况通典、御览所引，皆今书所无者，尤可疑也。然古书存于世者希矣，姑以传疑存之可也。前本虽八十二篇，而阙文者三，实七十九篇也。

《玉海》四十：汉《春秋繁露》八十二篇。

《四库全书总目》卷二十九经部春秋类附录：《春秋繁露》十七卷，汉董仲舒撰。

金德建先生在《司马迁所见书考》中认为《汉志》与《应劭传》中的书名与卷数虽异，却是一书，卷数只是书写错误。关于卷数不一，金先生的意见应该是正确的，这在古书中是很常见的。但是书名问题应当存疑。理由有二：第一，从汉志到唐志的各家艺文志及史书中可以看到《公羊董仲舒治狱》到《春秋决事》再到《春秋决狱》的名称不论是篇卷数还是名称都是清晰地一脉流传下来的。第二，向歆父子在校雠群书时所做的一项重要工作就是广搜异本并删其重复，对于和他们所去不远的董仲舒的作品不应该有例外，所以把《汉志》中的二书当作是包含与被包含的关系是讲不通的。如果《汉志》所说不误，《公羊董仲舒治狱》一书源流已经梳理清楚，这部书在《崇文总目》之后已不入于目录书中，在唐宋之际就已亡佚。

再看东汉时《董仲舒》还有一百三十二篇，在《隋志》后厘定为十七卷，八十二篇，便把名字定为《春秋繁露》。金德建先生的意见是今天的《春秋繁露》并非汉志当中所记录的《董仲舒》与《公羊董仲舒治狱》，而是《汉书》中："说春秋事得失，闻举、玉杯、蕃露、清明、竹林之属，复数十篇，十余万言，皆传于后世。"提到的"复数十篇"。这种说法也是站不住脚的，首先金先生既然认为今天的《春秋繁露》出于董仲舒之手，且在《董仲舒传》中已经出现，却又认为《汉志》中的两书不存。这是自相矛盾的。其次，《董仲舒传》所说数十篇，后世却有八十二篇，古书流传，不少反增，这一点也是不可以据的。最后，陈振孙在《直斋书录解题》中说到："今总名曰繁露，而玉杯、竹林则皆其篇名，此决非其本真。"是书中的篇目在本传中所提到的多受怀疑，而其他篇目则出于本人之手。综上所言，金德建先生的看法实在是站不住脚。四库馆《奏进书后》："臣等谨案《春秋繁露》十七卷，汉董仲舒撰。……今观其文，虽未必全出仲舒，然中多根极理要之言，非后人所能依托也。"①

所以笔者认为，今天所见的《春秋繁露》即是从《汉志》中的一百二十三篇《董仲舒》所出，后人厘定为八十二篇十七卷。而《汉志》中《公羊董仲舒治狱》十六篇，书名有所不同但内容应当一致，或亡于宋前。

① （清）永瑢《四库全书总目》，中华书局 1965 年版，第 244 页。

5.《管子》八十六篇

《管子》这部书经刘向校订后为八十六篇，今佚十篇，止七十六篇。这部书内容极为驳杂，有经言、外言、内言、短语、区言、杂篇、管子解、管子轻重，篇数不一，在《史记·管晏列传》中太史公曰："吾读管氏牧民、山高、乘马、轻重、九府。"

太史公所见到的这五篇都在经言之中，故经言部分应该成书较早，其他部分内容不一，且有许多出自管子亡后之事，非一人一时之作，《汉志》将本书列为道家，而后世都列于法家。司马迁在《史记·管晏列传》中说：

> 管仲既任政相齐，以区区之齐在海滨，通货积财，富国彊兵，与俗同好恶。故其称曰："仓廪实而知礼节，衣食足而知荣辱，上服度则六亲固。四维不张，国乃灭亡。下令如流水之原，令顺民心。"

总体上看，其思想是多样的，有儒家、道家、法家等等。今天所流传的《管子》可以认为是一段时间内一批文学家的合集，其中出自管子本人的部分应该在经言之中。

6.《庄子》五十二篇

今天通行本《庄子》止存三十三篇，分为内篇七、外篇十五、杂篇十一，今阙十九篇。《史记·老子韩非列传》中有：

> 庄子者，蒙人也，名周。周尝为蒙漆园吏，与梁惠王、齐宣王同时。其学无所不窥，然其要本归于老子之言。故其著书十余万言，大抵率寓言也。作渔父、盗跖、胠箧，以诋訿孔子之徒，以明老子之术。畏累虚、亢桑子之属，皆空语无事实。然善属书离辞，指事类情，用剽剥儒、墨，虽当世宿学不能自解免也。其言洸洋自恣以适己，故自王公大人不能器之。

司马迁在书中说庄子著书十余万言，并提到《渔父》《盗跖》《胠箧》《畏累虚》《亢桑子》这五篇，对其主旨进行了概括。但后世疑问却多出此几篇。姚际恒《古今伪书考》："苏子瞻疑《盗跖》《渔父》《让王》《说剑》四篇非庄子作。"然后罗列了苏轼的《庄子祠堂记》根据司马迁在《史记》中记载的"诋訿孔子之徒，以明老子之术"。与所见不符，认为《盗跖》《渔父》《让王》《说剑》这四篇"浅陋不入于道"认为这四篇应当是后人附会的。宋濂也在《诸子辩》中说："《盗跖》《渔父》《让王》《说剑》诸篇，不类前后文，疑后人所剿入。"[1]

苏轼这种意见对后世影响很大，甚至到了删除这四篇的地步，但是其仅仅因为体例，内容浅俗就要将这四篇全盘删去，是不妥的。1988 年出土于湖北省江陵张家山 136 号汉墓。共存 44 枚竹简，原有篇名作"盗貊"。其"内容为孔子见盗

---

[1]　（明）宋濂：《潜溪后集》，中华书局 2014 年版，第 263 页。

跖，此篇即为《庄子．盗跖》。内容完整，与现存版本文字内容基本一致"。阜阳汝阴侯汉墓出土的《庄子．杂篇》，共存残简 8 枚，原无书名、篇名。其中 1 枚见传世本《庄子．则阳》篇，1 枚见《让王》篇，其余 6 枚见于《外物》篇。简文与传世本文字出入较大，而简本较传世本精练简捷。这与庄子相距仅 125 至 200 年左右。这两处简牍的出土，尤其是阜阳汝阴侯墓的出土也为疑伪者提供了有力的回击。按司马迁所说以及出土文献可以证明其中《盗跖》《渔父》《让王》三篇所成年代应该至少在西汉司马迁之前。至于作者，即使有学者认为不能讲为庄子本人所作，也应当是和庄子时代接近的门人弟子或思想相近者所著，可以将这几篇姑且认为是出于同源，置于一书。

7.《慎子》四十二篇。名到，先申韩，申韩称之。

《史记·孟子荀卿列传》说慎到著十二论。《集解》引徐广曰："今慎子，刘向所定，有四十一篇。"《汉书·艺文志》中记载：《慎子》四十二篇。① 徐广所记较《汉书·艺文志》已有出入。王应麟在《汉书补注》云：

> 《史记》：慎到，赵人，著十二论。《正义》慎子十卷。战国时，处士。案《汉志》四十二篇。今三十七篇亡。唯有《威德》《因循》《民杂》《德立》《君人》五篇。②

另，宋濂在《诸子辩》中也有记载：

> 《汉志》云四十二篇，《唐志》云十卷，不言篇数。《崇文总目》言三十七篇。今所存者，唯《威德》《因循》《民杂》《德立》《君人》五篇耳。③

以上均未见有《慎子》四十一篇的记载，疑徐广《集解》为文字讹误。东汉应劭在《风俗通义》中也有对《慎子》的记载："慎氏，慎到，为韩大夫，著慎子三十篇。"④ 但慎氏上一条为"遴氏，遴到，为韩大夫，著遴子三十篇。"两条除"遴"与"慎"字外全同，疑记载有误，且未在他处见到有《慎子》三十篇的记载，此条记载不足据。金德建先生单凭此条记载即认为《汉书·艺文志》所记载的四十二篇是司马迁所见十二论与应劭在《风俗通义》中所记载的三十篇合并而成，未免有失偏颇，结论陷于巧合。此外，论与篇不同，一论可能有数篇，不排除司马迁所言十二论即为《汉书·艺文志》所言四十二篇的可能性。因此，在汉代，《慎子》的篇目应该有司马迁所见的十二论与《汉书·艺文志》所记四十二篇两种情况或者司马迁所言的十二论即《汉书·艺文志》中所记的四十二篇。

---

① （汉）班固撰、（唐）颜师古注、王先谦补注：《汉书补注》，商务印书馆 1959 年版，第 3153 页。
② 同上，第 3153 页。
③ （明）宋濂：《潜溪后集》，中华书局 2014 年版，第 262 页。
④ （汉）应劭撰、王利器校注：《风俗通义校注》，中华书局 1981 年版，第 545 页。

《旧唐书·经籍志》记载："《慎子》十卷。慎到撰，滕辅注。"①《新唐书·艺文志》记载："《慎子》十卷。慎到撰，滕辅注。"② 徐广为东晋人，只记载了《慎子》四十一（二）篇，可见在十卷的《慎子》因书册形制的变化出现于东晋以后五代以前，且在《新唐书·艺文志》成书之时一直流传于世。由于新旧《唐志》均只言卷不言篇，难以知其卷数多少，也不能判断其篇目是否亡佚。在南宋郑樵在《通志·艺文略》中提到了卷数与篇数的问题："《慎子》旧有十卷，四十二篇，亡九卷，三十七篇。"因此，《慎子》十卷，四十二篇应该在北宋之前一直稳定流传。

金德建先生认为《慎子》在宋代被分为了三十七篇本与五篇本，三十七篇本为《崇文总目》著录，五篇本流传通行，为各家所见。但《崇文总目》作为一部官修目录，不记载通行的版本实在不合事理，一本书拆解为三十七篇与五篇两个相距甚大的体量也有些牵强。且《钦定四库全书》本《后知不足斋丛书》刻《崇文总目》中只言"《慎子》一卷。谨按《直斋书录解题》云《崇文总目》言三十七篇。"与《通志·艺文略》中记载："《慎子》旧有十卷，四十二篇，亡九卷，三十七篇。"不合。依陈氏所言，一卷即有三十七篇，而《通志》中记载九卷共为三十七篇，两者相差甚远，且《慎子》长期以来以四十二篇本流传，疑陈氏误。另，《通志》中未提及拆分篇目，只言亡九卷，可见书仍为一书，只有篇章的亡佚没有篇目的拆解。南宋陈氏《直斋书录解题》云："赵人慎到撰。《汉志》四十二篇，先于申韩称之。《唐志》十卷，滕辅注。今麻沙刻本才五篇，固非全书也。"③ 后王应麟、宋濂均指出今存五篇为《威德》《因循》《民杂》《德立》《君人》。因此《慎子》一书在《崇文总目》成书之时已部分亡佚，仅存一卷，即南宋陈氏及后人所见五篇，此五篇一直流传至今。

8. 对本文未收书目的总结

最后关于本文对于《汉志》中出现，今日不亡的书却没有收录的部分进行帮助。《子思》《曾子》《贾谊》《文子》《列子》《邓析》《尹文子》这几部书在《史记》中并不载，我们参看各家辨伪结论分析一下这些书。

其中《子思》在《四库全书简目》中说其书"其割裂古经，强立篇名，与所辑曾子相等，亦以旧本久亡，存之耳。"④

对于《曾子》，又有"其强立篇名，颇为杜撰。然宋代旧本已佚。存之尚具曾子之崖略也。"⑤

《贾谊》一书《提要》有"多取汉书谊本传之文，割裂章段，颠倒次序，而加以标题，殊瞀乱无绪。疑旧本残阙，好事者取本传所载，离析其文，以足五十八

---

① （后晋）刘昫等：《旧唐书》，中华书局1975年版，第2031页。

② （宋）欧阳修、宋祁：《新唐书》，中华书局1975年版，第1531页。

③ （战国）慎到著，许富宏校注：《慎子集校集注》，中华书局2013年版，第10页。

④⑤ 陈国庆：《汉书艺文志注释汇编》，中华书局1983年版，第100页。

篇之数，不可谓真出谊手，亦不可谓非出谊手也。"①

《文子》一书柳宗元已疑为伪，《总目》对其评价："柳宗元称其多窃取他书以合之，然要是唐以前之古本也。"②

《列子》的真伪情况可以参考马叙伦："刘向叙录亦依托，盖列子书早亡。故不甚称于作者。魏晋以来，好事之徒，聚敛管子、晏子、论语、山海经、墨子、尸佼、韩非、吕氏春秋、韩诗外传、淮南、说苑、新序、新论之言，附益晚说，成此八篇。假为向叙以见重。"③ 这几部书在《史记》当中不收录，后人经过种种考订均定为伪书。

而同时《老子》《申子》《商君书》《韩非子》《淮南子》《吕氏春秋》这几部书史公在书中也明确写到过，今天看来应该是不伪的。这从正面也证明了司马迁在书中所写的种种书都是有迹可循的，关于诸书的内容也是比较可信的。

所以我们在以后的工作中将《史记》当成一部艺文志对待。从今天的学术角度来看《汉志》不可以完全信据已经成事实，所以今天对于这部更早的"艺文志"中的内容订正《汉志》也是十分需要的。这对于目录、辨伪等方面的考证也是有所裨益的。

【编者后按】本文《从〈汉书·艺文志·诸子略〉看〈史记〉目录学作用》，文章标题之意是说《史记》中司马迁所见书，堪称一部《史记·艺文志》，早于《汉书·艺文志》，既不切实际，也与所述内容不一致。按本文内容应改题为《整理〈史记〉中司马迁所见书可补〈史记·艺文志〉》，则文与题相符，也是本文的价值所在。司马迁作史，极为重视典籍、档案、传国、文物、图集的搜集运用，他"铀史记石室金匮之书"，利用太史之职，阅尽皇室藏书与皇室档案。《太史公自序》条列《史记》130 篇提要，就是《史记》一书的目录。司马迁已有目录的概念，但他还没意识到创作史志目录，这一空间留给了班固。本文作者引金德建氏之言，说：把司马迁所见书"一一抄集之后却看出司马迁已经把他所见各书完全记录在《史记》中了"。金氏此语言过其实，无非在标榜自己的论著价值。司马迁所见书是因事论及，只是他所见书的一小部分，例如《史记》大量引载《楚汉春秋》，可司马迁并未因事论及就是显证。本则按语供作者、读者以及本编者共勉。

---

①　陈国庆：《汉书艺文志注释汇编》，中华书局 1983 年版，第 111 页。

②　同上，第 122 页

③　同上，第 124 页。

从《史记·樊郦滕灌列传》管窥
司马迁的直书与曲笔

＊本文作者罗必明，新加坡南洋理工大学中文系博士生；曲景毅，新加坡南洋理工大学中文系主任。

《史记》对于刘邦的形象刻画，向来是学界聚讼不已的一个话题。《史记》凡一百三十篇，提及刘邦的有三十余篇之多，其形象瑕瑜互见，是体现司马迁"不虚美，不隐恶"的实录精神的最佳案例。现有的研究，论者多依据《高祖本纪》《项羽本纪》《留侯世家》《淮阴侯列传》等名篇展开论述，言司马迁褒扬刘邦识人善用、开明豁达、从谏如流者有之，以司马迁强调其性格市侩狎侮、自私寡情，"污名化"刘邦者也不在少数，但对于刘邦识人、用人之能，基本趋于正面的评价，认为这是刘邦最终得天下的重要原因之一。本文拟另辟蹊径，借寓论断于叙事的史家笔法、作者与文本关系和海登·怀特（Hayden White）"元史学"理论，剖析《樊郦滕灌列传》中司马迁对刘邦的直书与曲笔。

一、薄情寡义、诛杀患难之交的刘邦

《史记·樊郦滕灌列传》，为樊哙、郦商、夏侯婴、灌婴等四位以武封侯的功臣的合传。四人既有同中之异，也有异中之同。从与刘邦亲疏关系来讲，四人都是从刘邦沛县起兵开始便追随左右，直至一统天下及平定诸侯叛乱，居功至伟。

相比郦商、灌婴，樊哙、夏侯婴与刘邦关系更为亲密，可谓患难之交。樊哙"与高祖俱隐"，《高祖本纪》云："秦始皇帝常曰'东南有天子气'，于是因东游以厌之。高祖即自疑，亡匿，隐于芒、砀山泽岩石之间。"[①] 因此可以推断，樊哙此时应该是跟随刘邦一同逃匿。不唯如此，司马迁在描述樊哙赫赫战功时，反复使用"从"、"先登"等字，以说明在战场上樊哙不离刘邦左右和冲锋陷阵，锐不可当的战功：

> 初从高祖起丰，攻下沛。……从攻胡陵、方与，还守丰，击泗水监丰下，

---

① 司马迁：《高祖本纪》，《史记》（点校本二十四史修订本），中华书局 2014 年版，第 444 页。
注：文中《史记》原文引文皆出于此版本，故其后只注明篇名与页数，恕不赘引。

破之。……常从，沛公击章邯军濮阳，攻城先登，斩首二十三级，赐爵列大
夫。复常从，从攻城阳，先登。下户牖，破李由军，斩首十六级，赐上闲爵。
从攻围东郡守尉于成武，却敌，斩首十四级，捕虏十一人，赐爵五大夫。从
击秦军，出亳南。河闲守军于杠里，破之。击破赵贲军开封北，以却敌先登，
斩候一人，首六十八级，捕虏二十七人，赐爵卿。从攻破杨熊军于曲遇。攻
宛陵，先登，斩首八级，捕虏四十四人，赐爵封号贤成君。从攻长社、轘辕，
绝河津，东攻秦军于尸，南攻秦军于犨。

明人茅坤对此有颇为精要的评述："太史公详次樊郦滕灌战功，大略与曹参、
周勃等相似，然并从，未尝专将也。其间书法曰攻、曰下、曰破、曰定、曰屠、
曰残、曰先登、曰却敌、曰陷阵、曰最、曰疾战、曰斩首、曰虏、曰得，咸各有
法，又如曰身生虏、曰所将卒斩、曰别将，此以各书其战阵之绩，有不可紊乱所
授也。"①

此外，司马迁从多方面强调了樊哙的特殊身份对刘邦平定天下的重要性。鸿
门宴刘邦得以脱身，樊哙要记首功。为此，司马迁不吝笔墨，生动传神地在本篇
及《项羽本纪》中重点刻画了樊哙的作用，甚至直接插入自己的评论，认为"是
日微樊哙奔入营谯让项羽，沛公事几殆"，可以说樊哙是刘邦的救命恩人。从亲
缘关系来讲，樊哙迎娶吕后之妹吕媭，与刘邦是连襟，亲上加亲，司马迁在文中
专此说明："哙以吕后女弟吕须为妇，生子伉，故其比诸将最亲。"故而在刘邦病
重，不见群臣，独与宦官闭门而卧时，唯有樊哙敢推门而入，直斥刘邦：

> 先黥布反时，高祖尝病甚，恶见人，卧禁中，诏户者无得入群臣。群臣
> 绛、灌等莫敢入。十余日，哙乃排闼直入，大臣随之。上独枕一宦者卧。哙
> 等见上流涕曰："始陛下与臣等起丰沛，定天下，何其壮也！今天下已定，又
> 何惫也！且陛下病甚，大臣震恐，不见臣等计事，顾独与一宦者绝乎？且陛
> 下独不见赵高之事乎？"高帝笑而起。

明人杨慎在《史记题评》中评论道："'哙乃排闼直入，大臣随之。上独枕一
宦者卧。哙等见上，流涕曰'云云，'流涕'数语，粗粗卤卤，有布衣之忧，有骨
肉之悲，不独似哙口语，而三反四正，复情词俱竭，只是子长笔力。至一'绝'
字，惊痛声泪俱透，更千万语不能尽，更千万人不能道。"② 杨慎并没有提及
"笑"字，在笔者看来，这一"笑"字传神凝练，既是君臣，又是连襟兼患难之交
的感情在一笑之间表露无疑，与前文"诏户者无得入群臣。群臣绛、灌等莫敢
入"形成强烈对比，凸显了樊哙在刘邦心中与众不同的地位。

夏侯婴与刘邦亦属患难之交。司马迁用整段详笔记述了二人兄弟般的情谊：

---

① 茅坤编撰，王晓红整理：《史记钞》，卷六十二，商务印书馆 2013 年版，第 397 页。
② 杨慎，李元阳辑：《史记题评》，明嘉靖十六年（1537），哈佛大学哈佛燕京图书馆藏电子扫描
版卷二十五，第 6 页。

　　汝阴侯夏侯婴，沛人也。为沛厩司御。每送使客还，过沛泗上亭，与高祖语，未尝不移日也。婴已而试补县吏，与高祖相爱。高祖戏而伤婴，人有告高祖。高祖时为亭长，重坐伤人，告故不伤婴，婴证之。后狱覆，婴坐高祖系岁余，掠笞数百，终以是脱高祖。

　　刘邦误伤夏侯婴，为人告发，因刘邦时为亭长，知法犯法理应重罚，夏侯婴为之隐瞒作伪证，事发坐狱岁余，挨了几百鞭，才使得刘邦脱罪，可见夏侯婴对刘邦情深义重。同样，在记叙其战功时，司马迁连用十二个"从"字，凸显在战场上二人几乎形影不离。值得注意的是，与樊哙不同，夏侯婴应是刘邦所乘兵车的指挥官，故败走彭城之际见孝惠、鲁元而载之，才惹得刘邦勃然大怒，因为担心影响兵车速度。可见，在战场上二人的关系较刘邦之于樊、郦、灌三人更为密切。因救孝惠、鲁元之功，夏侯婴被孝惠帝赐予县北第一，曰"近我"，以尊显其地位。

　　概而言之，以上种种，皆为司马迁不吝笔墨，强调樊哙、夏侯婴两位传主与刘邦的特殊感情。在《太史公自序》中，司马迁明确指出"非独鞭策，又与之脱难"，故作此合传。那么，司马迁更深层的用意何在？结合二人的遭遇我们可以一窥端倪。如前所述，四位传主中，樊哙、夏侯婴与刘邦感情更为深厚。可令人感到讽刺的是，让刘邦动杀机的，正是此二人。刘邦，仅凭只言片语，便命陈平"即军中斩哙"，与前面不厌其烦地强调樊哙的特殊地位和重要性形成强烈反差，充分显示了刘邦冷酷无情，忘恩负义的一面。关于此事，本文后面还会详细论析。对夏侯婴亦如是。刘邦自顾逃命，"常蹶两儿欲弃之，婴常收，竟载之，徐行面雍树乃驰。汉王怒，行欲斩婴者十余，卒得脱，而致孝惠、鲁元于丰"。夏侯婴十多次忤逆抗命，而刘邦皆起杀心而终未杀之，此处司马迁是否有笔补造化之处，不得而知。在此，我们不妨借鉴美国历史学家海登·怀特（Hayden White，1928—2018）关于历史叙事学的精辟论述来审视这一文本。怀特认为："一个历史叙事必然是充分解释和未充分解释的事件的混合，既定事实和假定事实的堆积，同时既是作为一种阐释的一种再现，又是作为对叙事中反映的整个过程加以解释的一种阐释。"① 这些假定事实也必须认真对待，"行欲斩婴者十余"是否与史实相符并不重要。"我们应该认识到构成这些事实本身的东西正是历史学家像艺术家那样努力要解决的问题，他用所选择的隐喻给世界、过去、现在和未来编序。"本篇的叙事不管是基于事实还是阐释经验而建构，显然对刘邦的薄情是暗含贬讽，一以贯之的。

二、再议刘邦杀樊哙之动机

　　樊哙事迹在四人中篇幅最长，笔者推测有两个原因：一是樊哙在四人中功劳

---

①　海登·怀特：《后现代历史叙事学》，中国社会科学出版社 2003 年版，第 63 页。

最大，汉初十八功侯中排名第五①；二是司马迁与樊哙孙子樊他广有交往，本篇史料多来自于樊他广，故而叙樊哙事最详。除却鸿门宴中樊哙舍身救主的事迹外，引起最多关注和争议的，恐怕是刘邦欲诛杀故友兼连襟一事。原文记载如下：

> 其后卢绾反，高帝使哙以相国击燕。是时高帝病甚，人有恶哙党于吕氏，即上一日宫车晏驾，则哙欲以兵尽诛灭戚氏、赵王如意之属。高帝闻之大怒，乃使陈平载绛侯代将，而即军中斩哙。陈平畏吕后，执哙诣长安。至则高祖已崩，吕后释哙，使复爵邑。

此事真伪，众说纷纭，迄今尚未有定论。多数人认为，刘邦欲诛杀樊哙，乃是深谋远虑，为了抑制外戚势力。亦有人认为刘邦年老昏聩，不辨是非，听信谣言。持前论者甚众，但笔者并不认同。原因有三：

1. 谣言与樊哙形象迥异

考察本篇与《项羽本纪》，我们可以看出司马迁所构建的樊哙形象，并非莽撞无知的一介武夫，或无真才实学，仅凭连襟关系飞黄腾达的平庸之人，而是攻城略地、勇冠三军、谋略过人的大将之才。《项羽本纪》中详载了樊哙鸿门宴救主的经过：

> 于是张良至军门，见樊哙。樊哙曰："今日之事何如？"良曰："甚急。今者项庄拔剑舞，其意常在沛公也。"哙曰："此迫矣，臣请入，与之同命。"哙即带剑拥盾入军门。交戟之卫士欲止不内，樊哙侧其盾以撞，卫士仆地，哙遂入，披帷西向立，瞋目视项王，头发上指，目眦尽裂。项王按剑而跽曰："客何为者？"张良曰："沛公之参乘樊哙者也。"项王曰："壮士，赐之卮酒。"则与斗卮酒。哙拜谢，起，立而饮之。项王曰："赐之彘肩。"则与一生彘肩。樊哙覆其盾于地，加彘肩上，拔剑切而啗之。项王曰："壮士，能复饮乎？"樊哙曰："臣死且不避，卮酒安足辞！夫秦王有虎狼之心，杀人如不能举，刑人如恐不胜，天下皆叛之。怀王与诸将约曰'先破秦入咸阳者王之'。今沛公先破秦入咸阳，豪毛不敢有所近，封闭宫室，还军霸上，以待大王来。故遣将守关者，备他盗出入与非常也。劳苦而功高如此，未有封侯之赏，而听细说，欲诛有功之人。此亡秦之续耳，窃为大王不取也。"项王未有以应，曰："坐。"樊哙从良坐。坐须臾，沛公起如厕，因招樊哙出。

樊哙先是向张良了解情况，马上就判断出形势危急，于是乎不顾个人性命安

---

① 《索隐》：姚氏曰"萧何第一，曹参第二，张敖三，周勃四，樊哙五，郦商六，奚涓七，夏侯婴八，灌婴九，傅宽十，靳歙十一，王陵十二，陈武十三，王汲十四，薛欧十五，周昌十六，丁复十七，虫达十八。"史记"与"汉书"表同。而楚汉春秋则不同者，陆贾记事在高祖、惠帝时。"汉书"是后定功臣等列，及陈平受吕后命而定，或已改邑号，故人名亦别。且高祖初定唯十八侯，吕后令陈平终竟以下列侯第录，凡一百四十三人也。"（《高祖功臣侯者年表第六》）

危，请入"与之同命"，带剑拥盾闯入。受到卫士阻拦后"侧其盾以撞"，又"披帷西向立，瞋目视项王，头发上指，目眦尽裂"，尔后"覆其盾于地，加彘肩上，拔剑切而啗之"，寥寥数笔，其忠肝义胆，勇武过人的形象已栩栩如生呈现在读者面前。继而一番不卑不亢、义正词严的说词，尽显辩士风采。如此有勇有谋的一个人，为何会糊涂到明知戚夫人、赵如意是刘邦的心头肉，竟然大放厥词，扬言一旦刘邦"宫车晏驾"，则"以兵尽诛灭戚氏、赵王如意之属"？于情于理不通。

2. 刘邦对造反一事，向来谨慎

《黥布列传》记载：

> 赫至，上变，言布谋反有端，可先未发诛也。上读其书，语萧相国。相国曰："布不宜有此，恐仇怨妄诬之。请击赫，使人微验淮南王。"淮南王布见赫以罪亡，上变，固已疑其言国阴事；汉使又来，颇有所验，遂族赫家，发兵反。反书闻，上乃赦贲赫，以为将军。

这里刘邦对贲赫上书告黥布谋反一事是比较谨慎的，并没有听信贲赫一面之词，而是询问并听从了萧何的意见，遣使暗中调查。同样，在《韩信卢绾列传》中，刘邦也是先遣使召卢绾，后又"使辟阳侯审食其、御史大夫赵尧往迎燕王，因验问左右"，加之匈奴投降之人的证词，刘邦才确信"卢绾果反矣"。因此，刘邦凭只言片语、一面之词便要立诛樊哙，并不符合刘邦的性格。而且"高帝使哙以相国击燕"，说明刘邦此时是依然信任樊哙的。即使刘邦认为樊哙已倒向吕氏，以刘邦之能和翦除功臣的丰富经验，选择在自己病重，樊哙率领大军在外的时候派人去诛杀之，显然不是明智之举。

3. 樊哙乃是被诬告

此类诬告事件已有先例，《汉书·王莽传上》晋灼注引《楚汉春秋》记载："上东围项羽，闻樊哙反，旄头公孙戎明之卒不反，封戎二千户。"可见将领中有与樊哙有嫌隙者，幸有公孙戎为之辩白，而刘邦亦未听信一面之词。张文虎认为，樊哙不可党吕后而危刘氏："侃侃数言，深切简括，得大臣之体，不谓出之于哙也。案哙入关谏沛公出舍，至鸿门说项羽，理直辞壮，足折羽之气，此其人必不肯党吕后以危刘氏者，以须比雄，几与禄、产同论，冤哉！"[①] 如果樊哙真敢违抗刘邦，又岂会因陈平一人就乖乖束手就擒？

综上所述，笔者认为，刘邦欲诛杀樊哙，并非是深思熟虑，压制外戚势力的考量。是否是病重而导致性情喜怒无常，或是年老昏聩，不得而知，但无疑更突显了刘邦天性凉薄，生杀予夺的一面。

---

① 张文虎：《舒艺室随笔》卷四，张新科等主编：《史记研究资料萃编》，三秦出版社 2011 年版，第 630 页。

三、"郦寄卖友"新议

本传在郦商的传记部分，贡献了一个著名的成语"郦寄卖友"。虽寥寥数笔，看似不经意而信笔写之，实则别有深意。试看原文：

> 商事孝惠、高后时，商病，不治。其子寄，字况，与吕禄善。及高后崩，大臣欲诛诸吕，吕禄为将军，军于北军，太尉勃不得入北军，于是乃使人劫郦商，令其子况绐吕禄，吕禄信之，故与出游，而太尉勃乃得入据北军，遂诛诸吕。是岁商卒，谥为景侯。子寄代侯。天下称郦况卖交也。

此事《资治通鉴》述其始末亦甚详。班固在《汉书·樊郦滕灌傅靳周传》中也有记载，基本没有出入。尽管郦寄诛吕有功，其卖友行径却为天下人所不齿。班固从人伦与君臣之义的角度为郦寄作了辩解，他认为郦寄卖友实为解救父亲之困厄，也符合君臣大义：

> 当孝文时，天下以郦寄为卖友。夫卖友者，谓见利而忘义也。若寄父为功臣而又执劫，虽摧吕禄，以安社稷，谊存君亲，可也。

而苏轼对班固的观点又作了进一步辩驳：

> 予曰："当是时，寄不得不卖友也。罪在于寄以功臣子而与国贼游，且相厚善也。石碏之子厚与州吁游，碏禁之不从，卒杀之。君子无所讥，曰'大义灭亲'。郦商之贤不及石碏，故寄得免于死，古之幸人也。而固又为洗卖友之秽，固之于义陋矣。"①

笔者认为，班固和苏轼或许都没有意识到司马迁的真正用意。这一段的安排可能是刻意为之。顾炎武有云："古人作史，有不待论断，而于序事之中即见其旨者，惟太史公能之。《平准书》末载卜式语，《王翦传》末载客语，《荆轲传》末载鲁句践语，《鼂错传》末载邓公与景帝语，《武安侯田蚡传》末载武帝语，皆史家于序事中寓论断法也。"②"天下称郦况卖交也"一句，凭借他人话语表明自己的论断，是本传点睛之笔。郦寄因父亲执劫难而被逼出卖朋友，尚为天下人所讥讽。刘邦仅凭几句流言蜚语便命陈平"即军中斩哙"，而夏侯婴只因救孝惠、鲁元便惹得刘邦十多次要斩杀之，全然不顾二人与刘邦患难与共的情谊，和不顾自身安危多次保全刘邦性命的义举。几番对比，刘邦之薄情寡义跃然纸上，评论不出于己口而论断自明，此即以叙为议，寓论断于叙事。

司马迁通篇以第三人称叙事，文末方直抒胸臆：

---

① 张志烈，马德富，周裕锴主编：《苏轼全集校注》，河北人民出版社 2010 年版，第 7210 页。

② 顾炎武著，黄汝成集释，吕宗力校点：《日知录集释：全校本》，上海古籍出版社 2013 年版，第 1429 页。

　　太史公曰：吾适丰沛，问其遗老，观故萧、曹、樊哙、滕公之家，及其
素，异哉所闻！方其鼓刀屠狗卖缯之时，岂自知附骥之尾，垂名汉廷，德流
子孙哉？余与他广通，为言高祖功臣之兴时若此云。

　　一方面意在说明史料的来源，增强叙事的可信度，另一方面也是创作主体情
感的渗透与映射。在感叹、赞扬四位传主虽皆出自白屋寒门，然能"垂名汉廷，
德流子孙"的同时，也暗含了对樊哙与夏侯婴些许无故遭诛的不平之情。《文心
雕龙·征圣》所谓"虽精义曲隐，无伤其正言；微辞婉晦，不害其体要"，就此篇
而论，诚哉斯言。

《春秋》"伯于阳"小考

——兼谈司马迁对《公羊》"信史"观念的实践

＊本文作者孙博涵，东南大学人文学院博士研究生。

一、《春秋》三传对"伯于阳"的记述差异

《春秋经·昭公十二年》有"十有二年春，齐高偃帅师纳北燕伯于阳"一句，《公羊传》《谷梁传》《左氏传》对此的解读均由不同，成为《春秋》学史上的一大悬案和争议话题。《公羊传》此处云："伯于阳者何？公子阳生也。子曰：'我乃知之矣'。在侧者曰：'子苟知之，何以不革？'曰：'如尔所不知何？《春秋》之信史也。其序，则齐桓、晋文。其会，则主会者为之也，其词，则丘有罪焉耳。'"东汉何休又解释道："子谓孔子。乃，乃是岁也。时孔子年二十三，具知其事，后作《春秋》，案史记，知'公'误为'伯'，'子'误为'于'，'阳'在，'生'刊灭阙。"① （清代孔广森《春秋公羊经传通义》补充说："此当为纳北燕公子阳生于某地，自'生'以下，字并灭尔。"②）意思是说，孔子在作《春秋》的时候，知道"伯于阳"三字是"公子阳生"的错讹，因为这一年他二十三岁，亲身经历过此事，知道高偃送的是燕国的公子阳生而非北燕伯款。但此处公羊学派认为孔子知错而不改，是蕴含着圣人要传达的精微思想，立下对文本审慎处理的规矩，也即所谓"毋意，毋必，毋固，毋我"，不能因为主观因素轻改原文，而要保留书籍的原貌，在讲述和阐释之时再加上自己的观点和见解。这也成为后代校勘时不改原文而另附校勘记的滥觞。

与之相对应的《左传》曰："十二年春，齐高偃纳北燕伯款于唐，因其众也"③，意思为昭公十二年春，齐国的高偃把北燕伯款送到唐地，这是因为唐地的群众愿意接纳他。《左传》传文并未觉得经文有误，且补充指出了"北燕伯"就是北燕伯款，即燕简公，在此之前昭公三年燕简公出奔齐国，此时由齐国大夫高偃

---

① （汉）何休集解，（唐）徐彦疏：《春秋公羊传注疏》，上海古籍出版社 2014 年版，第 946—948 页。

② （清）孔广森：《春秋公羊经传通义》，上海古籍出版社 2014 年版，第 642 页。

③ 杨伯峻：《春秋左传注》，中华书局 1990 年版，第 1331 页。

送他到唐地（即今河北完县西。"阳"即"唐"，二字古相通假）。按照《左传》的记载，可以梳理出北燕伯的相关资料。《春秋经·昭公三年》："北燕伯款出奔齐"。①《左传》详细地记述了此事："燕简公多嬖宠，欲去诸大夫而立其宠人。冬，燕大夫比以杀公之外嬖。公惧，奔齐。书曰'北燕伯款出奔齐'，罪之也。"②《春秋经·昭公六年》："齐侯伐北燕"。当年《左传》："十一月，齐侯如晋，请伐北燕也……十二月，齐侯遂伐北燕，将纳简公。晏子曰：'不入，燕有君矣，民不贰。吾君贿，左右谄谀，作大事不以信，未尝可也'。"③ 又《左传·昭公七年》云："七年春，王正月，暨齐平，齐求之也。癸巳，齐侯次于虢。燕人行成，曰：'敝邑知罪，敢不听命？先君之敝器，请以谢罪。'公孙皙曰：'受服而退，俟衅而动，可也。'二月戊午，盟于濡上。燕人归燕姬，赂以瑶甕、玉椟、斝耳，不克而还"。④ 对于此"不克"，林尧叟《左传句解》将其释为"不克纳简公而归"，即去年晏子所云"不入"也。而《左传·昭公十二年》云："齐高偃纳北燕伯款于唐，因其众也"。这一次是关于北燕伯最后的资料。所以按照《左传》的记述，首先是昭公三年北燕伯款出奔逃到齐国。之后昭公六年，齐侯想要纳北燕伯款，所以去攻打北燕，但是在昭公七年的时候，齐侯却受燕人贿赂，而未能将北燕伯款归还。直到昭公十二年，齐国的高偃率领军队最终将北燕伯款送回到唐地。也就是说，《春秋经》里说到的"北燕伯"，《左传》均认为是燕简公北燕伯款。所以，《左传》对此的解释逻辑自洽，通畅明了，也就没有所谓的问题和矛盾。

而《春秋谷梁传》的解读如下："十有二年，春。齐高偃帅师纳北燕伯于阳。纳者，内不受也。燕伯之不名，何也？不以高偃挈燕伯也。"⑤ 只说是"北燕伯"，但并没有提到他到底是谁，而是在《谷梁传》经学体系中着重解释了为何《春秋经》为何不书其名，是因为本来按照《春秋》义例，君主当书写名，但是在此是齐国臣子高偃挈之回国，于礼法不合，故不当书名，为一贬刺笔法。不过，按照《谷梁传》的辞气，可以推知"北燕伯"是国君，所以绝非《公羊传》所说的"公子阳生"，且范宁《集解》此句注云："三年所奔齐者。"⑥ 更是将其坐实为燕简公款。

因此，比较《春秋》三传，《公羊传》认为"伯于阳"是公子阳生，并引圣人孔子的话和亲身体验而为其增加可信度；而《左传》则认为此人就是昭公三年出奔的燕简公款，并在前后文中显得逻辑自洽；《谷梁传》虽含糊不清，未明说此人姓名，但应同样认为是燕简公。所以在这种情况下，要达到得知历史真相的目

---

① 杨伯峻：《春秋左传注》，中华书局 1990 年版，第 1231 页。

② 同上，第 1243 页。

③ 同上，第 1280 页。

④ 同上，第 1282 页。

⑤ （晋）范宁集解，（唐）杨士勋疏：《春秋谷梁传注疏》，北京大学出版社 2000 年版，第 331 页。

⑥ 同上，第 331 页。

的，只能将目光转向其他的历史文献记载，考察相关史书对此事的记述。

二、《史记》记述的另一面貌

对于这段历史的记述，首要考察的应是汉代司马迁所作《史记》，该书素称"信史"，去之未远的班固在《汉书》中即评价《史记》为"实录"，其云："然自刘向、扬雄博极群书，皆称迁有良史之材，服其善序事理，辨而不华，质而不俚，其文直，其事核，不虚美，不隐恶，故谓之实录。"① 对司马迁的史学素养和《史记》内容的翔实可信作了极高的评价。而《史记·燕召公世家》："惠公元年，齐高止来奔。六年，惠公多宠姬，公欲去诸大夫而立宠姬宋，大夫共诛姬宋，惠公惧，奔齐。四年，齐高偃如晋，请共伐燕，入其君。晋平公许，与齐伐燕，入惠公。惠公至燕而死。燕立悼公。"与之对应，《史记·十二诸侯年表》记载燕惠公元年即鲁襄公二十九年（公元前 544 年），即《春秋经·襄公二十九年》所记的"齐高止出奔北燕"。《史记》燕惠公六年（鲁昭公三年，公元前 539 年）奔齐，《年表》云："（燕惠）公欲杀公卿立幸臣，公卿诛幸臣，公恐，出奔齐。"又《年表》惠公九年（鲁昭公六年，公元前 536 年）云："齐伐我。"次年（鲁昭公七年，公元前 535 年）《年表》："燕悼公元年。惠公归至卒。"《燕召公世家》和《十二诸侯年表》对于齐伐燕时间的记载有矛盾，按照清代梁玉绳《史记志疑》的考证和对时间的推算，齐侯如晋请伐燕，应该是燕惠公九年事，即鲁昭公六年。齐受燕赂不克入其君，是燕惠公十年，也即鲁昭公七年。所以《燕召公世家》文中的"四年"当是"九年"的讹误。②

不过总体来说，《史记》对此事前半段的记载与《春秋经》很相似，并且时间也可相互对应，即公元前 544 年，齐高止出奔北燕；公元前 539 年，燕国国君因宠幸某人而与公卿发生矛盾而奔齐；公元前 536 年，齐国和晋国联合进攻燕国。但是后面的故事和主人公与《春秋》大不相同，首先是《春秋》尤其是《左传》，详细记载了鲁昭公六年到七年（前 536—前 535 年）间齐、晋对于伐燕纳燕公的一系列事情，如晏子在昭公六年对纳燕君不成的预测，和昭公七年由于贿赂之故而燕君未能回到燕国，且《左传》又补充道鲁昭公十二年燕君才最终回去。而《史记》却记载昭公六年齐、晋伐燕时燕君就已经成功回国，并且离奇的是"惠公至燕而死"，也就是说他刚回燕国就去世了，次年即是新君燕悼公继位，为燕悼公元年。因此燕惠公并没有活到《春秋》"伯于阳"故事发生的昭公十二年，这一年在《史记》中的燕国无事发生，只是一个平平无奇的"燕悼公六年"。另外，故事前半段奔齐又回国的主人公，《左传》中作"燕简公"，《史记》则始终是"燕惠公"，而《史记》燕国国君中也有一"燕简公"，《燕召公世家》云："悼公七年

---

① （汉）班固：《汉书》卷六一《司马迁传·赞》，中华书局 1964 年版，第 2738 页。
② （清）梁玉绳：《史记志疑》，中华书局 1981 年版，第 896 页。

卒，共公立。共公五年卒，平公立。晋公室卑，六卿始强大。平公十八年，吴王阖闾破楚入郢。十九年卒，简公立。简公十二年卒，献公立。"但与"燕惠公"相差悼公、共公、平公三任国君共三十一年，他继位时已经是鲁定公六年（前504年），与《左传》的燕简公不是同一个人。

对于《左传》和《史记》的这些矛盾，历来有不同看法，梁玉绳《史记志疑》倾向于《左传》史实正确，其云："余谓信《史》不如信《经》，况燕事缺失甚多，安知《史》不误以后之惠公易前之简公乎？"① 认为《史记》是误将"惠公"和"简公"倒置；当代学者骆扬倾向《史记》更合理，他从《左传》记载昭公七年的"暨齐平，齐求之也"的角度出发论证："因为按照后文的描述，齐显然是作为胜利者一方来接受燕的求和的。既然已经取得胜利，那么纳简公的目的同样也应该达成，可为什么最后还是不克而还呢。这样看来《史记》记载惠公至燕而卒的理由显然是更有说服力的……事情即可以解释为齐获得了胜利，纳简公的目的也即将达成，但关键时刻简公却死了，齐无奈之下只好接受燕的求和，收了贿赂就回国了……纵然我们无法否定《左传》所载之事，但必须承认《史记》之说亦通，且更为合理。"②《燕史纪事编年会按》则有调停二者的说法，认为："我觉得唯一合理的解释，可能应是《燕世家》与《左传》的两种说法都对，北燕伯款的谥号原本很可能是双重的'简惠公'。《左传》取其前而省其后，因称'简公'；《燕世家》所本之古籍（按：很可能是当时尚存、后久亡佚的《世本》，或《墨子》所言《燕春秋》之类）取其后而省其前，因称'惠公'。"③ 用双谥的方式化解了这个矛盾。

不过在笔者看来，对《春秋左传》和《史记》关于史实记载矛盾的探讨难以得出科学准确的客观答案，因为我们无法得知，《左传》作者和司马迁本人是基于哪些史料去书写这段历史，我们目前也几乎没有任何关于此问题的新材料，也即无法论证哪种说法为可信者。所以，我们应该具有一种"诠释者"的态度，可以对此进行学术史的梳理和一定程度的理论推测，但最终需从"孰是孰非"的客观问题转化为"为何如此"的主观阐释，也就是思考这些作者书写这段历史的目的与心态，这远比单纯论证还原历史客观细节更具有人文精神。所以下一章，文章将主要从《史记》的记述与其他区别为出发点，论证司马迁作记述历史与《春秋》三传思路完全不同，进一步突出理解司马迁对于《公羊传》提出"信史"观念的实践。

三、司马迁对《公羊传》"信史"观念的实践

我们知道，《公羊》学在西汉是主流学术，"罢黜百家，独尊儒术"的董仲舒

---

① （清）梁玉绳：《史记志疑》，中华书局1981年版，第362页。

② 骆扬：《〈春秋〉昭公十二年"伯于阳"考异》，《北京师范大学学报（社会科学版）》2011年第2期。

③ 陈平：《燕史纪事编年会按》，北京大学出版社1995年版，第245页。

就是《公羊》家，而司马迁作为西汉太史公，必然学习过《公羊传》，而且其《太史公自序》有"余闻董生曰"，其自序中又多有引证董仲舒《春秋繁露》之处，《史记·儒林列传》中也评论"公孙弘治《春秋》不如董仲舒"，可见司马迁的《公羊》学背景与董仲舒可能存在学术传承关系。

因此，我们思考问题的逻辑顺序应是：《公羊传》为何将"伯于阳"一定改为"公子阳生"？他们提供了哪些证据？最后是司马迁为何明知《公羊》所说而不采纳？带着这些问题我们回到《公羊传》这本经书，看历代的注释家如何论证"孔子"所说的"公子阳生"。《公羊传》最重要的是义例问题，《公羊传》是解《春秋经》之书，里面所有的疑问都是根据《春秋经》的语句而发问，然后从义例和训诂的角度加以回答，让人们更能理解经书的"微言大义"。了解了这一点再来看《公羊传》，首先就会发现一个难理解的问题。在针对"十有二年春，齐高偃帅师纳北燕伯于阳"这句经文时，为何提出"伯于阳者何"这样的问题，因为按照常理来考虑，"纳北燕伯于阳"是动词"纳"加名词"北燕伯"再加介词"于"介绍地点"阳"，在"孔子"没有说"伯于阳"是"公子阳生"的讹误之前，学习《春秋经》的人怎么会给"伯于阳"三个字断句发问呢？这就需要从《公羊》义例来解释，历代《公羊》注家多有过论述。

东汉的何休注："即纳上'伯款'，非犯父命，不当言'于阳'。又微国，出入不两书，'伯'不当再出，故断三字问之"。唐代徐彦疏："纳上伯款者，即上三年冬，'北燕伯款出奔齐'是也。其犯父命而见纳言于邑者，即哀二年夏，'晋赵鞅帅师纳卫世子蒯聩于戚'，《传》云'戚者何？卫之邑也。曷为不言入于卫？父有子，子不得有父也'。注云'明父得有子而废之，子不得有父之所有，故夺其国文，正其义也'者是也。然则今此'纳北燕伯于阳'，若是纳上伯款，即非犯父之命者，正以出奔称伯，不似蒯聩称世子故也，是以何氏于款之上连伯言之，见非犯父之命。云又微国，出入不两书者，僖二十五年'秋，楚人围陈，纳顿子于顿'，传云'何以不言遂，两之也'，注云'顿子出奔不书者，小国例也'是也。"[①] 所以，何休和徐彦告诉了我们《公羊》为何要就"伯于阳"三字断句发问，就是因为这句话不符合《春秋》笔法之义例。首先，"纳"就是凭借着他国的力量而回到自己的国家。而如果北燕伯是君主，回到自己的国家，在书法上应该是说"纳于某国"，而不是"纳于某地"，所以直接是"齐高偃帅师纳北燕伯于燕"，而如果是世子，又违犯父命借助外力回国，则不得称为"纳于某国"，只能称为"纳于某地"，因为"子不得有父之所有"，所以要"夺其国文"，就比如徐彦举例子说的卫国的蒯聩，他是卫国人，但不说"纳于卫"，而说"纳于戚"，正是因为这种情况。其次，按照《春秋》义例，小国出入不两书，就是《春秋》是不会重复记录小国之君的出奔和回国的。而《春秋经·昭公三年》已经说了"北燕

---

① （汉）何休集解，（唐）徐彦疏：《春秋公羊传注疏》，上海古籍出版社2014年版，第946—948页。

伯款出奔齐", 春秋时代的燕国还是一个很小的国家, 属于"微国", 所以昭公十二年的经文里就不应该再出现北燕伯回国的记录了。所以, 这两点义例上的不合之处会被人发问, 而《公羊传》引了孔子的话说这个人根本就不是北燕伯款, 而是公子阳生, 清代陈立《公羊义疏》说: "襄公二十一年《传》: '孔子生'。至是年二十三岁。又昭公二十四年仲孙貜卒,《左疏》引服曰: '贾逵云: 是岁, 孟僖子卒, 属其子使事仲尼, 仲尼时年三十五。'据此知昭公十二年孔子正合二十三岁, 故得知其事。"① 这样的话这两点疑问都迎刃而解, 首先不再牵扯是书国名还是地名, 而且符合了"微国出入不两书"。这就是《公羊传》对于此问题的解释。

而关于《公羊传》孔子说的"公子阳生",《左传》中出现过这个名字, 如《左传·哀公五年》: "冬, 十月, 公子嘉、公子驹、公子黔奔卫, 公子鉏、公子阳生来奔。皆景公子在莱者。莱人歌之曰: '景公死乎不与埋, 三军之事乎不与谋, 师乎师乎, 何党之乎?'"② 又《左传·哀公六年》: "陈僖子使召公子阳生。阳生驾而见南郭且于, 曰: '尝献马于季孙, 不入于上乘, 故又献此, 请与子乘之。'出莱门而告之故。阚止知之, 先待诸外。公子曰: '事未可知, 反, 与壬也处。'戒之, 遂行。逮夜, 至于齐, 国人知之。僖子使子士之母养之, 与馈者皆入。'冬十月丁卯, 立之。"③ 但是,《左传》中这个公子阳生, 是后来齐国的齐悼公, 名阳生, 但是却与《公羊传·昭公十二年》中所说的"公子阳生"不是同一个人, 因为此"阳生"是齐国人, 他不可能纳于燕国, 而且时间相差很远, 昭公十二年与哀公五年之间相差四十年。再查阅其他的史书, 没有关于这个燕国"阳生"的任何资料了, 所以以此来看, 孔子的话是一个孤证, 没有其他任何史料的支持了。而且细细品味孔子的话和孔子与《春秋》之间的关系, 我们其实有理由怀疑《公羊传》的那段话。孔子说: "我乃知之矣。"在侧者曰: "子苟知之, 何以不革?"曰: "如尔所不知何?"如果确实如此, 那孔子在校订或编写《春秋经》的时候就应该忠实尊重原文, 不更改原有的史料, 而只是在后面附加上自己的意见。但事实是, 同样是在《公羊传》的记载中, 早在庄公七年,《春秋经》云: "夜中, 星霣如雨。"《公羊传》: "不修《春秋》曰'雨星, 不及地尺而复'。君子修之曰'星霣如雨'。"④ 也就是说原本鲁国史书本来作"雨星, 不及地尺而复", 而孔子改作"星霣如雨"。这与他在昭公十二年的话是自相矛盾的, 而且如果孔子特别讲究春秋大义的例法, 那他在遇到原本史料有问题时, 就不会在后面的一例中发凡起例, 更何况庄公七年时孔子没有出生, 没有亲历过星霣如雨, 怎么就如此自信地加以更改? 所以《公羊传》很有可能是首先看到了"齐高偃帅师纳北燕伯于阳"这句话两处不合《春秋》义例, 因此绝非昭公三年的"北燕伯款", 但是此人

---

① (清)陈立:《公羊义疏》, 上海书店出版社 2014 年版, 第十二册第 438 页。

② 杨伯峻:《春秋左传注》, 中华书局 1990 年版, 第 1631 页。

③ 同上, 第 1637 页。

④ (汉)何休集解,(唐)徐彦疏:《春秋公羊传注疏》, 上海古籍出版社 2014 年版, 第 235—236 页。

究竟是谁，又必须给出一个解释，所以只能"造"出孔子那一段话，因为在公羊家眼里，《春秋》全经都经过孔子的修订，而且孔子是圣人，话语很有权威，更巧的是，昭公十二年时正好是孔子生活的时间，是他们眼中的"所见者太平世"，就更有理由发挥，于是就联想这个名字是怎么经过磨灭改易而成为"伯于阳"，最后说这个人是"公子阳生"。

《公羊传》是经学，重视的是历史背后的春秋大义，更在乎的是弘扬圣人作《春秋》为后世立法的观念，"公子阳生"这个名字没有太大意义，只是《公羊》家借之传递"《春秋》之信史也。其序，则齐桓、晋文。其会，则主会者为之也，其词，则丘有罪焉耳"观点的注脚，因此在他们的观念里，"信史"包含两点，一是史实的准确，二是褒贬用词的精确。不过讽刺的是，虽然《公羊》家对"信史"的归纳定义非常科学准确，但是整部《公羊传》只可谓做到第二点，对于"史实"层面并不在意，正如上文所说，"公子阳生"的客观可信度并不高，圣人"孔子"在作《春秋》时也绝非忠实原文不易旧史一字。所以《公羊传》不是严格的史书，而是借史发挥教化的教科书，正如今天我们还会在讨论小学教科书中砍樱桃树的是否是华盛顿，但教科书本意并不在意此，只是在传播教育诚实的观念。因此《公羊》的"信史"最终呈现出来的是"信以传信，疑以传疑"这个观念，而非具体历史事件的主角、时间和地点。

由此我们可以一定程度上理解司马迁作《史记》不采纳《公羊传》的原因，他虽然生活在《公羊》学盛行的环境，一定对"《春秋》之信史也。其序，则齐桓、晋文。其会，则主会者为之也，其词，则丘有罪焉耳"的说法非常熟稔，但他也一定对《公羊传》未做到史实客观准确而感到惋惜。得益于司马迁的家学和官职，他的学术背景不像西汉只通一经的博士，也不止仅仅接触今文经学，他还曾问学于孔安国，受到古文经学的教育，《汉书·儒林传》载"安国为谏大夫，授都尉朝，而司马迁亦从安国问故。迁书载《尧典》《禹贡》《洪范》《微子》《金滕》诸篇，多古文说。"[①] 也可能见过古文《左传》，其《十二诸侯年表序》云："鲁君子左丘明惧弟子人人异端，各安其意，失其真，故因孔子史记具论其语，成《左氏春秋》。"更甚者，司马迁接触了大量儒家经典之外的著作，《世本》《战国策》《楚汉春秋》等史籍作为史料大量出现在《史记》中，且《太史公自序》录其父司马谈《论六家要指》，对诸子百家的思想和学术也有精到的分析。在《史记》行文中也有大量关于诸子之说，或引其文，或论其学，如《管晏列传》："太史公曰：吾读管氏《牧民》《山高》《乘马》《轻重》《九府》及《晏子春秋》，详哉其言之也。既见其著，欲观其行事，故次其传。至其书，世多有之，是以不论，论其轶事。"《老子韩非列传》谓庄周之学："其要本归于老子之言，故其著书十余万言，大抵率寓言也。作《渔父》《盗跖》《胠箧》，以诋訾孔子之徒，以明老子之术；《畏累虚》《亢桑子》之属，皆空语，无实事。"

---

① （汉）班固：《汉书》，中华书局 1964 年版，第 3607 页。

基于这种多重学术背景，司马迁有志于完成一部"藏之名山，传之其人"据实考信的史学著作，而司马迁的"信史"实践工作，首先就要从史料的收集和考辨做起，其《五帝本纪》太史公曰："余尝西至空桐，北过涿鹿，东渐于海，南浮江淮矣，至长老皆各往往称黄帝、尧、舜之处，风教固殊焉，总之不离古文者近是。予观《春秋》《国语》，其发明《五帝德》《帝系姓章》矣，顾弟弗深考，其所表见皆不虚。书缺有间矣，其轶乃时时见于他说。非好学深思，心知其意，固难为浅见寡闻道也。"表明其在收集史料时注重民间传说与文献记载相结合，且择善而从。并且，对于虚妄不经的某些记载，司马迁经常不收录进《史记》或进行改写，如刺客豫让的故事，《战国策》有豫让拔剑击衣"衣尽出血，襄子回车，车轮未周而亡"的记载，而《刺客列传》删掉这一句，把这种荒诞记载改成了"以致报仇之意"的象征行为。而本文考察的"伯于阳"问题上，《左传》有昭公六年晏子关于燕君"不入"的预言，而次年果然应验，《左传》一书多有此灵异志怪之事，但司马迁可能同样认为此荒诞不经，在《史记》中无论在《燕召公世家》还是《管晏列传》都没有此记载。同样的，《公羊传》的"公子阳生"说，司马迁可能并未找到任何历史根据，所以并不是"信史"。因此，《史记》中的"燕惠公"和相关记载，我们有理由相信司马迁知道其他的说法，但他仍然要坚持自己的记述是"信史"，并不是凭空造出来的。其《十二诸侯年表序》云"太史公读《春秋历谱谍》……"而据《汉书·艺文志》记载，有《黄帝五家历》《古来帝王年谱》《帝王诸侯世谱》等十八家历谱，说明司马迁在著《史记》时应当参考过大量相关谱系材料，甚至是古代燕国史官的原始材料，其中的证据就是在《十二诸侯年表》中的主观用词"我"字，由于《春秋》是鲁史，在记述中对于鲁国的称呼多用"我"字，如"齐师伐我"。而在《十二诸侯年表》中的燕国一栏，对燕国的称呼也用"我"，如燕庄公十七年"郑执我仲父"、燕惠公九年"齐伐我"，都是站在本国视角下的用词。且《春秋经·襄公二十九年》所记"齐高止出奔北燕"，是鲁国第三人称视角，而《燕召公世家》和《十二诸侯年表》作"齐高止来奔"，明显是燕国史官的第一人称视角的记述，这些可以作为辅助证据证明司马迁对于"燕惠公"的记载是基于史料史实的，这种实践也体现了《公羊传》所说"信史"的第一个特质。

此外，《公羊传》的"信史"还具有第二项特质，即褒贬用词的精确，也就是通过描述历史体现史官的价值取向以实现历史对人的教化作用。这也是理解司马迁不采用《左传》记载的关键，前文已经梳理《左传》对于"燕简公"记载的完整时间线，在《左传》中，燕简公在鲁昭公三年出奔齐国，十二年回国，并不构成矛盾和问题。而《左传》本身也是《史记》的重要史源，司马迁完全可以采纳《左传》的记载，也可以像处理《晋世家》和《赵世家》对于"赵氏孤儿"一事时的异闻并存态度，在《燕召公世家》和《十二诸侯年表》中两存其说，但是司马迁一定要坚持此人是燕惠公且其九年归国即卒，其背后的原因还要从司马迁的学术底色和学术大环境中探寻。司马迁终归是西汉的太史，《公羊》今文学是他的学术底色，也是他相对来说最难以挑战的学说，前文提到"伯于阳"这个说法，先不论其他因素，首先在《公羊》学中这个笔法就不成立，因为"非犯父命，不当言'于阳'。又微国，出入不两书，'伯'不当再出，故断三字问之"。在《左传》中这不构成问题，但在《公羊》学"微言大义"的系统中却是一个绕不过的难题，它牵扯到素王圣人孔子作经的合理性，甚至是《春秋》作为政治规范的合法性，公羊家加上孔子那一段话，则巧妙地解决了这个问题，既回避了经文与义例之间的矛盾，还塑造了孔子谨慎高明的伟大形象。而司马迁在这样一种环境中学习成长，一方面他自身也具有《公羊》义法的观念，清代康有为、崔觯甫说他"得董生嫡传，深知《春秋》口传之学"①"于《春秋》一本于董生，一本于《公羊》"②，在作《史记》时明言"究天人之际，通古今之变，成一家之言"，正是为了"昭明世，继《春秋》"，即通过历史书写传达义法，弘扬其价值观。因此，对于《左传》"伯于阳"的记载，在司马迁看来虽符合历史逻辑，但忽略了更重要的《春秋》义法，本身的说法难以成立，故不采纳。另一方面，司马迁也可能面临着公羊学派的压力，如果他在《史记》中明确用《左传》这个与《公羊传》相左的说法，那么他必然要回应诸多挑战，而且他在《史记》中处处体现对孔子的崇拜和尊敬，不论"公子阳生"是否真的是孔子所说，司马迁也并不打算公开反驳孔子，而是巧妙地用另一种方式回避了这个问题。细读《史记》，就会发现《春秋·昭公十二年》"齐高偃帅师纳北燕伯于阳"的故事并未提及，他不按照《左传》处理为"燕简公"，却也既不赞同又不否认"公子阳生"，又而是找到另外的史料依据以另一种方式书写这段历史，以维护他心中神圣的"信史"。

从此，我们可以得出结论，《春秋》三传和《史记》对于燕国的历史记载各有差异，我们今天在没有新史料的情况下，很难从历史真实的角度判断孰是孰非，但是却能够从各家的历史书写中发掘体会他们的心思。尤其是司马迁，他将《公羊传》提出的"信史"观念奉为圭臬，真正将"孔子"所说的"毋意，毋必，毋固，毋我"内化到了心中，在《史记》中进行了实践，克服了《公羊传》史实记载失真的问题，同时也反对《左传》对"伯于阳"问题的简单化，保留了《公羊传》义例义法、借史明理的传统。

---

① （清）康有为：《孔子改制考》，中华书局1958年版，第269页。
② （清）崔适：《史记探源》，中华书局1986年版，第2页。

论《史记》对《论语》的接受与再诠释

＊本文作者张亦清，陕西师范大学文学院博士研究生。

《论语》作为以语录形式对孔子及其弟子日常言行的记述，是研究孔子生平及其思想的直接资料，直至今日仍被反复学习与训释。历代学者基于不同观点立场对《论语》不同程度的接受与再诠释，为《论语》注入了源源不断的活力。也正是在后世不断的诠释实践中，《论语》逐渐实现了文本的经典化，获得了"经典"地位。

而司马迁在《论语》还未获得"经典"地位的西汉时期，就表现出对《论语》极高的重视。在《史记》撰写的过程中，司马迁通过对孔子行迹的实地考察、对《论语》原文的引用以及结合自身学问对于史实的前后勾联，丰富了《论语》的记述背景，丰满了孔子的人物形象，同时也根据自己对《论语》所构建价值观的理解，对其他历史事件进行评价。实际上，《史记》中所表现出的对《论语》的接受与再诠释，不仅是《史记》创作过程中为增添史料、完善文本的必要，而且《史记》中的这种接受与再诠释，也在客观上推动了《论语》文本的经典化并抬升了《论语》的地位。《史记》也在后世成为了解读《论语》的重要参考。

一、《史记》对《论语》的接受

司马迁对《论语》的重视，首先体现为在《史记》中对《论语》的接受。以下分别从接受的原因与接受的表现两个方面来分析《史记》对《论语》的接受情况，为进一步研究《史记》对《论语》作了何种新的诠释提供基础与前提。

（一）《史记》对《论语》接受的原因

之所以能够在《史记》中直观感受到对司马迁对于《论语》的接受，原因可分为主观与客观两个层面。

1. 客观原因：西汉前期儒学的复苏

经历连年的战乱，汉初社会经济萧条、百废待兴，且由于秦火一劫，文化事业也陷入了停滞。在这样的国情之下，汉初统治者在思想上倾向于"无为"，崇尚黄老刑名之学，推行与民生息的国策。《史记》中记载：

> 孝文即位，有司议欲定仪礼，孝文好道家之学，以为繁礼饰貌，无益于

治，躬化谓何耳，故罢去之。①

　　窦太后好黄帝、老子言，帝及太子诸窦不得不读黄帝、老子，尊其术。②

　　汉初统治者对于黄老之术的推崇可见一斑。但与秦朝时的文化专制不同，在"无为"思想的影响下，他们对于其他思想的传播也没有进行干预与压制。同时随着政权的日益稳固，统治者对儒学的态度也有较大改变。《汉书》中有这样一句："至孝文皇帝，始使掌故晁错从伏生受尚书，尚书初出于屋壁，朽拆散绝，今其书见在，时师传读而已。"③ 记载了文帝曾派遣晁错向伏生学习《尚书》，后来更是要求晁错向太子传授儒家思想。可见儒学在这一时期逐渐恢复了发展。

　　当然，儒学在汉初还未获得"独尊"地位，其地位仍与除黄老之学的其他学说相同。《汉书》中提到："诗始萌芽，天下众书，往往颇出，皆诸子传说，犹广立于学官，为置博士，在朝之儒，唯贾生而已。"④ 说明文帝时，博士的建立不仅限于儒学。赵岐在《孟子题辞》中也提道："孝文皇帝欲广游学之路，《论语》《孝经》《孟子》《尔雅》皆置博士。后罢传记博士，独立'五经'而已。"⑤ 说明《论语》等儒家经典虽在文帝时设立了博士，但后来又取缔了。

　　但不可否认的是，西汉前期儒学已然出现复苏情况，尤其是《论语》在汉初的传播很广泛。王国维经过考证，在其《汉魏博士考》中，关于汉代"罢传记博士"一事分析指出："然《论语》《孝经》《孟子》《尔雅》虽同时并罢，其罢之意则不同。《孟子》以其为诸子而罢之也。至《论语》《孝经》，则以受经与不受经者皆诵习之，不宜限于博士而罢之者也。"⑥ 其中王国维将《论语》不再设置"博士"的原因归纳为"受经与不受经者皆诵习之，不宜限于博士。"⑦ 足以说明汉初《论语》的流行已成为学界的共识，这也正是《史记》中出现对《论语》接受的内容的客观原因。

2. 主观原因：司马迁对孔子的尊崇

　　在《史记》中，司马迁从来都不吝表达自己对孔子的景仰与尊崇。然而需要注意的是，司马迁对于孔子的尊崇并不来源于孔子作为儒学肇始的重要地位，而是来源于孔子作《春秋》的史学成就。虽然孔子曾自述"述而不作，信而好古。"⑧ 但汉人实际已经形成了《春秋》是孔子所作的共识。如在《报任安书》中，司马迁就明确写道："盖文王拘而演《周易》，仲尼厄而作《春秋》。"⑨ 与之

---

①　（汉）司马迁：《史记》，中华书局 2011 年版，第 1160 页。

②　同上，第 1975 页。

③　同上，第 1968—1969 页。

④　同上，第 1969 页。

⑤　（汉）赵岐：《孟子题辞》，十三经注疏《孟子注疏》本，中华书局 1980 年版，第 2662 页。

⑥　方麟选编：《王国维文存》（清华国学系），江苏人民出版社，2013 年版，第 524 页。

⑦　同上。

⑧　杨伯峻：《论语译注》，中华书局 2019 年版，第 65 页。

⑨　（汉）班固：《汉书》，中华书局 2011 年版，第 2735 页。

相对，《论语》在汉代其实是被当作《春秋》之"传"来看待的，所以才会有《汉书·扬雄传》的评价："传莫大于《论语》。"① 因此作为史学家的司马迁，自然会对拥有巨大史学成就的孔子心生景仰，并对记录孔子日常言行，且还是《春秋》之"传"的《论语》倍加重视。

司马迁对孔子的尊崇主要受其家学与师学两方面的影响。家学方面，司马迁深受其父司马谈的影响，司马谈在临终时，曾说：

> 夫天下称诵周公，言其能论歌文武之德，宣周邵之风，达太王、王季之思虑，爰及公刘，以尊后稷也。幽厉之后，王道缺，礼乐衰，孔子修旧起废，论《诗》《书》，作《春秋》，则学者至今则之。自获麟以来，四百有余岁，而诸侯相兼，史记放绝。今汉兴，海内一统，明主贤君忠臣死义之士，余为太史而弗论载，废天下之史文，余甚惧焉，汝其念哉！②

从中可以看出，在国家政权稳定之后，作为史官的司马谈已经拥有了建立完整历史体系的自觉。他认为自孔子作《春秋》之后并没有真正能承继正确历史价值观的人来完成"修旧起废"的工作。也因此嘱托儿子司马迁来完成这一工作，司马迁日后念及父亲的嘱托：

> "先人有言：'自周公卒五百岁而有孔子。孔子至于今五百岁，有能绍明世，正《易传》，继《春秋》，本《诗》《书》《礼》《乐》之际？'意在斯乎！意在斯乎！小子何敢让焉！"③

可见在其父司马谈的影响下，司马迁也非常景仰孔子，将孔子著史的精神作为自己著史的指引，并立志继承孔子在史学方面的成就。

师学方面，司马迁曾经师从董仲舒，主要学习《春秋公羊传》。《公羊传》对于《春秋》的说解更倾向于对其中"微言大义"的体会，主要着眼于《春秋》政治、伦理教化等现实意义。因此司马迁在学习中认识到了史学著作所蕴含的社会功能，同时也能更深入地理解孔子在发挥史实现实作用方面所做的努力。

以上就是《史记》对《论语》接受的原因。汉初宽松的学术氛围与儒学的复苏，以及司马迁在家学与师学的影响下对于孔子的尊崇，都使得《史记》对作为研究孔子一手资料的《论语》的接受成为必然。

（二）《史记》对《论语》接受的表现

基于对孔子的尊崇以及对《论语》的重视，司马迁在撰写《史记》的过程中对《论语》进行了大量的征引。整部《史记》共征引《论语》原文147条，而且除了与孔子密切相关的《孔子世家第十七》和《仲尼弟子列传第七》两卷中共

---

① （汉）班固：《汉书》，中华书局2011年版，第3583页。
② （汉）司马迁：《史记》，中华书局2011年版，第3295页。
③ 同上，第3296页。

115 条征引之外，还有 32 条分布在其他篇章中。如此广泛的征引，足以说明《史记》无论是对《论语》的内容还是对《论语》的思想，都有着很广的接受范围与很高的接受程度。

1.《史记》对《论语》内容的接受

《史记》对《论语》的接受主要表现为：司马迁在《史记》中一直是将《论语》作为可采信的历史史料来对待的。在撰写与孔子相关的内容时，《论语》是司马迁的首要依据。司马迁在《仲尼弟子列传第七》一卷最后就作过如下说明：

> 太史公曰："学者多称七十子之徒□誉者或过其实□毁者或损其真□钧之未睹厥容貌。则论言弟子籍，出孔氏古文近是。余以弟子名姓文字悉取《论语》弟子问，并次为篇，疑者阙焉。"①

实际上，由于儒学在春秋战国时期较大的影响力，汉代除《论语》外还有许多著作涉及对孔子及其弟子日常言行的记录与评价，如《礼记》中就有很多关于孔子与其弟子讲礼和习礼内容；《孔子家语》与《孔丛子》虽是从家学角度入手，但依然有对孔子言行的记录。然而根据以上司马迁在《仲尼弟子列传》之后的说明可知，他认为这些评价孔子及其弟子的著作中，有不少"誉过其实，毁损其真"的内容存在。

与此相对，司马迁非常认可《论语》的真实性。以《仲尼弟子列传》为例：凡是《论语》中记录了其言行的弟子，司马迁都详细记录甚至补充了他们的事迹、深化了他们的性格特征，如对《论语》中频繁出现的子路与子贡，《仲尼弟子列传》中分别用了很长的篇幅来介绍他们二人的生平与言行，甚至对在《论语》中仅出现过两章的宰我，司马迁在介绍时仍然用了一大段文字来说明当时的情况。而对《论语》中没有记录过事迹的弟子们，如颜辛、冉孺等，在《仲尼弟子列传》中仅记录了他们的姓名与年岁，甚至对于冉季、公祖句兹等弟子，文中只记录了他们的姓名。以上情况反映了司马迁在处理有关孔子及其弟子问题时，对于《论语》中没有出现的内容确实是存疑并空缺的，说明《史记》对于《论语》的内容基本是全盘接受的，同时也说明司马迁作为一名杰出的史学家，他对于史料来源的选取十分谨慎，不会使用他认为可信度不高的史料。

2.《史记》对《论语》思想的接受

《史记》中，司马迁常通过"太史公曰"来直接表达他对事件及人物的评论。而在发表诸如此类的评论时，司马迁往往会对其他典籍进行征引，以增加评论的深度与可信度。其中征引最多的仍然是《论语》，可见《史记》受《论语》思想影响之深。《史记》对《论语》思想的接受主要表现在两个方面：第一，表现为司马迁在对政治主张进行分析与评价时对《论语》中孔子的主张体现出的认可与承袭；第二，表现为司马迁对历史人物的分析与评价是以《论语》中的评价为依据

---

① （汉）司马迁撰：《史记》，中华书局 2011 年版，第 2226 页。

的。以下分别来看：

(1)《史记》对政治主张的分析与评价

《论语》中，提到孔子的政治主张，最重要的就是"仁"与"礼"两个概念。除了章节名称外，"礼"出现了74次，"仁"出现了108次。正是从孔子对"礼"与"仁"两个概念的反复申说以及细致的方法论指导中能够看到，《论语》实际上已经将"礼"与"仁"之间的逻辑关系讨论得非常清楚了。

《论语》中有许多篇章都表达了孔子对周礼的向往与赞美。北宋邢昺在为《论语》作疏时总结《八佾》一章："前篇论为政。为政之善，莫善礼乐，礼以安上治民，乐以移风易俗，得之则安，失之则危，故此篇论礼乐得失也。"①《八佾》是《论语》中专门讨论有关"礼乐"问题的一章，而且除《八佾》之外，其他章节中也有很多关于"礼"的讨论。所谓"礼"，《说文解字》中解释为："礼，履也。所以事神致福也。"②即沿着之前的道路走。引申到国家层面，就是指典章制度与社会规范。那么在孔子的思想体系中，这个"礼"实际就是指周礼，即周代的等级制度，代表着一种区别宗法远近的秩序，重在规范人在社会中的地位与相互关系，也就是孔子所说的："君君，臣臣，父父，子子。"③《史记》中司马迁也认可这种区别宗法远近的政治秩序，在《孔子世家》中完整引用了《论语·颜渊》中的这段话。而在孔子所处的时代，周王室衰微，所谓外在行为规范的礼乐制度受到了极大的威胁。在宣扬"克己复礼"这一政治思想的过程中，孔子敏锐地意识，如果统治阶层对于"礼"的遵守并不是出于心理认同而产生的自觉自愿的行为，那么这种遵守将是不稳固的。所以能够让统治者与士人阶级再度认同周代的社会规范，并发自内心地拥护与遵循"礼"，就成了儒家思想的核心问题。

面对这一核心问题，孔子提出了儒家学说的核心"仁"。《论语》中并没有对这一概念作出明确的界定，所谓"仁"，主要表示一种道德观念，其核心在于人与人之间的相互尊重与爱护。用现代的概念作类比，可以说"礼"是一套周代的社会行为规范，而"仁"就很像是孔子为当时社会所设立的"价值观"，一切都要在"仁"这个价值观的导向下进行。在政治主张方面，首先要明确的是孔子非常反对采用强制的方式来迫使民众接受既定的政治制度。为说明强制的后果，《为政第二》中孔子对两种不同的治理方式及其可能导致的结果做了比较：

> 子曰："道之以政，齐之以刑，民免而无耻；道之以德，齐之以礼，有耻且格。"

此句被司马迁引入《酷吏列传第六十二》的序言中，并在之后又加上了：

① （魏）何晏注，（宋）邢昺疏，朱汉民整理：《论语注疏》，北京：北京大学出版社，1999年，第28页。

② （汉）许慎撰，（清）段玉裁注，许惟贤整理：《说文解字注》，南京：凤凰出版社，2015年，第3页。

③ 杨伯峻：《论语译注》，第126页。

> 故曰："听讼，吾犹人也，必也使无讼乎。"

这一句同样出自《论语》。由此可见司马迁接受并承袭了《论语》中的政治主张，他在政治治理的方式方法上更倾向于儒家德治教化，认为"政"与"刑"不能够作为治理人民的首要手段，还是应该通过道德教化的方式，使人民能够自觉自愿地意识并践行当下社会的政治秩序。

除《酷吏列传》外，司马迁还在《孝文本纪第十》中表达了对文帝"仁政"的赞美：

> 孔子言："必世然后仁。善人之治国百年，亦可以胜残去杀。"诚哉是言！汉兴，至孝文四十有余载，德至盛也。

司马迁的此段评论，引用《论语·子路》中的两句，用以对照说明歌颂了汉文帝的治理之功，同样也是将做到"仁"放到了"德至盛"的地位，依然表现出了《史记》在政治主张方面对《论语》中孔子德治思想的接受。

（2）《史记》对历史人物的分析与评价

通读《史记》可以看出，司马迁在对很多历史人物分析与评价时，都是以《论语》中的评价或道德标准作为依据的。

首先，受《论语》影响最深的肯定是《仲尼弟子列传》中对孔子的各位弟子的评价。司马迁在《仲尼弟子列传》一开篇就表现出了以《论语》中对弟子的评价为基点的创作理念，《史记》中对孔子最出名的几位弟子简短评价如下：

> 师也辟，参也鲁，柴也愚，由也喭，回也屡空。赐不受命而货殖焉，亿则屡中。

而此句来源自《论语·先进》：

> 柴也愚，参也鲁，师也辟，由也喭。
> 子曰："回也其庶乎，屡空。赐不受命而货殖焉，亿则屡中。"

除了对孔子弟子们的综合评价基于《论语》之外，司马迁在之后对各位弟子进行具体介绍时，也是以《论语》为依据来完善《史记》的内容的。以孔子给予负面评价的宰予为例，《仲尼弟子列传》中，共记录了宰予的三件事，分别是："宰予问三年之丧""宰予昼寝"和"宰予问五帝之德"。《论语》中实际还记载了有关宰予的另外两件事，一是在《八佾》中，鲁哀公问宰予做社主应该用什么树的事；二是在《雍也》中，宰我问孔子假设有人掉进井中的事。而与之相对应，《论语》中并没有出现"宰予问五帝之德"的记载。

两书比较能够看出，司马迁认同并继承的是《论语》中对宰予性格的评价。从《论语》中可以看出，宰予是利口辩辞、思维活跃，但好逸恶劳，爱耍小聪明的性格，因此在《史记》中，司马迁没有必要将《论语》有关宰予的事件都移录过来，而只需要选取有代表性的事件：从"宰予问三年之丧"一事能够看出其利口辩辞，从"宰予昼寝"一事能够看出好逸恶劳，而增添"宰予问五帝之德"

一事则是为了直接引出孔子对其"予非其人也"①的评价，即孔子认为以宰予是不能够明白五帝的德行的，这属于非常严重的负面评价，而这种评价正是基于《论语》的内容所做出的。同时司马迁还基于《论语》孔子对宰予的负面评价，还在《史记》中补充说明了宰予的结局：

> 宰我为临菑大夫，与田常作乱，以夷其族，孔子耻之。②

其次，司马迁在对除孔子弟子外的其他历史人物作评价时，也常以《论语》作为依据。以对管仲的评价为例，《论语》中有两条讨论管仲的内容。一条出现在《八佾》中，孔子因管仲僭越礼制行为，评价其："管仲器小哉！"另一条出现在《宪问》中，孔子评价管仲是拥有仁德的人。由此可见，孔子对管仲的评价比较纠结，他肯定管仲作为齐桓公的有力辅佐，其推动诸侯会盟，停止战争的历史功绩，但同时他又否定管仲僭越礼制的行为。司马迁完全继承了孔子对管仲的评价，在《管仲列传第二》中评论道：

> 管仲世所谓贤臣，然孔子小之。岂以为周道衰微，桓公既贤，而不勉之至王，乃称霸哉？

在撰写《管晏列传》时司马迁也同孔子一样，首先通过对管仲事迹的记载，充分肯定了管仲杰出的政治才能，但在对管仲性格与人品的刻画上，还是表达出了对其不能恢复王道的惋惜。以上宰予与管仲的事例，表现出了《史记》在历史人物的品评方面对《论语》中人物评论的接受。

综上，关于《史记》对《论语》思想的接受，能够总结出：在政治主张方面，《史记》对《论语》思想的接受集中在，叙事中表现出的对孔子仁德思想的认同；在历史人物方面，《史记》对《论语》思想的接受集中在史评中表现出的对孔子所作评价的承袭。

二、《史记》对《论语》的再诠释

受汉代儒家经学发展的影响，司马迁在《史记》中对《论语》的接受范围很广，接受程度很深，但单纯地承袭与移录是不可能取得《史记》这样重大的史学与文学成就的。司马迁在著《史记》时不仅做到了"究天人之际，通古今之变。"③更重要的是做到了"成一家之言。"④通读《史记》，能够感受到司马迁在接受《论语》的过程中，还对《论语》的内容与思想进行了再诠释，他在《史记》中构建了一套属于自己的完整的历史观与价值观，也正是在这一套历史观与价值

---

①　（汉）司马迁撰：《史记》，中华书局 2011 年版，第 2195 页。

②　同上。

③　（汉）班固撰：《汉书》，中华书局 2011 年版，第 2735 页。

④　同上。

观的引导下，司马迁得以对各种历史事件进行还原与演绎。使得历史著作在发挥知古鉴今等现实功用的同时，也被视作思想与文化的载体，成为撰写者思想主张的反映。

《史记》对《论语》再诠释的表现可以分为对《论语》内容的再诠释与对《论语》思想的再诠释两个方面。同时，值得注意的是，《史记》对《论语》所进行的诠释，实际在客观上进一步推动了《论语》文本的经典化。因而在探讨完《史记》对《论语》再诠释的表现后，还应当了解《史记》的再诠释对《论语》经典化的影响。

(一)《史记》对《论语》内容的再诠释

由于司马迁将《论语》当作真实可信的历史史料，《史记》中凡是涉及《论语》的相关内容，就算《论语》中的记载与其余著作有所出入，也基本都以《论语》作为依据与参考。但在对《论语》内容接受的同时，司马迁也会根据《史记》的撰写内容，对《论语》内容进行补充甚至发挥。

司马迁的补充与发挥最突出体现在《史记》的叙事性上。《史记》是纪传体通史，《论语》是语录体散文，两本著作文体的区别，直接导致了《史记》与《论语》叙事性的差距。《论语》对一个事件的描述完全通过对话来展现，每章之间所展现的事件也不连贯，而《史记》的核心就在于叙事，司马迁对每一时期政治、经济以及文化的见解，正是通过围绕每一个历史人物的历史事件来展现的。因此《史记》对《论语》内容的沿用必然需要增加《论语》的叙事性。仍以受《论语》影响最大的《孔子世家》一卷为例。

《论语》中，叙事性最强的当数记述孔子日常生活的《乡党》一章。从征引数量上看，《孔子世家》中共征引《论语》57条，其中有一整段连着征引了8条《论语·乡党》中的内容：

> 其于乡党，恂恂似不能言者。其于宗庙朝廷，辩辩言，唯谨尔。朝，与上大夫言，訚訚如也；与下大夫言，侃侃如也。入公门，鞠躬如也；趋进，翼如也。君召使傧，色勃如也。君命召，不俟驾行矣。鱼馁，肉败，割不正，不食。席不正，不坐。食于有丧者之侧，未尝饱也。是日哭，则不歌。见齐衰、瞽者，虽童子必变。①

由此可见，司马迁在选取《论语》作为写作材料时，就比较侧重于选取叙事性更强的内容。而对于《论语》中其他叙事性不强的内容，司马迁也会通过对孔子及其弟子生平的研究，来增添其故事背景，以增强内容的叙事性。如对"子畏于匡"的处理，《论语》中对此事仅有两处提及，一处出现在《子罕》篇中：

> 子畏于匡，曰："文王既没，文不在兹乎？天之将丧斯文也，后死者不得

---

① （汉）司马迁：《史记》，中华书局 2011 年版，第 1939—1940 页。

与于斯文也；天之未丧斯文也，匡人其如予何？"

一处出现在《先进》篇中：

> 子畏于匡，颜渊后。子曰："吾以女为死矣。"曰："子在，回何敢死？"

从《论语》中，只能看到"子畏于匡"的结果，并没有完整解释"畏于匡"的来龙去脉。因此当司马迁把这一事件写进《史记》中时，便补充了这整件事的原因与经过：

> 将适陈，过匡，颜刻为仆，以其策指之曰："昔吾入此，由彼缺也。"匡人闻之，以为鲁之阳虎。阳虎尝暴匡人，匡人于是遂止孔子。孔子状类阳虎，拘焉五日，颜渊后，子曰："吾以汝为死矣。"颜渊曰："子在，回何敢死！"匡人拘孔子益急，弟子惧。孔子曰："文王既没，文不在兹乎？天之将丧斯文也，后死者不得与斯文也。天之未丧斯文也，匡人其如予何！"孔子使从者为宁武子臣于卫，然后得去。①

可见《史记》中加入了这些背景材料，完整地解答了《论语》中孔子为什么会对匡这个地方有所畏惧。因而能够使读者更好地理解孔子传承文化为己任的自信与决心，以及更好地理解颜渊与孔子之间的师生情谊。班固曾评价司马迁"善序事理，辨而不华，质而不俚。"② 也正是因为司马迁善于将搜集来的史料生动连贯地叙述出来，客观来讲，也为后人进一步地理解与阐释《论语》提供了重要的参考。

(二)《史记》对《论语》思想的再诠释

虽然经过前文的分析，能够看出，在对政治主张以及对一些历史人物进行评价时，司马迁非常认可并承袭了《论语》中孔子的思想。然而由于西汉前期儒学并未获得"独尊地位"，尽管在师学与家学的影响下，司马迁非常尊崇孔子，也非常认同儒学的处事方式，但他也从不排斥其他诸子学说，并不是完全以儒学的是非为是非，因而在《史记》中能够发现，司马迁的一些侧重点与观点，还是会和《论语》中的思想有一些区别。因此班固在《汉书》中批评司马迁："是非颇谬于圣人，论大道则先黄老而后六经，序游侠则退处士而进奸雄，述货殖则崇势力而羞贫贱，此其所蔽也。"③ 这种批评其实也与班固和司马迁生活的时代背景不同有关。

《史记》对《论语》思想的再诠释主要表现为《史记》的诠释有非常明显的政治倾向。《论语》作为孔子及其弟子言行的记录，其撰写的核心目的在于道德塑造与人伦教化；而《史记》在论及孔子的相关事件时，更强调这一事件的政治功

---

① （汉）司马迁：《史记》，中华书局 2011 年版，第 1939—1940 页。
② （汉）班固：《汉书》，中华书局 2011 年版，第 2738 页。
③ （汉）班固：《汉书》，中华书局 2011 年版，第 2737—2738 页。

能。以两书对于孔子论《诗》的阐释为例。

《论语》中有很多关于孔子与其弟子们谈论《诗》的记载，而这部分内容也基本被司马迁征引在了《孔子世家》中。然而《论语》与《史记》阐释的侧重点明显有差别。《论语》中孔子曾对《诗》作出整体评价：

> 子曰："《诗》三百，一言以蔽之，曰：'思无邪。'"①

且《论语》中孔子还对《诗》的功用作出精辟总结：

> 子曰："小子何莫学夫《诗》？诗，可以兴，可以观，可以群，可以怨。迩之事父，远之事君；多识于鸟兽草木之名。"②

从这两句话中，已经能够看出，《论语》更注重发掘《诗》所包含的哲学意义，更注重通过问答让弟子自己体会《诗》的内涵与功用。而且《诗》是孔子教育弟子的重要内容，《论语》中孔子对于《诗》的解读是从人文主义角度进行的偏重于文学的解读，同时也更强调《诗》对于人格的涵养与塑造。

而在《史记》中，司马迁对于孔子诗学思想的处理，就有着明显不同的侧重。《乐书》一卷中有这样两句：

> 天子诸侯听钟磬未尝离于庭，卿大夫听琴瑟之音未尝离于前，所以养行义而防淫佚也。夫淫佚生于无礼，故圣王使耳闻《雅》《颂》之音，目视威仪之礼。

> 天子躬于明堂临观，而万民咸涤荡邪秽，斟酌饱满，以饰厥性，故云《雅》《颂》之音理而民正。

可见，虽然司马迁对于《诗》内涵与功用的阐释的基本思想仍然来自《论语》，但显然他更关注《雅》《颂》规范贵族行为，激发道德精神的社会政治功能。同时《史记》对于孔子论《诗》的记载并没有体现出《论语》中孔子与弟子讨论《诗》的意义和功用的那种循循善诱、循序渐进的思维过程，而是直接将孔子对《诗》的看法摆在一个权威的位置，从而强调《诗》的政治意义与功用。

除了在孔子《诗》学思想上的侧重点不同之外，其实《史记》在概念性问题的解释方面，相较于《论语》也表现出了明显的政治倾向。通读《论语》不难发现，孔子在论"礼""仁""孝"等概念性问题时，都不是用概念去解释概念，而是指导弟子们应该"如何去做"，给弟子们提供解决问题的办法。这一特征说明，《论语》是在记录孔子与弟子对话的过程中，因材施教，目的在于道德人格的涵养。而面对概念性问题，《史记》却没有继续强调孔子教育教学的方法论，而是在叙事过程中，强调这些概念性问题的政治作用，目的在于政治功能的发扬。

司马迁对《论语》进行再诠释时所体现出来的政治倾向，还影响到了《史

---

① 杨伯峻：《论语译注》，第 11 页。
② 同上，第 183 页。

记》中孔子形象的呈现。首先需要明确的是，孔子的形象从战国发展到汉代，其实已经发生了改变，虽然司马迁为了能够还原史实做了很多考证的工作，但对于孔子形象，也肯定加入了一些自己的想象。尤其是司马迁还曾向董仲舒学习过《春秋公羊传》，而公羊学派本身就偏重于讲政治教化，所以《史记》中的孔子形象发生了一些变化。最明显的一个表现就是，相较于《论语》，《史记》中孔子的地位得到了明显的提升。《论语》中的孔子是力图恢复周礼，重视人格塑造的政治家，更是谆谆教诲、循循善诱的教育家，而在《史记》中，司马迁放大了孔子的政治与文化功绩，他在《太史公自序》中评价道：

> 周室既衰，诸侯恣行。仲尼悼礼废乐崩，追修经术，以达王道，匡乱世反之于正，见其文辞，为天下制仪法，垂《六艺》之统纪于后世，作《孔子世家》第十七。

将孔子从一个学派创始者的地位，提升到了"为天下制仪法"的高度。

同时出于《史记》叙事性的需要，司马迁在处理孔子的形象时，把重点放在了对孔子"政治不遇"描述上。在《孔子世家》中司马迁用了大量的篇幅来记述孔子周游列国但不为诸侯所用的事迹，这种处理方式刻意淡化了孔子的教育家形象，但极大地加深了读者对于孔子失意政治家形象的认同，也为他自己后来"仲尼厄而作《春秋》"的"发愤著书"说提供了铺垫。

（三）《史记》的再诠释对《论语》经典化的影响

汉代是《论语》经典化的关键时期。这一时期，《论语》文本基本定型，且《论语》的地位有了明显抬升——到东汉时期，已经出现了将原有的"五经"加上《论语》与《孝经》合称为"七经"的提法。

《论语》的经典化首先与其自身的文本特点有关：《论语》中既有对社会行为的具体指导，又有对人生哲学的形而上思考；既有对礼乐制度的向往与坚持，又有对人性道德的关怀与探讨。徐兴无曾提出：中国早期思想上的突破就在于在"解释"的实践中完成了对礼乐传统的人文转化。带着这样的观点再去看《论语》，能够发现孔子在《论语》中，实际上已经在对当时的名物史实、礼乐制度以及自身修养进行了一些解释，换句话说，也就是孔子在《论语》中已经完成了对礼乐传统的第一次"人文转化"，这就为后世的学者对礼乐传统的解读提供了一个既定的视角，从而为《论语》本身搭建了更广阔的诠释空间。

当然，《论语》的经典化更得益于后世的再诠释，任何经典都是在"解释"这样的一种实践过程中完成的，尤其是个人的"解释"。而《史记》对《论语》的再诠释，是对《论语》的再诠释中一次非常成功的实践，对《论语》的经典化影响很大。

首先，正如前文所说，《史记》提升了孔子的地位，放大了孔子的历史功绩。出于对孔子的尊崇，司马迁甚至将孔子的生平事迹编入了"世家"，而"世家"正常来讲是对诸侯生平的记载，这其实就相当于司马迁认可了孔子"素王"的地位。除了孔子之外，其他学说的代表人物都仅出现在"列传"中。《论语》作为对孔子及其弟子言行的记录，孔子地位的提升必然会提升《论语》的流传度，从而促进《论语》的经典化。

其次，《史记》对《论语》的再诠释，即，内容上叙事性的增加以及思想上政治哲学的倾向，丰富了《论语》的记述背景，丰满了孔子的人物形象。使得《史记》本身又成了《论语》新一轮再诠释的重要参考资料。以对后世影响颇大的《论语集解》与《论语集注》这两个《论语》注本为例：《集解》中共征引《孔子世家》1 条；《集注》中共征引《孔子世家》8 条。虽然相对于两注本的注释数量来讲，它们对《史记》的征引不算多，但足以证明《史记》在后世也成为了解读《论语》的参考资料。

综上，关于《史记》对《论语》的再诠释，能够总结出：在内容上，《史记》偏重于选取《论语》中叙事性较强的部分，此外司马迁还化议论为叙事，为《论语》中叙事性不强的内容增添故事背景；在思想上，《史记》体现出明显的政治哲学倾向，面对同一问题，《论语》的诠释侧重于道德人格的涵养，《史记》的诠释侧重于政治功能的发扬。同时，《史记》对《论语》的再诠释不仅展现了司马迁高超的叙事能力和对史料的把控能力，而且还对《论语》的经典化产生了积极的作用，《史记》也成了后世解读《论语》的重要参考。

《史记》赋税文献与司马迁的赋税观

＊本文作者蒲婧怡，西北师范大学博士研究生。

中国古代社会在经济制度方面一个显著的特征就是赋税，它包含田赋、人口税、徭役、工商杂税等多个方面。赋税作为中国古代王朝最直接的财政收入来源，反映了当时的社会结构和经济状况，与国家命运息息相关。司马迁《史记》对中国古代赋税制度亦有许多重要记载。本文基于对《史记》中赋税文献的整理和认识，试就《史记》赋税文献的保存、分类与其中所体现的司马迁的思想略作分析。

一、《史记》赋税文献的保存

《史记》作为一部纪传体史书，根据各篇目中所记载的不同人物与内容分为《本纪》《表》《书》《世家》《列传》五种体裁。我们以这五种体裁为基准，针对不同体裁中赋税文献的保存进行考察。

1. 《本纪》中的赋税文献

《本纪》所记载的是各个时期的帝王事迹。张守节《正义》云："本者，系其本系，故曰本；纪者，理也，统理众事，系之年月，名之曰纪。"[①] 帝王事迹关乎国家与王朝的根本，故与国策相关的记载较多，《本纪》中保存的赋税文献也较为丰富。《夏本纪》详细记载了禹治理水患，划分九州后不同地区的贡赋制度，以及以王城为中心，每五百里为一赋税区划的五服制度。《殷本纪》记载帝纣加重赋税以堆满鹿台钱库，充实钜桥粮仓的无道之举。《秦本纪》载秦孝公变法时期对赋税制度进行的改革。《秦始皇本纪》记载了有秦一代繁重的赋税政策。《孝文本纪》中记载了汉文帝时期针对田地、山泽以及诸侯等较为宽松的赋税政策。可以看出，《本纪》中的赋税文献主要出现在王朝兴建之时、王朝倾覆之际、王朝内部发生变革之时几个时间节点，体现了国家在不同时期对赋税的宏观把控。

2. 《表》中的赋税文献

《表》是司马迁以年月为单位，将重大历史事件加以排列的一种体裁。赋税

---

① ［汉］司马迁：《史记·五帝本纪》，中华书局 1959 年版，第 1 页。下引《史记》同此版。

作为财政政策的一环，很难成为具有代表性的历史事件，故《表》中的赋税文献较少，分别是《十二诸侯年表》中鲁国的赋税改革、《六国年表》中秦国的赋税改革以及《高祖功臣侯者年表》中地方诸侯与中央在赋税政策方面的矛盾。

3. 《书》中的赋税文献

《史记》中首设专门记载经济制度的《平准书》，其中系统梳理了汉兴以来的赋税政策。特别是汉武帝一朝一些重要的赋税政策变革，如对盐铁税的改革以及告缗令的推行。此外，还有记载水利发展情况的《河渠书》，因涉及水利对农耕的影响，所以在田赋方面也有所提及。

4. 《世家》中的赋税文献

《世家》记载的是各诸侯国与贵族的事迹。自西周至汉初，地方诸侯的财政基本各自独立。诸侯一方面要向中央纳税，另一方面也可以自行制定本国的税收政策。因而《世家》中的赋税文献主要保存在记载各诸侯国历史的篇目中，而《孔子世家》《萧相国世家》这样以专人为中心的篇目就不涉及赋税问题。春秋战国时期，地方诸侯的权力较大，《齐太公世家》《鲁周公世家》《田敬仲完世家》等都有各诸侯国赋税制度相关的记载；汉代分封同姓诸侯王，诸侯同样拥有掌管地方税收的权力，故《齐悼惠王世家》《五宗世家》中，也保存有赋税文献。

5. 《列传》中的赋税文献

赋税制度的确立以及政策的推行离不开个人的力量。《列传》中的赋税文献主要保存在赋税政策的制定者和执行者的个人传记中，如《商君列传》中记载了秦孝公时期商鞅对税制的改革；《廉颇蔺相如列传》中记载田部吏赵奢因平原君不缴纳租税依法惩治其家臣一事；以及《酷吏列传》中张汤等酷吏对告缗令的严格落实。吴王刘濞虽因发动叛乱未被列入《世家》，但作为诸侯依旧有着对地方赋税的管理权，因而在《吴王濞列传》中也记载了汉初吴国的赋税政策。此外，在司马迁专门记载商人与商业行为的经济专篇《货殖列传》中也有涉及汉代相关的赋税政策。

总体来说，《史记》中赋税文献的保存基本涵盖了《史记》的各个篇目，在《本纪》《世家》这种涉及国家及地方经济的篇目中保存较多；在《列传》这种多述个人事迹的篇目中保存较少；此外在记载历史重大事件的《表》及专门政策制度的《书》中也有保存。针对这些赋税文献的具体内容和分类，我们将在下文中进行简要的讨论和分析。

二、《史记》赋税文献的分类

赋税文献在《史记》的诸多篇目中都有所保存，不同篇目、不同体裁中所保存的数量不同。但如果从编年史的角度进行梳理，就能够较为清晰地看出赋税文献基本集中出现在社会产生变革的重要历史节点上。针对这些赋税文献的具体内容，我们可以以三代时期、春秋战国时期、西汉初期这三个时间段为基础进行分析。

1. 三代时期

三代时期的赋税文献主要记载了赋税制度的建立及其具体内容。《史记》中最早出现"赋税"概念的篇目是《夏本纪》，司马迁认为"自虞、夏时，贡赋备矣。"夏代作为原始社会到奴隶制社会转变的重要节点，税收成了维护统治阶层利益和维持国家机器运转的主要经济来源，这和原始社会的经济结构有着本质的区别。尽管没有划分社会性质的这一概念，但在虞舜之前尚未形成系统的赋税制度应是司马迁在采集整理大量文献之后得出的结论。即使帝尧在司马迁生活的时代已经成了一种理想政治的代表，在记录其政绩的时候司马迁也只是写"敬授民时"这种农耕方面的问题，并没有提及田赋或者其他赋税的征收。直到禹奉舜之命治理水患的原始社会末期，统治者和周围的地区才有了"各以其职来贡"的贡纳行为。在《夏本纪》中，司马迁详细记载了禹从地理上将国家划分为九州，针对不同地区土地的特性征收不同等级的赋税一事："禹乃行相地宜所有以贡，及山川之便利。"一方面是根据当地的土地等级上缴田赋，如"（冀州）其土白壤。赋上上错，田中中""（兖州）其土黑坟，草繇木条。田中下，赋贞，作十有三年乃同""（青州）田上下，赋中上""（徐州）其田上中，赋中中""（扬州）田下下，赋下上上杂""（荆州）其土涂泥。田下中，赋上下""（豫州）田中上，赋杂上中""（梁州）田下上，赋下中三错""（雍州）田上上，赋中下"；另一方面是将当地的特产物资进行纳贡，如东北的少数民族需进贡鸟兽的皮，兖州需进贡漆和丝织品，青州需进贡盐、细葛布、海产品及丝、麻、铅、松、怪石等，徐州需进贡五色土、羽毛、桐木、石头、珍珠贝、鱼类、丝织物等，扬州需进贡金属、美玉、竹材、象牙、犀牛皮、鸟羽、旄牛尾、贝锦、橘柚等，荆州需进贡羽毛、旄牛尾、象牙、皮革、金属木材、石料、织物、珍珠等，豫州需进贡漆、丝、布、石头等，梁州需进贡玉、铁、银、石料、兽皮等，雍州需进贡玉石。总的来看，虞夏时期的赋税制度呈现出田赋和纳贡相结合的态势，这就是中国古代赋税制度的雏形。

2. 春秋战国时期

春秋战国时期的赋税文献主要记载了田赋和军赋的变革。这一时期，使用和推广铁器带来生产力的发展促使土地关系发生转变，这一时期的田赋制度也因此产生变革。另一方面，周王室衰微，诸侯开展了长期持续的割据混战，推进军赋改革，发展军队力量成了各诸侯国的现实需要。

田赋方面，鲁宣公十五年开始实施按亩征税的田赋制度，针对公田之外的私田也一律征收赋税。《十二诸侯年表》载："（鲁宣公十五年）初税亩"。司马迁认为这是具有时代意义的赋税制度改革，虽然这条文献内容仅三字，但已经充分说明了春秋战国时期土地所有权变化带来的田赋变革。最后一个进行田赋改革的国家是秦国，《六国年表》载"（秦简公七年）初租禾"，标志着列国田赋改革的完成。然司马迁对这一时期田赋改革的关注不止于此，《秦本纪》："（孝公）十二年，为田开阡陌。"《商君列传》又载"为田开阡陌封疆，而赋税平。"记载了秦孝公时期，商鞅在承认土地私有制的基础上对秦国田赋进行的进一步改革。

军赋方面，鲁哀公十二年，季康子开始推行按田地多少征收军赋的政策。《十二诸侯年表》载："（鲁哀公十二年）用田赋。""用田赋"作为"初税亩"政策影响下的成果，体现这一时期人们对军赋制度的系统性认识。改变军赋的起征形式，以田亩为基础进行征收，增强了鲁国的军事实力，成为后世各国军赋改革的借鉴。司马迁还记载了秦孝公商鞅变法时期的军赋改革。《秦本纪》载："（孝公）十四年，初为赋。"《商君列传》载："民有二男以上不分异者，倍其赋。"战国时期的秦国根据商鞅变法，开始按照人口征收军赋。秦国作为列国中最晚进行军赋改革的国家，与前文鲁国的记载首尾呼应，有始有终。

3. 西汉初期

西汉初期的赋税文献主要记载了这一时期的不同赋税政策。西汉初期，针对势力不断壮大的地方诸侯及富商大贾，统治者推行了许多相应的赋税政策进行管控。汉代吸取了秦灭亡的经验，对中央权力进行下放。《五宗世家》载："端心慍，遂为无訾省。府库坏漏尽，腐财物以巨万计，终不得收徒。令吏毋得收租赋。"《吴王濞列传》载："吴有豫章郡铜山，濞则招致天下亡命者铸钱，煮海水为盐，以故无赋，国用富饶。""然其居国以铜盐故，百姓无赋。""卒践更，辄与平贾。"可见汉代地方诸侯在本国税赋方面有着绝对的话语权，自征自收，独霸一方。壮大的地方王侯势力引起了国家的内乱，汉廷对地方诸侯又从赋税上进行了管控。司马迁云："高祖时诸侯皆赋，得自除内史以下，汉独为置丞相，黄金印。诸侯自除御史、廷尉正、博士，拟于天子。自吴楚反后，五宗王世，汉为置二千石，去'丞相'曰'相'，银印。诸侯独得食租税，夺之权。其后诸侯贫者或乘牛车也。"这是西汉为控制地方诸侯势力在赋税政策方面的变革。此外还有针对豪强富商的打击。首先是盐铁税的管控。《平准书》："于是县官大空，而富商大贾或蹛财役贫，转毂百数，废居居邑，封君皆低首仰给。冶铸煮盐，财或累万金，而不佐国家之急，黎民重困。"针对此现状，汉武帝不仅收回了铸币权，还施行了盐铁专卖，将盐铁税纳为国家财政的一部分。针对富商大贾积货逐利的局面，汉武帝又尊卜式、任酷吏，颁布了告缗令，向百姓征收大量财产。这些举措不仅在《平准书》中有着详细记载，《酷吏列传》中也有所体现。

三、从赋税文献所见司马迁的赋税观

1. 司马迁甄选赋税文献时的历史性思考

《史记》中赋税文献的保存所涉及的篇目较多，但司马迁始终坚持史学家的眼光，对总体的赋税制度和政策进行了历史性的梳理。司马迁清楚地认识到了虞夏时期是赋税制度的发端，运用大量的篇幅进行了详细的记载，也为铺设后续赋税制度的脉络奠定了基础。针对春秋战国时期的田赋、军赋改革，司马迁选择了最早和最晚的标志性事件，条理清晰，贯穿整个时代的篇章。司马迁在《年表》中先后列举"初税亩""用田赋"两件事，正是看到了鲁国赋税改革过程中"初税亩"开其端，"用田赋"终其果的内在联系，寥寥几笔就能看出其在选择史料时的周密考量。西汉作为司马迁生活的时代，对当时的经济发展状况和财政政策有着更为细致全面的了解，故又开设了《平准书》这样的经济专篇，记载汉初到武帝时期的赋税政策的变化。可见司马迁在甄选赋税文献时，有着自己历史性的思考，体现了他在撰写《史记》时缜密的排篇布局和宏大的历史眼光。

2. 司马迁肯定赋税在国家发展与社会变革中的重要作用

针对秦国的改革，尽管司马迁认为商鞅残忍少恩，但并不否定他在政治改革上的功绩，尤其是商鞅变法中"为田开阡陌"的举措。他在《太史公自序》中说："鞅去卫适秦，能明其术，强霸孝公，后世遵其法。作商君列传第八。"说明他为商鞅列传的原因正是因为他在秦实施的变法不仅使得秦国成了当时的强霸之国，也让后世国家纷纷效仿，影响深远。司马迁肯定了商鞅变法的积极性，并在《秦本纪》和《商君列传》中都提及商鞅对田赋的改革，看到了这一改革重要的历史意义——既是战国时期各国的现实需求，更成了后世田赋政策改革的范本。军赋制度的变革使秦国的军事实力得以壮大，也为后期统一六国打下了坚实的基础。针对秦国的统一，司马迁早在此处埋下伏笔，这便是司马迁历史眼光的卓越之处。

3. 司马迁认为赋税制度和政策的设立要以民生为基础

司马迁认为，加重税赋会激化统治者和百姓之间的矛盾，不利于社会稳定与国家的长治久安。反之，宽松的赋税政策是一种开明政治的表现。繁重的赋税是王朝走向衰败和灭亡的重要原因。《殷本纪》载帝纣"厚赋税以实鹿台之钱，而盈钜桥之粟"，《晋世家》载晏婴使晋，叔向云："晋，季世也。公厚赋为台池而不恤政，政在私门，其可久乎！"针对秦的二世而亡，更是反复强调"盗多，皆以戍漕转作事苦，赋税大也。""又作阿房之宫，治直、驰道，赋敛愈重，戍徭无已。"帝纣为周武王所伐，晋为赵魏韩三家所分，秦短命而亡，一大原因就是统治者不体恤民情，无度征收赋税，导致社会动荡，最终走向覆灭。这是司马迁总结的历史原因，也是希望通过这些记载让统治者意识到在征收赋税时应首先保障百姓的基本生活，以免导致社会的动荡不安。

当司马迁想凸显某一时期的清明政治或统治者的优良品质时，往往通过对百姓减免税收之事进行侧面刻画。如《齐太公世家》："归而顷公弛苑囿，薄赋敛，振孤问疾，虚积聚以救民。"《卫康叔世家》："文公初立，轻赋平罪，身自劳，与百姓同苦，以收卫民。"《田敬仲完世家》："田釐子乞事齐景公为大夫，其收赋税于民以小斗受之，其禀予民以大斗，行阴德于民，而景公弗禁。"齐顷公、卫文公、田釐子乞都是《史记》中具有贤德的人，其在赋税政策方面的放松体现了他们对百姓的体恤，从而反映出个人品格的高尚与这一时期政治的清明。这体现了司马迁的民本思想。《孝文本纪》载："天下旱，蝗。帝加惠。令诸侯毋入贡，弛山泽。"司马迁十分认可面对自然灾害，文帝开放山泽，减免赋税的举措。尽管赋税是国家财政收入的重要来源，也是巩固中央集权的有力手段，统治者仍旧要将怀保小民放在首位。这符合孔子"节用而爱人，使民以时"及孟子"民为贵"的思想，也是通过总结历史兴亡的经验对统治者进行劝谏。

　　总体来看，《史记》赋税文献的保存涉及到的篇目很多，几乎贯穿了整部《史记》，体现了赋税作为国家经济的主要组成部分在历史上的重要地位。司马迁以时间为线索，明确了不同历史时期赋税制度与政策变化的重要节点和内容，为后世经济史和赋税制度的研究做出了贡献。司马迁通过对赋税文献的甄选，针对不同赋税政策带来的社会影响，表达出了自己以民为本的赋税观。这不仅对后世统治者有劝谏意义，也有助于深入我们对司马迁思想的研究。

《史记》当代价值之我见

* 本文作者程永庄，韩城市司马迁学会。

太史公继承父志著《史记》，他在《太史公自序》中援引父亲司马谈的话说："夫阴阳、儒、墨、名、法、道德，此务为治者也。"认为诸子百家虽学说各异，但都在阐述一个治国的道理，即《易》所谓天下一致而百虑，同归而殊途。他因此效法孔子著《春秋》，"我欲载之空言，不如见之于行事之深切著明矣"，认为讲空洞的道理无济于事，不如寓褒贬在历史事件的生动描述中。为此他"原始察终，见盛观衰，稽其兴败成坏之理"，整理西汉朝廷国家典籍，壮游祖国河山。"究天人之际，通古今之变，成一家之言"，在充分总结前人智慧基础上，提出了自己的治国思想主张。其思想之宏阔烛照千秋，至今仍有巨大社会教益。我们应深挖其蕴含的时代价值，讲好《史记》故事，延续历史文脉，坚定文化自信，为实现中华民族伟大复兴的中国梦凝聚起强大精神力量。

一、《史记》当代价值之我识

1. 《为人民服务》。1949 年 9 月 8 日，毛泽东主席在张思德同志的追悼会上讲道："中国古时候有个文学家叫做司马迁的说过：'人固有一死，或重于泰山，或轻于鸿毛。为人民利益而死，就比泰山还重；替法西斯卖力，替剥削人民和压迫人民的人去死，就比鸿毛还轻。张思德同志是为人民利益而死的，他的死是比泰山还要重的。"

这是我孩童时代第一次读到有关《史记》的文字，这震古烁今的话语就是乡党司马迁说的，我为生在太史公故里而自豪。由此也爱上了《史记》这本书，走进了太史公伟岸的精神世界，后来又加入了《史记》研究队伍，我为能在太史公故里学习宣传推广《史记》而初心不改，一直孜孜不倦努力着。

2. 习近平总书记黄河讲话。2015 年习近平总书记在来陕视察时，谈起陕西文化资源如数家珍，他说道："陕西为中华民族和华夏文化重要发祥地之一，革命圣地延安所在地，陕西历史文化资源丰富、红色文化资源璀璨，大秦岭绵延千里，文化积淀十分深厚。黄帝陵、兵马俑、延安宝塔、红色照金、秦岭、华山等，是中华文明、中国革命、中华地理的精神标识和自然标识。"他进一步强调说："对历史文化，要注重发掘和利用，溯到源、找到根、寻到魂，找准历史和现实的结合点，深入挖掘历史文化中的价值理念、道德规范、治国智慧。"

2019 年 9 月 18 日习近平总书记在黄河流域生态保护和高质量发展座谈会上指出,"在我国 5000 多年文明史上,黄河流域有 3000 多年是全国政治、经济、文化中心,孕育了河湟文化、河洛文化、关中文化、齐鲁文化等,分布有郑州、西安、洛阳、开封等古都,诞生了'四大发明'和《诗经》《老子》《史记》等经典著作。黄河文化是中华文明的重要组成部分,是中华民族的根和魂。要推进黄河文化遗产的系统保护,守好老祖宗留给我们的宝贵遗产。要深入挖掘黄河文化蕴含的时代价值,讲好'黄河故事',延续历史文脉,坚定文化自信,为实现中华民族伟大复兴的中国梦凝聚精神力量。"

2020 年 10 月 29 日,《中共中央关于制定国民经济和社会发展第十四个五年规划和二〇三五年远景目标的建议》时指出:"传承弘扬中华优秀传统文化,加强文物古籍保护、研究、利用,强化重要文化和自然遗产、非物质文化遗产系统性保护,加强各民族优秀传统手工艺保护和传承,建设长城、大运河、长征、黄河等国家文化公园。"

2023 年 5 月 16 日,习近平总书记在考察山西运城博物馆时强调,"一个博物院就是一所大学校。"广大文化工作者围绕文博领域工作,探索创造性转化,推动创新性发展,让博物馆为推进文化自信自强,铸就社会主义文化新辉煌贡献更大力量。

近年《史记》研究队伍不断扩大,研究成果日益显著,已经进入国家重大文化发展战略范畴。为此,陕西省司马迁研究会张新科会长在他的《史记学概论》中更是开创性地提出了"史记学"框架结构,从此史记学成为一门显学,深入国人内心。

二、《史记》当代价值韩城实践

韩城是司马迁的故乡,市委市政府全力打响太史故里文化品牌,十分重视《史记》当代价值的挖掘整理,相继做了五项工作。

1. 提出司马迁精神八条

古为今用,韩城司马迁学会全力推动"司马迁精神"的概括总结。1992 年已故会长冯庄同志把司马迁精神概括为八条:

热爱中华,首倡一统的爱国精神;

好学深思,发愤读书的向上精神;

调查研究,勇于探索的求实精神;

忠于职守,为国为民的奉献精神;

著书立说,锐意创新的开拓精神;

秉笔直书,不畏艰险的拼搏精神;

义利结合,兴国富民的改革精神;

注重道德,讲究节操的育人精神。

这是太史故里学人第一次对司马迁精神的系统概括总结。其后渭南师院丁德科校长、韩城薛万田老师等也在此领域做了新的探索，对司马迁精神做了新的时代诠释。

2. 民祭司马迁。太史公幽而发愤著《史记》，千百年来受到家乡人民的无限爱戴。近年，韩城各界纪念史公的活动相继举办。

一是 1994 年 6 月 25 日，市邮电局在太史园广场隆重举行了司马迁纪念邮票首发式。

二是 2005 年司马迁诞辰 2150 周年之际，韩城市政府、陕西电视台、中国史记研究会联合主办"风追司马"大型电视直播活动。现场凤凰卫视主持人杨锦麟说道："来到陕西，有两个地方是不得不去的，一个是黄帝陵，一个是司马迁的大坟。一个是我们中国人的根，一个是我们读书人的本。"活动现场吸引了演艺界明星唐国强、焦晃、冯小宁、冯远征、赵文瑄、陶红等参加，文化界张贤亮、魏明伦、易中天、朱维铮、肖云儒、司马南等知名人士到场，金庸、余秋雨、文怀沙、胡玫、杨洁和国外的一些司马迁研究者也通过电视短片和现场采访的形式，表达了对司马迁的无限敬仰之情。活动更是吸引全国近百家媒体关注，除陕西卫视现场直播外，还有中央电视台、香港凤凰卫视、台湾 TVBS 无线卫星电视台进行了直播和插播。新华社、人民日报、南方周末等全国各类媒体记者纷纷走进韩城报道盛况。

三是 2005 年"风追司马"后，韩城市司马迁学会作为一个民间组织，排除一切不利因素，克服人员不足、经费困难，联合韩城的民营企业家雷有生、李保平、薛福寅等在 2006 年至 2011 年相继举办了六届司马迁民祭活动，助推这一活动走向经常化，形成广泛社会影响。2012 年后陕文投、韩城市政协、韩城景区管委会等也参与进来，民祭活动的规模和影响一年比一年大。徐村司马迁祭祀更于 2014 年入选国家非遗保护名录。

四是韩城司马迁学会重视司马迁与《史记》的社会宣传工作。2014 年在司马迁图书馆开设了"史记大讲堂"，司马迁图书馆因而也入选了 2016 年全国基层最美图书馆。已故的知名学者薛万田在韩城电视台开设《史记大讲堂》，宣讲 100 期。贾雪琴、蔡海鹏二同志在古城隍庙古街创办司马大讲堂，坚持面向社会游客大众宣讲《史记》。

3. 司马迁话剧演出。2015 年，由陕西盛星皓月文化有限公司出品，任鸣、冯远征联合导演，冯远征、于震、王劲松、董菲菲、张福元等联袂主演的北京人艺年度大型历史话剧《司马迁》出品，相继在北京、西安、渭南等地演出。韩城籍的北京人艺演员冯远征担纲扮演了司马迁，他说："我会每一场都脚踏实地的将戏演好。"

4. 设立司马迁祠廉政展室。2020 年司马迁祠被列入渭南市"一轴四点"廉政文化建设点，设立司马迁《史记》廉政展室，从美德篇、才能篇、勤政篇、廉洁篇四个角度对司马迁廉政思想进行了全面系统诠释。

5. 全民讲史记活动。2021 至 2022 年"全民讲史记"一、二、三季活动举办，累计收集网络相关话题播放量 5000 万次，参与人数 2000 余人次。2023 年 3 月 9 日，全民讲史记第四季活动开启，持续至 5 月 8 日。广大爱好者通过"读、听、写、讲"等形式，线上、线下方式，开展手抄史记和短视频创意拍摄等参与到活动中来，吸引了各个地域、各个层面、各个行业、各个年龄段人群的广泛参与，活动辐射范围之广、动员能力之强，参与热情之高、影响程度之深前所未有。4.23 世界读书日，司马迁书院举办的史记马拉松阅读推广活动，154 位志愿者持续 51 小时读完了《史记》全文。

三、《史记》当代价值之我为

作为一名太史故里人，近年来我积极开展《史记》宣传推广工作，做了两方面工作。

（一）从事秦晋（魏）西河之争研究。自 2018 年，我在西河先秦历史文献研究方面投入了很多的精力。值得庆幸的是我并非孤军奋战，还有众多的历史、考古人员也投入了这方面的研究，山西考古研究院曲锟璋等就发表了相同的论文。

周平王（前 770）东迁，一个原在西垂犬丘（在甘肃礼县的永兴附近）兴起的秦部落，由于它的首领秦襄公率领军队救援，作战有功，并派兵护送周平王东迁，被封为诸侯，把岐山以西的土地赏赐给他。公元前 677 年，秦德公将都城迁到雍城（今凤翔县西南），占卜"后子孙饮马于河"，要将势力发展到黄河岸边。而其时的黄河东岸，晋国也通过不断兼并周围小的诸侯国，在晋献公（前 676—前 651 年在位）时，领土已向北与翟国接壤；东边跨过太行到达河南的河内地区；向西跨过黄河，占有河西，与秦国接壤。

强秦欲东扩，强晋欲西进，他们之间势必爆发冲突。秦宣公四年、晋献公五年（前 672），晋国西进关中攻打位于今陕西临潼的骊山戎，就与欲东进的秦人发生了冲突，双方在河阳（今河南孟县西的孟津渡口）爆发了战争，秦国打败晋国，这是双方的第一次战场较量。而其时处在黄河西岸的陕西关中东部地区，被称为河西之地，或西河之地，更是他们争夺的焦点。韩原大战、秦灭梁芮、崤之战、彭衙之战、阴晋之战、雕阴之战……等等，秦晋（魏）在这里长期拉锯。直到秦惠文王八年（前 330），秦将公孙衍在雕阴（今陕北富县北）打败魏将龙贾，斩首八万，消灭了魏在西部的最后一支力量，魏国被迫献出西河、上郡，将都城由安邑迁往河南开封，秦晋（魏）间的西河之争才终于在 342 年后画上句号。

1. 韩原大战。晋献公在位二十六年（前 651）去世，荀息受命立骊姬的儿子奚齐为国君，中大夫里克杀死了奚齐。荀息又立骊姬妹妹的儿子卓子为君，里克又杀死了卓子，荀息也死了。里克遣使到梁国迎接公子夷吾。夷吾派郤芮持厚礼贿赂秦国，相约："即得入，请以河西之地与秦。"秦缪公于是派百里傒带着军队护送晋惠公夷吾回国继位。夷吾回国后，却马上违背前约，派丕郑到秦国推脱说："始夷吾以河西地许君，今幸得入立。大臣曰：'地者先君之地，君亡在外，何以得擅许秦者？'寡人争之弗能得，故谢秦。"

惠公四年（前 647）晋国发生饥荒，向秦国乞求购买粮食。秦缪公问百里傒，百里傒说："天灾流行，是各国交替发生的事，救济灾荒，抚恤邻国，是我们应该做的。"秦缪公于是卖给晋国粮食。从秦国的雍地络绎不绝运到晋国的绛城。《左传》称之为"泛舟之役"。

过了一年，秦国发生饥荒，请求购买晋国的粮食。晋君和群臣商量。虢射却说："往年上天把晋国赐给秦国，秦国不知道夺取，反而卖给我们粮食。如今上天把秦国赐给晋国，晋国难道可以违背天意？不如趁机征伐它。"惠公采纳虢射的计策，不卖给秦国粮食，反而发兵攻打秦国。秦缪公大怒，发兵讨伐晋国。

秦缪公十五年（前 645）亲自统兵涉过洛河反击晋军（《竹书纪年》：秦缪公涉河伐晋），三战及韩。九月十三日，秦缪公、晋惠公在韩原（在今韩城市南）交战。晋君脱离主力和秦军争夺。晋惠公的小驷马马体很重，蹄陷在泥里拔不出。秦缪公率领麾下军士急追晋惠公，不仅没能捉住晋君，反而被晋军围困。晋军攻打缪公，缪公受伤。就在这个时候，曾经偷吃过缪公善马的三百名岐下野人冒死驰入晋军，迫使晋军解围，结果晋君反而被捉。晋国把河西的土地献给秦国，秦国放回晋惠公，秦国的国土扩展到黄河边，秦缪公实现了"子孙饮马于河"的百年夙愿。

2. 晋中军随会奔秦而司马氏入少梁。公元前 621 年晋襄公去世，太子夷皋年幼，晋国人因为多次罹难，想立年长的君主，派先蔑、随会到秦国迎接公子雍。太子的母亲缪嬴却抱着太子日夜在朝堂上哭泣，说："先君有什么罪？他的继承人有什么罪？舍弃嫡子到国外求君，将把太子置于何地？"从朝堂上出来，又抱着太子到赵盾家中，叩头说："先君捧着这个孩子托付给你，说'这个孩子成才，我就受了你的恩惠；不成才，我就怨恨你。'如今先君言犹在耳，而你背弃了托孤之言，为什么？"赵盾和诸大臣顾忌缪嬴，害怕被诛杀，就背弃了所迎接的公子雍，改立了太子夷皋，这就是晋灵公。反而背着先蔑、随会，派军队抵御秦国护送公子雍的军队，赵盾亲自统率，"训卒利兵，秣马蓐食，潜师夜起。"（《左传》文公七年）在令狐（今山西临猗县西）打败了秦国军队。先蔑逃奔秦国，随会随从。这一年是公元前 620 年。《太史公自序》："晋中军随会奔秦而司马氏入少梁。"司马迁家族因为晋乱也到了少梁（今韩城市南）。

3. 麻隧之役。晋厉公三年（前 578）联合齐、鲁、宋、卫、郑等诸侯国攻打秦国。五月初四日，与秦军在麻隧交战（今泾阳县西北）。秦军大败，俘虏了秦国的成差和不更女父。曹宣公死在军中。军队渡过泾水，到达侯丽（今礼泉县东北）然后回去。军队在新楚迎接晋厉公。史称"麻隧之役"。东方诸侯除楚以及其属国蔡、叶、陈、薛、鄫外几乎都参加了。马非百："秦、楚被视为蛮夷之国，蛮夷进行联合，乃华夏诸侯所最忌，所以东方诸侯跟随晋国讨伐秦国。"

4. 迁延之役。晋悼公十四年（前 559）夏，晋率领十二个诸侯的大夫联合攻打秦国。晋悼公在国境内等待，让六卿率领诸侯的军队前进，中行偃作为中军将。到达泾水，诸侯的军队不肯渡河。秦景公在泾水上游投毒，诸侯的军队死去很多。郑国司马子蟜率领郑国的军队前进，其他国家的军队也跟上，到达棫林（在今泾阳西南），诸侯大军本以为浩浩荡荡而来，秦国人一定害怕，但却不能让秦景公屈服讲和。中军将荀偃于是命令说："鸡鸣而驾，塞井夷灶，唯余马首是瞻！"鸡叫套车，填井平灶，你们只看着我的马首行动，这就是马首是瞻成语的由来。这时作为下军将的栾黡却不服主帅中行偃的命令，认为他太专断，气愤地说："晋国的命令，从来没有这样。我的马头可要往东了。"于是就回国了，新军也跟随下军走了。晋国的左史对下军佐魏庄（昭）子（魏绛）说："不等中行伯（荀偃）了吗？"魏庄子说："他老人家命令我们跟从主将，栾黡，是我们下军的主将，我打算跟从他。跟从主将，也就是合理地对待他老人家。"军心已经动摇，荀偃无奈地说："我的命令确实有错误，后悔哪里来得及，多留下人马只能被秦国俘虏。"于是就命令全军撤退。这次战役因为晋国将帅不和无功，被称为"迁延之役"。

5. 西河小国韩梁芮。公元前 1039 年，周公第二次分封诸侯时，封周成王的弟弟于韩。周宣王二十二年（前 806）又加封了韩侯的爵位。这件事记载在《韩奕》等篇章内。公元前 770 年，"秦仲有功封其少子于夏阳梁山"。公元前 757 年，晋文侯灭韩。公元前 715 年芮人乘京，京亡。公元前 678 年晋武公封韩武子万于韩。公元前 641 年秦缪公灭梁和芮。

秦晋西河争霸，处在西河之地的韩梁芮等小国，为了宗庙祭祀得续，或依附于秦晋强邻，或在大国之间努力找平衡，但毕竟难逃被灭命运，中华大一统已是历史潮流、浩浩荡荡，早已势不可当。

（1）韩城鼎。北宋中叶在韩城出土了一件鼎。鼎产生于春秋早期，是晋文侯的夫人晋姜所铸造，因出土于韩，被称为韩城鼎，亦称晋姜鼎。鼎藏于宫廷，失于"靖康之难"。

其文：惟王九月乙亥，晋姜曰：余惟嗣朕先姑君晋邦，余不暇荒宁，经雍明德，宣邲我猷，用绍匹台辟，敏扬厥先烈，虔不坠，鲁覃京师，乂我万民。嘉遗我，赐卤积千两，勿废文侯显命。俾贯通弘，征繁汤榷，取厥吉金，用作宝尊鼎，用康柔绥怀远迩君子，晋姜用祈绾眉寿，作疐为亟，万年无疆，用享用德，畯保其孙子三寿是利。

大意：在周平王九月乙亥这一天，晋文侯夫人晋姜说：我继承我逝去的婆婆来管理晋国，我不敢安于逸乐，经常注意品德修养，慎重谋划事情。辅佐我的夫君晋文侯，恭敬虔诚，发扬光大事业，永不坠落。壮美我的京师，治理我的万民。晋文侯嘉奖我，赏赐我食盐千两。我不会废弃文侯尊贵的命令。我派人贯通道路，去征收繁汤的赋税，取得上好的铜料，用来铸成这件宝尊鼎，用"康乐和顺"以结交远近的君子。晋姜祈求"宽裕、广大、长寿"成为晋国的根底和准则。晋国万年无疆，祭祀不绝，永远保佑其子孙长寿。

（2）梁伯好土工。《史记·晋世家》：晋惠公十年（前641）秦国灭掉梁国。梁伯喜好土木工程，修治城墙沟壑，百姓们疲惫不堪，怨声载道，多次互相惊扰，说："秦国强盗来啦。"百姓们惶恐不安，秦国终于灭了梁国。梁伯大概已感到有被秦灭的危险，却因为加紧修筑城池导致更快亡国。

（3）虞芮争田。商朝末年，商纣王暴虐，西伯侯姬昌悄悄行善，诸侯都来请他裁决是非。当时虞、芮两国的人有诉讼不能裁决，就到周来。进入周的地界，看到种田的人都互相让界，民俗都对长者谦让。虞、芮两国的人还没见到西伯昌便很惭愧，相互说："我们所争的，正是周人觉得羞耻的，去见西伯干什么呢？去了只是自取羞辱罢了。"于是返回，互相谦让而去。诸侯听了都说："西伯昌大概是受命于天的君主。"

（4）芮伯万多宠。《左传·桓公三年》（前710）载：芮伯万的母亲芮姜嫌恶芮伯万的宠姬太多，就把他赶走。万居住在魏城。鲁桓公四年秋，秦国的军队去袭击芮国，秦军战败，由于小看了敌人的缘故。这年冬天，周桓王的军队和秦国军队联合包围芮国，俘虏了芮伯万回去。鲁桓公十年秋，秦人把芮伯万送回芮国。大概在公元前641年前，秦缪公灭掉了芮国。

（5）梁带村、刘家洼芮国遗址。韩城梁带村古墓发掘被列为2005年全国十大考古发现。发掘的M27中字国君墓出土了"内公作为旅簠"等铭文。M26号女性墓出土有"中姜作为恒公尊鼎"铭文。M19号墓出土有"内公作铸鬲，子子孙孙永宝用享"铭文。M19甲字墓出土有"内太子""内公"铭文；M26甲字女性墓发现有"内太子白"铭文。考古队认为"内"通"芮"，梁带村古墓发现"内公"铭文，便是姬姓芮国墓。

2016年澄城县刘家洼遗址发掘，在M2椁室东北角建鼓的铜柱套上发现了内公铭文，在一件铜戈上发现了内行人铭文。在一个竖穴土坑大墓中，发现9个殉葬年轻女性的壁龛，和2件铸有"内公"的同铭铜鼎等。此外，还在两件鬲口沿上发现"内太子白"铭文。

（6）陶渠古京国遗址。2020年5月开始，陕西省考古研究院联合韩城市文化和旅游局对陶渠遗址开展考古调查、勘探与发掘工作。在M16墓道一号车车舆内出土2件铜戈，均有铭文"京"字。《竹书纪年》记载"晋武公元年，尚一军。芮人乘（偷袭）京"，此时"芮"在韩城梁带村，距陶渠遗址直线距离22公里，进一步证实陶渠遗址为"京"的合理性。

6. 吴起为西河守。晋哀公四年（前453）赵襄子、韩康子、魏桓子杀死智伯荀瑶，并吞了他的土地，中国历史进入了战国时期。魏国代晋，拥有河西的广褒之地。魏与秦西河之地的争夺以商鞅变法为分界线，前后经过两个时期。前期魏文侯变法，国力强大，占有了西河及上郡（今陕北高原）的大片地区；后期秦国变法，打败强魏，魏献出黄河以西土地，放弃今天山西夏县的都城安邑，迁都河南东部的大梁。秦拥有西河，从此有了东出统一天下的前进基地。

魏文侯礼贤下士，任用李悝变革政治，发展农业生产，并任用一代名将吴起为西河守。吴起与士兵同吃同住。行军打仗不骑马乘车，睡觉不铺席子，亲自背负粮食，为士兵分担劳苦。士兵生了毒疮，吴起为他吮吸脓汁。吴起善于带兵打仗，廉洁公正，能得到士兵的拥护。魏武侯六年（前389）秦国调集50万大军攻打魏国的阴晋（在今华阴县东），秦军在阴晋城外布下营垒，形势危急。吴起领兵5万坚守。他请魏武侯宴会将士，让立上功者坐前排，使用金银铜等贵重餐具，猪牛羊三牲俱全；立次功者坐中排，贵重餐具适当减少；无功者坐后排，不得用贵重餐具。宴会后，还要在大门外论功行赏有功者的父母妻子家属。对死难者家属每年都要派使者慰问，赏赐他们的父母，以示不忘。此法施行三年，秦军再一次进攻，魏军有数万士兵自行穿戴甲胄请战。面对秦国大军，吴起请魏武侯派5万名没有立过功的士兵作战。武侯同意，并加派战车500乘、骑兵3000人。战前吴起向军队发布命令说："诸吏士应当跟我一起去作战，无论车兵、骑兵和步兵，若车不得车、骑不得骑、徒不得徒，虽破军皆无功。"（《吴子·励士》）然后反击，魏军以一当十反复冲杀，秦50万人大败，俘虏了秦国的将领识。

7. 雕阴之战。魏惠王（前369—前319）时，秦魏之间发生了三次大的交战，魏国三战三败，彻底失去对西河之地的控制。公元前330年，公孙衍率军和魏国的军队在雕阴作战，斩杀了首级八万，龙贾亦被擒。史称雕阴之战，此为魏国抗秦战斗的最大失败。魏国献出了上郡十五县给秦国（约为今子长县以南的洛河以东地区）。《正义》："魏前纳阴晋，次纳同、丹二州，今纳上郡，而尽河西洛滨之地矣"。魏国完全退出了西河。十一年（前327），秦国把少梁改名为夏阳，

秦、晋（魏）西河之争终于画上句号。隋开皇十八年（598）设置韩城县。我们的先民在黄河西岸这块富饶的土地上上演着一个又一个的传奇，创造出了灿烂的黄河文化。大河汤汤，昼夜不息，这块土地仍将上演着新的传奇。

（二）宣传推广《史记》

1. 参与《史记简明读本》编写。2015年应韩城市委宣传部邀请，与薛万田先生一道编写了《史记简明读本》，印刷1万本，发至全市机关干部。其中由我主笔的《史记》经典章节导读部分，共选录《史记》21个篇章的36个经典故事。

2. 筹建司马迁法治思想展览馆。应韩城市人民法院邀请，参与司马迁法治思想展览馆的筹建工作，主笔完成了展览大纲、设计方案，充分挖掘司马迁《史记》法治思想所体现的深刻内涵、时代价值，图文并茂、通俗易懂讲好《史记》中的经典法治故事，激励广大市民自觉尊法守法。

楚国和鲁国祭祀文化的不同

——《史记》世家考

＊本文作者丁月月、魏美娟，陕西师范大学文学院研究生。

孔子言"兴于《诗》，立于《礼》，成于《乐》"为基调，形成了一套完整的社会生活规范。礼乐文化在夏商周时代与宗法制度同样重要，先秦时期是礼乐文明高度发展的时期，而以礼乐文化为中心形成的社会基本秩序在西周时期达到全盛。周礼，就是周公所制定的西周礼制，其以诗教、礼教、乐教三位合一，即包括周代的政治、祭祀、婚姻等融和周代贵族生活的社会习俗与伦理道德为一体的规范体系。周礼在规范社会的行为准则、个人文化修养和维护文明的方面起着重要的规范作用。孔子特别认可周公所制之礼，他在论语中说："甚矣，吾衰也！久矣吾不复梦见周公。"（《述而》）感叹自己居然许久没有梦见周公了。西周开国之初，周公制礼作乐，这套制度立了道德在治国理念中的主导地位，是以道德为核心而建立起来的，我们国家自古以来热衷于构建礼仪之邦的形象在此一并树立。孔子也说："周监于二代，郁郁乎文哉！吾从周。"（《八佾》）其意是说周代的礼仪是在借鉴了夏、商两代政治得失的基础上制定的，典制足以为后世树立典范，表明赞同周礼的立场。《史记·乐书》中也说"海内人道益深，其德益至，所乐者益异。"重视礼仪即是重视道德，先秦统治者对于德治和仁政越为推崇，人们的道德修养境界才会越高，人们追求的喜乐才会愈加不同。

鲁国作为周公旦的封地，其祭祀制度多承继了周代的礼仪制度。而楚国因为地理位置接近蛮夷地区，且多信奉巫蛊文化，故在祭祀方面与同为诸侯国的鲁国有很大的差异。本文以司马迁《史记楚世家》与《史记·鲁周公世家》中所见楚国和鲁国祭祀缘由的不同，对比两个诸侯国祭祀文化的差异，总结两个诸侯国在祭祀制度上的不同，从而管窥周王朝礼崩乐坏在诸侯祭祀上的反映。

楚族文化是多元融合的体现，在黄河、长江流域远古先民的文化融合中，终于在荆楚地区形成有共同民族心理素质的楚族，后以占据楚地成立诸侯国而得名。楚国的祖先是颛顼帝高阳的后代，高阳是黄帝的孙子，其先祖重黎、吴回曾任帝喾的火正，重黎是帝喾高辛氏的火正，立了很多功劳，帝喾赏赐给他们祝融的称号。周文王时期，楚国先祖吴回之子季连有支苗裔的后代叫鬻熊，鬻熊像亲儿子一样曾经侍奉过周文王。到了周成王时，成王重用文王、武王时功臣的后代，因此将熊绎封在楚蛮，封给他子男爵位的田地，姓芈，住在丹阳，故根据分封制，楚国成了周王朝下属子男一级的诸侯国，楚国国君可以被称为楚子。所以鬻熊和祝融一起被楚人奉为祖先。周夷王时周王室衰落，熊渠得长江、汉水一带民众的喜爱，出兵一直打到鄂地。《史记·楚世家》记载"我蛮夷也，不为中国之号谥。"后分封其三子都在长江流域的楚蛮地区。楚人励精图治不断发展，武王时楚国进军随国，自称王号，扩大疆域至濮地。至公元前 679 年，齐桓公称霸时，"楚亦始大"，到楚庄王时得以问鼎中原，成了一方霸主，先后成为春秋五霸、战国七雄之一。

周代礼制为周公所创，在西周时期是维护宗法制和分封制的重要规范，平王东迁后的春秋时期，周王室影响力逐渐衰弱，但周礼却得以保存下来继续影响着诸侯的行为得失和行为规范。鲁国作为周公的封国，周公是周武王的弟弟，周公创制周礼后在其封地中推崇，《史记·鲁周公世家》中有多处关于祭祀和占卜的记载。加上先贤孔子对周礼的大力提倡、推重恢复周礼，使得鲁国的礼制不但在当时保存最为完好，而且也延续时间最为久远，乃至后人研究周礼都从鲁国入手。因此，"周礼在鲁"已是当时人们的共识，然而作为礼制最发达、最守礼的鲁国，其祭祀礼仪和作为本文以《史记·楚世家》《史记·鲁周公世家》为立足点，从周代礼制入手，从《史记》中关于楚国和鲁国祭祀场景不同进行对比。以礼制保存最为完备、分析春秋时期两个诸侯国祭祀的动机以及各种非礼现象，试图诠释春秋时代"礼崩乐坏"的变迁过程，进而揭示春秋时期礼制衰败的趋向。

一、周礼在鲁

公元前 1046 年，周武王灭商后封他的弟弟周公旦于齐地，为鲁公，鲁国是姬姓宗邦，且周公辅佐武王与成王，施政仁慈衷肯，鲁国是其封地，故鲁国在诸侯中也属于望国。周公在周武王去世后辅佐周成王，后还政于成王，成其美誉，以德行和政绩取得人民的认可，并且平定管叔、蔡叔、霍叔为首的"三监叛乱"。周公为巩固维护周王朝的统治，制礼作乐，并且建洛阳作为周王朝的东都。孔子对周公极为推崇，时常感叹自己"不复梦见周公久矣"。西汉经师伏胜在其《尚书大传》将周公旦的事迹概括为："一年救乱，二年克殷，三年践奄，四年建侯卫，五年营成周，六年制礼乐，七年致政成王。"周公的敬德保民的施政思想在巩固周王朝的统治中起的作用极为关键，后周公配享太庙。

鲁国的后世诸侯王也仿效周公为典范，重视礼乐文化，成为诸侯国的表率。《史记·鲁周公世家》曾记载"周公卒，子伯禽固已前受封，是为鲁公。鲁公伯禽之初受封之鲁，三年后报政周公。周公曰：何迟也？伯禽曰：变其俗，革其礼，丧三年然后除之，故迟。"

大意即伯禽就鲁赴任后和太公就齐之后报政的异同，伯禽治鲁，三年后将政绩汇报于周公，太公则"五月而报政周公"，即在当年的五月就把政绩汇报完毕。

伯禽给的理由是"变其俗，革其礼，丧三年然后除之，故迟。"太公则为"简其君臣礼，从其俗为也。"这已对比，高下立见。周公的后代伯禽由于重礼，光办丧事就长达三年，而齐国太公执政则连君臣之礼都简化了。当听闻伯禽汇报政情迟缓的原因后，周公叹气说："呜呼，鲁后世其北面事秦矣！夫政不简不易，民不有近；平易近民，民必归之。"即批评鲁国礼节过于繁复，不能够顺应当时风俗需要，认为鲁国将要成为齐国的臣属了。虽为批评之预言，但也反衬了鲁国作为姬姓诸侯国，在执政理政时恪守礼法，相比于其他诸侯国对于周礼的亵渎，鲁国在遵守礼制方面是其他诸侯国望其项背的。

从《仪礼》中可知周代的礼仪包括"吉、凶、军、宾、嘉五礼"，五礼之中，吉礼中的祖先祭祀主要体现于肆献裸祭、馈食祭、四时祭、禘祭等宗庙祭祀礼仪。宾礼中的祖先祭祀主要表现为贵族因外出参加朝聘、会盟等重大政治活动而举行的祭祀礼仪。军礼中的祖先祭祀渗透于战争的每一环节，战前祭告祖先、战中载木主以行随时祭祀、战后于宗庙报告战况。周代祖先祭祀的目的既有祈求神灵赐福禄寿、保佑粮食丰收、家族兴旺、国运长久等带有求福性质的祭祖活动，也有祈求神灵祛除灾异、疾病、战祸等。

春秋之时祭祀是非常多的，凡有日食、月食、冰灾、洪水、饥荒、出师、振旅、献俘、授鱦等都须在大庙祭祀。而在《史记·楚世家》和《史记·鲁周公世家》中关于祭祀对象和祭祀原因的描写有很大的差异。祭祀在春秋时期向来是一个国家的头等大事，鲁国的祭祀和其他诸侯国祭祀不同。有在大庙以天子之礼祭祀周公的，又有郊祀、禘祀之分。郊祀于孟春（三月），"乘大路，载弧韣，旂十有二旒，日月之章，祀帝于郊，配以后稷，天子之礼也。"禘祀，在鲁国这里的"禘"指的不是周王室的天子，而指的是周公。禘祀经常祀于夏六月，"以禘礼周公于大庙"。在《史记·鲁周公世家》中关于祭祀的出现频率比其他世家中都更多，可见周礼在鲁。

二、《史记·鲁周公世家》中关于鲁国祭祀的描写

"周礼尽在鲁矣"，祭祀是礼制的重要内容。鲁国是周代重视祭祀比较典型的国家，周代祭祀日渐成为宗法制政治制度的附庸。由于历代周王对于鲁国的倚重，鲁国逐渐具备了重祭活动的权利，如允许祭祀周文王、以祭祀天子之礼祀周公、使用天子所用的郊祭、大雩祭等重祭。

（一）禘祭与郊祀

禘祭是先秦时期诸侯祭祀活动的一种，有祭天、祭祖两种说法，统称为禘祭。事实上，禘祭种类很多，大禘是其中单独举行的最为隆重的祀祖之祭。周王室与鲁国都有这种祭祀，但略有差别。鲁国的大禘是祭祀周文王，而周公与文王同配享太庙大禘。据考证，鲁国有被称为"周庙"的文王庙，所以鲁国大禘应该

是在文王庙举行。此外，鲁国还有大庙祫祀周公，每年季夏六月在"周庙"举行，而祫祭也是鲁国享有的特权，其他诸侯国是不被允许进行祫祭的。

关于鲁国受赐"重祭"的情况在《史记·鲁周公世家》中记载如下："于是成王乃命鲁得郊祭文王。鲁有天子礼乐者，以褒周公之德也。"描写周公去世那年，正是秋天，庄稼还未收割，突然刮起了暴风，雷霆大作，庄稼全都倒伏在地、大树也被连根拔起。王都的人十分害怕。成王同众大夫穿好朝服打开用金丝封缄的祭神册文，看到了周公愿以己身替武王去死的祷文。太公、召公和成王因此问史官和有关人员，他们说："确有此事，不过以前周公命令我们不许说出去。"成王手执册文而哭，说："恐怕以后再也没有这样的祷文了！过去周公为王室如此辛劳，只是我年幼无知不理解。现在上天发威来彰显周公之德，我应设祭迎其神，这也符合我们国家的礼仪。"成王因此来到郊外，举行了郊祀，天下起了雨，而风向也反转了，倒伏的庄稼全部立起。太公、召公命令国人，凡倒下的大树都扶起，培实土基。当年获得了大丰收。于是成王特准鲁国可以在南郊祭祀文王。所以鲁国有一套天子使用的礼乐，是因为褒奖周公的品行而特别赏赐的。由此可见，在受封之初，鲁国拥有如下特权：一是祭文王（实为鲁国大祫）；二是以祭祀祀天子的规格来祭祀周公；三是可以奉行天子所用的郊祭。其中的"郊"与"祫"皆是天子才享有的重祭。

（二）祭祀山川

鲁国作为姬姓宗邦，周王对鲁国的祭祀是格外重视的。在分封时，赐予鲁国"祝、宗、卜、史、备物、典策，官司、彝器"。其中祝即大祝，掌祭祀告神之赞辞者，为祝官之长；宗即宗人，掌都宗祀之礼；卜即大卜，为卜筮之长。这三者皆为直接主持祭祀的神职人员。是鲁国独有而其他诸侯国所无的待遇。史是记史事并掌典籍、星历者，也是间接与祭祀有关的人员。官司即百官，其中不多有精通祭祀礼仪的官员。典策，即记载周代礼乐的典籍简册。备物与燕器之中包括宗庙祭祀所用之器服。这些原为周王室服务的官员与仪器典籍注定了周王室与鲁国祭祀的一致性，我们也可从中看出鲁国祭祀的特殊性。①

在周代，关于祭祀山川，有两种观点：第一，依照周礼，祭泰山等五岳乃是周天子的专利，诸侯大夫不得祭祀五岳，即"天子祭天下名山大川"；二是因为泰山在鲁国境内，依据"诸侯祭名山大川之在其地者"，故鲁君可以祭泰山。山川通常被看作是通天降神的地方。在周代山川是重要的祭祀对象，特别是东岳泰山、西岳华山、南岳衡山，北岳恒山以及中岳嵩山，地位神圣无比。

对山川的祭祀方法常见的有两种，一是望祀，一是旅祀。这两种祭祀都不需要天子亲自前往。依礼制，周天子每年都要举行对名山大川的望祀。望祀就是在国都筑建祭坛，依次向四方的名山大川眺望而遥祭之，进行象征性的祭祀即可。但当国家遇到大的变故时，天子就需要旅祭四方名山大川。无论是望还是旅，这

---

① 王青：《礼乐文化嬗变中的鲁国祭祀》，曲阜师范大学硕士论文。

两种祭祀都不需要亲自前往。在周代人们的意识中，山川神灵是地方的保护神。在《史记·鲁周公世家》记载"八年，与郑易天子之太山之邑祊及许田，君子讥之。"即鲁隐公八年的时候，鲁国与郑国交换天子祭祀泰山的汤沐邑祊和许田，遭到了君子的讥讽。可知鲁隐公与郑国交换祭祀泰山所用之物，实则是放弃了自己独有的祭祀山川的特权，故被其他诸侯国讥讽。能够在自己的领土范畴内祭祀山川，这也是鲁国祭祀的特殊性显现。

（三）祈福免灾

《尚书·盘庚》篇记载盘庚的话："先王有服，恪谨天命。"周代的统治者一直是相信天命的，也遵守天命，统治者对重大事情的解释常和天命联系起来，周朝作为"小邦"竟然可以取殷代之。取殷而代之的周王朝同时也怀着深深的政治焦虑，悟出天命原来是可以转移的。告诫后世子孙既要知道天命来之不易，也要明白天命难以信赖。要实行德政，推崇"敬德保民"的思想。周公说："我道惟宁王德延，天不庸释于文王受命。"认为只要延续文王的美德，天就不会解除周人的受命。可见"德"成了拥有天命的重要砝码，即"皇天无亲，惟德是辅"。周代的祭祀可因目的不同分为两大类：一种是为了祈福免灾；二曰报答周王朝的恩典。如《史记·鲁周公世家》中有记载，"成王七年二月乙未，王朝步自周，至丰，使太保召公先之雒相土。其三月，周公往营成周雒邑，卜居焉，曰吉，遂国之。"即鲁国国君为建都而拜庙。也有在国家发生重大事件后举行祭祀大礼以告慰神灵。如"破殷，入商宫。已杀纣，周公把大钺，召公把小钺，以夹武王，衅社，告纣之罪于天，及殷民。"便是周武王斩杀了纣王之后社祭将其罪过告知于天。

《国语·鲁语上》中鲁人展禽论述"圣王之制祀"的祭祀原则就是有恩必报，有功则祀。祭祀黄帝、尧、舜、禹、汤、文王、武王等祖先是报答他们对民的功烈；如"遂诛管叔，杀武庚，放蔡叔。收殷余民，以封康叔于卫。封微子于宋，以奉殷祀。"则是在管、蔡、武庚造反平叛后祭祀，借此祭祀活动试图利用"敬德"来震慑民心。"干其德之用，祈天永命。"故在《史记》中也多次记载周公旦因为周武王患病而祭祀，要求替代武王得病，为武王祈福，也是其敬德保民思想的体现。如《史记·鲁周公世家》中有记载，"周公于是乃自以为质，设三坛，周公北面立，戴璧秉圭，告于太王、王季、文王。"即武王病了周公为他祈福。或"祝于神曰：'王少未有识，奸神命者乃旦也。'亦藏其策于府。"之外还有告诫后世的作用，如"自汤至于帝乙，无不率祀明德，帝无不配天者。在今后嗣王纣，诞淫厥佚，不顾天及民之从也，其民皆可诛。"在此祭天只为告诫后世子孙要从民所愿，兼有德性。

三、《史记》中记载的楚国祭祀描写

（一）祖先崇拜

《史记·楚世家》记载"灭夔，夔不祀祝融、鬻熊故也。"记载楚成王在位时，楚国吞并了夔国，夔是熊绎六世孙熊挚的后代创建的国家。出兵的理由是夔国不再祭祀祝融和鬻熊两位祖先。夔国是楚国第六代国君熊渠的孙子熊挚的后裔，与楚国同族。楚国兴兵灭亡同族的夔国，很大一部分原因可能是为了占据要地进行领土扩张，但其出师之名是因为夔国不祭祀祖先，便可知在当时楚国是十分看重祖先崇拜的。在《左传》中记载楚共王通过祭神的方式在自己的五个孩子中间挑选继承人。便"埋璧于太室之庭"，这个太室就是祖庙，说明当时重大的祭祀和选择可能在祖庙中进行。楚国重视祖先崇拜原因不仅仅是灵魂崇拜，也不仅仅是为了侍奉祖先巩固国家团结统治，而是为了证明自己是黄帝、祝融的后裔，在楚武王三十五年伐随让其国君转告周王时所说的"欲以观中国之政，请王室尊吾号"便可证明。又如《史记·楚世家》记载"桓公数以周之赋不入王室，楚许之，乃去。"描写齐桓公谴责楚成王不向周王室供奉祭品而发起战争。

（二）占卜

《史记·楚世家》记载楚庄王八年时，楚国攻打陆浑戎，后来到达洛阳，在周都郊外阅兵。周定王派王孙满犒劳楚王。楚王向王孙满询问鼎的轻重大小，王孙满回答说："昔成王定鼎于郏鄏，卜世三十，卜年七百，天所命也。周德虽衰，天命未改。鼎之轻重，未可问也。"向楚庄王说明周成王过去把九鼎安放在郏，占卜显示可以传世三十代，建国七百年，这是上天的意旨。现在周王室虽然略有衰败，但上天的意旨很难改变。问鼎的轻重，确实不可以啊。楚王这才撤军回国。

楚庄王对周王室的权威公然挑战，王孙满在回答楚庄王时为了维护周王室的尊严和安全，提到周王朝曾在建国后占卜得到"卜年七百"的结果，即周代还有七百年的命数，以此证明周王室没有失去天命，楚王便退兵了。可见在当时楚国和周王室等中原各国对巫卜之术仍是有所重视和信奉的。

> 《史记·楚世家》记载：二十七年春，吴伐陈，楚昭王救之，军城父。十月，昭王病于军中，有赤云如鸟，夹日而蜚。昭王问周太史，太史曰："是害于楚王，然可移于将相。"将相闻是言，乃请自以身祷于神。昭王曰："将相，孤之股肱也，今移祸，庸去是身乎！"弗听。卜而河为祟，大夫请祷河。昭王曰："自吾先王受封，望不过江、汉，而河非所获罪也。"止不许。孔子在陈，闻是言，曰："楚昭王通大道矣，其不失国，宜哉！"[①]

楚昭王二十七年的春季，吴国攻打陈国，楚昭王援救陈国，驻军在城父。十月，昭王病倒在军中。天空有红色云霞像鸟一样，围绕太阳飞翔。昭王向周太史咨询吉凶，太史说："这对楚王不利，可是能够把灾祸移到将相身上。"将相听到这句话，就央求向神祷告，自己替代昭王，昭王说："将相就像我的手足，今天把灾祸移到手足上，难道能够免除我的病吗？"昭王不答应。占卜病因，认为是黄

---

① ［清］阮元校刻：《十三经注疏（下册）》，中华书局 1980 年版，第 1451 页。

河在作怪。大夫们请求祭祷河神。昭王说："自从我们先王受封后，遥祭的大川不过是长江、汉水，黄河神我们没有得罪过。"昭王没有同意大夫们的请求。孔子在陈国，听到这些话，说："楚昭王深明大义啊。他没有失去国家，太应该了！"

可见在楚昭王通过占卜向太史问吉凶，认为是黄河作怪，遂没有答应将灾祸移至其大臣，这不仅是楚昭王仁慈的体现，也是其对占卜巫术的信仰的认可。

吴国攻破楚国，楚昭王逃亡随国时，随人也通过占卜决定是否将楚王交给吴军，"卜予吴，不吉"，最终楚昭王就没有被送给吴军。可见春秋时代人们对于巫术神鬼的信奉。

（三）山川神灵

《史记》中记载楚共王有五个儿子，每一个都十分宠爱，依其长幼顺序分别是：公子招、公子围、公子比、公子黑肱、公子弃疾。五位公子都是庶出。楚共王在这五位儿子中犹豫不决，一直没有选择出由哪一个儿子来作自己的法定继承人。于是"望祭群神，请神决之"，到了楚共王晚年，这个问题已不能再回避了，他想出了一个自认为绝妙的办法，看看天意如何。楚共王在太室地下埋藏了一块玉璧，提前在玉璧上面的地面上作了暗记。然后按长幼顺序依次招五位公子入太庙祭拜祖宗，令人在旁偷偷察看，看哪位公子双膝跪拜的位置是在玉璧之上。谁能跪在玉璧上，就令谁继位。结果是，长子公子招祭拜时，两个膝盖各跨玉璧的一个边；次子公子围胳膊压在了玉璧上；三子、四子跪的位置都离玉璧较远；幼子公子弃疾年幼，是由他人抱入祖庙祭拜的，他跪的地方恰好在玉璧的纽上。按照共王所许的愿，就是长子、次子和幼子都有权利继承楚国的王位。

楚共王的做法和楚国的继统制度有关，中原地区基本上沿袭的父死子继的嫡长子继承制，而楚国则实行的是一种长君承继制，它是将父死子继、兄终弟继、以及幼年承继糅合在一起。这样楚国的政权能始终掌握在成年国君的手中。国有长君，社稷之福。然而，受中原文化的影响，早在楚共王之前，楚国的承继制也在由长君继承制向嫡长子继承制过渡。在这种过渡过程中，楚共王不能辨别五个儿子的贤愚，只好采取这种所谓"听天命"的办法选择继承人。这里提到了"望祭群神"，即自己无法决定的大事交给神灵来决定。这里的"望祭群神"应当是对山、川等自然神的崇拜。

（四）信巫鬼

在远古时代，巫术往往是和祭祀交织难分，《汉书·地理志》云："楚人信巫鬼，重淫祀。"巫术在先秦时期普遍存在于各民族，楚人好巫，"楚越之间，其风尤盛"。到春秋战国时期，中原地区巫觋地位不断下降，相反楚国的巫觋却一直享有崇高地位，为它国所莫及。楚人信巫重祀是自上而下的，统治阶级的推崇，使得楚国的巫风大为盛行，经久不衰。在原始社会时期，楚人的先祖祝融就长期担任华夏部落的"火正"，主持一系列的祭祀活动。从夏商以来，祝融的后裔一直继承着这个职位。楚王在政治生活和军事活动中都会用巫祀活动。孙作云《九歌·山鬼考》中指出:"楚国的统治者,在政治上称王,在宗教上称灵修。"这里的"修"就是"长"的意思,"灵修"就是巫长的意思。楚庄王是在以大巫的身份祭祀天和地,祈求神灵帮助他成就霸业。①

四、鲁国和楚国祭祀的不同

(一)鲁国有郊禘

鲁国的祭祀与周王朝的祭祀制度有着一脉相承的关系,鲁国作为诸侯国的祭祀拥有三种特权:一是祭文王(实为鲁国大禘);二是以祀天子的规格祀周公;三是天子所用的郊祭。其中的"郊"与"禘"皆是天子才享有的重祭。用顾栋高先生的话概括如下:"昔成王以周有大勋劳,赐鲁重祭,其目有三,曰郊、曰禘、曰大雩,而望亦郊之属,因郊遂以有望。凡郊禘及宗庙之乐用八佾之舞,然亦有差别,鲁无日至之郊,杀于天子,四望缺其一,雩惟建巳之月,大雩帝用盛乐,其余因旱而雩,则祷于国内之山川而已。八佾惟用于文王、周公之庙,自鲁公且不得与,况其下之群公乎!"②鲁国作为姬姓诸侯国,因为周公旦辅佐周成王当政的缘故,特许其祭祀周文王,并且可以以祭祀天子的规格来祭祀周公。这在其他诸侯国中属于特例,也彰显了鲁国祭祀礼仪的特殊性。而鲁国又是儒学大师孔子的故乡,儒家本身就非常重视祭祀,孔子一生更是笃信周礼。孔子对周公敬德保民的思想也很为信服。加上鲁国有相当完整的宗庙祭祀制度。故周礼在鲁,可见一斑。

(二)楚地信巫鬼

楚国是黄帝、祝融的后代,其祖先是中原的重臣,后来中衰,其中季连芈姓一支南下荆蛮之地,筚路蓝缕,最终强大成为一方霸主,但最终为秦国所灭。楚人从黄河流域把中原文化带到了南方的江汉地区,在江汉地区又融合了南方土著人的文化,使得楚文化丰富多彩、发达而有特色。楚国宗教中既有中原因素影响下的占卜、神灵崇拜和社稷礼制,也包含了南方因素影响下的太阳鸟祝融崇拜和鬼神崇拜。古代的巫师也因此成了最早的乐师和舞者,他们用歌、舞和乐作为与神沟通的媒介,通常在祭祀活动中用歌舞娱神,以此达到祈福禳灾的目的。《九歌》是楚地流行的祭神乐歌,全文可以还原出一个声势浩大的巫觋歌舞娱神降神的壮观场面。楚国非常重视自然崇拜,尤其是崇拜那些与人们的日常生活、生产方式和地理环境有着密切的关系的。楚国因其地处长江中下游,境内多河和山,常年水雾缭绕,激发了楚人的浪漫又虚幻的特质,崇龙尊凤之风最为盛行,喜欢以凤喻人喻己。大行巫风,上到统治者,下到平民百姓,其日常生活皆离不开巫。

---

① 张凌丽:《春秋战国时期齐文化与楚文化比较研究》《山东师范大学硕士论文》
② 任晓锋:《周代祖先祭祀研究》,中华书局 1993 年版。

（三）鲁地多祈福

周公曾受周文王委托摄政年幼的成王，每逢成王有病灾之时，周公便设祭祈福，体现了周公厚德爱民、敬德保民的思想。《礼记·郊特牲》："祭有祈焉，有报焉，有由辟焉。"郑玄注："祈犹求也，谓祈福祥，求永贞也。报，谓若获禾报社。由，用也。辟读为辑，谓辑灾兵，远罪疾也。"除了获得福佑而回报神灵外，祭祀还有祈求福祥和攘除灾祸的目的，这些都是为了获取好处。《郊特牲》这句话是通论祭祀，《史记·鲁周公世家》中关于宗庙祭祀的描写自然也一样。《礼记·曲礼上》："礼尚往来，往而不来，非礼也，来而不往，亦非礼也。"这一原则不仅用于处理人与人之间的关系上，而且适用于人神之间。

《国语·楚语下》载观射父说祭祀祖先可以起到"其百苛，珍其逿，合其嘉好，结其亲昵，亿其上下，以申固其姓"的作用。周代以天子为中心的祭祀活动，王室宗族围绕共同的祖先举行神圣的宗庙祭祀仪式，具有非常重要的现实意义。不仅是周王室权威的显现，也是诸侯们拱卫王室，践行周礼的体现。在祭祀中宗族成员们带着虔诚之心暂时抛却凡俗生活，把全部精力集中于祭祀活动，拉近宗族成员之间以及他们与祖先之间的距离。宗族成员可以借此良机建立与神灵的联结、互通情愫，祈求神灵庇佑。同时也可以维持尊卑有序的伦理道德，彰显宗族的荣耀。最终达到增强王室宗族内聚力的目的，保证周王朝"家国一体"政治结构长期存在的目的。

结　语

通过探微《史记·楚世家》和《史记·鲁世家》中祭祀缘由的不同，可知鲁国作为践行周礼的封国在礼制上多延续周王朝的礼制，在日常行为规范中也更加遵循礼仪规范。而楚地作为楚人从黄河流域把中原文化带到了南方的江汉地区而发展起来的民族，在江汉地区又融合了南方土著人的文化，使得楚文化丰富多彩、发达而有特色。楚国宗教中既有中原因素影响下的占卜、神灵崇拜和社稷礼制，也包含了南方因素影响下的太阳鸟祝融崇拜和鬼神崇拜。故在祭祀礼仪上与鲁国有很大的不同。也为楚国在春秋战国后期楚国国君三次问鼎，僭越礼制埋下了伏笔。

范增"奇计"论

＊本文作者朱枝富。江苏省产业海外发展和规划协会常务副秘书长，中国史记研究会常务理事。

范增，是秦汉之际的反秦义士，70 岁"出山"，现身于如火如荼的反秦斗争事业之中，在楚汉相争中为项羽出谋划策，最后被项羽抛弃，凄惶无助，倒在归乡路中。史书对于他的记载，寥寥无几。司马迁作《史记》，没有为之作传，只是将他的事迹散记于《项羽本纪》等纪传中；《汉书》只是重复了《史记》的相关史料。这对于开展范增的研究，带来了极大的不便。因此，我们所研究的范增，也只是司马迁笔下的范增。范增历来是个颇有争议的人物。他的所作所为，有褒之者，认为他堪比张良，是绝代谋士；也有讥贬者，认为他的能力非常一般，平淡无奇，是个一事无成的失败者，根本配不上他的名气；对于范增所作的历史性贡献，也是很少涉及。那么，公允、恰当地评价范增以及他的"奇计"，弄清他所发挥的历史作用，显得非常重要，本文作初步探讨。

一、"出山"献策，"奇计"力劝立楚后

范增，有着怎样的人生经历，祖上是谁，历史上没有留下任何痕迹，只是在陈胜起兵反秦失败后，听说项梁在薛地举行"英雄会"，召集天下反秦将领，共商灭秦大计，他才"出山"相助。司马迁称他是"居巢人"，"年七十，素居家，好奇计。"① 说明他是七十岁出山，平时居家，似乎是一个山野士人。"好奇计"三字，可有两种理解，一是在范增"出山"前，就善于出奇计，至于有什么样的"奇计"，则是史无明载；二是对范增一生行事的概括，包括"出山"后的所作所为，都是"奇计"迭出，是从总体上予以肯定。可能两者兼而有之。

秦二世二年（前 208）二月，陈胜、吴广所率领的农民起义军遭遇波折，陈胜称王六月，被杀；而反秦事业前仆后起，项梁在江东起兵，率领八千子弟，渡江而西，刘邦在沛县举行起义，也拉起了一支队伍，其他各地也点燃了星星之火。而声势较大的则是项梁的军队，兵力已有十几万人，成为反秦的主力部队。

这年的六月，项梁在确定了陈胜的死讯后，把所有在外单独统兵的别将都召

---

① 司马迁：《史记·项羽本纪》。以下所引的关于范增的史料凡是出自此"本纪"的，不再加注。

回到薛县议事，共商反秦大计。项伯、项羽等项氏宗亲，以及刘邦、英布、蒲将军、吕臣等楚地别部将领都前来参加。

这时候的项梁，俨然是反秦斗争的领袖人物，他要建立新的反秦组织，树起新的反秦大旗。说白了，项梁就是要做第二个陈胜，成为新的楚王。而在这个时候，范增来到了项梁军营，向项梁提出了建议。他说：

> 陈胜败固当。夫秦灭六国，楚最无罪。自怀王入秦不反，楚人怜之至今，故楚南公曰"楚虽三户，亡秦必楚"也。今陈胜首事，不立楚后而自立，其势不长。今君起江东，楚蜂午之将皆争附君者，以君世世楚将，为能复立楚之后也。

这一段话，也可以看作是范增的"出山"宣言。所表达的意思，一是楚国在秦灭六国中所受的冤屈最多，楚人最恨暴秦的统治，是灭亡秦国的主力；二是陈胜的失败，是只顾自己出头，而没有拥立楚王之后；三是劝说项梁要接受陈胜的教训，"复立楚之后"。

在当时的情势下，这番话确实能够起到顺应民望、迅速号令民众起而反秦的重大作用。但事实上，这段话也有很大的局限性：一是对陈胜之死的分析，并不十分精确，陈胜起义的失败，是由于多方面的因素造成的，有当时大形势的问题，即敌对力量过于强大，而起义军还十分弱小；也有陈胜自身的问题，不能简单地归因于没有拥立楚王之后。试想，如果立了楚王之后，就一定能够成功吗？恐怕这也只能是一厢情愿了。二是没有看清"复立楚之后"所带来的副作用。秦始皇消灭六国，摧枯拉朽，实现了国家的统一，这是历史性的进步，是毋庸置疑的，但问题是在实现统一后如何治理好国家，这是一个全新的课题，秦始皇以及二世没有交出满意的答卷。而范增的主张，则是拥立楚王之后。说到底，楚王，也只有在楚地有影响力，那么，是否秦所灭的六国之后，都要拥立起来？一旦反秦成功，不又是恢复到六国甚至列国分立的状态之中去吗？这其实是在开历史的倒车啊！三是没有看到新生力量所起到的巨大作用。平民出身的刘邦，成功地攻进秦都咸阳，剪灭群雄，最终平定天下，建立起大汉王朝，这又怎么说呢？刘邦宽宏大度、善于用人，是其他任何人所无法比拟的。由此可见，出身真的重要吗？

范增如此说，而项梁则是采纳了他的建议，"乃求楚怀王孙心民间，为人牧羊，立以为楚怀王，从民所望也。"或许，项梁认为，楚军的将领都是行伍出身，平时只会带兵打仗，谋略这一块确实比较薄弱。范增本是谋士，建议顺从民望，拥立楚王之后，楚军的领导结构得到改善，战斗气势得以提升。故此，听从了范增的建议。也很有可能，项梁也是学着当时东阳令史陈婴，也接受陈胜被杀的教训，不愿出头，只想做一个带兵打仗的统帅，而使得范增的谋计得以成功。

这时候的楚怀王熊槐之孙熊心，正在山沟里放羊，俨然就是一个地道的牧民。当历史大潮卷到了他，他也是当仁不让，毅然担当起这一历史重任，也是称作"楚怀王"，就犹如被秦国虐待致死的熊槐又重生了，穿越到现实当中来，从而激起楚地民众的反秦激情。

从历史记载来看，熊心虽然从山沟里出来，担当大任，还是想有所作为的，他建都盱台，以陈婴为上柱国，协助处理国事；"项梁自号为武信君。""自号"二字，很值得玩味，是自封，而不是出于熊心所封。这或许说明，虽然项梁同意了范增的说法，拥立他为楚王，但他内心并不认同，他当他的王，我做我的将，具有相当的独立性。而事实也是如此，熊心担任楚王后，项梁统领军队，一直都是我行我素，熊心没有对他发过任何指令。也就是说，项梁在世时，熊心就是一个傀儡政权，无能有所作为。当然，熊心并不甘心，他一直都在寻找机会，这机会在项梁败亡后找到了。

那么，范增的建议被项梁采纳，也付诸实施了，而他接着做了什么？《史记》没有记载，一直到这年的九月项梁败亡后才出现。在这风云激荡、瞬息万变的三个多月里，范增没有了音讯，是留在熊心身边，还是留在项梁身边？则是无法说得清楚。如果说是留在熊心身边，那么，他谋划了些什么？从后来项梁去世后的任用来看，则很有可能是建议熊心强化君权而弱化项梁的军权，只是项梁过于强势，而熊心还难以撼动而已。如果说是在项梁手下当谋士，对于项梁即将到来的危险是一无所知？或是有什么建议，项梁没有采纳？这都不得而知。如果是前者，那范增的谋略水平无从显示出来，而宋义则是一眼就看得出来啊！如果是后者，则说明项梁与范增的关系不是很融洽，建议不被采纳，那还有什么意思呢？由于史料的缺乏，我们只能作这样的猜想和推测。

项梁出事后，熊心着手整顿楚国政局，亲理军政事务，策划攻秦的战略部署，迅速作出了一系列重大决策：立即将都城从盱台迁到彭城，将项羽、吕臣的两支军队合并，由自己直接掌管；将宋义培植为亲信，破格提拔为上将军，统领救赵军队；同时拉拢刘邦，封为武安侯，还发表了著名的政治宣言，与诸将约定，率先破秦入咸阳者为王。不得不说，熊心还是有一些帝王权术与文武韬略的。他的这一系列举措，迅速稳定了局势，避免了项梁败亡后可能出现的动荡甚至颠覆的局面。

这里特别要说的，是熊心所部署的西征伐秦。当时，秦军还是非常强势，没有人愿意西征，项羽欲为项梁报仇，愿意领兵西征入关。这样的提议，本来是一件好事，但是到了熊心那里，却将项羽的主张否决了，史载说："不许项羽，而遣沛公西略地。"而理由，则是听从长老之言："项羽僄悍，今不可遣；独沛公素宽大长者，可遣。"而让刘邦"扶义而西"。

从后来的实践来看，这一决策是十分正确的，刘邦不负所望，一路西进，首先攻进关中，进入咸阳，灭亡了秦朝，又封秦府库，约法三章，还军霸上，树立了仁者形象。

由上可见，范增主张复立楚王之后，对于迅速集聚反秦力量，是非常有利的，但对于项氏而言，则看不出有什么好处。项梁自号为武信君，不久败亡；项羽则是处处被熊心压抑着，不让他有出头的机会。完全可以说，这时候的范增，是从反秦的角度来思考问题，而不是项氏的忠实谋臣。如果说这是"奇计"，那么，这种奇计并不是为项氏而谋。北宋改革家王安石曾质疑范增，说："有道吊民天即助，不知何用牧羊儿？"对范增拥立楚王之后，持一概反对的态度，也是不妥的。

二、急击勿失，"奇计"只为除刘邦

项梁败亡后，秦朝的干将章邯觉得楚国这边只是剩下了一些"小鱼小虾"，无能有所作为了，于是便放弃追击，迅速率军北上，渡过黄河攻打赵国，攻破邯郸城，赵王赵歇、相国张耳都逃入了巨鹿城。于是，章邯与名将王离联手，把巨鹿城团团围住，危在旦夕。无奈之下，赵王派遣使者向楚怀王以及各国诸侯求援。项羽为报秦军杀叔父项梁之仇，主动请缨。于是，熊心决定派五万精锐楚军北上，前去救援赵国。而这五万精锐，其实就是项家的军队。有意思的是，熊心没有任命项羽为主帅，而是任命宋义为上将军，号为"卿子冠军"，任命项羽为次将，范增为末将，把项羽夹在中间。

熊心这样的安排，其意图非常明显，就是通过救赵，把项家的这支军队拉拢到自己身边来。因为宋义是楚国老臣，当年曾经做过令尹，资格当然是足够了，而且也有前瞻性，能够准确地预见到项梁必将败亡。熊心也是把他当作自己人来培植。

这时候的范增，也被熊心提拔为"末将"，位次项羽之后。很明显，熊心不是要范增去为项羽谋划，而是为了牵制项羽，成为项羽的掣肘。可见，范增与项羽平起平坐，是有实际军权的。这也说明，范增得到了熊心的认可，也成了熊心手中的"棋子"。至于范增是如何运作的，史无所载，就不得而知了。也许，从这个时候起，项羽对范增就非常不爽了。

这样的安排，对于项羽来说，是非常尴尬的，似乎是成了一种摆设，制定方略、发号施令的不是他，出谋划策的也不是他，他成了"中间人"，处处受制于人，什么事情也做不成。项羽是这种安于现状的人吗？显然不是；项羽甘心就这样任人摆布吗？这可不符合项羽的性格啊！

机会来了，就是宋义率领大军行至安阳，不再进军，逗留四十六日，美其名曰坐山观虎斗，让其两败俱伤，再见机行事，而不顾即将进入寒冬、士兵挨冻受饿的现实，被项羽一击而中。项羽慷慨陈词，先是痛斥宋义不体恤士兵，接着痛批宋义不懂军事，如果秦军吞并了赵国的军队，只会越来越强大，怎么可能有可乘之机？他进入宋义军帐中，直接将其杀死，并安上了叛逆的罪名。项羽被将士推立为代理上将军，统领救援军队，并遣人向熊心报告情况。既然生米已经煮成了熟饭，熊心还有什么好说的呢？还能说什么呢？只好顺势而为，让项羽担任上将军。项羽终于拿回了原本属于自己的地位和权力。从此，楚国进入项羽时代，而熊心则是无足轻重了。这时，是秦二世二年（前208）后九月，距项梁去世不到两个月。

范增作为救赵军队的"末将",也有一定的话语权,而在项羽火并宋义时,他在干什么呢?是支持宋义,还是支持项羽?是否为项羽出了什么主意?或许是保持中立,默不作声?史书没有记载,好像人间蒸发了一般。按照合理推论,范增此时非常尴尬,因为项羽对他并没有完全信任,而他又不得不依附项羽;尽管他是末将,但在指挥军队上还是"门外汉",完全没有这方面的实际经验,那些好勇斗狠的军人怎么会买他的账呢?

接着,就是项羽率领楚国的精锐部队,破釜沉舟,击败秦朝大军,解围巨鹿。项羽成了各路诸侯军的统帅,率领诸军西进,多次打败秦军,在新安坑杀了二十多万,消灭了秦朝的主力部队,一直攻到函谷关。这期间,范增也是一直跟随项羽活动,自从项羽杀掉宋义,封为上将军后,并没有任命副职。或许,范增的"末将"之任一直还在;也或许,范增从此就没有实际的职务了,纯粹是项羽的跟班了。史书上没有记载,似乎没有了范增的身影。范增在项羽麾下发挥了什么样的谋略作用,我们不得而知。按常理说,项羽是枭雄人物,从小跟随叔父项梁学"万人敌",在军事方略上是有自己的一套的;且有强大的实力军团,即使是与秦军硬碰硬对着干,也是不落下风,范增在项羽的攻战中发挥不了多大的谋略作用。

项羽率领诸侯军,到了函谷关,结果发现有士兵守关,军队无法通过;又听说刘邦已经攻破了咸阳,刘邦左司马曹无伤也派人来告密,说刘邦想在关中称王。项羽听后,勃然大怒。这使他的自尊心严重受损。他率领诸侯军一路与秦军主力血战,磕磕碰碰打到函谷关后,却发现来迟了一步,而刘邦已经攻下了咸阳,按照熊心的约定,这就意味着"关中王"被刘邦轻而易举地弄过去了。自己是起了个大早,赶了个晚集,不禁怒从心起,说:"旦日飨士卒,为击破沛公军!"这时候,范增在史书中出现了,劝说项羽:

> 沛公居山东时,贪于财货,好美姬。今入关,财物无所取,妇女无所幸,此其志不在小。吾令人望其气,皆为龙虎,成五采,此天子气也,急击勿失。

这是范增在史书中的第二段话,也可看成是范增至关重要的谋略建议。他在这里所强调的是,刘邦入关后,像是变了一个人一样,他原来是吊儿郎当,贪财好色,而现在是迥然不同,这是有天下之志,要当皇帝啊!如果是这样,还有项羽什么事呢?于是,他便"火上浇油",极力主张要干掉刘邦,不能让他形成气候。

由此看出,范增确实是眼光独到,一眼就能看穿刘邦的政治野心。他的"急击勿失"的建言,与项羽"击破沛公军"的决定,有着实质性的不同:项羽只是想把刘邦的军队打败而已,并不想把刘邦怎么样;而范增意在立即发动对刘邦的毁灭性攻击,趁其羽翼未丰而予以消灭,以绝后患。不得不说,范增确实具有深谋远虑，对项羽忠心无二。

　　而后来发生的"鸿门宴"，正好是天赐良机，何不利用这个机会，把刘邦杀掉，以绝后患？于是，范增多次向项羽暗示，"数目项王，举所佩玉玦以示之者三"。而项羽觉得，这个时候杀掉刘邦，无异于告诉诸侯，奋力拼杀不仅得不到什么好处，还会身首异处，原本松散的反秦联盟就会被撕裂，战争又起，更何况还有老谋深算的熊心在背后盯着他与诸侯们的一举一动呢！于是，项羽就像是"木头人"一样，根本没有采纳他的建议，"默然不应。"范增见劝不动项羽，急得不行，又擅作主张，叫将军项庄在席间舞剑，寻找机会将刘邦一剑毙命。可是，吃里扒外的项伯，看出其中端倪，也与项庄对舞，常常用身体来挡住刘邦，项庄始终未能得手。刘邦在席上，吓得三魂掉了二魂，后来在张良等人的掩护下，借着上厕所的机会，悄悄地溜掉了，才躲过了一劫。范增气得不行，说了这样一句话："竖子不足与谋！夺项王天下者，必沛公也。"这"竖子"二字，是骂人的话，有人认为是指项羽，也有人认为是指舞剑的项庄，两者皆有可能，但是指项羽的可能性要大。范增只是项羽的谋臣，并不能代替项羽做决策。项羽本不想杀掉刘邦，你范增再着急，也没有用。

　　从中看出，项羽没有听从范增的"奇计"，失去了击杀刘邦的最佳时机。而范增可谓有先见之明，尽管当时项羽的实力强大，但他觉得将来夺得天下的人，必定是刘邦，因此，他要想方设法把刘邦干掉，以绝后患。所谓"打蛇打七寸"，范增可谓是抓住要害矣！如果项羽听从范增的谋划，在鸿门宴上杀掉刘邦，也有可能带来很大的副作用，比如刘邦的十万大军如何处置，但是，历史上强盛一时的汉朝肯定是不存在了。从这个意义上来说，还幸亏项羽没有听从范增的建言。当然，作为谋士而言，各为其主，范增的这一"奇计"，是非常高明的，是釜底抽薪，也是天经地义的，无可厚非的。

　　而项羽不肯听从范增的谋议，不肯下黑手杀掉刘邦，也是有多种因素的。项羽自负其勇，是个出色的战将，始终认为刘邦是个市井无赖，没有什么大作为，因而不屑于这样做。范增一心想让项羽成就千古帝业，可项羽仅仅满足于当一个霸王。范增这样做，完全是为了项羽，而项羽却不以为然，还以为是在坑他呢！于是，一点也不配合，无动于衷，弄得范增很被动，里外不是人。

　　我们再设想，如果刘邦被杀、项羽得胜，将会是什么样的一种情景呢？可想而知，整个国家还是处于一片混乱之中。这样的推论，其实是有根据的。项羽出生于武将世家，祖父项燕，是楚国末期的一代名将，在楚国灭亡之战中付出了生命的代价，整个楚氏四处逃散，项羽从小肩负着血海深仇，时刻想着要覆灭暴秦，而没有考虑到秦朝灭亡以后的事情。当他率领军队到了秦都咸阳时，秦朝已被刘邦灭亡，秦王子婴已经投降，他纯粹是为了泄其仇恨，一把大火把咸阳烧得精光，"收其货宝妇女而东"，衣锦还乡，被人称为"沐猴而冠"；而后是主持分封，将诸路灭秦将领都分封诸侯，刚分封完毕，齐地就发生了动乱。可见，项羽何曾想要建立一个统一的国家？因此，项羽灭亡，刘邦建立汉朝，实现国家统一，是国家之幸，也是人民之幸！从这个意义上来说，范增的计谋没有能够有效实施，也是一件幸事！

三、貌合神离，"奇计"被间命归西

鸿门宴上没有杀掉刘邦，紧接着问题就来了。在项羽主持的分封中，将如何处理刘邦？为此，项羽与范增绞尽了脑汁。

在项羽与范增看来，各路将领一路西进，消灭暴秦，立下功勋，分封，可能是最好的安抚办法，但这样做的结果，可能使整个国家处于诸侯割据之中，只是他们还想不到这一层。他们所考虑的是如何抑制刘邦，不让刘邦当关中王。这里牵涉到一个问题，就是当年楚王熊心动员刘邦西进，曾经发出政治宣言，即先入咸阳者为王，即使是项羽功高震主，但也不能违背熊心的约定。于是，他就向熊心请示，熊心的回答是"如约"。宋代文学家苏轼曾经评价熊心说："吾尝论义帝，天下之贤主也①。"从这里看出，熊心还是有一些硬骨头精神的，非"贤主"不能如此也。这让项羽非常头疼，如果不把刘邦封到关中，就是负约，是要承担舆论谴责。于是，或许是范增的谋略起了这用，就把刘邦封到巴蜀、汉中。史书载："项王、范增疑沛公之有天下，业已讲解，又恶负约，恐诸侯叛之，乃阴谋曰：'巴、蜀道险，秦之迁人皆居蜀。'乃曰：'巴、蜀亦关中地也。'"两人玩了一通阴谋诡计，把巴、蜀也说成是关中，就是哄鬼，鬼也不相信啊！刘邦气得直跺脚，可是，形势比人强，刘邦当时根本不是项羽的对手，不甘心，又能有什么办法呢，后在谋臣的劝说下，刘邦才忍下这口气，当起了汉中王。项羽与范增还要把刘邦困死在巴、蜀，又将关中之地一分为三，封给秦朝的三个降将，以此挡住刘邦的出关。其用心可谓险恶，但这样做，也给了刘邦养精蓄锐的机会，时机成熟后，刘邦明修栈道，暗度陈仓，如猛虎下山，搅得天翻地覆。这真是如意算盘打得不如意啊！项羽的分封，究竟是项羽的主张，还是范增的谋划？史书记载是"项王、范增"，无法说得清楚，很有可能是范增的谋划居多。

而后是楚汉战争，刘邦与项羽展开了谋与智的生死较量。到了第三年，即汉王三年（前204），项羽与刘邦相拒荥阳，项羽多次侵夺汉甬道，刘邦军队的粮食供应不上，非常恐惧，就向项羽请和，以鸿沟为界，西边为汉，东边为楚。项羽欲听之。而范增则是急忙阻止，说："汉易与耳，今释弗取，后必悔之。"还是劝说项羽，应该乘胜追击，彻底消灭刘邦。这次，项羽听从了，于是，项羽急围荥阳。可惜的是，项羽还是没有把握好这一机会，让刘邦逃出生天，而后便是急剧反转，项羽处处受制于刘邦，不久便四面楚歌，兵败垓下，自刎乌江，真正成了"末路英雄"。

接着，范增的悲剧发生了。刘邦感到项羽开始听从范增的谋计了，范增对他

---

① 苏轼：《范增论》。后文所引苏轼的观点，郡出自此"论"，不再加注。

是实实在在的威胁，非常恐惧，就采用了陈平的谋计，使用了离间计。刘邦会见项羽派来的使者，准备特别精美的食物。但是等到问清楚使者的来历之后，刘邦却故作惊讶，说"吾以为亚父使者"，然后就换上了简陋的食物。使者回去后，自然向项羽禀报了这件事情。项羽知道后，自然也就对范增越发猜疑，不再信任他，并削夺了他的权力。范增一气之下，就不干了，对项羽说："天下事大定矣，君王自为之。""大定"二字，含义非常深刻，表面上是说项羽实力强大，打败刘邦不在话下，而实际上是说，将来的天下，是刘邦的天下，你就好之为之吧，我不再继续跟你玩下去了。就直接向项羽提出辞职，而项羽竟然也不挽留，爽快地答应了。范增又气又恨，收拾行李，直接回老家去。可是，还未到彭城，竟然一病不起，命丧彭城道。范增从秦二世二年（前208）二月"出山"，到汉王三年（前204）去世，历经五年，一命归西，真是可悲可叹！

陈平离间项羽君臣，并不是采用什么非常高明的手法，简单得不能再简单了，为什么就能一击而中呢？其实，问题还是出在项羽与范增的身上。两人貌合神离，在一些关键的问题上认识并不一致，故此，裂痕越来越深。俗话说，苍蝇不叮无缝的蛋。苏轼曾分析说："羽之杀卿子冠军也，是弑义帝之兆也。其弑义帝，则疑增之本也，岂必待陈平哉？物必先腐也，而后虫生之；人必先疑也，而后谗入之。陈平虽智，安能间无疑之主哉？"说得很有道理，也就是说，从范增"出山"的那一刻起，劝说项梁立楚王之后，就种下了与项羽矛盾的种子，因为熊心是在处处算计项羽、掣肘项羽，项羽追思原委，怎么能不想到范增是始作俑者呢？毕竟熊心是范增提出而后立啊！两人之间有了隔阂，话不投机，碍于情分，表面上客客气气，实际上各行其道，项羽不听范增，我行我素；范增怨恨项羽，"竖子"之类的话随口而出，这传到项羽耳中，项羽还把他当作"亚父"看待吗？要把范增赶走，也只是少了一个契机啊！而陈平行反间计，正中下怀，项羽乘机"稍夺之权"，范增则是愤而离去，上演了一曲凄惨的悲剧。范增背项羽而去，对于项羽而言，也是一场悲剧，他临终所感叹"天亡我"，实际上是自取灭亡。清朝学者严遂成感叹说："剑舞鸿门能赦汉，船沉巨鹿竟亡秦。范增一去无谋主，韩信原来是逐臣。"① 项羽不亡何待！

可怜范增，为项羽尽心尽力，而项羽始终不能理解范增的宏图大志，以致裹足不前，不知道他临死前是否后悔不听范增的话呢？范增也真是可怜，本想"出山"后有一番作为，青史留名，没有想到项羽对他言不听，计不用，还遭到猜忌，卷起铺盖，从哪里来，到哪里去，而中途病死，也是遗憾得很啊！

四、众说纷纭，"奇计"未曾见奇效

对于范增的喜剧开局，而悲剧结局，历代名士学者议论纷纷，说什么的都

① 严遂成：《乌江项王庙》。

有，褒之者，汉朝开创者刘邦说："项羽有一范增而不能用，此其所以为我擒也①。"《三国志》作者陈寿说："项羽背范增之谋，以丧其王业。"② 曹魏名臣蒋济说："项羽若听范增之策，则平步取天下也。"③ 贬之者，北宋文学家张耒说："毕竟亡秦安用楚，区区犹劝立怀王。"④ 元代学者陈孚说："平生奇计无他事，只劝鸿门杀汉王。"⑤ 对于范增"出山"，所建立的功勋如何？唐代诗人周昙说："平生心力为谁尽，一事无成空背疽。"⑥ 南宋诗人田德秀认为：范增"忠而识暗，不能择有道之主，当代无以建其功。"⑦ 更有甚者，清代史学家王鸣盛说："范增谬计，既误项氏，亦误怀王。"⑧ 宋代文学家苏轼曾写有著名的《范增论》，认为：范增"欲依羽以成功名，陋矣！虽然，增，高帝之所畏也；增不去，项羽不亡。增亦人杰也哉！"对于范增，究竟如何评价？本着尊重历史、务实求真的精神，在以下五点上阐述自己的观点。

　　首先，范增的谋略，是否达到"人杰"的水平，能与汉代顶级谋士张良比肩？考校范增的"奇计"，只为两端，一是建议"复立楚之后"；二是力主诛杀刘邦。至于项羽分封之事，不能断定就是范增所出的谋计。从而看出，范增是从大处着眼，是一个战略性的谋略家，称之为"奇计"，不虚矣。这两条对于秦末的历史走向确实能够起到重要的作用。劝立怀王，被项梁采纳，加速了暴秦的灭亡；而劝杀刘邦，则是未能如愿，抱憾终身。我们再看看张良为刘邦的谋划，刘邦肯定他是"运筹策帷帐之中，决胜于千里之外"，他可以称得上是世间高人。张良是战术性的谋略家，对刘邦的战斗攻取，起着重要的导引作用。两者具有可比的一面，都是谋士，可称为"谋主"，也有不可比的一面，两人的关注点各不一样。如果硬要将范增与张良相比，范增似乎弱了一些，至少可以说，他们两人不在一个等量级上。而范增从大处着眼，抓住要害问题出谋献策，并紧追不放，则是应当充分肯定的。

　　其次，范增为项羽出谋，一味地把注意力放到了项羽的对手刘邦身上，而对于项羽本身存在的问题，则是视而不见，不能有所匡谏，这是他的薄弱点。这主要表现在四个方面：一是项羽暴虐，一路攻打暴秦的军队，动不动就屠城、坑杀，这和暴秦的行为又有什么不同？失去民心，甚至天怨人怒，以至于后来被刘邦打败，有着极大的关系，不见范增有任何谏阻，不能辅佐项羽建德。南宋学者徐钧说："项王暴不减强秦，一语箴规总未闻。"⑨ 近代史学家蔡东藩说："夫范增

---

① 司马迁：《史记·高祖本纪》。

② 陈寿：《三国志·魏书·董二袁刘传》。

③ 蒋济：《万机论》。

④ 张耒：《范增》。

⑤ 陈孚：《范增墓》。

⑥ 周昙：《秦门·范增》。

⑦ 田德秀：《嘉泰重修庙记》。

⑧ 王鸣盛：《十七史商榷》。

⑨ 徐钧：《范增》。

事项数年，于项王之残暴不仁，未闻谏止，而且老犹恋栈，可去不去。"① 二是在鸿门宴上，刘邦的部将樊哙横冲直撞，数落了项羽的一大堆不是之处，实际上是恶心项羽，让他难堪，范增面对如此情况，听之任之，既不出面阻止，也不予以驳斥，这让项羽情何以堪？范增满脑子想的是如何击杀刘邦，根本没有考虑如何维护项羽，从谋士的角度来看，主辱臣死，范增是不够格的。三是项羽分封十八路诸侯，虽然是效法西周初期的做法，实际上是开了历史的倒车，弄得不好，将会造成整个国家四分五裂的惨局，范增也参与其中，只是考虑如何限制刘邦，而没有考虑这种分封的做法，本身就是错误的。范增是自己的才力不济，还是就认同这种做法？则是不得而知。与范增截然相反的是张良，当时刘邦对于郦食其言听计从，郦食其建议刘邦分封六国后人，张良坚决反对，认为这样做，将来必定要受制于人。刘邦经张良的点拨后，急得连嘴里的饭都吐出来，赶紧收回成命。两相比较，范增差之远矣。四是熊心是在范增的倡议之下拥立起来的，后又任他为救援部队的末将，对他有恩，对灭秦有功，于情于理，他都应该予以维护，而项羽后来将熊心架空，称为"义帝"，在夺取他的土地后，将他迁往郴地，又怂恿他人杀之于江中，不见范增顾及君臣大义，有所谏诤，结果被刘备拿来大做文章，又是祭吊熊心，又是声讨项羽，弄得项羽非常被动，不知范增作何感想？南宋文学家洪迈曾经评论范增是"见利而不知义者"，批评说："始劝项氏立怀王，及羽夺王之地，迁王于郴，已而弑之，增不能引君臣大义，争之以死。怀王与诸将约，先入关中者王之，沛公既先定关中，则当如约，增乃劝羽杀之，又徒之蜀汉。羽之伐赵，杀上将宋义，增为末将，坐而视之。坑秦降卒，杀秦降王，烧秦宫室，增皆亲见之，未尝闻一言也。至于荥阳之役，身遭反间，然后发怒而去。呜呼，疏矣哉②！"似乎说得颇有道理。

再次，范增为项羽谋划，数出"奇计"，为什么不能成功？是明珠暗投，还是才力不济？其实，这有两方面的问题：首先是项羽，自以为武功了得，对范增是貌合神离，虽然尊称为"亚父"，但这只是表面上的尊重，其实并不把范增当作"亚父"看待，对于范增的谋略，基本上没有采纳。这倒不是说项羽看不起范增，而是项羽本身就是武学奇才，他曾学习"万人敌"，"力拔山兮气盖世"，一身武力又是何其了得，而范增并没有这方面的经历，也没有听说他有多么高深的兵学造诣，而来辅佐项羽，实在是勉为其难，多少是有些才力不济；而项羽，克敌制胜，是一把好手，而对于政治，则是没有开窍，是一个军事上的奇才，政治上的"侏儒"，范增并没有十足的能力去影响他，故而显得苍白无力。其次是范增已是七十多岁的高龄，经历的世事多，确实是可以做项羽的父亲。在范增的眼中，项羽就是一个孩子，总觉得他只会舞刀弄枪，其他则是一窍不通，多少有些恨铁不成钢的味道。在进言的方式方法上，范增也是自以为是，多是采用命令的口吻与项

---

① 蔡东藩：《前汉演义》第二十七回。
② 洪迈：《容斋随笔》。

羽说话，把自己的意志强加于项羽，项羽在不理解的情况下，怎么可能接受呢？例如，范增心心念念的就是要项羽杀掉刘邦，总觉得刘邦是项羽最大的敌人，这固然是有道理，但他没有站在项羽的角度想一想，项羽可不是这样认为啊！他与刘邦曾经是同一个战壕里的战友，项羽心气高，讲义气，怎么可能下黑手去杀掉刘邦呢？如果这样做，天下人怎么看他，岂不是要毁掉他的一世英名？这种有损名声和道义的事情，项羽怎么会去做呢？再说，刘邦当时手下有十万大军，一旦把刘邦杀了，刘邦的手下不找项羽去拼命才怪呢！项羽又将如何去应对呢？而范增对此有成熟的方案以打消项羽的疑虑吗？好像没有，只是一味地强调杀掉刘邦，就万事大吉了，是把复杂的问题想得过于简单化了。当然，凡事因人而异，如果范增的这主意出给刘邦，或许刘邦就能认同，就能杀掉项羽。只要是刘邦认为对他构成了潜在威胁的，就必欲除之而后快。后来刘邦杀掉韩信，不就是如此吗？还需要什么理由呢？

　　第四，项羽的败亡，究竟是什么原因造成的，难道就仅仅是不用范增吗？在这方面，评论很多，似乎成了定论。项羽的败亡，是由多方面的因素造成的，其根本的原因，是在于他自己，是他自己根深蒂固的传统观念。在当时，韩信曾经将项羽与刘邦进行对比，把他的弱点说得非常清楚。韩信说项羽不能"任属贤将"，"虽霸天下而臣诸侯，不居关中而都彭城，有背义帝之约，……项王所过无不残灭者，天下多怨，百姓不亲附，特劫于威强耳。名虽为霸，实失天下心。"故此，项羽的灭亡，具有一定的必然性，只是时间迟早的问题，不在于是否听从范增的劝谏。再说，范增的谋略，司马迁称为"奇计"，是从大处着眼，自有他的过人之处，但对于项羽本身存在的致命性弱点，未曾见他有一星半点的谏说，或许，是史书没有记载吧。故此，项羽不用范增，并不是实质性的要害问题。刘邦所说项羽"有一范增而不能用"，是刚愎自用，听不得别人的意见，而导致众叛亲离，只是问题的一个方面，并不是问题的全部；而后之论者，大都是沿袭了刘邦的说法，实际上是有些夸大其词了。当然，项羽如果听从范增的谋略，其结果要好得多，但还是解决不了根本的问题。唐朝名相房玄龄评论说："假令羽既距项伯之邪说，斩沛公于鸿门，都咸阳以号令诸侯，则天下无敌矣。"[①] 肯定了范增在夺取天下中至关重要的作用，其说颇有道理。项羽不听范增，灭亡的"黑锅"，只能由他自己背着。

　　第五，范增年七十而"出山"，在灭秦建汉中是否起到了积极的作用？对于这一点，历来被忽视了，论者只是纠缠于范增谋略对于项羽的作用如何，而并没有把眼光放得长远一些，放到历史长河中去考察，对于历史发展走向究竟起到了什么样的作用。首先，范增高龄而"出山"，投身到轰轰烈烈的反秦斗争中去，欲白首建功，其精神可嘉，周朝的吕尚、汉代的公孙弘，可能都是范增效法的榜样，具有极大的影响作用，对于消灭暴秦，起到了重要的作用。范增建议拥立

---

　　① 　房玄龄：《晋书》卷四八。

"楚王之后"，熊心被拥立后，所有楚国派系的义军，就有了主心骨。项梁借着这个机会，拉拢其他楚系力量，迅速壮大为秦末最强的一支农民军势力，使楚系义军在秦末异常强大，抢占了先机。其次，制定了正确的灭秦方略，部署西征，让刘邦"扶义而西"，拔得头筹，迅速攻进秦都咸阳，项羽统领集团军，消灭了秦朝的有生力量，使秦朝无力回天。如此部署，避免出现了长期混战的混乱局面。在这一点上，熊心是有功的，也间接地说明范增的这一主张得到项梁采纳后，是有成效的，故此，从这个意义上来说，范增在消灭暴秦中发挥了重大的作用！再次，范增为项羽谋划，屡献"奇计"，要除掉刘邦，尽快消灭刘邦集团，没有得到项羽的采纳和重用，结果项羽失败了，而成就了刘邦。这其实不是范增的错，而从相反的角度来看，由于范增的谋划，使刘邦更加警觉起来，也更加成熟和"老到"，给了刘邦以翻天覆地的机会，从而取得成功，建立了统一的汉朝，结束了秦末混乱不堪的局面，刘邦及其子孙享国四百多年。这虽然算不上是范增的功劳，但相反相成，从而成就了刘邦，亦是范增自己也没有想到的啊！其实，范增对于汉朝的建立，也是间接地作出了贡献！

综上所述，范增面对暴秦肆虐、反秦浪潮风起云涌的局势，即使是七十岁高龄，也勇敢地站出来，投身到反秦的行列中去，为消灭暴秦贡献了自己的一份智慧和力量。他力劝项梁拥立楚王之后，以从民望，忠诚地辅佐项羽，屡出奇计，为项羽的事业呕心沥血，但不被采纳，又受到猜忌，被陈平的反间计一击而中，只好满怀悲愤地离去，命丧归乡道，上演了一曲谋士的悲剧。但尽管如此，对于范增的"奇计"以及他在秦汉之际所发挥的历史性作用，则是应当充分肯定，不能因为他的失败，而就埋没了他的重要谋略和重大贡献。

刘项政治策略异同论

＊本文作者薛从军，安徽省和县第一中学特级教师、和县文化研究会党支部书记；祝兆源，和县文化研究会会长。

刘邦与项羽一开始是反秦的同盟军，后来演变为楚汉相争时两支对立的军事集团。两个军事集团都有自己的政治策略。反秦初始时，刘项联手作战，其政治策略基本相同，取得辉煌的战果。在反秦取得胜利后楚汉相争时，刘项政治策略迥异，产生了不同结局。在战争状态，政治策略决定战争的走向与结局。比较二者政治策略的异同，对于重新认识历史具有借鉴意义。

一、刘项政治策略相同部分

在反秦阶段，他们共同目标、政治策略相同。当时，刘邦"闻项梁在薛，从骑百余往见。项梁益沛公卒五千人，五大夫将十人"①，"六月，沛公如薛，与项梁共立楚怀王孙心为楚怀王"②。薛城之会时，范增提出立楚怀王号令天下反秦的政治策略，得到刘项等诸侯赞同，推动了反秦进军，取得了成功。刘项反秦时配合很好："项梁使沛公及项羽别攻城阳，屠之。西破秦军濮阳东，秦兵收入濮阳。沛公、项羽乃攻定陶"③。后来，项梁战死。"沛公、项羽去外黄攻陈留，陈留坚守不能下。沛公、项羽相与谋曰：'今项梁军破，士卒恐。'乃与吕臣军俱引兵而东。吕臣军彭城东，项羽军彭城西，沛公军砀。"④ 可见，刘项在反秦上是一致的。这里就不过多论述了。

二、刘项政治策略不同

楚汉相争之时，刘项采取不同的政治策略，其结果相反，主要不同策略如下。

（一）在迎战秦军时，刘项对待楚怀王孙心采取不同政治策略。

① 司马迁：《史记·高祖本纪》，中华书局 1975 年版，第 352 页。以下注释，涉及《史记》只注书名及页码。

② 班固：《汉书·高帝纪》，中华书局 1982 年版，第 14 页。以下注释《汉书》，只注书名及页码。

③ 《史记》第 302 页

④ 《史记》第 303 页

刘邦集团充分利用楚怀王及其身边的人为自己服务，制造舆论，败坏项羽名声，从而使部队避开秦军主力锋芒而巧取，很快攻下秦都。项羽集团不能利用楚怀王为自己服务，因为恨秦至深，直接迎战秦军劲敌，虽然取得战绩而威震诸侯，但后至咸阳。

项梁战死后，"赵数请救，怀王乃以宋义为上将军，项羽为次将，范增为末将，北救赵。令沛公西略地入关。与诸将约：先入定关中者王之。"①楚怀王孙心是项梁等诸将所立，项梁战死，理应由项羽为上将，却反而让宋义为上将，这似乎说不过去。与诸将约定"先入定关中者王之"。这个约定，应该是同等条件下竞争。但在实际派军时，明显倾向刘邦军事集团。让项羽阻挡秦军的主力章邯军队。此时，诸侯不敢与章邯部队作战，作壁上观。把艰难的战斗交给项羽，而又不让他先入关。楚怀王为什么会如此呢？因为诸老将说："项羽为人僄悍猾贼。项羽尝攻襄城，襄城无遗类，皆坑之，诸所过无不残灭。且楚数进取，前陈王、项梁皆败。不如更遣长者扶义而西，告谕秦父兄。秦父兄苦其主久矣，今诚得长者往，毋侵暴，宜可下。今项羽僄悍，今不可遣。独沛公素宽大长者，可遣。"②

其实，刘邦也残暴。此前项羽、刘邦常常一起进军，"齐军归，楚独追北，使沛公、项羽别攻城阳，屠之"③，"南攻颍阳，屠之"④。刘邦集团单独打仗，依然屠城，如："及刘贾入楚地，围寿春，汉王败固陵，……行屠城父，虽刘贾、齐梁诸侯皆大会垓下。"⑤"大司马周殷叛楚，以舒屠六，举九江兵，随刘贾、彭越皆会垓下，诣项王。"⑥（樊哙）"围项籍于陈，大破之。屠胡陵。"⑦"项已已死，楚地皆降，独鲁不下，汉王乃引天下兵屠之。"⑧"闻沛公已屠咸阳，羽大怒。"⑨。王子今教授说："从司马迁《史记》中可以看到，刘邦所指挥的部队，屠城的记录却不胜枚举。"⑩ 说项羽残暴，历史学家吕思勉一针见血指出：

> 此亦事后附会之辞。陈平曰："项王为人，恭敬爱人。"（《陈丞相世家》）。韩信曰："项王见人，恭敬慈爱，言语呕呕。人有疾病，涕泣分食饮。"（《淮阴侯列传》）。此岂恣意残杀者？史于项羽未免故甚其辞，于汉则又讳而不言耳。⑪

---

① 《史记》第 356 页。
② 《史记》第 356—357 页
③ 《史记》第 450 页
④ 《史记》第 455 页
⑤ 《史记》第 456 页
⑥ 《史记》第 477 页
⑦ 《史记》第 420 页
⑧ 《史记》第 337 页
⑨ 《汉书·项籍》中华书局 1962 年版，第 1808 页
⑩ 王子今：《刘项屠城史事辨正》，《淮阴师范学院学报（社会科学版）》，1998 年第 4 期。
⑪ 吕思勉：《秦汉史》，中国友谊出版公司 2009 年版，第 25 页。

刘项既然都如此"屠",如此残暴,为什么楚怀王身边的人单单说项羽残暴呢?这很可能是刘邦集团事先做了怀王及其周边人的工作,散布项羽流言蜚语,然后要求向西进军。刘邦集团始终抓住楚怀王为自己所用。王鸣盛指出:"沛公入秦何如此之易乎?沛公始终借项之力以成事而反噬项者也。"① 的确,沛公如此轻易入武关,兵锋直指咸阳,迫使秦子婴投降,完全是利用项羽之力以成其事。如苏辙说:"怀王之遣沛公固当,然非邯、羽相持于河北,沛公亦不能成功。"② 怀王为项氏所立,而项羽却未抓住怀王为自己所用。这是双方政治策略明显的差异。

项羽与楚怀王的间隙,可能从宋义一事开始。宋义,"故楚令尹"(荀悦《汉纪》),官级高,又知兵,为上将。项羽杀宋义一事,说明项羽并不遵守楚怀王之约束。"王召宋义与计事,而大说之。因置以为上将军。项羽为鲁公,为次将。范增为末将,救赵。诸别将皆属宋义,号为卿子冠军。行至安阳,留四十六日不进。"当时宋义的军权很大,"英布、蒲将军皆为将军,悉属宋义,北救赵。项籍杀宋义于河上,怀王因立籍为上将军,诸将皆属项籍。"③ 身为次将的项羽谴责身为上将的宋义错误行为,斩杀上将:"晨朝上将军宋义,即其帐中斩宋义头,出令军中曰:'宋义与齐谋反楚,楚王阴令羽诛之。'当是时,诸将皆慑服,莫敢枝梧。"④ 显然,项羽并未征得楚怀王的意见,而假传王命。刘邦称"项羽矫杀卿子冠军",可见未征得楚怀王旨意。"使桓楚报命于怀王。怀王因使项羽为上将军,当阳君、蒲将军皆属项羽。"迫使怀王任项羽为上将。这种举动固然由于当时特殊情况,出于义愤,不得不如此,但未经楚怀王的允许就假传命令,将楚怀王置于何地呢?如苏洵说:"彼宋义号知兵,殊不达此,屯安阳不进,而曰待秦敝。吾恐秦未敝,而沛公先据关矣。籍与义俱失焉。"⑤

楚怀王与诸侯约定先入咸阳者王之,这约定本身并不正确。也有学者怀疑这个约定,如张子侠说:"所谓怀王之约未必真实可信","如果真有怀王之约,宋义项羽的行动为何如此迟缓?"⑥ 张子侠质疑是有道理的,很可能这个约定是刘邦集团编出来的,且不论。退一步说,即便有这个约定,由于各自进军路线不同,遇到敌军强弱不一样,此约定不能作为"王之"的标准,应该根据各自战功情况分封。不过,当时诸侯似乎认同了这个决定。其实,这虽为刘邦提供了便利与机遇,但最终还是项羽根据战功情况分封诸王侯。

(二)项羽迁义帝,疲于征战。刘邦充分利用项羽迁义帝一事大造舆论,率诸侯讨伐项羽。田文红指出:"在两雄相争的斗争中,'怀王之约'成为刘邦集团

---

① 王鸣盛:《十七史商榷》,上海古籍出版社 2016 年版,第 25 页。

② 苏辙:《栾城后集》卷七(历代论一并引)。

③ 《史记》第 2596 页。

④ 《史记》第 305 页。

⑤ 苏洵《嘉祐集卷三·权书下》。

⑥ 张子侠:《刘邦数项羽十罪考评》,《淮北煤师院学报(社会科学版)》1992 年第 4 期。

在舆论和宣传战中对付项羽的杀手锏。"① 项羽后至咸阳，对怀王孙心有不满，故迁义帝，"乃至密谋杀死义帝于江中"。刘邦打着祭祀义帝的旗号，乘机列出项羽十大罪状，蛊惑天下诸侯仇视项羽、讨伐项羽。《史记·高祖本纪》：

> 项羽出关，使人徙义帝。曰："古之帝者地方千里，必居上游。"乃使使徙义帝长沙郴县，趣义帝行，群臣稍倍叛之，乃阴令衡山王、临江王击之，杀义帝江南。

> 新城三老董公遮说汉王以义帝死故。汉王闻之，袒而大哭。遂为义帝发丧，临三日。发使者告诸侯曰："天下共立义帝，北面事之。今项羽放杀义帝于江南，大逆无道。寡人亲为发丧，诸侯皆缟素。悉发关内兵，收三河士，南浮江汉以下，愿从诸侯王击楚之杀义帝者。"

> 项羽欲与汉王独身挑战。汉王数项羽曰："始与项羽俱受命怀王，曰先入定关中者王之，项羽负约，王我于蜀汉，罪一。秦项羽矫杀卿子冠军而自尊，罪二。项羽已救赵，当还报，而擅劫诸侯兵入关，罪三。怀王约入秦无暴掠，项羽烧秦宫室，掘始皇帝冢，私收其财物，罪四。又强杀秦降王子婴，罪五。诈坑秦子弟新安二十万，王其将，罪六。项羽皆王诸将善地，而徙逐故主，令臣下争叛逆，罪七。项羽出逐义帝彭城，自都之，夺韩王地，并王梁楚，多自予，罪八。项羽使人阴弑义帝江南，罪九。夫为人臣而弑其主，杀已降，为政不平，主约不信，天下所不容，大逆无道，罪十也。吾以义兵从诸侯诛残贼，使刑余罪人击杀项羽，何苦乃与公挑战！"

很明显，列举项羽十大罪，是蓄谋已久亡项羽的政治策略。项羽要列举刘邦十大罪状是否可以呢？自然也能列出，可惜项羽不屑于这样做。明代穆文熙指出："汉王数项王十罪，当在平日传檄表，暴与天下共知之，何乃相临谩骂横条强敌，以致伏弩伤胸，其为失策甚矣。"② 没有发布文告，只是谩骂之语，未足信。明杨士奇等撰《历代名臣奏议》卷七十九："昔项羽杀义帝以为罪，汉祖哭之以为义，刘项存亡在此一举。"杨士奇认为，刘邦绑定天下诸侯来讨伐项羽，使之灭亡。宋吕祖谦在《左氏博议》卷十六指出这一举动的政治目的："汉高帝因倾项籍而为义帝服，非真悲也。为服，所以挫羽也。"就是利用这一形式灭亡项羽，是汉高祖的政治策略。宋钱时《两汉笔记》卷一云："汉王与项羽比肩而事义帝，义帝遭弑而汉王发兵以讨贼，此人心之公忿、万世之大法也。是故义旗一举，而诸侯五十六万之众西面而响应之。"可见这一策略的政治效果。汪越《读史记十表》卷十指出："高帝约法三章及为义帝发丧，是灭秦破楚之本，不书何也？《约法》在未为汉王前，已见月表。发丧非其本意。凌以栋云：'不过假羽失着，迫取天下耳。观异日，置秦皇、楚、卫、齐、赵冢，田横亦为改葬，何独于

---

① 田文红：《楚汉相争中的宣传战——汉高祖刘邦传播活动研究》，《四川教育学院学报》2007年第3期。

② 穆文熙：《史记鸿裁》，陕西师大出版社2015年版，第104页。

义帝寥寥耶?'刘凤云:'汉王弃其父若敝屣,于义帝何有而为之缟素?'"作者指出刘邦所谓发丧,是借项羽之失,夺取天下而已。"汉王弃其父若敝屣",又怎能为怀王缟素呢?

今人对项羽杀义帝真实性有怀疑,如吕思勉《秦汉史》:"《项羽本纪》之郴县二字,盖后人侧注,误入本文。义帝殆见迫逐,自长沙南走至郴而死也。义帝当时,既无足忌,项羽杀之何为? 衡山、临江、九江,主名尚无一定,则义帝死事,实已不传,史之所书,皆传闻无妄之说耳。"① 朱东润说:"项羽尊怀王为义帝,徙之于郴,犹是项梁立怀王都盱眙之遗意,尊以空号,置之闲散之地,而不奉其号令,如是而已,非有意杀之也。""大抵义帝之不终,固为实事,至于击杀之主名,则汉人之说,如转轮,如刺蜚,其言不可究诘,而归咎于项王者则一。"②

杀义帝一事,《史记》《汉书》记载并不一致:《史记·项羽本纪》载项羽"汉之元年四月""阴令衡山、临江王击杀之江中。"《史记·高祖本纪》载项羽"阴令衡山王、临江王击之,杀义帝江南。"《史记·黥布列传》载"项氏立怀王为义帝,徙都长沙,乃阴令九江王布等行击之。其八月,布使将击之,追杀之郴县"。《史记·秦汉之际月表》载"汉元年十月项羽灭义帝。"《汉书·高帝纪》载"二年,冬十月,项羽使九江王布杀义帝于郴。"《汉书·陈胜项籍传》载"二年,羽阴使九江王布杀义帝。"《汉书·韩彭英卢吴传》载"尊怀王为义帝,徙都长沙,乃阴令布击之。布使将追杀之郴。"可以看出三处不一致:一是时间不一致,或汉元年四月,或八月,或汉二年冬十月;二是地点不一致,或江中,或江南,或郴县;三是执行杀义帝的人不一致,或衡山王、临江王,或九江王布。

项羽放逐义帝应该是事实,杀义帝应为刘邦编出的政治谣言,目的是号令天下诸侯讨伐项羽,有政治用心。韩信说"诸侯之见项王迁逐义帝置江南,亦皆归逐其主而自王善地",并未提及项羽杀义帝。《项羽本纪》中太史公话:"及羽背关怀楚,放逐义帝而自立,怨王侯叛己,难矣。"只说"放逐义帝而自立",并未提及杀义帝一事。虽然文中有记载,但可能是当时传言或刘氏有意为之耳。可见吕思勉、朱东润先生的推断是正确的。其实,项羽能独立封王,自然不必在意义帝:

> 项王使人致命怀王,怀王曰:"如约。"乃尊怀王为义帝。项王欲自王,先王诸将相,谓曰:"天下初发难时,假立诸侯后以伐秦。然身被坚执锐首事,暴露于野三年,灭秦定天下者,皆将相诸君与籍之力也。义帝虽无功,故当分其地而王之。"诸将皆曰:"善!"乃分天下,立诸将为侯王。

在封王大会上,诸侯都说"善!"可见是赞成项羽分封王侯,并没有反对意见。说"义帝虽无功,故当分其地而王之",大家都赞成。义帝既然得到安置,"封地为王",项羽自己又能独立为楚霸王,行使攻伐之权,就没有杀义帝之必

---

① 吕思勉:《秦汉史》,中国友谊出版公司 2009 年版,第 33 页。
② 朱东润:《史记考索》,武汉大学出版社 2009 年版 第 31 页 。

要。奇怪的是，项羽没有打着义帝之旗号令天下，所谓"挟天子以令诸侯"，因为霸王身份足以号令天下，何须假义帝之名？刘邦则不同，平民无赖，什么手段都可以用，牢牢抓住"挟死天子以令诸侯"。清龚炜《巢林笔谈》卷二："我翁即若翁，必欲烹尔翁，则幸分我一杯羹。最忍心语，书之史策，可丑。""要之分羹发丧，好歹俱无是心，只把此心都倾在项王身上耳，讲不到忠孝。""此心都倾在项王身上"，说得是。

其实，这件事是刘邦集团早已谋划的政治决策。《高祖本纪》载：

> 四月，兵罢戏下，诸侯各就国。汉王之国，项王使卒三万人从，楚与诸侯之慕从者数万人，从杜南入蚀中。去辄烧绝栈道，以备诸侯盗兵袭之，亦示项羽无东意。至南郑，诸将及士卒多道亡归，士卒皆歌思东归。韩信说汉王曰："项羽王诸将之有功者，而王独居南郑，是迁也。军吏士卒皆山东之人也，日夜跂而望归，及其锋而用之，可以有大功。天下已定，人皆自宁，不可复用。不如决策东乡，争权天下。"

"不如决策东乡，争权天下"，是关键之句。刘邦用什么理由东向呢？理由是"新城三老董公遮说汉王以义帝死故"，就是"项羽放杀义帝于江南，大逆无道"。于是号令天下："愿从诸侯王击楚之杀义帝者"。进攻路线已经安排好了：从关内出发，南取三河（河南、河东、河内），经江汉（汉水），至徐州。这就是韩信东向的策略与计划，"八月，汉王用韩信之计，从故道还"。有学者明确指出：

> 弑义帝。羽不杀义帝，沛公亦必杀之。羽为沛公代之手而已，且为汉借口，使天下义之此，羽之失也。盖韩彭之功犹不容，况义帝名位之足以动天下者乎？纵沛公能善处帝数年之间，反者九起，亦必有挟义帝以为名者，而帝亦不能自安于汉矣。故曰沛公必杀之也。[①]

这样说来，即使义帝不死，汉高祖夺天下成帝业之时，也必然杀之。与其将来杀之，不如现在嫁祸于项羽而杀之。义帝之死可能是刘邦派人杀害而嫁祸于项羽。此事见于《项羽本纪》和《高祖本纪》。而司马迁只能于"太史公曰"一段暗示项羽并未杀义帝。有学者指出："最接近历史真实的是：汉王为反楚自立称帝，遣以陈濞为首的刺客部队，从汉中出发，下江南，原定四月，在江中冒充衡山王吴芮和临江王共敖部下，刺杀义帝，未成；陈濞等未能按计划完成任务，只好追至江南；陈濞使人报汉王，说最迟八月，必在江中，完成暗杀义帝任务；而陈濞等在江中和江南途中也没有找到下手机会，只好追至郴县。汉二年十月，陈濞等得手，在郴县刺杀了义帝。""以陈濞为将的刺客部队，是专门为暗杀义帝组建的。"[②] 陈濞，《汉书卷一六·表第四》："博阳严侯陈濞。"《文献通考·卷二百六十七·封建考八》："西汉功臣侯博阳严侯陈濞，以舍人从砀，以刺客将入汉，以

---

① 邵泰衢：《史记疑问》卷上。
② 李全华：《史记疑案》，湖南大学出版社 2010 年，第 428 页。

都尉击项羽，杀士卒侯。"因为如此，义帝死，才有三个不同时间说法，也足以证明义帝是刘邦派人暗杀。

　　总之，项羽放逐义帝，授人以柄，是政治上失策；项羽杀义帝，是刘氏集团编造的谎言，目的是倒项羽、夺天下，这是刘氏集团的政治策略。毛泽东说："项王非政治家，汉王则是一个高明的政治家。"① 刘邦利用义帝之死作为战略旗帜，为汉帝国的建立起到重要的作用。打着这样的旗号，刘邦很快成为反项联军的盟主，具有极高的号召力。刘邦说"楚地已定，义帝亡后，欲存恤楚众，以定其主"②，认为楚地的统治者应是熊氏，但由于无后只好另选，"齐王信习楚风俗，更立为楚王"③。义帝有无后代？（宋）郑樵《通志二十略》记载："郴氏，芈姓。楚怀王孙心号义帝，都郴，子孙氏焉。"④ 可见，是有后代的。但为什么义帝有后变成无后？因为熊氏的存在会使刘邦称帝受到质疑。这样刘邦成为新帝的唯一人选。

　　（三）刘邦谲而不正，采用间谍与离间策略，逐步瓦解项羽集团君臣关系。项羽以正统、君子风度对待竞争对手，轻率暴露藏于敌方的间谍；对自己阵营中敌方间谍却熟视无睹，随意泄露军情，其政治策略荡然无存。

　　沛公谲而不正，欺诈是其本性。所谓"兵者，诡道也"；夺天下者，必然是诡道者。请看数例刘邦的诡道："高祖为亭长，素易诸吏，乃绐为谒曰'贺钱万'，实不持一钱"，"绐"字正说明刘邦"谲而不正"、欺骗行为。即使在战场，也会伪装："项羽大怒，伏弩射中汉王。汉王伤胸，乃扪足曰：'虏中吾指！'汉王病创卧，张良强请汉王起行劳军，以安士卒，毋令楚乘胜於汉。汉王出行军，病甚，因驰入成皋。"⑤ 被项羽为困荥阳时，"汉军绝食，乃夜出女子东门二千余人，被甲，楚因四面击之。将军纪信乃乘王驾，诈为汉王，诳楚，楚皆呼万岁，之城东观，以故汉王得与数十骑出西门遁。"⑥ "诈为汉王，诳楚"，正是"兵者诡道也"。这些方面，项羽不屑于做。

　　刘邦正因为如此，采用陈平离间之政治策略，逐步瓦解项羽阵营的高级将领与谋士。范增是刘邦的劲敌，必欲致刘邦于死地之人，"汉王患之，乃用陈平之计，予陈平金四万斤，以间疏楚君臣。于是项羽乃疑亚父。亚父是时劝项羽遂下荥阳，及其见疑，乃怒，辞老，愿赐骸骨归卒伍，未至彭城而死。"⑦ 其实，陈平之计很拙劣：

　　　　陈平既多以金纵反间于楚军，宣言诸将钟离眜等为项王将，功多矣，然

---

①　《毛泽东读文史古籍批语集》，中央文献出版社 1993 年版，第 121 页
②　班固：《汉书·高帝纪第一下》，中华书局 1982 年版，第 51 页。
③　《汉书·高帝纪第一下》，中华书局 1982 年版，第 52 页。
④　（宋）郑樵：《通志二十略》中华书局 1995 年版，第 75 页。
⑤　《史记》，第 344，373，377 页。
⑥　《史记》，第 373 页。
⑦　《史记》，第 373 页。

而终不得裂地而王，欲与汉为一，以灭项氏而分王其地。项羽果意不信钟离昧等。项王既疑之，使使至汉。汉王为太牢具，举进。见楚使，即详惊曰："吾以为亚父使，乃项王使！"复持去，更以恶草具进楚使。楚使归，具以报项王。项王果大疑亚父。亚父欲急攻下荥阳城，项王不信，不肯听。亚父闻项王疑之，乃怒曰："天下事大定矣，君王自为之！愿请骸骨归。"归未至彭城，疽发背而死。陈平乃夜出女子二千人荥阳城东门，楚因击之，陈平乃与汉王从城西门夜出，去。遂入关，收散兵复东。①

陈平之计谋能得逞，主要还是项羽疑心大。这条计策只能迷糊项羽一时。其实很拙劣。如果亚父的确与刘邦勾结，刘邦怎会轻率透露姓名？如果亚父勾结刘邦，他怎会"欲急攻下荥阳城"？项羽为什么不能问问范增，这是怎么回事？可惜的是，没有任何理由，却"稍夺其权"，范增忠心而受猜疑，不得不离走。范增"未至彭城而死"，有人认为是"陈平使间谍下毒所致"，因为"从荥阳至彭城，不过数日车程，而范增未至彭城，竟'疽发背死'。皮肉性恶性肿瘤，再恶也不至于几天就死人。""项羽、范增一时愤怒，中计，逾时，即悔，项王必召范增，范增必回。阴谋家陈平必预计到此。既预计到，则必有后续行动。"② 这一推断应该没有问题。刘邦"用间"之法主要有欺骗法、用金法、劝谈法、亲情法、美女法、许愿法、叠加法等，盛秦陵论述较为详尽③。

鸿门宴之前，刘邦阵营中左司马曹无伤密告项羽刘邦欲王关中，这是打入敌方的间谍，是军事秘密，不得外泄。可惜的是，项羽一句"此沛公左司马曹无伤言之；不然，籍何以至此"，以至于"沛公至军，立诛杀曹无伤"。而项羽阵营里的项伯，则是政治糊涂人物，先是重感情，私下跑到刘邦阵营见张良，泄露军情；后来逐渐成为为刘邦说话的人，保护刘邦的人。

> 于是项伯复夜去，至军中，具以沛公言报项王。因言曰："沛公不先破关中，公岂敢入乎？今人有大功而击之，不义也。不如因善遇之。"项王许诺。
>
> 项庄拔剑起舞。项伯亦拔剑起舞，常以身翼蔽沛公，庄不得击。④
>
> 汉元年正月，沛公为汉王，王巴蜀。汉王赐良金百镒，珠二斗，良具以献项伯。汉王亦因令良厚遗项伯，使请汉中地。项王乃许之，遂得汉中地。⑤
>
> 兵初起，与诸侯共击秦，为楚左令尹，汉王与项羽有郤于鸿门，项伯缠解难，以破子羽缠尝有功，封射阳侯。⑥

①　《史记》，第 2054 页。

②　张全华：《史记疑案》，湖南大学出版社 2010 年版，第 179—180 页。

③　盛秦陵：《高祖刘邦"用间"的渊源及手段》，《陕西广播电视大学学报》2018 年第 1 期。

④　《史记》，第 312—313 页

⑤　《史记》，第 2038 页

⑥　《史记》，第 891 页

项伯背楚归汉，已是公认的历史事实。《晋书》卷四八《列传》第一八："假令羽既距项伯之邪说，斩沛公于鸿门，都咸阳以号令诸侯，则天下无敌矣。"金涓《戏马台》："符命合归赤帝子，项伯不忠范增死。"吴汉《遗李轶书》："愚闻明镜所以照形，往事所以知今。昔微子去殷而入周，项伯畔楚而归汉。"（《全后汉文》卷二十一）项伯不忠于项羽，明地暗里在助刘邦，项羽却毫无觉察，内奸不除，忠臣被逐，岂不令楚人痛心！龚炜《巢林笔谈》卷一："越王诛宰嚭，汉祖封项伯，其事相反。愚谓伯之罪甚于嚭，以嚭为羁旅之臣，而伯则叔父之亲也。汉祖德其助己，不惟不诛而又封之，人臣之怀二心以事其上者何儆焉？且独不思己之杀曹无伤乎，项伯即楚之曹无伤也，楚亡而封以爵土，又何以申公义于天下？汉祖之不如句践也明矣。"这里将项伯比之宰嚭，可见项伯令人憎恶。从楚方来说，项伯罪行有三：其一，泄露军情，与对手刘邦约为婚姻；其二，接受敌方贿赂，资敌方土地；其三，接受刘邦封侯，改姓刘，自感有功刘氏。项伯有功于刘氏，就有罪于楚。刘邦封其为侯，赐刘姓，婚约也就解除，古人同姓不婚。所谓"约为婚姻"，只是一时政治策略、拉拢为刘氏服务而已。项伯与一般内奸不同，他的行为是项王认可并不认为有错的行为，而此种行为的确给楚带来巨大伤害。

（三）刘邦重视舆论宣传，也重视攻占；项羽只知道勇力攻占，不考虑舆论宣传。

刘邦造舆论主要是对自己和对项羽的两种舆论。对自己制造舆论主要有五，分说于次。

一是神化自己，编故事蛊惑民众。《史记》有记载，《汉书》沿袭《史记》，基本相同：

> 父曰太公，母曰刘媪。其先刘媪尝息大泽之陂，梦与神遇。是时雷电晦冥，太公往视，则见蛟龙于其上。已而有身，遂产高祖。①
>
> 母媪尝息大泽之陂，梦与神遇。是时雷电晦冥，父太公往视，则见交龙于上。已而有娠，遂产高祖。②
>
> 见其上常有龙，问后 得知，季所居上 常有云气，故从往常得季。③
>
> 高祖醉，曰："壮士行，何畏！"乃前，拔剑击斩蛇。蛇遂分为两，径开。行数里，醉，因卧。后人来至蛇所，有一老妪夜哭。人问何哭，妪曰："人杀吾子，故哭之。"人曰："妪子何为见杀？"妪曰："吾，白帝子也，化为蛇，当道，今为赤帝子斩之，故哭。"人乃以妪为不诚，欲告之，妪因忽不见。后人至，高祖觉。后人告高祖，高祖乃心独喜，自负。诸从者日益畏之。④
>
> 祠黄帝，祭蚩尤于沛廷，而衅鼓。旗帜皆赤，由所杀蛇白帝子，杀者赤

---

① 《汉书》，第1页
② 《史记》，第341页
③ 《史记》，第348页
④ 《史记》，第350页

帝子故也。①

这是为想当皇帝而造的舆论，暗示刘邦是上天派下来为帝的。

二是造舆论，长自己志气，灭敌人威风。刘邦宣扬自己是"宽大长者""仁慈爱民"的君王。以此收买民心，迷惑了楚怀王及其亲信，这才派遣他刘邦引军西进直取咸阳，在政治上占了主动。刘邦对项氏集团主要是妖魔化项羽。阎盛国认为："'妖魔化'项羽是刘邦打败项羽的重要法宝之一。"② 说项羽坑杀秦降军"二十余万"、项羽"火烧阿房宫"、项羽弑杀帝等，无不一一反映了刘邦对项羽"妖魔化"。《汉书》一段文字，正说明刘邦集团妖魔化项羽是刻意为之：

> 至修武，陈平亡楚来降。汉王与语，说之，使参乘，监诸将。南渡平阴津，至洛阳，新城三老董公遮说汉王曰："臣闻'顺德者昌，逆德者亡'，'兵出无名，事故不成'。故曰：'明其为贼，敌乃可服。'项羽为无道，放杀其主，天下之贼也。夫仁不以勇，义不以力，三军之众为之素服，以告之诸侯，为此东伐，四海之内莫不仰德。此三王之举也。"汉王曰："善，非夫子无所闻。"于是汉王为义帝发丧，袒而大哭，哀临三日。发使告诸侯曰："天下共立义帝，北面事之。今项羽放杀义帝江南，大逆无道。寡人亲为发丧，兵皆缟素。悉发关中兵，收三河士，南浮江、汉以下，愿从诸侯王击楚之杀义帝者。"③

这是"陈平亡楚来降"之后的事情，是陈平一手策划的舆论阴谋。汉王与之谈论，很高兴，并且委以重任，此后才有新城三老董公劝说汉王一段话。喊出"项羽"为"天下之贼"。于是发使告诸侯，讨伐项羽。刘邦打着正义的旗号，项羽却变成邪恶的代表。蓄谋已久指控项羽犯下十大之罪。项羽所谓"十罪"，有的歪曲事实，有的夸大其词，有的无中生有。张子侠《刘邦数项羽十罪考评》一文辨之详细，可以参看。"丑化"项羽，便于联络诸侯为讨伐项羽提供"正义"的理由。

（四）刘邦人才政策：不问出身贵贱、品德优劣，只要能为我所用。项羽人才政策：讲究贵贱身份、重道德声望。

吕思勉说："盖项氏故楚世家，其用人犹沿封建之世卑不逾尊、疏不逾戚之旧。汉高祖起于氓庶，则不然也。"④ 刘邦不计出身贵贱，网罗人才；项羽重视等级身份，重用亲属、贵族而疏远平民、外姓；刘邦不以氏族作为选择人才中心，凡有才即可重要。张良是贵族，陈平是平民，樊哙是狗屠，周勃为吹鼓手，灌婴是布贩子，娄敬是车夫，韩信是游士，彭越是强盗，各为所用。刘邦人才观是取人以实，重贤重能。刘邦部下的人才有的是旧部，如萧何、曹参、樊哙之辈；有

① 《汉书》，第10页。
② 阎盛国：《项羽被'妖魔化'的历史学考察》，《河南师范大学学报》2013年第4期。
③ 《汉书》，第34页。
④ 吕思勉：《秦汉史》，中国友谊出版公司，2010年版，第39页。

的是提拔于卒伍，如傅宽、王陵、灌婴之类，有来自敌方投奔，如韩信、陈平、叔孙通、英布之属，有从中间势力争取过来，如张良、韩公子信、魏人彭越、魏豹等人。真是取人不拘一格。

项羽是贵族后裔，楚人，项氏，武人。唯楚是亲，他杀韩王成，派楚人郑昌为韩王；又派楚人项佗为魏相，故韩人张良、齐人蒯通、安期生皆不为所用。唯项是亲，唯武是亲，重用龙且、钟离眜、周殷等武将，故对叔孙通等文人不屑一顾。其帐下有贤才而不识，使之流走刘氏。项羽主要是"亲亲、尊尊"的贵族人才观，等级十分明显。《人物志》说："君以用人为能"，"君以能听为能"，"君以能赏罚为能"，"故能君众才也"①。可惜项羽做不到。下面一段文字，可见二者用人之不同。

> 高祖置酒雒阳南宫。高祖曰："列侯诸将无敢隐朕，皆言其情。吾所以有天下者何？项氏之所以失天下者何？"高起、王陵对曰："陛下慢而侮人，项羽仁而爱人。然陛下使人攻城略地，所降下者因以予之，与天下同利也。项羽妒贤嫉能，有功者害之，贤者疑之，战胜而不予人功，得地而不予人利，此所以失天下也。"高祖曰："公知其一，未知其二。夫运筹策帷帐之中，决胜于千里之外，吾不如子房。镇国家，抚百姓，给馈饷，不绝粮道，吾不如萧何。连百万之军，战必胜，攻必取，吾不如韩信。此三者，皆人杰也，吾能用之，此吾所以取天下也。项羽有一范增而不能用，此其所以为我擒也。"②

高祖的话很能说明问题，项羽不会使用人才，人才尽走失，如韩信、陈平原来在项羽部下，后来背楚奔汉，得到刘邦的重用。范增虽有奇计而不被采纳，最终离去。高祖有自知之明，三个"不如"，说明自己有三个短处，但能用三个有长处之人，这确实高祖之长处。项羽能征惯战，又懂兵法，如破釜沉舟、背水一战，多次取胜，所以自信度很高，也就看淡身边的才能之士，听不见建议。

三、结语

不可否认，在范增倡导下，项梁等诸侯立楚怀王号令天下，在反秦亡秦方面起了重要作用。楚怀王孙心在消灭秦帝国后，未能考虑建立怎样的王朝。当时只是说"先攻入关中着为王"，没有具体细则，且又偏颇，以至于刘项两个集团在消灭秦王朝之时，未能联手成立统一的大楚王朝，实属历史憾事。如果当时在怀王倡导下，刘项等诸侯建立统一的大楚帝国，且制定法律法规，那将是十分有意义事。可惜没有。之所以如此，是因为刘项政治理念不同，因而政治策略也不同。刘邦一心想夺取天下，做一统天下的天子，故必须消灭项羽；为此，各种人都可以用，各种手段都可以使用。最毒的两招是，一是打楚怀王牌，号令天下诸

---

① 刘劭著，梁满仓译注：《人物志·才能第五》，中华书局 2014 年版，第 95 页。
② 《史记》，第 380 页。

侯灭楚；一是反间计瓦解项羽君臣。势利之徒，贪婪之辈，欺诈之人，狠毒之民都用。最明显的人物是张良与陈平。张良可谓君子，陈平确实小人。二者都被刘邦所用。且不论张良，单说陈平，"凡六出奇计，辄益邑，凡六益封。奇计或颇秘，世莫能闻也。"① 可见奇计皆卑劣阴谋之计。陈平晚年说："我多阴谋，是道家之所禁，吾世即废，亦已矣，终不能复起，以吾为阴祸也。"② 楚怀王、范增、钟离眜、韩信等人，都是陈平设计使阴招，或使其离走，或暗杀使其消失，其卑劣如此。陈平还组建刺客队伍，义帝、范增等，很可能是陈平派刺客杀死的，所谓"奇计或颇秘，世莫能闻也"③，可能即此。王鸣盛说："陈平，小人也。汉得天下皆韩信功，一旦告反者，闾左蜚语，略无证据，平不以此时弥缝其隙，乃倡伪游云梦之邪说，使信无故见黜，其后为吕后所杀，直平杀之耳。"④ 可见陈平确实是要奸计的小人。总之，刘邦为了夺天下，无所不用其及。在封建社会，诸侯征战，施诡道者常常获胜，小人也常常得宠。

　　项羽灭秦的功劳举世公认。凭实力消灭秦主力军章邯部队，令天下诸侯慑服。但在灭秦之后，企图恢复战国时期分封制，自己做诸侯的霸主。他照顾多方面的利益集团，并且按照战功来分封十八诸侯，而分封是当时社会普遍心理，得到诸侯的认可与支持。范增是有远见的战略家，根据多方面分析，预见刘邦将来必然夺天下，多次劝谏项羽消灭刘邦。可是，项羽的理念与范增不同，只想做诸侯国的霸主。所以无论是在鸿门宴上，或是以鸿沟为界划分楚汉之际，或是围攻荥阳之时，只要对方求和，就答应，因为项羽压根儿就不想消灭刘邦。对刘邦这样的大阴谋家缺少深度认识，故对范增的建议置之不理。项羽是楚国贵族后代，有贵族的基因，不屑于阴谋诡计，只知道光明正大正面战场较量，甚至想与刘邦单挑，刘邦明确告诉他"斗智"。项羽施诡计，至多拿刘邦的父亲要挟，但这对一个惯用诡计的人毫无作用。项羽粗知兵法，并不深谙诡计，常常被欺骗而不醒悟。项羽封王，不像刘邦那样为了某种政治目的随时就情景来封王，而是到灭秦之后按照战功来分封，应该是公允的。但是没有政策与法律的支撑，没有制度的约束与有效的监督，不久就被阴谋家破坏了。

　　一场战争，一场灾难，常常是挑战人性，撕破人格，显示并放大人的丑陋和高尚。刘邦是胜利者，大汉国建立，乃至延续几百年。但是刘氏在夺天下中的丑陋暴露无遗，用陈平的话来说：刘邦"慢而少礼，士廉节者不来；然大王能饶人以爵邑，士之顽钝嗜利无耻者亦多归汉。""然大王恣侮人，不能得廉节之士。""项王为人，恭敬爱人，士之廉节好礼者多归之。"⑤ 两军阵营的人性和人格泾渭分明。刘邦虽然胜利了，但从他的行径看，概括来说其丑陋有如下几点：（1）编

---

① 《史记》，第2056页。
② 《史记》，第2062页。
③ 《史记》，第2058页。
④ 王鸣盛：《十七史商榷》，上海古籍出版社2016年版，第44页。
⑤ 《史记》，第2055页。

造谎言，美化自己；歪曲事实或捏造事实，诬陷对手。（2）夺天下后，心怀鬼胎，加罪有功之臣，并逐一消除。（3）无诚信可言，无亲亲之情，自私自利。（4）狡诈诡谲，善于演戏，自我伪装。（5）交往之人多数为嗜利顽劣之徒。

项羽虽然失败，但其人品、精神还是有许多值得称许的。项羽的高尚品格有以下几点：（1）疾恶如仇、勇往直前的战斗精神。（2）为社会和平安定，主动自我牺牲精神。（3）敢于自责、羞愧的品性，有耻且格。（4）恭敬爱人、感恩的高尚精神。（5）忠于爱情的品格。

古往今来，咏颂项羽的诗篇远多于咏刘邦的诗篇，足见不以成败论英雄。英雄的精神光照历史长河，令后人深思不已。

从《史记》看陇西李氏衰微与将略传统

＊本文作者高义卓，军事科学院研究生院硕士研究生。

司马迁《史记·李将军列传》以雄浑深沉的笔触勾勒出西汉陇西名将李广豪迈凄怆的生平事迹，并记载李氏将门三代人物的悲剧命运。《史记·李将军列传》言"广家世世受射"，洵非虚言。李氏与陇西的渊源始于战国时秦陇西守李崇，曾因军功封南郑公。其孙辈李信，为秦将军、陇西侯。李广是李信四世孙，被誉为"汉之飞将军"，因与单于最后一战迷失道路误了军机，返朝后引刀自刭以悲剧终，"天下知与不知，皆为尽哀"。李陵作为李广之孙，善骑射，常奋不顾身以殉国家之急，浚稽山之战因粮尽矢绝而投降匈奴，留下"深衷欲有报，投躯未能死"的无尽之憾。陇西李氏将门一脉尽管命运多舛，但整个家族的价值观念和文化底蕴却得以延续并且大放异彩。

一、李广之死

李广（？—前119），陇西成纪（今甘肃天水）人，西汉著名将领，历经文帝、景帝、武帝三朝，历任八郡太守。《史记·李将军列传》载："广谓其麾下曰：'广结发与匈奴大小七十余战，今幸从大将军出接单于兵，而大将军又徙广部行回远，而又迷失道，岂非天哉！且广年六十余矣，终不能复对刀笔之吏。'遂引刀自刭。广军士大夫一军皆哭，百姓闻之，知与不知，无老壮皆为垂涕。"[①] 李广一生戎马倥偬，戍守边郡，却在浴血奋战后屡遭问罪，终不愿面对刀笔之吏的审判羞辱，选择死亡了却自己悲怆的一生。李广之死，既有对迷道失期未接兵单于的引咎自责，亦有仁人志士不忍刀笔之辱的好名敢死，更有壮志难酬历经三朝不为重用的愤懑厌世。

同时，李广之死也被后人一定程度上冠以"数奇"天命。凌稚隆《史记评林》引陈仁锡言曰："子长作传，必有一主宰。如《李广传》，以'不遇时'三字为主"[②]。其中的"不遇时"即为"数奇"，古占卜以偶为吉，奇为凶。牛运震《史记评注》曰："一篇感慨悲愤，全在李广'数奇''不遇时'一事。篇首'而文帝曰：'惜乎子不遇时'云云，已伏'数奇'二字，便立一篇之根。后叙广击吴楚，

---

① 陈曦，王珏，王晓东，周旻译注：《史记》，中华书局2019年版，第3568页。
② 韩兆琦：《史记笺证》，江西人民出版社2017年版，第5453页。

'还，赏不行'，此一'数奇'也；马邑诱单于，'汉军皆无功'，此又一'数奇'也；为虏生得'当斩，赎为庶人'，又一'数奇'也；出定襄而'广军无功'，又一'数奇'也；出右北平而广'军功自如，无赏'，又一'数奇'也；出东道而'失道，后大将军'，遂'引刀自颈'，乃以'数奇'终焉。至'初，广之从弟李蔡'云云，以客形主。及广与望气语，实叙不得封侯之故，皆着意抒发'数奇'本末。上'以为李广老，数奇'云云，则明点'数奇'眼目。传末叙当户早死，李陵生降，曰'李氏陵迟衰微矣'，又曰'李氏名败'云云，总为'数奇'不遇，余文低徊凄感，此又一篇之主宰，而太史公操笔谋篇时所为激昂不平者也。"[1]

李广的悲怆命运，身前不清，死后自明。直观而言，一方面李广即使屡遭失败却仍不服命，与望气王朝交谈之后对自身乖舛之命始终心存怀疑，在大漠出生入死；另一方面，李广却又暗自臣服于天意，以天意之名引刀自刭。西汉时期盛行的命理文化以及谶纬神学，潜移默化导致了从统治阶级到世间百姓对于李广"数奇"宿命论的认同，某种程度上也对李广之死起到了推波助澜的作用，以至于李广在最后一刻也无不流露出面对命运的无可奈何。

进一层看，以"原始察终，见盛观衰"为宏愿的太史公，在《李将军列传》中不仅写出李广之死的"数奇"表象，也道出了背后的诸多因素。一方面，国士遗风与封建集权相互对立。对于李广这样的六郡良家子而言，西汉既是一个缔造英雄的时代，也是一个酿造悲剧的时代。秦亡汉兴，随着中央集权的确立，汉朝对各诸侯国势力进行削弱，黄老思想也逐渐被大一统思想所取代。李广作为西汉将领，先秦国士的流风余韵造就了其不同的品格特征——贯颐奋戟、珍爱人格、廉洁爱士。国士之风是时代的产物，然而在西汉，对于大一统王朝的统治者而言，既需要统御天下武士为己所有，让其行使作为国家暴力机器的职能，对外抵御外族侵扰，对内平息朝野叛乱、维护集权统治，但同时也要"强干弱枝"，设法排除其对封建统治阶级的威胁，因此降心俯首的臣民更贴合统治者的利益。李广并没有为迎合统治阶级专制而改变国士之风，一定程度上与统治者的要求背道而驰。李广麾下部卒"咸乐为之死"抑或是李广自刭"及死之日，天下知与不知，皆为尽哀"，如此声誉及威望在客观上产生了胫大于股、枝大于本的影响。李广所承袭的先秦国风流韵烙上了非当朝的印记，从而也注定了李广之死的悲剧底色。另一方面，外戚集团的恃宠而骄造成影响。李广"数奇"与卫、霍"天幸"形成了鲜明的对比。李广之死，看似是其个人的悲剧，实则反映出六郡良家子与外戚的不同命运。钱穆在《秦汉史》中用"豪杰从军者"与"近宠"将李广和卫、霍进行了划分："惟当时军人中，豪杰与近宠判为两党。卫、霍、李广利之属，名位虽盛，豪杰从军者贱之如粪土。李广父子愈摈抑，而豪杰愈宗之。史公亲罹李氏之祸，故其为《史纪》，于两党瑕瑜，抑扬甚显。今平心论之，则两党中亦各有

---

① 韩兆琦：《史记笺证》，江西人民出版社 2017 年版，第 5455 页。

奇材，惜乎武帝之未能以公心善用之耳。"① 两汉以外戚辅政，他们利用掖庭之亲，总揽朝纲大权，参与中枢机要，手握兵戎之重。武帝执政成了西汉外戚发展的转折点。武帝以前，外戚多因军功而显赫；武帝即位，其一方面将外戚作为维护和加强中央集权的工具，另一方面又利用新外戚抗衡旧外戚，使之相互制约达到政治平衡，外戚也由此成了武帝时期朝野上举足轻重的政治力量。东方朔《答客难》曰："故绥之则安，动之则苦；尊之则为将，卑之则为虏；抗之则在青云之上，抑之则在深渊之下；用之则为虎，不用则为鼠，虽欲尽节效情，安知前后？"② 武帝时期臣子的"遇与不遇"更多在于君主的好恶，而其厚卫、霍而薄李广的用人亲疏也成了李广之死的重要因素之一。

"自古美人如名将，不许人间见白头"，李广的一生注定是悲壮凄美的。在历史长河的短暂岁月里，"汉之飞将军"李广的出现宛如一道流星为壮阔而又严酷的西汉增添了一抹瑰丽的色彩，在叹息李广自到悲怆结局的同时，后人也感受到其跨越千年、洞穿心灵的壮美力量和精神底色，也为残忍峻刻的岁月留下了一个个传奇动人故事。

二、李氏衰微

李广将陇西李氏家族的名望推向了西汉顶峰，其后的将门子弟也因此走向了朝野前台和众人视野，但随着李广的引刀自到，陇西李氏面临着后继无人的窘境，一代名将世家也逐渐衰落。吴小如先生在《读〈史记·李将军列传〉》中提到研究李广就一定离不开李广之外的其他人物③，对于陇西李氏将门亦是如此，李广的悲壮结局与众子弟多舛命运的交织融合最终构成李氏将门的沉寂。

（一）从弟李蔡

陇西李氏祖辈中的李伯考有二子，长子李尚，任成纪令，李尚之子便是西汉将领李广；次子李向，李向之子则为乐安侯、西汉丞相李蔡。李蔡在西汉历史上本无足轻重，汉代史籍中也未单独为其立传。关于李蔡的生平，《史记》仅用了少量篇幅与李广进行对比，将其前后联系起来便是李蔡一生的踪迹，兹引《史记·李将军列传》原文如下：

> 广从弟李蔡亦为郎，皆为武骑常侍，秩八百石。
> 初，广之从弟李蔡与广俱事孝文帝。景帝时，蔡积功劳至二千石。孝武帝时，至代相。以元朔五年为轻车将军，从大将军击右贤王，有功中率，封为乐安侯。元狩二年中，代公孙弘为丞相。

① 钱穆：《秦汉史》，生活·读书·新知三联书店出版社 2005 年版，第 161 页。
② 萧统编，李善注：《文选》，上海古籍出版社 1986 年版，第 2001—2002 页。
③ 吴小如：《读〈史记·李将军列传〉》，《中华活页文选：教师版》2008 年第 3 期。

蔡为人在下中，名声出广下甚远，然广不得爵邑，官不过九卿，而蔡为
列侯，位至三公。

身为李广的从弟，李蔡常被与之对比，如《史记·李将军列传》言"蔡为人
在下中，名声出广下甚远"，李蔡的名声一直在李广之下，宋代词人辛弃疾就曾
在《卜算子》中写道："千古李将军，夺得胡儿马。李蔡为人在下中，却是封
侯者。"

李蔡与李广皆因军功被举荐为郎中令，封为武骑常侍，至汉景帝时，李蔡累
积军功官至俸禄二千石，任代国守相一职；李广此时亦为郡守，并辗转上郡、陇
西等多地边郡任太守。李广以武事居多，而李蔡逐渐从武事过渡到文事，这一选
择顺应了当时的时代大势。自文景之后，武帝时期逐渐以儒法之吏为主导，选择
重用的官吏除了卫青、霍去病、李广利等外戚家族外，便是"习文法吏事，而又
缘饰以儒术"的儒法之吏了，如公孙弘、张汤等。元朔五年（前124年），李蔡跟
随车骑将军卫青出朔方击溃了匈奴右贤王，李蔡因俘获右贤裨王，被封为乐安
侯，而后升任御史大夫，位列三公，银印青绶。元狩二年（前121年），李蔡接替
公孙弘任汉武帝丞相，这是陇西李氏将门众多子弟中在汉代达到的最高官职。

李广自刎后不到一年，李蔡就因侵占景帝陵寝获罪。据史料记载，李蔡多占
卖了三顷土地获利，比原本武帝赏赐的二十亩地多出了数倍，后又侵占景帝陵园
外的一亩空地而被问罪，李蔡不愿受审对质选择自刎。究其一生，一方面，李蔡
具有允公允武之能，并不是一个边缘化的人物，其在丞相之位上辅佐武帝统禁盐
铁、改币、治吏，一定程度上李广的名望和身在丞相之位的李蔡推广了陇西李氏
将门。另一方面，李蔡因侵占皇陵、贩卖土地获利而任上自刎亦是不争的事实，
与李广的高洁人品但却终不封侯形成了鲜明对比，最终为后人所诟病。李广与李
蔡的先后自刎也标志着陇西李氏将门开始走向了落寞。

（二）李广三子

据《北史》载，李广有三子：李当户、李椒、李敢，三人皆为郎官。李当户
乃李陵之父，一次武帝与韩嫣嬉戏时因韩嫣言行放肆遭到李当户当面追打，汉武
帝自此认为李当户为勇士。二子李椒也曾被武帝任为代郡太守，只惜李当户、李
椒年寿短暂，皆先于李广而终。三子中唯有李敢颇具陇西李氏将门遗风，李广自
刎时，李敢正于骠骑将军霍去病麾下任校尉一职，在征伐匈奴左贤王过程中勇冠
三军，"夺左贤王旗鼓，斩首多"，被汉武帝赐爵为关内侯，封食邑二百户，接替
了李广生前的职位继任为郎中令。

李敢对其父李广的含恨而终带有怨恨私情，"（敢）怨大将军青之恨其父，乃
击伤大将军，大将军匿讳之。居无何，敢从上雍，至甘泉宫猎。骠骑将军去病与
青有亲，射杀敢。去病时方贵幸，上讳云鹿触杀之"。李敢伺机击伤了大将军卫
青，卫青虽未声张，其外甥霍去病却借秋猎之时射杀了李敢。武帝将之掩饰为触
鹿而亡，其对卫霍之偏袒了然分明，李家之冤，自此石沉大海。李敢一死，陇西

李氏将门的子弟逐渐疏于管教，李敢之子李禹"有宠于太子，然好利"，其人虽然为人勇略，但李禹一改李广等祖辈的谦让廉洁之风，不但欺凌宫中贵人并且贪财好利，给陇西李氏的名声蒙上了一层阴影。太史公以"李氏陵迟衰微矣"一句，综括了李广一生的际遇，也点明了李氏将门的衰微走向了加速。

（三）孙辈李陵

陇西李氏将门最终繁华落尽，则是李陵的浚稽山败降。《史记》中，李陵的传记附于其祖李广之后，不单是李陵的一生，自李广至李陵一门三代的悲怆命运在太史公司马迁的如椽巨笔下也更加凸显。

李陵是李当户的遗腹子，其一生历经武、昭二朝。作为名门之后、将门虎子，李陵不仅拥有李氏将门世代相传的材勇武力，也继承了祖父李广敬重士卒之风，"善射，爱士卒"，颇具名望。承先世余荫，李陵年少时即得武帝赏识，任建章监、骑都尉，后又调往酒泉、张掖一带，教授丹阳楚兵骑射之术。李陵兵败投降匈奴也使其在史籍中占有重要一隅，相较于《史记》，李陵的生平在《汉书》中记载更为详细，此处故引《汉书》如下：约武帝元封年间（前110—前105年）：（陵）八百骑，深入匈奴二千余里，过居延视地形，不见虏，还。拜为骑都尉，将勇敢五千人，教射酒泉、张掖以备胡。①

武帝太初元年（前104年）：（陵）与轻骑五百出敦煌，至盐水，迎贰师还，复留屯张掖。②

武帝天汉二年（前99年）：陵至浚稽山，与单于相直，骑可三万围陵军。……虏骑数千追之，韩延年战死。陵曰："无面目报陛下！"遂降。③

武帝天汉二至四年（前99—前97年）：上闻（李陵教单于为兵以备汉军），于是族陵家，母弟妻子皆伏诛。陇西士大夫以李氏为愧。④

昭帝元平元年（前74年）：陵在匈奴二十余年，元平元年病死。⑤

李陵一身凝结了李氏家族的余烈，汇聚了将门世家的胆识，"虽古名将不过也"⑥。但李陵的兵败投降不仅令世人叹惋，也使得陇西李氏家族声颓族灭，"李氏名败，而陇西之士居门下者皆用为耻焉"⑦。汉昭帝时期，霍光、上官桀辅政后劝说李陵归汉但遭其拒绝，自此李陵终身再未踏入汉朝故土，直至昭帝元平元年（前74）病逝。

① 班固：《汉书》，中华书局2012年版，第2132页。
② 同上，第2133页。
③ 同上，第2136页。
④ 同上，第2138页。
⑤ 同上，第2139页。
⑥ 同上，第2137页。
⑦ 陈曦、王珏、王晓东、周旻译注《史记》，中华书局2019年版，第3570页。

（四）将门遗血

李陵降于匈奴后，重新与匈奴之女婚配，居于漠北。李陵被封为右贤王并领有部众，在匈奴中占有一席之地，《汉书》载"陵居外，有大事，乃人议"①，但关于其驻牧地及统领部众，文献失载，李陵后代也一直生活在了漠北。五凤二年（前56），李陵之子在匈奴内乱之际拥立乌藉都尉为单于，不久呼韩邪单于捕杀乌藉都尉。自此，李陵子嗣不见于文献准确记载。到北魏、北周和唐朝时期，出现了许多追祖李陵的现象，李陵后裔又重新出现于史册中，从而学界中也产生了关于拓跋鲜卑、黠戛斯抑或李唐系李陵之后的辨析述论。据《北史·李贤传》载，北周李贤自谓为李陵之后："自云陇西成纪人，汉骑都尉陵之后也。陵没匈奴，子孙因居北狄。后随魏南迁，复归汧、陇"。唐代黠戛斯亦自称为李陵后裔，《旧唐书·回纥传》《新唐书·回鹘传》和《资治通鉴》等均载有"黠戛斯自称李陵之后，与国同姓""又自以李陵后，与唐同宗"、"自谓李陵之后，与唐同姓"等记载。② 自西汉至北魏间，李陵之名则更多出现在了文人诗词中。

三、将略传统

《史记·孟尝君传》中孟尝君曾经对其父说："文闻将门必有将，相门必有相"，"将门出将"之说于战国前便流传已久。秦汉以来，陇西李氏将门的出现更是在一众武将中单特孑立。从为一统中原立下汗马功劳的祖辈秦将军李信开始，这个在秦人的价值理念与文化熏陶下成长的将门之家，并没有循秦覆灭，而是能够随着汉朝的兴起而传承延续，进而逐渐形成了陇西李氏家族特有的将略传统。

一是将略持家，出身清白。从李广家世源流来看，追溯到李昙时已见武将事迹，及至陇西始祖李崇，曾封南郑公，秦既封爵，其军功当有可观。之后李瑶为南郡守、狄道侯；李信为秦将军、陇西侯。自始祖李崇始，至李广以良家子身份从军凡七世，多以军功封爵，将略持家。其中"良家"一词在秦汉与现代有着不同的意义。现代的良家指清白人家，只要安分守己、品行端正即可，与职业及财富无关；而秦汉时期的良家子则指具有一定的资产，职业不在商贾、医、巫、百工之列，并且家族中无犯罪史，能够遵循伦理道德，品行端正的人家。《汉书·地理志》云："汉兴，六郡良家子选给羽林、期门，以材力为官，名将多出焉。孔子曰：'君子有勇而亡谊则为乱，小人有勇而亡谊则为盗。'故此数郡，民俗质木，不耻寇盗。"③ 汉代羽林、期门作为武帝的亲军没有世袭制度，且仅限于从六郡良家子中选拔。文帝十四年（前166）匈奴大入萧关时，籍隶陇西郡的李广即"以

---

① 班固：《汉书》，中华书局 2012 年版，第 2138 页。

② 崔明德《李陵·拓跋氏·黠戛斯——兼论汉唐时期北方少数民族的寻根现象和认同心态》，《烟台大学学报》1995 年第 1 期。

③ 班固：《汉书》，中华书局 2012 年版，第 1468 页。

良家子从军击胡"①，史书中虽未有其后辈出身于良家子的直接记载，但可以肯定的是李当户、李敢和李陵等人皆以军功特拜入仕，其中子辈"曰当户、椒、敢，皆为郎"，孙辈李陵"少为侍中建章监"②。他们从军方式或与祖辈李广不同，却都共同印证了陇西李氏将门与存在盗寇经历或犯罪历史的家族有着本质的区别。

二是骁勇善战，才气无双。《史记·王翦列传》载："秦始皇既灭三晋，走燕王，而数破荆师。秦将李信者，年少壮勇，尝以兵数千逐燕太子丹至于衍水中，卒破得丹，始皇以为贤勇。"《史记》以后，李信之事近无考见。虽有将兵伐楚败还，但李信仍受始皇信任，屡次领命，乃其扫平群雄、一统中原所倚重的大将。除蒙氏之勇名扬后世外，李信骁勇之功亦殊为不少，恰如杜牧于《田克加检校国子祭酒依前宥州刺史制》中引李信赞田克加"枭俊无敌，感激轻生，李信之气盖关中，陈安之勇闻陇上"③。李信四世孙李广，出身六郡良家子"以材力为官"④，所谓"材力"，即有非凡的武艺或是熟知兵法，李广自结发即"从军击胡"⑤，"自汉击匈奴而广未尝不在其中"，"与匈奴大小七十余战"，"皆以力战为名"，被匈奴称为"汉之飞将军"，公孙昆邪也赞曰"李广才气，天下无双"。李广之子李敢，随父出征，胆识过人，面对匈奴左贤王领四万骑包围，"直贯胡骑，出其左右而还"。孙辈李陵，肩负汉家之命出征绝域，率五千步卒敌匈奴八万骑射，奈何援兵迟滞，终战死殆尽。骁勇善战、胆识过人乃良将之质材，后世诚服陇西李氏子弟之勇武，恰好诠释了其将略传统。

三是国士遗风，世代相承。国士之风的世代传承以及马革裹尸的观念价值也使得陇西李氏将门有别于其他氏族。李广、李敢和李陵等虽是汉代将领，延续的却是先秦祖辈的国士遗风，透过他们能够洞悉到国士的尚武有节。尚武方面，作为陇西李氏将门之后，自小便受良好的氛围熏陶，崇尚武力，喜鞍马骑射，史有李广"广为人长，猿臂，其善射亦天性也，虽其子孙他人学者，莫能及广"⑥，李敢"以校尉从骠骑将军击胡左贤王，力战，夺左贤王鼓旗，斩首多，赐爵关内侯，食邑二百户，代广为郎中令"，亦有李陵"将丹阳楚人五千人，教射酒泉、张掖，以屯卫胡"。有节方面，先秦国士的流风余韵使得李氏子弟重交尚义，绝不趋炎附势。面对刀笔吏的审查，李广却道："诸校尉无罪，乃我自失道"，引刀自刭后引得一军皆哭和百姓垂涕。孙辈李陵虽兵败降敌，但在《报任安书》中谈及李陵时，司马迁却言："事亲孝，临财廉，与士信，取与义，分别有让，恭俭下人，常思奋不顾身，以殉国家之急。其素所畜积也，仆以为有国士之风。"历史上大凡遇际多舛，壮志犹存者，莫不从李广子孙三代将门中得到精神感应。《报任安书》中司马迁不单谈及的是李陵，以此语衡其李氏将门，亦恰切不过。

---

① 陈曦、王珏、王晓东、周旻译注：《史记》，中华书局 2019 年版，第 3556 页。
② 班固：《汉书》，中华书局 2012 年版，第 2132 页。
③ 何锡光校注：《樊川文集校注》，巴蜀书社 2007 年版，第 1172 页。
④ 班固：《汉书》，中华书局 2012 年版，第 1468 页。
⑤ 陈曦、王珏、王晓东、周旻译注《史记》，中华书局 2019 年版，第 3562 页。
⑥ 同上。

试论司马迁对郑庄公形象的改写

＊本文作者石赟，国防大学军事文化学院硕士研究生。

郑庄公于前 743 年即位，在位长达 43 年。《左传》对郑庄公的一生进行了全方位、多角度的客观刻画。司马迁编撰《史记》时对《左传》进行了大量援引。但司马迁并未对《左传》的内容全部采用，而是进行了不少的删减和改写。虽然所占篇幅不大，但司马迁为后世塑造了一个有异于《左传》的郑庄公形象。

一、对"郑伯克段"的改写

《史记》有关郑庄公的记载主要集中在《郑世家》中，其余在《周本纪》《宋微子世家》《鲁周公世家》等也简略提及。司马迁仅用百余字重新建构了"郑伯克段于鄢"的故事。

（一）对蓄意纵弟的改写

郑公继位后，武姜和共叔段想要占据显要地理位置，为爱子创造条件积蓄实力，伺机推翻郑庄公取而代之。《左传》记载，姜氏向郑庄公为共叔段索要制地①。郑庄公拒绝了武姜的要求："制，岩邑也，虢叔死焉。佗邑维命。"这正中姜氏下怀，姜氏立刻为爱子要另一个非常重要的"京"地②。《左传》详细地对郑庄公放任共叔段进行了三个层次的刻画。第一，封给共叔段的封地超过祖制。祭仲劝谏庄公，郑庄公回答："多行不义，必自毙，子姑待之。"第二，放任共叔段将权力伸向了西部、北部边境。《左传·隐公元年》中公子吕警示郑庄公说："国不堪贰，君将若之何？欲与大叔，臣请事之；若弗与，则请除之，无生民心。"郑庄公仍说："不义不昵，厚将崩。"第三，郑庄公得知时机成熟，曰"可矣！"令公子吕帅"车二百乘"先发制人讨伐京邑，京地百姓皆叛共叔段，共叔段逃到鄢

---

① 据学者考证制的地理位置在郑国的西北面，今河南荥阳氾水镇。关于制地历来学者有两种观点，一者说制地即为虎牢，二者说春秋时期制与虎牢为两座相邻城邑，与其他城邑共同构成一道交通防御体系。这个交通要塞占据地形优势，形势险要，历代为军事重镇。

② 京是为周平王东迁后，郑武公时期修建的古城，南北长 1720 多米，东西宽 1410 多米，夯土坚实，所辖的地域，在今郑州城区以西、氾水虎牢关以东、嵩山山脉东段浮戏山以北、黄河中下游分界处的广武山以南，为丘陵和平原地带，物产丰富，经济富庶。

地，后逃至共国。从"姑待之"到"厚将崩"再到"可矣"层层推进，抽丝剥茧般将郑庄公随着事态发展的内心变化描写出来。后《公羊传》评之曰："克之者何？杀之也。杀之则曷为谓之克？大郑伯之恶也。曷为大郑伯之恶？"① 这段故事的书写对郑庄公阴险狡诈，处心积虑的"伪善"形象建构起了重要作用。

但《史记·郑世家》省略了《左传》描述郑庄公纵容母弟谋反的过程，而是借祭仲之口交代了身为庶子的共叔段是不配享有比国都大的京邑："京大于国，非所以封庶也。"郑庄公说："武姜欲之，我弗敢夺也。"相对于《左传》中"姜氏欲之，焉辟害？"《史记》中的"弗敢夺"既体现郑庄公长期受到母亲无理要求压迫，又体现郑庄公对母亲孝顺遵从。

（二）对谋反情节的改写

《史记》对共叔段与母亲谋反情节的叙述也有较大程度的改写。《左传·隐公元年》中记载为："将袭郑，夫人将启之。""将"字在使用中为第三人称主语与动词的组配时，说话人与主语分离，说话人只能通过推理，对以主语为主体的事件是否将要发生作出判断②，也就是说"将袭郑"与"将启之"在一定程度上仅是郑庄公的主观判断，无法确定情报的真实性和准确性，所以在《左传》中郑庄公为战争的发起方。

而司马迁在《史记·郑世家》中将共叔段反叛情报改写成非常确定的事实："段至京，缮治甲兵，与其母武姜谋袭郑。二十二年，段果袭郑，武姜为内应。庄公发兵伐段，段走。"在这段描述中，司马迁将共叔段谋反袭击郑都的信息设立成确切的前提，并将共叔段设置为战争的发起者，武姜作为内应在此语意中也成为确凿之事实，郑庄公为被动迎战发兵讨伐共叔段。这样的改写将"郑伯克段于鄢"的罪魁祸首确定地定为武姜和共叔段，更进一步削弱了郑庄公蓄意纵容母弟的阴险狡诈形象，将"郑伯克段"由主动转化为被动。

（三）对母子关系的改写

在有关郑庄公与母亲武姜关系的描述中，司马迁也进行了很大程度的改写。《左传·隐公元年》记载："庄公寤生，惊姜氏，故名曰'寤生'，遂恶之。爱共叔段，欲立之，亟请于武公，公弗许。"《史记·郑世家》载："太子寤生，生之难，及生，夫人弗爱。后生少子叔段，段生易，夫人爱之。二十七年，武公疾。夫人请公，欲立段为太子，公弗听。"

由《左传》可知，郑庄公被武姜起名"寤生"，古代贵族对取名十分重视，《左传·桓公二年》云："夫名以制义，义以出礼，礼以体政，政以正民。"从武姜对郑庄公的起名足以看出其对儿子的厌恶，并且武姜为母不公，违逆礼制，屡次

---

① 《春秋公羊传注疏·隐公元年》。

② 张希：《时间副词"将"的时制分类和语体倾向》，《汉语学习》2022 年第 6 期。

请郑武公废长立幼。《史记》则将郑庄公与母亲武姜之间恶劣的关系弱化了许多，"弗爱"和"欲立段为太子"与《左传》中"恶之"和"欲立之，亟请于武公"比较削弱了武姜对郑庄公的厌恶情感，目的是为后文郑庄公"思母"继而"见母"的主动行为作以铺垫，以避免如《左传》中将母子矛盾塑造过深，而使后世产生郑庄公是为了利用"孝礼"为自己造声势，以取得君子的赞扬，为自己获得好的声望的看法①。

再对比"掘地见母"这一情节可知，《左传》中郑庄公对囚母"既而悔之"，但他并没有发生主动缓解母子关系的行为。据《左传》载是颍考叔"闻之，有献于公。"颍考叔主动劝谏郑庄公，通过循循善诱的劝说，郑庄公才宽恕母亲。《左传·隐公元年》评曰："颍考叔，纯孝也。爱其母，施及庄公。"通过《左传》给予的评价可知，《左传》故事叙述偏向于歌颂颍考叔"纯孝"的人格感动了郑庄公，从而挽回了郑庄公与母亲的亲情。

而《史记·郑世家》中记载郑庄公"居岁余，已悔思母"，虽也记述了颍考叔献言，但郑庄公直接吐露："我甚思母，恶负盟，奈何？"在简短的记载中两次提到郑庄公"思母"，将郑庄公因母的后悔情绪进行了更深入的表现，并且增添了郑庄公主动寻找解决母子冲突的行为。

以上有关"郑伯克段于鄢"故事的对比，可以看出《史记》的叙述重点在于突出郑庄公对母亲的孝顺，并将郑庄公形象塑造成遵礼忠孝的儿子，是此事件中的被害者。这种改写完全与《左传》中郑庄公"阴险"和"伪善"的负面形象不同。

二、对周、郑关系的改写

读《左传》可知，郑庄公并非真心臣服于周王室，而是假借天子之名，利用卿士地位，打着"维护礼法"的旗号，实现郑国"壮大"与"扩张"战略。而司马迁在《史记》的书写中，完全隐藏了郑庄公的野心，仅重点书写了周、郑君臣之间的关系。

（一）正面书写郑庄公与周王室的对抗

郑庄公对周王室的不满始于周平王时。《左传·隐公三年》记载："王贰于虢，郑伯怨王"。周平王死后，周桓王依然想重用虢公，瓦解郑庄公的权力，但这次郑庄公没有掩饰自己压抑已久的不满。郑庄公二十四年，其命祭足"取成周之禾。"这是对周王室赤裸裸的挑衅，更是对礼制的僭越，自此周郑交恶。《左传·隐公六年》记载，直至郑庄公二十七年，即周桓王继位第四年，郑庄公才第一次到周都朝见周桓王，但周桓王对其的态度是"王不礼焉。"

---

① 李国平：《论〈史记〉郑庄公形象的嬗变》，《渭南师范学院学报》2015 年第 11 期。

而司马迁在《史记》中将周王室两代君主与郑庄公的分权之争省略，以"郑侵周地，取禾"作为二者关系恶化的开始，这样的描写将郑庄公置于矛盾发起方，目的是突出郑庄公对周王室的态度。

《左传·隐公八年》载郑鲁两国交换祭祀之地："郑伯请释泰山之祀而祀周公，以泰山之祊易许田。三月，郑伯使宛来归祊，不祀泰山也。"其中并未明确郑国与鲁国交换土地的原因是对周桓王的不满。在《左传》的记述中，郑鲁两国历经五年，经过两次交涉，鲁隐公死后，鲁桓公继位，双方才达成交换。而此事在《史记·郑世家》中记载为："二十九年，庄公怒周弗礼，与鲁易祊、许田。""怒"字所呈现出郑庄公情感态度，远比《左传·隐公三年》记载中"王贰于虢，郑伯怨王"中的情感更强烈直接。司马迁又在《史记·周本纪》中写明了郑庄公父愤怒的原因："桓王三年，郑庄公朝，桓王不礼。五年，郑怨，与鲁易许田。许田，天子之用事太山田也。"春秋时期，周天子是全国土地和人民名义上的最高所有者，"天子在上，诸侯不得以地相与也。"① 郑庄公与鲁国交换祭祀土地的行为是对周王室权威的公开挑战，而司马迁如此改写是想有意表明周桓王"不礼"在先，突出郑庄公对周王室反抗的合理性。

郑庄公三十七年，周郑爆发著名的"繻葛之战"。《左传》对这场战斗进行详细生动的描写，郑国战胜强大的周联盟军队，并射伤周桓王，彻底撕碎了周王室日渐衰微的遮羞布。在《左传·桓公五年》记载中，战争爆发的原因是"王夺郑伯政，郑伯不朝。"周桓王号召诸侯国对郑国进行讨伐。而《史记·郑世家》记载："庄公不朝周，周桓王率陈、蔡、虢、卫伐郑。"司马迁的记载中隐藏了周桓王剥夺郑庄公权力这一前因，渲染了郑庄公反抗周王室的主动性。

祝聸射中周桓王之后，郑庄公命祭仲慰问周桓王，《左传》《史记》对此事的记述也明显不同。《左传·桓公五年》中郑庄公云："君子不欲多上人，况敢陵天子乎！苟自救也，社稷无陨，多矣。"这句话重点表达的是郑庄公出于自救的原因才被迫反抗，所指向的含义是郑庄公还是尊周重礼的。而在司马迁在《史记·郑世家》中刻画的郑庄公说："犯长且难之，况敢陵天子乎？"郑庄公表达的是冒犯长者都要被责难，更何况是欺辱天子。他深知虽周室衰微，但当时仍处在以礼义文化为秩序的时代背景下，对抗天子是以下犯上的无礼行为，可能会给郑国带来无法承受的风险。此处所指向的含义是郑庄公忌讳的是被其他诸侯国趁虚而入，并不是因尊崇周王室才有慰问周天子的行为。

（二）省略郑庄公为周王室服务的情节

纵使周桓王对郑庄公爱答不理，郑庄公仍维持着周王室的大宗地位，并为周王室"鞍前马后"。《左传》详细记载了郑庄公"任劳任怨"为周王室服务的情节。《左传·隐公八年》记载郑："郑伯以齐人朝王，礼也。"《左传·隐公九年》载：

---

① 《春秋谷梁传·桓公元年》。

"宋公不王。郑伯为王左卿士，以王命讨之，伐宋。"同时，《左传·隐公十年》记载："蔡人、卫人、郕人不会王命"，郑国又与齐国一道"讨违王命"。《左传·隐公十年》中评郑庄公曰："郑庄公于是乎可谓正矣。以王命讨不庭，不贪其土以劳王爵，正之体也。"郑庄公三十二年，因许国拒不向周王室献贡，鲁国、齐国、郑国以王命讨伐许国。《左传》隐公十一年评郑庄公道："郑庄公于是乎有礼。礼，经国家，定社稷，序民人，利后嗣者也。许无刑而伐之，服而舍之，度德而处之，量力而行之，相时而动，无累后人，可谓知礼矣。"看上去《左传》给予郑庄公的是正面积极的评价，但后世有学者多认为其工于心计，玩弄权术，打着遵礼的旗号达成争霸目的。清代高士雄评之曰："郑庄公，春秋诸侯中枭雄之姿也。其阴谋忮忍，先自翦弟始，而后上及于王，下及于四邻与国。夫兄弟一本，天属最亲，而养骄长恶，以行其芟夷之计，及泉誓母，敢施于所生，况他人乎。"①

而《史记》中司马迁则将郑庄公以卿士的身份为周王室服务的重要情节全部作抛弃处理，从"郑取周禾"开始到"繻葛之战"之间共记载有郑国的 7 个事件，其中 4 个事件有关郑国与周王室之间的紧张对立的关系，这样的处理手法也是为塑造郑庄公勇于对抗王权的人物形象服务。

三、从郑庄公形象的改写透视司马迁思想

《史记》一书除了具有史学价值，还体现着司马迁的政治理想，在塑造历史人物和记录政治事件的时候，司马迁将对历史发展的看法，对人格特质的褒贬皆倾注其中。司马迁对郑庄公形象的改写体现了他对无道王权的反叛精神。

《太史公自序》中记载："为人君父而不通于《春秋》之义者，必蒙首恶之名……故《春秋》者，礼义之大宗也。"在司马迁看来，礼义是天下大统、社会安定之根本。周室东迁之后，政令骤然解体，共主衰微，王命不行。以周王室为代表的统治阶级不通礼义宗旨，无法治国安民，才使臣子以下犯上、诸侯互相残杀、百姓民不聊生。司马迁追本溯源，为郑庄公正名，将郑庄公对抗周王室的行为归结为周天子无道、周王室礼崩乐坏。

郑庄公形象改写还反映出司马迁对"忠孝礼义"观念的认识。《春秋繁露》中董仲舒提出"君臣、父子、夫妇之义，皆取诸阴阳之道②"，君父夫为阳，臣子妻为阴，并且明确"贵阳贱阴"，将阴阳尊卑之道运用于社会思想观念，在力求从思想上将"孝子之行，忠臣之义，皆法于地也。地事天也，犹下之事上也"③的观念灌输于臣民，提出"善皆归于君，恶皆归于臣"，无论善恶对错，忠臣孝子只需要竭忠尽力地侍奉君主、父母，这便是为臣子的最高的道义。其实，董仲舒

---

①　（清）高士奇：《左传纪事本末》卷四十一。

②　《春秋繁露·基义》。

③　《春秋繁露·阳尊阴卑》。

的学说吸收杂糅了儒家、道家、法家、阴阳家等诸多学说，目的是建立"天—君—民"上下一统的思想体系，形成官方意识形态，便于教化百姓统治思想，为西汉统治者巩固其中央集权统治制度服务。司马迁却不认同这一观点。据《汉书·司马迁传》记载，李陵兵败后，司马迁"见主上惨凄怛悼，诚欲效其款款之愚"，出于臣子的责任，他客观分析李陵战败投降的原因，以此宽慰汉武帝，结果被判诬上的罪名，导致他"拳拳之忠，终不能自列"。他对无条件忠君的主流观念产生了动摇。在编纂《史记》时，他通过对昏聩君主的反抗书写和对愚忠愚孝的悲剧书写传达自己的价值观念。为百姓造福以及自身价值的实现有时比一味地效忠君主更为重要，贤明的君主是以其人格魅力吸引大量的人臣谋士为其效力，而不是以强权强制其忠心。这是他对西汉时期的主流忠君思想"无条件地服从君王的愚忠"① 提出的否定，他将对封建阶级专权的忠孝扩大到对整个民族和国家的宏观层面，这是司马迁进步民族性和时代性思想的体现。

---

① 蔡漫毓：《论司马迁〈史记〉对西汉主流忠君观念的淡漠》，《渭南师范学院学报》2016 年第 5 期。

甘洒热血写春秋的项家军

＊本文作者朱宏，江苏省南京市"南京霸王山文化研究会"副会长。

若论项家军，当然要从祖居下相的项家说起。项羽，下相人，史有明载。但是下相的项府、项羽在项府的生活经历，倒是有许多的说道：首先要从下相的地望说起。还有就是秦朝时设立的下相县，根据《索隐》引东汉应劭解释，"相"本是水名，源出于沛国，沛国有相县，因为相水下流，而有下相之名。项羽在下相（今宿迁）项府的生活时间，《史记》语焉不详，但从二十四岁起兵吴中，可以推断一个大概情况。项氏本是楚国贵族，秦统一以后成为庶民，所以项梁才"有栎阳逮"，也就是被案件牵连、要入栎阳监狱，最后请人说情，才免去牢狱之灾。后来项梁又犯了杀人罪，为了躲避仇家，更是为了逃避法律制裁，逃离家乡，"与籍（项羽）避仇于吴中"。从项梁经历的这两起案件可以推定，项羽离开时基本成年。因为这两件案子发生和处理是要有个过程的，按照常理推断，秦朝统一以后，项氏家族均丧失其在楚国的贵族身份及其特权以后，才有第一起案件的发生，第一起案子了结以后，项梁确信没有了牢狱之灾，才可能犯下第二件案子。如此推断，项梁杀人避难吴中，应该是秦始皇二十八年或是二十九年的事情。项羽起兵时二十四岁，就在起兵的前一年即秦始皇三十七年（前210），秦始皇第五次出巡，东巡浙江、过会稽，项羽看到秦始皇车队威武雄壮的场面，脱口而出说"彼可取而代也"，此时的项羽已经二十三岁。项羽身材魁梧，膂力过人，"长八尺余，力能扛鼎"，按照一般发育规律，这样的体格在十四五岁时就基本形成。秦律以身高判定成年与否、是否服役，男子身高达到是六尺五寸，就要"傅籍"，正式服役。因为体形高大，项羽在下相时已经达到傅籍要求，所以，项梁在吴中主办"大徭役及丧"时，项羽已是体力和思想皆成熟的成年人。回溯项梁吴中避难之前，在老家下相（今宿迁），教侄儿项羽的经历：项籍"学书不成，去学剑，又不成。项梁怒之，籍曰：'书足以记名姓而已。剑一人敌不足学，学万人敌。'于是项梁乃教籍兵法，籍大喜，略知其意，又不肯竟学"。还可以知道，其时，下相作为项氏家族的封地，社会经济和文化是比较发达的，书香门第的项氏家族，从祖辈项燕开始，就已忝列于将军世家矣。而项羽自小便饱读兵书，其知识结构、性格特点便已与"万人敌"的才能密不可分。同时，也说明，项氏家族，在项羽的爷爷项燕、父亲项渠于秦楚战阵中牺牲之后，并没有因为秦朝的暴政而选择了保命就放弃了抗争。反之，家族中更加强了对像项羽一班后生的教育和培养。除了让他们对下相充满着故乡情怀；对故乡作为楚的地理核心，建立起复仇复国的志向外，还让他们积极准备着随时担当起反秦亡秦的历史使命。项氏家族的这一班后生里，仅青史留名的，就有项羽、项佗、项襄、项婴、项舍、项声、项冠等数人。

当然，机会从来不会亏待那些有准备的人。秦始皇一死，那指鹿为马的赵高与荒淫无道的秦二世，弄得天下民不聊生，揭竿而起的义军遍地蜂拥而出，也就为项羽他们送来了天大的机会。当陈胜、吴广的义军占据半壁江山之时，六国后裔也是纷至沓来，曾经威震四方的大秦帝国由此就陷入风雨飘摇之中了。《史记·项羽本纪》曰："夫秦灭六国，楚最无罪。自怀王入秦不返，楚人怜之至今，故楚南公曰'楚虽三户，亡秦必楚'也。"。陈胜、吴广是楚国人，项氏家族也是楚国人。公元前209年7月，陈胜、吴广在大泽乡振臂一呼，揭竿而起，项氏家族中的项梁将军首先敏锐地察觉，他们家族等待的复仇机会终于来了。就在项梁筹备起义的时候，会稽太守殷通，通过自己投机的嗅觉，也已经嗅到了秦王朝没落的腐朽气味。他思忖，秦二世气数已尽，前进的历史车轮势必将他和这个王朝一起碾碎，自己没必要给秦二世当炮灰，不如早做打算，先发制人，后发制于人。于是，他把项梁请到自己家中，一番客气之后，殷通就说出了请项梁来一同"举事"的意图，当时的殷通是想先发制人，只是缺少一个像样的领头人，经过一番深思熟虑之后，他才看上了项梁的才能，他想利用项梁的力量，来实现自己的图谋和志向。当然，后面的事实证明，他是低估了项梁，高估了自己。那出生于将门世家的项梁，怎么会屈居于一个首鼠两端的太守之下？所以，殷通的行为，就无异于引狼入室了。项梁听说了殷通要反叛朝廷的意图，害怕他有诈，便假装自己能力有限，好一番推辞，害得殷通几番重复肯定。待项梁终于相信殷通是真的要造反，并没有要试探他的意思之后。项梁又转而对殷通一番恭维，什么识时务者为俊杰，先下手为强后下手遭殃等等。而此时项梁的真实想法是：你这投机的把戏，谁人不知，谁人不晓？想让我堂堂项氏为你抛头颅洒热血，真是痴心妄想！于是将计就计，喊来项羽先动起手来，于公元前209年9月，项梁、项羽斩杀了太守殷通，以此先立威，后起义。初起义，项羽便于会稽郡府中独斩府中守卫百人。殷通本意是想说服项梁，让他和桓楚做大将军，项梁一口答应，只说桓楚是个带兵打仗的人才，但是他行踪飘忽不定，只有项羽知道他的下落。于是殷通让赶紧去请项羽，当项梁把项羽带到太守府的时候，殷通还来不及做出任何反应，就被项羽杀了，可能项羽自己都没想到一个太守府的防卫竟然如此松懈。此役，项羽不仅独自斩杀殷通的卫兵近百人，还第一次展现了他无双的武艺！让殷通成了历史上第一个"搬起石头砸了自己的脚"的典型人物。项梁和项羽就这么轻轻松松地杀了太守，然后叔侄二人高举义旗，吹响了灭秦的号角，由于人们"苦秦久已"，更遭受秦二世的横征暴敛，早已是忍无可忍。对项梁、项羽叔侄俩的行侠仗义之举，自然是纷纷响应，涌入他们的帐下。不多久，他们就组织起了两万多人的起义军队伍，北伐"西击秦"带走的"江东八千子弟"兵，则是从这两三万人中精选出来的精兵强将。公元前209年9月，24岁的项羽紧随叔父项梁，带领着八千吴中男儿组成的反秦起义军，登上了历史舞台。《史记·项羽本纪》曰："广陵人召平于是为陈王徇广陵，未能下。闻陈王败走，秦兵又且至，乃渡江矫陈王命，拜梁为楚王上柱国。曰：'江东已定，急引兵西击秦。'项梁乃以八千人渡江而西。"

经考证"项梁乃以八千人渡江而西"一路留下的遗迹和收集到的民间传说证明。项梁领"楚王上柱国"之衔后，便命令项羽为副将，先带领"江东子弟兵"中的先锋，来到大江南岸的江乘（今天南京栖霞山一带），欲"渡过长江向西进军"。

这便揭开了西楚霸王项羽，与我们南京江北这里"霸王山"风云际会的历史篇章。史籍上载明，公元前 209 年冬天，项羽渡江北伐途中，给南京的江北岸留下了一座赫赫有名的"霸王山"！

项羽如何率先遣军从江乘出发，经过"青沙"洲（今天长江中的八卦洲），渡过宽阔浩淼的大江，到达江北岸，来到古棠邑"九连山"、"九连洼"一带（也就是今天南京江北"霸王山""九龙洼"这里），站稳脚跟，安营扎寨，厉兵秣马，壮大义军队伍，成立项家军等？这在史籍上也许缺少详细的记载，但，我们只要纵览《史记》《汉书》等众多的史书典籍，便也可从中一见端倪。

项羽在会稽吴中起义的两年前，曾遇见过秦始皇南巡的仪仗队伍，当时年轻气盛的他，就立下"彼可取而代也"的誓言。一旦来到"霸王山"安营扎寨后，势必为实现誓言放手一搏。于是，在南京江北这里（古称棠邑），便留下了"项羽率兵渡江 攻打棠邑安营的传说"，"瓜步夺船项梁渡江的传说"，"整军肃纪驯服乌骓的传说""项家军成立、卸甲甸练兵的传说""收编桓楚体恤乡邻的传说"，"东阳惊变苍头军起的传说"等动人的传说。

当年进驻"霸王山"时，项梁、项羽的本意，是接受了"广陵人召平……矫陈王命，拜梁为楚王上柱国……急引兵西击秦……要即刻与陈胜王的义军会合……的。"然而，派出联络陈胜、吴广所率义军的人，却带回了陈胜、吴广所部，皆被秦军"虎狼"之师所剿灭，连陈胜王亦被杀的坏消息。加之，秦军乘胜追击，正在大举南下。这就迫使项梁、项羽所率义军，不得不在"霸王山"一带，扎下大营，厉兵秣马，准备迎敌。就在轰轰烈烈的秦末农民起义转入低潮的时刻，是项梁、项羽临危不惧，不辱使命，在"霸王山"重举义军大旗，成立项家军，并以"霸王山"为中心根据地，排兵布阵，卸甲操练，使项家军队伍迅速壮大为数万之众的精兵强将。

在"霸王山"冬去春来的四个月里，项羽经创业、历练、成长，攻城略地，纵横捭阖，从一员副将迅速成长为颇具帅才的义军领袖。并且还在军务极其繁忙的间隙，动用义军中青壮之力，解民之忧苦，开挖了"霸王塘"，多方满足了开源引流，人饮马喂之需。不仅赢得了当地百姓的口碑，世代传颂；而且，被编为传说故事，广为流传，生生不息。更为后人留下了沿用千年的古地名"霸王山"、"霸王塘""九龙洼""卸甲甸""金塘营"，且载入史册《棠志拾遗》和历代《六合县志》之中！

　　从《史记·陈涉世家》记载可知，陈胜、吴广起义之初，就是"假称是公子扶苏、项燕的队伍，顺从人民的愿望"的。其原文如下：秦二世元年七月，朝廷征发贫苦人民去驻守渔阳，九百人驻扎在大泽乡。陈胜、吴广都被编入谪戍的队伍里面，担任屯长。恰巧遇到天下大雨，道路不通，估计已经误期。误了期限。按（秦朝的）法律都应当斩首。陈胜、吴广于是商量说："现在即使逃跑（被抓回来）也是死，发动起义也是死，同样是死，为国事而死可以吗？"陈胜说："天下百姓受秦朝统治、逼迫已经很久了。我听说秦二世是始皇帝的小儿子，不应立为皇帝，应立的是公子扶苏。扶苏因为屡次劝谏的缘故，皇上派（他）在外面带兵。现在有人听说他没什么罪，秦二世却杀了他。老百姓大都听说他很贤明，而不知道他死了。项燕是楚国的将领，曾多次立下战功，又爱护士兵，楚国人都很爱戴他。有人认为他死了，有人认为他逃跑了。现在如果把我们的人假称是公子扶苏项燕的队伍，作为天下首发，应当会有很多响应的人。"吴广认为他讲得对。于是二人就去占卜（来预测吉凶）。占卜的人了解了他们的意图，说："你们的大事都能成功，可以建立功业，然而你们把事情向鬼神卜问过吗？"陈胜、吴广很高兴，考虑卜鬼的事情，说："这是教我们利用鬼神来威服众人罢了。"于是就用丹砂在绸子上写下：陈胜为王。放在别人所捕的鱼的肚子里。士兵们买鱼回来烹食，发现鱼肚子里面的帛书，本来已经对这事感到奇怪了。陈胜又暗地里派吴广到驻地旁边丛林里的神庙中，在夜间提着灯笼，作狐狸嗥叫的凄厉的声音大喊："大楚将兴，陈胜为王。"士兵们整夜惊恐不安。第二天，士兵们中间议论纷纷，只是指指点点，互相以目示意看着陈胜。吴广向来爱护士兵，士兵大多愿意听（他）差遣，（一天）押送戍卒的将尉喝醉了，吴广故意多次说想要逃跑，使将尉恼怒，让他侮辱自己，以便激怒那些士兵们。将尉果真用竹板打吴广。将尉拔剑出鞘想杀吴广，吴广跳起来，夺过利剑杀了将尉。陈胜帮助他，一起杀了两个将尉。（于是陈胜）召集并号令部属的人说："你们诸位遇上大雨，都已误了期限，误期是要杀头的。假使仅能免于斩刑，可是去守卫边塞死掉的本来也会有十分之六七。况且壮士不死便罢了，要死就该成就伟大的名声啊，王侯将相难道有天生的贵种吗？"部属的人都说："愿意听从您的号令。"于是就假称是公子扶苏、项燕的队伍，顺从人民的愿望。个个露出右臂（作为起义的标志），号称大楚。用土筑成高台并在台上宣誓，用（两个）将尉的头祭天。陈胜自立为将军，吴广任都尉。他们攻打大泽乡，收编大泽乡的义军之后攻打蕲县。攻下蕲以后，就派符离人葛婴率军攻占蕲县以东的地方。陈胜则攻打铚、酂、苦柘、谯都攻占下来。行军中沿路收纳兵员，等到到达陈县，已有战车六七百辆，骑兵一千多，士兵好几万。

　　正是《史记·陈涉世家》这段记载，清楚地告诉我们，陈胜、吴广用"公子扶苏、项燕的队伍"号令天下，很是管用！这也就解释了，为什么，在陈胜、吴广所部，皆被秦军"虎狼"之师所剿灭，连陈胜王亦是被害后，面对秦军大举南下之危局，项梁、项羽所率义军，要在"霸王山"扎下大营，厉兵秣马，重举义军大旗，成立起项家军的必要性。因为，"项"字大旗，不仅可以号令天下，而且要继续打下去，以振军威！

据《史记》记载，项氏世世代代为楚将，其家族被封于项。

据唐朝《元和姓纂》和《大宋重修广韵》记载，项燕为周朝分封的同宗姬姓项国之后代，春秋时项国被鲁国灭后以国名为族姓。

公元前225年，秦将李信率20万大军向东南方向进攻楚国，李信进攻平舆，蒙恬攻击寝，大破楚军，兵锋指向楚国首都寿春。然而，当时居于郢陈（楚国都）的秦国大臣昌平君，以其楚国公子身份在秦军后方组织力量反秦。秦将李信只好转向西北去进攻后方的郢陈，于是率军西进，到城父与蒙恬的队伍会合。楚将项燕亲率楚军趁机尾随在后，三天三夜不停宿休息。乘势追上秦军，即刻展开全面反击，大败李信率领的秦军，且直接攻入秦军的两个营地，斩杀了七个都尉。秦将李信不得不率残部逃奔回秦国。取得如此辉煌战果的楚将项燕，由此也一战成名，成为楚人心中的大英雄。

据《史记·白起王翦列传》《史记·蒙恬列传》记载，秦王为报仇，于公元前224年，派秦国大将王翦率60万大军再攻楚国，楚国人闻讯王翦增兵而来，便出动国中的全部兵力抵抗秦军。王翦下令坚守营寨不与楚军交锋。项燕多次到营前挑战，秦军始终也不出战。王翦每天让士兵休息、洗沐，享用好的饮食，安抚慰问他们，并亲自与他们共同进餐。这样过了很长一段时间，王翦派人打听："军中进行什么嬉戏啊？"回答说："军士们正在玩投石、跳跃的游戏。"王翦便说："这样的军队可以用来作战了。"果然，秦楚两军重新对阵之时，秦军便显示出勇敢善战的凶悍，使得楚军连连败退。其时，项燕将军见楚军一时无法与秦军交锋，就知楚军已疲惫怠惰，只得挥师向东遁去。王翦即率军尾追，还令壮士们发起突击，由此大败楚军，直至蕲县之南，连项燕将军自己也以身殉国，伤重自刎而亡。楚军于是溃败逃亡，楚国也随之灭亡了。楚国虽亡，然而，楚人却对项燕念念不忘。这才又有了陈胜、吴广义军"假称是公子扶苏、项燕的队伍，顺从人民的愿望"的局面。

关于项燕之死，正史中有以下两处记载：《史记·秦始皇本纪》：二十四年，王翦、蒙武攻荆，破荆军，昌平君死，项燕遂自杀。《史记·项羽本纪》：项羽初起时，年二十四。其季父项梁，梁父即楚将项燕，为秦将王翦所戮者也。

按：这两种说法并不矛盾，司马贞《史记索隐》云："不同者，盖燕也王翦所围逼而自杀，故不同耳。"所以项燕是在与王翦的交战中居于劣势，最终在秦军的包围下，伤重被逼自杀的。

项燕死亡的时间，依《史记·秦始皇本纪》的说法为秦王政二十四年，即公元前223年，距陈涉首事14年。

《汉书·陈胜项籍传》载，陈胜曰："项燕为楚将，数有功，爱士卒，楚人怜之。或以为死，或以为亡。"

项燕死后，似乎注定了项氏后人的前仆后继，将军辈出！

项燕之子，项梁的兄长项渠（项羽的父亲），甚至早于父亲，便已在秦楚交战时，以身殉国了。只留下遗腹子项羽。

项梁，乃项燕的二儿子，起义后自任楚国武信君，在定陶之战中被秦将章邯所杀。

项伯，与项梁同辈，和项梁一同被项羽称作"季父"，正史未明确是否为项燕儿子（存在同宗的可能）。任楚国左尹，后降刘邦，赐刘姓及封射阳侯。

项羽，项燕的孙子，项梁兄长的儿子，西楚霸王，被刘邦在垓下之战打败后自刎。

项佗（项他/项它），项羽族兄之子，与项燕血脉亲疏关系不明。后来归降汉朝，封平皋侯。

项襄，项氏宗族将领，与项燕具体关系失考。汉二年在定陶归属汉军，后来被刘邦封为桃侯。

项舍（刘舍），项襄之子，汉景帝时担任丞相。

项睢（刘睢），项伯之子，因犯罪无法继承侯爵，封国撤除。

项婴，项氏宗族将领，被常山王张耳所杀，首级被拿去投奔刘邦。

玄武侯，项氏族人，归降刘邦后被封为玄武侯。其名字失考，也有可能为下列人员之中的一位。

项庄，项羽的堂弟，史书未明确是否为项燕一脉。在鸿门宴中曾想刺杀刘邦。

项声，项氏宗族将领，项羽派他平定淮北时，被汉军将领灌婴在下邳县击败。

项冠，项氏宗族将领，被汉军将领灌婴等人在鲁县击败。

项悍，项氏宗族将领，和汉军将领靳歙在济阳县交战。

以上见诸《史记》《汉书》等史籍记载的项氏族人，皆是在项梁、项羽北伐，来到南京"霸王山"之后，汇聚于"项家军"大旗之下的将军和从属。当然，其时也还少不了他们的"引路人"召平以及紧随在项梁、项羽身边的虞姬、虞子期、季布、龙且等一批部将。渡淮前后，更有陈婴、黥布、蒲将军等骁将的纷纷加入，才使义军队伍，一下子扩充至六到七万之众。

这其中，要数陈婴带来的部属随从最多。《史记·项羽本纪》上是这样记载的：闻陈婴已下东阳，使使欲与连和俱西。陈婴者，故东阳令史，居县中，素信谨，称为长者。东阳少年杀其令，相聚数千人，欲置长，无适用，乃请陈婴。婴谢不能，遂强立婴为长，县中从者得二万人。少年欲立婴便为王，异军苍头特起。陈婴母谓婴曰："自我为汝家妇，未尝闻汝先古之有贵者。今暴得大名，不祥。不如有所属，事成犹得封侯，事败易以亡，非世所指名也。"婴乃不敢为王。谓其军吏曰："项氏世世将家，有名于楚。今欲举大事，将非其人，不可。我倚名族，亡秦必矣。"于是众从其言，以兵属项梁。项梁渡淮，黥布、蒲将军亦以兵属焉。凡六七万人，军下邳。

要说项家军的成立，也是恰逢其时。前面是揭竿而起的陈胜、吴广义军在占据半壁江山后，眼见曾经威震四方的大秦王朝陷入风雨飘摇之中，便号称"大楚

王"。然而，秦国两位力挽狂澜的传奇人物却出现了，他们就是章邯与王离两位
秦将。两人各自带着一支劲旅迅速反击，奄奄一息的大秦王朝就被他们救了过
来。反败为胜的秦军彻底击败了陈胜、吴广的义军，"大楚"便也就不复存在了。
而此刻，"项家军"正好脱颖而出，取而代之了。面对秦国两大军团的威慑，整装
待发的项家军，雄赳赳，气昂昂地踏上了北伐的征程，为首的大将正是自幼练就
一身万人敌的本领，力举千斤禹王大鼎的项家军统帅项羽，其一马当先的神勇，
无敌盖世的胆略，令众多英雄都是慕名来投。众英雄力拔山兮气盖世之威势，早
已令咸阳秦二世朝廷，陷入了风雨飘摇的动荡之中。历史也将被甘洒热血写春秋
的"项家军"翻开全新的一页！

韩信文化及其当代价值

＊本文作者徐业龙，江苏省淮安市淮阴区政协文史委主任。

韩信，一个家喻户晓的响当当的名字，其知名度在《史记》人物榜上位居前茅。① 司马迁在《淮阴侯列传》中，除了描述韩信的军功战绩、为其辨冤以外，还通过对韩信语言、行动的刻画以及其他叙事手法的运用，描绘了一代"兵仙"形象。历史名人是一个时代精神的缩影，韩信的事迹、精神、思想等对推动当时的社会发展产生过积极影响。两千多年的历史嬗变，沉淀下丰富而珍贵的历史遗产，构成了灿烂的历史文化长卷。随着时间的推移，韩信与孕育他的民族、时代、地域等一起构成了一个文化综合体，以其独特的文化内涵和鲜明的个性特征，成为一种精神文化的象征。我们将千百年来遗留和传承下来的与韩信有关的各种的物质、非物质文化，总称为韩信文化。韩信文化源远流长，内涵丰富，外延广泛，是中华民族传统文化瑰宝之一。从现代视角和现实发展要求出发，对韩信文化进行盘点梳理和重新审视，努力探究其独特的文化基因、人文精神及其影响作用，有着重大的社会意义和时代价值。

一、韩信文化的主要内涵

作为有汉一代的开国功臣，韩信的传奇人生在中华文明史上留下了深深的烙印。韩信文化源远流长，博大精深，经历了古代、近代和现代各具特点的发展时期，积淀了厚重的历史文化底蕴，已经成为一道令人瞩目的亮丽风景线，承载着传承和弘扬中华传统文化的历史使命。韩信文化经过两千多年的积累演变，已形成了涉及面很广的多领域文化综合体，这一独特的文化现象，被政治、经济、军事、教育、宗教等诸多学科所解读，已然成为一种超时空、跨地域的文化现象，是一座包罗万象、异彩纷呈的文化资源宝库。韩信文化主要表现在物质、制度和精神三个层面上，内容丰富，形式多样，特色鲜明，蕴涵着丰富而珍贵的历史文化信息，从不同的侧面反映了韩信辉煌而又充满磨难的一生，也寄托了人民群众对这位大军事家的无限景仰。

---

① 俞樟华：《史记人物故事嬗变研究》，吉林人民出版社 2008 年版，第 253 页。

1. 在物质层面上

在物质层面，韩信文化主要表现为与韩信有关的历史遗迹和为纪念及祭祀韩信所修的文化景点和纪念建筑。韩信的一生是非凡的一生，他率汉军出陈仓、定三秦、破代、灭赵、降燕、伐齐，直至垓下全歼楚军，足迹遍布大半个中国，各地分布着大量与韩信有关的历史遗迹和相关纪念物。

江苏省淮安市淮阴区马头镇是韩信的出生地，韩信故里遗址位于安澜街、官巷、茂盛街交汇处。韩信故里景区有淮阴侯庙，亦称韩信庙、韩信祠。淮阴侯庙背依韩信湖，韩信湖南岸有韩信钓鱼台，韩信钓鱼台东侧有胯下桥，钓鱼台西侧不远处有漂母岸，韩信湖东岸有"千金亭"。在马头镇太山村还有漂母墓、漂母祠等。在淮安市清浦区城南街道境内有韩母墓，隔二河与漂母墓遥遥相望。在淮安市淮安区镇淮楼东北有一"汉韩侯祠"，始建于明代，后多次重修，附近也有明清时期的韩侯钓台、胯下桥等纪念建筑。

陕西省汉中市是汉王朝的发祥地，这里有拜将坛，亦称拜将台，拜将坛的大门门楼额书"国士无双"四个大字。汉中市城北有褒斜栈道遗址，见证了韩信"明修栈道，暗度陈仓"的卓越智慧。汉中市留坝县有"寒溪夜涨""萧何追韩信处"等景点，这里是萧何月下追韩信故事的发生地。陕西省韩城市夏阳古渡位于韩城市芝川镇夏阳村东，韩信在这里用木罂渡军、攻占魏都，人们又把这里的黄河古渡称为"木罂渡"或"淮阴渡"。

河北省井陉县井陉关是韩信"背水之战"发生地，这里有井陉古道、韩信背水列阵处、淮阴谈兵处等著名历史遗迹，井陉城区微水村还建有一座韩信公园。东部与井陉毗邻的是石家庄市鹿泉区，流传着韩信"射鹿得泉"的美丽传说，这里的白鹿泉、抱犊寨是与"背水之战"有关的历史古迹和纪念建筑。西部与井陉毗邻的是山西省平定县，这里的榆关（今平定上城）是韩信下赵的大本营，平定县西郊村有韩信试剑峰，传说韩信下赵前在此试剑劈山，从大山上齐齐削下来一座石山，名叫"试剑峰"。后人为了纪念韩信，在试剑峰顶上建了一座韩信庙。

山东省诸城市是"潍水之战"发生地，韩信壅水淹楚军的地方被称为韩信坝，位于诸城市城北约25公里处的古县村，这里还有一条长约70华里的灌溉河叫韩信沟，传说是韩信打了胜仗后骑着马巡视战场，长戟拖在地上就画出了一条河来。临淄为齐国故城，潍水之战胜利后，韩信被刘邦封为齐王，都于临淄。韩信称齐王的地方当地群众称为韩信岭，又叫韩信宅，位于临淄区齐都镇河崖头村南。

在陕西西安和山西灵石各有一座韩信墓，一个大军事家在身后留下两个墓葬，这在古代历史人物中是绝无仅有的。西安市的韩信墓位于灞桥区新筑镇新农村，这里埋葬着韩信的身躯，数十年前，韩信墓有10米多高，占地超过2亩，有四棵千年古柏高耸古冢之上。墓前有庙，可惜"破四旧"时，庙、碑全部被砸毁。山西灵石韩信岭上亦有韩信墓，据灵石地方文献记载：吕后杀害韩信后，遣人函首送高帝，值高祖远征陈豨，还师高壁岭，遂葬其首于岭上。后人因此将高壁岭易名为韩信岭，并在韩信墓前修建韩信庙，顶礼奉祀。

此外，各地还有很多以韩信的名字命名的山岭、河流、村寨，不胜枚举。这些珍贵的历史文化遗迹，是屹立在中华大地上的一座座不朽的历史丰碑，蕴涵着丰富而珍贵的历史、科学、艺术、文化、地理、美学、民俗等信息，呈现出深厚博大，穿越千古，震动人心的历史情怀。

2. 在制度层面上

在制度层面，韩信文化表现为人们在祭祀韩信过程中产生的祭祀仪式，相关的庙会、巡游等民俗活动，这种韩信崇拜现象，不仅是一种心理上的寄托，同时也进入了社会活动及精神思想等诸多领域，坚定了人们的价值理念，承载着人们的道德追求，承继着中华民族的优秀精神。

韩信有恩必报，道德高尚，光彩照人，是人民群众口碑中的英雄。在老百姓的心目中，韩信是智慧的化身、仁爱的典范。千百年来，出于对韩信的钦敬，人们在传颂、纪念韩信的过程中逐步将韩信神化。唐宋时期，在官方建立的武庙当中，韩信与姜太公相并配享，受香火供奉，为后人顶礼膜拜，各地民间也建有很多座韩信庙。不同地域的人们将韩信奉为"仓神""门神""赌神"或"财神"，韩信由此成为人们心目中和蔼可亲的神祇。

在北方民间，人们奉韩信为仓神，还将韩信定为粮仓的祖师爷、粮行的守护神。明清时期，在北京朝阳门外的东岳庙有仓神殿，里面供奉有仓神韩信。当时进京的粮食都要经过漕运到达朝阳门，朝阳门外有很多粮仓，每当正月二十五"填仓节"到来之际，管理国家粮仓的官员以及大户人家都要到这里祭拜韩信，这一习俗后来成为民间香会活动的重要内容并一直延续至今。

每年春节到来之际，家家户户贴门神祛灾祈福，这是我国汉族和一些少数民族的传统习俗。门神是守护宅门的神灵，韩信才华琳琅，气宇轩昂，明清时期即被民间供奉为武将门神，是民间最受人们欢迎的保护神之一。

在我国东南沿海地区以及台湾、香港、澳门和南洋等地，韩信还被奉为财神。财神是民间广泛尊崇的财产守护神，在华人世界多神信仰的社会氛围下，人们最喜欢和最崇拜的就是财富之神。财神能赐人财帛，给人美好的生活，所以成为人们心中最敬爱的神祇。

韩信是社会各界共同礼拜，万民争相效仿的英雄偶像和道德楷模，韩信崇拜的历史演变见证了宗教文化与民间信仰融合的过程。韩信作为华人世界民间宗教崇拜的神，与西方宗教崇拜的"天神"不同，韩信不是自天而降的神，而是由普通凡人成为杰出的超人转化而成的人神。从本质上看，人们对韩信的崇拜与敬仰实际上是一种英雄崇拜，是对智慧的赞美和对仁爱的褒扬。

3. 在精神层面上

在精神层面，韩信文化主要表现在三个方面：一是咏颂韩信的文学艺术作品，包括传记、诗词、小说等；二是颂扬韩信形象的韩信戏，主要表现的是韩信的舞台艺术；三是演义韩信生平事迹的影视艺术，主要包括韩信电视剧与电影。自从司马迁《史记·淮阴侯列传》问世以来，韩信的故事就不胫而走，从书斋走向坊市、戏台，从平面走向立体，仿佛田野的风刮过两千年历史的天空。韩信频频出现在诗人的笔下，他屡屡成为戏剧的主角，他多次进入小说虚构的空间，一次次地复活，受到人们的景仰和哀思。①

　　韩信的一生集大喜、大悲、大辱、大志、大功于一身，他名垂于青史，功著于千秋，人们在他的身上附会了很多美好的传说，这些故事与传说像散落在历史长河中的一颗颗珍珠，闪耀着璀璨美丽的光泽。经过两千多年的岁月洗礼，许多关于韩信生活、成长、战斗的故事已经浓缩、升华为成语和典故，如一饭千金、胯下之辱、国士无双、略不世出、暗度陈仓、背水一战、十面埋伏、多多益善等。据不完全统计，与韩信有关的成语和典故有 200 多条，这在我国古代历史人物中是非常少见的。今天，这些俗语、成语和典故，依然活跃在现代汉语之中。

　　在中国历史发展长河中，无数的文人墨客感慨韩信跌宕起伏的人生旅程、非同寻常的智慧、才华与成就，为我们留下了许多脍炙人口、流传久远的文学作品。展开浩如烟海的诗卷，我们惊叹不已，我国古代大凡有点名气的文人士子，几乎每个人都会留下几首（篇）吟咏韩信的诗文，其中有许多名篇佳作。仅以宋代为例，歌咏韩信的诗人从北宋的梅尧臣、文彦博、韩琦、王安石、苏轼、黄庭坚、张耒，到南宋的楼钥、戴复古、刘克庄、陈郁，可谓群英荟萃，佳作叠出。这些诗歌汪洋恣肆，仪态万方，或激赏韩信的文韬武略，赞叹其足智多谋，感慨其命途多舛，抑或借其感伤身世和流离之苦，寄托济世报国之壮志，抒发对宇宙、社会、人生的思考。

　　在戏剧发展过程中，从宋代官本杂剧到明清传奇，以及后来的国粹京剧和地方曲艺，韩信的故事激起众多剧作家的浓厚兴趣，涌现出大量的韩信戏。元代曾经出现韩信戏勃兴的局面，涌现出金仁杰的《萧何月下追韩信》和无名氏的《随何赚风魔蒯通》等优秀剧作，明代则有规模宏大、质量上乘的长编剧作《千金记》。近代京剧大师周信芳先生的《萧何月下追韩信》也作为京剧舞台上的经典曲目，长演不衰。

　　20 世纪以来，小说、话剧、影视、曲艺等许多领域的优秀作家也对该题材进行了加工创作，一时间佳作云集，进一步丰富、发展了韩信故事的内涵。现当代小说创作中有关韩信题材的小说多达十余部，从严肃小说、普及读物到科幻作品，种类繁多。南宫博的《韩信》、张法荣的《汉魂——大将军韩信传奇》、司马长风的《韩信》、丁建中的《韩信挂帅》、李风生的《韩信演义》、司马藻的《韩信的故事》、兴勇的《一代兵仙韩信大传》，以及韩松创作的历史科幻小说《天意》等，在读者群中有较大的影响。日本小说家长与善郎有不少以中国历史为题材作

①　俞樟华：《史记人物故事嬗变研究》，吉林人民出版社 2008 年版，第 253 页。

品，1924 年创作的戏剧《韩信之死》具有壮大厚重的气派与深切感人的力量。台湾作家金恩渠编的《大将春秋》，也是搬演韩信故事剧作，这出新编历史剧还在台湾获剧本奖。

随着电视的广泛普及，利用电视剧的形式来演绎《史记》人物故事的作品也逐渐增多，而韩信是其中颇受青睐的《史记》人物之一。20 世纪 90 年代初播放的电视剧《淮阴侯韩信》，正面叙述了大将韩信一生的盛衰浮沉。由胡建华编剧的 20 集古装电视连续剧《大风歌》，剧中的韩信积极用世，眼光远大，富有光彩，播放后曾产生了广泛影响。

韩信文化的研究成果还为当代的艺术家提供了创作灵感，它为现代人理解古代人的美学思想提供了一个全新的视角，对艺术家的创作有一定的指导意义。目前海内外每年都有有关韩信文化的作品问世，包括文学、绘画、塑像、戏曲作品、影视作品等，了解韩信文化有助于艺术家们创造出更有新意的艺术作品。

在《史记·淮阴侯列传》叙述的韩信故事母题的启发和影响下，曾产生如此众多、如此丰富的文学作品，这真是一个奇迹。[1] 丰富的文学艺术作品，不仅极大地丰富了不同时代人们对精神产品的需求，而且将韩信身上的优秀品质发扬光大，促成这些品质在民族性格中的沉淀和代代相传。

二、韩信文化的精神特质

韩信天纵英才，文武双全，胸藏韬略，气盖万夫，战绩卓越，封王取侯，是中国人英雄崇拜的完美化身，浓缩了历代文人士子的人格追求和人生梦想。韩信的性格、气质、能力、道德等一系列积极品质，有着无可替代的独特魅力。韩信身上体现出来的胸怀天下的志趣、知恩图报的品格、勇于进取的胆识、坚韧不拔的意志、敢于胜利的精神，是韩信文化最鲜明的底色。榜样作用是无穷的，韩信的精神、事迹影响了一代又一代人，并被后人所学习、所效仿。

1. 胸怀大志

司马迁在《淮阴侯列传》结尾，用极其减省的笔墨写下了他在淮阴的见闻："吾如淮阴，淮阴人为余言，韩信虽为布衣时，其志与众异。"司马迁惜字如金，却质朴厚重，意蕴深远。司马迁还写道："其母死，贫无以葬，然乃行营高敞地，令其旁可置万家。余视其母冢，良然。"司马迁寥寥数语，遥寄尤深。不知不觉中，一个有远大志向的军事家形象表里俱现，卓然而立。

韩信高远的志向涵养了宏大的政治格局和高远的战略眼光。韩信最具影响的是他所创造的一系列经典战例及其对大汉王朝的历史贡献。韩信既是一位雄才大略战略家，也是一位才智过人的军事家。为感念刘邦的知遇之恩，韩信为刘邦纵

---

① 俞樟华：《史记人物故事嬗变研究》，吉林人民出版社 2008 年版，第 284 页。

论天下大势，运筹定三秦以定天下的奇谋。在楚汉相争的历史大决战中，韩信叱咤风云、纵横捭阖，谱就了一部流光溢彩，震古烁今的历史篇章。韩信所指挥的陈仓之战、安邑之战、井陉之战、潍水之战和垓下之战等一系列重要战役都是战争史上的杰作。韩信博大精深的军事谋略和出神入化的指挥艺术，丰富和发展了我国古代军事科学，在中国乃至世界军事史上都是一份十分珍贵的遗产。

在豪杰并立、群雄割据的形势下，韩信辅佐弱小的刘邦战胜了强大的项羽，为开创两汉 400 年基业建树了丰功伟绩，而且也为我国由秦末纷乱走向重新统一和发展，做出了巨大的贡献。韩信的成功，对广大青少年来说，就是经典的励志故事。实现中华民族伟大复兴，未来的重任和期望在青少年身上。广大青少年从韩信等历史名人身上积淀的珍贵精神财富中汲取精神营养，滋养内心世界，增强自身文化涵养。诗人李贺说"少年心事当拿云"，韩愈说"少年乐新知""人不通古今，马牛而襟裾"，少年心事当有乘风破浪、善于梦想的初心，有拿云济沧海、乐知古与今的理想精神，就应当从学习韩信等历史名人开始，从吸取古今名人的知识、经验和智慧开始。

2. 聪明智慧

司马迁在《淮阴侯列传》中，用大量的笔墨，描写了韩信卓越的用兵艺术。韩信足智多谋，胸藏韬略，他在每战之前都进行严密侦察，做到对敌情、己情，以及天时、地利之情了如指掌，并根据具体情况运筹胜算，确定战法，进行周密的部署，既战则有章有法，处处主动，必获全胜。韩信率汉军明修栈道、暗度陈仓，一举定三秦。及汉王攻彭城受挫，韩信又收兵荥阳，击破楚军于京、索之间。韩信以木罂渡河，计擒魏豹从而灭魏，又北禽夏说收取代地，再东下井陉，以背水列阵，诱斩陈馀，平定赵国，接着传檄而定燕地。然后，韩信东击鲁取临淄，壅囊决潍河，击杀楚将龙且，大败二十万齐楚联军，最后会兵垓下，一战而逼得楚霸王乌江自刎。

在韩信指挥的所有战役中，司马迁《淮阴侯列传》除了对京、索间之战和破代之战记载不够详细，对其军事战略与战术难以详细分析外，其余不论是以寡击众，还是以众击寡，均是以智取胜。韩信或声东击西，或背水列阵，或佯败诱敌，或水淹奇袭，都取得巨大的军事效果，处处显示了军事权谋家的本色。在韩信指挥的所有战役中，除了陈仓之战、灭代之战和垓下之战外，其他各次战役都是以少胜多、以寡胜众、以劣胜优，创造了一个又一个奇迹。

两千多年来，韩信杰出的军事成就一直受到人们的推崇，他所创造的一系列经典战例受到后人的无限追忆。明代军事家刘基在《百战奇略》一书中，将韩信的井陉之战、安邑之战和潍水之战分别作为"客战""远战"和"水战"的典例写入该书。大约在明末清初成书的《三十六计》则将"暗度陈仓"的战法列入"三十六计"之一，让人们学习、效仿。近现代以来，中外许多军事家研究韩信，探讨战争的指导规律，吸收有益的借鉴。世界上一些重要国家的著名军事院校，多将韩信军事思想和经典战例写入教科书，从韩信的作战指挥实践中学习他的军事艺术。

3. 知恩图报

韩信不仅是历史的巨人，也是民族文化的崇高典范。韩信少时曾经受馈于漂母，楚汉战争胜利后，韩信不忘前恩，赐漂母以千金，留下了"一饭千金"的千秋佳话。"一饭千金"是人类文明画廊里的光彩一页，韩信的人格魅力和道德光华足以让后世的人们顶礼膜拜，俯身再三。韩信的一生注定和一饭之恩结下不解之缘，漂母的一饭之恩使其活命，刘邦的一饭之恩使其功成。为漂母的一饭之恩韩信以千金相报，为刘邦的一饭之恩韩信誓不背汉。

《淮阴侯列传》除了着意描写韩信在军事方面的事迹外，司马迁着墨最多的是描写韩信对刘邦"一饭之恩"的报答。刘邦筑坛拜将，为韩信构建了一座可以自由驰骋的人生舞台，他对韩信的"一饭之恩"使韩信实现了自己的人生理想，达到了自我成就的高峰。正因为如此，尽管刘邦一而再、再而三地收其精兵、夺其印符，韩信始终忠心耿耿为刘邦效力。及至韩信为齐王时，楚汉双方军事对垒也到了严重关头，韩信成为可以左右天下局势的重要人物。前有武涉、后有蒯通极力游说韩信反汉与楚连和，"三分天下，鼎足而居"。韩信不为势利所动。韩信以一生的奉献来回报刘邦的知遇之恩，最终帮助刘邦打下了江山，为开创两汉 400 多年基业建树了丰功伟绩，为我国由秦末纷乱走向重新统一和发展做出了巨大的历史贡献。

韩信文化是中国人道德文化的偶像楷模，在韩信短暂的一生中，他始终坚持操守，时刻牢记一饭之恩，这正是韩信人格精神的可贵之处，这种对高尚的道德情操和道德行为的理想追求，也是古往今来许多忠义之士孜孜以求的最高人格境界，韩信因此成为中国人君子人格的标准样板。韩信文化所体现的传统道德精神和人格力量，是韩信文化的精髓所在。

4. 能屈能伸

在司马迁的笔下，韩信是一个处事谨慎，知进退、有分寸的谦谦君子。韩信在故乡淮阴曾经受过胯下受辱。为此，当时有许多人都笑韩信外勇内怯，称他为"胯夫"。楚汉战争胜利后，韩信被封为楚王后，不计私怨，仍给屠中少年授职，颇受后世称道。胯下之辱的故事看似平淡，实则烘云托月，从一个侧面展现了韩信"能屈能伸大丈夫"的风范。

司马迁通过"胯下之辱"的故事意在告诉人们，作为一个大军事家，韩信熟读兵法，懂得在逆境中韬光养晦，遇事不逞匹夫之勇。明代学者黄洪宪有评论曰："韩信王楚，召辱己之少年令出胯下者，以为楚中尉，曰：'此壮士。'观此，则信岂庸庸武夫耶？"① 韩信在军事指挥上，冷静沉着，有章有法，张弛有度；在

---

① （明）朱之蕃汇辑：《百大家评注〈史记〉》（卷之六），陕西师范大学出版总社 2015 年版，第 393 页。

道德追求上，自我约束，坚守底线，追求完美。"胯下之辱"的故事同样寓意颇深，司马迁一方面要说明韩信是一个有道德、有旨趣、有分寸的人，善始善终，对刘邦一片赤诚；另一方面也说明刘邦无道德、无信义、无底线，机诈权变，辜负了韩信的一片忠诚。

著名历史人物是一个时代精神的缩影，在他们身上凝聚着民族精神、民族品格、民族情感和民族理念，集中反映了中华民族的思维方式和精神追求，蕴含和积淀着民族的美德、智慧、胸怀、创造力、生命力，是承载民族文化的优秀代表和典范。谚语云："君子之身，可大可小；丈夫之志，能屈能伸。"韩信为孔子提出的"知恩图报"君子人格树立了典范，也是中国传统文化"能屈能伸"大丈夫风范的标杆。

三、韩信文化的当代价值

伟大时代需要伟大精神，崇高的事业需要榜样引领。韩信一生虽然短暂，但他深受中华传统文化的滋养、濡染、熏陶，表现出包容、智慧、感恩、进取的文化精神，并成为激励后人一股巨大的精神力量。韩信文化的精神核心，实质就是中华文明积淀而形成的一种民族内在精神。今天，中华民族要继续前进，就必须继承和弘扬民族精神与优秀文化，特别是包含其中的传统美德，而韩信文化正是中华传统美德的集中载体。在建设社会主义现代化强国的历史进程中，增强文化自觉，坚定文化自信，从韩信等历史名人身上汲取精神营养，为实现中华民族伟大复兴提供强大精神动力，这是历史的使命，也是时代的召唤。

1. 讲好韩信故事，增强文化自觉

优秀传统文化始终以一种无形的力量它滋养人类、涵养社会、促进经济发展，随着文化经济时代的来临，经济文化一体化是挡不住的趋势，国家与国家、地区和地区之间的竞争是经济实力的竞争，更是文化的竞争。与韩信有关的数不胜数的名胜古迹、家喻户晓的故事传说、世代传颂的历史典故、斑斓多姿的民俗活动，取之不尽、用之不竭，成为旅游文化的重要宝贵资源，为发展文化旅游产业提供巨大的潜力和广阔的空间。

先进和优秀文化创造生产力、提高竞争力、增强吸引力、形成凝聚力的"软实力"，各地积极挖掘、整理、研究和推介韩信文化，既体现了长期以来我们对历史名人的尊重，也传达了新时代我们对传承、保护、弘扬文化遗产的高度重视。在韩信文化开发过程中，一些旅游景点积极探索将韩信及其轶事、传说等融汇到文化景观中，提升了旅游景点的文化档次和品位。一些文创企业利用微博、微信等新媒体和相关文创产品等形式，将韩信这一历史文化名人形象进一步丰富化、立体化、系统化。围绕韩信文化主题，一批舞台剧、影视剧、小说、歌曲等文艺精品相继面世，一些有实力的公司投巨资制作拍摄影视作品，扩大了韩信文

化的影响。

进入知识经济社会和信息化时代，文化自觉的不断提升，需要我们有对文化意义、文化地位、文化作用的深度认同，对文化建设、文化发展、文化进步有责任担当。近年来，韩信的家乡淮阴，通过举办"韩信杯"中国象棋国际名人赛"漂母杯"全球华文母爱主题散文大赛，将文化传承付诸散文、诗歌、象棋活动中，打造独树一帜的文化品牌，助推韩信文化走向全国、走向世界。坚定文化自信，讲好韩信故事，必将使韩信文化以其独特力量跨越区域、民族和文化界限，在更大范围、更宽领域、更深层次引起共振和发展。

2. 弘扬传统文化，振奋民族精神

人类社会发展史实际就是人类文化进步史，一个国家一个民族的每前进一步，都以相应的文化觉醒为前提为基础。近代以来，中华优秀传统文化的自信缺失，致使价值观失去了它的源头活水与厚实土壤。随着四十多年的改革开放和参与全球化的洗礼，理想信仰的争夺战已经开始并日趋白热化，各种理想以及打着理想旗号的思想赝品都呈现在我们面前。韩信文化是知行合一的文化，是务实求真的文化，是道德践行的文化，韩信文化所体现出来的智慧、忠诚、信义、感恩等精神，蕴含着传统中国文化的伦理、道德和理想，对现代人的人格教育提供了无可替代的标杆示范作用。

中华优秀传统文化是中华民族的精神家园，弘扬韩信文化不仅有助于传承中华美德，认识和理解中华民族精神的本质内涵，还有助于提升全民的道德素质，培育和弘扬社会主义核心价值观。韩信文化是人类道德精华和高贵品质的集合体，是社会主义核心价值观的植根之一，韩信的崇尚忠义、知恩图报已经成为优秀的民族文化和民族精神的典范例证，韩信文化的核心精神正是古人对于爱国、敬业、诚信、友善等美德的理解与诠释。可以说，韩信精神是中国历朝历代老百姓所共同认可的价值准则，韩信文化所彰显的价值观念和行为准则，已经深深渗透进中国各族人民的心中，成为中国人世世代代的精神追求。

韩信文化的核心精神与社会主义核心价值观完美契合，在致力实现社会文明和谐的美好愿景中，人民群众对崇高精神境界的向往和对美好道德风尚的追求，体现了广大人民群众对社会主义核心价值体系的崇尚和追求。韩信文化作为中华优秀传统文化，在全社会倡导社会主义核心价值观的今天，自当顺应时代潮流，发挥它的重要作用。深入研究与理解韩信文化，促进社会主义核心价值观与中华优秀传统文化的承接，这也是韩信文化社会价值的重要体现。

3. 增进对外交往，造福世界人民

中华民族是崇尚英雄的民族，人们敬崇韩信等英雄人物，是海内外华人凝聚民族合力、体现民族精神、维护道义规矩的一种约定俗成的方式，对于稳定社会秩序有着不可或缺的道德自律作用。韩信文化植根于中华民族文化的深厚土壤，

具有鲜明的民族性，有着广泛的群众基础。作为我国一种传统的文化现象，韩信文化是中华民族宝贵的精神财富和中国优秀传统文化的重要组成部分，包含着不为特定历史时期和社会政治形态所限定的普遍意义和恒常价值，它既可内安梓里，又可恩敷异域，外睦邻邦，对内对外都可以起到凝聚与整合作用。

韩信崇拜是全体中国人民，包括台、港、澳同胞共同的内在选择。中国进入近、现代社会之后，对韩信的崇拜成为一种广泛的社会文化现象，尤其在港、澳、台同胞和旅居海外华人那里，对于韩信的祭祀、崇拜之风经久不衰，形成了一道独特的文化风景线。在台湾，很多人信奉韩信，许多商店、家庭、社团都供奉着财神"韩信爷"神像，全岛有大大小小的韩信庙数十座，韩信庙已由最初的求"韩信爷"保佑，逐渐成为当地群众集会、交流、议事的场所。弘扬韩信文化，有利于整个中华民族文化的发展，增强中华民族的文化自信。

崇尚忠信仁勇，是中华民族的文化传统，是中华民族最深沉的精神追求，以包容、智慧、感恩、进取为核心的韩信文化，体现了中华民族的传统美德，已经在中华儿女心中深深扎根，代代传承。随着海内外华人的逐浪迁播，韩信文化早已迈向世界，在汉文化圈、华人文化圈影响极深，日益成为不同国籍、族群、地域群体的精神和信念支撑，成为连结中华民族文化与世界文化的重要桥梁和纽带。弘扬韩信文化，促进对外交往，有利于国际文化交流，有利于中华民族文化走向世界，让中华传统美德在全世界发扬光大。

中华民族不仅是勤劳、朴实、智慧、勇敢的民族，而且也是为人类的福祉善于追梦的民族。韩信追求国家统一、民族振兴、人民幸福，韩信文化与中国梦一脉相承，息息相通。中国梦是和平、发展、合作、共赢的梦，不仅造福十四亿中国人民，而且造福世界各国人民。弘扬韩信文化，将中华文化的核心价值提升为人类普世性价值，有利于增强我们民族的凝聚力，激励海内外同胞心系祖国，报效祖国，有助于推动"一带一路""人类命运共同体"的战略目标的实现。

4. 建设强大国防，实现祖国统一

韩信是一位足智多谋，满腹韬略的军事家。楚汉战争中，韩信常常以劣势兵力面对强大的敌人，敌人在兵力、物力或天时、地利等方面占有明显优势，在这样的情况下不被敌人消灭就算不错了，要想战胜强敌，谈何容易！在劣势情况下运用智慧战胜敌人正是韩信的高明之处。面对强大的敌人，韩信总是积极主动，敢于决策，敢于行动，关键时刻拉得出、上得去、打得赢，每每以弱胜强，大放异彩。

善于用智慧驾驭军事力量，用军事手段打败敌人，这就是韩信给后人的主要启示之一。国防和军队建设是国家安全的坚强后盾，没有一个巩固的国防，没有一支强大的军队，就没有国家的主权和独立，人民的幸福和民族的振兴也就没有保障。和平不可恃，忘战必致危。当今世界，正处于百年未有之大变局；今日中国，正处于由大向强发展的关键阶段。然而，天下并不太平，我国仍然面临日益

多元的安全威胁，遇到的外部阻力和挑战复杂多样，一些敌对势力不愿看到社会主义中国发展壮大，千方百计对我国进行战略遏制和围堵。虽然捍卫和平、维护安全、慑止战争的手段和选择多种多样，但军事手段始终是保底手段。

韩信文化是实现中华民族统一强大的精神旗帜和动力源泉，发扬韩信文化的思想精髓，有利于两岸人民形成强大的民族凝聚力与向心力，有助于国家统一与民族团结。韩信胸怀全局，志存一统。韩信奋斗一生的最高理想，就是建立西汉王朝，一统天下。为了实现自己的人生追求，韩信矢志不渝地在战场上奋战一生，把"忠""信"的含义诠释到了最高境界。毋庸置疑，没有韩信就没有大汉的一统江山。韩信文化是"大一统"思想的继承者，这种大一统思想包含着实现国家统一的积极因素，是中华民族历久不衰，团结统一的内在根据，对于反独促统，维护国家主权和领土完整，捍卫中华民族尊严，有着不可替代的作用。大一统承载历史荣光，肩负未来希望，同心同行，砥砺奋进，玉汝于成，祖国统一的目标一定会实现。

韩信，作为中华民族崇拜了千百年的超级英雄，作为中华民族爱国、敬业、诚信、勇敢等传统美德的象征符号，不仅在历史的发展过程中发挥过其应有的价值，在中西文化不断融合发展的今天，在中华民族伟大复兴的进程中，仍有其现实意义。没有文明的继承和发展，没有文化的弘扬和繁荣，就没有中国梦的实现。重识中华民族英雄、继承中华民族精神、弘扬中华民族美德，是当下所有中国人义不容辞的责任。高度重视历史名人这一重要文化遗产，将其作为文化建设的重要内容加以保护、传承和弘扬，推动文化与经济的相互交融，是历史的使命，时代的召唤。弘扬韩信精神，传承韩信文化，必将激发出更加持久、更加深沉、更加蓬勃的报国力量，助推中华民族伟大复兴的中国梦的实现。

中医近祖扁鹊秦越人历史上确有其人

＊本文作者杨波，中国史记研究会常务理事、副秘书长。

扁鹊秦越人是中医的近祖，《史记》有传——《扁鹊仓公列传》，历史上确有其人。但是到了现代，扁鹊秦越人渐渐淡出历史教材，有人甚至怀疑扁鹊秦越人是否存在，这是为什么呢？原来司马迁所写的《扁鹊仓公列传》中扁鹊秦越人所经历的事情跨度多达二百余年，按理说，扁鹊秦越人不可能活了二百多岁，于是对他的存在产生了怀疑。怎样破解这个疑团，还原扁鹊秦越人的真实面目，是本文的立论之本。

扁鹊秦越人，战国时期著名的医学家，生卒年不详。由于他的医术高超，被认为是神医，所以当时的人们借用了上古神话黄帝时"神医"的名号来称呼他。秦越人在长期医疗实践中，刻苦钻研，努力总结前人的经验，大胆创新，成为一个学识渊博，医术高明的医生。他走南闯北，真心实意地为人民解除疾病的痛苦，获得人民普遍的崇敬和欢迎。秦越人善于运用四诊：望、闻、问、切。尤其是脉诊和望诊来诊断疾病，他精于内、外、妇、儿、五官等科，应用砭刺、针灸、按摩、汤液、热熨等法治疗疾病，被尊为医祖。秦越人奠定了祖国传统医学诊断法的基础，医学界历来把扁鹊尊为我国古代医学的祖师。秦越人是中国传统医学的鼻祖、中医理论的奠基人。司马迁在《太史公自序》中称赞扁鹊秦越人说："扁鹊言医，为方者宗，守数精明；后世循序，弗能易也，而仓公可谓近之矣。"明确了扁鹊秦越人在医学界的开山地位。

一、扁鹊秦越人的医学成就和医学思想

（一）扁鹊秦越人的主要医学成就

扁鹊在诊视疾病中，已经应用了中医全面的诊断技术，即后来中医总结的四诊法：望诊（看看他的脸色等）、闻诊（听听病人最近做了什么事情后生病）、问诊（问问有没有干可以导致生病的一些事情）和切诊（看看他的脉搏），当时扁鹊称它们为望色、听声、写形和切脉。这些诊断技术，充分地体现在史书所记载他的一些治病的案例中。他精于望色，通过望色判断病证及其病程演变和预后。如他晋见齐桓侯时，通过望诊判断出齐桓侯有病，但是病情尚浅，病位还只是在体表腠理的部位。他劝齐桓侯接受治疗，如不治则病情将会加深。齐桓侯因自我感觉良好，拒绝治疗。不久，扁鹊再度晋见齐桓侯时，指出其病情已加重，病位

已进展到血脉，再次劝说其接受治疗，以免病情更加发展。齐桓侯仍然拒绝治疗，心中不悦，认为扁鹊在炫耀自己，并以此牟利。当扁鹊第三次晋见他时，认为病情已恶化，病位进入内部肠胃，如不及时治疗，终将难治。齐桓侯仍不予理睬。最后一次，扁鹊通过望诊，判断齐桓侯病情危重，已进入骨髓深处，病入膏肓，无法救治。果然不出所料，齐桓侯不久即发病，终于不治而死。此病例说明扁鹊当时已经能很好应用望诊，而且诊断水平相当高。

（二）扁鹊秦越人的主要医学思想

一是预防思想。扁鹊十分重视疾病的预防。从齐桓侯这个案例来看，他之所以多次劝说及早治疗，就寓有防病于未然的思想。他认为对疾病只要预先采取措施，把疾病消灭在初起阶段，是完全可以治好的。他曾颇有感触地指出：客观存在的疾病种类很多，但医生却苦于治疗疾病的方法太少。因此，他很注重疾病的预防。二是治疗原则。先秦时期，在《史记》中有扁鹊的"六不治"。这六不治包括：信巫不信医；骄恣不论于理；轻身重财；衣食不能适；形羸不能服；衣食不能适；阴阳并，藏气不定。即六种病人：一是依仗权势，骄横跋扈的人；二是贪图钱财，不顾性命者；三是暴饮暴食，饮食无常者；四是病深不早求医者；五是身体虚弱不能服药者；六是相信巫术不相信医道者。他的医疗经验极其丰富，曾编撰过颇有价值的《扁鹊内经》9卷和《扁鹊外经》12卷，可惜均已失传，这是祖国医学的极大损失。扁鹊在总结前人医疗经验的基础上创造总结出望（看气色）、闻（听声音）、问（问病情）、切（按脉搏）的诊断疾病的方法。在这四诊法中，扁鹊尤擅长望诊和切诊。当时，扁鹊的切脉技术高超，名扬天下。扁鹊无私地把自己的医术传授给门徒，他的徒弟子阳、子豹、子越等人都是有所成就的人。

二、扁鹊学派

古语云，医从巫来，上古时期鹊是一种吉祥的鸟，当医者把病人医治痊愈时就尊称他为扁鹊，慢慢地有了多个扁鹊，成了一种流派，扁鹊一个神医。扁鹊：传说上古黄帝时名医，春秋战国时往往以"扁鹊"誉称当代名医。这里指战国时名医秦越人。《史记正义》引《难经序》云："秦越人与轩辕时扁鹊相类，仍号之为扁鹊。"[①]

"扁鹊"常用以概指一类医家，是较早某一历史时期许多医家的总称。因此，广义的"扁鹊"所指代的某些医家或许正是扁鹊医早期的代表性医家。最有代表性的就是《史记》中以秦越人为代表的医家，就诊治虢太子的"扁鹊"而言，《史记·扁鹊仓公列传》记载协助扁鹊诊治的弟子有子阳、子豹，《韩诗外传》载其弟子有子同、子明、子游、子仪、子越，师徒传承清晰。后来在汉代出现的《黄

---

① （汉）司马迁撰：《史记》第九册，中华书局1982年版，第2785页。

帝八十一难经》一书，有人认为是根据扁鹊的医术，尤其是关于脉诊知识而整理
成书的，并且署名扁鹊（秦越人）所著。近代还有人认为他的学说影响深远，形
成了扁鹊学派。李伯聪在其《扁鹊和扁鹊学派研究》一书中将扁鹊医派的传承时
间定义为自战国秦汉至唐宋，把南北朝世医徐氏、窦材等定为扁鹊学派之医家，
还有待商榷和进一步研究。

　　2012 年 7 月至 2013 年 8 月，成都文物考古研究所和荆州文物保护中心组成考
古队，对位于成都金牛区天回镇（老官山）、成都地铁三号线建设工地的一处西汉
时期墓地进行了抢救性考古发掘。该墓葬内发现 920 支医学竹简和 50 枚木牍，统
称"老官山汉墓医简"或天回医简，共约两万字，这是国内考古中发现的最大规模
的医学文献。涉医简牍可分为 9 部医书，其中除《五色脉诊》一部之外，皆无书
名，经初步整理其他 8 部分别暂定名为《敝昔医论》《脉死侯》《六十病方》《尺简》
《病源》《经脉书》《诸病症侯》《脉数》（有关资料中，还有另外的命名）。这些医书
都和人体医学有关，既涉及病基，又症候治疗，以及针灸、脉象等，涉及医学的
各个方面，学术价值远高于马王堆医书。此外，还有一部由 184 支简牍（含残简）
组成的《医马书》，这是我国出土的首部兽医书，填补了中国兽医史的空白。

　　专家对这批简牍内容进行了初步解读，认为 9 部医书中的部分医书极可能是
失传了的中医扁鹊学派经典书籍。理由是，《敝昔医论》中的"敝昔"，与"扁鹊"
同音通假，指的就是扁鹊。扁鹊是医方祖师，开创了中医切脉诊断的先河。此次
发现的医简中，《敝昔医论》《经脉书》《脉数》《五色脉诊》等都属于扁鹊学派的
经典医论。

　　九部医书中，除了经方外，还有多味药剂的复合方，经常有四五味、七八
味，很多药现在仍在临床上使用。其中《六十病方》与马王堆《五十二病方》同
类，但病名和疗方不同，表明成都存在一个独立传播的医学派系，所涉病名包括
内科、外科、妇科、皮肤科、五官科、伤科等，很多药方至今还在使用；《五色脉
诊》，详细记载了通过脉象观察病痛的方法："心气为赤色，肺气为白色、肝气为
青色，胃气为黄色，肾气为黑色，故用五脏气色"，通过对脉象的观察、诊断即可
找准病症；一号墓里的经穴髹漆人像，则可将医简记载的经脉循行路线与经脉人
对照，更加立体、形象，解决了医学史上的实践问题。

三、扁鹊秦越人的行医经历

　　《史记·扁鹊仓公列传》记载扁鹊之行医经历，共举了三个典型事例：1. 诊
赵简子；2. 医虢太子；3. 见齐桓侯。

　　1. 扁鹊诊赵简子

　　扁鹊诊赵简子之事，在《史记·扁鹊仓公列传》和《史记·赵世家》中均有
记载。《扁鹊传》是这样记述的：

　　晋昭公时，大夫们的势力强大起来，诸侯的势力变弱了，赵简子是大夫，专

断着晋国的政事。有一次，赵简子得了重病，一直昏迷了五天，大夫们都吓坏了，于是召来扁鹊。扁鹊入宫给赵简子看了病，出来后，董安于问扁鹊病情如何，扁鹊说："血脉正常，你们用不着大惊小怪！当初秦穆公也曾闹过这种病，七天后才醒过来。醒来那天，他对大夫公孙支和子舆说：'我到天帝的宫廷去了，玩得真开心。我之所以在那里耽搁了些日子，是因为我要在那里学些东西。天帝对我说："晋国将要大乱，五世国君都不得安宁。此后晋国将称霸，称霸不久，霸主就会死去，他的儿子将使他们的国家男女淫乱！"公孙支把这些话记下来收藏好，秦国有历史，就是从这时开始的。后来，晋献公时的内乱，晋文公的称霸，晋襄公的在崤山打败秦军，以及他回国以后纵情淫乐，这些都是你知道的。现在你们主君的病和秦穆公的病一样，不出三天他准醒。醒来一定有话说。'"

过了两天半，赵简子果然醒了，他对众位大夫说："我在天帝那儿过得非常高兴，我和众神仙在天空中游玩，听了许多乐器的演奏，看了不少美妙的舞蹈，那些乐曲舞蹈和夏、商、周三代传下来的都不同，听起来动人心魄。后来有一只熊想抓我，天帝命令我射它，我一箭就把熊射死了。接着又有一只罴过来，我又射，罴也中箭而死。天帝非常高兴，赐给我两个竹箱子，上面都嵌有饰品。我看见我的一个儿子也在天帝身旁，天帝交给我一只翟犬，说：'等你儿子长大了，就把这犬赐给他。'天帝还告诉我说：'晋国将一代代衰落，经七世也就会亡国了。这时姓嬴的国家将在范魁的西部大败周人，但也不能占有它。'"董安于听了这些话，也把它记了下来，收藏好。董安于又把扁鹊的话告诉给赵简子，赵简子赐给扁鹊四万亩田地。

《史记·扁鹊仓公列传》没有记录具体年份，《史记·赵世家》则比较明确。原文如下：

晋顷公之十二年，六卿以法诛公族祁氏、羊舌氏，分其邑为十县，六卿各令其族为之大夫。晋公室由此益弱。后十三年，鲁贼臣阳虎来奔，赵简子受赂，厚遇之。

赵简子疾，五日不知人，大夫皆惧。医扁鹊视之，出，董安于问。扁鹊曰："血脉治也，而何怪！在昔秦缪公尝如此，七日而寤。寤之日，告公孙支与子舆曰：'我之帝所甚乐。吾所以久者，适有学也。帝告我：'晋国将大乱，五世不安；其后将霸，未老而死；霸者之子且令而国男女无别。'公孙支书而藏之，秦谶于是出矣。献公之乱，文公之霸，而襄公败秦师于殽而归纵淫，此子之所闻。今主君之疾与之同，不出三日疾必间，间必有言也。"居二日半，简子寤。语大夫曰："我之帝所甚乐，与百神游于钧天，广乐九奏万舞，不类三代之乐，其声动人心。有一熊欲来援我，帝命我射之，中熊，熊死。又有一罴来，我又射之，中罴，罴死。帝甚喜，赐我二笥，皆有副。吾见儿在帝侧，帝属我一翟犬，曰：'及而子之壮也，以赐之。'帝告我：'晋国且世衰，七世而亡。嬴姓将大败周人于范魁之西，而亦不能有也。今余思虞舜之勋，适余将以其胄女孟姚配尔七世之孙。'"董安于受言而书藏之。以扁鹊言告简子，简子赐扁鹊田四万亩。

　　《史记·赵世家》先记"晋顷公之十二年"之事，接着写"后十三年"然后记录扁鹊诊赵简子之事。可知扁鹊诊赵简子当在"晋顷公之十二年"（前514）之后第十三年，即晋定公十一年（前501）。《史记正义》亦云："谓晋定公、出公、哀公、幽公、烈公、孝公、静公为七世。静公二年，为三晋所灭。据此及年表，简子疾在定公十一年。"

　　对于扁鹊诊赵简子一事，在古代，虽然也有人持怀疑态度，但毕竟还是相信此事为真者占压倒多数。但是，到了现代，不但怀疑的人越来越多，而且甚至可以说断定此事为假的倾向，竟颇占上风了。

　　何爱华同志1979年撰《关于秦越人（扁鹊）事迹的几个问题》一文，载《新医药学杂志》1979年第6期；郎需才同志于1980年撰《扁鹊活动年代及事迹考》一文，载《中医杂志》1980年第4期。何爱华同志主张"战国中期说"，郎需才同志主张"春秋初期说"。二人的结论，是大相径庭的，但他们二人在认定扁鹊诊赵简子一事系伪造的历史这一点上，却又是完全一致的。何文更大声疾呼地说："在某些科学普及读物和文章中，乃至部分学术论文著述中，甚至在高等医药院校的教材中，仍在不断地宣扬秦越人为赵简子诊病这样的事例，是很有害的，甚至是一种严重错误。"他又说："本着弃其糟粕，吸取精华的原则，应当毫不犹豫地把秦越人为赵简子诊病这种与医疗活动毫不相干的古代封建糟粕，彻底地从秦越人的生平事迹中清除出去。"①

　　骤然看来，郎、何二位好像是在大声疾呼地捍卫科学，反对迷信。但通过认真的思考和深入的分析，我们便会发现，他们所持的态度和所使用的方法，并不是严格的科学态度和严密的科学方法。

　　骤然看来，似乎主张扁鹊诊赵简子为真实事件的人不可避免地要陷于相信迷信、甚至继续宣传迷信的境地。但通过深入的探讨和考证，我们会发现问题决不这样。

　　通过《史记·扁鹊仓公列传》和《赵世家》中扁鹊诊赵简子的内容，可以看出其中确实有不少荒诞的内容。这一点，许多古人已经看出，并不是必须具有20世纪科学知识的现代人才能看出的。例如，东汉时王充在《论衡·纪妖篇》中，就对《赵世家》有关记载中的迷信成分进行了分析和批判。但是，尽管如此，这并没有妨碍古今的许多学者一致地把扁鹊诊赵简子当作确定扁鹊活动年代的基本根据和主要出发点。例如，清代学者梁玉绳，一方面承认"赵简、秦穆之梦最诞"；另一方面，又坚持认为"扁鹊与赵简子同时"，并且以此为立足点，否定了《韩非子》所云"扁鹊诊蔡桓侯"为真实的历史事件，并认为《史记》中"扁鹊过虢"之"虢"，当依《说苑·辨物》作"赵"。当代学者龙伯坚，对扁鹊活动年代考证的最后结论也是："可见治赵简子病的扁鹊是秦越人，也就是周朝第一位拥有扁鹊称号的良医，这是真正老扁鹊。"

---

　　①　李伯聪：《扁鹊和扁鹊学派研究》，陕西科学技术出版社1990年版，第29页。

当然，要判定"扁鹊诊赵简子"一事的真假，不能靠思想上的信念，不能靠心理上的偏爱，而必须依靠对有关内证和旁证的广泛搜寻和科学分析。需要找出肯定的证据，并答复已经提出和可能提出的疑难。

本节试图从史料来源、历史人物两个方面，对"扁鹊诊赵简子"一事的真实性，进行较详细的考证和分析。

（一）史料来源辨析

刘勰《文心雕龙·史传》云："开辟草昧（从开天辟地到蒙昧时代），岁纪绵邈，居今识古，其载籍乎？轩辕之世，史有仓颉，主文之职，其来久矣。"所谓"轩辕之世，史有仓颉"，固已不能取信于今人，但刘勰强调古史记载对后人认识历史的重要性（"居今识古，其载籍乎？"）还是相当正确的。

刘勰说："主文之职（主管记载历史的职务），其来久矣。"说得很对。战国初期的墨子说，他见过《周春秋》、《齐春秋》、《燕春秋》、《宋春秋》。《孟子·离娄下》云："晋之'乘'楚之'梼杌'鲁之'春秋'一也。"据《晋书·束晳传》，晋太康二年，即公元281年，汲郡人不准（人名）盗发魏襄王墓，出土了后人名为《竹书纪年》的魏国史书。司马迁著《史记》时，也曾参考了秦国的史书《秦纪》。近年，云梦睡虎地秦墓中，又出土了被定名为《编年记》的秦简，按年记载了上起秦昭王元年，下迄秦始皇三十年的军政大事。这都证明，春秋战国时期各诸侯国（至少是各大诸侯国）皆有本国的史官和史书。而《编年记》的性质颇类后世的年谱。这就更值得我们注意了。也有人认为《编年记》更类似于后世的家谱与墓志。这就更值得我们注意了。

刘知几《史通史官建置》云："赵鞅（即赵简子），晋之一大夫尔，犹有直臣书过，操简笔于门下。田文，齐之一公子尔，每坐对宾客，侍史记于屏风。至若秦、赵二主渑池交会，各令其御史书某年某月鼓瑟、鼓缶。此则《春秋》'君举必书'之义也。"这就告诉我们，春秋战国时期，不但诸侯国，甚至某些大夫（如赵简子、孟尝君）也有自己的史臣和史官。应该强调指出的是，"扁鹊诊赵简子"一事，其内容的主体和核心是政治性的而不是医学性的。这件事是作为一个重大的政治事件，而不是作为一个医学案例（如仓公之"诊籍"那样）被记录下来的。

在《史记·赵世家》和《史记·扁鹊列传》中，都明确记载此事系"董安于受言而书藏之"。这就告诉我们："扁鹊诊赵简子"一事，乃赵之史臣董安于在事件发生后的当时记录下来的历史事件。

必须指出，像这样明确肯定为史官在事件发生后的当时所记，并留下了书史者姓名的史料，在古史中是很难得的。

"扁鹊诊赵简子"一事，同时见于《史记·赵世家》和《史记·扁鹊列传》。在《赵世家》中，"扁鹊诊赵简子"一事，同其后赵灭代、胡服骑射都有密切联系，而在《扁鹊列传》中，仅节取了其中的一部分。我们因此可以断定：扁鹊列传中"扁鹊诊赵简子"一事，必定是采自《赵世家》无疑。

扼要地说："扁鹊诊赵简子"一事，在当时经赵家（赵当时还未立为诸侯）史臣董安于记录而入"赵史"，司马迁采"赵史"而入《赵世家》，又转录而入"扁鹊列传"。这就是"扁鹊诊赵简子"一事的史料源流。

（二）人物辨析

由于赵简子患病并求救于扁鹊和赵简子因此而赐扁鹊田四万亩，乃是董安于在当时所记录的两件事。所以，欲辨明此事之真伪，关键便是必须确定董安于的身份。

《韩非子·观行》云："西门豹之性急，故佩韦以缓之；董安于之心缓，故佩弦以自急。"《论衡·谴告篇》及《率性篇》也说："西门豹急，佩韦以自缓；董安于缓，带弦以自促。"可见董安于是个颇有心计的人物。

董安于的事迹，见于《韩非子·十过》《战国策·赵一》《赵世家》《左传》《国语》等多种古籍。他是赵简子的家臣。可以说，为了"分晋"的大业，董安于真是深谋远虑、竭尽全力，甚至不惜以身殉之了。

赵简子、董安于之时，正是春秋末年，是一个社会制度大变革的时代，一个大动荡的时代。具体到晋国来说，晋平公九年（公元前539年）叔向已经预见到"晋国之政将归六卿。"但是，晋国六卿（智氏、韩氏、赵氏、魏氏、范氏、中行氏）并存的局面，也是不可能长期维持下去的。当时的孙武，虽然远在吴国，但仍根据六卿亩制的不同预言范氏、中行民先亡，智氏次之，韩、魏再次，晋国最终将归于赵。这个预言虽然没有实现，但却向我们证明，对于六卿之间不可避免地要发生你死我活的兼并战争这种形势，简直是路人皆知了。六卿本身自然也各有各的准备，各有各的打算。为了在必不可免的战争中取胜，董安于协助赵简子进行了政治、物质、舆论等多方面的准备工作。很显然，"扁鹊诊赵简子"一事的历史记录，也是这种准备工作的一个重要组成部分，它首先是为了消灭范、中行二氏的政治目的服务的，是为了神化赵简子以在政治斗争中取胜的目的服务的。

细心的读者，也许会在这里发现一个重要的"矛盾"，董安于既然治晋阳之政绩卓然，而又通晓军事，他怎么会同时又是赵家的史臣呢？董安于在赵家究竟担任何职呢？难道以上史料不是明确地证明了董安于不是史臣，从而提供了一个否定"扁鹊诊赵简子"一事历史真实性的有力根据吗？

虽然古今怀疑和反对"春秋末期说"的学者并没有发现和提出这些问题，我们却必须自己提出并试图自己回答这些问题。如果回答不了这些问题，我们就很难坚持而是必须反对"春秋末期说"了。

值得庆幸的是，《国语》保留了一条宝贵史料，使我们有了可能来回答上述那些骤然看来似乎很难回答的问题。

《国语·卷十九·晋语九》云："下邑之役，董安于多（韦注：多，多功也。《周礼》曰："战功曰多"）。赵简子赏之。（董安于）辞。（赵简子）固赏之。（董安于）对曰：'方臣之少也，进秉笔，赞为名命，称于前世，立义于诸侯，而主弗志（韦注：志，识也）。及臣之壮也，耆其股肱以从司马，苟廯不产。及臣之长也，端委韠带以随宰人，民无二心。今臣一旦为狂疾，而曰必赏女（汝）与（与：赞许）余以狂疾赏也。不如亡（无）！'趋而出，乃释之。"

由以上史料可知，董安于在年轻时"进秉笔，赞为名命"，担任史职。记录"扁鹊诊赵简子"一事当为董安于年轻司史时之所为，并且赵简子赏赐扁鹊的命令，也很可能就是董安于所属草的。由于董安于在赵"司史"的经历得到确认，这就使"扁鹊诊赵简子"一事的历史真实性得到了一个十分有力的支持。

综上所述，我们认为以下三件历史事实基本上可以得到肯定：一是扁鹊与赵简子、董安于大体同时，并且扁鹊曾为赵简子诊病。二是"扁鹊诊赵简子"一事在事件发生后，由赵家史臣董安于记录下来。三是"扁鹊诊赵简子"发生在公元前501年。

2. 扁鹊秦越人医虢太子

据《史记·扁鹊仓公列传》记载：后来扁鹊行医路过虢国。刚好虢国的太子死了，扁鹊来到虢国宫门前，向一个懂得医术的中庶子打听道："太子得的是什么病，整个都城都在举行祈祷活动，把别的事都搁置起来了呢？"中庶子说："太子患上了血气冷不按时运行的疾病，结果阴阳之气交错而不能通畅地运行，气血郁结不通，突然暴发，就使内脏受了伤害。他体内的正气不能压住邪气，以致使邪气蓄积得不到发散，结果阴盛阳衰，导致突然晕厥而死。"扁鹊问："他死了多久了？"中庶子说："从鸡鸣到现在。"扁鹊问："尸体收殓入棺了吗？"中庶子说："还没有，他死了还不到半天呢。"扁鹊说："你进去禀报，就说我是齐国勃海地方的秦越人，家住在鄚州，过去我未能有幸拜见你们虢国的风采，为你们君主效力。现在听说你们太子不幸去世，我能让他死而复生。"中庶子说："先生说的太离奇了，你凭什么说太子可以死而复生呢？我听说在上古时代，有个医生叫俞跗，他治病不用汤剂、药酒，不用针灸石砭，不用按摩贴膏药，而是一眼就可以知道病症在哪儿，然后顺五脏的输穴，切开皮肤，剖开肌肉，疏通血脉，结联筋络，按摩脊髓与肢部，触摸腹膜，清肠胃，洗五脏，培养精气，改换形体。先生你的医术如能和他的一样，那么太子就还有可能复生；如果你的医术达不到这样的水平，你想让太子复生，那就连三岁小孩也不会相信您的话。"两人谈了一整天，最后扁鹊仰天长叹道："先生您所知道的医术，就像是用管子看天空，像透过缝隙看花纹。而我的医术则不然，我不必非给病人切脉、观气、听声、看形，才能知道病灶在哪儿，我可以由表知里，由里知表。一个人的内脏中有什么疾病都必然会有相应的外部症状，这方圆千里之内，诊断病症的方法很多，不能只认一个道理。如果你不信我的话，就请你让我进宫，试着给太子诊断一下，你会听到他还在耳鸣，会看见他的鼻翼翕动，他的两腿直到阴部应该还是温热的。"

中庶子听了扁鹊这番话，目瞪口呆，久久说不出话来。就把扁鹊的话进去报告给虢君。虢君听到这个消息非常吃惊，于是赶紧迎到中门以外。对扁鹊说："我早就听说过您的大名，只是没有机会去拜见。现在先生路过我们这小小的国家，如您能救活太子那我这个小国的君臣可真是太幸运了。有了先生您他才能活，没有先生您他就只有死路一条，永不能复生了。"话还没说完，虢国国君已经抽咽起来，他精神恍惚、涕泪交流，毛上挂满泪珠，悲伤不能自已，连容貌都变了。

扁鹊说："太子这种病，就是通常所说的'假死'。是由于阳气下降入阴，搅抱胃部，经脉受损害、络脉被阻塞、分别下沉于三焦、膀胱，因此阳脉下坠；阴脉上升，阴阳两气交会之处堵塞，阴气继续上升而阳气只好向里走，于是阳气只能在身体的下部和内部鼓动而不能升起，阳气郁给于下内，与上外隔绝、不能引导阴气，这样，上有隔绝阳气的脉络，下有破坏阴气的筋钮，阴气破坏，阳气断绝，使人的脸色都变了，脉气全乱了套，因此身体地静静地躺着，就像死了一样。其实太子并没有死。由于阳入阴而阻隔了脏气的可以活，由于阴入阳而阻隔脏气的则必死。凡此种种情况，都是五脏失调之时暴发而成的。高明的医生能把握病因进行调理，医术 不高的人就只能疑惑不解了。"

于是扁鹊让弟子子阳把铁针石针一齐磨好，用针从太子的百会穴上扎了下去。过了一会儿，太子就苏醒过来了。于是扁鹊又让弟子子豹把剂量减半的熨药和八成的药剂一同煮好，交替地烫贴太子的两胁下面。待太子能坐起来了，扁鹊又进一步调理他体内交错的阴阳之气，只服了二十天汤药，太子就全然康复了。于是天下人都以为扁鹊有起死回生之术。扁鹊说："我并非能使死人回生，只是能使这些本来就没死的人好了而已。"

扁鹊医虢太子之事，除了《史记》的记载，《韩诗外传》卷十亦有记载。周朝分封的诸侯国中，前后有四个虢国，分别以东西南北相区别。西虢于公元前 687 年被秦国所灭；东虢于公元前 767 年被郑国所灭；北虢于公元前 658 年被晋国所灭；南虢于公元前 655 年被晋国所灭。司马贞在《史记索隐》中认为："傅玄云：'虢是晋献公所灭，先此百二十余年，此时焉得有虢'，则此云'虢太子'，非也。然按虢后改称郭，春秋有郭公，盖郭之太子也。"[①] 司马贞关于"虢太子"是"郭太子"的论断非常重要，解决了扁鹊医虢太子的年代问题。

《说苑》也记载了此事，只不过扁鹊医的不是"虢太子"，而是"赵王子"。《说苑》系西汉刘向编纂的一部杂史小说集，成书时间晚于司马迁的《史记》。书中所言的"赵王子"，不知是哪个王子，语焉不详，难以采信。

从医学的角度看扁鹊医虢太子，如何呢？扁鹊听说虢太子死亡的消息，便向虢太子中庶子（太子的侍从之臣）询问虢太子的病情，中庶子说："太子病血气不时，交错而不得泄，暴发于外，则为中害。精神不能止邪气，邪气畜积而不得泄，是以阳缓而阴急，故暴蹶而死。"扁鹊又问虢太子死于何时，对曰："鸡鸣至今。"扁鹊问收敛入棺没有，对曰："未也，其死未能半日也。"扁鹊于是对中庶子说："言臣齐勃海秦越人也，家在于鄭。未尝得望精光侍谒于前也。闻太子不幸而死，臣能生之。"中庶子并没有对虢太子的症状作具体描述，却能对虢太子的病死原因及病理分析得头头是道，当代但凡有些医学知识的人，应当知道中庶子所说的"血气不时""邪气畜积""阳缓阴急"之类全是臆测之辞，现代医学认识到的种种疾病中，哪一种疾病符合"血气不时"、"邪气畜积"、"阳缓阴急"的描

① （汉）司马迁撰：《史记》第九册，中华书局 1982 年版，第 2789 页。

述呢？而扁鹊听了中庶子的这番话，便声言"臣能生之"，而且声称"越人之为方也，不待切脉、望色、听声、写形，言病之所在，闻病之阳，论得其阴；闻病之阴，论得其阳"。足见秦越人医术高超，通过阴阳辨证，便能医治病人。当扁鹊治好了虢太子的尸蹶，世人都盛传扁鹊能使死人回生的时候，扁鹊自己却说："非能生死人也，此自当生者，越人能使之起耳。"老老实实，实事求是，不带任何骄矜与炫夸，其精神实在令人叹服。

3. 扁鹊见齐桓侯

据《史记·扁鹊仓公列传》记载：扁鹊经过齐国时，齐桓侯接待了他。扁鹊入朝时，对齐桓侯说，"您皮肤和肌肉之间有病，如果不及时治疗，病就会往身体内部发展。"齐桓侯说："我没病。"扁鹊出去后，齐桓侯对左右的人说："医生贪财好利，把没病的人说成病人，以治好无病的人为自己的功劳。"五天以后，扁鹊又见到了齐桓侯，说："您的病已经进入血脉了，如不及时医治，恐怕还要往深里发展。"齐桓侯说："我没病。"扁鹊出去后，齐桓侯心里很不高兴。又过了五天，扁鹊又去见齐桓侯，说："您的病已到了肠胃之间，如再不治，还会加深。"齐桓侯不搭理他。扁鹊出去之后，齐桓侯更不高兴。又过了五天，扁鹊又去见齐桓侯，这回他只远远地一看就赶紧往回跑。齐桓侯派人问他为什么跑。扁鹊说："病在肌表，用汤剂、烫药就可以治好；病入血脉，用铁针石针就可以扎好；病入肠胃，用药酒可以治好；可是等到病入骨髓便是掌管性命的神仙也没有办法医治了。如今国君的病已深入骨髓，所以我没同国君讲话就退下来了。"又过了五天，齐桓侯发病了，派人去请扁鹊，扁鹊早已逃离了齐国。于是齐桓侯就病死了。

《史记》记扁鹊见齐桓侯之事，最早见于韩非的《韩非子·喻老》，不过《韩非子》中扁鹊见的不是齐桓侯，而是蔡桓公。原文如下：

扁鹊见蔡桓公，立有间，扁鹊曰："君有疾在腠理，不治将恐深。"桓侯曰："寡人无。"扁鹊出。桓侯曰："医之好治不病以为功。"居十日，扁鹊复见，曰："君之病在肌肤，不治将益深。"桓侯不应。扁鹊出。桓侯又不悦。居十日，扁鹊复见，曰："君之病在肠胃，不治将益深。"桓侯不应。扁鹊出，桓侯又不悦。居十日，扁鹊望桓侯而还走，桓侯故使人问之。扁鹊曰："疾在腠理，汤熨之所及也；在肌肤，针石之所及也；在肠胃，火齐之所及也；在骨髓，司命之所属，无奈何也。今在骨髓，臣是以无请也。"居五日，桓侯体痛，使人索扁鹊，已逃秦矣。桓侯遂死。

而战国时期并无蔡桓公这一人物，蔡国也早在公元前447年被楚国所灭。于是，司马迁作《史记》，将蔡桓公改成了"齐桓侯"，其余文字，与《韩非子》基本一致。刘向的《新序·杂事》亦记载此事。齐桓侯，应指田氏代姜之后齐国的第三位国君齐桓公田午（谥号与被称为春秋五霸之首的齐桓公姜小白相同），公元前374年—前357年在位。《史记索隐》案："傅玄曰：'是时齐无桓侯'。裴骃云：'谓是齐侯田和之子桓公午也'。盖与赵简子颇亦相当。"其实齐桓侯去世之年与赵简子治病之年并不"相当"，前者要晚140多年。

扁鹊诊赵简子在公元前 501 年，齐桓侯死于公元前 357 年，这是《史记》记载扁鹊活动的两个确切年代，前后相距 145 年。可以断定医治齐桓侯的"扁鹊"与诊治赵简子的"扁鹊"不是同一个人。

除了《史记》记载的上述三个医案之外，《战国策·秦二》还记载"扁鹊见秦武王"之事：

医扁鹊见秦武王，武王示之病，扁鹊请除。左右曰："君之病，在耳之前，目之下，除之未必已也，将使耳不听，目不明。"君以告扁鹊。扁鹊怒而投其石："君与知之者谋之，而与不知者败之。使此知秦国之政也，则君一举而亡国矣。"

秦武王于公元前 310 年至前 307 年在位，以他刚即位那年计算，距"扁鹊诊赵简子"那一年（公元前 501 年），相隔 191 年。这显然是不可能的。如果"扁鹊诊赵简子"为实，那么扁鹊肯定活不到秦武王之时，两事必有一事为虚。所以司马迁记载了"扁鹊诊赵简子"之事，而不录扁鹊见秦武王之事。

而《史记．扁鹊仓公列传》明确记载扁鹊到过秦国，并死在了秦国。"秦太医令李醯自知伎不如扁鹊也，使人刺杀之。"秦太医令李醯．也仅仅是因为刺杀扁鹊而在史册上留名，关于此人的其他信息无从稽考。有人认为李醯是秦武王的太医令，还有人认为李醯刺杀的不是扁鹊本人，而是扁鹊的学生。这种猜测有一定的合理性。

结合上文的分析，笔者认为，可以得出这样的结论：在先秦历史上，以"扁鹊"闻名的医生应该是两个人：一与赵简子大体同时，诊治过赵简子和虢（郭）国太子，大约活动在公元前 6 世纪末期到公元前 5 世纪初期，他就是中医史上划时代的重要人物秦越人。另一个与秦武王大体同时，大约活动于公元前 4 世纪中后期，应该是扁鹊学派的后学，医术高明的秦越人的弟子或再传弟子。

四、结语

扁鹊秦越人医术高超，早在春秋末战国初就已全面运用望、闻、问、切的方法诊断疾病。他尤其擅长切脉，开创了我国中医脉学理论的先河，奠定了祖国传统医学诊断法的基础。秦越人精于内、外、妇、儿、五官等科，应用砭刺、针灸、按摩、汤液、热熨等法治疗疾病，被尊为医祖。

秦越人用一生的时间，认真总结前人和民间经验，结合自己的医疗实践，在诊断、病理、治法上对中医学做出了卓越的贡献。秦越人的医学经验，在我国医学史上占有承前启后的重要地位，对我国的医学发展有较大影响。因此，医学界历来把秦越人尊为我国古代医学的祖师，说他是"中国古代医学的奠基者"。《史记》称赞扁鹊是最早应用脉诊于临床的医生，并且提出了相应的脉诊理论。

当代著名历史学家范文澜在《中国通史简编》中称扁鹊秦越人是"总结经验的第一人"。

论仓公淳于意

＊本文作者邝岚，恒丰环球资本管理（北京）有限公司。

在中国古代的医学家中，人们对于战国时期的扁鹊、三国时期的华佗和明朝时期的李时珍等人都非常地熟悉，但要提起西汉的名医淳于意，人们则了解得不多。医圣张仲景在《伤寒杂病论》序文中说："上古有神农、黄帝、岐伯；中古有长桑、扁鹊；汉有公乘阳庆、仓公；下此以往，未之闻也。"那仓公是谁呢？说的就是淳于意。大史学家司马迁特别推崇他的医术，并为之列传。而医圣张仲景在《伤寒杂病论》的序言中，把淳于意与扁鹊相提并论，足见他的医术精湛。

一、仓公淳于意一生简况

淳于意，复姓淳于，名意，别名仓公。齐国临菑（今山东临淄）人。曾任齐国太仓长，故时人及后人又可以"太仓公""仓公"称之。他幼时，就喜岐黄之术，但由于没有名医指点、传授，故医术不精。后来，他拜阳庆为师。吕后八年（前180），他得到阳庆所传禁方书，善于切脉。《史记·扁鹊仓公列传》记载，"阳庆年七十余，无子，使（淳于）意尽去其故方，更悉以禁方予之，传黄帝、扁鹊之脉书，五色诊病，知人死生，决嫌疑，定可知，及药论，甚精。受之三年，为人治病，决死生多验。"可见，仓公也是继承了黄帝、扁鹊的医术。

关于淳于意的生年，有两说。其一是公元前215年。据《史记·扁鹊仓公列传》载："今庆已死十年所，臣意年尽三年，年三十九岁也。"淳于意于高后八年（前180）拜阳庆为师，三年之后乃文帝三年，时淳于意三十九岁，与前文"文帝四年中，人上书言意"相吻合。据此可推断淳于意生于公元前215年。其二是公元前205年。崔适认为："上文'高后八年'，《集解》引徐广曰'臣意年二十六'。《孝文本纪》：'十三年，除肉刑。'则此文当作'尽十三年所，年三十九岁也。'"据此可推断淳于意生于公元前205年。

淳于意精医道，辨证审脉，治病多验。曾从公孙光学医，并从公孙阳庆学黄帝、扁鹊脉书、药论等书，于望、闻、问、切四诊，尤以望诊和切脉著称。撰写了中国医学史上第一部中医医案《诊籍》。在行医过程中，他对前来就医患者的姓名、住址、职业、病名、病理、症状、脉象、治疗方式与过程、预后推断及效果等予以详细记录。当时称这种记录为"诊籍"。淳于意先后记载"诊籍"25案，分属内、妇、外、牙等科。在诊断中，他还十分注意望色和切脉，在25案"诊籍"中，有 10 案是通过脉象来断定患者的病情。《史记·扁鹊仓公列传》记载了他的 25 例医案，称为"诊籍"，是中国现存最早发明和使用病史记录的病历，距今已有两千多年历史。

淳于意做的另一件有深远历史意义的事，就是培养发展了齐医学派。对于授徒，在当时学术、技艺界有一条陈规，就是不轻易传外人。淳于意的两位老师，都是恪守这一陈规医术不轻易传之外人。淳于意拜公孙光为师时，公孙光一方面破例"妙方悉授"，一方面又嘱他"毋以教人"。淳于意当时下保证，"死不敢妄传人"。他的第二位老师公乘阳庆，对此陈规更加重视，嘱咐淳于意"慎毋让我子孙知若学我方也"。可见，他对他自己的子孙也不传医术。所以说淳于意的开门授徒是对陈规的突破，也是对自己诺言的放弃，在当时是担着遭受指责的风险的。据《史记·扁鹊仓公列传》记载，淳于意的成名弟子共有 7 人。淳于意因材施教，齐人宦者平"好脉"，就授他脉法，教以脉理；对临淄人宋邑，则教以五诊术；对济北王侍医高期、王禹教之经脉及奇络；淄川太仓长冯信性好医方、精于诊脉，遂授以"案法逆顺，论药法，定五味及和汤法"；高永侯家丞杜信好脉法，就教以"上下经脉五诊"；对临淄人唐安，"教以五诊上下经脉，奇咳术、四时应阴阳重"。他的弟子，学或一年，或二三年，出师皆为名医。这个医学群体，是淳于意用自己的心血培育起来的，其不仅多学科俱备、医术精湛、医德高尚，称誉当时，并且在中华医学史上起到了重要的承前启后作用，成为齐医学派发展史上的重要一环。

二、缇萦救父

西汉著名的文学家刘向在《列女传》中指出："缇萦讼父，亦孔有识，推诚上书，文雅甚备，小女之言，乃感圣意，终除肉刑，以免父事。"缇萦，姓淳于氏，西汉齐临淄（今山东省淄博市临淄区）人，有姊而无兄弟，排行第五，自幼聪慧、孝亲，以舍身救父得免肉刑的义行，感动汉文帝诏令废除肉刑，揭开了中国法律史上重要的一页，谱写了一曲千古传唱的孝义之歌。

肉刑，在中国历史上，伴随着王权，至少已实施了近两千年。"夏有乱政，而作禹刑"，其中当然包括了肉刑；商立"汤刑"，至纣王时肉刑达到了极致，不仅有割鼻、断手、刖足，更有炮烙、剖腹、活埋等刑罚；至秦，"专任刑罚，劓鼻盈筐，断足盈车"，导致天下多事，国无宁日，民众终于群起而亡秦；汉立，高祖目睹了秦的历史教训，改变秦"严刑苛法"的做法，实施"文武并用，德刑兼施"的国策，主张"罚不患薄"，于定国安民，起到了显著的作用，但还有三种肉刑。汉文帝废除肉刑的诏令下，实施近两千年的肉刑，至此全部废除，故史称这是中国法律史上的一大改革。这次刑制改革是中国古代刑制从野蛮时期到文明时期的转折点，为隋唐封建五刑制的定型奠定了基础。这些都是淳于意意料之外的"特殊贡献"。

三、仓公淳于意的二十五个医案

《史记·扁鹊仓公列传》中记载了 25 例病例。治愈 15 例，不治 10 例，体现出淳于意诊断疾病的丰富经验，他善于望诊，尤其精于切脉，在治疗中运用丰富多样的方法，有汤剂、丸剂、散剂、酒剂等，还辅助以针灸、冷敷等。涉及现代医学的消化、泌尿、呼吸、心血管、内分泌、脑血管、传染病、外科、中毒以及妇产科、儿科。25 个病例中，有 20 位病人的身份是诸侯王、诸侯王的亲属、高级官员等。其中官员病例有 8 例，所涉及官职有齐侍御史、齐郎中令、齐中御府长、齐中尉、阳虚侯相、齐中大夫、齐中郎、齐王侍医等；诸侯王病例 4 例，淄川王、济北王、齐文王、阳虚侯（齐孝王）；诸侯王亲属及仆侍病例 8 例，有齐王中子诸婴儿小子、齐王太后、齐北宫司空命妇、故济北王阿母、济北王女子侍者竖、淄川王美人、齐王王后弟宋建、济北王侍者韩女。余下的 6 例中齐章武里曹山跗、齐淳于司马两例虽未提及身份。最后两例是安阳武都里成开方和齐丞相舍人奴，前者的病因是数饮酒以见大风气，想来在汉代初期能常有酒喝的人亦非一般百姓，后者是齐丞相府中舍人的奴仆，齐相上朝时，仓公于宫门外偶遇，实属巧合。

《史记·扁鹊仓公列传》中记录了二十五个病例，包括疽、气鬲、涌疝、气疝、热病、难产等 23 种病名，涉及到了临床各科。从诊断过程可以看出，仓公对于脉学尤其精通，大部分病例都主要通过诊脉确诊，其中不少都是完全根据切脉就能探求病因，判断生死，而且皆一一应验如神。淳于意在诊脉时，主要采取"寸口"切脉法，也就是切候手腕附近的动脉。这种方法简单有效，在他所记录的 25 例病案中，有 20 例是以寸口切脉的方式确定患者病情。淳于意所记录的长、弦、大、小、沉、浮、平、鼓、紧、弱、滑、涩、实等 20 余种脉象，淳于意在望诊方面已达到登峰造极的地步，在"诊籍"中有两例仅是通过望面诊就准确判断患者均重病在身，且发病、死亡日期准确无误。淳于意运用望诊诊断疾病的原因给予解释，他掌握了五色配属五脏的关系，以五行的生克关系判断疾病的顺逆。另外，仓公临证时采用刺灸察脉、取脉动为治、重灸刺之误等诊治思路。淳于意以决死生见长，其决死生准确率高，若属逆证、死证则不治，患者一般如期、如症而死；诊法以脉、色为主，其中脉象是同病决死生的重要依据。被晋朝的王叔和、明代的李时珍等吸收运用，而寸口切脉法在淳于意之后也得到大部分中医的认可，传承至今。

淳于意怀着总结成败得失，提高自身医术的目的写下了 25 则诊籍，这些诊籍不仅反映了西汉时期的医学发展水平，也凸显了他的医学成就，后人对淳于意的医术有着很高的评价。司马迁将他与扁鹊相提并论，医圣张仲景在《伤寒杂病论》的序文中列举在他之前的古代名医时则说："上古有神农、黄帝、岐伯、伯高、雷公、少俞、少师、仲文，中世有长桑、扁鹊，汉有公乘阳庆及仓公，下此以往，未之闻也。"认为汉代的名医唯有淳于意和他的老师公乘阳庆。

四、汉文帝八问

　　仓公 39 岁那年，阳庆已经死去十年左右了，当时仓公去官后正在家中闲居。皇上送来诏书，详细地询问他行医治病的情况，希望知道他治病救人的有效案例共有多少，这些病人都叫什么名字。所问的问题包括：仓公擅长哪些治疗疾病的医术和方伎？这些医术和方伎有没有记载在什么书上？跟随哪些人学过医学？学了几年？如果有治愈的有效案例，病人是哪个县的人？得的是什么病？给予诊断和药物治疗后，其病状是怎样改变的？

　　为了据实向皇上回答这些问题，淳于意只得把自己当时还能回忆、且能考证的治愈疾病的例子写成一则一则的"诊籍"，也就是后世所谓的"医案"和近代所说的"病历"。淳于意一共向汉文帝介绍了 25 个病例，当时称为"诊籍"，司马迁这 25 个"诊籍"全部记录在《史记·扁鹊仓公列传》之中，这就是我国现存最早见于文献记载的医案。在这 25 个医案中，有关房事劳损和性机能疾病的医案有 8 例之多，几乎占了 1/3。这些见于文献记载的最早房事病医案，不但学术价值极高，而且在性保健方面也有重要借鉴意义。

　　淳于意在应诏回答汉文帝询问时叙述了自己学医、行医的经过，业务专长、师承、诊疗效果、病例等，史称"诊籍"（即诊病的簿记），共计 25 个病案。他所答诏的病案格式一般均涉及病人的姓名、年龄、性别、职业、籍里、病状、病名、诊断、病因、治疗、疗效、预后等，从中反映了淳于意的医疗学术思想与医案记录上的创造性贡献。淳于意在"诊籍"中不仅记录了自己的成功病例，也承认有诊断错误的时候。据载汉文帝曾问他，"你给人家诊病能全部正确，而没有失误吗？"淳于意坦率回答说："淳于意不是一个诊断完全正确的医生。"淳于意这种实事求是的科学态度，是难能可贵的。

五、仓公淳于意对后世的影响

　　司马迁将扁鹊与淳于意一并立传，并在《太史公自序》中给以说明："扁鹊言医，为方者宗，守数精明；后世循序，弗能易也，而仓公可谓近之矣。"指明了自战国至秦汉时期，先后长达五个世纪之久，以扁鹊、淳于意为核心的齐派医学家对中国传统医学的形成做出了杰出贡献，取得了重大成就。其成就之巨与功勋之卓著，完全可以与古希腊医学家希波克拉底斯和古罗马医学家盖伦相媲美。

　　淳于意是《史记》唯一记载的汉代医家；汉文帝对他进行召问，进行长时间对话；淳于意在汉文帝前被称为"国工"；许多诸侯、官员派遣医官到淳于意处学习医术——这些都表明 淳于意掌握的医术可属当时最高水平。从淳于意的自述看，他的医学理论直接来自其师阳庆秘传给他的《脉书上下经》《五色诊》《奇咳术》《揆度阴阳》《外变》《药论》《石神》《接阴阳禁书》等古医书，阳庆在传授医术时对当时流行的医书不屑一顾，称："尽去而（尔）方书，非是也。"因此这些古医书与汉初流行的医书有较大差异。《史记·扁鹊仓公列传》有汉文帝与淳于意对话的实录，可推测其资料来源于史官对汉文帝言行记录的档案，因此其内容可信度极高。从《史记·扁鹊仓公列传》记载可看出，阳庆秘传这批医书所记载的内容代表了汉初医学理论的最高水平，具有很高的临床实用价值，非同期的其他医书可比。淳于意受到政府的高度重视，他将很多内容传授给了前来学习的医官。因此经过淳于意的发扬推广，其医学理论由民间秘传流派逐渐成为汉代医学理论的主流，对后世医学的发展有重要影响。

阳庆秘传医典应该经历过一个漫长的流传过程。其一，从《史记》"仓公传"的记载看，阳庆称自己所秘藏的医书是"古道遗传"，司马迁在简述淳于意传略时也称阳庆"传黄帝、扁鹊之脉书"。淳于意引述过这样一段话："古圣人为之脉法，以起度量"，由此可以推测，当时的医家以及司马迁这样的史学家普遍认为阳庆秘传的医书属于古医书，经历了漫长的流传过程。这些医书起源于黄帝时代或由扁鹊所作是容易被当时人们接受的传说。其二，从《内经》的记载来看，书中多次提到"上古圣人"，如"上古圣人之教下也"，"上古圣人，论理人形，列别藏府"，"上古圣人作汤液醪醴，为而不用"。两书的记载相互参照，可以认为：《内经》反复称"上古圣人"并非有意托古，而是《内经》编写时参考的医学理论确实已经经历了漫长的流传过程，这些医学理论起源于上古圣人是比较容易被当时人们所接受的观点。其三，从唯物主义实践观看，阳庆秘传医典所构 建的医学理论体系已经具备了一定的规模而且对临床有良好的指导作用，甚至对几千年后的今天仍有重要影响，这样高水平的医学著作不可能经一人一时之力而成，其医学理论体系的形成必然经历过漫长的医学实践，并在丰富实践经验的基础上又进行了系统的理论总结。

淳于意最大的贡献还是对病例的收集和整理。由于看过的病例太多，为了积累治疗经验，减少对同样病例做过多重复工作，淳于意开始在诊断时随手记录下病人的情况，并将这些资料加以保存。他把这些资料装订成册，起名《诊籍》，这是淳于意国最早见于文献记载的医案，其中的体例一直为后世沿用。

淳于意的第二大医学贡献就是对扁鹊医学理论的继承和发展，他对脉诊中的各种脉象进行界定，以此诊出病源、病灶以及疾病的转化和预后等。

淳于意的第三大医学贡献是改变了医术的传授方式。在此以前，医术的传授并不能公开收徒，这样很多精良的医术不能得到传播。淳于意打破旧俗，开始采用公开带徒的传授方式，先后带出了杜信、冯信、唐安、宋邑、高期、王禹等弟子，在齐国形成了一个初具规模的齐派医学群体。

从《史记》"仓公传"记载可看出，阳庆秘传这批医书所记载的内容代表了汉初医学理论的最高水平，具有很高的临床实用价值，非同期的其他医书可比。淳于意受到政府的高度重视，他将很多内容传授给了前来学习的医官。因此可以推测经过淳于意的发扬推广，其医学理论由民间秘传流派逐渐成为汉代医学理论的主流，对后世医学的发展有重要影响。

《史记》中的理想人格
——以屈原、孟尝君、陈胜、韩信为例

＊本文作者邵乐，陕西国际商贸学院文学与教育学院。

汉武帝时期诞生的伟大历史著作——《史记》，是中国历史上第一部纪传体通史，具有很高的史学价值与文学价值。《史记》突破了先秦《国语》《春秋》《战国策》断代史的写作方式，以深邃的眼光、宏大的气魄，叙写了从上古到汉武帝时代三千年历朝历帝的演变，被奉为"二十五史"之首。从此以后，历代史官按它的体例以断代史续之，成就了"二十五史"的历史长廊，使得中国五千年的文明史有案可稽。所以，鲁迅誉其为"史家之绝唱，无韵之《离骚》"。

司马迁以"究天人之际，通古今之变，成一家之言"的宗旨，创作出这部鸿篇巨制。经历了李陵之变，司马迁身心遭遇了巨大的创伤，但他并没有因此消沉，反而发愤著书，带着史官应有的高度责任感，将自己的游历见闻和历史见解写进书中；可以说，《史记》的成书，本身就具有崇高美。本文仅从《史记》人物群像的刻画中，探究其中悲剧性人物背后所蕴含的崇高精神，现以屈原、孟尝君（信陵君），陈胜、韩信为例。

一、屈原

作为中国第一位伟大的诗人，屈原在文学史上有着不朽的地位，他开创了一种全新的诗歌样式——骚体诗，被认为是我国浪漫主义的源头。此外，他将个体命运与祖国紧紧相连，不与世俗同流合污的伟大人格也深深地影响着后人。其"亦余心之所善兮，虽九死其犹未悔""长太息以掩涕兮，哀民生之多艰"等名句，至今仍感人心怀。司马迁在《屈原列传》中，记录了屈原生平的史料，细致地刻画了屈原的个人形象：

> 屈原者，名平，楚之同姓也。为楚怀王左徒。博闻强志，明于治乱，娴于辞令。入则与王图议国事，以出号令；出则接遇宾客，应对诸侯。王甚任之。

屈原出身楚国王族，拥有乱世理国，制衡诸侯的能力，深得楚怀王的信任，担任"左徒"一职，这是对屈原才能的简述。也就是说，屈原的治国能力非常出众，受到了楚怀王的重视和信任，同时也表达了司马迁对屈原的褒誉。屈原敢于犯颜直

谏，将楚国安危与自身安危紧密结合，为了楚国甘愿牺牲个人前途。尤其是在秦昭襄王邀请楚怀王去秦国赴会时，屈原更是直言不讳地说："秦虎狼之国，不可信，不如毋行。"由此可见，屈原观察敏锐，能够提前判断秦昭襄王的阴谋诡计。

楚顷襄王继位后，屈原既痛心楚怀王之死，又认为楚怀王是非不分、听信奸佞小人，既忧愤又无奈，在楚国国都郢被秦国攻陷后，屈原理想破灭、极度失望，自沉汨罗而死，将自己的灵魂与国家融为一体。屈原具有高尚的爱国主义精神，在国破家亡时没有选择苟且偷生，毅然决然地选择与楚国共存亡，必然被后人铭记。屈原是中国文学史上第一位伟大的诗人，他既是一位浪漫主义诗人，又是一位爱国主义诗人。其《离骚》《九歌》《九章》等作品，被后世广为传颂。读《离骚》，我们看到的依然是一位心系楚国，期望明君贤臣共兴楚国梦的屈原；"路漫漫其修远兮，吾将上下而求索"，正是屈原一生的真实写照。屈原散发在作品中的这种光辉的人格魅力，影响了后世无数文人，李白就曾经说"屈平辞赋悬日月，楚王台榭空山丘"，表达自己对屈原的敬仰之情。透过那些诗词，我们可以看到一位忧国忧民、志高行洁的屈子形象，他的精神感动着一代又一代的读者。

二、孟尝君、信陵君

晋朝诗人张华有云："翩翩四公子，浊世称贤名。龙虎相交争，七国并抗衡。食客三千余，门下多豪英。"[1] 司马迁《史记·吕不韦列传》言："当是时，魏有信陵君，楚有春申君，赵有平原君，齐有孟尝君，皆下士喜宾客以相倾。"此四人之史迹见于《史记》卷七十五至卷七十八。战国四公子好客养客非常，对此陈仁锡先生将史公所言着重罗列："太史公作四君传，具见好客意，孟尝君则曰'以故倾天下之士'，平原则曰'故争相倾以待士'，信陵则曰'倾平原君客'，春申则曰'招致宾客以相倾夺'。"《孟尝君列传》详细记载了蔽火光食者、鸡鸣狗盗者、魏子及冯谖。四公子传中可称道的宾客给列传增添了生动的画面，丰富了传记内容，使四公子的形象更为丰满精彩。孟尝君封于薛地，大量招致宾客贤士：

> 招致诸侯宾客及亡人有罪者，皆归孟尝君。孟尝君舍业厚遇之，以故倾天下之士。食客数千人，无贵贱一与文等。

孟尝君几乎倾尽所有家资豢养食客，以礼相待、平等对待，故而宾客无论等级优劣都奔至其门下，数量达数千人之多。好客与客无所择是孟尝君养客的特点。孟尝君对待食客十分尊重和用心，宾客无论贵贱，只要投奔到孟尝君门下都得到其礼遇，不仅亲自接待而且还用心记录并解决食客家属亲戚的困难，为其解决后顾之忧：

> 孟尝君待客坐语，而屏风后常有侍史，主记君所与客语，问亲戚居处。

---

① 陈可青，赖长扬汇辑：《史记研究集成》第 6 卷，《史记集评》，华文出版社 2005 年版。

客去，孟尝君已使使存问，献遗其亲戚。

孟尝君在接待食客饮食的时候，与食客吃的是同样的食物：

> 孟尝君曾待客夜食，有一人蔽火光。客怒，以饭不等，辍食辞去。孟尝君起，自持其饭比之。客惭，自刭。

孟尝君对待食客用心且平等礼待，这让投奔的食客十分感动，"人人各自以为孟尝君亲己"，十分得众门客的心。但应注意的是，孟尝君择客没有标准，只要是投奔其门下的宾客，不论贫贱优劣一并接收礼待之，"孟尝君客无所择，皆善遇之"。

战国四公子之魏公子是太史公最为赞赏的一位。魏公子无忌是魏昭王的小儿子，昭王死后，被釐王封为信陵君。与其他三位公子一样，魏公子亦是以好客养客而闻名，但又与三位公子不同的是，魏公子是以其人格魅力受到众宾客的敬重而归附的。对此尚镕有较为深刻的阐述，将信陵君与孟尝君、平原君作了一番比较："孟尝于冯谖，平原于毛遂，皆因事而知其贤，若信陵于侯、毛、朱、薛，一闻其名即深相结，乃真不耻下交者也。而存赵救魏，卒受四人之报。好客如信陵，庶非徒豪举耳，迁故极力写之。"

信陵君的不耻下交让史公对之倾尽爱慕之情，仅就《信陵君列传》中称"公子"的次数达 147 次之多，可谓大奇。据《史记·魏公子列传》记载：

> 公子为人仁而下士，士无贤不肖皆谦而礼交之，不敢以其富贵骄士。士以此方数千里争往归之，致食客三千人。当是时，诸侯以公子贤，多客，不敢加兵谋魏十余年。

正因为魏公子"贤而下士"，能谦恭礼待宾客，致客无数，得以保魏国稳定太平十余年之久。对比其他三位公子好客养客，魏公子好客还有一个突出特点，即闻贤名而亲自上门拜访结交之，而不是待其为己效力后才发现其贤能。如隐士侯嬴、屠夫朱亥以及赵国处士毛公、薛公都是魏公子闻贤名后亲自登门拜访的。在《魏公子列传》中，这几位客的抒写尤为精彩，正是他们的精彩铺就了魏公子高大光辉的形象。

三、陈胜

司马迁在《太史公自序》中云："殷、纣失其道而汤、武作，周失其道而《春秋》作。秦失其政，而陈涉发迹。诸侯作难，风起云蒸，卒亡秦族。天下之端，自涉发难。作《陈涉世家》。"在这里，司马迁不仅阐明了为陈胜作"世家"的原因，更对陈胜领导的农民起义作了高度评价。

在《史记·陈涉世家》中司马迁对陈胜的家庭情况以及成长经历并没有做过多的记载，但司马迁仅用几十个字，就成功地将陈胜塑造成了一个不服从命运安排、怀有远大志向的上进少年：

> 陈胜者，阳城人也，字涉。陈涉少时，尝与人佣耕，辍耕之垄上，怅恨久之，曰："苟富贵，无相忘。"庸者笑而应曰："若为佣耕，何富贵也？"陈涉太息曰："嗟乎，燕雀安知鸿鹄之志哉！"

每当读到史记此篇开头之时，一个不甘心受命运摆布、不愿自暴自弃、胸怀理想抱负的男子汉形象屹立在我们眼前。仔细研读《史记·陈涉世家》，也可看出陈胜是一个有勇有谋，颇具反抗精神的农民起义军的领导者。

首先，陈胜是一个极具勇气之人。就算从事着永无出头之日的工作，陈胜也能发出"苟富贵，无相忘"的誓言，可见陈胜是一个不安于现状而有远大抱负之人。而正是得益于他的远大志向，使得陈胜在机会来临之际，敢于站出来，并发出"且壮士不死即已，死即举大名耳，王侯将相宁有种乎"的豪言壮语。

其次，陈胜也是一个有谋略之人。陈胜在喊出那句千古名句"王侯将相宁有种乎"之前早已做了周全的谋划。陈胜明白起义这种事，单靠他一人之力很难成功。于是，他先是凭借自己的口才在众人之中脱颖而出，就这样成功地说服了吴广，得到了吴广的支持。紧接着为了让自己的起义更具有合法性，他井井有条地谋划了"丹书""鱼腹""篝火狐鸣"等一系列行动。最后，为了其他人死心塌地跟随自己，陈胜与吴广一起断了他们的退路。正如《史记·陈涉世家》中所言：

> 吴广素爱人，士卒多为用者。将尉醉，广故数言欲亡，忿恚尉，令辱之，以激怒其众。尉果笞广。尉剑挺，广起，夺而杀尉。陈胜佐之，并杀两尉。召令徒属曰："公等遇雨，皆已失期，失期当斩。藉第令毋斩，而戍死者固十六七。且壮士不死即已，死即举大名耳，王侯将相宁有种乎！"徒属皆曰："敬受命。"

陈胜充分利用了人性，先故意引士卒来打深受众人爱戴的吴广，然后以此为理由杀死将尉，借此将众人拉到同一条船上，使得他们无路可退。池万兴《史记与民族精神》云："中华民族历经五千余年而经久不衰，成为世界上唯一一个没有中断历史的最古老的伟大民族，其原因就在于中华民族是一个自强不息的伟大民族。"中华民族在刚健有为、生生不息的奋斗精神的鼓舞下，战胜了无数的艰难险阻，创造了人类辉煌的文明。在漫长的历史发展过程中，涌现出无数与生存环境和内外邪恶势力抗争的志士仁人，而陈胜就是其中优秀的代表。在中国历史的发展长河中，陈胜的反抗意志和精神，已经成为中华民族自强不息、刚健有为、敢于斗争精神的有机组成部分，而其中自强不息的品质逐渐积淀为中华民族的精神内核。

四、韩信

韩信，西汉开国功臣，中国历史上杰出的军事家，"汉初三杰"之一。曾先后为齐王、楚王，后贬为淮阴侯，为汉朝的天下立下赫赫功劳，历任大将军、左丞相、相国，封齐王、楚王、淮阴侯等。《高祖本纪》汉高祖总结自己扫灭群雄夺得天下时说：

> 公知其一，未知其二。夫运筹策帷帐之中，决胜于千里之外，吾不如子房。镇国家，抚百姓，给饷馈，不绝粮道，吾不如萧何。连百万之军，战必胜，攻必取，吾不如韩信。此三者，皆人杰也，吾能用之，此吾所以取天下也。

我国民间流传着许多关于韩信的传说，如"韩信将兵多多益善"等俗语，以及十面埋伏、背水一战等战例、胯下之辱等故事，这些都耳熟能详。韩信的出身可谓低微，《淮阴侯列传》云：

> 淮阴侯韩信者，淮阴人也。始为布衣时，贫无行，不得推择为吏，又不能治生商贾，常从人寄食饮，人多厌之者，常数从其下乡南昌亭长寄食，数月，亭长妻患之，乃晨炊薄食。食时信往，不为具食。
>
> 信钓于城下，诸母漂，有一母见信饥，饭信，竟漂数十日。

可见此时的韩信是很贫寒的，食不能果腹、衣不能暖身，甚至受到街头流氓无赖的轻视与侮辱，从而受到了"胯下之辱"这样的一般人难以容忍的污辱。但韩信显然是不一般的，他是英雄，只是还没有找到用武之地而已。他出身王孙，身上流有先祖的血液，他显然是不甘于沉沦的，只是没有机会。如在南昌亭长家寄食时，因为受到其妻的冷遇而怒去；在自己无法维持生计的情况下，依然"好带刀剑"；在受到街头无赖的侮辱与纠缠时，"熟视之"，而后"俯出胯下，仆伏"，而不管"一市人皆笑信，以为怯"。他显然是明白自己的价值，了解自己是什么样的人，只是需要机会。苏轼曾言："古之所谓豪杰之士者，必有过人之节，人情有所不能忍者。匹夫见辱，拔剑而起，挺身而斗，此不足为勇也。天下有大勇者，卒然临之而不惊，无故加之而不怒。此其所挟持者甚大，而其志甚远也。"（《留侯论》）而韩信就可以谓之"豪杰之士""有大勇者"。正是从这个意义上讲，他已经超越了当时他身边的许多人，所谓大丈夫能屈能伸。

五、结语

如上所述，我们以屈原等人为例，分析了《史记》当中悲剧性人物的崇高美。司马迁笔下的英雄形象，唤起当代大学生对崇高理想人格的追求，从而抵制琐碎的生活模式。这种饱满鲜明的品格，无疑对当代文学和精神的建构具有重要意义。司马迁的《史记》精神，是从修炼自我出发，到达一个坎坷的人生境遇。天地之间，众生之间，要直面艰难险阻，不畏艰难险阻，勇往直前，身体力行，追求坚强有力的信念，大踏步践行人生。

《史记》中的理想人格及其时代意义①

＊本文作者朱卉平，陕西国际商贸学院文学与教育学院。

《史记》是我国古代第一部纪传体通史，其中记载了许多历史人物，他们富有仁爱、忠诚、正直、智慧等优秀的人格特质，为我们树立了光辉的榜样，激励我们追求社会和谐、坚守信仰、坚守正义、学会困境中分析形势，做出明智的决策。同时能明辨是非，科学取舍，更加深刻认知这些理想人格的历史功能。

一、《史记》中理想人格的特征

1. 仁爱博爱：《史记》中的理想人物强调仁爱之心，关心他人，不仅追求个人的利益，也关注社会的福祉。他们对待他人宽容、善良，以仁爱之心影响和帮助他人。

《史记·孔子世家》写孔子的一生。孔子是中国古代儒家学派的创始人，被誉为"仁者之师"。他强调仁爱之心，认为人应该以仁爱之心对待他人，关心他人的福祉。孔子主张以仁德来治理国家，通过修身齐家治国平天下，实现社会和谐。司马迁推崇敬仰孔子的高峻人格和积极入世匡救天下的精神："高山仰止，景行行止。""虽不能至，然心乡往之。"事实上，司马迁创作《史记》"述往事，思来者"，有匡正世道人心的远志和博爱的情怀。他论叙史实，考信于六艺，秉笔直书，并多次借孔子的言论来评价时政和人物。这种对社会时代的仁爱博爱思想对后世产生了深远的影响，成为中国传统文化中的重要价值观念之一。②

再如《史记·范蠡传》中，范蠡被描绘为一个为国家和人民无私奉献的人物。他是春秋时期越国的大夫，以其仁爱博爱的品质而闻名。范蠡辅佐越王勾践，使得越国复兴。而范蠡却放弃高官厚禄，乘舟远行，一去不返。范蠡耕于海畔，没有几年就积产数十万。齐国请他做宰相。范蠡却归还宰相印，将家财分给乡邻，再次隐去。范蠡的仁爱博爱精神成为后世人们学习和推崇的对象。

这些典型人物在《史记》中展现了仁爱博爱的品德特质，他们的思想和行为激励着后世人们追求仁爱博爱的理想，成为道德修养和人格塑造的榜样。他们的

① 基金项目：本论文为陕西国际商贸学院 2022 年校级重点项目"大健康教育与大学生人文教育协同育人研究"（编号：ZDSMXY202201）阶段性研究成果。

② 林素英：《论〈史记〉对孔子形象与人格之形塑》，《中原文化研究》，2013 年第 2 期。

故事和思想对于培养和传承中华民族的优秀传统文化具有重要意义。

2. 忠诚正直：理想人物在《史记》中展现了强烈的忠诚和正直的品质。他们对国家和君主忠心耿耿，坚守正义，不为私利而背离原则，始终秉持忠诚和正直的行为准则。

如《史记·屈原列传》中，记叙了爱国诗人屈原忠贞不渝，遭受谗言，自沉汨罗江的遭遇，司马迁高度评价了屈原的人格"正道直行，竭忠尽智以事其君"。再如蔺相如是战国时期赵国的重要政治家和谋士。在《史记·廉颇蔺相如列传》中，蔺相如被描绘为忠诚正直的典型。当秦国派兵进攻赵国时，蔺相如坚决主张抵抗，不向秦国屈服。他不畏强敌，坚守自己的信仰和原则，表现出了忠诚和正直的品质。

《史记》中关于忠臣的描写很多，且忠臣的结局大多比较悲惨。第一种是功业卓著却受到嫉妒陷害。这一类忠臣形象往往为成就王者霸业，励精图治，报效犬马之劳，待王者平定天下后，因小人的嫉才和王者的妒才而惨遭不幸。如文种、白起、蒙恬、伍子胥、韩信、卢绾、韩王信、黥布、彭越、张敖、吴芮等，皆为封建王朝添砖加瓦的谋士、勇士，忠心耿耿服侍帝王。在建设王朝的过程中，他们的功劳无可比拟。待王朝建立后，帝王本人畏惧功高盖主。第二种是忠心劝谏却遭不幸。这一类形象往往为国家昌盛，为百姓安定，直言劝谏，却被帝王误解而招致杀身之祸。如比干、屈原、伍奢、伍子胥等，皆是忠心为主，强言劝谏，可是作为帝王，却不理解其赤诚的报国之心，误解他们，迫使其走上了绝路或被送上断头台。第三种是忠贞节义却命运多舛。这一类忠臣往往忠于自己的国君或主子，坚守节操，为了某种信念而甘愿历尽艰辛，甚至付出生命。比如：伯夷叔齐、田横门人、程婴等，都是如此，他们生活的支撑点就是忠，忠就是他们生存的信念。当他们的信念被现实无情地破坏、打破时，自杀就成了他们最终的选择和归宿。①

尽管司马迁通过这些忠臣的悲惨结局目的是批判统治者的残暴昏庸。但是这些典型人物在《史记》中展现了忠诚正直的特质，他们对国家和君主忠心耿耿，坚守正义，不为私利而背离原则。他们的忠诚和正直为后世树立了崇高的榜样，也对中国传统的道德伦理和人格修养产生了深远的影响。

3. 智慧谋略：《史记》中的理想人物智慧过人，善于谋略。他们能够在复杂的情势下冷静应对，制定合理的计划，解决问题并取得成功。

首先是一大批富有智慧的谋臣。他们博学多才、深思熟虑、目光敏锐、富有远见、在关键时刻出谋划策，发挥了重要作用。如韩信，据《史记·淮阴侯列传》载，他协助刘邦制定了还定三秦以夺天下的方略。楚汉战争期间，韩信率兵数万，开辟北方战场。破魏之战，针对魏军部署，佯作正面渡河之势，暗从侧后偷渡，攻其不备，俘获魏王豹。井陉之战，背水为阵，大破赵军。淮水之战，借助

---

① 支卓华：《浅析司马迁〈史记〉忠臣形象的忠怨情结》，《河南机电高等专科学校学报》，2011年第5期。

河水，分割楚军，将齐、楚联军各个击灭。韩信熟谙兵法，战功卓著，为汉王朝的创建作出了重要贡献。再如萧何，萧何一生为汉家所作贡献不俗，从最初对刘邦体恤照顾，到后来入巴蜀后帮助刘邦治理后方，一直到汉家平定天下，萧何都为汉家守好汉中大后方，为汉高祖平定各个诸侯之乱提供了有力支持。尽管多次被刘邦疑心，萧何仍小心翼翼、如履薄冰地尽心辅助君主。并且在楚汉战争之际，以独到的眼光和深刻的洞察力，为汉军队伍举荐了许多有用之才，为汉军在与楚军的势力对抗中增添了重要羽翼。① 太史公对他在楚汉之战期间举宗从沛，以及稳固汉军后方，不断支持前线军队的贡献，给予了高度赞扬："何谨守管籥，因民之疾法，顺流与之更始。"

此外如李斯、范雎、张良等谋臣，这些典型在《史记》中展现了智慧谋略的特质，他们善于分析形势，制定战略计划，为国家和君主出谋划策。他们的智慧谋略对于中国古代的政治、军事和文化发展产生了重要影响，也为后世的领导者和决策者提供了宝贵的经验和启示。

4. 谦虚谨慎：理想人物在《史记》中展现了谦虚谨慎的态度。他们不自负，不傲慢，虚怀若谷，勤奋学习，善于倾听他人的意见和建议。

韩非子是中国战国时期著名的政治家和法家思想家，《史记·老子韩非列传》中载其言"夫事以密成，语以泄败。未必其身泄之也，而语及其所匿之事，如是者身危。"意为：行事能做好保密工作就会成功，言谈之中泄露了机密就会失败。不一定是游说者本人有意去泄露机密，而往往是在言谈之中，无意中地说到君主内心隐藏的秘密，那么游说者就会招来灾祸。身为游说国君者，谦虚谨慎尤为重要。韩非子对自己的才智并不自负，他经常强调要虚心学习和思考，以提升自己的知识和能力。他还强调要谨慎行事，不轻易下结论，而是通过详细的分析和权衡利弊来做出决策。

孔子作为中国古代的伟大思想家和儒家学派的创始人，在《史记·孔子世家》中也记载了他谦虚谨慎的典型特质。孔子在自己的家乡，温和谦逊，好像是个不善言谈之人。他在宗庙与朝廷之上，谈论问题都明辨而条理明晰，只是态度依然恭谨。上朝时，孔子和上大夫谈话，态度中正而不卑不亢；和下大夫谈话，态度则和乐悦而亲切。孔子进入国君的宫门时，低着头，弯着腰，非常恭敬；进来后，小步地快速前行，十分恭敬。国君召他来接待贵宾，他的表情十分庄重。国君有命要召见他，不等车辆备好，他就起身出发了。鱼不新鲜，肉变腐败，割肉不符合规定，孔子不会吃。坐席摆放得不合规矩，孔子不会坐。在处于丧事中的人身旁吃饭，孔子从未吃饱过。孔子不仅认为一个人的言行应该符合礼仪和道德规范，要谨慎而不轻率。而且非常注重学习和修养，他经常强调要虚心向他人学习，不自以为是。

---

① 康清莲：《生死关口的道义和智慧——论〈史记〉中士君子的人格风范》，《渭南师范学院学报》，2017 年第 9 期。

这些典型人物具有谦虚谨慎的品质，他们不自负，虚心向他人学习和倾听。他们在决策和行动时，也注重慎重思考和权衡利弊，以确保做出明智的选择。这种谦虚谨慎的态度也使得他们流传千古，并成为后世的榜样。

5. 无私奉献：理想人物在《史记》中表现出对国家和人民的无私奉献精神。他们愿意为国家和人民的利益而奋斗，不计较个人得失，甘愿付出努力和牺牲。

《史记·五帝本纪》中记载，黄帝、颛顼、帝喾、尧、舜为远古初民战猛兽、治洪水、开良田、种嘉谷、观测天文、推算历法、谱制音乐舞蹈等多方面的贡献。其一黄帝，他在位时间很久，国势强盛，政治安定，文化进步，有着众多发明和制作，在先人的基础上使文字、音乐、历数、宫室、舟车、衣裳都得到了显著发展，建立古国体质：划野分疆，全国共分九州，设官司职。其二颛顼，他是黄帝的孙子，最大的贡献就是统一祭祀，让人们不在迷信鬼神，而是坚信幸福生活掌握在自己手里。其三帝喾，最重要的一个贡献，就是我们所用的节气，就是当年制定的，让先民们日出而作日落而息，对于一个农耕文明来说，极大地促进了社会生产力的发展，使华夏农业出现一次伟大的革命，农耕文明走进了一个崭新的时代。其四尧，最著名的就属禅让制，帝位不传给子孙传给贤人，治理水灾，与天斗，发明了围棋让人民劳逸结合。其五舜，中华道德的创始人之一，是华夏文明的重要奠基人，是儒家学说的启蒙，是他让孝道成为中华传统美德。①

此外还有无数的忠臣良将，他们以自己的智慧、勇气和行动，为国家和民族的利益而努力奉献。他们不计较个人得失，始终把国家和社会的利益放在首位，为人们树立了榜样，激励着后人追求无私奉献的精神和道德价值。

6. 勇往直前：理想人物在面对困难和挑战时表现出勇往直前的精神。他们勇于面对困难，不退缩，坚定信念，迎接挑战，不断化解危机。

如霍去病在平定西域叛乱和抗击匈奴入侵等战役中表现出卓越的军事才能和勇气神速。他曾率领士兵穿越沙漠、草原，在艰苦的条件下作战，在战场上表现出非凡的勇气和战略才能，为汉朝的边防稳定和国家安全立下了赫赫战功，成为汉朝战争史上的一位传奇人物。汉武帝嘉其功曰："骠骑将军去病率师攻匈奴西域王浑邪，王及厥众萌咸相奔，率以军粮接食，并将控弦万有余人，诛猿駻，获首虏八千余级，降异国之王三十二人，战士不离伤，十万之众咸怀集服，仍与之劳，爰及河塞，庶几无患，幸既永绥矣。"

再如李广这位东汉末年的著名将领，他以其勇猛果敢的战斗精神而被后世称赞。在上郡遭遇战中，李广带着百余骑主动出击，活捉匈奴射雕者。其后在敌众我寡、被生擒重伤的情况下，凭借机智和勇敢顺利脱身。在多次战争中，勇战敌人，后世评价"入千军阵中取上将人头，如探囊取物"。此外，射石射虎等精彩情节也展现了其勇猛过人的特征。

---

① 董志文：《浅谈〈史记〉的劳动育人作用——以〈五帝本纪〉为例》，《名作欣赏》，2023 年第 2 期。

这些人物在《史记》中被描绘为勇往直前的典型，他们在战斗中展现出非凡的勇气、坚韧和决心，不畏艰险，积极投身于国家的战争和抵抗。他们以自己的英勇行动，为国家和民族的利益而奋斗，成为后人学习和崇拜的典范。

以上是《史记》中理想人格的一些共同特征。这些特征反映了中国古代社会对于道德伦理和人格修养的高度重视，也为当今大学生树立了崇高的榜样。这些特征可以成为现代社会大学生塑造自己理想人格的参考和借鉴。

二、《史记》理想人格的当代价值

《史记》作为中国古代史书的经典之作，描绘了许多具有理想人格的人物形象，这些人物的品质和行为对当代社会仍然具有重要的价值和借鉴意义，包括：

1. 忠诚奉献的精神：《史记》中的人物多以忠诚和奉献精神为核心特征。他们对国家、民族和人民的利益始终忠诚，毫不动摇，甚至不惜牺牲个人利益。这种忠诚和奉献精神在当代社会中仍然十分重要，我们可以从中学习到对事业、家庭、社会的责任感和奉献精神。

2. 勇敢拼搏的毅力：《史记》中的许多人物勇往直前，无畏艰险，敢于冒险、战胜困难。他们以战胜自己和克服困难的精神，取得了辉煌的成就。这种勇往直前和拼搏精神在当代社会中同样具有重要意义，鼓励我们勇于面对挑战，坚持追求自己的目标。

3. 公平正义的意识：《史记》中的人物往往具有强烈的正义感和公平意识，他们坚守道义，秉持公正，为社会正义而奋斗。这种正义和公平意识在当代社会中同样重要，我们应该关注社会公平正义，秉持良好的道德和伦理观念，推动社会的公正和进步。

4. 智慧博学的品质：《史记》中的人物往往具有广博的知识和深厚的智慧。他们不仅掌握了丰富的学识，还能够将知识应用于实际生活中，解决问题，取得成就。他们通过不断学习和思考，提升自己的智慧和见识，为社会作出贡献。这种智慧和博学精神体现了对于知识和智慧的追求。

总的来说，《史记》中的理想人格在当代社会中依然具有重要的价值，我们可以从中学习到忠诚奉献、勇往直前、拼搏精神以及正义公平等品质，用于指导我们的行为和生活，推动社会的发展和进步。[1]

三、《史记》中理想人格形象的局限性

虽然《史记》中的理想人格在很多方面值得我们学习和借鉴，但也存在一些局限性：

---

[1] 何承凤：《〈史记〉德育思想及其当代价值研究》，安徽农业大学，2017。

1. 英雄人物的局限：英雄人物虽有众多优点，但依然有不少缺点。比如李广在屠杀霸陵尉时表现的心胸狭隘，项羽在鸿门宴上的优柔寡断，霍去病的浪费食物、不惜士卒等等，正因为司马迁的"实录"精神，展现了人物的复杂面。因此，阅读时需要择优弃劣。

2. 平凡人物的缺乏：《史记》中的人物往往是历史上的重要人物和英雄，他们的事迹和成就会被作者详细地叙述和记录。然而，这样的叙述使得《史记》中缺乏了平凡人物的描写。平凡的人物也有着自己的价值和意义，他们的生活和经历同样值得被关注和尊重。

3. 时代的局限：《史记》是一部古代中国的史书，其中的人物形象和理想人格受到了当时历史和社会背景的影响。比如忠君思想，天命思想等，需要用唯物史观辩证地分析看待，不能生搬硬套。

总的来说，虽然《史记》中的理想人格具有一定的局限性，但我们仍然可以从中汲取启示和借鉴，将其中的优点和价值观与现代社会的需求相结合，形成我们自己的理想人格。

四、《史记》中理想人格塑造的历史功能

1. 榜样和启示：《史记》中塑造的理想人格成为了后世的榜样和启示。通过描绘这些具有高尚品德、智慧才能的人物形象，激励和引导读者追求道德修养、知识学问和奉献精神。这些理想人格的形象为后世提供了宝贵的经验和教训，帮助人们认识到个人的力量和责任。

2. 社会价值观的传承：《史记》中塑造的理想人格体现了古代社会的价值观念和道德标准。通过对这些人物的描写和赞美，司马迁传承了中国古代社会的价值观念，强调了忠诚、诚实、仁爱、智慧等品德的重要性。这种传承使得社会价值观得到持续传承和发展。

3. 政治教育的功能：《史记》中理想人格的塑造对于政治教育具有重要的功能。通过描述这些具有治国才能和高尚品德的人物，司马迁强调了政治家的责任和使命，启发了读者对于政治治理的思考。这种政治教育有助于塑造公民意识和培养高尚的政治品质。

4. 历史记载的意义：《史记》作为中国古代最早的一部纪传体通史，通过描写理想人格，为后世提供了重要的历史资料和参考。这些人物形象和事迹的记载帮助人们了解古代社会的政治、经济、文化等方面的情况，对于研究中国古代历史具有重要的价值。

综上所述，《史记》中的理想人格通过道德榜样、精神激励、政治教化和文化传承等方面的作用，对社会产生了深远的影响。这些人格形象成为了后世的楷模，激励着人们追求卓越、追求真理和做出更大的贡献，为社会的进步和发展做出了积极的贡献，也使得《史记》成为了影响深远的文化经典。

续表

卷次	篇目
卷一百十	匈奴列传
卷一百一十一	卫将军骠骑列传
卷一百一十二	平津侯主父列传
卷一百一十三	南越列传
卷一百一十四	东越列传
卷一百一十九	循吏列传
卷一百二十	汲郑列传
卷一百二十一	儒林列传
卷一百三十二	酷吏列传
卷一百二十三	大宛列传
卷一百二十四	游侠列传
卷一百二十五	佞幸列传
卷一百二十六	滑稽列传
卷一百一十五	朝鲜列传
卷一百一十六	西南夷列传
卷一百一十七	司马相如列传
卷一百一十八	淮南衡山列传
卷一百二十七	日者列传
卷一百二十八	龟策列传
卷一百二十九	货殖列传
卷一百三十	太史公自序

　　《史记》民族传的编排方法，大体是以各民族与中央政权交往的先后为次序，将民族列传分散于诸列传之间，互为并列关系，这几篇民族史传的顺序，六篇的编次基本是以这些民族与汉交往的先后，打破了《公羊传》主张"内其国而外诸夏，内诸夏而外夷狄"以及董仲舒主张的"小夷避大夷……大夷避中国"的夷夏内外有别的思想。司马迁将民族史传与其他列传并列编排，不分主次内外，体现了民族大一统的进步思想。

二、司马迁的民族认知

（一）华夷同源的族群认知

　　先秦时期的华夷交往使华夏族逐渐产生了自我认同，相应形成了"非我族类，其心必异"的他族意识，诸夏通过将自身定义为定居、行农耕的"我族"，而与他者区分，民族边界日趋明晰，逐渐产生了共同的始祖。战国时期的文献记载了各种努力，试图将周文化圈内所有或大部分姓族归入一个共同的谱系，即黄帝。司马迁开篇《五帝本纪》从黄帝写起，认为其他四帝都是其后代，故黄帝是华夏各族的共同祖先。① 在《史记》各篇少数民族传记中，司马迁均交代了各族历史源流情况，从各族上古时期的祖先开始书写，再按照时间顺序述说各族如何从上古时期一步步发展到汉代，各族起源清晰。对于匈奴、南越、东越、朝鲜、西南夷而言，司马迁不仅清楚交代其本源，还在本源层面将其与中原相连，建构了贯通古今、囊括四海的黄帝谱系，将中华民族共同体意识的谱系精神应用于各族源流之上，主张他们与中原祖出黄帝、血脉相系，本质上与中原同本同源，旁逸斜出。《匈奴列传》开篇有："匈奴，其先祖夏后氏之苗裔也。"② 《越王勾践世家》记载："越王勾践，其先禹之苗裔。"③ 《东越列传》言："闽越王无诸及越东海王摇者，其先皆越王勾践之后也。"④ 《朝鲜列传》载："朝鲜王满者，故燕人也。"司马迁将黄帝作为中华民族的祖先，建立了中华民族的完整谱系，喻示着中华民族的大一统，增强了中华民族心理认同和文化认同，促进了中华民族大融合的历史进程。

（二）华夷有别的民族等列思想

从先秦的"华夷之辨"的思想，到秦汉时期由于统一中央集权制封建帝国的建立和政治上大一统局面的出现，与之相适应的"内诸夏而外夷狄"的"华夏"中心论的民族观也逐渐形成，各民族的民族和族群意识开始觉醒，大一统民族观的核心是以"华夏"为中心内诸夏"四夷"为辅外夷狄的正统民族观。孔子言："夷狄之有君，不如诸夏之亡也。"⑤ 贾谊认为"凡天子者，天下之首，何也？上也。蛮夷者，天下之足，何也？下也。"⑥ 董仲舒发挥《公羊传》的思想，对夷夏的分辨更为精细，强调以礼仪文化区分华夏夷狄，从王者一统的角度肯定教化"四夷"的必要性，把"天下"的民族划分出严格的明伦秩序，将夷夏分为三等，即中国、大夷和小夷，强调小夷避大夷、大夷避中国、中国避天子。不但有夷夏之别，而且还有大夷小夷之别，即在大一统的政治格局之下，各民族是分成大小贵贱等级的，最高的民族是华夏中国，其他各民族则"贵贱如其伦"。

在对少数民族地位的认识上，相较于前，《史记》歧视、轻蔑的程度相对较低，对少数民族施以了关注与重视，反映出民族共同体意识中的平等要求。司马迁继承、发展了董仲舒的思想，在华夏民族中心论与华夏王朝正统论大一统政治格局的前提下，承认各民族都是一个拥有自身民族特点的客观存在实体，并从大

---

① 罗泰著，吴长青等译：《宗子维城》上海古籍出版社 2017 年版，第 187 页。

② （汉）司马迁：《史记》卷一一〇《匈奴列传》，中华书局 2013 年版，第 2879 页。

③ （汉）司马迁：《史记》卷四十一《越王勾践世家》，中华书局 2013 年版，第 1739 页。

④ （汉）司马迁：《史记》卷一一四《东越列传》，中华书局 2013 年版，第 2985 页。

⑤ 杨伯峻：《论语译注》，中华书局 2006 版，第 26 页。

⑥ （汉）班超：《汉书》卷四十八《贾谊传》，中华书局 2013 年版，第 2240 页。

一统政治学的角度出发，把各民族纳入统一的国家之中加以考察与叙述，而并不像之前那样将其视为外族。这种民族统一观实质是旨在说明大汉王朝一统天下的合理性与广泛性，在于宣扬汉武帝"大一统"的思想，所以并不是真正意义上的民族平等概念，并未使其在《史记》中拥有绝对意义上的与中原相平等的地位。司马迁的民族观所突出的中心仍然是华夏王朝正统论和华夏民族中心论，从这点上看，他和董仲舒是一脉相承的。

（三）提倡融洽团结的民族关系

司马迁在记录各民族渊源、壮大、兴盛、衰亡的存续历史时，亦或多或少地将远古至汉武帝当朝的民族关系状况即各个少数民族之间以及中原与各少数民族的交流交往史注入各篇民族传记中，其中，不仅记录了各民族互通有无、交战征伐等有关民族关系的社会历史事件，亦记载了当朝统治者制订的一系列规定政策，反映了国家维护民族和平、处理民族矛盾争端的方式与过程，让民族关系史在《史记》中脱颖而出，成为后世民族史编撰的典范。

例如，司马迁对汉初与匈奴的和亲政策高度赞扬，"黎民得离战国之苦，君臣具欲休息乎无为，故惠帝垂拱，高后女主称制，政不出房户，天下晏然……民务稼穑，衣食滋殖。"① 但和亲并没有消除匈奴对汉朝的威胁和掳掠，司马迁谴责匈奴统治者对汉族人民的掳掠，在《匈奴列传》中他记载了高祖、吕后、文帝、景帝各个时期匈奴对汉朝北边的侵扰，痛斥他们"绝和亲，攻当路塞"，"匈奴绝和亲，侵扰北边，兵连而不解，天下苦其劳，而干戈日滋。"对于汉匈战争，他主张"坚边设候，结和通使，休宁边陲"，批评汉武帝"世俗之言匈奴者，患其徼一时之权，而务谄纳其说，以便偏指，不参彼己；将率席中国广大，气奋，人主因以决策，是以建功不深。尧虽贤，兴事业不成，得禹而九州宁。且欲兴圣统，唯在择任将相哉。"以隐晦之语倾吐了对汉武帝出战匈奴这一决策失误的遗憾，展示了他柔性处理汉匈问题的坚定立场。从中不难看出，司马迁对于民族关系这一问题的考虑以及他对于有关民族关系的当朝政策的意见与态度。具体来说，在解决民族纠纷、处理民族矛盾方面，司马迁反对华夏族主动出兵侵暴他族，他同情弱小，倾向于对境内他族采用封王、赏金、和亲等羁縻主张，向少数民族施以恩惠来拉拢对方、使其归附。司马迁柔化矛盾、安抚局势的民族关系主张，本质是向往各民族的长久稳定与共同繁荣，是倡导各族亲如一家的共同体意识的显著体现。

三、《史记》对于铸牢中华民族共同体意识的历史意义和现实意义

在漫长的历史发展中，中国各民族相互依存、休戚与共、水乳交融，形成了

---

① （汉）司马迁：《史记》卷九《吕太后本纪》，中华书局 2013 年版，第 412 页。

中华民族多元一体的格局。司马迁在撰述民族史传时立足于汉王朝，将与华夏族有交往的民族作为研究对象，记载了包括先秦时期的民族交往情况，可以看作是中国最早的民族通史。《史记》的民族整体观让读者明白统一多民族国家是由各民族共同缔造的，体现出大一统视野下史书撰述的民族共同体观念。今天我们研究铸牢中华民族共同体意识，如果不去追溯中华民族形成发展的最初源头，不去探寻中华民族共同体意识形成发展的初始，是难以丰富铸牢中华民族共同体意识的研究内涵的，也难以实质性推进铸牢中华民族共同体意识的研究。①

（一）历史意义

自《史记》创制民族史传撰述的先例以来，其后历代正史均延续其传统，形成了正史书写民族传的固定书写模式。《史记》构建的以黄帝为中心的中华民族谱系，以及华夷民族共祖黄帝的说法，经过后世正史不断继承与完善，已经成为中华各民族的一种共识，逐渐形成了一种历史自觉性。随着社会的发展，从"华夷之辩"到"天下一家"观念的变化，反映了各民族不断走向大一统的历史走向。在中国各种民族史观中，可以清晰地看到自《史记》以来民族认同观念的不断强化，不论是民族同源共祖观念，或是"正统""天下"观念，寻求民族大一统成为历代统治者的终极追求目标。

在《史记》的民族书写中，司马迁倾注其中的民族共同体意识传承，在数千年潜移默化中渗入了中华各民族的集体意识，使"中华民族共同体意识"成为深深镌刻于我们民族心理上的印记，为以民族为题材的后世文学创作奠定了情感基调，对于中国多民族友好大家庭的形成无疑有着重大历史意义，从思想意识上促进了各民族走向协同互助、交流互鉴的和睦局面，促成了中华民族的凝聚力、向心力以及民族认同感的巩固与发展。②

（二）现实意义

铸牢中华民族共同体意识是习近平新时代中国特色社会主义思想的重要组成部分，也是马克思主义中国化的最新理论成果，为我国的民族工作提供了根本遵循。回顾这个创新性理论的发展历程，可以发现"中华民族共同体意识"首次出现是在2014年中央第二次新疆工作座谈会上，习近平总书记提出"在各民族中牢固树立中华民族共同体意识"③，同年在中央民族工作座谈会上发展为"积极培

---

①　王文光，马宜果：《〈史记〉"本纪""世家"中的华夏族形成发展史——基于铸牢中华民族共同体意识的视角》，《烟台大学学报（哲学社会科学版）》2023年第3期。

②　刁生虎，王欢：《〈史记〉民族书写与司马迁的中华民族共同体意识》，《南都学坛》2022年第1期。

③　习近平：《坚持依法治疆团结稳疆长期建疆，团结各族人民建设社会主义新疆》，《人民日报》2014-05-30.

养中华民族共同体意识"①。党的十九大把"铸牢中华民族共同体意识"写入党章②。2021 年，习近平总书记在中央民族工作会议上再次强调"铸牢中华民族共同体意识是新时代党的民族工作的'纲'，所有工作要向此聚焦"③。2022 年 10 月，习近平总书记在党的二十大报告中指出："以铸牢中华民族共同体意识为主线，坚定不移走中国特色解决民族问题的正确道路，坚持和完善民族区域自治制度，加强和改进党的民族工作，全面推进民族团结进步事业。"④

《史记》中所包含的很多民族表述，与中央所提倡的民族理论与政策有着异曲同工之妙，甚至可以说，这就是现代民族精神的源头。《史记》中有关民族共同体意识的表述，对少数民族的演变和民族关系的历史进行了详细的描述，并对汉朝特别是汉武帝在调整民族关系和解决民族问题上所作的有关规定进行了详细的说明。不管在理论层面还是实践经验方面，《史记》为我党制定民族政策，探索民族关系今后的发展方向起到了指导与借鉴作用。在各民族和平相处、荣辱与共的社会主义新时代，重新审视《史记》中民族文字中所包含的"天下一统"、"各民族平等"、"合理处理各民族纠纷"的民族思想和历史观念，取其精华，去其糟粕，这对巩固和发展当代民族交往交流交融局面，为铸牢中华民族共同体意识提供文化依据，有着重要的现实意义。

四、结语

习近平总书记指出，我们伟大的祖国，幅员辽阔，文明悠久。一部中国史，就是一部各民族交融汇聚成多元一体中华民族的历史，就是各民族共同缔造、发展、巩固统一的伟大祖国的历史。我们辽阔的疆域是各民族共同开拓的，我们悠久的历史是各民族共同书写的，我们灿烂的文化是各民族共同创造的，我们伟大的精神是各民族共同培育的。⑤ 从《史记》中我们不难看出，不论是自在的中华民族共同体意识，还是自觉的中华民族共同体意识，都是与多民族国家历史紧密相联系的。从国家与民族的关系来看，国家政权对民族形成与发展至关重要，历代中央王朝与地方民族的政治、经济、文化交流奠定了华夏族为主流的统一多民族国家。从中华民族发展的角度来看，中华各民族在大一统国家内发展的历史过

---

① 习近平：《中央民族工作会议暨国务院第六次全国民族团 结进步表彰大会在京举行》，《人民日报》2014－09－30.

② 习近平：《习近平在中国共产党第十九次全国代表大会上的报告》，《人民日报》2017－10－28.

③ 习近平：《以铸牢中华民族共同体意识为主线，推动新时代党的民族工作高质量发展》，《人民日报》2021－08－29.

④ 习近平：《铸牢中华民族共同体意识 坚定不移走中国特色解决民族问题的正确道路》，《人民日报》2023－5－18.

⑤ 习近平：《坚持共同团结奋斗共同繁荣发展 各民族共建美好家园共创美好未来》，《人民日报》，2019－9－28.

程中，因为有大一统国家的支持，所以表现出了中华民族发展的整体性特征和中华各民族利益一致性特征。从现实的角度来看，当下中华民族共同体的发展离开了中国共产党作为执政党领导的中华人民共和国，中华民族是难以得到大发展的，中华民族的伟大复兴同样是难以实现的。因此，在今后的民族工作中，我们应该继承发扬司马迁的中华民族共同体意识，在此基础上探索铸牢中华民族共同体意识更多的历史基础和现实路径，通过政治、经济、文化等多维角度促进铸牢中华民族共同体意识的发展，为实现中华民族的伟大复兴不懈奋斗。

《史记》之中国式现代化思想溯源

* 本文作者何亦橦，东南大学人文学院。

习近平总书记强调："中国式现代化，深深植根于中华优秀传统文化"。中国式现代化所蕴含的中国特色，源于中华文明发展史。中华文明源远流长，有着独特的起源形成发展的历史脉络、优秀传统文化。这决定了中国实现现代化不可能走西方现代化道路，我们必须坚定历史自信、增强历史主动，坚定不移走中国式现代化道路。《史记》作为我国文化史上的一座丰碑，是全面推进中华民族伟大复兴的重要精神文化资源，为中国式现代化提供了充沛的文化养分和深厚的历史底蕴，也为人类建设制度、解决困境提供了中国智慧与中国方案。

二十大报告中指出了中国式现代化的五个中国特色，即中国式现代化是人口规模巨大的现代化，是全体人民共同富裕的现代化，是人与自然和谐共生的现代化，是走和平发展道路的现代化，是物质文明和精神文明相协调的现代化。本文将以这五个方面为切入点，探索《史记》之中国式现代化思想溯源。

一、人口规模巨大的现代化——以人为本

人口规模巨大是中国的基本国情之一，也是中国式现代化具有的不同于其他国家现代化的一个显著特征，使中国式现代化具有了鲜明的中国特色。习近平指出："现代化的本质是人的现代化。"要实现发展中大国的中国式现代化，无疑要凝聚民心，以人为本。《史记》早在西汉之时，便已具有了鲜明的人本思想，成为中国式现代化的精神源泉之一。

（一）编纂体例创新凸显人本思想

清代学者赵翼在《廿二史札记》中指出："司马迁参酌古今，发凡起例，创为全史，本纪以序帝王，世家以记侯国，十表以系时事，八书以详制度，列传以志人物。然后一代君臣政事，贤否得失，总汇于一编之中。自此例一定，历代作史者遂不能出其范围，信史家之极则也。"[①] 司马迁撰《史记》之前，史著传统上重事轻人，如《尚书》《春秋》侧重记言记事；编撰体例以编年体或国别体为主，例

---

① 赵翼：《廿二史札记》，商务印书馆 1987 年版，第 3 页。

如《左传》以时间为序组织行文,《国语》《战国策》则分国记述。而至汉武帝时期,司马迁以人物为记录主体分类著述编纂《史记》,开创了纪传体史书的先河。此外,《史记》之前的史书所关注记载的人物多为君主、贵族、游士、能臣等上层政治人物,而《史记》在此之外则同样关注到宦官、游侠、商人、农夫、歌伎、奴仆等中下层政治人物和非政治的小人物,体现出其对全社会各阶层人群的人文观照。

《史记》具体的编纂分类也体现了其以人为本的思想理念。一方面是将同类人群放在一篇,如《老子韩非列传》《廉颇蔺相如列传》等合传,《李斯列传》(附李由)等附传,《酷吏列传》《游侠列传》等类传,以人为中心进行分类合并;另一方面是充分发挥了人的主观能动性。《史记》体例的选取与编纂彰显了史官的个人意志。例如作《吕太后本纪》而不是"《惠帝本纪》",为政治失败的项羽立"本纪",为孔子、陈涉、外戚立"世家"等,表明了司马迁对历史人物的个人褒贬。

此外,"太史公曰"的评价模式也是对史官主体意识的凸显。司马迁不再只是历史的抄写人和堆砌者,而是在感受、分析、研究历史后,直抒胸臆地阐明自己的思考与情感、理想与主张。这不仅在当时是创新,对于后世的文人史官来说,这种理念与精神依然弥足珍贵。

(二)褒贬评价取向突出人文价值

自周天子之始,历代统治者都表明自己的统治代表天意,于世人强调自己受命于天,出师之名往往借"天道"以蔽"人事",上位后也大兴封禅祭祀,例如秦始皇、汉武帝都曾封禅山川。司马迁在《史记·孝武本纪》中"今天子所兴祠,泰一、后土,三年亲郊祠,建汉家封禅,五年一修封"和"今上封禅,其后十二岁而还,遍于五岳、四渎矣"的描写,都详细刻画了汉武帝对神祇、天意的追求,然而史公对"方士之候祠神人,入海求蓬莱"却"终无有验"结论的提出,以及"方士言祠神者弥众"却"其效可睹"的评价,恰恰表明了对"天道"的质疑和帝王"天子"行为的反讽,这种观点无疑体现出其人本思想的倾向。司马迁在《史记·伯夷列传》中对"天道"的质疑态度则更为明显:"余甚惑焉,倘所谓天道,是邪非邪?"这种对天道、天命的质疑,反映了其目光对个人的回归。

《史记》中不仅有隐晦的讽刺,更有直截了当的肯定与赞美。例如评价孔子的时候,引《诗经》"高山仰止,景行行止"赞扬孔子之品行才学,认为孔子"可谓至圣";评价魏豹、彭越,"虽故贱,然已席卷千里,南面称孤,喋血乘胜日有闻矣",认为他们"智略绝人",对他们的个人才智和影响力给予了认可;再如司马迁对荆轲、曹沫等人的定义,"此其义或成或不成,然其立意较然,不欺其志,名垂后世,岂妄也哉!",虽然他们侠义之举并未都取得成功,但是都坚定心志,舍生取义,得以流芳百世。

司马迁在《史记》中对历史人物进行褒贬评价,其标准取向突出了人文价值。观其言语，不以成败评定英雄，而是对个人魅力给予肯定，如项羽、韩信等。其次，司马迁极力赞颂个人生命的价值。司马迁《报任安书》中对生命进行了思考，认为"人固有一死，或重于泰山，或轻于鸿毛"，生命虽宝贵，但要死得其所，发挥价值，表现出了对个人生命的尊重。《史记·陈涉世家》中，陈胜、吴广对生命的价值进行了比较，"今亡亦死，举大计亦死，等死，死国可乎？"为了个人生命能燃烧更多光亮，他们选择了起义。斩杀将尉后，更是以生命价值号召动员："公等遇雨，皆已失期，失期当斩。藉弟令毋斩，而戍死者固十六七。且壮士不死即已，死即举大名耳，王侯将相宁有种乎！"此刻对于个人生命价值标准的评判振聋发聩。此外，《史记》也强调个人才能对国家社会的贡献，赞扬贤臣良将，如管仲、李广等。如《史记·高祖本纪》中，刘邦认为自己之所以能取得天下，是因为任用了张良、萧何、陈平。肯定人才对历史和国家社会的影响作用，同样是肯定人文价值的体现。

（三）历史国情分析强调人民理念

群众观点是马克思主义政党的根本观点。党的二十大报告提出："全党要坚持全心全意为人民服务的根本宗旨，树牢群众观点，贯彻群众路线，尊重人民首创精神，坚持一切为了人民、一切依靠人民，从群众中来、到群众中去，始终保持同人民群众的血肉联系"。《史记》中同样强调了人民群众的重要性，蕴含了"江山就是人民，人民就是江山"的深刻理念。

《史记·秦始皇本纪》中强调"'安民可与行义，而危民易与为非'，此之谓也"，指出统治者应突出人民的重要作用，国家与社会的稳定必定来源于人民的安定康乐。《史记·陈涉世家》认为"故陈王故人皆自引去，由是无亲陈王者"和"诸将以其故不亲附"是"其所以败"的原因。陈胜称王之后，斩杀了之前的故交，脱离了人民群众，失去群众的支持后犹如无本之木，无源之水，最终导致失败。同篇还引《过秦论》，指出秦朝灭亡的根本原因在于"仁义不施，而攻守之势异也"。君王对百姓仁义，才能得到群众的拥护与响应，才能长治久安。关于群众民心的重要性，也可观《史记》中刘邦、项羽言行得出结论。《史记·项羽本纪》中描述项羽入关后"引兵西屠咸阳，杀秦降王子婴，烧秦宫室，火三月不灭；收其货宝妇女而东"，烧杀掳掠；在听到沐猴而冠的评价后，"烹说者"，手段极其残忍。而对比刘邦，《史记·高祖本纪》中记载，刘邦兵至霸上，不杀秦王子婴，与父老百姓约法三章，也不接受百姓的牛羊酒食，获得了百姓的支持，"唯恐沛公不为秦王"。项羽草菅人命，刘邦惠泽百姓，二者形成鲜明对比。刘邦最后的成功可谓是人心所向，众望所归。

二、全体人民共同富裕的现代化——天下为公

全体人民共同富裕，是中国式现代化的一个本质特征。"我们说的共同富裕

是全体人民共同富裕，是人民群众物质生活和精神生活都富裕，不是少数人的富裕，也不是整齐划一的平均主义。"习近平关于共同富裕的重要论述，是习近平经济思想的重要内容，为在新阶段促进共同富裕指明了前进方向、提供了根本遵循。《史记》中的经济伦理思想对当今实现共同富裕具有重要的借鉴意义。实现共同富裕，本质上是要处理好增长和分配、效率和公平的辩证关系。

"富裕"的前提是发展，要求把"蛋糕"做大做好。共同富裕只有在坚持发展中才能实现，只有推动经济持续健康发展，才能筑牢扎实推动共同富裕的物质基础。《史记·货殖列传》肯定了商人在经济发展中的积极作用，在重农抑商的大环境中看到了商人社会分工角色的合理性。"故待农而食之，虞而出之，工而成之，商而通之。此宁有政教发征期会哉？人各任其能，竭其力，以得所欲。故物贱之征贵，贵之征贱，各劝其业，乐其事，若水之趋下，日夜无休时，不召而自来，不求而民出之。岂非道之所符，而自然之验邪？"论述了农、虞、工、商的社会分工是符合经济发展法则的。让各行各业各司其职，激发经济活动主体的积极性和能动性，从而促进社会经济的发展。司马迁对不同的社会分工都予以肯定，对于当今的伦理平等、社会公平都具有重要参考意义。

"共同"体现公平，要求把"蛋糕"切好分好。《史记》中描述了不少"达则兼济天下"的商人。根据《史记·货殖列传》："十九年之中三致千金，再分散与贫交疏昆弟。此所谓富好行其德者也。"范蠡改名朱公后，经营致富，三次赚到千金之财，却两次分散给贫穷的朋友和远房同姓的兄弟。《史记·平准书》中则记载了卜式的兼济胸襟。卜式从家中分出居住，取羊百余只，田宅财物都给了弟弟。入山牧羊十余年，羊的数量达到千余只，购买田宅。此时弟弟却一贫如洗，于是多次分给弟弟财产救济他。汉朝抵抗匈奴入侵之时，卜式上书，想捐出一半家财资助边事。一年后，匈奴归降汉朝，国库空虚，贫民迁徙，卜式又持钱二十万给河南太守，救济流民。

《史记·货殖列传》与《史记·平准书》为共同富裕的中国式现代化提供了思考路径：即既要公平对待社会分工，大力发展经济；又要有天下为公的全局观念，将个人利益和国家利益、集体利益相结合，拥有"兼济天下"的觉悟与胸怀。既要通过高质量发展提高效率效益，又要着力促进社会公平正义，让发展成果更多更公平惠及全体人民。

三、人与自然和谐共生的现代化——天人合一

大自然是人类赖以生存发展的基本条件，实现人与自然和谐共生，是中国式现代化的鲜明特点。人与自然的关系是人类社会最基本的关系之一。习近平在党的二十大报告中提出"尊重自然、顺应自然、保护自然，是全面建设社会主义现代化国家的内在要求"的重要论断。坚持人与自然和谐共生，是新时代坚持和发展中国特色社会主义的基本方略之一。

司马迁的思想体系是复杂多样的，李长之曾在《司马迁之人格与风格》中指出："司马迁的主要思想的路线，所走的却是他父亲的同样道路，这便依然是道家。道家的主要思想是自然主义，这也就做了司马迁的思想的根底。"① 司马迁以"究天人之际"为著书宗旨之一，一方面积极探究"天道"规律，另一方面深刻思考人为因素在其中的作用。

《史记》的"八书"集中反映了司马迁对天人关系的探究。"从天人关系的形而上学角度看，可分为两大类：一类主要反映自然哲学思想，《历书》《天官书》是序天地。《封禅书》是谢天地，对自然界生产力以及祖先表示感激之情，'故礼，上事天，下事地，尊先祖而隆君师，是礼之本也。'（《史记·礼书》）……《河渠书》是赞美改天换地，开门见山把大禹治水作为中国人民战胜自然灾害的典范，主张兴水利、去水害；一类主要反映社会哲学思想，并明显的带有法天则地或自然哲学的痕迹，包括《礼书》《乐书》《律（兵）书》与《平准书》。"② 对天地的尊崇体现了人对于自然的尊重，这也是人与自然关系的第一个层面。

以尊重自然为基础，探寻自然规律，顺应自然，则构成了人与自然关系的第二个层面。《太史公自序》中云"夫春生夏长，秋收冬藏，此天道之大经也，弗顺则无以为天下纲纪，故曰'四时之大顺，不可失也'"。司马迁意识到了自然界的客观规律是不以人类意志为转移的，人类必须尊重自然规律，依然规律办事，从而才能实现人与自然和谐共存发展。

但顺应自然不等同于无所作为，应当发挥人的主观能动性，利用好自然资源，应对自然挑战。如《史记·夏本纪》描述了大禹治水的情形："行山表木，定高山大川……陆行乘车，水行乘船，泥行乘橇，山行乘檋。左准绳，右规矩，载四时，以开九州，通九道，陂九泽，度九山。令益予众庶稻，可种卑湿，命后稷予众庶难得之食。食少，调有余相给，以均诸侯。禹乃行相地宜所有以贡，及山川之便利。"大禹率领民众，依据自然规律，充分发挥主观能动性，与自然灾害滔滔洪水进行斗争，最终获得了胜利。

人虽然能够利用自然，改造自然，但还是要保护自然，实现人与自然和谐共存，共同发展。《史记·殷本纪》中记载汤外出时，"见野张网四面，祝曰：'自天下四方皆入吾网。'"汤认为如此赶尽杀绝的捕猎方式不可取，"乃去其三面，祝曰：'欲左，左。欲右，右。不用命，乃入吾网。'"汤的行为被众人所认可，可见有节制地汲取自然资源、保护生态环境的思想深入人心。

《史记》中的"天人合一"思想指向三个层面：尊重自然，认识自然；遵循自然规律以达到人与自然和谐相处，利用自然规律以发挥人类主观能动性；保护自然，取之有度、用之有节。把握《史记》其观念，能够为实现人与自然和谐共生

① 李长之：《司马迁之人格与风格》，生活·读书·新知三联书店1984年版，第186页。
② 霍有光：《司马迁自然哲学与〈史记〉社会哲学》，《陕西师范大学学报（哲学社会科学版）》，1999年第1期。

的现代化、解决今天人类面临的生态环境问题提供一定的思想指导和借鉴价值。

四、走和平发展道路的现代化——天下大同

天下大同、协和万邦是中华民族自古以来对人类社会的美好憧憬。在党的二十大报告中，习近平深刻阐述了中国式现代化五个方面的中国特色，"走和平发展道路的现代化"便是其中之一。《史记》中的天下大同理念主要体现在两方面：一是和平外交，反对穷兵黩武；二是中华民族共同体意识。

《史记·吴太伯世家》中记载了二女争桑的故事："九年，公子光伐楚，拔居巢、钟离。初，楚边邑卑梁氏之处女与吴边邑之女争桑，二女家怒相灭，两国边邑长闻之，怒而相攻，灭吴之边邑。吴王怒，故遂伐楚，取两都而去。"争采桑叶只是两国交战的表面原因，本质上是控制长江中上游的荆楚由盛转衰，处于长江下游的吴迅速崛起强大，吴国伐楚是核心利益之争的必然性。对于此类扩充势力范围的不义之战，司马迁是持反对态度的。其在《史记·匈奴列传》中评价"世俗之言匈奴者，患其徼一时之权，而务谄纳其说，以便偏指，不参彼己；将率席中国广大，气奋，人主因以决策，是以建功不深。"司马迁敢于直言当权者的连年征战为的是权势，依仗的是国家客观条件而非个人英明决策，可见其对穷兵黩武的强烈否定。但司马迁并不是反对战争。《史记·平津侯主父列传》中"司马法曰：'国虽大，好战必亡；天下虽平，忘战必危。'"表明不能好战，但也不能放弃战争手段。《史记·太史公自序》云："非兵不强，非德不昌。"说明国家强大离不开军队建设，国家昌盛必须施行仁德之政。这与新时代外交政策遥相呼应。中国坚持走和平发展道路，坚定奉行独立自主的和平外交政策，与此同时不断加强国防建设，提高科研水平，增强综合国力。可以说从《史记》到新时代习近平外交思想，始终贯彻了中华民族热爱和平的精神传统。我们要全面推进国防和军队现代化建设，但不能挑起不义之战，应向着人类命运共同体的光明前景阔步前行。

《史记》已初步体现出中华民族共同体意识。"为少数民族专章设传、系统开展民族书写，则始于《史记》。"①"将少数民族作为记传对象、创设民族传的书写模式、承认少数民族在历史书写上的特殊性是《史记》少数民族传记的显著编纂特征。这给予了少数民族独立的历史出场权，使少数民族与中原汉族在历史著述中相依相存，为中华民族共同体意识的谱系建构提供了基础支撑。"《史记》共有《匈奴列传》《南越列传》《东越列传》《朝鲜列传》《西南夷列传》《大宛列传》共6篇以少数民族为名之篇，系统记载了少数民族的起源史与发展史。此外，在编排顺序上，司马迁将《匈奴列传》与中原名将相连，前为《李将军列传》，后为《卫将军骠骑列传》；将《大宛列传》放至类传之中，上承《酷吏列传》，下接《游

---

① 刁生虎，王欢：《〈史记〉民族书写与司马迁的中华民族共同体意识》，《南都学坛》，2022 年第1 期。

侠列传》。此类编排体现出《史记》不特殊对待少数民族的民族平等观念。在具体内容上，司马迁强调各民族同源共祖、同气连枝。如《史记·匈奴列传》开篇："匈奴，其先祖夏后氏之苗裔也，曰淳维。"表明匈奴为夏禹后人。《史记·南越列传》："庄蹻者，故楚庄王苗裔也。"表明南越滇王是楚庄王后代。《史记·平准书》中"及王恢设谋马邑，匈奴绝和亲，侵扰北边，兵连而不解，天下苦其劳，而干戈日滋"，体现了司马迁对于征战少数民族的不赞同以及向往和平民族关系的意愿。

构建人类命运共同体理念是习近平外交思想的重要内容，也是中国特色大国外交的鲜明标识。总书记强调："铸牢中华民族共同体意识，是全党全国的一件大事"。《史记》中协和万邦、亲仁善邻、热爱和平、民族团结的天下大同思想，为坚持新时代外交政策、实现走和平发展道路的现代化提供了坚实的理论支撑。

五、物质文明和精神文明相协调的现代化——精神力量

习近平在党的二十大报告中指出："物质富足、精神富有是社会主义现代化的根本要求。"《史记》对古代社会进行了全景式地描绘记录，无疑是一座极具中国烙印的精神富矿。从《史记》的撰写背景来看，体现了太史公求真求实的史学精神、自强不息的奋斗精神和革故鼎新的创新精神；从前文来讲，《史记》强调了以人为本的价值观、天下为公的社会观、天人合一的自然观、天下大同的民族观和国家观；从《史记》赞扬的历史人物来看，推崇了重义守诺如荆轲、爱国尽忠如李广、仁爱孝悌如尧舜、百折不挠如韩信、廉洁奉公公仪休，知耻后勇如勾践、坚守气节如田横、勤劳节俭如白圭等中华传统美德精神。

《史记》传承了中华民族的精神力量，具有丰富的审美意蕴，契合了社会主义核心价值观，为推进文化自信自强，为物质文明和精神文明相协调的中国式现代化提供了丰润的道德滋养和强大的精神力量。

六、结语

人口规模巨大的现代化决定了我们要以人民为中心，《史记》的编纂体例创新、褒贬评价取向和历史国情分析都体现出以人为本的思想理念。《史记》公平正义、兼济天下的天下为公思想为全体人民共同富裕的现代化提供了理论思考路径。《史记》天人合一的自然观包含了尊重自然、顺应自然、改造自然和保护自然的思想理念，为实现人与自然和谐共生的现代化提供了参考依据。走和平发展道路的现代化则与《史记》中和平外交、中华民族共同体思想所契合。《史记》中蕴含的民族精神与审美意蕴为物质文明和精神文明相协调的中国式现代化提供了支撑和保障。

中国式现代化具有深厚的中华文化底蕴。通过深入阐发《史记》与中国式现

代化的高度契合性，既可以发掘新时代中国特色社会主义的历史文化渊源，又有助于我们提炼中国式现代化的精神标识，打造具有中国特色、中国风格、中国气派的发展名片，为全世界人类有效提供中国方案，彰显中国智慧。一方面，我们要加强文化自信与历史自觉，从《史记》中提取出中国式现代化的文化基因、文化符号与文化精神，凝练"中国特色"；另一方面，我们要用中国话语、中国叙事讲好中国故事，概括人类现代化追求的"世界共性"，通过《史记》让世界人民更加了解中华优秀传统文化、价值理念与精神追求，突显中国式现代化的文化特色，以《史记》为桥梁，让世界人民深入中华民族、了解中国共产党、读懂中国式现代化。

从《史记》看文理平衡之道

＊本文作者王盼娣，陕西国际商贸学院文学与教育学院。

《史记》是中国古代史书中的重要篇章，以纪传体的形式，详细地记录了从黄帝时代至汉朝初年的历史事件、人物事迹和政治演变。通过对《史记》中历史人物的研究，我们可以清楚地看到古人形成了丰富多样的才能和广泛的知识背景。这些人物在各自的领域中取得了卓越的成就，并且展示出全面发展的特点。他们不仅在自己专业领域的知识上有所建树，还具备了广泛的人文素养和卓越的智慧。

当今社会，重工科与轻文科的比重逐渐倾斜，人文学科的就业前景可能相对较差，人文学科如文学、历史、哲学等在某些地区或教育体系中可能受到一定程度的忽视或缺乏足够的关注，给社会带来了一系列的挑战与问题。随着知识的不断积累和学科的不断深入，文理科领域内出现了越来越多的专业和细分领域。这使得学生在学习过程中更加专注于某一具体领域，但也可能导致狭隘化和缺乏跨学科的综合能力。在理工科领域，科技的快速进步和创新带来了许多新的应用和机遇。领域如人工智能、生物技术、物联网等日益受到关注并受益于相关的科学和技术发展。相对于理工科专业，文科专业在就业市场上面临一定的挑战。这导致了一些文科专业的发展受到限制，资源不足以支持其更全面的发展。然而，人文学科也扮演着重要的角色，能够培养学生的批判性思维、创造力、人际交往能力以及对社会、文化、道德等问题的理解和关注。本文将从《史记》中的人物和史实出发，探析重工科轻文科现状，并探讨大学生应具备的人文科学素养。

一、古人才能和知识背景的多样性

在《史记》中，我们可以看到一些历史人物的专业领域都非常突出。司马迁本身就是一位杰出的历史学家和文学家，以其扎实的历史学知识和优秀的写作能力，完成了这部史书的编纂。他身处动乱和政治斗争的时代，但他始终保持对历史真实的追求和坚定的立场。即使在被判处宫刑期间，仍然坚持写作，不屈不挠地捍卫历史记载的权威性，他的文学才华和情感表达使得《史记》成了一部既有学术价值又具有艺术魅力的巨著。他不仅致力于呈现历史的真实与客观，还注重道德与人性的思考。他的精神和学术追求体现了对历史和文化的深刻关注，展现了人文素养的内涵。

此外，许多古代君主、文人学士也在文学、诗词、音乐、绘画等方面展现了卓越才华，还有一些人物在政治、军事、经济、文化、哲学等领域也有出色的表现。孔子是一位思想家、教育家和政治家，提出的仁、义、礼、智等核心概念，影响了中国古代的思想和文化传统，对中国古代文化和政治的发展做出了巨大贡献。《孔子世家》记老子赠孔子曰："聪明深察而近于死者，好议人者也。博辩广大危其身者，发人之恶者也。为人子者毋以有己，为人臣者毋以有己。"此段记载强调了人文素养在个人和社会发展中的重要性。它涵盖了对他人的理解、尊重、合作、无私奉献等多个方面。通过培养人文素养，我们可以促进社会的和谐与繁荣，建立良好的人际关系，并在个人成长和发展中实现更高层次的自我实现。荀子是另一位重要的儒家学派代表人物，提出了人性本恶的理论，主张通过教育和规范来改善人性，被誉为中国古代儒家思想的代表之一。他们通过教育的方式培养学生的品德、思维能力和学术修养，致力于培养全面发展的人才，并提出了许多教育理论和方法。

《史记》中的古人通过自己的言行和故事展示了高尚的道德品质，他们注重伦理道德的培养，强调个人的道德修养和社会责任。商鞅以其改革思想和实践而闻名，他敢于打破陈旧的制度和观念，推动秦国从内政、军事、经济等多个方面进行全面的变革。《商君列传》中记载商鞅提出法律面前人人平等的观念："将法太子，太子，君嗣也，不可施刑，刑其傅公子虔，黥其师公孙贾。"商鞅实施法律制度时，在实践中始终坚持公正和公正原则，并未因为太子的身份或地位而减轻刑罚，而是严格按照法律程序惩罚违法者。太子继位后，太子师反扑报复，处商鞅车裂刑法，用生命捍卫了法律的权威性。《项羽本纪》中记载项籍对文武之见解言："书，足以记名姓而已；剑，一人敌，不足学；学万人敌。"此段话表明他在文化学问方面可能并没有太多的追求，更加注重武力和兵法的学习。项羽指出剑术的只能对抗一个对手，并认为这种能力并不足以称为学问的对象。《史记·淮阴侯列传》中记载韩信背水一战事迹，他不仅仅是一个出色的军事家，同时也是一个有着文学天赋的人，留下了兵学著作《韩信》三篇。作为刘邦的重要将领，韩信在《史记》中被描绘为一个聪明、勇敢和谋略高超的军事家。他在战争中展示出卓越的指挥和决断力，对于实现刘邦的统一大业起到了重要作用。这提醒当代大学生，仅仅拥有专业知识是不够的，综合能力的培养同样重要。当代大学生也应该发掘并发扬自己的长处，善于运用自己的专业技能和知识，做到在特定领域内的一人之上。同时也要意识到自己的短处，并努力改进和提升，以提高综合竞争力。这些历史人物的充分展示表明他们通常不仅擅长某一特定技能或领域，而是具备全面发展的特点。他们的知识和才能跨越了多个领域，并且能够综合运用以解决现实问题。这种全面的发展对于古代社会的进步至关重要，也为现代社会提供了启示。

《史记》中的历史人物具备丰富多样的才能和知识背景，他们的全面发展为我们探索文理平衡之道提供了有益的参考。文理平衡的教育模式旨在培养具备广阔视野、批判思维、实践创新和人文情怀的综合型人才。这样的平衡模式能够帮助学生适应现代社会的需求，并为个人的成长与发展提供更多可能性。

二、当代文理平衡之道

大学教育的目标是培养全面发展的人才，即使在特定领域取得专长，也要具备广阔的知识面和宽厚的人文素养。文理兼修可以帮助大学生培养更全面的思维方式和视野，使其成为有社会责任感、领导能力和创新精神的人才。这种全面发展有助于适应日趋复杂和多元化的社会环境，也有助于实现个人的自我价值和长远发展。即在人文学科和科学技术领域之间平衡发展，以实现综合的知识和全面的素养。它强调的是在人文学科和科学技术领域之间建立平衡发展的教育模式，使学生在知识和素养上都具备全面的发展。这样的平衡模式有助于培养具备广阔视野、批判思维、实践创新和人文情怀的综合型人才。

《史记》主要关注历史领域，但它对于当代理工科大学生的发展依然具有一定的启示意义。它强调脚踏实地的态度、探索精神和创新能力、多学科交叉和综合能力，以及岗位责任与社会担当。《史记》中商鞅变法对于理工科学生的创新变革有启示，包括敢于打破常规、结合专业知识与实践、跨学科思维与合作、追求实用性和效益，以及坚持、反思与适应。这些启示可以帮助理工科学生在创新变革中更加积极、有序地推动科技发展和社会进步。《史记》涵盖了政治、军事、经济、文化等多个学科领域，显示了司马迁的广博知识和综合能力。这提醒当代理工科大学生要具备跨学科的视野和能力，理解不同学科之间的关联，促进交叉学科合作，从多个角度解决问题，提升解决复杂问题的能力。司马迁在《史记》中展示了对历史事件的分析和评价，体现了一名历史学家对于社会的责任和担当。这提醒当代理工科大学生，作为未来的科技人才，要承担起前行时代的责任，将专业知识应用于社会需求，为社会的发展做出贡献。

对于理工科学生，具备一定的人文素养对于实现全面发展和更好地适应社会需求至关重要。理工科学生应该有对文化和历史的基本了解，这有助于他们更好地理解社会和人类发展的背景。文化和历史意识有助于培养学生的宽广视野和跨文化交流能力，使他们能够为人类社会做出更积极的贡献。理工科学生在实践和应用科学知识的过程中，必须具备良好的伦理和道德观念。他们应该明白科学和技术发展的背后需要考虑到对人类和环境的影响和负责任的行为。理工科学生应该培养跨学科思维的能力，能够将不同学科的知识和方法整合运用，解决复杂的问题。这需要他们拥有广度的知识储备和培养批判性思维的能力。与人交流和共同合作是现代社会中不可或缺的技能。理工科学生需要具备良好的沟通和表达能力，能够将自己的想法清晰地传达给他人，并理解和尊重不同领域和背景的人的观点。理工科学生应该能够将自己所掌握的技术知识与人文领域相结合，将技术应用到社会问题的解决和人类福祉的提升中。

　　《史记》作为一部杰出的历史著作，对当代文科大学生的发展具有启示意义。它强调学术才能、广博知识、批判精神、客观立场、作品的深度和严谨性，以及传承与创新的平衡。《史记》对司马迁作为一位史学家的要求非常高，他对历史的研究需要广博的知识基础和深厚的学术素养。这也启示当代文科大学生，要培养扎实的学术基础和广博的知识背景，以提高自己的学术能力。《史记》以批判的眼光审视历史，司马迁提出了他对各个时代、各个人物的评价和看法。这提醒当代文科大学生要具备批判精神和客观立场，不盲目崇拜权威，而是要从多个角度去审视和思考问题。《史记》是一部经过精心编纂和翔实考证的作品，对历史事件和人物进行了深入研究和分析。这告诉当代文科大学生，只有在研究领域中投入足够的时间和精力，进行深入的研究和严谨的分析，才能产生有深度和影响力的作品。《史记》既传承了前人的著作，又在研究方法和叙事风格上进行了创新。这给当代文科大学生指明了方向，要在传承前人的研究成果的同时，不断进行创新和探索，以发展和拓展对于文科领域的理解。

　　文科学生可以主动选修涵盖其他学科的课程，例如数学、科学、计算机科学等。这将增加学生的跨学科知识储备，并培养他们在不同领域之间进行综合思考和跨学科合作的能力。文科学生可以通过自主学习和研究来拓宽自己的知识领域，培养批判性思维和分析能力，以深入理解和分析复杂问题，这可以通过阅读、讨论、写作和参与研究项目等方式实现。他们可以选择深入研究与自己专业相关的其他学科的课题，并主动参与相关的学术研究。通过实习和参与社会活动，文科学生可以将理论知识应用于实践，并增加与他人合作和解决现实问题的经验。这也有助于建立专业网络和提高就业竞争力。政府和私人部门可以增加对文学艺术领域的资金支持和奖励措施，包括建立文学艺术创作基地、提供艺术家住房和工作场所、支持文学艺术作品的出版和展演等，以鼓励更多人从事文学艺术工作。

　　大学生应该在专业学习的同时，注重兼修文科和理科，以培养综合素质和广度。大学教育的目标是培养全面发展的人才，即使在特定领域取得专长，也要具备广阔的知识面和宽厚的人文素养。文理兼修可以帮助大学生培养更全面的思维方式和视野，使其成为有社会责任感、领导能力和创新精神的人才。这种全面发展有助于适应日趋复杂和多元化的社会环境，也有助于实现个人的自我价值和长远发展。即在人文学科和科学技术领域之间平衡发展，以实现综合的知识和全面的素养。

翻译目的论视角下《史记》英译策略研究

＊本文作者张瑞华，陕西国际商贸学院文学与教育学院；赵佰儒，陕西国际商贸学院文学与教育学院。

引　言

习近平总书记指出，"中华优秀传统文化是中华民族的精神命脉，是涵养社会主义核心价值观的重要源泉，也是我们在世界文化激荡中站稳脚跟的坚实根基。"十七大报告指出："当今时代，文化越来越成为民族凝聚力和创造力的重要源泉，越来越成为综合国力竞争的重要因素。"2021 年 5 月，习近平总书记在主持中央政治局集体学习时又强调，要讲好中国故事，传播好中国声音，展示真实、立体、全面的中国，下大力气加强国际传播能力建设，形成同我国综合国力和国际地位相匹配的国际话语权，为我国改革发展营造有利的外部舆论环境，为推动构建人类命运共同体作出积极贡献。因此，把中国优秀文化介绍给世界已成为一项重要的使命。

新时代语境下，作为中国经典史籍《史记》，它的译介显得尤为重要。《史记》与资治通鉴合称"史学双璧"，是研究中国古代汉代到上古时代的重要史料。同时，因其文笔优美，尤其在刻画人物方面更为出众，具有极高的文学价值。鲁迅称之为"史家之绝唱，无韵之《离骚》"。它是我国纪传体史学的奠基之作，开创了纪传体通史的先河，位列二十四史之首，也是我国传记文学的开端，在史学界和文学界享有很高的声誉，是我国优秀传统文化的代表作品之一。

体大思精的《史记》从 1828 年开始，就已走向世界，许多篇章被翻译成欧洲语言，此后多年在多国被多次翻译，尽管越来越多《史记》译本的出版，但最著名的仍然是杨宪益、戴乃迭夫妇的译本、华兹生的译本和倪豪士牵头翻译的版本。其中，杨宪益、戴乃迭夫妇的译本和华兹生的译本主要为选译本，倪豪士牵头翻译的版本为全译本。

本文依据翻译目的论的翻译原则，本文依据翻译目的论的翻译原则，通过对杨宪益、戴乃迭夫妇和华兹生由于各自翻译的目的不同，在对《史记》的翻译中采用的翻译策略进行解读，阐述翻译目的对于翻译策略选择的影响。同时，指出新时代、新语境下，我国典籍文化翻译的原则和策略，旨在为我国典籍翻译的策略选择提供建设性意义，进而推动典籍外译和中华文化的传播。

一、理论基础

翻译目的论的基本原则和规则首次是由德国翻译功能学派学者弗米尔论述的，他指出目的论的主要原则有三项，即：目的原则、连贯原则以及忠诚原则。其中，目的原则为首要原则，连贯原则和忠诚原则都必须服从目的原则。也就是说，在进行翻译活动时，译者不仅仅是在进行两种语言符号的转换，而是带着一定的目的和意图，以源语文本为基础的跨文化交际活动。图里在他的翻译规范理论中也指出，"翻译操作的宏观抉择，反映了译者对原文的忠实程度"，"每个时期的译本也透露了当时的语言、出版、文学风尚、读者需求和总的社会情况。"因此，译者的翻译目的一定程度上影响译者的翻译策略的选择。

二、扬译和华译的翻译目的和翻译策略

扬译和华译由于各自的身份和使命不同，在翻译《史记》时的翻译目的自然就不同。依据翻译目的论的基本原则，他们在翻译过程中所秉承的连贯原则和忠诚原则也就存在一定的差异。翻译目的不同、定位的读者群不同，就意味着译者在对文本处理方面采用的方法就会不同，翻译的策略和技巧也必然会有所不同。

（一）扬译的翻译目的和翻译策略

杨宪益、戴乃迭夫妇作为中国本土译者，当初在翻译《史记》时，受托于中国外文局，翻译目的明确指向中华文化的国际传播。杨宪益认为，《史记》的纪传体国史编撰方式和结构本身就承载着中国文化特色，不可轻易更改，如他对司马迁《史记》体例最大限度地维护和守卫便体现了其这一特点。

基于这样的翻译目的，杨宪益翻译策略选择的着力点在于复制原貌，再现经典。因此，杨宪益译本遵循忠诚原则，他在《史记》英译的过程中尽可能采用异化的翻译策略。异化策略指"译者尽可能不去打扰作者，让读者向作者靠拢"。在翻译上就是迁就外来文化的语言特点，吸纳外语表达方式，要求译者向作者靠拢，采取相应于作者所使用的源语表达方式，来传达原文的内容。异化翻译策略侧重源语意识形态和语言特色，善于传递异域文化元素，强调尽量保留原文中富有民族文化色彩的概念和意向。

例（1）在对"陈胜葬砀，谥曰隐王"（选自《陈涉世家》）中"隐王"的翻译时，杨、戴运用音译法对其进行了翻译，直接翻译为 King Yin。从这句话可以看出，陈胜死后追封的谥号为"隐王"。隐王在古代是什么官职，为什么用"隐"字作为谥号？这对于西方读者，显然很难理解，即使对于不了解这段历史的中国读者，"隐王"这一谥号都可能会理解错误。这里的"隐"蕴含着陈胜功败垂成、其位不终的意思，含有惋惜之意。但译者并未采用语义解释或其他翻译策略，依然采用异化策略中的音译，以能够最大程度地保留源语文化的文化特征，对于目标语读者而言能够保留外来语的异国情调，激起目标语读者对源语文化的向往。

目的论认为，跨文化交际是两种文化的互相融合，是两种语言之间互相交流时必不可少的桥梁，而任何两种语言之间都或多或少存在文化差异，好的翻译就是在两种语言之间尽可能地降低或减少这种文化差异，从而加大加强目标受众对译文的可接受性。其中音译法能够跨越文化内涵翻译障碍的有效途径之一，音译法能够最大程度地保留源语文化的文化特征，能够保留外来语的异国情调，但译文可能不能很好的被目标语读者完全理解。

例（2）在对"数日，号令召三老、豪杰与皆来会计事"（选自《陈涉世家》）中的"三老"和"豪杰"进行翻译时，杨 、戴以源语为导向，直接翻译为 the elders and chief citizens。译文在呈现形式上尽量保持了原文简洁句式，但并未对原文中"三老"和"豪杰"进行解读。这对于西方读者而言，如何正确理解"三老"和"豪杰"具有一定的难度。其中"三老"中的"三"是否会被理解为三个呢？显然，杨译中使用英文中的复数，说明了这里的"三"不是一个具体的数字"三"。这里的"三老"指封建社会里掌管教化的乡官，通常比较年长的长者，所以译者翻译为"the elders"；"豪杰"指当地有声望的人，译者翻译为"chief citizens"。从译文中不难看出，译者为了保留源语文化，采用了顺译法。

顺译法，顾名思义，就是指按源语文本的句子顺序，把整个句子分成若干个意义单位或信息单位，然后用增补，删减等手段把这些单位自然衔接，形成完整的意思逐一译出，这就是两种语言在文化相互关联的地方，通过顺译法来实现编码信息的转换，既保留了文本的特色，也兼顾了译文读者的接受度和认知度。目的论中的忠诚原则要求译文和原文应在具有连贯性的同时也要对源文本忠实，即忠实原文。

（二）华兹生翻译目的及其策略

华兹生是当代美国著名中国典籍翻译家之一，也是较早将《史记》译为朴实典雅的英文介绍到西方英语世界的杰出汉学家。华兹生的翻译选材与20世纪五六十年代的国际政治环境和美国的对外文化战略关系密切。"二战"后，美国在在政治、经济和军事方面实力剧增，成为世界超级大国，为了改善其文化底蕴薄弱，文化现状与其超级大国的地位不符的现状，美国通过攫取世界优秀的文学资源来构建其文化霸权地位。译介中国的传统经典是构建其文化霸权的途径之一。因此，美国政府和各大基金会投入大量资金资助了对中国经典的大型翻译工作，华兹生英译《史记》被列为哥伦比亚大学东方经典翻译工程之一，其目的是让受过教育的普通读者把其作为经典文学读物来阅读，而不是作为史学经典来研究。

特定的国际形势、意识形态、经济实力、国际关系、外交政策、文化政策都会影响翻译文本的选择。根据图里的翻译规范理论，译者会自觉或不自觉地将当时的文化战略内化为自己意识形态的一部分。华兹生翻译《史记》时的主流诗学形态强调："翻译家在翻译文学作品时必须注重译文自然、流畅、透明的文学特征，评论界和读者也看重译文的流畅性，否则美国出版界、评论界和普通读者都不会接受。"华兹生对《史记》的翻译是在 20 世纪五六十年代进行的，翻译过程受上述因素的影响尤为明显。因此，华兹生的《史记》译介深深地打上了时代的烙印。

基于复杂的现实环境，华兹生的翻译过程体现了明显的"归化"策略倾向。归化策略是要把源语本土化，以目标语或译文读者为归宿，采取目标语读者所习惯的表达方式来传达原文的内容。归化翻译要求译者向目的语的读者靠拢，译者必须像本国作者那样说话，原作者要想和读者直接对话，译作必须变成地道的本国语言。归化翻译有助于读者更好地理解译文，增强译文的可读性和欣赏性。为了达到译者的翻译目的，即使有时候由于目的语文化的强势姿态让源语文化难以在目的语中得到诠释，在保证目的语读者的阅读兴趣和流畅性的前提下，译者会采用一定的翻译技巧进行大致意思的翻译。

《史记》中有大量中国古代特有的物品，在目的语文化中完全找不到对应物。华兹生在翻译时，在不影响目的语读者阅读的流畅和兴趣下，选择译出它们的大致意思。如，在翻译"太史公曰：夏之政忠。忠之敝，小人以野，故殷人承之以敬"（选自《史记·高祖本纪》）中的术语"小人"时，华兹生就翻译成了"mean men"。根据儒家思想，这里的"小人"是指相对与"君子"而言，社会地位低或道德水平低下的人。而这句话出自司马迁关于三朝政策调整部分，他认为，夏朝政府的恶化导致了"小人"的堕落。根据语境，这里的"小人"应该与道德无关，而是指的是社会地位较低的人。根据《柯林斯词典》，"mean"这个词有三个意思，（1）being unkind to another person, for example by not allowing them to do something；（2）being very bad-tempered and cruel；（3）being unwilling to spend much money or to use very much of a particular thing. 显然，以上三种意思均与社会地位低下没有关系。显然这里的"小人"在目的语文化中找不到合适对应的词语，华兹生使用的词语"mean"进行翻译，并不能传递出中国古文化的精髓，不能忠实地表达原文的意义。这样做的目的在于迎合当时的语言和文学规范，确保译文能够被目的语国家读者接受，被出版界和评论界接受，也就自觉遵循了目的语文化系统的各种规范。

综上所述，国外学者的译本，都是将西方文化作为主体，对中国文化的"他者身份"进行旁观式的研究，不能忠实地反映我国传统文化的精髓和中华文化的完整性与独特魅力。

三、启示

当今世界正面临百年未有之大变局，当代中国正处于近代以来最好的发展时期，实现中华民族伟大复兴进入了不可逆转的历史进程。与此同时，世界各种思想文化交流交融交锋更加频繁，国际舆论斗争和软实力较量更加激烈。因此，能够讲好中国故事、肩负起把中国介绍给世界已成为新时代中国翻译人的新使命。

在当前"全球化"的大背景和中国文化"走出去"的大环境下，译者要有主动推介中国文化的使命感，既要尽量拓展读者群体，又要坚持维护中国文化特质，在坚守忠实与合理变通之间拿捏平衡点，合理选择翻译策略，恰当解决源语文化与译语文化之间的不对称性，达到有效传播中国文化的目的。

基于这样的翻译目的，对于诸如《史记》这样的典籍巨著，应该基于孙有中等学者提出的"以我为主、融通中外"的指导原则，结合典籍的思想内涵与语言特色，采用灵活多变的翻译策略。忠实传达原文思想内涵的同时，充分考虑中外语言文化差异，特别是国外受众阅读习惯和心理期待，进而保证译文的原文思想准确性、完整性与译文表达可读性、可接受性之间的有机平衡，确保典籍文化的翻译质量、增强典籍文化的对外传播效果。

中华文化"走出去"视阈下《史记》英译及海外传播研究

＊本文作者赵佰儒，陕西国际商贸学院文学与教育学院；张瑞华，陕西国际商贸学院文学与教育学院。

一、引　言

推动中华文化走出去，提高国家文化软实力，关系我国在世界文化格局中的定位，关系我国国际地位和国际影响力，关系中华民族伟大复兴中国梦的实现。中国典籍外译"是中国文化走向世界、实现中西文化对等交流、达到世界文化融合的一条重要途径"，中国典籍外译是提升中国文化软实力与国际影响力、实现"中国梦"的一个重要举措。体大思精的《史记》颇受世界关注。西方学者涉及中国文学、历史、哲学等话题时，常会涉及《史记》内容的翻译。

《史记》是具有划时代意义的巅峰之作，既是历史亦是文学名著，不仅是中国古代文化史上的一个高峰，也是世界文化史上的奇观。它冠绝二十四史之首，记录了从上古轩辕黄帝到西汉汉武帝期间跨越三千年中国史，内容涵盖了政治、经济、军事、文化、民族等。全书由"十二本纪""十表""八书""三十世家""七十列传"五大部分组成，共50多万字。

二、《史记》英译研究现状

就译学视角而言，文字真实性与文学艺术性构成《史记》不可或缺的两大特性。那么，如何让它在世界上被广为阅读与接受？中西方学者孜孜以求。

西方学者对《史记》的译介始于19世纪末。从最初对《史记》个别章节的译介到 Burton Watson、杨宪益夫妇、William Dolby 和 Raymond Dawson 的节译本，再到 William H. Nienhauser, Jr. 领衔的全译工程历时百年有余。20世纪90年代，以 William H. Nienhauser, Jr. 为主要英译者的团队进行了《史记》的全译工作。

纵观《史记》译介过程，不难看出《史记》英译的两大特点：一是《史记》

英译的时间持续百年有余，而且还在继续，20 世纪以来，越来越多的西方学者投入《史记》的英译及研究工作中，呈现出蓬勃发展的局面；二是几乎所有的节译本在选材方面都侧重故事性较强、文学特点突出的"本纪""列传""世家"等，与西方学者在《史记》英译方面的努力和贡献相比，国内学者对《史记》的英译研究做得远远不够，笔者以为有必要对《史记》的英译研究进行系统梳理，力图指出现有研究的不足以及未来可能的研究方向。

三、《史记》英译本在海外的传播

（一）华译《史记》：文学价值

《史记》在美国的第一次较大规模英译开始于 20 世纪五六十年代，是由当代美国著名汉学家伯顿·华兹生承担的《史记》选译工程。

华译《史记》的主要特点注重可读性以及文学价值。华译选取的都是《史记》中具有杰出文学性的篇目；因为对译文可读性的高度重视，华译把注释和介绍性材料控制到最低限度，以归化的方式灵活处理《史记》中对于当时美国读者来说很难理解也很别扭的专业术语或头衔称号。同时还以西方文学的叙述文本构建模式为参照，"颠倒了《史记》原文的结构顺序，打乱了本纪、世家、列传的界限，按照一般历史叙事文学情节展开的结构重新编排人物出场的顺序，使得人物塑造呈现小说中人物推进情节的轨迹。"行文流畅、自然优美的华译《史记》堪称是一部文学杰作，较好地再现了《史记》的文学成就，在传播《史记》的过程中发挥了重要作用。

（二）杨译《史记》：文化传播

中国著名翻译家杨宪益、戴乃迭英译的《史记》（Records of the Historian）选译本于 1974 年由香港商务印书馆出版。杨氏选译了《史记》中许多文学名篇，其目的是通过这些简洁精要的故事让读者了解中国历史上著名人物的生平事迹。英译文简洁朴素，几乎不用脚注，主要针对西方普通读者。

1979 年北京外文出版社出版了杨宪益、戴乃迭的英译本《史记选》（Selections from Records of the Historian），共计 31 卷内容。2001 年外文出版社出版了杨宪益、戴乃迭英译的《史记选》（Selections from Re cords of the Historian），内容共计 18 篇。这 18 篇内容全从 1979 年版本中选取，这个版本与 1979 年版不同的是将原来人名的威格码拼音转变为现代汉语拼音，并为汉英对照本，对照的中文是《史记》各篇章的古文。2007 年外文出版社出版了彩图版大开本的杨宪益、戴乃迭英译的《史记选》（Selections from Records of the Historian），这个版本由中国国际图书贸易公司发行。这个版本精选了《史记》中具有代表性的 24 卷内容该译本内容由四部分组成，本纪、世家、生活和附录。

杨宪益选译的《史记》，为了把中国独有的文化介绍给西方并促成彼此间的文化交流，以异化的方式力图保持《史记》原作风貌，提高中国的文化自觉意识，把《史记》推出国门，走入西方世界。

（三）倪译《史记》：学术价值与文化传播

20 世纪八九十年代，美国威斯康星大学东亚语言文学系倪豪士（William H. Nienhauser，Jr.）等在台湾文建会的资助下开启的《史记》全译工程。这是一个由倪豪士领衔依托包括郑再发、吕宗力、雷诺兹（Robert Reynolds）等众多专家学者通力合作的团队工程其努力方向是翻译整部《史记》。到目前为止，倪豪士领衔的《史记》英译项目小组已经先后翻译出版了《史记·汉以前的本纪》（The Grand Scribe's Records：Vol. The Basic Annals of Pre-Han China）、《史记·汉以前的列传》（The Memoirs of Pre-Han China）、《史记·汉本纪》（The Basic Annals of Han China）、《史记·汉以前的世家（上）》（The Hereditary House of Pre-Han China Part I）、《史记·汉代的列传（上）》（The Memoirs of Pre-Han China Part I）共 5 卷。按照计划工作完成时整部《史记》的英译本将达到 9 卷。

倪译《史记》旨在"译出一种忠实的、具有详细注解的、尽可能可读的、前后连贯的《史记》全译本"。注重史学研究的严谨性以及《史记》的学术价值和文化价值是倪译《史记》的主要特点。正因如此，倪译《史记》保留了《史记》原文本纪、世家、列传等的排列顺序，在译文下附有详尽的歧义考证、地点考证、相关章节成书说明、互文考证说明、文化背景知识注释及资料依据和词汇对照表等在每章译文后附有译者在翻译过程中遇到的问题的相关评注和说明、该卷已有的西文和日文译本书目、关于该卷的中外研究成果等；每整卷译本的后面附有全书的参考文献目录包括中外文的《史记》版本研究、参考文献、译本、历代注疏、关于《史记》及司马迁的研究、《史记》及《汉书》的比较、其他中文、日文和西文著作等还包括汉语拼音、汉字及官职英文译文的索引、春秋战国图、秦帝国图等（李秀英，2007）。

倪译《史记》注解详尽具有明显的史学研究特征，在翻译策略上，倪豪士英译《史记》以尽可能尊重异质文化的"异化"策略为主，主要体现在语言文字、对文化专有项的处理和译文风格三个方面，它所采取的异化翻译策略标志着《史记》英译进入了一个新的时代体现了多元共生的语境中人类对异质文化的渴望与尊重。

四、中华文化"走出去"视阈下《史记》的
海外传播效果调查

典籍英译的优劣不能以自己学者的评价作为衡量标准，好与不好需要客观的标准和数据来说明（罗选明、杨文地，2012）。因此本研究搜寻整理华氏和倪氏的《史记》译本相关同行专家书评和普通大众读者评论等两方面数据和内容，以期得到两个译本在海外传播效果，为《史记》后续传播工作提供借鉴。

（一）专家书评情况调查

翻译项目反映的是特定文化群体的兴趣（Lawrence Venuti, 1996），同行专家学者的接受程度是衡量译本接受效果的另一个途径。华译本从 20 世纪 60 年代出版以来，受到专家学者高度赞扬，如鲍格洛（Timoteus Pokora, 1963）"他的译文可读性强，真实性高。他只会让司马迁的作品说话，而不是用自己的注释和评论来增加译作阅读负担，这一点无疑是明智的。"哈佛大学杨连陞（Lien-sheng Yang, 1960）："这两卷翻译为理解和欣赏古代中国的重要历史著作《史记》做出了令人欢欣鼓舞的贡献。"普林斯顿大学牟复礼教授（Frederick W. Mote, 1962）称赞华译《史记》是美国汉学界举足轻重的成就。何炳棣（Ping-TiHo, 1963）"华兹生追求古风古味且汉代文学风格浓郁的翻译感觉，这一点让他的作品可读性强，可信度高。"葛朗特·哈代（G. Hardy, 1996）："总而言之，华兹生令人敬佩地取得了成功。"加里·阿巴克尔（Gary Arbuckle, 1996）："是一项非常了不起的成就，并对各领域的读者都将有帮助。"当然，其中也不乏批评声音，剑桥大学教授鲁惟一（Michael Loewe, 1959）和顾传习教授（C. S. Goodrich, 1962）等，如"学术性"不够，缺少详尽的注释等问题。

倪译本在译作的学术性和注释等方面取得重大进步。自出版发行以来，受到了海外汉学家的热烈讨论，澳大利亚汉学家张磊夫（Rafe De Crespigny, 1996）："译作极大促进了西方大众文化圈对古代中国的学习和理解。我认为译文是可信的，互文考证翔实有效，脚注清楚且有作用，译作让英语读者接触到《史记》和其相关研究，称得上该领域的标杆之作。"葛朗特·哈代（G. Hardy, 2015）认为："倪豪士贡献的意义是不可磨灭的。《史记》是中国历史的奠基之作，这部译作让学生和研究者接触到全注释的《史记》，无疑是一项成就，必定流传千秋。此外，这部译作更是国际团队协同翻译的典范。"

上述专家学者评价可见，华译本为《史记》"大众化"做出了巨大贡献。倪译本则获得学术界认可，促进《史记》海外汉学研究。两个译本都有助于中华文化的海外交流对话，构建中国文化对外传播话语体系。

（二）普通读者评论调查

译本在普通大众中的传播效果要考察图书大众传播渠道。本文选取美国亚马逊网站的读者书评和被称为"美国豆瓣"的 Goodreads 书评网站的读者反馈两方面内容共同说明《史记》两个译本的传播效果。

亚马逊（Amazon. com）图书作为世界最大的网络图书馆，读者评价功能有助于调查书籍的大众接受度，而且该评价在很大程度上影响书籍的销量。《史记》两个译本在 Amazon 共找到两个译本的评价共 43 条，数据更新至 2023 年 8 月 15 日，其中华译本 36 条，倪译本 9 条，杨译本 4 条。对于前者，读者普遍反映译文翻译优美，可读性强，如"This book contains only a selection of chapters from Sima Qians Opus Magnu, in a very pleasant and elegant translation by the great Burton Watson, a very renowned translator of ancient Japanese and Chinese texts. （本书翻译了司马迁旷世杰作中的若干章节，译者是著名中文和日语译者华兹生，他的译文非常优美动人。）后者读者则聚焦于精彩的脚注。

亚马逊读者评论缺少内容和思想内涵等深度交流，而读者往往更倾向于在 Goodreads 等专业书评网上发表评论，分享阅读体验。在该网站上，华译本全系列平均星级为 4.25，共计 576 人参与评分，发表评论 99 条，平均好评率为 95%，其中 5 星好评占 65%，4 星和 3 星为别为 18%、6%。倪译本全系列平均星级为 3.46，共计 32 人参与评价，发表评论 16 条，平均好评率为 92%，其中 5 星好评 15%，4 星 23%，3 星 53%。通过以上两个网站的读者评论数量和内容研究，可得知目前《史记》在海外普通大众读者中已经具有一定的传播力。但是从现有读者评论的数量和参与评分的读者数量来看，《史记》海外普通大众读者中接受程度并不高，处于边缘化地位。

典籍英译的优劣不能以自己学者的评价作为衡量标准，好与不好需要客观的标准和数据来说明（罗选民、杨文地，2012）。因此本研究搜寻整理华氏和倪氏的《史记》译本相关同行专家书评和普通大众读者评论等两方面数据和内容，以期得到三个译本在海外传播效果，为《史记》后续传播工作提供借鉴。

五、研究结论

本文通过同行专家书评和普通大众读者评论等两方面考察了《史记》英译三个最具代表性的译本在海外的传播效果。结果表明，《史记》英译的传播效果有限。随着中国文化软实力的不断提升，中国"文化走出去"是一种未来必然趋势。《史记》名列二十四史之首，在多维度对中国文化产生过深远的影响。《史记》外译传达的是背后的文化，因此，且不可在翻译中过于追求归化，而使中华特色文化过度流失。因此，典籍翻译中宜以异化为主，归化为辅，只有这样才能确保文化输出过程准确地传达中华文明，弘扬中国精神，讲述中国故事。

四、《史记》文学艺术研究

张骞功业的历史书写与形象接受研究①

＊本文作者王华宝，东南大学人文学院教授。

张骞（约前164—前114年）"凿空"西域，是丝绸之路的开拓者，作为沟通中外文明的文化符号，举世公认。而张骞形象在两千多年的历史长河中，既有早期正史文本的历史书写，也有历代文学作品的塑造，归功思维的附会之说，以及历史书写与文学传说、宗教传播、文化归因的交融再生等。张骞受到历代关注，形象不断演化，自有其强盛的生命力，有着极高的认知价值。本文简要勾勒分析张骞功业在早期文本《史记》《汉书》中的书写以及历代张骞形象的接受与特点，希望对张骞研究与评价有所助益。

一、张骞功业的历史书写

张骞史料最早见于西汉司马迁《史记·卫将军骠骑列传》《匈奴列传》《大宛列传》等，东汉班固《汉书·张骞李广利传》《匈奴传》《西域传》等也有记载与充实，历代涉及的文献记载、评论众多。这里简要梳理《史记》《汉书》中的历史书写，以便辨源析流，梳脉理络。

（一）"持汉节不失"的"博望侯"：《史记》对张骞的历史书写
名将卫青、霍去病的合传《卫将军骠骑列传》后附有公孙贺等16位征胡将领

---

① 本文为国家社科基金一般项目"《太史公书》异文整理与研究"（18BZS013）的阶段性成果。

的简略事迹，张骞列于第 9 位，其文 57 个字："将军张骞，以使通大夏，还，为校尉。从大将军有功，封为博望侯。后三岁，为将军，出右北平，失期，当斩，赎为庶人。其后使通乌孙，为大行而卒，冢在汉中。"① 简要介绍了张骞的一生：一是出使西域联系月氏等夹击匈奴，返回后封为校尉；二是跟随大将军卫青出征，因功封为博望侯；三是作为将军出征匈奴，误期后赎罪成为庶民；四是第二次出使西域联系乌孙等夹击匈奴，返回后封为掌接待宾客之事的大行令，死后葬在家乡。

该篇前文一处提及跟随卫青之事，在元朔六年（前 123 年）："张骞从大将军，以尝使大夏，留匈奴中久，导军，知善水草处，军得以无饥渴，因前使绝国功，封骞博望侯。"另一处提到跟随霍去病之事，在元狩二年（前 121 年）："其夏，骠骑将军与合骑侯敖俱出北地，异道；博望侯张骞、郎中令李广，俱出右北平，异道；皆击匈奴。郎中令将四千骑先至，博望侯将万骑在后至。匈奴左贤王将数万骑围郎中令，郎中令与战二日，死者过半，所杀亦过当。博望侯至，匈奴兵引去。博望侯坐行留，当斩，赎为庶人。"两处记载较 57 字之文丰富，可见太史公笔法"互文"之妙。《匈奴列传》未载张骞两次出使西域以及跟随卫青出征立功之事，仅有张骞跟随霍去病出征受惩之事，可以相互印证。

由此可见，跟随两位大将军出征，张骞一次因熟悉地理环境立功加之以前出使之功而封侯，另一次因带兵延误战机而赎罪成为庶民。作为军事将领的张骞，似未立下军功。

而体现张骞"使者"之功最重要的文献，当数《大宛列传》。虽以"大宛"名篇，而记载张骞的经历与言论最为丰富，是研究张骞最重要的文献资料。开篇以"大宛之迹，见自张骞"，表明"大宛这地方是由张骞发现的"。

开篇 8 字后接"张骞，汉中人。建元中为郎"。我们可以通过"汉中""建元""郎"等提取不少有用的历史信息。如"郎"字的信息量很大。"郎"在汉代是一种官名。郎官可以理解为宫廷侍卫。在皇帝身边做事，增加阅历，经过历练，再被任命担任具体的职位。并且，汉代郎官，一般是从贵族子弟中选拔出来的优秀人才。加之其家有钱赎罪等，张骞更可能出身于贵族，是有理想有抱负的青年才俊。比认为张骞只是普通农民，由马夫当上郎官，似乎更为可信。

该篇以张骞两次出使的经历和言谈展开，其后记贰师将军李广利之事，叙事与议论交错，前人认为是"结构奇绝"（清吴见思《史记论文》语）的一篇好文章。全文对张骞出使西域、开辟丝路的艰难历程有详细的描述。为联络月氏夹击匈奴，建元二年（前 139），张骞第一次出使西域，遭匈奴扣押和软禁了十余年，娶妻生子，岁月消磨人，"然骞持汉节不失"，终于找到机会逃出来，他不是保全性命往回走，而是不忘初心，牢记使命，继续踏上寻找月氏的征程，过沙漠、翻葱岭，千辛万苦，找到月氏。由于月氏改变主意，张骞只能返回，而途中又被匈

---

① 《史记》修订本，中华书局 2014 年 8 月第 1 版，2017 年 5 月北京第 4 次印本（下同），第 3561 页。

奴抓住。过了一年多，趁匈奴新老单于交替、内乱逃回长安。结果是"初，骞行时百余人，去十三岁，唯二人得还"，可见九死一生。

返回以后，张骞向汉武帝报告所到达的大宛、大月氏、大夏、康居等的情况，应当涉及对葱岭东西、中亚、西亚，以至安息（波斯）、印度（汉代称身毒，或贤豆，唐代称天竺）诸国的位置、特产、人口、城市、兵力等方面，为朝廷的决策，提供了重要的依据；基于张骞的汇报和记述，汉朝扩大了对外界的了解，是汉朝的地理大发现。张骞之行也将汉朝的影响力带到了他所到达的区域。这一区域是连接东西方的桥梁，开通西域，则"丝绸之路"成了四处蔓延的网络，成为整个世界的中枢神经系统，将各民族各地区各种文明联系在了一起。

此后，张骞提出与乌孙结盟以"断匈奴右臂"的战略设想得到汉武帝的认可，"拜骞为中郎将，将三百人，马各二匹，牛羊以万数，赍金币帛直数千巨万，多持节副使，道可使，使遗之他旁国"。元狩四年（前119），张骞第二次奉派出使西域。此次带了丝绸等大量财物。300人的使团，成功到达乌孙。尽管未能成功游说乌孙王东返，但重要的是，乌孙派使者数十人随同张骞一起到了长安。并且，张骞又分遣副使持节到了大宛、康居、月氏、大夏等国，为汉朝与乌孙等的联合与和平共处打下了良好的基础。元鼎二年（前115），张骞回到汉朝后，拜为大行令，第二年去世。

本篇"然张骞凿空，其后使往者皆称博望侯，以为质于外国，外国由此信之"，以"凿空（开通道路）"二字评价其功，以后的使者用"博望侯"的名号做信誉的保证，以此彰显张骞外交品行之高，可见张骞对后世影响极大。"博望侯"也由张骞的专名，转变为"汉使"的通名，由此滋生某种有意或无意的"误读"，将众多事迹归功于张骞，成为一种可能。

明朝王鏊《震泽长语》卷下"文章"类说："《史记》不与张骞立传，其始附《卫青》，而于《大宛传》备载始末。盖大宛诸国土俗，皆骞所归为武帝言者也。骞没后，诸使西域者亦具焉。事备具而有条例。若《汉书》，则大宛、张骞各自为传矣。"指出了《汉书》为张骞立传的正当性。

（二）"博望杖节，收功大夏"：《汉书》对张骞的历史书写

《汉书》列《张骞李广利传》，《匈奴传》《西域传》等也涉及张骞。《张骞传》的主要材料来自《史记》，增加了"骞孙猛，字子游，有俊才，元帝时为光禄大夫，使匈奴，给事中，为石显所谮，自杀"，记载张骞之孙张猛仍然沿着祖父的足迹，出使匈奴，也为沟通民族关系做出贡献。

《西域传》有"汉兴至于孝武，事征四夷，广威德，而张骞始开西域之迹"，强调其"始开西域"之功。

从史源看，张骞原始形象主要来源于《史记》，为汉武帝的军事目的出使西域，有使节与将军、大行令等身份。司马迁书写张骞的历史文本，既是对发生的历史事件的客观记录，也是对重大的典型的历史事件的意义阐发。由于司马迁对

汉武帝对匈作战持批判倾向，涉及张骞出使西域的作用也就是"事功"的评价着墨不多，对其开通西域的意义更难以体认，仅有对其个人因出使之功"尊贵"而引起吏卒效法"求使"的现象有所说明，但对张骞作为使者所保持的气节也就是"道德"的评论，则有一定的褒扬，"持节不失""为人强力，宽大信人"。

汉代扬雄沿此倾向，多加传扬，如《法言·渊骞》："张骞、苏武之奉使也，执节没身，不屈王命，虽古之肤使，其犹劣诸？"彰扬了张骞"执节没身，不屈王命"的情操。

《汉书》转换视角，《张骞李广利传》记载："自骞开外国道以尊贵，其吏士争上书言外国奇怪利害，求使。天子为其绝远，非人所乐往，听其言，予节，募吏民毋问所从来，为具备人众遣之，以广其道。"强调"事功"，更为重视功名"尊贵"。又强化坚毅果敢、忠君爱国、智慧远见，张骞形象开始有所转变并更加丰富，对其历史功绩多加肯定，如《郑吉传》"汉之号令班西域矣，始自张骞而成于郑吉"，《叙传下》以"博望杖节，收功大夏"8字总结张骞一生。《后汉书·西域传》"论曰"称张骞"怀致远之略"。张骞在汉代成为一种人生楷模。

二、历代张骞形象的接受与特点

自西汉司马迁客观书写张骞事迹以来，其形象便定格为一种文本，经东汉班固的描述，汉代中后期，张骞基本以持节"使臣"形象、将军形象、功名形象[1]、开拓者形象[2]定型。其后，被人们以不同的视野视角和判断标准审视，被不断地接受与阐释、解构与重构。人们将各自独特的生命体验注入张骞形象之中，用不同的形式书写着自己心中的历史，也书写着个体对人生重要课题的体会，生成了不同的新文本、新形象。历代对张骞的评价，主要以事功与道德两方面为标准进行衡量，展现出张骞形象的时代性、多元性、丰富性，背后隐藏的是不同的时代背景与作者的文化心理。这里简要讨论几种形象、成因及特点等。

（一）物种引进者形象

从东汉后期开始，人们认为张骞带回各种域外物产资源。因《史记·大宛列传》《汉书·西域传上》记载，汉使从西域带来蒲陶、苜蓿等物种，天马等动物，生活在汉安帝、汉顺帝时期的著名文学家王逸等[3]，认为张骞带回葡萄、苜蓿、

---

① 参见《后汉书·班超传》："大丈夫无他志略，犹当效傅介子，张骞立功异域，以取封侯，安能久事笔砚间乎？"第1571页。

② 参见宋嗣廉：《论司马迁笔下的张骞—汉武时期正确外交路线的开拓者》，《吉林师范学院学报》1995年第4期。

③ 《齐民要术》卷三《种蒜第十九》引王逸语，"张骞周流绝域，始得大蒜、葡萄、苜蓿。"《太平御览》卷七七九《奉使部三》引王逸子语，"或问：'张骞，可谓名使者欤？'曰：'周流绝域，东西数千里。其中胡貊皆知其习俗；始得大蒜、葡萄、苜蓿等。'"

大蒜等。此外，延笃也认为张骞出使西域，带回大蒜。

至魏晋南北朝时期，人们普遍认为张骞引进更多的植物种子，除葡萄、苜蓿、大蒜外，还有胡荽、安石榴、胡麻、胡桃等①。东晋张华《博物志》中记载张骞从西域带回的各种物产。另一文学家陆机在写给弟弟陆云的信中，也提及张骞"得苜蓿归""得涂林，安石榴也"②。

这些物产是否真是由张骞从西域带回？有学者认为葡萄、苜蓿等，是李广利在汉武帝太初元年（前104）伐大宛后，由汉使者带回。人们误读文本，归功于张骞。③

总的来说，张骞物种引进者形象是不符合史实的建构形象。而丝绸之路的开辟，张骞居功至伟，人们将这一时期中外的一切交往成果归功于他，也是文化归因的一种体现，又有着某种合理的内核。

（二）仙家神人形象

自东汉末佛学家（170—?）牟子记载张骞与佛教有关以后，佛、道两教的大量著作，一致认同张骞与佛教传入中国有关。甚至让张骞出现在两百年后汉明帝派遣的求法使者中。张骞形象在文学、艺术作品中呈现出与史志较大的形象变化，求仙问佛，呈现出仙家神人形象。具体又有西域求经、寻仙与乘槎经月之别。

汉武帝时代佛教传入中国之说，开始于三国时张晏误读《史记·匈奴列传》之"金人"，认为金人即当时的佛教金像，即便如正史之一的《魏书》，其《释老志》中也记载张骞出使西域始闻佛教一事，汤用彤认为，"系魏收依通西域事而臆测之辞，并非述骞所言也"，"而其所流传之故事虚妄不实"④。张骞与佛教的传播毫无瓜葛。魏晋时期，人们普遍认为"休屠王金人"是佛教传入中国之始，直至唐代中期以后，人们对西行求法之事淡泊，才对张骞西行求法之事少有书写。张骞从西域带回胡乐《摩何兜勒》，则是南北朝时期人们杜撰的历史，尽管目前见于被移植入崔豹《古今注》⑤。

张骞通西域，也有与汉武帝求仙之事相关的解读。有人认为汉武帝的欲望强烈，一直对生命没有达观的看法，西方昆仑山神仙信仰一直吸引着他，使他对西域昆仑山、天马等充满幻想，乃至不惜发动战争。张骞受汉武帝之托去求仙。⑥

《史记·大宛列传》有"汉使穷河源"之语，《汉书·张骞传》也有"自张骞使大夏之后，汉使穷河原"之语，魏晋以来，人们误读"穷河源"之人为张骞。如东晋陈寿《三国志·魏书·东夷传》说："及汉氏遣张骞使西域，穷河源，经历

---

① 参见《齐民要术》《艺文类聚》《初学记》《太平御览》诸书所引《博物志》。
② 《陆机集》，中华书局1982年版，第179页。
③ 详参李荣华：《魏晋南北朝时期张骞形象考述》，《中华文化论坛》2014年第2期
④ 《汉魏两晋南北朝佛教史》，北京大学出版社2011年版，第8—9页。
⑤ 详参阴法鲁：《中国古代音乐史料杂记三则》，《音乐研究》1988年第1期，第17—18页。
⑥ 赵雷：《张骞通西域与汉武帝的求仙动机》，《船山学刊》2008年第1期。

诸国，遂置都护以，总领之，然后西域之事具存，故史官得详载焉。"北魏郦道元《水经注》也认为，"张骞使大宛而穷河源。"清人杨守敬在《水经注疏》中指出："此以穷河源属之骞，乃删节之过。"

由此误读，张骞又有"乘槎经月"而形成登仙者形象。南北朝时期，牛郎织女的故事与张骞出使西域有了交织。乘槎经月之人由张华《博物志》所说"近世有人"变为"张骞"，由"汉使""寻源使"转为张骞，张骞已经成为乘槎经月传说中不可缺少的一部分。尽管从唐朝开始，就有人质疑张骞乘槎经月的真实性，认为此事荒诞不经。而唐宋诗词、敦煌梵文、元明清戏剧等均多涉及，津津乐道，成为一种有趣的文化现象。

唐人赵瞵指出，"《汉书》载张骞穷河源，言其奉使之远，实无天河之说。惟张茂先《博物志》，说近世有人居海上……都是凭虚之说……前辈诗往往有用张骞槎者，相袭谬误矣。纵出杂书，亦不足据"。清人冯浩针对《荆楚岁时记》中张骞乘槎的记载指出，"《博物志》止言天河与海通，近人居海渚者，年年八月见浮槎，去来不失期，人有奇志，立飞阁于查上，多赍粮而去，芒芒忽忽，不觉昼夜，奄至一处云云，不言张骞。本出傅会，不足辨也。"①

（三）多元的、流变的、糅合再造的形象

隋唐时期人们充分肯定张骞拓边之功，隋江总《陇头水》赞叹"苦辛提汉节"，"诗圣"杜甫《寄岳州贾司马六丈、巴州严八使君两阁老五十韵》诗中赞誉"讨胡愁李广，奉使待张骞"。唐代诗人笔下的张骞形象，是"苦辛提汉节"的汉朝形象大使，是"许国不谋身"的大汉社稷功臣，是"寻源博望侯"的西域开拓者，是"只得灵槎送上天"的仙家神人，成为展示大唐文明与自信的典型形象。

宋代则发生明显变化，对张骞"使臣"形象多有批评。猛批其功名、耗财的一面，虽然也有赞扬节气的一面，但总体上精神隔膜较深，张骞形象遭遇了某种程度的价值否定。宋代诗人笔下，张骞不仅是"博望昔所徙，蒲萄安石榴"的探险家，是"博望乘槎至"的仙人，更变成了"靡坏财力由斯人"的罪人，是"争残四夷国"的恶人。宋人诗文中的张骞形象被割裂，其中百折不挠的开拓包容精神被否定，使宋代的张骞形象失去了灵魂和魅力。②

元代跨过宋代的否定，张骞形象糅合再造。元代文人对于前代"张骞乘仙槎"等游仙意象进行了考证、梳理，并在绘画作品中进行了加工、再造，将"仙人""功臣"形象糅合一处。"博望侯"张骞成为元人心目中功成名就、德被高远的人物代表，其"出使绝域"的英雄形象呼之欲出。登仙与功名形象之糅合，体现出元代的理性判断。③

---

① 参见陶喻之《张骞乘槎故事源流考》，《民间文学论坛》1989 年第 2 期。

② 详参梁中效：《唐宋诗词中张骞形象的变迁》，《陕西理工大学学报（社会科学版）》2017 年第 2 期。

③ 详参于洁：《宋元人心目中张骞形象及其历史渊源》，《中原文化研究》2014 年第 1 期。

　　明代对张骞传说故事给予较多关注，并增事繁饰，情节更加生动。邓绍基《典实和传说：古代文学作品中的张骞》一文，立足于明清戏曲小说的主题学，对张骞文学形象有充分的揭示。① 明人李贽评论张骞："身所经历者，大夏、大宛、乌孙、康居诸国，不下万余里，所至戎狄皆爱而信之，以故两度得脱，无困迫忧，则其才力固有大过人者。"张骞有一种逢危难转吉祥，变排斥为包容，将仇人变朋友的能力，应当具有相当的人格魅力。

　　孙琪从《熙朝崇正集》诗歌中借用张骞乘槎刻画传教士的形象入手，讨论晚明文人利用传统文化对他者进行认知、重写，认为"这种重写反映了异质文化冲撞背景下士人的文化心理"②。

　　清代之时张骞仍出没于文人笔下和艺术品之中，甚至衍生出除妖救灾的情节。③

　　韩占红认为："文学叙事弥补了历史叙事的缺陷，使张骞成为一人'圆形'的人物，形象更加生动丰富。"④

　　1902年，梁启超在《张博望班定远合传》中高度评价张骞是"世界史开幕第一伟人也"。翦伯赞十分认同梁启超的评价，在《秦汉史》中盛赞张骞："他是一个冒险家，又是一个天才的外交家，同时又是一员战将，真可谓中国历史上出类拔萃的人物也。"

　　一般认为，近代以来，史学视角下多着重于张骞及其出使西域的史事书写、历史功绩、影响接受与坟墓考古以及与西域历史相关的研究；宗教学视阈下则以西行求法研究为主，文学界则更多关注张骞各种传说，并与其他故事联系而形成更大的叙事结构。张骞出使西域，开拓丝绸之路，推动友好交流，对消除边患起到积极作用，适应了国家战略的需要，顺应了时代的要求。当前张骞已成为中国邮票上的华夏名人，进入中学教科书的历史名人，张骞墓成功入选《世界遗产名录》。张骞纪念馆楹联："一使胜千军，两出惠万年。"是最精练的概括，也是新时代对张骞的最精当的评价。

三、几点认识

　　对张骞的评价及研究应当注意到早期文本对张骞形象的书写及态度，并系统梳理历代对张骞形象的接受及其体现出的历史认知，更要重视对张骞的历史定位与功过是非评价。这里提供几点未必成熟的几点认识：

　　（一）早期史籍《史记》《汉书》等对张骞功业的历史书写，基于事实，在价

---

① 《阴山学刊》1995年第1期。

② 《张骞典故的变迁与晚明文人眼中的传教士形象——以〈熙朝崇正集〉中艾儒略形象为例》，《理论界》2010年第3期。

③ 邹近：《张骞传说研究》，四川师范大学2016年硕士学位论文，第53、56页。

④ 《论历史叙事与文学叙事中的张骞形象》，《渭南师范学院学报》2013年第7期。

值评判与道德评价上持肯定与赞扬为主,体现史学"实录"精神。所载丝路沿线状况,反映 2000 多年前的历史,具有极高的文明互鉴作用。当然,利用考古发现、域外文献,追寻张骞的足迹,张骞与他的世界仍有巨大的探索空间。近二十年涌现了一大批讨论张骞形象在诗歌、小说、戏剧中流变的文章,人们对张骞的评价也有了更多的文献依据,也让张骞形象更为丰富、多元。

(二)张骞形象呈现动态的接受过程与不同的镜像,体现着各时代文化思潮的流变,各区域风俗人情的面貌,不同作者的情感心态,以及特定的民族思维模式与表达方式等。张骞形象提供诸多有意义的话题,激起历代持久不衰的关注。而挖掘历史人物形象流变的转折点和特征,可以观照历史人物评价的价值取向和内在逻辑。丹麦文学史家勃兰克斯认为:"文学史,就其最深刻的意义来说,是一种心理学,研究人的灵魂,是灵魂的历史。"① 各种文本在变化中深深烙下时代的印记,具有很高的历史认识价值。

(三)张骞通西域、开拓丝绸之路,过程艰辛,张骞展示出报效国家、不顾个人安危的爱国精神,勇于开拓、坚韧不拔的顽强精神,不辱使命的民族气节,信义待人的精神品质,等等,正是中华民族精神的体现,是宝贵的文化资源,具有极高的传承价值。我们有责任不断总结提炼张骞精神,彰扬其时代价值。著名学者张岂之先生认为:"没有张骞出使西域,也就不会有丝绸之路的开辟。没有丝绸之路的开辟,也就不会有了汉朝和西域以及和欧洲文化的交流,所以,通西域的意义十分重大。"张骞通西域、开拓丝绸之路的过程、意义和时代价值等,特别是其中蕴含的"丝路精神",值得我们高度重视与传承弘扬。

(四)无论是历史书写、文学叙事、宗教传播、文化归因,还是融合再生,不同元素对张骞形象的历史演化产生着影响。只有通过对不同载体中存在的"选择、建构、想象、创造"诸因素进行分析,探究各种载体是如何被书写、被建构的,以此正确认识历代对张骞功业认知和形象接受的复杂过程,才能懂得当代评价张骞,应关注其最核心的内容,那就是"凿空"西域、开辟丝绸之路,沟通中外文明。在"一带一路""人类命运共同体"语境下,张骞作为一名体现中华民族精神的楷模,人类文明"对话之路"的开拓者之一,必然成为一个永远说不完的中外文化交流精彩故事。

---

① (丹麦)勃兰克斯:《十九世纪文学主流》,人民文学出版社 1980 年版,第 2 页。

司马迁 "发愤著书" 形象的建构与意义^①

* 本文作者刘彦青，陕西师范大学文学院副教授。

《史记》的文学经典地位与司马迁 "发愤著书" 的经典形象是密切相关的。司马迁 "发愤著书" 形象，一方面影响着读者对《史记》文本的解读；另一方面因其特殊的产生情境与深厚的文化内涵，一定程度上契合了古代困厄文士的遭际与心境，从而使得司马迁与《史记》成为一种具有典范意义的文化符号，进而促进了《史记》的文学经典传播。

一、《太史公自序》开始建构司马迁形象

司马迁 "发愤著书" 的情感表露最先在《太史公自序》中出现。司马迁在《太史公自序》中已经有意识地建构自己的形象。金圣叹评《太史公自序》"此篇于《史记》为序，于太史公，便是自己列传也。故其大旨，只须前两行已尽，后与壶遂两番往复，却又忽然叙事者，正是其列传体也。" 司马迁追溯先人之言："自周公卒五百岁而有孔子。孔子卒后至于今五百岁有能绍明世，正《易传》，继《春秋》，本《诗》《书》《礼》《乐》之际？" 并自信地称 "意在斯乎！意在斯乎！小子何敢让焉？" 明确将自己与周公、孔子进行比拟，不仅表现中一种自觉的历史责任感，而且也充斥着一种舍我其谁的豪情。他设想《史记》的归宿是 "藏之名山，副在京师，俟后世圣人君子" 也类比了《春秋》篇末以 "制《春秋》之义，以俟后圣" 终结的模式。此外，他如实记录了司马谈临终遗言 "自获麟以来四百有余岁，而诸侯相兼，史记放绝。今汉兴，海内一统，明主贤君忠臣死义之士，余为太史而弗论载，废天下之史文，余甚惧焉，汝其念哉！" 这段文字又将这种责任感指向了当下。一是从《春秋》的结束 "获麟" 到司马谈的时代四百多年间没有系统的史书记载，史书出现了缺失；二是缺乏记录汉代的大一统盛世局面以及 "明主贤君忠臣死义之士" 的史书。可见司马迁修史的责任感背后实则蕴含着深厚的历史文化背景，它既有源自家族的史官文化的影响，也有司马氏父子的文化自觉意识。

① ［基金项目］本文为国家社科基金后期资助项目 "《史记》十二本纪文本生成研究"（21FZWB030）。

二、《报任安书》完成了司马迁"发愤著书" 形象的自我建构

有关"发愤著书"最直接的表述出现在《太史公自序》中，司马迁从李陵之祸的遭际出发，类比联想到与自身遭际十分相似的西伯、孔子、屈原、左丘明、孙子、吕不韦、韩非子，《诗》三百篇。司马迁基本阐述了"发愤著书"的基本内涵，即"此人皆意有所郁结，不得通其道也，故述往事，思来者"。"发愤著书"的核心思想是通过著述来抒发自己内心的郁结。此段文字复见于《报任安书》中，显示了此段文字在司马迁心中的重要性。然而与《太史公自序》颇为简要的历史人物罗列相比，《报任安书》则给这一主题补充了更多的情感背景，也即对"太史公遭李陵之祸，幽于缧绁"内容的详细介绍。他自白"与李陵俱居门下，素非相善也，趣舍异路，未尝衔杯酒接殷勤之欢"，对李陵的辩解一则出于李陵平素"有国士之风"，战时又颇有战功的客观分析，二则也是出于"主上为之食不甘味，听朝不怡""惨凄怛悼"情形下宽慰君王的忠心表达。所以对于"明主不深晓，以为仆沮贰师，而为李陵游说，遂下于理"，司马迁深感无辜。身陷囹圄，拳拳忠心无法自明，其中原委无处告愬，只落得为人所笑的下场。与《太史公自序》相比，《报任安书》增加了李陵之祸前后的经过，以及司马迁经历此次劫难的心路历程。这就使得司马迁发愤著书的前后经过更加完整，特别是对其经历李陵之祸之后内心世界的自白："仆以口语遇遭此祸，重为乡党所笑，以污辱先人，亦何面目复上父母之丘墓乎？虽累百世，垢弥甚耳！是以肠一日而九回，居则忽忽若有所亡，出则不知其所如往。每念斯耻，汗未尝不发背沾衣也。"司马迁以十分真切的语言表现了他内心的痛楚，字字辛酸，斑斑血迹。认识到沉重的历史责任感正是司马迁在舍生取义与苟且偷生二元抉择的大背景。司马迁并非没有舍生取义的勇气，诚如其所言"仆虽怯懦，欲苟活，亦颇识去就之分矣，何至自沉溺缧绁之辱哉！且夫臧获婢妾，犹能引决，况若仆之不得已乎？"而正是历史的责任感，使其选择了暂时的苟且偷生。在《报任安书》中司马迁对自己经李陵之祸的心理历程进行了细致入微的揭示，那种肠一日而九回的痛楚，那种宁死而不得的郁结，那种读书人忍辱含垢的羞耻充斥了整篇文章。《报任安书》即是司马迁的自白书，也是司马迁对汉武帝为代表的暴政时代的控诉书。清代浦起龙《古文眉诠》评价《报任安书》时说"答书大致在自白罪由，自伤惨辱，自明著史，而以谢解来书位置两头。总纳在'舒愤懑'三字内。盖缘百三十篇中，不便放言以渎史体，特借报书，一披豁其郁勃之气耳。"从情感的表现内容与表现方式可以看出，司马迁确有"不便放言以渎史体，特借报书"这种有意识的区别对待史书的态度。这反过来也说明了见于《史记》中的司马迁形象与《报任安书》中的司马迁形象是不同的。《史记》中的太史公著书是深厚历史责任下的坚守，《报任安书》则于此之外增加了更多"著书自见""著书以偿前辱"的内容。综合来看，

正如刘怀荣所言，"将'发愤著书'之'愤'释为'怨愤''怨恨'或'牢骚'，将《史记》的写作定性于'泄私愤'、发'牢骚'，无论如何也是讲不通的。"必须结合司马迁在《报任安书》中所提出的"究天人之际，通古今之变，成一家之言"宗旨，才能更加深刻地体会"发愤著书"内涵。"它是司马迁在立言活动中超越人生困境和自我局限以寻求不朽并上应天命的一种主观努力"。"发愤著书"的司马迁是慷慨豪迈的，而不应该从著书泄私愤的角度看待司马迁。

三、司马迁"发愤著书"形象促进了《史记》
文学经典的建构

《报任安书》中司马迁这种直白的情感宣泄是此前文学作品中十分鲜见的，在一定程度上背离儒家"温柔敦厚"的传统，而与屈原发愤抒情颇为接近。"发愤著书"不仅是解读《史记》文本的一个视角，司马迁"发愤著书"与屈原罹忧而作《离骚》一样，也与《报任安书》中所列举孔子、左丘明、孙子、吕不韦等众多事迹形成一个系统，成了一种深刻的文化现象，即因外在生存状态的困厄与艰辛，借助语言文字宣泄内心的情感。尽管司马迁在《太史公自序》和《报任安书》中列举了西伯、孔子、屈原、左丘明、孙子、吕不韦、韩非子等有相似遭际的困厄之士，在一定程度上已经构成了"发愤著书"的历史群体，但是直到《报任安书》中司马迁对自己困厄心境淋漓尽致地生动揭露，才为这一批"发愤著书"之士的历史形象附加了更多的真实性，"发愤著书"才成为一种为人同情的、感动的、震撼的行为模式，"发愤著述"也才成为"发愤抒情"之外另一种具有深厚内涵和典范意义的文化范式。司马迁"发愤著书"的形象建构虽不直接关涉《史记》的经典化建构，但却是站在《史记》外部对整本书的一次价值定位，其必然会影响司马迁与《史记》在读者心中的接受。后世古文家对此理论有新的发展，唐代权德舆在《梓州刺史权公文集序》中明确提出文章"舒愤懑"的主张。韩愈在《送孟东野序》中说："大凡物不得其平则鸣，……人之于言也亦然，有不得已者而后言，其歌也有思，其哭也有怀。凡出乎口而为声者，其皆有弗平者乎！"在《荆潭唱和诗序》中进一步说："夫和平之音淡薄，而愁思之声要妙；欢愉之辞难工，而穷苦之言易好也。是故文章之作，恒发于羁旅草野；至若王公贵人，气满志得，非性能而好之，则不暇以为。"其"不平则鸣"理论正是司马迁"发愤著书"理论在唐代的进一步发展。由此可见司马迁"发愤著书"理论及其形象已成为后世古文家学习的典范，特别是在中国古代文学理论的总结和集大成的明清两代。明代焦竑、陈子龙、李贽等皆继承发扬"发愤著书"说，李贽在《忠义水浒传序》里谈道："太史公曰：'《说难》《孤愤》贤圣发愤之所作也'，由此观之，古之贤圣，不愤则不作矣。不愤而作，譬如不寒而颤，不病而呻吟也，虽作何观乎？《水浒传》者，发愤之所作也。"将"发愤著书"提升为一种普遍性的创作规律，并由此延伸到《水浒传》等小说的解读上。清代金圣叹、张竹坡、

黄宗羲、廖燕、陈忱、蒲松龄等人在此基础上，或评点或创作，都高度推崇"发愤著书"说。金圣叹说："如《史记》须是太史公一肚皮宿怨发挥出来，所以他于《游侠》《货殖传》特地着精神，乃至其余诸记传中凡遇挥金杀人之事，他便啧啧赏叹不置。一部《史记》只是'缓急人所时有'六个字是他一生著书旨意。"也就是说司马迁"发愤著书"的形象在很大程度上推动了《史记》的经典化解读与经典化传播。

要离的"逆袭"

——武梁祠对《史记》刺客世界的重构

＊本文作者岳辰，国防大学军事文化学院硕士研究生。

武梁是司马迁的追慕者，其祠堂画像的历史叙事及设计理念深受《史记》创作的影响；武梁还是《史记·刺客列传》的拥趸，将书中独立记传的五位刺客均图形己之祠堂。他延续司马迁的史观挑选题材，但又试图建立一种新的历史观念评价人物。譬如，其将《史记》未录的要离事迹也纳入"刺客世界"中，表明其考察历史人物并不是单纯效仿太史公，而有自己的评价标准和理念逻辑。本文即以二人对要离的不同态度为线索，探讨、比较他们择录大刺客的标准及对该群体的真实态度，以求深入揭示武梁设立刺客画像的言外之意。

一、《史记》对武梁祠图像历史叙事及设计理念的影响

《刺客列传》是《史记》的名篇。司马迁之后，至后汉桓帝时，有经学学人武梁对《史记》和《史记》建构的"刺客世界"极其推崇，使人图形己之享堂①，即武梁祠②。武梁祠画像和《史记》具有平行的历史叙事结构，两位创作者也具有相似的历史观念。首先，二者具有平行的叙事结构。《史记》开创以线性描述朝代更迭的通史体例，武梁祠墙壁则呈现出一部从上古到汉代的图像"通史"。《史记》以"纪传"形式，根据世系、家族纽带、政治联系及道德行为等条件，综合考察个体纳入"本纪""世家""列传"三大单元中。武梁祠也通过精心挑选的个体人物来浓缩历史，并据上述条件将人物归到划分的数个模块③。司马迁惯用

---

① 汉代祠堂或是墓主在死亡前建造，或是经过长期准备，最后在葬仪集会的过程中修建的。学界一般公认武梁祠为武梁所建，祠堂内画像的设计很明显受其审美喜好与思想观念的影响，画像题材抑或由本人选择。参见巫鸿《武梁祠—中国古代画像艺术思想性》，三联书店2015年版，第241—243页。

② 武氏墓群位于今嘉祥县纸纺镇武宅山村北，是东汉官吏的家族墓地。墓地原遗存石刻出自残毁祠堂，其中包括为武梁而建的武梁祠。经考古复原，确定武梁祠原为单开间悬山顶石构建筑。武梁祠现存"祥瑞图"2石、"武梁祠画像"3石、"武家林"断石柱1石。"祥瑞图"原位于祠堂顶坡，"武梁祠画像石"原在三面墙壁。

③ 参见巫鸿：《武梁祠——中国古代画像艺术思想性》，三联书店2015年版，第168—169页。

"太史公曰"作为评语起首。而画像石中作为处士的武梁本人的肖像①，"不论在整个壁画的叙述结构中所处的位置，还是在暗示作者'史家身份'的作用上，都和司马迁《史记》的结尾章《太史公自序》相对应。"② 即表明：历史学家的观点和评价是历史叙述的一部分。

其次，《史记》和武梁祠墙壁画像之间的平行关系，基于历史观念的对应③。譬如都将历史看作惩恶扬善的教化手段。司马迁欲"罔罗天下放失旧闻，王迹所兴，原始察终，见盛观衰。"④ 他在《报任安书》中同样流露出这样的理想："网罗天下放失旧闻，考之行事，稽其成败兴坏之理。"⑤ 汉代地方官署作为"惩恶扬善"的专门场所，画像同样"不隐过，不虚誉，甚得述事之实"，以使"后人是瞻，足以劝惧"⑥。汉代祠堂石刻的源头可追溯到宫廷或者宗庙建筑的画像⑦，如王延寿称颂鲁灵光殿画像："贤愚成败，靡不载叙。恶以诫世，善以示后。"⑧ 武梁祠画像主题与灵光殿所绘如出一辙，目的也在于"垂示后嗣"⑨。此外，武梁的经学前辈班固、贾逵等人也被征召做过类似的事情。"汉明好画图，别立画官，诏博洽之士班固、贾逵辈取诸经史事，命尚方画工图画。谓之画赞"⑩，以其"存乎鉴戒"⑪。

此外，均强调天命论。董仲舒的理论核心可概括为三点：一是天人同类⑫、

---

① 巫鸿：《武梁祠——中国古代画像艺术思想性》，三联书店 2015 年版，第 34 页。

② 同上，第 169、230 页。

③ 同上，第 170—173 页。

④ 司马迁：《史记》，中华书局 1959 年版，第 3319 页。

⑤ 班固：《汉书》，中华书局 1962 年版，第 2735 页。

⑥ 应邵：《汉官仪》："尹，正也。郡府听事壁诸尹画赞，肇自建武，讫于阳嘉，注其清浊进退，所谓不隐过，不虚誉，甚得述事之实。后人是瞻，足以劝惧。"见范晔《后汉书》，中华书局 1965 年版，第 3389 页注引。

⑦ 邢义田：《画为心声：画像石、画像砖与壁画》，中华书局 2011 年版，第 146 页。

⑧ 王延寿：《鲁灵光殿赋》："图画天地，品类群生。杂物奇怪，山神海灵。写载其状，托之丹青。千变万化，事各缪形。随色象类，曲得其情。上纪开辟，遂古之初。五龙比翼，人皇九头。伏羲鳞身，女娲蛇躯。鸿荒朴略，厥状睢盱。焕炳可观，黄帝唐虞。轩冕以庸，衣裳有殊。下及三后，淫妃乱主。忠臣孝子，烈士贞女。贤愚成败，靡不载叙。恶以诫世，善以示后。"萧统《文选》第 2 册，上海古籍出版社 2005 年版，第 516 页。

⑨ 见前页注，武梁碑铭。

⑩ 见《历代名画记·述古之秘画珍图》。俞剑华《中国古代画论类编》，人民美术出版社 2000 年版，第 29 页。

⑪ 曹植：《画赞序》："观画者，见三皇五帝，莫不仰戴；见三季暴主，莫不悲惋；见篡臣贼嗣，莫不切齿；见高节妙士，莫不忘食；见忠节死难，莫不抗首；见放臣斥子，莫不叹息；见淫夫妒妇，莫不侧目；见妃顺后，莫不嘉贵。是知存乎鉴戒者，图画也。"萧统《文选》卷十一，嘉庆十四年刻本，中华书局 1977 年影印本，第 171 页。

⑫ 《春秋繁露》卷四十一《为人者天》；卷四十九《阴阳义》；卷七十《顺命》。《春秋繁露》，曾振宇注说，河南大学出版社 2009 年版，第 276、297、342 页。

人副天数①。二是天人感应②。进而是灾异天谴、祥瑞天授的谶纬论调③。作为董仲舒天人观的继承者，司马迁以究天人之际为己志④，不但在《史记》中记录了种种灾异和异常天象，其中《天官书》不乏占星之辞，是西汉末至东汉谶纬学说重要的文献依据⑤。武梁祠画像设计的理念即以天人观为指导思想，屋顶群像代表"上天征兆"，山墙是为"神仙世界"，墙壁昭示"人类历史"，由此共筑一幅立体的、囊括天人古今的宇宙图像⑥。这正是董仲舒"天人三策"、司马迁《史记》以来所兴"天人观""天命论"的精美图释。

二、《史记》刺客叙事对武梁祠刺客画像的影响

《史记》对武梁祠画像中的图像历史叙事产生了重大影响，它为这部图像历史提供了基本的框架结构⑦。甚至武梁对《史记》的服膺具体到祠堂所绘众多的人物故事或直接来源于《史记》，或深受《史记》的影响，譬如《史记》记传的五位刺客均出现在武梁祠内⑧。容庚认为《史记》是武梁祠刺客图像的文本来源⑨。巫鸿将画像内容及榜题对照东周所流行刺客故事的不同版本，发现除《史记》外，还有其他的更贴合刺客图像的文献出处⑩。诚然如此，武梁祠刺客画像与《史记》的关系，不可谓不深。其一，在众多母本中，唯《史记》所录最全，并使之独成列传体系。此后，举凡提到刺客，必绕不开《史记》。其二，根据巫鸿的研究⑪，武梁祠画像表现的曹沫故事最接近《公羊传》的版本，专诸更贴合《吴越春秋》。戏剧化的荆轲刺秦王片段，则颇似王充《论衡》引《儒书》所记情节。聂

---

① 《春秋繁露》卷五十六《人副天数》。同上，第 310—312 页。
② 《春秋繁露》卷五十七《同类相动》；卷八十一《天地阴阳》。同上，第 314、377 页。
③ 《春秋繁露》卷三十《必仁且智》。同上，第 246 页。他还在书中对"祥瑞"现象进行了系统的阐述。认为倘君王治国有方，上天会示以降瑞作为对其治国功绩的肯定。"王权天授""天降瑞以示王"可以说是集"天人感应"思想之大成。
④ 董仲舒："事各顺于名，名各顺于天。天人之际，合而为一。"司马迁："罔罗天下放失旧闻，王迹所兴，原始察终，见盛观衰，凡百三十篇，亦欲以究天人之际，通古今之变，成一家之言。
⑤ 刘宁《"究天人之际"——谶纬天文资料与〈史记·天官书〉关于恒墨之比较研究》，山东大学 2011 年，第 50—51 页。
⑥ 原位于屋顶的画像石表现的为祥瑞与灾异之象。位于山墙的画像石，东西二处东王公和西王母的画像。历史人物分布在东、西和后壁，题材有帝王、王后、忠臣、孝子、廉吏、列女、刺客等。参见《武梁祠——中国古代画像艺术的思想性》下属三章标题。
⑦ 巫鸿：《武梁祠——中国古代画像艺术思想性》，第 169 页。
⑧ 是距今发现唯一一处成系统的刺客主题画像石。处于"武梁祠画像石"第三层位置，原分布在祠堂的东、西二壁。西壁依次为曹沫劫桓、专诸刺王僚、荆轲刺秦王；东壁排列有要离刺庆忌、豫让刺赵襄、聂政刺韩王。除要离外的五位刺客见于《史记·刺客列传》。
⑨ 容庚：《汉武梁祠画像录》，北平考古学社 1936 年印行本，第 31 页下。
⑩ 巫鸿：《武梁祠——中国古代画像艺术思想性》，三联书店 2015 年版，第 318 页。
⑪ 同上，第 319—332 页。

政事①暗合《琴操》，唯有豫让内容紧贴《刺客列传》。但问题是，以上书籍，只有《公羊传》早于《史记》②，其他文本中的刺客情节，很难说不是以《刺客列传》为主要依托进行的改编扩充。虽然《战国策》和《史记》均记录了荆轲的完整故事，但后者在汉代影响更大③。其三，作为在当地颇具名望的韩诗派学者，武梁广学甄彻④。刺客画像的组合与叙事结构主要依托《史记》，情节来源又不限于该书，可以视作一种彰显祠主学识的方式。但武梁并不是太史公的忠实扈从。正如前文所述，画像上的刺客故事有不同的文本来源。此外，刺客数量、位序与《刺客列传》也存在差别。武梁祠画像打破《史记》以时间为线序的记录形式，还出现书中未录的要离形象。正如巫鸿所称："画像并非仅仅是简单地重复了《史记》的结构，或仅仅是图示了司马迁所记载的某些故事。……这部图绘历史的设计者却有着自己的雄心和特殊目的。而且，他的作品受到司马迁之后史学中新的趋势的影响。"⑤ 此外，武梁祠的修建比司马迁时代晚了近三百年，在这期间，社会观念和道德标准也发生了重大的变化⑥。

三、从要离问题观司马迁认同的刺客精神

是否选录要离进入大刺客的名单是武梁对《史记》显见的异议。要离亦是春秋时期闻名的大刺客，却为何不见于《刺客列传》的记载？是否因其事迹在作者的时代不显？司马迁在《史记·鲁仲连邹阳列传》中援引邹阳《狱中上梁王书》："荆轲之湛七族，要离之烧妻子，岂足道哉？"⑦ 可见司马迁是了解要离事迹的。

---

① 清人瞿中溶认为此处的聂政刺侠累图像实际应为高渐离刺秦王。见瞿中溶《汉武梁祠画像考》，北京图书馆出版社 2004 年版，第 253 页。虽聂、高二人均以刺客面目出现，但都可见于《史记》。此处画像身份虽有争议，但不妨碍刺客图像的组合与叙事主要参考《刺客列传》的陈述。

② 三书年代离武梁颇近。《吴越春秋》成书于东汉，作者赵晔。《儒书》不见名传，但成书大概离王充时代不远。《琴操》传为东汉蔡邕撰。

③ 譬如《史记》为《燕丹子》的写作提供了素材。《燕丹子》是汉代传记小说，佚名，成书约在东汉时期，故事抄本见《岱南阁丛书》《平津馆丛书》《问经堂丛书》等。见巫鸿《武梁祠—中国古代画像艺术思想性》，三联书店 2015 年版，第 324 页。

④ 武梁碑铭全文："□故从事武掾，讳梁，字绥宗。掾体德忠孝，岐嶷有异。治韩诗经，阙帻传讲，兼通河洛、诸子传记。广学甄彻，穷综典□，靡不□览。州郡请召，辞疾不就。安衡门之陋，乐朝闻之义。诲人以道，临川不倦。耻世雷同，不窥权门。年逾从心，执节抱分。始终不贰，弥弥益固。大位不济，为众所伤。年七十四，元嘉元年，季夏三日，遭疾陨灵。呜呼哀哉！孝子仲章、季章、季立，孝孙子乔，躬修子道。竭家所有，选择名石，南山之阳，擢取妙好，色无斑黄。前设坛墠，后建祠堂。良匠卫改，雕文刻画，罗列成行，撼骋技巧，委蛇有章。垂示后嗣，万世不亡。其辞曰：懿德玄通，幽以明兮。隐居靖处，休曜章兮。乐道忽荣，垂兰芳兮。身殁名存，传无疆兮。"（宋）洪适《隶释》，见《石刻史料新编》第一辑，台湾新文丰出版社 1977 版。

⑤ 同上，第 173 页。

⑥ 同上，第 174 页。

⑦ 司马迁：《史记》，中华书局 1985 年版，第 2475 页。

要离故事最早可见《吕氏春秋·仲冬纪·忠廉》①。作者吕不韦在书中称赞要离：
"不为赏动矣，故临大利而不易其义，可谓廉矣。廉，故不以贵富而忘其辱。"②司
马迁熟晓并高度评价该书③，以其为接续孔子《春秋》的统序纯正之作④。他还将
吕不韦比作与周文王、孔子、屈原、左丘明、孙膑、韩非等并列的倜傥非常之
人⑤，足见司马迁对其之肯定。对于吕氏推崇的大刺客要离，司马迁不会无视。
不录其人，当为故意。

　　《史记》对大刺客的择录标准不在其武艺是否高强，刺杀是否成功。如曹沫
为将，不能见胜于战场，却以盟柯掳桓之手段讨回失地。专诸定吴篡位，聂政一
意孤行。豫让报智伯不成，而荆轲徒有勇名，以弱搏强自取灭亡。其实，作者在
《刺客列传》一章最后的评语中已表明对大刺客的拔录标准："自曹沫至荆轲五
人，此其义或成或不成，然其立意较然，明也。"⑥关键在"立意"二字。曹沫有
为国大义，专诸忠心报雇主，豫让以命酬知己。聂政重信抱死志，荆轲扶弱抗强
暴。相比之下，要离刺庆忌事迹精彩曲折，但立意不高。为诈庆忌，他提议吴王
杀己妻与子，焚而扬其灰，此等行径与谄媚桓公烹子献糜的易牙何异？在故事的
最后，要离也自觉不仁，选择自杀⑦。西汉末，有人对扬雄称赞要离之义"不以
家辞国"。扬雄鄙之："火妻灰子，以求反于庆忌，实蛛蝥之靡也，焉可谓之义
也？"⑧司马迁在《报任安书》中有提到成为君子的条件，也可作为我们讨论《史
记》选录大刺客标准的参照。其称"修身者，智之符也；爱施者，仁之端也；取
予者，义之表也；耻辱者，勇之决也；立名者，行之极也。士有此五者，然后可
以托于世，列于君子之林矣。"⑨要离兼有勇略，忠心赴死，并完成使命，却唯独
不仁不爱，甚至泯灭人性，明显触碰到了司马迁"举士"的红线。而聂政刺韩却
先行子孝，后报友恩。为免暴露身份连累亲姊，自毁面容后再赴死。相较之下，
品行高下立判。

　　那么，司马迁为何在《史记》中高举刺客精神？有人认为出于对朝廷污浊之

---

①　许维遹：《吕氏春秋集释》，中华书局 2009 版，第 247—249 页。

②　同上。

③　《史记·吕不韦列传》："吕不韦乃使其客人人著所闻，集论以为八览、六论、十二纪，二十余
万言。以为备天地万物古今之事，号曰《吕氏春秋》。"司马迁《史记》，中华书局 2014 年版，第 3046
页。

④　《史记·十二诸侯年表》评价吕书："上观尚古，删拾《春秋》"。同上，第 647 页。

⑤　《报任安书》："古者富贵而名摩灭，不可胜记，唯倜傥非常之人称焉……不韦迁蜀，世传《吕
览》；韩非囚秦，《说难》《孤愤》；《诗》三百篇，大底圣贤发愤之所为作也。"见萧统《文选》（［清］
胡克家刻本），李善注，中华书局 1977 年版，第 580 页。

⑥　司马迁：《史记》，中华书局 1982 年版，第 2538 页。

⑦　要离曰："夫杀妻子焚之而扬其灰，以便事也，臣以为不仁。夫为故主杀新主，臣以为不义。
夫三挫而浮乎江，三入三出，特王子庆忌为之赐而不杀耳，臣已为辱矣。夫不仁不义，又且已辱，不
可以生。"许维遹《吕氏春秋集释》，中华书局 2009 版，第 247—249 页。

⑧　扬雄：《法言·渊骞》，见汪荣宝：《法言义疏》，中华书局 1987 年版。

⑨　见萧统：《文选》（［清］胡克家刻本），李善注，中华书局 1977 年版，第 580 页。

风的不满，抑或遭受残暴与不公的某种情感投射。暂且不论这些来自外界的影响，我们明显可感知到，司马迁笔下刺客精神的核心固然是"义"。而真正打动司马迁的则还有来自某种精神世界的气质，它能使懦夫增气，使布衣行烈。我们仍能在司马迁的身上感受到这种"轻死重气"汉初遗风①，恰诚其所言："人固有一死，或重于泰山，或轻于鸿毛，用之所趋异也。"正若他欣赏那些刺客们"以意气相尚，一意孤行，能为人所不敢为。"② 故以"其义或成或不成，然其立意较然，不欺其志。"司马迁在《报任安书》中也流露有这样的气格："虽万被戮，岂有悔哉!"③ 感慨啸歌，大有燕赵烈士之风④。

四、从要离问题窥武梁对刺客的真正态度

相比《史记·刺客列传》不录其人，武梁祠画像为何"补录"要离加入原司马迁建构的"刺客世界"？他推崇刺客又出于什么样的心理？有人认为曹沫、专诸、荆轲画像分布在祠堂西壁，聂政、要离见于东壁，或为取左、右数量对称之彰显形式，画像的设计者需再择一人加入进来，以名气论，要离为不二之选。但是，东西二壁并非每层主题画像皆以对称的均数分布。还有观点认为武梁所治经学的典籍《韩诗外传》也记载了要离的事迹，因此其有慕贤之意。但该书没有记载要离最重要的事迹——刺杀庆忌⑤，反而更能说明，武梁祠设计"要离刺庆忌"的画像别有用意。巫鸿认为武梁祠历史人物画像以"三纲"理念规划主题⑥，依次分为帝王——列女、孝子和臣子。那么，刺客的第一身份就被当作了僚属，而非游侠一类的义士群体。基于此种逻辑，要离为报君主火妻灰子的事情，依据韩非子"臣事君，子事父，妻事夫"⑦ 的理念，他无疑是绝对忠诚的典范。这或许能解释武梁将其与五大刺客的并举之设。

然而，新的问题随之而来。作为当地颇具名望的家族⑧，武梁借刺客画像设想的潜在效忠的对象到底是皇帝还是府君？毕竟，正如钱穆先生所谓，整个东汉地方上的士人，大都存在一种二重的君主观念⑨。"州郡请召，辞疾不就。安衡门

　　① "及汉祖杖剑，武夫勃兴，宪令宽赊，文礼简阔，绪余四豪之烈，人怀陵上之心，轻死重气。"范晔《后汉书》，中华书局 1965 年版，第 2757 页。

　　② 清代赵翼："自战国豫让、聂政、荆轲、侯嬴之徒，以意气相尚，一意孤行，能为人所不敢为。"见王树民《廿二史札记校证》上册卷五"东汉尚名节"条，中华书局 2005 年版，第 102 页。

　　③ 见萧统：《文选》（〔清〕胡克家刻本），李善注，中华书局 1977 年版，第 580 页。

　　④ 吴楚材、吴调侯编选：《古文观止》卷 5，中华书局 1959 年版。

　　⑤ 韩婴《韩诗外传集释》，许维遹校释，中华书局 1980 年版，第 343 页。

　　⑥ 巫鸿：《武梁祠——中国古代画像艺术思想性》，三联书店 2015 年版，第 204 页。

　　⑦ 王先慎：《韩非子集解》，钟哲点校，中华书局 2019 年版，第 510 页。

　　⑧ 据对武氏祠与碑文的考究。

　　⑨ 钱穆：《国史大纲》，台湾商务印书馆 1988 年版，第 163—164 页。

之陋，乐朝闻之义。诲人以道，临川不倦。耻世雷同，不窥权门。"① 这段碑文明示了我们，武梁对地方政府采取的是不合作的姿态，因此不存在借画像表忠的含义。而通过下文更细微的考察可发现，或许在武梁一派的学者看来，刺客的忠臣属性也只相对理想下的帝王而言，如画像石第一层除夏桀以外的古代贤君们。对于现实中的中央政府，刺客画像或许实际担负着另一种使命——"不臣之礼"下的劝诫含义。

此前，一些汉儒们就刺客群体是否属于"忠臣典型"这一问题多有意见。王延寿《鲁灵光殿赋》"忠臣义士，烈士贞女"② 一句，有意将作为"烈士"的刺客们③与"忠臣"分开称颂。班固《汉书·古今人表》对大刺客们的评价态度整体偏向否定④。前文在讨论要离问题时，有提及扬雄与人关于刺客们"不以家辞国"是否为忠义楷模的问题讨论一事。扬雄驳称"要离为蛆蝥之靡，聂政为壮士之靡，荆轲为刺客之靡，皆不可谓之义"，更视荆轲为"君子盗诸"⑤。这两种相对的评价立场表明："作为贯彻私人恩义结合的典范，刺客的行为具有崇高的价值；但是，根据中央的立场，这种行为混淆了忠诚与私义，具有极其危险的破坏性，必须对之采取排斥与压制的态度。"⑥ 以上材料启示我们应重新审视武梁祠刺客画像的"忠臣"内涵，进一步思考武梁对以要离为代表的刺客群体的真实态度。

首先我们需要清楚一个前提：汉儒帮助皇帝建构统一国家意识形态的理论体系，维护其统治权威。皇帝也要接受儒士掌控权威理论的解释权，以此保护该阶层的政治权利。天人观、谶纬论和纲纪思想，就是皇帝和经儒通过白虎观会议达成的对王朝"合作统治"的理论共识⑦。在维护共同政治利益的前提下，士人们各取所需。司马迁以后的儒士们围绕刺客臣德问题所产生的分歧，源于不同学派的学理矛盾，实际则是现实的社会形势下所站立场的政见之别。

史载贾逵、班固、丁鸿、成封、李育、杨终等经学大家在白虎观会议上讨论

---

① 见"武梁碑铭"一注。

② 见"王延寿《鲁灵光殿赋》"一注。

③ 据唐人李善对《鲁灵光殿赋》的注释，"烈士"指豫让、聂政一类的刺客。萧统《文选》第 2 册，上海古籍出版社 2005 年版，第 516 页。

④ 其设九等来品评历史人物，那些著名刺客大都分布在靠后的五至七等。聂政、豫让与高渐离同列四等，荆轲与专诸分列五等、七等，只有曹刿（即曹沫）列入三等。但是，曹刿的好评或许与劫持齐桓公的事件无关。班固《汉书》中华书局 1962 年版，第 915、928、937、942、944、951、955 页。参见任鹏《武梁祠的刺客画像研究》清华大学学报（哲学社会科学版），2012 年第 3 期，第 139 页。

⑤ 扬雄：《法言·渊骞》。见汪荣宝《法言义疏》，中华书局 1987 年版。司马光对杨雄评论刺客的观点深表认同。见司马光《资治通鉴》，中华书局 1956 年版，第 232 页。

⑥ 任鹏：《武梁祠的刺客画像研究》，清华大学学报（哲学社会科学版）2012 年第 3 期。

⑦ 三纲的思想观念，在董仲舒那里已经形成，但是尚未有明确的表述。而《白虎通义》第一次非常清晰地表达出了三纲的观念，构建了"三纲法天地人，六纪法六合"的伦理体系。"三纲"：君为臣纲，父为子纲，夫为妻纲。"六纪"：诸父有善，诸舅有义，族人有序，昆弟有亲，师长有尊，朋友有旧。

经义异同，辩论激烈①，其中就包括"王霸"与"王者不臣"两种观念对立的儒理之争②。在对待刺客的问题上，扬雄、班固等人的观念明显似前者，即持君本位的世界观。作为政坛上的既得利益人，这类汉儒往往代表的是皇帝的意志。而另一类儒士则认为合理的君臣关系不该绝对隶属，而理想于一种礼制型的，基于权责观的"职业契约关系"，即"君使臣以礼，臣事君以忠"③。倘"君之视臣如土芥，则臣便视君如寇雠。"④刘向在《说苑·奉使》中借转述来高举刺客们的"布衣士怒"："夫专诸刺王僚，彗星袭月，奔星昼出；要离刺王子庆忌，苍隼击于台上；聂政刺韩王之季父，白虹贯日，此三人皆布衣韦带之士怒矣。与臣将四士，含怒未发，其厉于天。士无怒即已，一怒伏尸二人，流血五步。"又通过刺客谢扬之口将这种"不臣之礼"的观念表达出来："君能制命为义，臣能承命为信。"⑤ 这类儒士显然更倾向以"不臣之礼"欣赏作为僚属的刺客群体，武梁推举要离等刺抑或有此意。

五、武梁祠刺客画像的喻义

武梁所处时代，朝廷前有外戚跋扈，后有阉宦乱政，士权不振。作为对阉党与外戚势力的反击，儒士们大抵采取以下措施来扩大阶层对中央的影响力。第一步，辞官不仕获取清名，卷起清议之风控制天下舆论。恰如范晔谓："主荒政缪，国命委于阉寺，士子羞与为伍，故匹夫抗愤，处士横议，遂乃激扬名声，互相题拂，品核公卿，裁量执政，婞直之风，于斯行矣。"⑥ 士风所染，武梁亦"安衡门之陋，乐朝闻之义。……耻世雷同，不窥权门。年逾从心，执节抱分。……大位不济，为众所伤。"武梁的高逸姿态与不仕之事，在儒生圈中得到了普遍的共情。类似"大位不济，为众所伤"的话风也见后来蔡邕为大儒陈寔撰写的墓辞中——"大位未跻。惭于臧文窃位之负。故时人高其德，重乎公相之位也。"⑦ 东汉中晚期，社会上存在大量的"上不臣天子，下不事郡守"的隐逸士人，他们"以道事君，不可则止"，反对"不仕则不治，不任则不忠"⑧ 的君本位思想。作为"名士"，他们的德行、学识与政治口碑为时人所尚，言行甚至能够左右皇权阶层的政治选择。他们并不是完全回避政治，而是"以退为进"，组建清流网络与阉党和外戚势力抗衡。

---

① 如公羊学家李育和《左传》学者贾逵的辩论："育以《公羊》义难贾逵，往返皆有理证，最为通儒。"见范晔《后汉书·儒林列传（下）》，中华书局1965年版，第2582页。

② 见《白虎通义》卷六《王者不臣》条目。

③ 《论语·八佾》。

④ 《孟子·离娄章句下》。

⑤ 刘向：《说苑》，见《四部丛刊》初编（七十五），上海商务印书馆1937年缩印本，第55页。

⑥ 范晔：《后汉书》，中华书局1965年版，第2757页。

⑦ 《文选》卷五八蔡邕《陈太丘碑文》。

⑧ 《韩非子·外储说右上》，见王先慎撰，钟哲点校《韩非子集解》，第317页。

　　第二步，利用对"官方理论"①的解释权，夸大谶纬迷信的作用对朝廷施压。武梁所属的韩诗今文派，热衷于谶言符命，并以隐逸不争的姿态体现儒家纯粹的德行，更以诠释上天的意旨为最高的使命②。在桓帝时期，皇权倾颓，纲纪废弛，有一部分人对入仕忠君已有质疑③，甚至郭林宗发出"吾夜观乾象，昼察人事，天之所废，不可支也"的感慨④。加之彼时统治者自身也忙于争夺权利，无暇控制思想，使儒生们得以有机会制作新的谶纬⑤。如前文提到武梁祠屋顶的征兆图像，就存在祥瑞和灾异两种对立的景观。

　　此外，还可利用祠堂这种承载特殊社交功能的场所和葬礼仪式，达成重要的社会和政治目的⑥。一些名士的丧葬的集会规模往往振动一方，如上文提到的大儒陈寔，他的葬礼有三万多人参加⑦，这种例子在史书中屡屡可见，不再赘述。墓祠既是子孙潜在的仕途之门，向外界传播其孝廉之名，也是借吊祭申明和确认士人立场、展开清议的舆论场所⑧。同时，参加这些集会的人士还是祠堂画像的欣赏者，而历史人物画像本身就有承载政治礼教功能的传统⑨，既有对明君贤士歌功颂德的一面，也包含以儒家伦理为准则的向上劝诫的内涵。与刺客图像横向相连，同处于第三层区域臣子主题的钟离春画像⑩，她是列女的楷模⑪，却没有被安排在第二层的贞妇主题画像中，而是在其所属区域，同六位刺客和两位大臣蔺相如、范雎一起成为武梁心中的忠臣典范。但钟离春对齐王的忠诚也并非绝对服从式的忠诚，画像要强调的含义或许与顾恺之《女史箴图》中"班姬辞辇"的故事存在同样的理念，即劝勉君王。这无疑和"见令妃顺后，莫不嘉贵"⑫的君本位"忠君事夫"类的画像存在不一样的教化喻义。

　　综上所述，我们有理由认为大刺客们是被武梁拔为"不臣之礼"下的忠臣典范，意在以其维护儒生理想中的天下秩序——源于白虎观会议后皇帝与儒士双方

---

　　① 统治者重儒崇经，通过礼遇儒士、刊定经典及将儒学谶纬化的系列举措来统一意识形态、巩固统治。白虎观确立的《白虎通义》就是将儒家经学、阴阳五行和谶纬糅合在一起，解释封建社会政治制度和道德观念的法典。
　　② 巫鸿：《武梁祠—中国古代画像艺术思想性》，三联书店 2015 年版，第 115、117 页。
　　③ 张野：《汉晋间风俗观念与政治实践的互动》，南开大学 2013 年，第 136 页。
　　④ 范晔：《后汉书》卷六十八《郭泰传》，中华书局 1965 年版，第 2225 页。
　　⑤ 刘宁：《究天人之际》——谶纬天文资料与〈史记·天官书〉关于恒墨之比较研究，山东大学 2011 年，第 50—51 页。
　　⑥ 同上，第 244 页。
　　⑦ 同上，第 243 页。
　　⑧ 任鹏：《武梁祠的刺客画像研究》，清华大学学报（哲学社会科学版）2012 年第 3 期，第 140 页。
　　⑨ 郑午昌认为汉代绘画通常被用于"藻饰礼制，宏协教化。"并把统治者利用绘画以满足政教需要的事迹分为纪功、颂德、明礼制、表孝行、表贞行、表独行、表烈行、表学行等方面。郑昶《中国画学全史》，上海人民出版社 1985 版，第 17—25 页。
　　⑩ 武氏祠前石室中还存在"高渐离刺秦王"与"钟离春"图像。
　　⑪ 刘向：《列女传》，见《四部丛刊》（六十），上海商务印书馆 1937 年缩印本，第 83—84 页。
　　⑫ 见曹植：《画赞序》一注。

达成的合作治国的共识。春秋战国时期"各为其主"式的忠诚显然不再适用于帝王要求的集权制国家，甚至成为集权的阻碍。刺客和侠士这种为皇帝所忌惮的特殊群体，恰可为支持"不臣之礼"的儒士们利用，使之被动成为约束中央行为的"政治边界"和"谶纬符号"，以"布衣士怒"作为预言和警示，规劝王者应廓清寰宇，迎回挟儒术理国的士人群体，复归与之共治天下的正轨。同时，武梁祠以这类画像垂示后嗣，亦即向子孙强调这个至关重要的家族利益——对于经学化、士族化的大族①而言，想要参与统治，比起被动入仕，更应该主动掌握并牢牢攥紧对官方理论的话语权。

结 语

沿着要离问题的线索，我们发现武梁对大刺客的择录标准与太史公有着本质的区别。司马迁以"仁爱"作为选拔的道德底线，更多是欣赏他们身上"轻死重气"的气格，倘以儒家纲常观念来诠释其崇义行为，则顷入俗识之流。司马迁以后，以武梁为代表的东汉儒生们更惯代入到自身所处的现实形势，依据学术立场和政治立场，选择一种可解释的"三纲"君臣关系的逻辑来审视刺客的义行。对《史记》刺客世界选拔规则的重构，不仅反映了武梁的个人偏好，也隐喻了某种东汉后期儒士阶层的共同理想，但未免有将评价对象平面化和符号化的趋向。魏晋以后，士人们很少不以政治眼光和成败论看待刺客和此类侠风群体。尤其集权王朝的大儒们，似司马光、朱熹、钱谦益等，他们的褒贬之论更无不倚其个人的政治立场而出，政治态度或隐或显。

---

① 参见崔向东：《汉代豪族的儒化与士族化——以关东豪族为例》，社会科学战线 2011 年第 1 期。

论《史记》中"蔺相如"形象的建构

＊本文作者张清清，陕西国际商贸学院文学与教育学院。

蔺相如是我国古代有名的贤相之一，历代文臣武将将其奉为楷模，其事更为后世广为传颂。西汉司马相如"慕蔺相如之为人，更名相如"。[①]《后汉书》记载东汉颍川太守寇恂为减少与大将贾复的冲突，处处隐忍退让，时常安慰自己说："昔蔺相如不畏秦王而屈于廉颇者，为国也。区区之赵，尚有此义，吾安可以忘之乎？"[②] 明代学者李贽赞曰："真丈夫，真男子，真大圣人，真大阿罗汉，真菩萨，真佛祖，真令人千载如见也。"[③] 由此可见，蔺相如在人们心中是正面形象。但是，仔细检阅历代文献笔者发现，蔺相如这一形象的建构是从司马迁的《史记》中建构的。《史记》之前，鲜少有关蔺相如的记载，司马迁写作《廉颇蔺相如列传》之后，相如的故事才广为流传，甚至自宋代以后，王世贞等学者从不同的角度对蔺相如进行评论。也就是说，司马迁建构的"蔺相如"形象的真实性是毋庸置疑的。因此，本文试从《史记》中蔺相如完璧归赵、渑池抗秦二事出发，对蔺相如在强秦抗争过程中彰显的人物形象追根溯源，考究其事迹的真实性，并进一步探讨司马迁建构"蔺相如"形象的目的。

一、《史记》之前"蔺相如"形象探赜

《史记》之前，关于"蔺相如"及"完璧归赵""渑池抗秦"等的记载极为罕见，只有零散的记录。笔者将从以下三个部分进行辨析：

《史记》之前，关于"蔺相如"的记载仅两处可见，一是考古文献中的发现，二是慎懋赏曾辑佚先秦法家慎子佚文而成《慎子·外篇》，其中《蔺相如既困秦王》章记录了蔺相如与慎子的一段对话。

1981 年，吉林省长白朝鲜族自治县出土了一件战国青铜戈，戈上有"卅年臣閔（蔺）相女（如）"等十六字铭文，文物专家鉴定此戈为"蔺相如戈"。[④]

---

① （汉）司马迁：《史记》，中华书局 2014 年版，第 3616 页。
② （南朝宋）范晔：《后汉书》，中华书局 2019 年版，第 186 页。
③ （明）李贽著，张建业编：《李贽文集》，社会科学文献出版社 2000 年版，第 219 页。
④ 长白朝鲜族自治县文物管理所：《吉林省长白朝鲜族自治县发现蔺相如铜戈》，《文物》1998 年第 5 期。

由此可见，蔺相如这一名称在先秦时期已出现。

《慎子·外篇》载：

> 蔺相如既困秦王，归而有矜色，谓慎子曰："人谓秦王如虎，不可触也，仆已摩其顶，拍其肩矣。"慎子曰："善哉！先生天下之独步也。然则，闻之赤城之山，有石梁五仞焉，径尺而龟背，下临不测之谷，悬泉沃之，苔藓被焉，无藤萝以为援也；野人负薪而越之，不留趾而达。观者啧啧。或谓之曰：'是梁也，人不能越，而若能越也，盖还而复之？'野人立而睨焉，足摇摇而不举，目周旋而莫之能瞩。先生之说秦王也，是未睹夫石梁之险者也！故过巴峡而不慄，未尝惊于水也；视狴犴而不惴，未尝中于法也。使先生还而复之，则无余以教到矣。"①

学界多将《慎子·外篇》视为伪书，钱穆先生也曾对此篇蔺相如与慎子的对话提出质疑："岂慎子诚晚年及见蔺子哉？"② 对此，笔者认为，慎子和蔺相如的会面是有可能的，原因有三：一是慎子本是赵人，曾游学于稷下学宫，齐湣王三十七年，燕军攻齐，烧毁齐宫室宗庙，稷下学宫应当亦被毁于一旦。桓宽《盐铁论·论儒》载："诸儒谏不从，各分散，慎到、捷子亡去，田骈如薛，而孙卿适楚。"③ 稷下学宫散后，慎子踪迹不明，可能回到自己的宗国赵国，此外根据司马迁的《史记》记载，蔺相如是赵国人，生活在赵惠文王和孝成王期间，此时恰好是慎子的晚年，因此相遇是可能的。二是慎子是法家思想的代表人物，其性格冷静、审慎，从以上对话的语言老练程度可看出很大可能性是慎子晚年所说。三是慎子的思想具有唯物主义色彩，具有客观性。

对于蔺相如既困秦王的评价客观独到。从对话中可看出，蔺相如自秦归赵，向慎子夸耀其说秦之功。面对蔺相如的沾沾自喜，慎子一针见血地指出事情的关键，说明此时蔺相如的形象是带有负面性的，与《史记》的记载迥异。

《史记》之前关于"完璧归赵"的记载几乎没有，只有关于战国时期和氏璧的记载，蔺相如与和氏璧之间的关系也无证可考，因此，章太炎说："蔺相如奉璧秦廷，怒发冲冠，秦王即为折服，事亦难信。"④ 可见，司马迁之前没有"完璧归赵"的记载。

"渑池抗秦"在《史记》之前主要记载于《战国策》中，《战国策·赵策·张仪为秦连横说赵王》中张仪为秦建议赵王："莫如与秦遇于渑池，面相见而身相结。"⑤《燕策·张仪为秦破纵连横谓燕王》载："今赵王已入朝渑池，效河间以事

---

① 方国瑜：《慎子疏证》，云南教育出版社 2003 年版，第 351—352 页。

② 许富宏：《慎子集校集注》，中华书局 2013 年版，第 209 页。

③ （汉）桓宽：《盐铁论》，上海人民出版社 1974 年版，第 24 页。

④ 诸祖耿：《章太炎国学讲演录》，中华书局 2013 年版，第 226 页。

⑤ 缪文远等译：《战国策》，中华书局 2014 年版，第 651 页。

秦。……且今时赵之于秦，犹郡县也，不敢妄兴师以征伐。"① 《齐策·张仪为秦连横齐王》载："赵入朝渑池，割河间以事秦。"② 以上三则材料均说明"渑池抗秦"在战国时期有所记载。

由以上三部分材料观之，现存的先秦典籍关于蔺相如抗秦的记载少之又少，司马迁在写作《史记》时所付出的巨大心力。那么，《史记》中司马迁构建蔺相如形象所依据的材料从何而来呢？其智勇抗秦的事迹又是否真实可信？这些问题都值得我们深入探究。

二、《史记》"蔺相如"形象建构真实性考证

蔺相如这一形象能够广为传颂，得益于《史记》。在缺少文本史料的条件下，司马迁为蔺相如作传应是采用百姓的口头史料，以坊间传说为基础，结合考察所得，灌注自身情感信念，编织铺衍成篇。这一说法并非无据可依，司马迁年轻时曾多次漫游、调研走访，这为他后来著史积累了丰厚的历史文化资源。

《报任安书》中司马迁也说他著《史记》不仅"考信于六艺"，更"网罗天下放失旧闻，考之行事，稽其成败兴坏之理。"③ 这么看来，《廉颇蔺相如列传》中蔺相如的事迹应当也源于司马迁搜集、整理的"天下旧闻"。但是不能否认的是，缺少文本史料的佐证，司马迁所采的民间故事的可信度值得商榷。

司马迁主要以完璧归赵、渑池抗秦、负荆请罪三件事建构蔺相如形象，其中蔺相如智勇无畏的英雄形象集中表现于完璧归赵与渑池抗秦二事。本文以蔺相如的智勇形象为探讨中心，因而对负荆请罪事暂且不表。

1. 《史记》蔺相如"完璧归赵"事考究

《史记》中详细记叙了蔺相如"完璧归赵"的经过，但在《赵世家》和《六国年表》中对于"完璧归赵"却没有记载。因此，此事的可信度以及蔺相如形象的真实性仍值得考量。

蔺相如初次使秦，成功守护和氏璧，维护了赵国尊严，"赵王以为贤大夫使不辱于诸侯"。《史记》中相如首次正式登场便展现出沉稳谨慎、智勇无畏的形象特点。但依据上文所论，慎子认为蔺相如涉世未深不知害怕，因其无知无畏方可侥幸战胜秦王，这与《史记》所记相矛盾。明代学者王世贞在《蔺相如完璧归赵论》一文中同样对此事予以质疑："蔺相如之完璧，人皆称之，予未敢以为信也。"④ 王世贞认为秦"言取璧者情也，非欲以窥赵也"⑤，即秦王的主要目的在于

---

① 缪文远等译：《战国策》，中华书局 2014 年版，第 654 页。
② 同上，第 224 页。
③ （汉）班固：《汉书》，浙江古籍出版社 2002 年版，第 846 页。
④ 吴楚材，吴调侯：《古文观止》，中华书局 2018 年版，第 416 页。
⑤ 同上，第 416 页。

和氏璧，蔺相如"既畏而复挑其怒"①的做法莽撞偏执，极不明智。王世贞认为，蔺相如这种做法不仅会使赵国失信于秦，还有可能会造成族灭、国破、璧失的严重后果。很明显，王世贞对待"完璧归赵"作出了客观分析，从本质上否定了蔺相如的做法，与《史记》的看法相悖，与慎子的观点不谋而合。

因此，司马迁笔下对蔺相如完璧归赵壮举的书写于情于理不合，事实的可信度不高，这也导致其建构的蔺相如形象亦不可靠。

2.《史记》蔺相如"渑池抗秦"事考究

《史记》中关于蔺相如"渑池抗秦"亦有详细的记载。此外，与《六国年表》《张仪列传》等篇目也存在文本异质，笔者将从以下三点进行考究：

首先，考渑池会的起因。据《赵策》所记，赵因张仪之说会秦于渑池。张仪劝说赵王与秦连横，为赵王分析赵国"断右臂而求与人斗，失其觉而孤居"② 之危；并告知赵王秦韩魏齐"四国一为攻赵，破赵而四分其地"③ 之约；进而向赵王提出"莫如与秦遇于渑池，面相见而身相结"④ 之计。对于张仪的游说，赵王表示为了国家的长远利益，他正有"剖地谢前过以事秦"⑤ 之意。从张仪对各诸侯国的分析以及赵王的政治思路来看，彼时秦强而赵弱，赵为保全自身只得主动与秦会于渑池。而《廉颇蔺相如列传》中，却是秦主动提议相会，"秦王使使者告赵王，欲与王为好会于西河外渑池。"⑥ 这一记载恰与《赵策》相反，司马迁改写主动权，提升赵国地位，实际上是为下文塑造蔺相如智勇抗秦形象做铺垫。

其次，关于渑池会的结果。《赵策》中赵王听从张仪的劝说，"以车三百乘入朝渑池，制河间以事秦"⑦，"割河间"与"事秦"二词点明秦赵之间实为秦胜。而《廉颇蔺相如传》中，司马迁则记为赵胜于秦。传中，秦赵会于渑池，秦王令赵王鼓瑟，蔺相如以死相逼使秦王击缶；秦臣欲赵以十五城为秦王寿，蔺相如又以秦之咸阳回击。咸阳为秦之都，秦臣显然难以进一步作对，故秦"终不能加胜于赵"⑧。这一结论不同于《战国策》。从传文来看，司马迁对于渑池会的经过仅记载了蔺相如与秦君臣的口舌争锋，其所言秦不胜赵应只是就言辞而言秦略处下风，渑池会真正的结果则被省去不提。司马迁避重就轻，正是为了彰显蔺相如能言善辩、勇敢无畏的形象。

最后，较之《史记》各篇。对比秦赵二国国力，秦远强于赵。若如司马迁所

① 吴楚材，吴调侯：《古文观止》，中华书局 2018 年版，第 417 页。
② 缪文远等译：《战国策》，中华书局 2014 年版，第 651 页。
③ 同上，第 651 页。
④ 同上，第 652 页。
⑤ 同上，第 652 页。
⑥ （汉）司马迁：《史记》，中华书局 2014 年版，第 2946 页。
⑦ 缪文远等译：《战国策》，中华书局 2014 年版，第 652 页。
⑧ （汉）司马迁：《史记》，中华书局 2014 年版，第 2947 页。

言赵胜秦于渑池，如此荣耀之事必然会被载入史册。但《赵世家》和《六国年表》却只字未提。结合司马迁对重大事件从不避重复的著史习惯，蔺相如渑池胜秦仅见于本传，不合常理。同时，渑池之会一事互见于《张仪列传》，张仪为秦连横西说赵王"莫如与秦王遇于渑池"。这部分从故事情节到人物对话都与《战国策》相同，司马迁应是整合《战国策》多篇为一传，而这也使得《张仪列传》与《廉颇蔺相如列传》就渑池会的记载相冲突。

总而言之，秦赵渑池会的事实真相应是赵为维护本国利益主动会秦于渑池，并献河间之地。司马迁依《战国策》作《张仪列传》，于《赵世家》《六国年表》不言赵之胜与蔺相如之功，唯独在《廉颇蔺相如列传》中就事实有所选择、加工，悉心书写蔺相如渑池抗秦事以突出他有勇有谋有才的鲜明形象。

综上所述，《廉颇蔺相如列传》中完璧归赵与渑池抗秦二事可信度较低，司马迁应是旁搜异闻、附丽想象，着眼于扣人心弦的故事情节，有意建构蔺相如这一卓尔不群的人物形象。那么，司马迁采民间蔺相如之传奇，苦心经营予以著录，究竟有什么原因？

三、《史记》"蔺相如"形象建构原因分析

《廉颇蔺相如列传》中完璧归赵、渑池抗秦二事情节惊险，描写生动，艺术性极高。刘振东认为："在《史记》当中，凡是作者写来感情激越、笔墨酣畅、气势雄健，读者读来心动神摇、回肠荡气、一唱三吸的优秀篇章，所传述的都是那些在功业品节、精神气质方面有着为常人所不备，或为一般正统历史家所不取的突出特异表现的人物。"[1] 显然，蔺相如便是其中之一。司马迁精心建构蔺相如形象，正是为了发扬其英勇抗秦时展现的优秀品质，具体来说，主要表现在两方面。

1. 弘扬浩然正气

司马迁借蔺相如形象弘扬其面对强秦时的浩然正气。《太史公自序》中司马迁言："能信意强秦，而屈体廉子，用徇其君，俱重于诸侯。作《廉颇蔺相如列传》第二十一。"所谓"信意强秦"就是指的完璧归赵与渑池抗秦二事。秦王觊觎和氏璧，名以十五城易之，实则欲强取豪夺占为己有，蔺相如廷震秦王完璧归赵；秦赵会与渑池，秦王令赵王鼓瑟而秦臣逼赵献城，蔺相如叱秦君臣护赵国尊严。秦赵二国，以实力而言，秦强而赵弱，蔺相如区区一介文臣，却敢于替赵国出使强秦；虽然身份卑贱，但是面对强大的秦王始终坚持正义，凭借一腔浩然正气替赵国赢得了尊严，以致司马迁赞其"一奋其气，威信敌国。"[1] 儒家极力倡导浩然正气，孟子曾言："吾善养吾浩然正气。"[2] 并解释曰："其为气也，配义与

---

① 刘振东：《论司马迁之爱"奇"》，《文学评论》1984 年版第 4 期。
② 杨伯峻：《孟子译注》，中华书局 2018 年版，第 62 页。

道：无是，馁也。是集义所生者，非义袭而取之也。行省不慊于心，则馁也。"①
由此观之，浩然正气是后天不断培养的精神状态，它与正义、道德相辅相成，蔺
相如显然也善养浩然正气。在危急关头，其浩然正气勃然愤发，给予蔺相如抵抗
强暴势力的充足勇气，使其在精神上呈现锐不可当之势，最终战胜秦国君臣，令
秦强取豪夺之心与羞辱弱国之图落空。

　　蔺相如之于强秦实际上是弱者之于强权的万千缩影之一，司马迁弘扬蔺相如
抗秦时的浩然正气应与汉代社会现实有关。秦朝暴政而亡，汉初政权初建，统治
阶级便对下层百姓实行了严酷的统治，虽经文景之治稍有放宽，但武帝时期便又
迎来更为残酷的局势，上层统治阶级与下层民众之间、统治阶级内部之间矛盾重
重。面对这般社会现状，司马迁借建构蔺相如形象彰显、弘扬浩然正气，就是为
了激励广大受压迫的群体，勉励他们即使身处弱者地位也要富于批判精神，鼓励
他们不断培养浩然正气，进而敢于坚守正义、反抗黑暗专制的强权。这无疑是极
其进步的思想。于自身而言，横遭李陵之祸，司马迁受到了极不公的对待，他被
汉武帝打入大牢甚至还被处以宫刑。对于如此残忍专横的上位者，司马迁"意有
所郁结，不得通其道也，故述往事，思来者"②。他毅然决定发愤续著史书亦是彰
显浩然正气、与强权抗争之举。

2. 赞扬视死如归之精神

　　司马迁还十分推崇蔺相如视死如归的精神。在与秦抗衡的过程中，蔺相如多
次面临生死抉择。身处秦之章台，相如"持璧，却立，倚柱，怒发上冲冠"，威吓
秦王"臣头今与璧俱碎于柱矣"，赢得侍从持璧归的机会；现身秦廷，相如独身
一人，大义凛然道："臣知欺大王之罪当诛，臣请就汤镬"；渑池会上，蔺相如又
以"五步之内，相如请得以颈血溅大王"，逼秦王击缶，甚至张目叱其左右。秦虽
威势逼人，但蔺相如不甘赵国就此受辱，遂以生命为代价发起最后的抵抗，不惜
与秦王决一生死。视死如归的决绝态度产生了强大的威慑力，蔺相如最终扭转局
势，战胜了强秦。司马迁不仅通过惊心动魄的故事情节彰显蔺相如无畏牺牲的精
神，还在传末"太史公曰"中给予高度赞扬："知死必勇，非死者难也，处死者
难。方蔺相如引璧睨柱，及叱秦王左右，势不过诛，然士或怯懦而不发敢。"死亡
本身不是难事，困难的是如何在死与不死之间协调处理，做出最有价值的选择。
蔺相如为了国家大义，临危不惧，虽万死而不辞，如此英风伟概已然超越常人，
司马迁因而称道不绝。

　　"人固有一死，死有重于泰山或轻于鸿毛，用之所趋异也"，人们的生命价值
因其选择与追求而不同。司马迁在赞论中以"名重太山"评价蔺相如，可见蔺相
如舍身为国的选择与司马迁世界观中的生命价值取向达成其鸣。其实，司马迁这

---

① 杨伯峻：《孟子译注》，中华书局 2018 年版，第 62 页。
② （汉）司马迁《史记》，中华书局 2014 年版，第 3978 页。

样的价值取向早已有之。天汉二年，李陵兵败投降，朝臣趁人之危多加以诬陷，唯司马迁为李陵仗义执言。时司马迁与李陵并无过多私交，司马迁肯为其直言，恰恰是看重李陵"常思奋不顾身以徇国家之急"的品质。《报任安书》中道："夫人臣出万死不顾一生之计，赴公家之难，斯已奇矣。"可以看出，司马迁内心极为景仰、推崇为国将生死置之度外的可贵精神。因此，对于历史上舍生为国、视死如归的奇人壮举，他总是不吝笔墨，大力歌颂。除蔺相如之外，司马迁在《刺客列传》中对荆轲、豫让等勇烈之士的描写同样壮烈感人。可见，司马迁世界观中的那些积极精神深深影响着他写人记史时的情感倾向。

　　综上所述，司马迁有意选择加工史实，精心建构蔺相如智勇的英雄形象，书写其事迹，标榜其精神，使蔺相如的人物形象与地位自《史记》得以确立。《史记》之后，蔺相如大智大勇大无畏的形象成为经典，他英勇制秦的事迹更是广为流传，成为千古佳话。在今天看来，蔺相如已不仅仅是司马迁笔下建构的一个历史人物、一个英雄形象，他更成为一座不朽的历史丰碑。而司马迁付诸笔端，寄寓于蔺相如之身的对浩然正气的弘扬与对视死如归精神的赞扬亦经百世而不可废。

《史记》《汉书》比较研究

——以"司马相如传"和《朱买臣传》为例

＊本文作者张学成，江苏护理职业学院教授。

从严格意义上来说，《史记》自问世以来，关于司马迁和《史记》的研究就已开始，成果屡见，代不乏人。唐人尊《史记》为正史之首，《史记》成为史家修史楷模。关于《史记》《汉书》的比较研究应正式起源于东汉王充的《论衡》，王充认为班甲马乙。范晔《后汉书·班固传》认为二人各有特色。晋人张辅扬马抑班，但仅以文字多寡判断二书优劣，结论难以服人。唐代刘知几针对张说发难，有一定道理。

宋代倪思《班马异同》为第一部"史汉"比较研究的专著，倪思创造出从文字入手比较"史汉"异同的体例，独成专著，开创了马班异同比较学，把马班优劣论大大向前推进了一步，其价值不容忽视；但该书仍有甲马乙班意味。明人许相卿《史汉方驾》取其长，补《异同》之短。《方驾》《异同》对"史汉"文字异同的排列比勘，为以后的马班异同研究，提供了充分的事实材料。

明人凌约言评价颇有代表性，认为《史记》文豪，《汉书》文整，风格不同，都可称为文章绝技，不可偏废，但从文学性角度来说，隐有马甲固乙之意。明茅坤评论深刻中肯，认为马、班皆"天授"之才，各领风骚。清人评论马班异同，宏观微观并重，论是非、优劣、得失，有理有据。章学诚概括马书特点为"圆而神"，班书特点是"方以智"，认为《史记》《汉书》在文学上都自有成就，各有特色。

一

关于司马相如的传记，《汉书》除少量修改外，基本沿袭《史记》，保留了《史记》全貌，很多生动传神的描写都没有大的改动。徐朔方通过对《史记》和《汉书》内容重复或其他适合对比的部分进行比较研究，无一遗漏地分析探究了二书的异同，作者认为："《史记》在文学之美和历史之真不能兼顾时，往往舍真而求美，然后采用年表等手段以弥补真实性之不足，《汉书》与此相反；二书相同部分有关年代或数字等需要计算查对才能辨别正误之处，《汉书》往往以《史记》之讹而传讹，但是《史记》所缺部分则《汉书》的真实性往往提高。这样就自然而然地、有事实根据地得出结论：从文学的角度看，《汉书》不及《史记》；从史学的角度看，《汉书》曾对《史记》作出有益的校正和补充。在这个意义上不妨给《汉书》加上后来居上的好评。"①

对"史汉"重复部分，我们选择"司马相如传"进行比较研读，就会发现，《汉书》在《史记》基础上还是多了不少修改。俗话说，"万章不厌千回改"，好文章总是改出来的。后人对前人的修改也有不少，有不少名句就是多代累积而成。但不可否认，有的修改可以增光添彩，有的修改只能黯然失色。我们以"司马相如传记"故事为例，不涉及后边引用的作品，就开头到"奏之天子，天子大说"部分进行《史记》《汉书》的比较研究，发现《汉书》在《史记》基础上进行了近 30 处修改，我们罗列于后分述之，每条前边黑体为《史记》，后边为《汉书》，最后为解读。

1. 司马相如者，蜀郡成都人也，字长卿。②

司马相如字长卿，蜀郡成都人也。③

解读：《史记》中书写比较随意自由，即便是汉代人物传记，也不一定要写出其字，一般都是出生地、籍贯地放在前边，然后再交代其字号。《史记》类似写法多见，如《伍子胥列传》："伍子胥者，楚人也，名员。"《商君列传》："商君者，卫之诸庶孽公子也，名鞅，姓公孙氏，其祖本姬姓也。"《张释之冯唐列传》："张廷尉释之者，堵阳人也，字季。"《万石张叔列传》："万石君名奋，其父赵人也，姓石氏。"《平津侯主父列传》："丞相公孙弘者，齐菑川国薛县人也，字季。"《汉书》的修改先说字，再交代字号，这样更符合逻辑的归纳，这种写法在《汉书》基本成为书写惯例。前列汉代人物传记，到《汉书》中都分别改为："张释之字季，南阳堵阳人也。""万石君石奋，其父赵人也。"这样的修改更简洁，"公孙弘，菑川薛人也"，不交代其字。

2. 少时好读书，学击剑，故其亲名之曰犬子。

少时好读书，学击剑，名犬子。

解读：《史记》记载更为具体，但用"故"字并不合理，因前后并无严密的因果逻辑关系，《汉书》修改后，删繁就简，形式更工整，更具文学美。儿子的姓名一般为父亲命名，并且这个名字本身就含有"父子"意味，自然为其父命名，所以《汉书》将"故其亲名之曰犬子"八字精炼为"名犬子"三字更为合理，也更为精炼，更为准确。关于"犬子"，《班马异同》认为："犬子必当时俗语，以为最黠，灵识者。"④ "犬子"是昵称，之所以叫这个名字，一般人认为是贱名好养活的心理，按《班马异同》解释，当为聪明狡猾灵活多智之意。

3. 梁孝王令与诸生同舍，相如得与诸生游士居数岁，乃著子虚之赋。

相如得与诸生游士居数岁，乃著子虚之赋。

① 徐朔方：《史汉论稿》，江苏古籍出版社 1984 年版，第 1—2 页。
② 司马迁：《史记》，中华书局 2014 年版，第 3637 页。
③ 班固：《汉书》，中华书局 1962 年版，第 2529 页。
④ 倪思：《班马异同》卷二十六，影印本，哈佛大学汉和图书馆藏。

解读：既然同游而且同"居"，自然在同一个地方，所以《汉书》删去"梁孝王令与诸生同舍"更为合理，没必要面面俱到，这属于美术上的留白在文学上的灵活运用，带有神秘朦胧的色彩，因此更加文学化。

4. 会梁孝王卒，相如归，而家贫，无以自业。

会梁孝王薨，相如归，而家贫，无以自业。

解读：古代诸侯或大官死亡称为"薨"。《礼记·曲礼下》："天子死曰崩，诸侯曰薨。"《礼记·曲礼》："大夫死曰卒。"《汉书》改"卒"为"薨"，符合礼制规定。依礼，梁孝王为诸侯王一级，应该用"薨"。《史记》对汉以来诸侯王死多称"卒"，《汉书》多称"薨"，如："是岁，齐哀王薨，子文王则嗣。十四年薨，无子，国除。"（《高五王传第八》）"（孝王）六月中，病热，六日薨。"（《文三王传第十七》）这样的修改更规范、更准确，更符合实际情况。

5. "长卿久宦游不遂，而来过我。"

"长卿久宦游不遂，而困，而来过我。"

解读：《汉书》在中间加了"而困"，强调了司马相如因游宦失败，生活窘迫而不得不有求于王吉。但连用两个"而"字却有待商榷，"而"作为连词，在此表并列关系或者承接关系，如考虑通顺问题，应该删掉第二个"而"字，改为："长卿久宦游不遂而困，来过我。"

6. 临邛中多富人，而卓王孙家僮八百人。

临邛多富人，卓王孙家僮八百人。

解读：这里《汉书》有两处修改，前句去掉"中"字，后句去掉"而"字。"中"字多余，应该删掉。"而"作为连词，在这里表并列关系或者承接关系，也可以去掉。《汉书》的修改更准确，更精练，更规范。

7. 二人乃相谓曰："令有贵客，为具召之。"

乃相谓曰："令有贵客，为具召之。"

解读：《汉书》去掉"二人"，更为合适。"相谓"即两人相互说，与"二人"相重复，删掉"二人"更准确更简洁。

8. 至日中，谒司马长卿，长卿谢病不能往。

至日中，请司马长卿，长卿谢病不能临。

解读：《汉书》改"谒"为"请"，修改更为准确，本意为请司马相如前来参加宴会，而"谒"多拜见之意，于此并不合适。"往"是一般意义的来往，而"临"有光临、莅临之居高临下义，"往"改为"临"写出了司马相如的故作姿态。

9. 临邛令不敢尝食，自往迎相如。

临邛令不敢尝食，身自迎相如。

解读：《汉书》加"身"，去掉"往"字，强调亲身，亲自，以突出司马相如对众人的重要性，"往""迎"有重复，"往"缺少感情色彩，一个"迎"字足矣。

10. 相如不得已，强往，一坐尽倾。

相如不得已，而彊往，一坐尽倾。

解读：《汉书》加了"而"字，这个可加可不加。当然从形式上来说，加"而"字后更协调，语言更流畅。

11. 家居徒四壁立。

家徒四壁立。

解读：《汉书》删掉"居"字，"居"字多余，删掉后，主语谓语关系密切，修改后基本成为后代熟知的"家徒四壁"的成语了。

12. 卓王孙大怒曰："女至不材，我不忍杀，不分一钱也。"

卓王孙大怒曰："女不材，我不忍杀，一钱不分也。"

解读：《汉书》删掉"至"字，此处修改不如《史记》，因"至"字与前"大怒"相呼应，与后边"我不忍杀"形成照应，去掉"至"字并不能加分讨巧。《汉书》将"一钱"提前，宾语前置，这是愤怒至极情绪的强调，此处修改比《史记》高妙。倪思也认为《汉书》改得好，"一钱不分是"。[4]

13. 文君久之不乐，曰："长卿第俱如临邛，从昆弟假贷犹足为生，何至自苦如此！"

文君久之不乐，谓长卿曰："弟俱如临邛，从昆弟假贷犹足为生，何至自苦如此！"

解读：《汉书》在"曰"前加"谓长卿"，去掉了对话中的"长卿"，这样的修改更为准确、更合逻辑、更为完整，也更为具体。"长卿"置于对话之中，这里卓文君有让司马相如回临邛之意，其真正意义为"咱们""我们"一起回到临邛，而不是《史记》中所言"你只管回到临邛"，《汉书》修改更为圆满，也更贴近现实人物心理。"第""弟"同义，不评。

14. 相如与俱之临邛，尽卖其车骑。

相如与俱之临邛，尽卖车骑。

解读：《汉书》修改得好，因为只能卖自己的车马，别人的车马你无权处理，"其"字多余。

15. 买一酒舍酤酒，而令文君当炉。

买一酒舍，而令文君当炉。

解读：《汉书》修改得好，买酒舍就是要做生意，不是居住或者干别的营生，后边"文君当炉"说得更是明确具体，"酤酒"可删。

16. 相如身自著犊鼻裈，与保庸杂作，涤器於市中。

相如身自著犊鼻裈，与庸保杂作，涤器于市中。

解读：《史记·司马相如列传》为"保庸"，而《史记·刺客列传》则为"庸保"，"高渐离变姓名为人庸保，匿作于宋子"。战国时期，土地可以自由买卖，有些自耕农因不能维持生活而出卖土地，有的为大土地所有者工作，即后世所谓的"长工""短工"之类，有的进入城市当雇工或酒店伙计，此为"庸保"之始。"庸"通"佣"，指受雇佣的劳动力。《韩非子·外储左上》："夫卖（买）庸而播耕者，主人费家而美食。"又同书《五蠹》载："泽居苦水者，买庸而决窦也。"

《汉书》改"保庸"为"庸保"。《汉书·季布栾布田叔传》:"穷困,卖庸于齐,为酒家保。"颜师古注:"谓庸作受顾也。为保,谓保可任使。"《汉书·高惠高后文功臣表第四》:"故孝宣皇帝愍而录之,乃开庙臧,览旧籍,诏令有司求其子孙,咸出庸保之中。"颜师古曰:"庸,(卖)功庸也;保,可安信也:皆赁作者也。"后来"庸"写作"佣"。《北史·乐运传》:"少贫贱,为巨鹿富家佣保。""保庸"和"庸保"没有好坏之分,如同"绍介"和"介绍",但后世多用"庸保"是事实。

17. 卓王孙闻而耻之,为杜门不出。

卓王孙耻之,为杜门不出。

解读:《汉书》删掉"闻而",删与不删,其实二书各有理由,各有特色,未可轩轾。《史记》保留"闻而",前后联系更密切,交代更具体。《汉书》删掉"闻而",少了两字,语言更流畅,语意更直接,从语气上来说节奏更急促,更适合表达卓王孙大怒而又无可奈何的复杂心情。

18. "今文君已失身于司马长卿,长卿故倦游,虽贫,其人材足依也,且又令客,独奈何相辱如此!"

"今文君既失身于司马长卿,长卿故倦游,虽贫,其人材足依也。且又令客,奈何相辱如此!"

解读:《汉书》改"已"为"既","已"是已经,副词;"既"是既然,作连词。"已经"缺少感情色彩,只是说事情已经完成,属于一般陈述。"既然"富有感情色彩,有"既然已经"的意味,这是已经改变不了的事实,我们不得不接受,这符合游说的逻辑;而且,与"其人材足依也"形成符合逻辑的搭配,在此基础上又用"且"字更递进一步,《班马异同》说:"若如刻画之论,则临邛令为逋逃主,相如为亡命家,去女失令,奈何独在人世上哉?"① 一个是掌上明珠,一个是县太爷的座上宾,一个舍不得,一个得罪不起,这样晓之以理,动之以情,最终说服了卓王孙。

《汉书》删掉了"独"字。独,偏偏,单单,副词,用来强化卓王孙不认女儿女婿的做法会造成相互伤害的后果,得不偿失,智者不为。"长卿故贫不检其身至涤器,皆王吉之谋,所以劫王孙挟昆弟诸公者,必多有其意。"② 既然已成事实,就得接受现实。《汉书》删掉"独"字,弱化了文学表现效果,此处修改,《汉书》不如《史记》。

19. "……请为天子游猎赋,赋成奏之。"

"……请为天子游猎之赋。"

解读:《汉书》加了"之"字,此字可加可不加。该篇开头曰:"相如得与诸生游士居数岁,乃著子虚之赋。"这与《汉书》改意相同。但同时,《史记》又有"上读《子虚赋》而善之"的记载。《史记》意为:"请让我写篇天子游猎赋,赋写

①② 倪思:《班马异同》卷二十六,影印本,哈佛大学汉和图书馆藏。

成后就进献皇上。"按此，不该加"之"字。秦汉时期辞赋作品名多含赋字，如"读鹏鸟赋，同死生，轻去就，又爽然自失矣"（《屈原贾生列传》），"乃遂就大人赋"（《司马相如列传》）等。

20. 上许，令尚书给笔札。

上令尚书给笔札。

解读：《汉书》删"许"字，已经让人给司马相如提供书札，自然已经获得了允许，此处修改比《史记》更为准确精练。

21. '无是公'者，无是人也，明天子之义。

"亡是公"者，亡是人也，欲明天子之义。

解读：《汉书》加"欲"字，《史记》"明天子之义"之前本有"用以"之意味，《汉书》加"欲"意义更加具体明确。"亡""无"二字通假同义。

22. 故空藉此三人为辞，以推天子诸侯之苑囿。

故虚藉此三人为辞，以推天子诸侯之苑囿。

解读：《汉书》改"空"为"虚"，空，白借。虚，假借，用"虚"字更准确。

相较于《史记》，《汉书》一共进行了 29 处修改。"第""弟"几无差别，"亡"为"无"之通假，不计在内，另有可改可不改者 3 处，修改后不如《史记》者 3 处，《汉书》其他修改，与《史记》比，都有所提高，具体而言，主要分为三种情况：

更规范。从史书编撰的角度来说，史书的格式标准到《汉书》宣告正式形成。《史记》奠定了宏观的体式，《汉书》细化了书写规范，司马迁和班固都作出了伟大的贡献，两个人都是伟大的史学家。徐朔方认为："如果不考虑先后继承关系，单从语言、修词和叙述的真实性、准确性来看，《史记》和《汉书》不相上下，司马迁开创在前，而班固不是单纯的模仿者。司马迁力求文史合一，即文学作品的艺术性和史学著作的真实性合而为一。当两者不能兼顾时，有时他宁愿以文害史，而班固则相反。"最后，他得出了这样的结论，"作为文学，《汉书》比《史记》逊色；作为史学，《汉书》对《史记》有所发展。"[①] 通过以上比较，我们认为这个结论比较客观。

更准确。《汉书》修改之后语言的逻辑关系更加严谨，如删掉"酤酒"、删掉"尽卖其车骑"中的"其"字、删掉"家居徒四壁立"的"居"字等都有效避免了重复啰嗦；再如《汉书》的改"已"为"既"、改"空"为"虚"、"明天子之义"前加"欲"等使得意义的表达、感情的抒发更科学更准确，也更传神。

第三，文学性更强。传统上很多学者认为，《史记》比《汉书》的文学成就高，文学性更强，但从"司马相如传"的二书比较来看，从文学上说，《汉书》的多数修改更具形式美，文学性更强。如将"不分一钱"改为"一钱不分"、"故其亲名之曰犬子"改为"名犬子"、"卓王孙闻而耻之"删掉"闻而"等，有益于抒

---

① 徐朔方：《史汉论稿》，江苏古籍出版社 1984 年版，第 35—36 页。

发情感，有利于塑造人物形象。

虽然如此，我们还是不能因此而忽视《史记》的首创之难，更不能漠视司马迁的开创之功。为司马相如作传，却对这个爱情故事情有独钟，"字字如画，亦字字小说"，① 正是司马迁爱奇、好奇的生动写照。在比较《史记》《汉书》优劣之时，我们一定要分清前后，如果没有司马迁和《史记》，怎么可能会有班固和《汉书》呢？过河拆桥、忘恩负义之举是万万要不得的。

二

我们已经以"司马相如传"为例就《史记》《汉书》的不同进行了比较研究（《〈史记〉〈汉书〉比较研究——以司马相如传为例》），通过逐字逐句的对比研读，得出了这样的结论：《汉书》在《史记》基础上的绝大多数修改，都有所提高，《汉书》的修改比《史记》更规范、更准确，文学性更强。通过这样一个微观的比较研究，我们能够看出《汉书》在写人方面的造诣、能够反映出班固对语言的准确把握，但仅仅修改并不能证明班固自身的写作水准和能力。徐朔方说："《汉书》不少篇章直接引用《史记》原文，而在文字上又不免有所改动。这一点首先引起人们注意。逐一比对的结果，发现改好、改坏的情况都有，而且都不胜枚举，难以得出简单的结论。"② 我们再以朱买臣为例，看《汉书》如何写心写人，从而对班固的文学创造能力作出相对比较科学的评价。

汉武帝在与东方朔的对话中对善辞赋的文士作了自豪的夸赞，并表达了对他们的喜爱和看重："是时朝廷多贤材，上复问朔：'方今公孙丞相、儿大夫、董仲舒、夏侯始昌、司马相如、吾丘寿王、主父偃、朱买臣、严助、汲黯、胶仓、终军、严安、徐乐、司马迁之伦，皆辩知宏达，溢于文辞，先生自视，何与比哉？'"③ 在同书另一处也有相近记载："郡举贤良，对策百余人，武帝善助对，繇是独擢助为中大夫。后得朱买臣、吾丘寿王、司马相如、主父偃、徐乐、严安、东方朔、枚皋、胶仓、终军、严葱奇等，并在左右。是时征伐四夷，开置边郡，军旅数发，内改制度，朝廷多事，屡举贤良文学之士。"两处记载所涉人物基本相同，朱买臣赫然在列。朱买臣属于武帝朝以口才文采著称的知名文士。

在《史记》中，朱买臣未能独立成传，只有星星点点的记录，关于夫妻二人的故事司马迁只字未提。在《汉书》中，班固为朱买臣设有专传，对于他的婚姻故事津津乐道。其实这样的不同正反映了我国历史上第一部纪传体通史和第一部纪传体断代史在容量和入传标准上的区别。司马迁为司马相如作传专重爱情故事，班固为朱买臣作传专重婚姻故事，这说明二人的文学品位和审美趣味有相似

---

① 倪思：《班马异同》卷二十六，影印本，哈佛大学汉和图书馆藏。
② 徐朔方：《史汉论稿》，江苏古籍出版社 1984 年版，第 31 页。
③ 班固：《汉书》，中华书局 1962 年版，第 2863 页。

之处。

写心是文学作品极为重要的写人手段，从某种意义上来说写心就是写人，写人重在写心，写心在表现人物性格、塑造人物形象方面有着极为重要的作用。①《史记》作为半官方半私人性质的著作，其实从根本上来说还是私修史书，因为受先秦主体士风高扬的影响，再加上自己的不幸遭遇，所以，在著作中不仅仅有历史人物的丰富情感，司马迁也借一些历史人物抒发了自己之情。所以，《史记》既写他人心，也写自己心，因此成就了伟大的文史巨著。而《汉书》与《史记》相比大大不同，不可否认，在《汉书》中也有个人情感的抒发，但总体而言，作为一部官修史书，体现的是官方意志、正统立场，这与《史记》中普遍存在的独特个性和思想倾向性形成了鲜明对照。班固在学习继承《史记》的基础上形成了正史书写的规范，由于《史记》的深刻影响，该书在传人写心方面也取得了极高的成就。

《史记》非常重视写心，其写心可分为直写法与曲写法两种。"直写法"意为对人物的心理活动直接描写，如人物对话和独白来表白心迹，通过心理动词来写心，再者通过第三者言辞间接揭示心理。"曲写法"意为作者对人物的心理活动不给予直接揭示，而是通过多种方式予以巧妙地表现。这种写法，目前学界的研究成果主要体现在借别人之言辞间接揭示某人的心理活动和通过动作行为刻画心理两种方法上。《史记》最高妙的写人艺术其实体现在空白法写心上，关于这个问题，笔者有专文论述，此处简要说明。②

"空白法"就是《史记》对人物心理简单描写，少写甚至不写，故意留白；不写并非真的不写心理，而是巧妙地写，曲折地写，更是以不写为写。这种写心能够巧妙地表现出人物的心理活动，而且能褒贬人物，还能大大节省篇幅。

《汉书》的写心也非常成功，以上所举各法都能娴熟使用，空白法写心也达到了炉火纯青的地步，我们以朱买臣为例进行说明。从文学写心的角度来看这篇传记，我们就会发现，班固同样是写心高手。

三

班固用心理动词和对话来写心，如："家贫，好读书，不治产业，常艾薪樵，卖以给食，担束薪，行且诵书。其妻亦负戴相随，数止买臣毋歌呕道中。买臣愈益疾歌，妻羞之，求去。"这里的"好""愈益""羞"等都是直接反映人物心理变化的心理动词。"好"读书，在当时经济文化条件下并不容易实现。而正因为读书所以才可能有以后的出人头地，所以才有常人所没有的对未来的固执和自信，

① 张学成：《论〈史记〉由"他"而"我"的写心之道》，《中国文学研究》（辑刊）2019 年版，第 30 页。

② 张学成：《〈史记〉"空白法"写心艺术论》，《江淮论坛》2017 年第 3 期。

"愈益疾"正是最好的证明。其妻对其未来并没有奢想，一个踏踏实实的普通劳动妇女与掌握文化对未来孜孜以求的大丈夫自然说不到一块，也过不到一起，所以其妻"羞"之。就其层次而言，其妻之"羞"是真"羞"，"去"是真"去"。"买臣笑曰：'我年五十当富贵，今已四十余矣。女苦日久，待我富贵报女功。'妻恚怒曰：'如公等，终饿死沟中耳，何能富贵！'买臣不能留，即听去。"这里的对话将"不是一家人，不进一家门"的志不同道不合的尴尬淋漓尽致地表现出来。无钱难倒英雄汉，财大气粗，人穷志短，这个反应符合人之常情。朱买臣的所作所为必然引来讶异招来非议，跟这样的人在一起丢人现眼，实在无法忍受，所以其妻"求"去。

其妻与之离婚的责任在于朱买臣，而不在于他的妻子。后来有关二人故事的演绎中的扬买臣而贬其妻的做法其实是男尊女卑文化背景下失意男人的意淫而已。张恨水《马前泼水之考证》曰："或曰朱既为官，如念前妻一饭之德，当予钱而遣之远去。今本富贵，而令前妻偕其现嫁之一穷汉，居于园中。是明明予以难堪矣，安得不死耶？是朱之忠厚，正朱之刻薄耳。"[①] 再如，"后汤以廷尉治淮南狱，排陷严助，买臣怨汤。""怨"，埋怨，怨恨，一个"怨"字将一个睚眦必报的隐狠之人的心理直接表现出来。

他还能通过行动来反映人物内心心理活动的变化。朱买臣"家贫，……常艾薪樵，卖以给食，担束薪，行且诵书。……买臣愈益疾歌"，这里用"行且诵书"的行动表现了对现状的不满不甘，也表现了对未来的坚定自信。后来，（朱买臣）"拜为太守，买臣衣故衣，怀其印绶，步归郡邸"。朱买臣发迹，大权在握，已经富贵，但不事张扬，这里"衣故衣，怀其印绶，步归郡邸"的行动表现了他的隐忍、他的低调，也预示着以后异于常人的报复或者报恩，同时也为后来对于其妻的狠毒报复埋下了伏笔。

班固尤其善用空白法写心。前边朱买臣卑贱时的高调与张扬，让其妻下不来台，难以忍受，其妻最后不得已而主动请辞，表现了其妻的羞耻、不屑，在墓地遇到可怜巴巴的朱买臣后，其妻竟然能够提供饮食，对朱买臣的怜悯恰恰表现出其妻的本分善良。这里当然少不了行动、对话和心理动词的描写。但是最后被迫遭受朱买臣圈养生发出的耻辱之心，后悔之心，更有痛恨之心和无奈之心，这多是通过空白法来完成的。

班固用空白法写朱买臣之心，"其后，买臣独行歌道中，负薪墓间。故妻与夫家俱上冢，见买臣饥寒，呼饭饮之。"当时朱买臣接受前妻饮食的心理会是感恩吗？从人之常情的角度来考虑，应是感恩。滴水之恩，当涌泉相报。对朱买臣来说，这是雪中送炭。与司马迁写生活琐事喜欢前后照应，如以前李广被霸陵尉呵止，韩安国被狱吏羞辱，后来霸陵尉被李广所杀，田甲被韩安国宽恕，通过前后照应写出了李广的心胸狭隘、韩安国的广阔胸怀，通过照应我们就知悉了李

---

① 王玉佩编：《张恨水散文·半瓶醋斋戏谭》，安徽文艺出版社 1995 年版，第 161 页。

广、韩安国以前遭受"羞辱"时的复杂心理变化，班固也通过前后照应告诉了我们朱买臣不是像韩安国一样，而是更像李广一样的自私险隘的心理，最后对其前妻的报复正证明受到其前妻和现在夫家对其的慈善行为对待，朱买臣并不感恩，反而激起的是"君子报仇十年不晚"的隐忍狠毒。"朱买臣在发迹后似要急于向故妻炫耀自己，其语言的刻薄以及行为细微之处表现出的发迹文人张狂、炫耀的内心世界。"① 班固用多种写心手法，写出了一个复杂而又真实的封建文人的性格，"朱买臣苦读是为求富贵，待他拜为太守，戏弄故人，炫耀自己，表现出其急功近利的心态。而在遇见故妻与其新夫后，将其带回家中，导致故妻被羞自杀，事后反赠其新夫钱财以示自己的大度，则暴露了朱买臣性格上爱炫耀以及偏私的一面。"② 他执着上进，隐忍自信，狭隘褊狭，班固用传神之笔写出了他的报复之心、报恩之心，还有他的忠信之心。

在此传中，班固还能写汉武帝之心，"上谓买臣曰：'富贵不归故乡，如衣绣夜行，今子何如？'"说明汉武帝读过《史记》，至少是读过刘邦、项羽等人的传记。《左传》《国语》《战国策》无类似记载，但此句应来自苏秦之感慨，"嗟乎！贫穷则父母不子，富贵则亲戚畏惧。人生世上，势位富贵，盖可忽乎哉！"③ 移风易俗，以上率下，易如反掌，从下到上，难上加难。"在史家看来朱买臣没有知识分子的胸襟。楚人热衷以富贵炫耀乡里的性情，几乎是天下的笑柄。"④ 上有好之，下必有甚焉。古今中外，无不世态炎凉，只有多少程度的不同，血缘感情关系和金钱、地位相比，后者显得更为重要。

汉武帝秉持的就是权力金钱为绝对中心的人生观，皇帝如此，当时社会的集体人物心理就可想而知了。班固通过对比完成了社会集体人物心理的表现，朱买臣为官前后众人趋炎附势的表现，能够看出当时的炎凉世态。

这一段非常传神，"皆醉，大呼曰：'妄诞耳！'守邸曰：'试来视之。'其故人素轻买臣者入内视之，还走，疾呼曰：'实然！'坐中惊骇，白守丞，相推排陈列中庭拜谒。买臣徐出户。""皆醉""大呼""妄诞"与"还走""疾呼""实然""惊骇""相推排""拜谒"形成了颇有情趣的对照，构成了绝妙的讽刺，而"徐出户"的朱买臣看到黑压压跪了一地，长舒了一口恶气，终于找到了丢失已久的自尊心，一个"徐"字活脱脱地将从卑躬屈膝寄人篱下仰人鼻息到已为人上人的高高在上的无比优越的朱买臣的心灵给活画出来。"世人在利益驱动下所发生的聚散离合，通常以两种相反的形式出现：一是因贫贱而离，因富贵而聚；一是因贫贱而聚，因富贵而离。"朱买臣之妻和当时的社会所反映出来的就是"因贫贱而离，因富贵而聚"的形式。在司马迁笔下，"他同情那些经历过这种遭遇的主人公，

① 纪亚兰：《朱买臣故事流变研究》，扬州大学硕士论文 2021 年，第 11 页。

② 同上，第 10 页。

③ 何建章：《战国策注释》，中华书局 1990 年版，第 76 页。

④ 汪春泓：《〈汉书·朱买臣传〉笺注》，胡晓明主编：《中国文史上的江南·从江南看中国学术研讨会论文集》，上海辞书出版社 2014 年版，第 388 页。

并对他们为改变自己贫贱地位所做的努力给予充分的肯定。对于那些受金钱和权势驱动而先离后合的众人，司马迁一方面嘲笑他们的趋炎附势、嫌贫爱富。同时又对他们前倨后恭的转变表示理解，承认其合理性。"①

写心对文学作品而言非常重要，文学作品有没有写心，写心手段和水平的高低优劣决定着文学作品成就的高低。② 通过《朱买臣传》的分析研究，我们发现，班固的《汉书》在写心上也取得了极高的成就，与《史记》的写人相比并不逊色，从具体、规范、准确的角度来说，《汉书》对《史记》多有超越。当然，这属于《史记》《汉书》比较的微观研究，单纯一个传记人物并不能证明什么，但窥一斑而可见全豹。当代学者多喜作系统的研究，但是宏观都是建立在一个个微观研究的基础上的。没有一个个微观研究的坚实基础，就没有科学正确的宏观研究。本文的写作意在抛砖引玉，希冀学界能将《史记》《汉书》的比较研究细化深入，将《史记》与《汉书》以及中国传记文学有机打通，这样才能有效扩大研究的广度和深度，才能达到《史记》研究的新高度。

---

① 李炳海：《离合缘贵贱 聚散见交情》，《中州学刊》1999 年第 5 期。
② 张学成：《〈史记〉"空白法"写心艺术论》，《江淮论坛》2017 年第 3 期。

清代女作家吟咏汉高祖诗歌研究

＊本文作者张海燕，山西师范大学文学院副教授；杜岱璠，山西师范大学文学院古代文学研究生。

今据赵望秦师《史记与咏史诗》统计，历代文人（不含女作家）吟咏刘邦项羽及相关人物数目如下：刘邦 122 首，咏项羽合咏 10 首，专咏项羽 122 首，咏鸿门宴 31 首（共计 163 首），咏虞姬 39 首。另据现有资料统计，清代女作家咏刘邦 6 首，咏项羽 21 首，咏虞姬 88 首。将这些男女作家诗歌中吟咏的相关人物对象做一比较，不难发现其中的差异性。男作家对刘邦、项羽等帝王的歌咏远远超过了这些人身边的女性，即便是虞姬也仅仅有 39 首。而女作家则相反，突出了她们的性别选择特征，更加注重女性人物，尤其是虞姬多达 88 首，远远超过吟咏项羽的 21 首，超过了四倍。综合来看，从女作家吟咏对象的选择和诗歌情感的表达方面来看，都是充满着明显的女性特色的。清代女诗人吟咏刘邦诗歌的数量并不多，仅有 6 首，但每一首都足以见其卓越的眼界和超凡的史识。

一、吟咏刘邦一生功过

司马迁在卷八《史记·高祖本纪》记载道：

> 帝置酒洛阳南宫……高祖曰："公知其一，未知其二。夫运筹策帷帐之中，决胜于千里之外，吾不如子房。镇国家，抚百姓，给饷馈，不绝粮道，吾不如萧何。连百万之军，战必胜，攻必取，吾不如韩信。此三者，皆人杰也，吾能用之，此吾所以取天下者也。项羽有一范增而不能用，此其所以为我所禽也。"

司马迁在《史记》中描述了汉高祖刘邦起于细微、诛暴逆、平定四海的故事，作为大汉四百年基业的创造者，高祖的传奇人生引得历代文人争相吟咏，尤其是清代女诗人们的诗歌，视角独特，别具一格。

江淑则《咏史·汉高祖》："出身芒砀五云腾，炎业宁非预有征。烹狗枉延人彘祸，斩蛇合代祖龙兴。羹分老父心犹忍，位易储君力不胜。尽把功名刀锯待，可堪大度至今称。"① 女诗人对刘邦一生的功业进行了富有新见的评论。首先女诗

---

① 胡晓明、彭国忠主编：《江南女性别集二编》，黄山书社 2010 年版，第 1212 页。

人对刘邦自诩出生时的五彩云雾提出疑问，仅凭这就是争得天下的预兆？再次对刘邦的众多不仁不义行为展开强烈的批判，赢得天下后兔死狗烹，鸟尽弓藏，残酷的屠杀功臣，放纵吕后制造了戚姬的人彘之祸，危难关头抛弃老父亲自保，最终在立储上也是无能为力，就是这样一位残忍的皇帝，竟然赢得了大度的美名。足见历代文士们的可笑之处。不得不说女诗人的识见胆识绝非常人能比。麦又桂《汉中怀古》："群雄逐鹿费经营，芒砀龙兴帝业成。储子恩疏凭辅翼，若翁情薄忍杯羹。功关天授虵犹哭，猜甚人谋狗亦烹。枉向大风歌壮士，那知泉下泣韩彭。"①

一诗也能够印证以上所论，诛杀功臣后却又高唱《大风歌》，岂不是为人耻笑？满族女诗人扈斯哈里氏的《汉高帝》写道："沛公当日饮蹉跎，醉里深藏奇志多。持剑竟诛白帝子，还乡曾赋《大风歌》。将才相略心能识，鸟尽弓藏意若何？偏是鸿门逢项羽，苍天留得汉山河。评曰：史笔"②虽然只是历史事件的简单概述，不过对于一位少数民族女作家而言，能够熟悉接受汉文化，能够大胆对历史人物进行评论，进而创作成诗歌，已经很好了。

历代男诗人的视角则不同，虽说他们对刘邦兔死狗烹的行为表示不满，但更多关注于他从一介布衣到一代帝王的经历。清代顾炎武的《汉三君诗·高祖》诗曰："父老苦秦法，愿除残凶。三章布国门，企踵咸乐从。虽非三王仁，宽大亦与同。传祚历四百，令名垂无穷。"③刘邦开创大汉王朝，拯救黎民于水火，功是远远大于过的，诛杀开国功臣，这也是维护帝王之位的一种手段罢了，女诗人则对刘邦残忍行为的强烈批判，这些若从女性立场理解，就很明了，因为她们都带有女性悲悯的情怀，以慈悲视角来观察评判历史事件，尽管有局限性，但是这恰恰能够说明清代女诗人的成长进步，是带有明显的女性特色，且是走向独立的印迹。

二、吟咏刘邦相关人物

司马迁在《史记·季布栾布列传》中记载了刘邦斩丁固的事件：

> 季布母弟丁公，为楚将。丁公为项羽逐窘高祖彭城西，短兵接，高祖急，顾丁公曰："两贤岂相厄哉！"于是丁公引兵而还，汉王遂解去。及项王灭，丁公谒见高祖。高祖以丁公徇军中，曰："丁公为项王臣不忠，使项王失天下者，乃丁公也。"遂斩丁公，曰："使后世为人臣者无效丁公！"

清代女诗人对这件事进行批判，季兰韵（1793—1848）《长夏无聊杂忆史事得

---

① 杜珣编：《闺海吟》下册，华龄出版社 2012 年版，第 6 页。

② 李雷主编：《清代闺阁诗集萃编》，中华书局 2015 年版，第 5245 页。

③ （清）顾炎武著，王蘧常辑注，吴丕绩标校：《顾亭林诗集汇注》卷五下册，上海古籍出版社 2006 年版，第 1116 页。

十二首》之《汉高帝斩丁公》诗曰："千金求季布,夙愿乌肯容。赖以滕公言,一入雍齿封。丁固负项王,斩之快人意。然知高祖心,必为彭城事。报怨不赏功,托辞佞臣弃。两贤岂相厄,大度已忘记。"① 由诗题我们不难发现,在清代一部分上层女诗人在悠游自在的生活环境中高雅的情趣追求,这也是清代女作家文学创作繁盛的重要保证。刘邦斩丁公在历史上曾经得到司马光的推崇,认为丁公这样的忘恩负义就应该斩杀,并且也赢得后世文人赞同。刘邦作为一代帝王,要一统天下,靠的是权术,而非匹夫之勇,帝王向来无情,因为他们的所作所为都不是以普通人的思维来的,丁公固然对刘邦有恩,但用帝王的价值观来看,在项羽麾下时,丁公没有尽到一位臣子的责任,私自放走敌人刘邦,在刘邦看来这就是不尽责的表现,因此斩杀了对自己有恩的丁公。而女诗人对此却颇有怨言,认为这是小肚鸡肠来报复丁公当年在彭城围困自己的丑事。女诗人的理论也颇有道理,首先承认"丁固负项王,斩之快人意"这样的不忠行为确实应该受到惩罚。但是"报怨不赏功,托辞佞臣弃。两贤岂相厄,大度已忘记",丁公背弃项羽却是有功于刘邦——"有恩不报非君子"——刘邦不仅没有报恩,反而杀害恩公,其实只是为了遮丑而已,这就与世人歌颂的刘邦大度相矛盾。对比江淑则《咏史·汉高祖》,不难发现,这一时期女诗人们已经开始独立思考历史事件,并且从女性的立场进行评论,显示出其独立的眼光和品格。

虞友兰(1738—1821)《唐山》:"乐谱房中记汉朝,词同雅颂笔端超。须知歌内皆言孝,庙号因他累代昭。"② 对刘邦妃子唐山夫人的《安世房中歌》进行评论,女诗人称赏唐山夫人的忠孝行为。扈斯哈里氏《纪信》:"楚军势胜困荥阳,纪信捐躯计最良。耿耿忠心扶汉室,为臣真不负君王。"其二:"将军一死奠乾坤,不在封功在报恩。解得重围空效命,荥阳城外叹忠魂。"其三:"没后功勋已化尘,封侯竟忘舍身臣。荥阳往事成虚话,千古谁怜救主人。"③ 对于纪信舍身救主,却得不到封赏的悲剧深抱不平。不过纪信忠贞的品格永远活在后世人心中。如果换一个思维方式来看女诗人的这组诗,就更有价值。古代的女性被要求"三从四德""忠孝节义",她们为男性付出了所有,又有几个人得到过回报呢?不正如纪信一样,成为历史上的大悲剧吗?这也许是女诗人反复铺叙吟咏纪信的一个深层理由吧!

三、吟咏汉高祖遗迹

刘邦在平定叛乱后,荣归故里,置酒沛宫,歌曰:"大风起兮云飞扬,威加海内兮归故乡,安得猛士兮守四方!"这就是其著名的《大风歌》,歌风台就是为了

---

① 胡晓明、彭国忠主编:《江南女性别集三编》,黄山书社 2008 年版,第 1050 页。
② 《清代诗文集汇编》393 册,上海古籍出版社 2010 年版,第 844 页。
③ 李雷主编:《清代闺阁诗集萃编》,中华书局 2015 年版,第 5246 页。

纪念刘邦衣锦还乡所建，历代文人路过歌风台，不禁回想起这段波澜壮阔的历史。

历代男作家在吟咏风歌台时，较多关注于刘邦衣锦还乡时的情景，例如元代刘原俊写下《过歌风台》："六国无人祖龙死，布衣提剑山东起。八年置酒未央宫，千载犹思复田里。风飞雷厉来咸阳，锦衣其如归故乡。登合作歌醉眼白，俯视四海诸侯王。"① 另有元代何中的《歌风台》："神鱼鹜远海，雄鹄陵高玄。区区一亭长，帝业何赫然。光芒三尺剑，群雄让锋先。嬴项屹山岳，扫灭如飞烟。故乡偶一归，父老相周旋。百感忽中起，深情何由宣。往时同功人，今乃不一全。害能亦宁忍，远计有未便。"② 可以看出历代男作家们大多吟咏刘邦完成帝业后的"锦衣其如归故乡""俯视四海诸侯王"，因为他们羡慕刘邦还乡时"儿童歌舞三侯偏，父老追攀一县空"③ 的情景，在古代，男性比女性过多追求功与名，刘邦从布衣开始自家乡起兵，直到完成帝业，风风光光荣归故里，这是多少男性梦寐以求的，因此在诗歌中则进行吟咏。而女诗人们大多成长于闺阁，对功名事业并不过多追求，这也是男女作家吟咏的差异所在。陈女史十四岁作《咏歌风台》："击筑歌风韵最哀，白云终古傍高台。半生戎马剑三尺，满目山河酒一杯。父老浑忘天子赏，英雄犹恋故乡来。弓藏鸟尽嗟何及，想到韩彭惜将才。"④ 毕竟是年少之作，历史认识和艺术方面都不够出彩，但是她也能感叹于韩信彭越鸟尽弓藏的命运，这种史识在这个年纪已是非常难得，这也能说明另外一个问题，女性也是天资颖慧不输男性的。梁瑞芝（甫及笄作）《钓龙台怀古》："全闽江山称第一，中有危台突然出。江水吞天风逐云，无数蛟虬翻浪溢。当年降汉疏封王，襟吴带越开雄疆。楼阁丹青亘不断，管弦朝暮声飞扬。一自苍江跨龙去，精灵剑槊江中央。我来欲发苏门啸，兴废盛衰付凭眺。逐鹿雄风安在哉，废寝颓局几残照。君不见歌风台、戏马台，两抔黄土湮蒿莱。刘项英雄尚如此，何况不及刘项才。"⑤ 这又是一位少年天才女诗人的杰作，全诗铺陈描绘，融入历史上刘邦赐封无诸为闽越王故事，纵横开合，极为大气。

四、对比刘邦与项羽的诗歌

刘邦与项羽曾联合灭秦，一个是有拔山之气概的西楚霸王，一个是精于谋略的一代帝王，因此后世诗人经常把他们联系在一起进行合咏。女诗人季兰韵的《汉高帝项羽》诗曰："刘氏本真龙，项氏如猛虎。并力除暴秦，竞把关中取。英

---

① （清）顾嗣立编：《元诗选》，中华书局 1987 年版，癸集下册，1174 页。

② 《知非堂稿》卷二，影印文渊阁《四库全书》，上海古籍出版社 1987—1989 年版，1205 册，541 页。

③ （清）赵翼著：李学颖、曹光甫校点，《瓯北集》卷二三，上册，上海古籍出版社 1997 年版，第 248 页。

④ 杜珣编：《闺海吟》，华龄出版社 2012 年版，第 311 页。

⑤ 杜珣编：《闺海吟》下册，华龄出版社 2012 年版，第 550 页。

雄异成败，千古人共怜。龙门公道心，同列本纪篇。一事羡项王，虞姬能殉主。无力救人虐，转叹汉高祖。"① 诗人在对比中客观公正地评价二人在亡秦大业中建立的丰功伟绩，并且高度赞扬太史公的深邃眼光，"英雄异成败，千古人共怜。"不以成败论英雄，将二人共同列为本纪之中。非但如此，女诗人还指出"一事羡项王，虞姬能殉主。无力救人虐，转叹汉高祖。"女性的天地本就很狭窄，能与知心爱人同生共死，幸福生活一世，就是件很幸福的事情了，不求同年同月生，只求同年同月死，女性追求的单一爱情生活，争夺天下的失败者，项羽和虞姬做到了，而贵为天子的汉高祖在这方面却是一位失败者，这在女诗人心目中是很遗憾的。

五、小结

清代女作家在吟咏刘邦从布衣起兵到成就帝业的同时，更能以女性独有的悲悯情怀来惋惜韩信、彭越、丁固等人的悲惨遭遇，批判刘邦兔死狗烹、鸟尽弓藏、斩救命恩人的残忍手段，也能够在吟咏刘邦项羽的同时，以女性的角度赞叹虞姬项羽的结局。虽然女诗人们大多成长于闺阁，社会阅历与男作家相比较少，视野有限，吟咏刘邦诗歌数量也不多，但是在这短短几首诗中可以看出女诗人们对于历史的看法和见解是非常独特且不输男性的。

---

① 胡晓明、彭国忠主编：《江南女性别集三编》，黄山书社 2008 年版，第 1038 页。

从《班马异同评》看司马相如"作赋之迹"

※ 本文作者秦茹梅，陕西师范大学文学院博士研究生。

《班马异同评》是刘辰翁评点史书的重要著作，其"臻极精妙"的评语背后折射着文学家敏锐的才思和独到的见解。综观全书，刘辰翁对史汉司马相如列传给予了众多点评，尤为重视司马相如的文学作品。观其评语，可知司马相如"作赋之迹"可分为六个方面：骈俪工整、铺陈夸丽、笔力气势、模写形容、虚实结合、变化万千。分析这些辞赋创作的手法有助于深入认识汉赋的文学价值以及《史记》与文学的密切关系。

一

宋代倪思所编《班马异同》是比较《史记》与《汉书》字句异同以观优劣的一部书，元代刘辰翁从文学家的角度对其进行了深入细致的点评。明代大学士杨士奇称"观其评论批点，臻极精妙"①，四库馆臣亦认为其评语"较为切实"②。尽管刘辰翁在论及史实时多"以意断制，无所考证"③，但从文学批评方面来说，该书关注了文学自身的审美及内涵，具有较高的文学价值。特别是刘辰翁本身作为一名文学家，其文学造诣很深，通过细读品析他的评语对我们深刻理解《史记》中的文学作品很有帮助。本文试以刘辰翁对司马相如列传的评点为研究对象，分析司马相如辞赋创作的手法。

司马相如列传是《史记》中极具文学性的一篇，不仅因其传记的主人公是文学家，更因其收录了大量文学作品，共计4篇汉赋、4篇散文，分别为《子虚赋》《上林赋》《大人赋》《哀二世赋》《喻巴蜀檄》《难蜀父老》《上书谏猎》《封禅文》。《班马异同评》对司马相如列传作出了大量细致精当的评点，共计98条4000余字，从数量上看仅次于对汉高祖刘邦的评点，位居全书评语第二位。这体现出刘辰翁对司马相如的重视，究其原因，可能与同为文学家的身份有关。

在这98条评语中，除了27条是对司马相如生平事迹的评价外，剩余71条全是对其文学作品的评价，评点重点显然在于对其作品的解读与鉴赏，而这对于我

---

① 四库全书研究所《钦定四库全书总目》，中华书局1997年版，第642页。
② 同上，第642页。
③ 同上，第642页。

们深入理解司马相如辞赋具有一定的参考价值。

司马相如作为"汉赋四大家"之首，是汉赋的奠基人，代表着汉大赋的最高成就，对后世文坛影响深远。班固、刘勰称司马相如为"辞宗"，王应麟、王世贞等学者尊其为"赋圣"。刘辰翁作为文学家，自然对前辈有一定的尊崇心理，认可司马相如的辞赋成就，称其为"赋之祖"。在《史记》所载司马相如的八篇作品中，刘辰翁对每篇作品皆作了评点，然评点条数相差较大，见下表：

表 1　刘辰翁评点司马相如作品统计表

《史记》载司马相如作品篇名	刘辰翁评语条数
《上林赋》	22
《子虚赋》	19
《大人赋》	8
《难蜀父老》	8
《喻巴蜀檄》	6
《封禅文》	4
《上书谏猎》	3
《哀二世赋》	1
总计	71

从数量上看，发现《上林赋》与《子虚赋》的评语数量明显高于其他作品，而这恰好在一定程度上反映了刘辰翁评点的侧重点与倾向性。众所周知，《上林赋》与《子虚赋》正是司马相如最为得意的代表作，故刘辰翁对这两篇作品给予厚爱亦在情理之中。综观刘氏评语，既有字词的训释疏通，如"蔗，甘柘也"①"垂绥，谓绥络貌。"②"水虫，即龙耳。鸿，即大沸也"③"罢与摆同，池与迤同，谓山势摆发迤靡耳。陂陁无谓，陂即坡字，坡、陀常态。陂音婆，亦非。"④"嵏者，山之锋如马如驰者，夷之以为堂台者，增之以如城，又囱其奥以为房，郭璞以为'潜通台上'，亦有理"⑤；又有指漏纠谬，如"蒿芦，薄物，何足以陈？"⑥"此溪谷与前龙鳞同，然谿谷字拙。戌削，俚语，非杂注重出，谁能知之？"⑦ 但

---

① 倪思编、刘辰翁评、王晓鹃整理：《班马异同评》，陕西人民出版社 2022 年版，第 237 页。
② 同上，第 242 页。
③ 同上，第 239 页。
④ 同上，第 237 页。
⑤ 同上，第 242 页。
⑥ 同上，第 237 页。
⑦ 同上，第 238 页。

最主要的还是品鉴其文学之美，如"语莫俊于此矣"①"六字杂见，又好"②"忧爱恳软，语厚意长，可为奏法，虽千赋不及此一字一句形容深密"。③

　　牂牁名士盛览，曾向司马相如请教问作赋的技巧，司马相如答道："合綦组以成文，列锦绣而为质，一经一纬，一宫一商，此赋之迹也。赋家之心，苞括宇宙，总览人物，斯乃得之于内，不可得而传。"④ 这里所谓的"作赋之迹"，显然指辞赋创作的手法。尽管这段话是否真的出自司马相如之口尚有争论，但其作赋的确如织锦缎，如调音乐，章法有序，胸有成竹，堪为后世之楷模。分析刘辰翁评语，可以看出司马相如"作赋之迹"在形式、内容、风格等方面的特点。

二

根据刘辰翁的评点，司马相如"作赋之迹"可分为如下六个方面：

（一）骈俪工整

　　赋作为一种独立的文体，在形式上有着鲜明的特点。赋的形体即赋体是区别于其他文体的首要标志。刘辰翁对赋体有着清楚透彻的认识，他在评《喻巴蜀檄》时说道："语甚雅甚真，然于体未尽得。"⑤ 这里的体即指的是赋体。在刘辰翁看来，语言太过典雅真切，则不符合赋体。那么，何为赋体？通过梳理刘辰翁对司马相如众多作品的评点可知大概。例如，《难蜀父老》开篇曰："汉兴七十有八载，德茂存乎六世，威武纷纭，湛恩汪濊，群生澍濡，洋溢乎方外。"刘辰翁认为此为"赋之俳体"。⑥ 俳体，即骈体。

　　又《上林赋》中："奔星更于闺闼，宛虹拖于楯轩。青蚪蚴蟉于东厢，象舆婉蝉于西清，灵圉燕于闲观，偓佺之伦暴于南荣，醴泉涌于清室，通川过乎中庭。"刘辰翁批曰："奔星以下，殊得赋体。"又言"所谓俪句，正不厌多，有余有尽，惟此缕缕。"⑦ 可见，刘辰翁认为赋体即骈体，以双句（俪句、偶句）为主，讲究对仗的工整和声律的铿锵。他发现司马相如作赋时十分注重词句的工整，如《上林赋》中"酆、鄗、潦、潏，纡余委蛇，经营乎其内"一句，便是"酆"与"鄗"相对，"潦"与"潏"相对。可以说，讲究句子的骈俪工整是司马相如赋的一大特色，虽然汉赋并不能算严格意义上的骈体文，但这无疑为汉末骈文的真正形成奠定了基础。

---

① 倪思编，刘辰翁评，王晓鹍整理：《班马异同评》，陕西人民出版社 2022 年版，第 239 页。
② 同上，第 244 页。
③ 同上，第 251 页。
④ 葛洪：《西京杂记》，中华书局 1985 年版，第 12 页。
⑤ 倪思编，刘辰翁评，王晓鹍整理：《班马异同评》，陕西人民出版社 2022 年版，第 247 页。
⑥ 同上，第 249 页。
⑦ 同上，第 242 页。

（二）铺陈夸丽

铺陈是辞赋的基本创作方法，在表达某个意思或主题时，使用冗长详细的语言和描述，以达到强调突出的效果。关于赋的铺陈特性，南朝梁刘勰在《文心雕龙·诠赋》早有论断："赋者，铺也，铺采摛文，体物写志也。"① 铺采摛文即铺陈文采，清人刘熙载在《艺概·赋概》中进一步解释称："赋起于情事杂沓，诗不能驭，故为赋以铺陈之。斯于千态万状，层见迭出者，吐也不畅，畅无或竭。"② 刘辰翁认为赋在语言表达上应当极重铺陈夸丽，以《哀二世赋》中有"持身不谨兮，亡国失势。信谗不寤兮，宗庙灭绝"一句为例，刘辰翁评曰："持身不谨、信谗不寤，两语已足，更欲何如？是未喻赋体也。"③ "持身不谨""信谗不寤"两两相对，已经清楚表达了语意，再添"亡国失势""宗庙灭绝"两句使情感更加浓厚、深刻，增强了艺术感染力，充分体现汉赋铺陈的特点。可见，赋体不仅讲求骈俪工整，还要铺陈文采。刘辰翁不但充分认识到汉赋需要铺排的特性，而且以此褒贬史汉优劣。如《史记》中"楚使子虚使于齐，齐王悉发境内之士，备车骑之众，与使者出田"一句，《汉书》删掉了"境内之士""备""之众"等字词，刘辰翁批曰："赋欲其铺，不当节。"④ "铺"字便有"铺陈""铺叙"之意。他从赋体讲究铺陈的特性方面，认为《史记》较《汉书》更优，可谓恰切。

《哀二世赋》开篇："登陂陁之长阪兮，坌入曾宫之嵯峨。临曲江之隑州兮，望南山之参差。"刘辰翁批曰："赋有不当铺叙者，只此赋起语已极其铺叙。"⑤ 毫无疑问，司马相如作赋最擅长铺叙，起笔就营造了一种凭吊的情境，为下文抒发哀悼之情留下充足空间。需注意的是，铺陈文采往往在辞藻上极尽夸丽，如《上林赋》中"流离轻禽，蹴履狡兽，辚白鹿，捷狡兔，轶赤电，遗光耀，追怪物，出宇宙"一句，刘辰翁批曰："写出轻举歘忽之状极，而至于帙电足矣。又遗光曜于后，又如见怪逐之，如不可极，赋之夸丽，于是为最。"⑥ 再如《子虚赋》中"子虚先生"向齐王描绘"云梦"时，刘辰翁批曰："赋无异，直夸多斗靡，如鱼龙曼衍欲不可极，使人动心骇目，恣肆厌足，而复反之于万一耳。"⑦ 在他看来，赋讲究以词藻华丽竞胜，好比各种杂戏同时演出，但不逾度放纵，要能够震撼人心、悦人耳目。

（三）模写形容

"模写"，又作"摹写"，指依样描写。《北史·乐逊传》："（冀儁）性沉谨，善

---

① 刘勰著，王运熙、周锋译注：《文心雕龙》，上海古籍出版社 2010 年版，第 32 页。

② 刘熙载：《艺概·赋概（卷三）》，中华书局 2009 年版，第 121—131 页。

③ 倪思编，刘辰翁评，王晓鹃整理：《班马异同评》，陕西人民出版社 2022 年版，第 251 页。

④ 同上，第 236 页。

⑤ 同上，第 251 页。

⑥ 同上，第 243 页。

⑦ 同上，第 237 页。

隶书，特工模写。"这里的模写有书法临摹、模仿之意。引申到文学创作中，则泛指一切描写、描绘。"形容"，原指容貌神色，后引申为对事物的形象或性质加以描述。刘辰翁认为司马相如赋中模写与形容的手法极为出色，评点时往往用最简洁的话语将模写形容之处加以指出，如批"言无足也四字，又有模写""甚有形容""最有形容"加以称赞。尽管评语字数不多，但却揭示了辞赋创作之要点。例如：

《上林赋》中："荆吴郑卫之声，《韶》《护》《武》《象》之乐，阴淫案衍之音，鄢、郢缤纷，《激楚》结风，俳优侏儒，狄鞮之倡，所以娱耳目而乐心意者，丽靡烂熳漫于前，靡曼美色于后。"刘辰翁评："甚有形容。"①

《子虚赋》中："于是乃相与獠于蕙圃，媻珊郣宰，上乎金堤，揜翡翠，射鵔鸃，微矰出，纤缴施，弋白鹄，连驾鹅，双鸧下，玄鹤加。"刘辰翁评："媻珊以下七字，最有形容。"② 尽管刘辰翁只作简洁的评价，并未就如何模写形容加以阐述，但也为我们点明了司马相如作赋时不可或缺的手法。

（四）虚实结合

虚实关系一直是文学作品中最灵动神秘的部分。"实"指客观世界真实存在的实景、实事、实境。"虚"指看不见摸不着但又能从字里行间体味出的虚景、虚事、虚境。"实"是具象，是"虚"得以产生的基础，而"虚"是抽象，是"实"升华后的想象。虚实二者之间往往能够相互渗透、相互转化，以实显虚，以虚显实，虚实结合，渲染烘托。刘辰翁指出《上林赋》中为达到使听者眩耳的目的，司马相如会有意识地使用虚实相半的手法。如"无事公"称赞天子的上林苑时所列举的景观地名便有虚有实，对此，刘辰翁批曰："丹水、紫渊若有若无，杂以霸、浐、泾、渭、酆、镐其间，使虚实相半，听者眩耳。"③ 这就道出了虚实结合能够产生一种耀人耳目的艺术效果，使文章更生动、形象、具体。除此之外，实词虚用也是虚实结合的一种方式，如《子虚赋》中"其土则丹青赭垩，雌黄白坿，锡碧金银，众色炫耀，照烂龙鳞"一句，刘辰翁评曰："丹书青赤白何莫不然，实字虚用。"④ 毫无疑问，文中"云梦"之土不会真如子虚先生所描绘的那样五颜六色，这些表示各种颜色的词显然是为了营造一种色彩斑斓的效果，增强读者的想象空间。

（五）笔力气势

文章的笔力气势可以上溯至先秦孟子，孟子主张"养浩然之气"，其言辞也具有一股磅礴气势。《孟子》一书气势磅礴，感情充沛，极富感染力，对后世影响

---

① 倪思编，刘辰翁评，王晓鹃整理：《班马异同评》，陕西人民出版社 2022 年版，第 244 页。

② 同上，第 238 页。

③ 同上，第 241 页。

④ 同上，第 237 页。

深远。曹丕《典论・论文》言"文以气为主"①，王昌龄称："夫文章兴作，先动气。气生乎心，心发乎言。"②韩愈《答李翊书》道："气，水也；言，浮物也。水大而物之浮者大小毕浮。气之与言犹是也，气盛，则言之短长与声之高下者皆宜"③。这里的"气"近乎文章的气势，"言"指文章的词句。文是气的外在体现，气是文的内在精神。文章的笔力气势自古以来便是文学批评的一个重要指标。文学作品的气势是决定其华丽程度的最重要因素，司马相如赋大多都呈现出一种韬厉的气势，从而奠定了司马相如作品华丽的艺术特征。④可知，司马相如赋之所以给人一种宏大壮丽之感，与其文章的笔力气势密不可分。

例如，《子虚赋》中乌有先生言："且齐东有巨海，南有琅邪，观乎成山，射乎之罘，浮渤澥，游孟诸，邪与肃慎为邻，右以汤谷为界，秋田乎青丘，彷徨乎海外，吞若云梦者八九，其于胸中曾不蒂芥。"刘辰翁批曰："语莫俊于此矣！齐语不多而气概吞吐已极，即无是不能过也。"⑤司马相如用方位名词"东""南"界定了广阔的空间，又以"观""射""浮""游"等动词增强动感，"为邻"与"为界"相对应，"青丘"与"海外"相对应，这样一来，齐国的广阔强盛被描述到极致，具有吞吐日月的恢宏气概。刘辰翁评"气概吞吐已极"可谓体会到精髓，让人联想到"日月之行，若出其中。星汉灿烂，若出其里"（曹操《观沧海》）的磅礴气势。

除辞赋外，司马相如的散文也十分铿锵有力。《喻巴蜀檄》："夫边郡之士，闻烽举燧燔，皆摄弓而驰，荷兵而走，流汗相属，惟恐居后，触白刃，冒流矢，义不反顾，计不旋踵，人怀怒心，如报私仇。"刘辰翁批曰："甚有力量。"⑥为凸显文章的力量，司马相如多用短句，声调短促，且多以仄声收尾，给人以干脆利落、毫不拖沓之感。再如《难蜀父老》："君臣易位，尊卑失序，父兄不辜，幼孤为奴，系累号泣，内向而怨，曰'盖闻中国有至仁焉，德洋而恩普，物靡不得其所，今独曷为遗已'。"刘辰翁批曰："句句有锋力。"⑦不难发现，之所以句句有锋力，是因为使用了对应的字词，在结构上对仗工整，如"君""臣"相对，"尊""卑"相对，"父""兄"相对，"幼""孤"相对，这样的句式结构相比较杂乱无章的语言，本身就带有一种节奏感，自然力量更为强烈。

（六）变化万千

明人王世贞《艺苑卮言》称："作赋之法，已尽长卿数语。大抵须包蓄千古之

---

①　陈宏天、赵福海、陈复兴主编：《昭明文选译注》，吉林文史出版社 1988 年版，第 70 页。
②　张少康主编：《中国历代文论精品》，时代文艺出版 1995 年版，第 262 页。
③　迟双明：《韩愈集全鉴》，中国纺织出版社 2020 年版，第 143 页。
④　谷口洋：《〈七发〉到〈天子游猎赋〉——脱离上古文学传统，确立汉赋表现世界》，《四川师范大学学报（社会科学版）》，2005 年第 5 期。
⑤　倪思编，刘辰翁评，王晓鹃整理：《班马异同评》，陕西人民出版 2022 年版，第 239 页。
⑥　同上，第 248 页。
⑦　同上，第 250 页。

材，牢笼宇宙之态。其变幻之极，如沧溟开晦；绚烂之至，如霞锦照灼。"① 王世贞从两方面阐述了作赋之法，一是在写作内容上崇尚包罗万象，二是在写作技巧上讲究变幻万千。司马相如在描绘景物时并不拘泥于一词，而是讲究用词的多样化，并注重描绘景物自身的发展变化，这就使行文不再单调乏味，而是变幻万千、神秘莫测，对此刘辰翁给予高度的评价。

《大人赋》："驾应龙象舆之蠖略逶丽兮，骖赤螭青虬之蚴蟉蜿蜒。低卬夭蟜据以骄骜兮，诎折隆穷躩以连卷。沛艾赳螑仡以佁儗兮，放散畔岸骧以孱颜。"刘辰翁评："自应龙以下，只是形容龙之变态，稠叠若不及极，其实不过五句，而每句数意，此赋之变态尤得意者。一低一卬，夭蟜屈折。"② 应龙、象舆、赤螭、青虬都是龙的不同形态，使用不同的词语显得稠密重叠，这正是司马相如作赋重视变化的例证。再如下文描写云雾，"纠蓼叫奡蹋以艐路兮，蔑蒙踊跃腾而狂越。莅飒卉翕熛至电过兮，焕然雾除，霍然云消"，刘辰翁评："蔑蒙，其雾气阴翳，至大作小才了，至雾消云散，则变态尽矣。"③ "蔑蒙"，指风云雾气等浮游轻扬之物。从云气上浮至云深雾重，再至云消雾散，以云雾的变化烘托寻仙途中的神秘，即使文章形象生动，又充满曲折趣味。

总之，刘辰翁以文学家的慧眼审视史汉司马相如列传，其评点价值集中在对司马相如作品的评析方面，这也从一个侧面反映了《史记》与中国文学的密切联系。而通过《班马异同评》领会司马相如的"作赋之迹"，对于我们把握辞赋创作的规律有一定帮助。

---

① 王世贞著，罗仲鼎注：《艺苑卮言校注》，齐鲁书社 1992 年版，第 31 页。
② 倪思编，刘辰翁评，王晓鹃整理：《班马异同评》，陕西人民出版 2022 年版，第 252 页。
③ 同上，第 252 页。

刘辰翁评点"酷吏"

＊本文作者李依帆，陕西师范大学文学院硕士研究生。

　　《史记》是中国第一部纪传体通史，记载了从传说中的黄帝到汉武帝时期三千年历史；《汉书》是中国第一部纪传体断代史，记载从汉高祖刘邦到王莽时期200多年的西汉历史。从渊源来说，《汉书》的四篇纪、六篇表、三篇书和四十篇列传是在《史记》基础上改写而成，加之两部著作都是纪传体，又都具有文学色彩，于是从汉魏六朝开始就有了对两部书的比较分析。到了宋代，出现专门比较《史记》和《汉书》的著作《班马异同》。此书由倪思所编，附有刘辰翁所增评语。刘辰翁的评点主要以眉批的形式出现，大多简短零碎，注重抒发个人感受。刘辰翁在评点时，立足中国史学观"重人"大于"重事"的核心观念，能够抓住《史记》以人为本位的纪传体范例，借人明史，强调"人"的主体作用。这一特点，从《班马异同评》第三十卷《酷吏》得到了充分体现。

一、刘辰翁评西汉"酷吏"

　　太史公生于武帝朝，关注本朝吏治，为其立传以戒后世，追本溯源，直指酷吏生成的政治根源，颇有拨乱反正的救时意图。刘辰翁评"酷吏"，也将目光多聚焦在武帝朝酷吏，尤以评点张汤为最。评语多简洁，虽未成体系却见解独到，将太史公所载"酷吏"以独特方式重新演绎，一方面使太史公笔下西汉酷吏形象更加全面立体，另一方面向读者呈现出武帝时期治政用"法"之风气。

　　太史公《酷吏列传》中记载酷吏十余人。其中侯封仕于吕后时期，晁错仕景帝，郅都仕文、景两朝，郅都才真正是作为法家代表的酷吏形象登场，坚定于法令原则，毫无私情，成为帮助皇帝压制宗亲的最佳助手，然其"酷"也多属于个人执法作风，且与汉初休养生息、无为而治的政治风尚相悖，还不足以成为普遍风气。随后，基于郅都建立起来的为吏模式，酷吏政治不断变形扭曲，自宁成之后，用法益刻，且不再像郅都一样表里如一，开始利用手中的权力为己谋利。至武帝，整个时代的政治风格开始转化，天子称许纵容，酷吏不知收敛并转相效仿，以致酷吏之风始盛，甚至愈演愈烈。

　　在武帝的心腹酷吏张汤之前，赵禹也是武帝朝一位重要的酷吏。刘辰翁能够抓住最能体现赵禹为人、执法特点的描述进行评点，赵禹形象顷刻可见。

《酷吏》第 18 条："禹为人廉（倨）[裾]。为吏以来，舍（毋）[无]食客。公卿相造请禹，（禹）终不[行]报谢，务在绝知友宾客之请，孤立行一意而已。"

【眉批】倨字，自为司。其自信果决，以小人之腹拒人，尤在不覆案语言，孤立行一意而已。如见其人，难自言，其长不及此。①

赵禹的行事风格和郅都比较相像，作为一个官吏，几乎不和任何人来往。法令就是他的唯一依据和原则，孤立行一意，不会因人际关系而徇私情，算是为官为吏可贵的一点。但是这也意味着他不会理会他人的问案以及意见，功过得失自在其中。刘辰翁的评点将赵禹刚硬、骨鲠的性格特点以及僵化的执法方式直接了当地点明。随后，在张汤死前与赵禹的一段对话中，赵禹的这一特点再次被提到。张汤被以朱买臣为首的"三长史"诬告下狱，赵禹受命审理此案，与张汤言："君何不知分也。君所治夷灭者几何人矣？今人言君皆有状，天子重致君狱，欲令君自为计，何多以对簿为。"张汤无从辩解，愤然自杀。刘辰翁对于张汤死前与赵禹这段对话的关注抓住了人物语言对形象塑造的关键作用，评"只一语尽矣，凡权宠富贵与所以害物者，皆至是极矣。故曰君何不知分也？何多以对簿为？即禹平生不覆案者。"看透其言语之间的悲凉之意，同时进一步强化赵禹"平生不覆案"的执法原则。然张汤死后"家产直不过五百金，皆所得奉赐，无他业"，"载以牛车，有棺无椁"，一生为官清廉由此盖棺定论。既有对统治阶层掌握生杀大权的讽刺，也看清赵禹"平生不覆案者"的僵化与狭隘。

张汤作为武帝的心腹，可以说是西汉酷吏政治愈演愈烈的重要转折，司马迁对其着墨最多，刻画最详，正如李景星在《史记评议》中评："《张汤传》独详，以其为酷吏之魁也。"② 刘辰翁在评点时能够抓住张汤"酷""知阴阳"的特点。

《酷吏》第十三条："汤掘（窟）[熏]得盗鼠及徐肉，劾鼠掠治，传爰书，讯鞫论报，并取鼠与肉，具狱，磔堂下。（其）父见之，视（其）文辞如老狱吏，大惊，遂使书狱。"

【眉批】：亦其天资偏得之，此非学力可至。使无功业，则劾鼠而已。其所知遇，皆当时酷吏气类之合，非苟然者。

《史记》中对张汤的叙述十分精彩，先从其小时候写起，记载"张汤幼年审鼠"一事，独有《张汤传》如此。太史公意在借此展现张汤审理、判决案件的天资，更显露其行事之残酷、嗜杀，将其年龄与行为进行对比，其中意味不言而喻，武帝朝酷政在张汤这里再一次升级。刘辰翁评"皆当时酷吏气类之合，非苟然者。"一句，一针见血点明原因，在汉武帝实行严刑峻法政策下的政治氛围中，

① ［宋］倪思编，［元］刘辰翁评，王晓鹃整理：《班马异同评》，陕西人民出版社 2022 年版。以下引语未注明出处者，均见该书。

② ［汉］司马迁著，张大可辑评：《百家汇评本〈史记〉》，商务印书馆 2020 年版，第 841 页。

其社会风气对于人身心发展耳濡目染之功力可见一斑。在言张汤之"酷"的同时，也看透了当时政治机制的扭曲。

随后张汤进入官僚体系后，受天子赏识提拔，步步高升，不仅是因为其能力突出，也更是因为其能"知阴阳"，太史公以张汤的这一典型特点为轴心，围绕此特点使人物丰满，让其性格鲜明，这正是与赵禹等人完全不同的地方。刘辰翁在评点时也不放过细枝末节，细细品味太史公在塑造人物时的艺术手法，不光运用正面描写，还巧妙运用侧面烘托，可见其讽刺艺术。

《酷吏》第 31 条："丞相弘数称其美。"

【眉批】弘资刻薄，故美汤如其意。

汉代酷吏与儒术相结合的格局，首先形成于张汤。其麾下集结的一批执法严酷的官吏必须与文学之士相配合，才能被视为心腹，实则是用儒家学说来粉饰太平。在这一点上，张汤与擅长用儒家学说粉饰政治的丞相公孙弘不谋而合，颇受欣赏，遂有"丞相弘数称其美"一事。刘辰翁评点时能够发现太史公这一匠心，语简而意深。首先，就公孙弘来说，靠熟读《公羊春秋》与谀佞为丞，封为平津侯，是汉武帝尊儒以来各种政策的制订、推行者之一，是太史公最反感的人物。太史公在这里不直言其对张汤之厌，而是借助公孙弘来表达自己的态度。刘辰翁评点之时，则明确点出"弘资刻薄，故美汤如其意"，可谓将太史公对张汤此等酷吏的不满厌恶的态度挑明，让读者更能够把握好其中意味，透过公孙弘的举动让张汤的形象更加鲜明。与此处有异曲同工之妙的是太史公写到"汤每朝奏事，语国家用，日晏，天子忘食"一事，从刘辰翁评中可窥见其中奥妙，"每言国家用度，日晏，天子忘食，必多可喜。若此如上所载，亦谁不能也?"中"必多可喜"一句意味深长，暗含对张汤善于揣摩圣心，迎合上意的讽刺。对此明人高岱也有类似评论"'每朝奉事'，天子至为'忘食'，则其言必多可喜。太史公寓意深矣。"①

张汤之后，暴虐升级，义纵、王温舒、杜周等人比之赵禹、张汤还要残酷。可以说，到了义纵、王温舒一代，酷吏完全成了残酷暴虐的官吏。

《酷吏》第 59 条："其治，所诛杀甚多，然取为小治，奸益不胜，直指始出矣。"

【眉批】取为小治，奸益不胜，极见酷吏之无益，人必不服。今日小定，明日即不可行此而诛之，亦不胜。取，音促，是。

正如太史公对义纵的一个非常形象的评价"纵以鹰击毛挚为治"，这个时候，为官为吏之人均以斩杀关捕，威胁恐吓为主，其下所治之民战战兢兢，不寒而栗。刘辰翁能够看清其潜在的社会危机，在评点中指出以暴制暴不过只能求得一

① ［明］朱之蕃汇辑，［明］汤宾尹校正，焦丽波整理，赵望秦审定：《百大家评注〈史记〉》，陕西师范大学出版总社 2016 年版，第 553 页。

夕安定，惩罚打击的政治管理模式长久以往，人心不服，必定不会有什么好结果。随后王温舒、减宣、杜周等酷吏，越往后，其品性风格则愈发残酷不堪，在此不做一一赘述。从刘辰翁的评点中，我们看到以义纵为代表的新一代酷吏势力崛起之后，一种新的酷吏风格的建立，比之前者赵禹、张汤更为残暴嗜血。

《酷吏列传》就是这样以类传的形式将西汉酷吏集于一处，在刻画其个性特点的同时，也更侧重于传主的"类"共性，司马迁正是通过这一幅幅群像，传达其对社会历史发展的理解。在刘辰翁的评点之中，可以看到"皆当时酷吏气类之合""最见老吏情状""截截亦如老吏"等句，借评点具体某个酷吏典型来指向整个酷吏体系，让读者对西汉酷吏之"酷"也有了更加全面的认识，酷吏群体执法手段残酷无情，精通刑法条文，善于深文周纳，以"酷"名传，入木三分。也正是酷政之风席卷全国，才会出现刘辰翁评点中"猾民从此佐之，最是情状可憎处。"的现象，刘辰翁在对将犯人羁押在导官署的解释"师古曰：'导，择也。'以主择米，故曰导官。时或以诸狱皆满，故权寄在此系之，非本狱所也"，可见当时刑狱之多，社会秩序失衡。知一隅而窥全貌，刘辰翁评点典型人物的典型事件以触及西汉酷吏政治恶性发展而导致的苛法滥刑，人人自危的社会危机，这也正是太史公选择为酷吏立传时想要向世人传递的信息。

二、刘辰翁评《史记》《汉书》"酷吏"差异

《汉书》在体例上承袭《史记》，部分内容转自《史记》，增加田广明、田延年等人事迹，将张汤、杜周从《酷吏列传》移出，合其子孙事独立成传，这部分内容仍然沿用《史记》。在《史记》原文的基础上，《汉书》在遣词造句上做出了一些增、删、改，语言风格更为质朴，这些细微改动除受太史公、班固行文习惯的影响外，也与太史公、班固对酷吏群体的态度有关，行文中对酷吏的描述夹杂个人主观喜恶。刘辰翁评点时注意到《史记》《汉书》字词、语句的差异，从细节处着手分析其对传中人物塑造、事件发展所起的关键作用。透过评点，读者可以清晰地感受到班固笔下无论是酷吏还是统治阶层相较于太史公所言之酷之暴而稍显平和。在情感上，刘辰翁整体上呈现出"扬马抑班"的倾向，多倾向于太史公。如：

> 《酷吏》第8条："（窦太后）乃（竟）中都以汉法。"
> 【眉批】《汉书》无窦太后字，甚碍。此竟字，何用？

关于郅都之死，《史记》《汉书》在记载时有略微差异。太史公明确表示郅都之死出于临江王刘荣之案惹怒窦太后，其对郅都始终怀恨在心，遂织罗罪名以汉法中伤郅都，中间虽穿插匈奴之事，但并没有明确表明郅都之死为匈奴所为。然而在《汉书》中，班固删去"窦太后"三字，直接将郅都之死转嫁到匈奴身上，而窦太后在这之中，只不过推波助澜。这细微的改动，无论是班固出于重考史实

之后的修正，还是出于维护王室而选择隐而不书。在客观上，都弱化了窦太后狠辣的负面形象。刘辰翁评"《汉书》无窦太后字，甚碍。"十分简短，并无言明是考证史实之后的点评，就其个人情感来看，显然更倾向于太史公。

《酷吏》第 26 条："其欲荐吏，扬人之善（蔽）[解] 人之过如此。"

【眉批】蔽字胜解字。

太史公在批判张汤"为人多诈，舞智以御人"的同时，也客观记载张汤作为封建官吏难能可贵的一面，即"推贤扬善"，不过言语措辞依旧受个人的情感喜恶所影响。张汤曾在廷尉任内五年，在这期间，能够扬人之善而隐人之过，以此向皇帝举荐人才。《史记》《汉书》在叙述此时，大意相同，遣词上却一"蔽"一"解"，"蔽"字，意在"覆盖、遮掩"，而"解"字，意在"解释、化解"。一字只差，细微差别却体现出不同的感情色彩。班固所用"解"字让张汤形象更加近人。刘辰翁对比评价："蔽字胜解字。"扬马抑班之意在细微处也有所体现。

《酷吏》第 20 条："及列九卿，收接天下名士大夫，己心内虽不合，然阳浮（慕）[道与] 之。"

【眉批】阳浮慕之，好，增道字，拙。

张汤则"为人多诈，舞智以御人"，其能够得到汉武帝的赏识，不光是因为能力突出，更是因为他很清楚自己服务于谁，能够从权力本质上揣摩上意，从而刻意经营。为达到个人目的，见人说人话，见鬼说鬼话，无所不用其极。如果一个人对他有用，即使他并不欣赏此人的行事作风或为人，也能佯装亲近姿态。在《史记》中太史公这一段表述为"然阳浮慕之"，言张汤即使内心不合，却佯装敬慕。班固在《汉书》中则删"慕"增"道与"，即称道结交之意。此处并不涉及历史事实，单是太史公与班固个人态度差异，两相比较，太史公言语间的鄙夷讽刺之意更为明显。刘辰翁评点时也直接表明自己的喜恶"阳浮慕之，好，增道字，拙。"简洁而直接。张汤可以说是成也钻营，败也钻营，最后死于官场倾轧，下场惨淡，着实令人唏嘘。

在《酷吏》中，刘辰翁的评点整体来看倾向于太史公，但同时也能做到具体问题具体分析，评点中肯。如在《张汤传》中记载张汤治陈皇后巫蛊之案，《史记》原文记载为："治陈皇后蛊狱，深竟党与。"《汉书》中在"蛊狱"前增"巫"字为"巫蛊狱"，刘辰翁对此评"何可无巫字"，明显认可班固的改动。随后在《赵禹传》中《史记》记载："王温舒等后起，治酷于禹。"《汉书》中则将"酷于"二字改为"峻"，刘辰翁评："《汉书》作峻禹，又好。"等等。有时，针对《史记》《汉书》呈现的差异，刘辰翁并不作优劣之评，太史公在叙张汤之诈处在其刺探人主隐微，一取顺意行之，向武帝汇报时一受责备便赶紧认错。《史记》中为："奏事即谴，汤应谢，乡上意所便。"《汉书》则将"应"改为"摧"，刘辰翁于此并没有明确直接作优劣之比，只是对二字略作分析，便将太史公、班固笔下张汤形象作出区别。评语如此写道："应谢、摧谢不同，应则随口谢耳，只如上责臣足矣。”

我们知道，《史记》《汉书》中的《酷吏列传》与《酷吏传》不专为十人立传，而是以类传来叙述汉代用刑之本末，侧重于社会现象的反映。其中，对于酷吏政治的描写，均揭露出汉朝法制的残酷性以及社会的阴暗面，讽刺汉武帝"儒表里法"的虚伪。然而班固在言语措辞间不动声色地软化了酷吏群体血腥残忍、不近人情的一面。太史公对酷吏深恶痛绝，饱含了他对武帝的不满与讽刺，意在借此揭露君主专制的残酷。班固的改动，弱化太史公的谴责之意，体现其"颂汉""宣汉"的立传宗旨，为汉室隐恶扬善。基于此，刘辰翁所呈现"扬马抑班"的评点倾向，其背后原因许也有迹可循。

三、刘辰翁评点中的情感内涵

宋代评点多为"取便科考"，刘辰翁摆脱评点为科举而设的目的，专以文学评点为成书的主旨，注重以"我"即欣赏者的感官去阅读接受文本，以读者的立场去叙述个人阅读的感发和联想，有浓厚的主观因素，充斥着所处社会环境的时代痕迹，承认文本的开放性以及读者再创造。此外，作为文本的阐释者，刘辰翁有着深厚的文学素养，其评点自然不仅仅是纯粹的感性批评，具有一定的客观态度。

（一）对明君贤臣的期盼

李长之曾言："中国的历史家在纪录历史的过程中，要知道并非是纪录'实然'的史实，而是发挥'应然'的理想。"① 刘辰翁对《班马异同》第三十卷《酷吏》的评点解读，在一定程度上揭示了司马迁、班固记录"'实然'的史实"后所想要表达的"'应然'的理想"。刘辰翁个人"应然"的理想自然也在其评点中显现，即心中渴望期盼明君贤臣，清明盛世。

太史公为酷吏立传，揭露武帝时期酷吏的苛刻严峻，对严刑酷法有着清醒的认知，将批判的矛头直指当权者。因其曾受李陵案件的牵连，而深陷囹圄，惨遭腐刑，更是感同身受，对严法狱吏绝无好感。但其作为史家，司马迁尊重客观事实，肯定某些酷吏的廉洁奉公、刚正不阿，以及对豪强恶吏强力镇压取得的政治成效。不过"法令者治之具，而非制治清浊之源也"，这是司马迁在《酷吏列传》序就提出的观点，基于对时世的考量，提出了德主刑辅的德治理想。从刘辰翁《酷吏》中一系列评点，可见其情感认同更倾向于太史公对国家社稷之远忧。在细节之处，从对太史公对晁错之失平的纠正，以及评点中对周亚夫的欣赏，对汉武帝的异议，或均与作为一个易代之际的文人士子一心赤忱，面对现实政治的黑暗欲力挽狂澜于既倒的悲愤之思有关。

---

① 李长之：《司马迁传》，新世界出版社 2017 年版，第 88 页。

《酷吏》第 3 条："孝景时，晁错以刻深颇用术辅其资，而七国之乱，发怒于错，错卒以被戮。"

【眉批】错非"酷吏"比也，特借言刻者之不可为耳。

晁错于景帝时任御史大夫，为加强中央集权，在"名为治平无事，而其实有不测之忧"的情况下上书《削藩策》："今削之亦反，不削亦反。削之，其反亟，祸小；不削之，其反迟，祸大。"① 主张削弱诸侯国封地，而引发以吴王刘濞、楚王刘戊为首的诸侯国以讨诛晁错为名向中央发起叛乱，后景帝为讨好叛乱者，诛杀晁错为替罪羊。其公而忘私、国而忘家，实乃汉代名臣。在此，太史公却因自身深受酷吏之害，于个人情感上对法家人物十分厌恶，讽刺晁错"以刻深颇用术辅其资，而七国之乱，发怒于错，错卒以被戮"的下场，指责其严刑峻罚，明显表现出道德评价与历史评价的背离，借此宣泄私愤。刘辰翁的评点指出太史公之失平，虽未直接表明对晁错的态度，但显然不将其归为"酷吏"之列作为批判的对象。其中缘由，不外乎晁错之于社稷有功，极具政治眼光且将个人生死置之度外，相比于那些只求安稳，尸位素餐之流，更显难能可贵，就凭借这一点，刘辰翁也绝不会将晁错简单定义为"酷吏"。

《酷吏》第 12 条："然亚夫弗任，曰：'极知禹无害，然文深，不可以居大府。'"

【眉批】于是，又见条侯之长者，真宰相之言也。

该评点涉及汉景帝时重臣周亚夫，首先就其个人来说，周亚夫曾平定七国之乱，集文韬武略于一身，一心只为汉家社稷，实乃忠臣贤臣之典范。在《酷吏列传》仅有只言片语，意在借条侯之言表现赵禹之"酷"，然刘辰翁也紧紧抓住这一点，表达其倾佩仰慕之情。赵禹作为武帝时期有名的酷吏，长期在京城长安官府做佐吏，因廉洁能干而升任令史，得以侍从周亚夫。后周亚夫升任丞相，赵禹也一并进入丞相府，周围人均称赞其廉洁公平，但周亚夫却并不欣赏，在他看来，赵禹"无害，然文深。"文深，即执法过严。因此，尽管知其有才能，却并不予以重任，以避造成更大的祸患。太史公不发无端之辞，刘辰翁不作无谓之评。对周亚夫这一决断，刘辰翁评为"真宰相之言也"，肯定周亚夫识人之才。但更深层次来看，许不仅仅就事论事，刘辰翁肺腑之言其实是出于对这位忠臣贤将由衷的敬慕与向往。

严苛深刻、治如狼牧羊，武帝中后期司法、刑罚造就暂时凶残的高效，但其风气之盛，长久以往，也导致深远的政治腐败以及政治文化恶化。太史公在《酷吏列传》中作出了大胆揭露，直指其背后的操盘手——汉武帝。那么，作为处于宋元鼎革之际的刘辰翁，面对南宋统治者怠于政事、荒淫无度，朝政日益黑暗腐

---

① ［汉］司马迁撰，［南朝宋］裴骃集解，［唐］司马贞索隐，［唐］张守节正义：《史记》，中华书局 2014 年版，第 3419 页。

朽的境况时，在评点《酷吏列传》时也不可避免地将目光投向汉武帝。卷三十《酷吏》中有这样一条评语："酷吏传时时有眼目谓此等，武帝出语皆可畏。"文中汉武帝病愈决定前往甘泉，然而发现从京师到甘泉的道路都不平静，"纵以我为不复行此道乎？"随后以杨可一案，发落义纵，将其处死。酷吏作为帝王的鹰爪，以酷闻名，人心惶惶，然其成败死生也不过天子一念之间。对此刘辰翁指出"武帝出语皆可畏"，褒贬不言而喻，语浅而意深。

　　清人牛运震评曰："太史公目睹其事，恻然伤之，不忍斥言君上，特借酷吏发之，一篇之中，感慨悲愤，汉廷用人之非与酷吏得报之惨，具见于此。此太史公悲世之书，所以致拳拳垂戒之意不独为十人立传也。"① 太史公借《酷吏列传》为世悲，为人悲，表明对"贤明德治"的期待。刘辰翁在评点该篇时也熔铸其浓厚的主观色彩，带有鲜明的时代特征，心中对时局、对国情的远忧与期盼，与太史公可谓不谋而合。

（二）抒发"不平之愤"

　　在《中和堂记》中，刘辰翁提出："当怒而怒，怒亦和也。"② 的观点，正是在新的历史条件下对孔子"诗可以怨"、司马迁"发愤著书"、韩愈"不平则鸣"等思想的继承与发展。一方面以"鸣"来寻求内心的平衡，另一方面以"鸣"来达到对社会现实的积极干预以及对不合理现实的抨击。在文学评点时，刘辰翁这种思想自然也得到鲜明的体现，借评点抒发己怀，一浇心中块垒。

　　结合宋末元初的时代背景来看刘辰翁对"酷吏"的评点，便可窥见刘辰翁"当怒而怒"很大程度上指的是对南宋王朝腐朽荒淫的不满，以及异族入侵的愤恨之情。《史记》中司马迁秉持"实录"的史家精神记载酷吏治理社会的政绩，也对其血腥、残忍的高压手段所引起的政治环境的恶化作了尖锐的批判。作为维护皇权的鹰爪，帝王对酷吏的起用欣赏，使其更加横行无忌，其中不乏廉洁公正之辈，也不少草菅人命，恃权为非之徒，长久以往，社会人心动乱，不寒而栗。对此，刘辰翁在《酷吏》评语中多见"猾民从此佐之，最是情状可憎处。""取为小治，奸益不胜，极见酷吏之无益，人必不服。""此祸猾吏，亦垂不朽。""可叹！豪恶吏，亦岂易得用哉！""所告所劾不服，则笞之掠之。""其暴如此。"等等，诸如此类，评语简练有力，对酷吏群体的厌恶显而易见，以及不满于酷吏政治下造成的秩序混乱、人心不稳的社会乱象。这其中关窍，自有刘辰翁所历南宋王朝官场黑暗，政局腐败以致百姓深受其苦的时代环境因素影响。

　　面对蒙古铁蹄压境，皇帝不理朝政，沉迷于声色犬马，奸臣丁大全、贾似道等人把持朝政，排除异己，更不论当时一批理学忠实信徒，面对国家积贫积弱之

---

　　① ［清］牛运震撰，崔凡芝校释：《空山堂史记评注校释·附史记纠谬》，中华书局 2012 年版，第 739 页。

　　② 焦印亭：《刘辰翁文学研究》，中国社会科学出版社 2011 年版，第 51 页。

困局，只会拱手空谈性命而无法提出挽救时局的具体政见，实乃脱离生活实际之腐儒，南宋政权颠覆已然可见。所以刘辰翁在《酷吏》中评"是书生语"一句，也不足为奇。司马迁在《酷吏列传》中用很大的篇幅来写"匈奴来请和亲"一事，彼时汉匈关系微妙，博士狄山从汉高祖起至景帝时期对匈政策论起，战乱一起，百姓深受其难，欲请以"和亲"维稳汉匈关系。刘辰翁评其为书生语，对狄山之言颇有异议。对此，明人王直则评道："狄山此论大是，切中机宜。惜乎！见害于张汤也。"① 可见，评点者不能摆脱所处社会环境、思想、时代的影响。

刘辰翁经历了易代之际的大变革与大动荡，亲身经历了宋室倾覆，异族入侵，直至元政权的渐趋巩固的过程。自其出生之时，南宋王朝可谓民穷、兵弱、财匮、士大夫无耻、风雨飘摇。对内权宦专政，党争不断，民不聊生，国势岌岌可危；对外族入侵，民族存亡危在旦夕。国将不国，臣之不臣，南宋王朝就是在这样的统治下走向了灭亡之路。蒙古灭宋，入主中原，建立少数民族政权，完成对汉族政权的全面替代与颠覆，野蛮的民族歧视与压迫政策让汉族人民处在水深火热之中，这对汉族人民可谓空前的打击。刘辰翁自然也在其中，入元之后，以遗民自居，惨痛的经历与内心的哀伤更多融入其文学创作之中。

综上所述，刘辰翁的评点立足文本，从"读者接受"角度反复作者深意来叙述个人感受。基于自身所处时代环境的影响，刘辰翁对武帝朝酷吏政治多持批判态度，评点时能够抓住传记中人物的行为、语言以及人物间的对比烘托等细节，使酷吏群像更加清晰，人物个性更加鲜明，武帝朝用刑之法也隐约可见。当其评点进入公共视野中后，便成为文本、其他读者沟通、交流的重要媒介，对其他读者的阅读有启发、引导之功，当然也渗透刘辰翁个人的思想意识。

---

① ［明］朱之蕃汇辑，［明］汤宾尹校正，焦丽波整理，赵望秦审定：《百大家评注〈史记〉》，陕西师范大学出版总社 2016 年版，第 554 页。

五、史事研讨及其他

《史记》及其他文献中的秦都咸阳古城

＊本文作者李小成，西安外事学院人文学院教授。

人人皆知灞桥折柳送别，此别长安而东行之处，文人墨客道之者多矣；而自长安西行者亦有一座离别桥，唐代项斯的《咸阳别李处士》写道："古道自迢迢，咸阳离别桥。越人闻水处，秦树带霜朝。驻马言难尽，分程望易遥。秋前未相见，此意转萧条。"①唐人所谓的"咸阳桥"即西渭桥，又名便桥。它与灞桥一样，同为伤心离别之处。许多诗人都言及咸阳桥，杜甫有《兵车行》，李商隐有"京华庸蜀三千里，送到咸阳见夕阳"，更有名的是王维《送元二使安西》："渭城朝雨浥轻尘，客舍青青柳色新；劝君更尽一杯酒，西出阳关无故人。"这首诗在唐代广为流传，乐工为之谱曲，名为"渭城曲"，俗称"阳关三叠"。

咸阳之名，早在《史记》之前的《诗经·秦风·渭阳》就写到了，诗曰："我送舅氏，曰至渭阳。何以赠之？路车乘黄。我送舅氏，悠悠我思。何以赠之？琼瑰玉佩。"郑玄《笺》云："渭，水名也。秦是时都雍，至渭阳者，盖东行送舅氏于咸阳之地。"②毕元《关中胜迹图志》云："《三秦记》云：'咸阳，秦所都，在九嵏山南，渭水北。山水俱阳，故名咸阳。'谨案：山南曰阳，水北亦谓之阳。县在北山之阳，渭水之北，故名。"③作为行政区划的咸阳，可以追溯到先秦的战国时期，秦孝公十二年（公元前350）置咸阳县，并为之都。

---

① 《全唐诗》（增订本）卷554，第九册，中华书局，1999年，第6471页。

② （汉）毛亨传，郑玄笺，（唐）陆德明音义，孔祥军点校：《毛诗传笺》，中华书局2018年版，第169—170页。

③ （清）毕元撰，张沛校点：《三辅黄图校释》，三秦出版社2004年版，第10—11页。

一、秦之咸阳非今之咸阳

秦之咸阳具体位置在哪里？《〈史记〉地名族名词典》云："咸阳，县邑名。战国秦孝公十二年（前350），析内史地置咸阳县，仍隶内史，在今陕西省咸阳市渭城区东北，因处渭水北岸、九嵕山之南，山水俱阳，故名。"[①] 据西晋皇甫谧所撰《帝王世纪》第六秦所云"秦改镐曰咸阳，都焉"[②]，《帝王世纪》又云："孝公自栎阳徙咸阳，《秦本纪》曰：'作为咸阳，筑冀阙，徙之。'及汉元年 更名新城，属扶风，后并于长安，故太史公《传》曰'长安故咸阳也'。元鼎三年复别为渭城，今长安西北渭水阳有故城，故《西京赋》曰'秦里其朔，实为咸阳'是也。《御览》百五十五。"[③] 唐李吉甫的《元和郡县志》卷一关内道一认为秦之咸阳在唐代咸阳县的东二十二里之处，这就和汉之长安隔河相望了，文曰："咸阳县，本秦旧县也，孝公十二年于渭北城咸阳，自汧、陇徙都焉。……按秦咸阳在今县东二十二里，汉渭城县亦理于此，苻坚时改为咸阳郡。后魏又移咸阳县于泾水北，今咸阳县理是也。隋开皇九年，改泾阳为咸阳，大业三年废入泾阳县。城北杜邮也，武德元年置白起堡，二年置县，又加营筑焉。山南曰阳，水北曰阳，县在北山之南，渭水之北，故曰咸阳。"[④]

据何清谷所撰《三辅黄图校释》所附历史地图，[⑤] 即周秦汉唐都城示意图：秦之咸阳，在今汉长安城正北，跨渭河两岸。《关中胜迹图志》云："《一统志》：'治在府西少北五十里。秦置县。'谨案：《元和志》：孝公十二年于渭北城咸阳，至始皇并都之。《关中记》以为孝公咸阳今渭城是，始皇咸阳今城南大城是。"[⑥] 徐卫民认为汉长安城与秦咸阳都城选址上有继承性，他在《论秦都咸阳和汉都长安的关系》一文中说："汉长安是在秦咸阳遗址基础上建立起来的，因此司马迁讲'汉长安，秦咸阳也'，张衡《西京赋》云：西汉长安'乃览秦制，跨周法'，《三辅黄图·序》也云：'武昭，治咸阳，因以汉都'。秦咸阳从惠文王以后，就不断向南扩展，在渭河以南修建了章台、兴乐宫、甘泉宫、信宫、阿房宫及七庙等建筑，欲以渭南秦宫代替渭北秦宫，刘邦夺得天下后，欲都洛阳，经娄敬、张良等的劝说，建都长安。修缮秦的兴乐宫而改为长乐宫，在秦章台基础上建未央宫，在甘泉宫基础上建桂宫，即汉长安城是在秦都咸阳基础上建立的，说明在都

① 郭声波编著：《〈史记〉地名族名词典》，中华书局2020年版，第173页。

② （晋）皇甫谧撰，（清）宋翔凤，钱保塘 辑，刘晓东校点：《帝王世纪》//新世纪万有文库，辽宁教育出版社1997年版，第43页。

③ 同上，第44页。

④ （唐）李吉甫撰，贺次君点校：《元和郡县志》，中华书局1983年版，第12页。

⑤ 何清谷：《三辅黄图校释》，中华书局2005年版，第426页。

⑥ 毕元撰，张沛校点：《三辅黄图校释》，三秦出版社2004年版，第11页。

城选址上是汉承秦制的。"① 徐卫民有《秦都城研究》一书（陕西人民教育出版社，1999 年 12 月版）专门研究这个问题。总而言之，徐卫民的观点是："汉承秦制，在都城制度上也是如此，汉代刘邦最初即住在秦栎阳城中，后利用秦的兴乐宫建成长乐宫，在章台基础上建未央宫，在桂宫基础上建甘泉宫等，实质上汉长安城就是在秦咸阳渭南宫殿群基础上营建的。不仅利用了秦原有的宫殿基础，甚至连筑城的制度也是继承秦的，即先修宫殿，后筑城墙。其都城附近的离宫别馆、苑囿也是对秦原有宫殿苑囿的修葺沿用，如秦关中的众多离宫，汉时继续沿用，汉上林苑就是在秦上林苑基础上扩建的。"② 确实，汉长安城和秦都咸阳有部分重合，但秦都主体还是在渭北，在今咸阳市偏东处。

二、秦造咸阳二桥

　　咸阳渭水上自古有桥，但造桥有一个演变过程，初为浮桥，后为木桥，再为石桥。《诗经·大雅·大明》曰："文王嘉止，大邦有子。大邦有子，伣天之妹。文定厥祥，亲迎于渭。造舟为梁，不显其光。"对于"造舟为梁"人们释解不同，毛公只是从礼制方面去解释，言其为天子之礼，未言其实。朱熹《诗集传》云："造，作；梁，桥也。作船于水，比之而加版于其上，以通行者，即今之浮桥也。"③ 朱熹所解为是。"比"者，排列也。说明在商朝末年即有造桥之术。《史记》记载了黄河上第一座浮桥，《秦本纪》记载了昭襄王五十年，秦魏之战前，秦"初作河桥"④，《史记正义》云："此桥在同州临晋县东，渡河至蒲州，今蒲津桥也。"⑤ 有人认为秦在黄河上所造之桥为永久性桥，黄河水深而宽阔，以当时的造桥技术来看，不可能为永久性桥梁，应为比舟而连的浮桥。《初学记》卷七桥第七曰："周文王造舟于渭，秦公子鍼奔晋，造舟于河。秦都咸阳，渭水贯都，造渭桥及横桥，南渡长乐宫。汉作便桥，以趋茂陵，并跨渭，以木为梁，汉又作灞桥，以石为梁。"⑥ 徐坚认为渭水上最早的桥为浮桥，汉末《三辅黄图》记渭水之上有"横桥"和"渭桥"。

　　一是横桥，即中渭桥。《三辅黄图》卷之六"桥"曰："横桥，《三辅旧事》云：'秦造横桥，汉承秦制，广六丈三百八十步，置都水令以掌之，号为石柱桥。'"⑦ 何清谷注中云："横桥，秦昭王始建，秦始皇扩建，汉代重修。"此桥建造很早，汉时又有修缮扩建。横桥，一般人认为是石柱桥，非也。据考古资料来

①　徐卫民：《论秦都咸阳和汉都长安的关系》，《秦文化论丛》辑刊，2001 年，第 81 页。
②　同上，第 86 页。
③　（宋）朱熹注，王华宝整理：《诗集传》，凤凰出版社 2007 年版，第 208 页。
④　（汉）司马迁：《史记》，中华书局 1959 年版，第 214 页。
⑤　（汉）司马迁：《史记》，中华书局 1959 年版，第 218 页。
⑥　（唐）徐坚等：《初学记》，中华书局 1962 年版，第 156 页。
⑦　（清）毕沅撰，张沛校点：《三辅黄图校释》，三秦出版社 2004 年版，第 353 页。

看，应为木桥。何清谷在《三辅黄图校释》中引用了一条极为重要的资料，可以证明横桥为木桥。卷之六《桥》注中按语说："内蒙古和林格尔汉墓壁画中，有一幅'渭水桥图'，在木柱朱栏之下标出了'渭水桥'三字，在桥上正中还有'长安令'三字，这就明确肯定了这座桥是汉长安的渭水桥。从壁画所绘桥梁外形看，当是中渭桥。"① 何清谷认为，从壁画所绘来看，渭水桥是木桥而非石桥。

二是渭桥，即东渭桥。《史记·孝景本纪》记："五年三月，作阳陵、渭桥。"② 《索隐》曰："景帝豫作寿陵也。按：《赵世家》赵肃侯十五年起寿陵，后代遂因之也。"《史记》所说的"作阳陵、渭桥"，即东渭桥也，此桥是为建寿陵方便河两岸南北往来而扩建，故同时所修。《三辅黄图》卷之六"桥"曰："渭桥，秦始皇造，渭桥重不能胜，乃刻石作为力士孟贲等像祭之，乃可动，今石人在。"③ 此桥因跨渭水而名之。《玉海》卷一百七十二《宫室桥梁》亦引《黄图》而云渭桥。郦道元《水经注》卷十九《渭水》载："秦始皇造桥，铁镦重不可胜，故刻石作为力士孟贲等像以祭之，镦乃可移动也。又东径阳侯祠北，涨辄祠之。此神能为大波，故配食河伯也。后人以为邓艾祠。悲哉！谗胜道消，专忠受害矣。此水又东注渭水。水上有梁，谓之渭桥，秦制也，亦曰便门桥。秦始皇作离宫于渭水南北，以象天宫，故《三辅黄图》曰：渭水贯都，以象天汉，横桥南度，以法牵牛。南有长乐宫，北有咸阳宫，欲通二宫之间，故造此桥，广六丈，南北三百八十步，六十八间，七百五十柱，百二十二梁。桥之南北有堤，激立石柱，柱南，京兆主之；柱北，冯翊主之。有令丞，各领徒千五百人。桥之北首，垒石水中，故谓之石柱桥也。旧有忖留神像。……后董卓入关，遂焚此桥。魏武帝更修之，桥广三丈六尺。忖留之像，曹公乘马见之，惊，又命下之。"④ 此桥亦谓中渭桥，于始皇年间正式建成。《水经注》所记载的中渭桥是座多跨梁式木桥，由 750根桥柱组成 67 个桥墩，桥面约宽 13.86 米，南北约长 524.4 米。但《三秦记》载："汉之东渭桥，汉高帝造，以通栎阳道。"⑤ 刘庆柱在注中认为："汉初，长安通往栎阳的渭河之上架设的桥梁，其位置据《通志》记载，在'霸水合渭之处'。"

咸阳渭水边上还有一桥，即西渭桥，对这一桥还有争议。西渭桥初名便门桥，建于汉武帝时期，即建元三年。司马迁《史记·孝武本纪》无载，然《汉书·武帝纪》载："初作便门桥。"颜师古注："苏林曰：'去长安四十里。'服虔曰：'在长安西北，茂陵东。'便门，长安城北面西头门，即平门也。古者平便皆同字。于此道作桥，跨渡渭水以趋茂陵，其道易直，即今所谓便桥是其处也。便读如本字。"⑥ 班固认为此桥作于汉武帝时期，但《水经注》卷十九《渭水》云：

① （清）毕元撰，张沛校点：《三辅黄图校释》，三秦出版社 2004 年版，第 354 页。

② （汉）司马迁：《史记》，中华书局 1959 年版，第 443 页。

③ （清）毕元撰，张沛校点：《三辅黄图校释》，三秦出版社 2004 年版，第 353 页。

④ （北魏）郦道元著，陈桥驿校证：《水经注校证》，中华书局 2007 年版，第 453 页。

⑤ 刘庆柱辑注：《三秦记辑注》，三秦出版社 2006 年版，第 92 页。

⑥ （汉）班固：《汉书》，中华书局 1962 年版，第 158 页。

"水上旧有便门桥，与便门对直，武帝建元三年造。……（渭）水上有梁，谓之渭桥，秦制也，亦曰便门桥。"① 郦道元认为最早建于秦，可能汉武帝时期作了修缮，此说应该比较合理。

三、《史记》中的咸阳宫与项羽所焚是否一致

《史记·秦始皇本纪》曰："始皇置酒咸阳宫，博士七十人前为寿。"② 此天下一统时也。始皇三十五年，乃于其内作阿房宫，"先作前殿阿房，东西五百步南北五十丈。"③ 司马迁所说的咸阳宫和阿房宫是两处宫殿，而且明确地说了阿房宫是后起的。而《项羽本纪》所说项羽所烧的秦宫，未言其详。秦自都咸阳以来，积年累月，断续所造宫殿多矣，但多集中在渭河北岸。从考古发掘来看，秦都咸阳似乎没有封闭、固定的城墙。宋程大昌《雍录》言："孝公都咸阳而始皇因之。初时所造宫室多在渭北，每破侯国，即写放其宫室作之咸阳北坂上（徐广曰：在长安西北，汉武帝时别名渭城坂，即九嵕诸山麓也），以所得美人、钟鼓以充之。至《三辅黄图》则曰：秦每破诸侯，撤其宫室，作之咸阳北坂上，则恐无此理也。诸侯宫室绝有远者，如燕如楚，地迁水逆，岂可以彻移使之入关也？若曰写放为之，则有理矣。如兼六国车乘而大驾遂为八十乘是其所得写仿者也。故当以《史记》为正也。贾山曰：'秦起咸阳而西至雍，离宫三百，钟鼓帷帐不移而具。'后及汉世，宫在渭北而存者，惟兰池、林光、梁山为最显，而望夷、云阁亦皆不存，则必为项羽所火矣。"④ 秦宫虽多，司马迁提到的并不多，有的也不在咸阳，如蕲年宫在雍⑤，步高宫、步寿宫接在新丰，《雍录》所载为详⑥。在咸阳者有甘泉宫，《秦始皇本纪》有："秦王乃迎太后于雍而入咸阳，复居甘泉宫。"《集解》："徐广曰：'表云咸阳南宫也。'"⑦《秦始皇本纪》还提到信宫："焉作信宫渭南，已更命信宫为极庙，象天极。自极庙道通骊山，作甘泉宫前殿，筑甬道，自咸阳属之。"⑧ 从《秦会要订补》卷二十四"方域中"记载来看，秦宫遍布关中，有秦川宫、西垂宫、平阳宫、大郑宫、阳宫、雍之宫、栎阳宫、蕲年宫、霸城宫、橐泉

---

① 郦道元著，陈桥驿校证：《水经注校证》，中华书局 2007 年版，第 449，452 页。
② 司马迁：《史记》，中华书局 1959 年版，第 254 页。
③ 同上，第 256 页。
④ （宋）程大昌撰，杨恩成 康万武点校：《雍录》，陕西师范大学出版社 1996 年版，第 15 页。
⑤ 《史记》卷六《秦始皇本纪》［正义］："《括地志》云：'蕲年宫在岐州城西故城内。'"
⑥ 《雍录》卷一"秦宫杂名"："秦先世居邑数迁，故其宫殿散在关中者多。固尝居之不皆可以名为离宫也。文王茞阳宫在鄠县。昭王械阳宫在岐州扶风。文王西垂（不知何属）。武公平阳宫在华山下。橐泉宫、祈年观在雍县（或云一宫《水经》有辨在后）。太后棫宫在岐州虢县。《庙记》曰在城外。始皇《本纪》谓在雍也。步高宫、步寿宫皆在新丰。长杨宫、射熊馆、青梧观、五柞观皆在周至（《黄图》）。襄王芷阳宫在霸上（《水经》）。"
⑦ （汉）司马迁：《史记》，中华书局 1959 年版，第 230 页。
⑧ 同上，第 40 页。

宫、曲台宫、蕲阳宫、长安宫、信宫、咸阳宫、甘泉宫等二十五座，多属于离宫①。而位于咸阳的诸多宫殿，司马迁明确说到只有甘泉宫，信宫处渭水南岸，后改为庙。而项羽进咸阳所烧之宫殿，是包括了渭水两岸的宫殿，还是只烧了渭水北岸的宫殿？

《史记》所说项羽烧的是咸阳宫，是否包括了阿房宫？从文献记载来看，《史记·项羽本纪》中说项羽入关中，进咸阳而屠杀民众，"烧秦宫室，火三月不灭"。这里所说火烧者是秦的哪座宫室，具体不明，是咸阳宫还是阿房宫？班固《汉书·五行志下》云：秦"复起阿房，未成而亡"，则明言阿房宫未完工，秦即灭亡。据田野勘查结果，与文献记载不一。2004 年 2 月 26 日《光明日报》邀请了三位专家进行了对话，"李毓芳：前面我已经说过，阿房宫考古队在阿房宫的前殿台基上做了比较详细的钻探和试掘，春节过后我们仍然在北墙内侧进行试掘，但没有发现一处被烧的痕迹，这与我们以前在秦咸阳宫的发现大相径庭。在秦咸阳宫，只要发掘，到处都能见到被烧的红土、灰迹和结块，火烧的痕迹十分明显。在阿房宫前殿台基的勘探和试掘中，其地层关系基本是耕土—扰土—晚年堆积—夯土台基或耕土—扰土—汉代堆积—夯土台基，丝毫没有烧过的迹象，所以，项羽火烧阿房宫是没有的事。"项羽所烧秦宫室，包括了咸阳宫，咸阳宫是秦宫最重要者，《孝文本纪》之《正义》引《三辅旧事》云："秦于渭北有咸阳宫，渭南有兴乐宫。秦昭王欲通二宫之间，造长横桥，三百八十步。"②秦宫主要在渭北，从考古勘查来看，咸阳所烧的是渭水北岸的包括咸阳宫在内的秦宫殿。

随着历史的变迁，一座几千年的古都亦是沧海桑田，欲明其历史变迁，应以与秦距离最近的司马迁《史记》为信史，参之以《三辅黄图》等其他文献，这样才能对秦都城与今之咸阳有一个比较正确的历史认识。

---

① 见（清）孙楷撰，徐复订补：《秦会要订补》，中华书局 1959 年版，第 378—389 页。

② （清）孙楷撰，徐复订补：《秦会要订补》，中华书局 1959 年版，第 405 页。

《史记》地名：观察韩城地域文化的
历史窗口

——《史记》中陕西韩城地名解析

＊本文作者薛引生，陕西省弘扬汉文化研究中心常务副理事长。

地名古已有之，由于地名必须表示一个具有特定方位和地域范围的地理实体，因此地名与语言学、地理学、历史学有着天然的不可分割的联系。根据我参与编写《韩城市地名志》的体会，我以为，地名还是观察地域文化的一个历史窗口，是了解、认识地域文化的重要切入点。

以《史记》中关于韩城市地名的记载为例。司马迁是韩城人，对韩城最为了解。《史记》130篇中关于韩城地名的记载多达60余处，分别记述了韩城地域内11个地名的历史沧桑，让现在的人们看来，一些"小"地方原来也有过复杂曲折的历史变迁，在司马迁的笔下虽简明扼要，却历历在目。现分述如下：

一、作为地理称谓的三个地名

1. 龙门：《史记》中载述"龙门"的地方计有11处。其中，《夏本纪》"浮于积石，至于龙门西河"；《秦本纪》"德公元年……卜居雍，子孙饮马于河"[正义]卜居雍之后，国益广大，后代子孙得东饮马于龙门之河。《秦本纪》"孝公元年……东平晋乱，以河为界，[正义]即龙门河也。"《秦始皇本纪》"赵高说二世曰：'……禹凿龙门，通大夏，"《六国年表》秦表，惠文王十二年（前326年）载"初腊，会龙门"；《河渠书》"故道河自积石历龙门"。[正义]龙门"在同州韩城县北五十里，为凿广八十步"；《河渠书》"北自龙门至于朔方"；《苏秦列传》"说惠王曰：'秦四塞之国，被山带渭，东有关河……'"[正义]"东有黄河，有函谷、蒲津、龙门、合河等关。"《李斯列传》"禹凿龙门，通大夏，疏九河，曲九防，决淳水致之海"；《货殖列传》"龙门、碣石北多马、牛、羊、旃裘、筋角"；《太史公自序》："迁生龙门，耕牧河山之阳。"。以上记载说明四千年前韩城已以"龙门"为称谓。但"龙门"只是地理名称，而非行政建置。从现实地域看，龙门山在禹凿龙门的地方，现亦称禹门口。清·乾隆《韩城县志》卷一载，这里"两崖皆断山绝壁，相对如门，惟神龙可越，故曰龙门"。山上有相公坪，传说是当年大禹治水休息的地方。古今对照，可见，《史记》这一记载有根有据，不仅禹凿龙门，救万民于水患，而且是华夏重要关塞，为兵家必争之地。

2. 梁山：《史记》中载述"梁山"的地方共有 6 处。《夏本纪》"禹行自冀州始。冀州：既载壶口，治梁及岐"；《周本纪》"踰止于岐下。"；《秦始皇本纪》"始皇帝幸梁山宫，从山上见丞相车骑众，弗善也"；《十二诸侯年表》晋表，晋景公十四年（前 586）"梁山崩"；《晋世家》"十四年，梁山崩"；《匈奴列传》"岐、梁山、泾、漆之北有义渠"。［集解］"郑玄曰：'地理志壶口山在河东北屈县之东南，梁山在左冯翊夏阳，岐山在右扶风美阳'"；同一页，［索隐］也引用了郑玄的同一句话证明"梁山在左冯翊夏阳。"又同一页［正义］再引《括地志》云："壶口山在慈州吉昌县西南五十里冀州境也。梁山在同州韩城县东南十九里。岐山在岐州岐山县东北十里，二山雍州境也"。［正义］引《括地志》云："郑玄云'岐山在梁山西南。'然则梁山横长，其东当夏阳，西北临河，其西当岐山东北，自豳适周，当踰之也。"［集解］云："公羊传曰'梁山，河上山。'"杜预曰：梁山'在左冯翊夏阳县北也。'"以上记载其他山脉似有出入，但都一致证明四千年前韩城就有梁山这一地理名称。清·乾隆《韩城县志》记载："境内山岭重叠，而梁山为其主峰，余皆梁山别麓耳。《诗》咏韩侯国，专言禹甸梁山而不及他山。"《朱子集传》："梁山，韩之镇也，盖以此也，山势绵亘、逶迤西境，如屋梁然，故名。梁山之脉，有县东北六十里曰龙门山，县西北五峙山、三岭、牡丹山、横山、苏山，县西五里的大象山、狮山，县西南五十里者香山，四十里者鬼山。"现在，梁山仍横亘于韩城市之西南、正西、西北、东北，是韩城市的天然屏障。《史记》关于梁山的记载不仅有方位、地理、事件，而且有人文、历史、故事的叙述。特别在《晋世家》中叙述了"梁山崩"后，伯宗认为"不足怪"，表明了古人的无神论思想。

3. 韩地、韩原：《史记》中记述"韩地、韩原"有 9 处。《秦本纪》："十二年，齐管仲、隰朋死。晋旱，来请粟。……缪公问公孙支，支曰：'饥穰更事耳，不可不与。'问百里傒，傒曰：'夷吾得罪于君，其百姓何罪？'于是用百里傒、公孙支言，卒与之粟。以船漕车转，自雍相往至绛。""十四年，秦饥，请粟于晋。晋君谋之群臣。虢射曰：'因其饥伐之，可有大功。'晋君从之。十五年，兴兵将攻秦。缪公发兵，使丕豹将，自往击之。九月壬戌，与晋惠公夷吾合战于韩地。"［正义］"《左传》云：僖公十五年，秦晋战于韩原，秦获晋侯以归。""《括地志》云：'韩原在同州韩城县西南十八里。'《十六国春秋》云魏颗梦父结草抗秦将杜回，亦在韩原。"《六国年表》韩表（公元前 424 年）"韩武子元年"［索隐］武子启章生景侯虔。《今古地名》云"韩武子食采于韩原古城也"。《齐太公世家》"四十一年，秦穆公（即缪公）虏晋惠公，复归之。"；《晋世家》"帝许罚有罪矣，弊于韩。"［集解］"弊，败也。韩，晋韩原。"；《晋世家》"九月壬戌，秦缪公、晋惠公合战韩原"［索隐］"在冯翊夏阳北二十里，今之韩城县是"；《郑世家》"幽王元年，韩武子伐郑，杀幽公。"；《韩世家》开篇说："韩之先与周同姓，姓姬氏。其后苗裔事晋，得封于韩原。曰韩武子。武子后三世有韩厥，从封姓于韩氏。"［正义］引《括地志》云："韩原在同州韩城县西南八里。又韩城在县南十八里，故古韩国也"；这段话应理解为：韩原在同州府所辖韩城县西南八里，韩侯城在县南十八里。韩城市乡土学者也据此得出秦晋韩原大战在今韩城市南的龙亭原上。龙亭原东北角，现在的司马迁祠旅游专线西出口建了一座牌楼，上书"韩原故地"，以示龙亭原即韩原古地页。此地名不仅反复标明了其地域方位，发生事件。而且以晋惠公听信谗言，趁秦饥而击秦，趁火打劫的不义之举，后反被秦穆公俘虏的史实告诫人们：多行不义必自毙。

二、作为行政建置称谓的有 4 个，即梁伯国、芮伯国、少梁邑和夏阳邑。

1. 梁伯国。梁伯国是韩城历史上第二个行政建置，是《史记》中记载最详细的一个春秋小国。梁伯国建立于公元前 821 年，周宣王封秦仲的少子嬴康为梁伯。到了公元前 770 年，周平王东迁洛邑时，因庄公的儿子襄公一路护驾有功，正式册封秦襄公为公侯国君，赐封嬴康为梁伯，把夏阳梁山作为其封地。《史记》记载梁伯国之事共 8 处：《秦本纪》"德公元年，……梁伯、芮伯来朝"；《秦本纪》"成公元年，梁伯、芮伯来朝"；《秦本纪》"二十年，秦灭梁、芮。"［正义］"梁、芮国皆在同州，秦得其地，故灭二国之君。"；《秦本纪》"二十二年，晋公子圉闻晋君病，曰：'梁，我母家也，而秦灭之'"［正义］"子圉母，梁伯之女也"；《晋世家》"八年使太子圉质秦。初，惠公亡在梁，梁伯以其女妻之，生一男一女。梁伯卜之，男为人臣，女为人妾。""十年，秦灭梁。梁伯好土功，治城沟，民力罢，怨，其众数相惊，曰：'秦寇至'，民怨惑，秦竟灭之。""十三年，晋惠公病，内有数子。太子圉曰：'吾母家在梁，梁今秦灭之，我外轻于秦而内无援于国。'"。公元前 641 年梁国为秦所灭，历 7 任国君，存世 130 年。

2. 芮伯国。《秦本纪》中有 3 次写到芮伯国："德公元年（前 677 年），……梁伯、芮伯来朝"；"成公元年（前 663 年），梁伯、芮伯来朝"；"二十年，秦灭梁、芮。"（［正义］"梁、芮国皆在同州，秦得其地，故灭二国之君。"；过去史学界一直认为芮国在陕西大荔的朝邑镇。但随着韩城梁代村芮国墓葬的发掘，这个认识被颠覆了。西周时在韩城县北原梁带村曾有一个芮伯国存在，已经被证实。2005 年，梁带村古墓的发掘被评为全国十大考古发现之一。在中央电视台直播前夕，我和西北大学的徐为民教授陪同秦俑之父、考古专家袁仲一考察梁带村古墓已经发掘的春秋早期的一座车马坑、两座甲子型大幕、一座中字型大墓。根据考古发现的现实地理位置，我们应该确信，芮伯国就在韩城市北原梁带村一带。实际上，仔细读《史记》，我们从其中的叙述中也可以证实。"秦灭梁芮"时，秦自西来，如果先灭掉了位于大荔县朝邑镇的芮国，后灭数百里之北的梁国，司马迁则应谓之"秦灭芮、梁。"而《史记》记为"秦灭梁芮"，则芮国应在梁国之北。由此，我以为地理学、考古学、语言学是可以相互为用、互相印证的。梁国与芮国是同一时期在韩城的两个建置诸侯国。北芮国西周初年（前 1043 年）册封，到公元前 640 年为秦所灭，存世共 404 年。

3. 少梁。少梁是韩城第一个行政建置的名称，在《史记》中出现次数多达 19 次。战国时期，因秦、晋、魏三国反复争夺，因而少梁在《史记》中出现频率极高。其中《秦本纪》中出现 3 次：康公"四年，晋伐秦，取少梁"；"灵公六年，晋城少梁，秦击之"；献公"二十三年，与魏晋战少梁，虏其将公孙痤"201；《十二诸侯年表》出现 2 次：晋表，晋灵公夷皋四年（公元前 617 年）"伐秦，拔少梁。秦取我北征"；[索隐]"音澄，盖今之澄城也"；秦表，秦康公罃四年（前 617）"晋伐我，取少梁。我伐晋，取北徵。"；《六国年表》出现 8 次：魏表，魏文侯斯六年（前 419）"魏城少梁"；秦表，秦灵公七年（前 418 年）"与魏战少梁。"；魏表，魏文侯斯八年（前 417）"复城少梁"；秦表，秦献公二十三年（前 362 年）"与魏战少梁，虏其太子"；魏表，魏惠王九年（前 362 年）"与秦战少梁，虏我太子"；秦表，秦孝公八年（前 354）"与魏战元里，斩首七千，取少梁"；魏表，魏惠王十七年（前 354 年）"与秦战元里，秦取我少梁"；秦表，秦惠文王八年（前 330）"魏入（少梁）河西地于秦"；魏表，魏襄王五年（前 330 年）"与秦河西地少梁。秦围我焦、曲沃"；世家中出现 4 次：《赵世家》"十二年，秦攻魏少梁，赵救之。十三年，秦献公使庶长国伐魏，虏其太子、痤"。[正义] 少梁古城在同州韩城县南二十二里，古少梁国也。；《魏世家》"九年，伐败韩于浍。与秦战少梁，虏我将公孙痤，取庞"；《魏世家》"十七年，与秦战元里，秦取我少梁"（1845 页）；其他出现 2 次：《张仪列传》"魏因入上郡、少梁，谢秦惠王。惠王乃以张仪为相，（前 327 年）更名少梁曰夏阳"；《太史公自序》"惠襄之间，司马氏去周适晋。晋中军随会奔秦，而司马氏入少梁"；[集解] 徐广曰"夏阳在梁山龙门。"[正义] 云"少梁城，同州韩城南二十三里。夏阳城在县南二十里。梁山在县东南十九里。龙门在县北五十里。

关于少梁，还需要明确两点：一、少梁是属于邑（即县）建置。二、少梁的来历在[索隐]中有注解："古梁国也，秦灭之，改曰少梁，后名夏阳。"这就明确告诉我们：少梁是秦灭梁国后，将梁国故地改称少梁。梁伯国的界限应在东少梁，西少梁，瓦窑头村到龙亭原之间，方圆 20 平方公里。梁伯国建国时，其南边的龙亭原有韩侯国，北原梁带村有北芮国。韩侯国公元前 757 年为晋所灭，也就是说，从公元前 770 年到前 757 年，有 13 年时间韩城县境域内有三国并存的局面。这也告诉我们，当时的封国很小，梁伯国以城为国也是可信的。

从公元前 641 年秦灭梁国，少梁得名，到公元前 327 年，秦惠文王更名少梁曰夏阳，少梁作为一个县级建置名称共使用了 314 年。

4. 夏阳。夏阳是《史记》中韩城第二个县级行政建置的名称。共出现过 4 次：《秦本纪》"惠文君（秦惠文王）十一年（前 327 年）……更名少梁曰夏阳"；《淮阴侯列传》"魏王盛兵蒲坂，塞临晋，信乃益为疑兵，陈船欲度临晋，而伏兵从夏阳以木罂渡军，袭安邑。魏王豹惊，引兵迎信，信遂虏豹，定魏为河东郡。"；《游侠列传》"解亡，置其母家室夏阳"[正义]"故城在同州韩城县南二十里，汉夏阳也。"；《太史公自序》"而少梁更名曰夏阳。"《史记》记述"夏阳"的这 4 处，其中两处反复言明"少梁更名曰夏阳",一处记述韩信从夏阳以木罂渡军袭夏县安邑,一处记述游侠郭解逃亡关中时将其母家室安置夏阳。这些,《韩城县志》均有记载。

夏阳是韩城历史上使用时间仅次于韩城县名的称谓,前后两次,共 1048 年。第一次从公元前 327 年到公元 598 年,共 901 年(其中新莽时期称"冀亭"24 年。)第二次从唐朝公元 758 年到 905 年,共 147 年。夏阳不仅给后人留下了夏朝国都"夏之阳城"的猜想,而且成就了韩信声东击西,出奇制胜的"战神"形象。

三、作为村堡称谓的 4 个

1. 华池。《太史公自序》:"靳与武安君坑赵长平军,还而与之俱赐死杜邮,葬于华池。"司马靳是司马迁的六世祖,死后葬在华池。[正义]引《括地志》云:"华池在同州韩城县西南七十里,在夏阳故城西北四里"。[正义]说华池在夏阳古城西北 4 里是对的,在韩城县西南七十里有误,应为 17 里,可能是版本传抄的错误。现在,韩城市芝川镇华池村确有司马靳墓。

2. 高门。《太史公自序》又说:"昌生无泽,无泽为汉市长。无泽生喜,喜为五大夫,卒,皆葬高门";[索隐]云,"高门在夏阳西北,去华池三里。"[正义]引《括地志》云:"高门原俗名马门原在同州韩城县西南十八里。"

《史记》上述两条记载,不仅说明了司马迁三位世祖的任职、葬地,而且说明华池、高门已经建村有 2200 多年的历史。高门在华池西南,包括北高门、东高门、西高门。所缺南高门相传为地震陷没。

3. 繁庞城和籍姑城。《史记》记载 3 处:《秦本纪》灵公"十三年(前 417 年)城籍姑"[正义]引《括地志》云:"籍姑古城在同州韩城县北三十五里";《六国年表》:秦表,灵公十年(前 415 年)"补庞,城籍姑。"[索隐]案:"庞及籍姑皆城邑之名。补者,修也,谓修庞而城籍姑也";《六国年表》魏表,(前 412 年),魏国"公子击围繁庞,出其民";公子击是魏文侯之子即后来的魏武侯。繁庞城即上文的庞城。

繁庞城与籍姑城在韩城的具体位置,学者争论不休。高增岳先生说:繁庞城在新城街道相里堡村南,大体可信。现在相里堡村南仍有数丈长一段夯土城墙。在秦魏争夺少梁的过程中,魏占据少梁,秦"补庞,城籍姑"这样的结论在地理方位上也是比较合理的。另据樊厚甫先生推测,繁庞城可能是今天的韩城古城。古城东有城固村,疑为秦城籍姑,距少梁 15 里许。《史记》述少梁战争时,秦灵公六年(公元前 419 年)、七年(前 418 年)攻打魏城少梁,魏文侯斯八年(前 417 年)复占。这样,秦灵公就在少梁城北边 15 里的籍姑修筑城池驻军。后又经两次较量,秦国终于在秦惠王八年打败了魏国,攻占少梁,十一年,将少梁更名为夏阳。

综上所述,《史记》记述韩城地名除几千年因传抄出误外,基本上都是正确的,和现在都是吻合的。现在的方位和里程是:龙门在今韩城市东北 60 里,龙门山也如此;梁山在今韩城市西边,横贯南北,其主峰在韩城市西南 19 里;梁伯国的城池现称少梁，在今韩城市南 18 里；韩原即今龙亭原，在今韩城市南 20 里；少梁在今韩城市南 18 里；夏阳古城亦在少梁，后逐渐北移，现距韩城古城仅 2 里；华池司马靳的墓地，在今韩城市西南 17 里；高门司马昌、司马无泽、司马喜的墓地，也是司马迁的出生地，在今韩城市西南 18 里高门村。这里现在有"司马祖茔"；徐村为司马迁后裔之村，在高门村西；繁庞城即今之韩城市古城，城东城固村是籍姑城，相里堡的古城墙当年和城固村原上原下连成一片。

司马迁的这些记载，使韩城的历史既悠久又明晰，是韩城人民的宝贵财富，也是中国传统文化的宝贵财富。

司马迁的内陆欧亚视野

＊本文作者丁慧添，北京师范大学附属实验中学。

自 20 世纪 90 年代苏联解体、中亚五国相继独立以来，内陆欧亚的历史①受到史学界特别关注。内陆欧亚独特的地理位置和历史文化属性，决定了内陆欧亚视野必然成为当下世界历史研究的一个重要趋势，它也是摆脱传统欧洲为中心的世界史叙述体系的重要推动力量。

备受当今史学界关注的内陆欧亚，2000 多年前就已经进入了中国史学家的视野。中国史学之父司马迁在《史记》中，以内陆欧亚视野审视汉帝国与匈奴的战争，追随月氏人的西迁，进入费尔干纳腹地，一直向西深入中东，到达了马其顿帝国解体后的塞琉古王国和托勒密王国。公元前 100 年前后，欧亚大陆不同文明体在此碰撞交汇。而司马迁的《史记》一直被认为是中国史的著作，鲜有学者把《史记》放在世界史视野下审视。拉铁摩尔开始摆脱中国中心观，提出内亚概念，他关注的是文明的边缘这类过渡地带，没有认识到《史记》中关于内陆欧亚各国叙述的重要性。"因此，匈奴——或任何其他具有政治代表性的游牧民族——与中国之间的关系，只是一个更大的、多方面现象中的一个方面（或多或少重要，取决于我们选择研究的历史阶段）。""显然，由于我们所掌握的资料都是由中国历史学家撰写的，因此，与中国的关系占据着中心地位，但即便如此，它也绝不是排他的或唯一的"。② 近年来，随着内陆欧亚历史研究的深入，《史记》中关于内陆欧亚诸国的记载，成为了解内陆欧亚历史不可或缺的重要材料，司马迁的内陆欧亚视野才开始引起学者们的关注。

本文中，笔者试图全面展现司马迁对内陆欧亚国家的具体描述，展现司马迁如何以民族志的形式介绍内陆欧亚国家。笔者也试图分析司马迁为什么会关注到内陆欧亚诸国，汉与匈奴的战争是一个重要原因，司马迁本人好"奇"也是一个

---

① 内陆欧亚的地理范围大致包括：东起黑龙江、松花江流域，西抵多瑙河、伏尔加河流域。具体而言，除中欧和东欧外，主要包括中国的东三省、内蒙古自治区、新疆维吾尔自治区，以及蒙古高原、西伯利亚、哈萨克斯坦、乌兹别克斯坦、吉尔吉斯斯坦、土库曼斯坦、塔吉克斯坦、阿富汗、巴基斯坦和西北印度，其核心地带即所谓欧亚草原（Eurasian Steppes）。见余太山：《古代内陆欧亚史纲》，兰州大学出版社 2014 年版，"总序"。

② Nicola Di Cosmo," Ancient Inner Asian Nomads: Their Economic Basis and Its Significance in Chinese History", *The Journal of Asian Studies*, Nov., 1994, Vol. 53, No. 4 (Nov., 1994), pp. 1092 - 1126.

重要原因。第三部分，笔者着重分析司马迁内陆欧亚视野对中国历史编纂的影响，以及中国正史中关于内陆欧亚国家的记载对周边国家重建历史的重要意义。在结论中提出，因为《大宛列传》的存在，《史记》是中国第一部以民族志形式记载内陆欧亚国家历史的史书。

需要强调的是，本文中提到内陆欧亚国家，就是《史记》中提到的西域诸国。

一、《史记》中的内陆欧亚

《史记》是中国第一部纪传体通史，记叙了从传说中的黄帝到汉武帝太初年间 3000 多年的历史。《史记》分本纪、表、书、世家、列传五部分，就内陆欧亚的地理范围而言，《史记》中涉及内陆欧亚的叙述，主要围绕汉帝国与匈奴的战争展开，内容集中在列传部分的《大宛列传》《匈奴列传》等篇目。下面，我们以《大宛列传》为主线，开始司马迁的内欧欧亚之旅。

《大宛列传》开篇即入主题，"大宛之迹，见自张骞"，张骞出使西域，将内陆欧亚带入司马迁的视野。汉武帝派张骞出使西域，目的是联合月氏攻打匈奴。匈奴自冒顿单于在位时（前 209—前 174 年）开始强盛，西击败月氏，东击败东胡，并不断南侵，成为西汉最严重的边患。月氏，游牧部族。在被匈奴击败之前，月氏势力强大，统治中心东起今祁连山以北，西抵今天山、阿尔泰山东端，且一度伸张其势力至河套内外。月氏被匈奴击败后，大部分西迁至伊犁河、楚河流域。汉武帝从匈奴降者那里听到西迁的月氏怨恨匈奴，可以联合攻打匈奴，派张骞出使西域，与月氏通使。

张骞出使西域，取道匈奴，被匈奴所获，在匈奴滞留十余年，后逃脱，继续朝着月氏方向西行。张骞取道巴尔喀什湖北岸，沿楚河南下，穿越吉尔吉斯山脉，沿着纳伦河进入费尔干纳盆地[①]，最先到达的是大宛。张骞到来之前，大宛国王就知道汉王朝国力强盛，一直想与汉王朝通商，却道路不通，知道张骞通使月氏的意图后，派遣向导、翻译随张骞使团同行。月氏西迁伊犁河、楚河流域之后，臣属匈奴的乌孙追击至此，月氏战败，被迫放弃伊犁河、楚河流域，再次西迁，经费尔干纳，到达阿姆河流域，征服了主要位于阿姆河南的大夏国。离开大宛，张骞使团来到锡尔河流域的康居，在康居的协助下，张骞使团终于到达月氏。月氏征服大夏，占据了水草丰饶的妫水（今阿姆河）流域时，人民"志安乐"，加之与汉朝相隔遥远，无意与汉王朝合谋攻打匈奴。张骞在月氏待了一年多，未能说服月氏国王，回国复命。返国途中，又被匈奴捕获，后乘匈奴内乱逃脱归汉。这是张骞第一次出使西域，汉朝政府与西域诸国第一次官方接触，虽然未能完成联合月氏抗击匈奴的目的，但开启了内陆欧亚诸国与汉王朝的正式交

---

① 张骞西行路线，见余太山《两汉魏晋南北朝正史西域传要注》，商务印书馆 2021 年版，第 59 页。

往。《司马相如列传》载司马相如喻告巴蜀民檄:"康居西域,重译请朝,稽首来
享。"司马相如喻告巴蜀民在元光末(公元前 130/ 前 129 年),知康居在张骞首
次西使自匈奴中得脱之前已遣使汉廷,是最早朝汉的西域国家。① 张骞通西域后,
大宛、康居等西域诸国与汉王朝的交往已日渐频繁。

　　张骞返回长安后,向汉朝政府提交了一份详细的考察报告,司马迁据此对内
陆欧亚西域诸国按照张骞"身所至者"和"传闻其旁者"进行了分类,并根据西
域诸国生活习俗之不同,将其分为"土著"和"行国"两类。张骞"身所至者",
分别是大宛、月氏、大夏和康居等国;张骞"传闻其旁者",分别是乌孙、奄蔡、
安息、条枝、黎轩和身毒等国。张骞首次西使"身所至者"和"传闻其旁者"诸
国中,大宛、大月氏、大夏、康居、乌孙和奄蔡可能均和阿喀美尼朝波斯大流士
一世贝希斯登铭文所见 Sakā 人有关②。波斯文献中的 Sakā 人,即希罗多德《历
史》中的斯基泰人(Sacae),汉文史籍中的"塞种"。公元前 140 年左右,大批
Sakā 人渡锡尔河南下,一支进入费尔干纳,建立了大宛、月氏、大夏、康居、乌
孙和奄蔡等国;一支进入巴克特里亚,灭亡了希腊巴克特里亚王国。③ 匈奴人的
军事征服,逼迫月氏西迁,西迁的月氏人的中一支,进入巴克特里亚,打败了乌
孙,灭亡了希腊殖民者在今兴都库什山以北的阿富汗东北部地区建立的希腊巴克
特里亚王国。

　　司马迁以大宛为坐标,对大宛东北、西北、西南和大宛以西,四个方向西域
诸国的山川地理、物产和风俗人情进行了详细介绍。司马迁对西域诸国的叙述,
基本遵循固定模式:方位,生活习俗,物产,人口,邻国。如,介绍大宛:"大宛
在匈奴西南,在汉正西,去汉可万里。其俗土著,耕田,田稻麦。有蒲陶酒。多
善马,马汗血,其先天马子也。有城郭屋室。其属邑大小七十余城,众可数十万。
其兵弓矛骑射。其北则康居,西则大月氏,西南则大夏,东北则乌孙,东则扜罙、
于?。"在司马迁描述的西域诸国中,大宛以西是大月氏,大月氏以西是安息,
安息即指帕提亚(Parthia)波斯王朝,安息再往西是它的属国条枝。条枝即塞琉
古朝叙利亚王国,这是进入司马迁视野的内陆欧亚的最西端。安息王 Mithridates
一世(前 171—前 139/138 年)在位时,国力臻于极盛,曾俘虏入侵的叙利亚国
王 Demetrius 二世(前 145—139/ 前 138 年)。继位的 Fraates 二世再次击退叙利
亚王国的入侵,消灭叙利亚大军三十万人,杀死其王 Antiochus 七世(前 139/ 前
138—前 129 年在位)。Fraates 二世随即放回被 Mithridates 一世囚禁的 Demetrius
二世,并娶其女为妃。④ 司马迁所谓的"安息役属之,以为外国",反映的就是这
段历史。

　　大宛西南是大夏,大夏臣服于月氏,张骞在大夏国见到了邛竹杖、蜀布,这

---

①　余太山:《两汉魏晋南北朝正史西域传要注》,商务印书馆 2020 年版,第 62 页。

②　R. G. Kent, Old Persian, Grammar, Text, Lexicon. New Havan, Connecticut, 1982.

③　余太山:《两汉魏晋南北朝正史西域传要注》,商务印书馆 2020 年版。

④　N. C. Debevoise, A Political History of Parthia. Chicago, 1937, pp. 22 - 25, 33 - 35。

是现在西川的物产，大夏国商人告诉张骞，这是他们从身毒国购买而来。身毒，即今印度河流域，这条记载是汉文史籍中对于中亚阿姆河流域与南亚次大陆经济来往的最早记载。张骞认为，身毒有蜀地的货物，蜀地与身毒之间一定有通道，由身毒通往大夏，可以避开匈奴人的阻挡，直接与西域诸国联系。汉武帝听取了张骞的建议，派张骞率领使团进入今天四川、云南开拓通往身毒的道路，但终因"昆明之属无君长，善寇盗，辄杀略汉使，终莫得通"。汉王朝也放弃了由云南经印度通西域的努力。

张骞第二次出使西域时，匈奴实力已被汉王朝驱逐到漠北，西行之路已无匈奴人的阻拦。张骞带领了一支庞大的使团，"将三百人，马各二匹，牛羊以万数，赍金币帛直数千巨万"，同时使团中配备了大量多持节副使，只要道路可通，即派遣副使前往。在之后的几年间，张骞派出的各道副使，"皆颇与其人俱来，于是西北国始通于汉矣"。汉朝使者到达安息后，安息王是 Mithridates 二世（前124/前123—前87年在位），"发使随汉使来观汉广大，以大鸟卵及黎轩善眩人献于汉"。大宛西的小国如驪靬（阿姆河下游的绿洲国）、大益（里海东南岸的小国），大宛以东的苏薤（时索格底亚那地区的活动中心 Kesh）等国，都派遣使者随同安息使团赴长安朝见汉武帝。汉武帝为了展示汉王朝的富庶，对这些外国使节大加赏赐，并带着他们一起在国内出巡，途中这些海外异客表演的角斗、竞技类活动，引来大量民众围观。汉武帝还专门从西域引进了苜蓿、葡萄，在宫廷旁广泛种植，中西文明交流一时鼎盛。西域诸国与汉王朝的交往更加紧密，使者相望于道，内陆欧亚大地上不同文明之间的交流不绝于缕。

随着汉王朝外交使团一路向西，汉帝国与欧亚主要帝国之间的交流互动日益频繁。"汉既通使大夏，而西极远蛮，引领内乡，欲观中国。"① 当时，汉和匈奴之外，欧亚大陆主要势力还有希腊化王国塞琉古王国和托勒密埃及王国（《大宛列传》中的黎轩）。托勒密王国极盛时期统治着埃及、巴勒斯坦、南叙利亚、小亚沿海、塞浦路斯和克里特岛。塞琉古王国极盛时期统治着小亚、叙利亚、美索不达米亚、伊朗和印度河流域大片土地，公元前3世纪中叶，帕提亚波斯和巴克特里亚波斯相继脱离塞琉古王国。张骞首次出使西域时，当时中东地区最强大的是帕提亚波斯（《大宛列传》中的安息），疆域东自巴克特里亚，西抵幼发拉底斯河，北起里海，南临波斯湾，是帕提亚波斯帝国鼎盛时代。司马迁在《大宛列传》中，对汉、匈奴、帕提亚波斯王国和托勒密王国在内陆欧亚核心腹地费尔干纳盆地的联系、交流，进行了概括介绍，自觉地以内陆欧亚视野审视汉匈战争，在这个层面上，因为有《大宛列传》，《史记》也成为一部公元前3世纪之前的世界历史。

---

① 《史记·太史公自序》。

二、司马迁为什么会关注内陆欧亚

前面提到，司马迁的时代，内陆欧亚存在四大主要势力，分别是西汉王朝、匈奴、塞琉古王国和托勒密王国。匈奴处于汉王朝与其他两个王国之间，最为强盛，他们向南侵扰西汉王朝，向西追击月氏，势力突入费尔干纳腹地，内陆欧亚诸国多臣服于匈奴。匈奴阻断了西汉王朝与内陆欧亚诸国交流的通道，他们在内陆欧亚的附属国，也成为匈奴对抗西汉王朝的附属力量，汉武帝派遣张骞通使内陆欧亚诸国，目的就是断"匈奴右臂"①。司马迁写作当代史，西汉王朝与匈奴的战争是当时最重大的历史事件，自然成为他关注的重点。司马迁通过《匈奴列传》《大宛列传》等篇目，详细记述了这场影响内陆欧亚历史格局的战争，司马迁也由此不自觉地以内陆欧亚视野审视了汉王朝与匈奴的战争。

匈奴自冒顿单于统一北方游牧民族后，雄踞西汉王朝西北，时时侵扰汉王朝。公元前 201 年，汉高祖刘邦率领 30 万大军与匈奴主力决战，匈奴 40 万大军将汉军围困于白登山，汉高祖被迫求和，与匈奴和亲，向匈奴赠送丝绸酒食宝物，换取边境安定，虽然如此，匈奴仍然经常骚扰汉王朝的边境。汉文帝时，匈奴的前锋部队一度曾打到距离长安 300 里的回中宫。匈奴的侵扰，成为汉王朝最大的外患，但苦于国力衰弱，无力抗击匈奴。经过近 70 年的修养生息，汉王朝社会经济逐渐恢复，到汉武帝时，"汉兴七十馀年之间，国家无事，非遇水旱之灾，民则人给家足，都鄙廪庾皆满，而府库馀货财。京师之钱累巨万，贯朽而不可校。太仓之粟陈陈相因，充溢露积于外，至腐败不可食。众庶街巷有马，阡陌之间成群，而乘字牝者傧而不得聚会。"②汉王朝国力空前强盛，国家富足，具备了与匈奴作战的实力，汉武帝开始谋划对匈奴用兵。

汉武帝从匈奴降卒口中得知，汉王朝西边的月氏势力很大，被匈奴打败后西迁，月氏人痛恨匈奴，汉王朝可以争取他们为盟友，共同打击匈奴。汉武帝采纳了这个意见，公元前 139 年，他派遣张骞出使月氏，由此打开了汉王朝与内陆欧亚诸国交流互动。张骞第一次出使西域，到公元前 126 年返回长安，前后历时 13 年，期间，汉武帝已经开始对匈奴用兵。就在张骞返回长安的前一年，公元前 127 年，武帝派卫青、李息出云中以西至陇西，大败匈奴于河套以南，收复河南地，解除了匈奴对汉首都长安的正面威胁。在之后的几年中，汉匈之间数次大战。值得一提的是，公元前 122 年，汉武帝派霍去病将万骑出陇西，过焉支山千余里，缴获匈奴休屠王祭天金人。同年夏，霍去病与公孙敖率数万骑兵出陇西、北地两千里，过居延攻祁连山，得匈奴首虏三万余级，裨小王以下十余人。匈奴西部一年内连受两次沉重打击，引起西方二王的不满。二王决定降汉，后休屠王

---

① 《史记·大宛列传》。
② 《史记·平准书》。

反悔。浑邪王遂杀休屠王，率四万骑兵投降。汉政府遂把匈奴降人安置在陇西、北地、上郡、朔方、云中等五郡，而在浑邪王原统治地区，先后设置武威、酒泉、张掖、敦煌"河西四郡"，此后，"金城、河西并南山（祁连山）至盐泽（罗布泊），空无匈奴，匈奴时有候者，到而希矣"① 河西四郡建立后，打通了汉通内陆欧亚诸国的道路，张骞第二次出使，就是在这次大战之后，因为没有了匈奴的中途阻挠，张骞使团得以顺利成行。

汉武帝时，经过数次大战，匈奴势力受到严重打击。匈奴势力被汉王朝驱逐到漠北草原，汉王朝控制了河西走廊，河西四郡的设置，打消了内陆欧亚诸国对匈奴的忌惮，开始扩大与汉王朝的通使，汉王朝在丝绸之路沿线设置大量的传舍，保障往来使者通行，汉代传舍有相当的规模，配有传厨、传车和驿马，并有足够的住宿用品。"而汉始筑令居以西，初置酒泉郡以通西北国。因益发使抵安息、奄蔡、黎轩、条枝、身毒国。""于是酒泉列亭鄣至玉门矣。"② 贰师将军李广利远征大宛获胜之后，汉王朝进一步加大对使团的保障，在通过内陆欧亚各国的道路沿线设置了大量的亭。亭作为乡里的一个公用的基层机构，具有多种多样的功能，其功能之一就是服务使者，为使者提供停留食宿之所。"而敦煌置酒泉都尉；西至盐水，往往有亭。而仑头有田卒数百人，因置使者护田积粟，以给使外国者。"③ 有了这些保障措施，双方互派使者的频次逐渐增多，使团规模也越来越大。"使者相望于道。诸使外国一辈大者数百，少者百余人，人所赍操大放博望侯时。其后益习而衰少焉。汉率一岁中使多者十余，少者五六辈，远者八九岁，近者数岁而反。"④

随着与内陆欧亚诸国联系加强，西汉的交通道路以及设施，还延伸到域外的一些地区。畅通的道路交通、遍布的驿站、方便的饮食等，为汉王朝与内陆欧亚诸国交流互动提供了极大的便利，内陆欧亚诸国使团和商人的频繁到访长安，为汉王朝营造了一派万国来朝的盛世景象。长安街头，胡汉相杂，内陆欧亚诸国的物产遍布长安商肆。司马迁身处其中，耳濡目染，自觉地记录了汉王朝与内陆欧亚诸国交流互动的盛况，不自觉地以内陆欧亚视野审视这段历史，让《史记》具有了世界史的特征。

司马迁以汉王朝与匈奴的战争为主线，详细介绍了牵涉其中的内陆欧亚诸国，以及内陆欧亚诸国与汉王朝的交流互动，这是司马迁客观记录汉王朝当代史的客观需要。司马迁客观地记录了内陆欧亚各国与汉王朝的交流互动，也记载了当时内陆欧亚国家的奇特的物产和风俗。如，匈奴打败月氏后，匈奴单于以月氏王的头颅为饮酒器，"皆言匈奴破月氏王，以其头为饮器。"以敌人的首级为饮酒

---

① 《汉书·张骞传》。

② 《史记·大宛列传》。

③ 《史记·大宛列传》。

④ 《史记·大宛列传》。

器，据希罗多德《历史》载，斯基泰人也有此风俗。[1] 安息国"以银为钱，钱如其王面，王死辄更钱，效王面焉。画革旁行以为书记"，这种用国王头像铸钱币的习俗，在古代中东地区十分盛行。[2] 条枝国，"有大鸟，卵如瓮"，"国善眩"；大宛"多善马，马汗血"；"乌孙王号昆莫，昆莫之父，匈奴西边小国也。匈奴攻杀其父，而昆莫生，弃于野。乌嗛肉蜚其上，狼往乳之。单于怪以为神，而收长之"。这些异域的奇特物产和风俗，唤起了司马迁极大的好奇心，他以饱满的热情生动地记录了这些奇物奇事。

司马迁对内陆欧亚各国奇物奇俗的记载，也是司马迁好"奇"的产物。略晚于司马迁的汉代学者扬雄就明确指出，"仲尼多爱，爱义也；子长多爱，爱奇也"[3]。司马迁生活的时代，大一统的国家空前强盛，社会经济繁荣，全国道路通畅。伟大的时代造就了开放昂扬的文化风气。司马迁 20 岁即开始全国游历，遍览壮阔山河，深入考察了各地的风土人情，他的眼界更加开阔，能够以包容开放的心态接纳新奇的事物，历史和现实生活领域"奇"事"奇"人，都成为他关注的重点。张骞通使内陆欧亚诸国之后，带回了关于内陆欧亚诸国诸多新奇的描述，这些闻所未闻、也从未踏足的域外国家，极大地满足了爱"奇"的司马迁的好奇心。

司马迁爱历史和现实生活领域之"奇"，对于那些糅合了迷信色彩的鬼怪、神话传说之奇，司马迁并不盲目的采择，而是批判地采用，他的《史记》因此被称为"实录"。张骞通使内陆欧亚之国，曾到达黄河的源头，并没有看到《禹本纪》所谓的昆仑山，依据张骞实地考察得来的描述，司马迁对《禹本纪》中荒诞的记载进行了批评。"太史公曰：《禹本纪》言：'河出昆仑。昆仑其高二千五百余里，日月所相避隐为光明也。其上有醴泉、瑶池。'今自张骞使大夏之后也，穷河源，恶睹本纪所谓昆仑者乎？故言九州山川，《尚书》近之矣。至《禹本纪》《山海经》所有怪物，余不敢言之也。"[4] 正是因为这个原因，《大宛列传》虽"奇"，却是可靠的信史。

三、司马迁内陆欧亚视野之影响

公元前 5 世纪的雅典墓葬中发现了中国丝绸，这个表明内陆欧亚的西端的雅

---

① "至于首级本身，他们并不是完全这样处理，而只是对他们所最痛恨的敌人才是这样的。每个人都把首级眉毛以下的各部锯去并把剩下的部份弄干净。如果这个人是一个穷人，那么他只是把外部包上生牛皮来使用；但如果他是个富人，则外面包上牛皮之后，里面还要镀上金，再把它当作杯子来使用。"希罗多德：《历史》(IV, 65)。

② 参看孙毓棠：《安息与乌弋山离》，《文史》第 5 辑（1978 年），pp. 7 - 21。

③ 扬雄：《法言》。

④ 《史记·大宛列传》。

典与东端的中国早在已知的丝绸之路建立前几个世纪就存在来往。[1] 当然，操印欧语系的民族最早在公元前第二个千年就和中国有密切联系，有可能充当了中西间的桥梁。[2]

在中国文献中，成书于公元前 4 世纪左右战国时期的《穆天子传》，书中有关周穆王西征行程的记载不失为中国最早的涉及内陆欧亚诸国的历史文献[3]，该书前四卷叙述穆王西征事，一般认为这四卷可能成书于战国后期燕，当为传说而附会于周穆王的，但可能包含早至西周的史料。其现实背景主要为至迟在公元前 7 世纪末已存在的东西交通路线。《穆天子传》中包含大量的古代传说和神话素材，学界对其内容的可靠性存在较大争议，在这个意义上，《史记》虽然成书晚于《穆天子传》，它在中国内陆欧亚史构建中的创始地位却是不容置疑的。

司马迁在《大宛列传》中自觉运用了民族志的写法，对内陆欧亚各国以"土著"和"行国"进行分类，依次记述了大宛、乌孙、康居、奄蔡、月氏、安息、条枝、大夏等国的政治、经济、军事、外交以及历史沿革、国际关系等概况，还旁及周边的身毒、黎轩、郁成等国家和地区，文字虽然简单，地位却颇为重要，它是中国出现最早的外国简史。而且，《大宛列传》以汉王朝与匈奴战争为主线，描述了汉王朝与匈奴在内陆欧亚诸国之间的争夺，它不仅是内陆欧亚各国极简的国别史，而且还是汉王朝与内陆欧亚各国的国际关系史。因此，《大宛列传》已不是支离破碎的史料，它是内陆欧亚各国相对完整的史册，是一部内陆欧亚视野下的世界史。司马迁首次系统描写了华夏政权与内陆欧亚诸国的官方接触，从历史书写的角度看，司马迁的内陆欧亚视野也具有"凿空"的意义。

司马迁《史记》之后，中国正史书写开始关注内陆欧亚各国，它们对这些国家历史的叙述，大多遵循司马迁在《大宛列传》中的发凡起例，我们以《史记·大宛列传》与《汉书·西域传》中对应的文字进行比较：

《史记·大宛列传》：大月氏在大宛西可二三千里，居妫水北。其南则大夏，西则安息，北则康居。行国也，随畜移徙，与匈奴同俗。控弦者可一二十万。故时强，轻匈奴，及冒顿立，攻破月氏，至匈奴老上单于，杀月氏王，以其头为饮器。始月氏居敦煌、祁连间，及为匈奴所败，乃远去，过宛，西击大夏而臣之，遂都妫水北，为王庭。其余小众不能去者，保南山羌，号小月氏。

《汉书·西域传》：大月氏国，治监氏城，去长安万一千六百里。不属都护。户十万，口四十万，胜兵十万人。东至都护治所四千七百四十里，西至安息四十九日行，南与罽宾接。土地风气，物类所有，民俗钱货，与安息同。大月氏本行国也，随畜移徙，与匈奴同俗。控弦十余万，故强轻匈奴。本居敦煌、祁连间，至昌顿单于攻破月氏，而老上单于杀月氏，以其头为饮器，月氏乃远去，过大

---

①　Andrew Stewart, *Greek Sculpture：An Exploration*, 2Vols（New Haven：Yale University Press，1990）, Vol. 1 p. 166.

②　Victor H. Mair，"Mummies of the Tarim Basin ," *Archaeology*（April/May，1995）：28 - 35.

③　余太山：《早期丝绸之路文献研究》，商务印书馆 2018 年版，第 5 页。

宛，西击大夏而臣之，都妫水北为王庭。其余小众不能去者，保南山羌，号小月氏。

对比可知，《汉书·西域传》的体例，乃至文字记述，基本袭用了《史记·大宛列传》。《史记》之后，司马迁的按民族、地域描述欧亚内陆的框架体系，被许多史学家继承。后代史书中的《四夷传》、《东夷传》、《北狄传》、《西戎传》、《外国传》，连同浩如烟海的官修典籍和私家著述、杂史、笔记、游记、金石和方志中的有关部分，都是古代中国学者对内陆欧亚进行研究的出色记录。

司马迁以内陆欧亚视野自觉对域外国家的历史纳入中国正史范围，对于那些缺乏历史文献记载的国家来说，意义更为重要。因为文明进程不同，内陆欧亚各国经历了不同的发展阶段，有的国家没有形成自己的文字，没有留下自己的文字历史，需要依靠其他国家的文献记载来重写自己的历史。中国古代史书中对内陆欧亚的记载是这些国家和民族认识和书写自己历史的重要资料。

如内陆欧亚古老而重要的民族吉尔吉斯（柯尔克孜，Kirghiz），是内陆欧亚的古老而重要的民族之一。吉尔吉斯斯坦人民非常重视自己的历史，由于长期没有自己的文字记载，吉尔吉斯人依靠一代代的口耳传承，每一个人都要记住七世祖先的名字和事迹，以此坚定地保存着对历史、民族和祖先的记忆。近代以来，尤其是吉尔吉斯斯坦独立以来，重写自己的历史，发掘其悠久的历史文化，成为这个古老而年轻的国家的头等大事。而在中文史籍中，吉尔吉斯最早出现在《史记》中，《史记》之后的正史中有接续的记载，借助中文史籍中延续两千多年不断的相关记载，吉尔吉斯人的历史被保存了下来。

结　论

长期以来，因为《史记·大宛列传》主要围绕张骞出使西域和李广利远征大宛展开叙述，有研究者认为《大宛列传》就是张骞和李广利的合传，很少有人从世界史角度认识其关于内陆欧亚国家记载的重要意义。而随着内陆欧亚史研究的深入，司马迁关于内陆欧亚国家的记载越来越受到学者的关注，他以民族志形式对内陆国家的叙述，成为研究内陆欧亚历史不可缺少的重要材料。有学者质疑司马迁的《大宛列传》已失传，我们今天看到的文本是后人根据《汉书·张骞李广利传》的内容而补写的，这种怀疑因缺乏有力的证据，没有被学术界所接受。①有学者从文字对比，证明《史记·大宛列传》要早于《汉书》中的记载。因此，我们有理由相信《史记》是中国历史上第一部以民族志形式记载内陆欧亚国家历史的史书。

---

① 崔适在《史记探源》中认为《大宛列传》后人是据《汉书·张骞李广利列传》补写，刘咸炘认为崔适是臆断，毫无证据。刘咸炘，《太史公书知意》，商务印书馆 2018 年版，第 162 页。

楚庄豪（蹻）入滇伐夜郎考

＊本文作者方煜东，贵州黔东南州档案专家委员会副主任，研究馆员。

现当代以来将夜郎国定在贵州西部的一个重要原因是楚庄豪入滇途经夜郎并灭夜郎事件。

此事件在南朝范晔《后汉书·南蛮西南夷列传》有载："初，楚顷襄王时，遣将庄豪从沅水伐夜郎，军至且兰，椓船于岸而步战。既灭夜郎，因留王滇池。以且兰有椓船牂柯处，乃改其名为牂柯。"[1]

楚顷襄王是楚怀王之子，名横，亦作楚襄王，是战国时期的楚国国君。在公元前298—前263年时在位。为太子时，入质于秦，后父怀王入秦被扣，他被大臣迎归即位。在位期间，疆土日削，国势益衰。楚顷襄王元年（前298），秦伐楚，取析（今河南西峡）等十六城。十九年（前280），秦拔楚黔中郡，楚割上庸、汉北之地予秦。次年，秦将白起攻楚，破鄢（今湖北宜城东南）、邓（今湖北襄樊北）、西陵（今湖北宜昌西）。二十一年（前278），秦破楚都郢（今湖北荆州），烧楚先王墓夷陵（今湖北宜昌东南），楚被迫迁都陈（今河南淮阳）。后招集东部兵，收复黔中（一说江南地）十五邑，建郡以拒秦。

范晔《后汉书》所称楚顷襄王时楚将庄豪循沅水逆流而上，先经且兰，至沅江上游最后一个码头上岸，又步行至夜郎，消灭了夜郎，后又直指滇池一带，并在那里称王，所建即滇国。

从其所载，即可知夜郎位于且兰、滇两国之间，而且兰在沅水上游今贵州凯里、麻江、福泉、贵定一带，滇池在今云南昆明市东南郊，因此，夜郎国应位于今贵州西南部一带，以安顺、贞丰、兴仁、安龙一带为宜。当然也存在夜郎国在且兰国南部的可能。

但南朝范晔《后汉书》所称楚庄豪入滇经且兰灭夜郎的记载并非原始史料，其说从晋常璩《华阳国志》转载改编而来。

《华阳国志》"南中志"如是载："周之季世，楚顷襄王遣将军庄蹻泝沅水出且兰以伐夜郎，植牂柯，系船于是。且兰既克，夜郎又降，而秦夺楚黔中地，无路得反，遂留王滇池。蹻，楚庄王苗裔也。以牂柯系船，因名且兰为牂柯国。"[2]

上引两书之文，略有差异，《后汉书》所称是楚将庄豪，而《华阳国志》则载

---

① 范晔：《后汉书》，中华书局1973年版，第2845页。

② 常璩：《华阳国志》，齐鲁社2015年版，第44页。

是楚将庄蹻，其他如楚顷襄王时循沅水至且兰伐夜郎也基本一样，所不同的是《华阳国志》称是攻克且兰国，又伐降夜郎国，庄蹻又将且兰国改为牂柯国。这说明庄蹻将且兰和夜郎两国都立为傀儡部落，其又率军直向西南，在滇池称王，即滇王。如是这说明早在战国时期，且兰和夜郎都曾属滇国势力范围。晋常璩还称庄蹻是楚庄王后裔，故直指滇国并非土著部落，而是楚国贵族所建立的上等国家。这可能是滇国自己所构建的国家文化谱系，与地处东南的吴、越两国在发展壮大以后也分别构建自己为周太王长子泰伯、次子仲雍及为夏后（王）少康庶子无余之后类似。

《华阳国志》中未提到庄蹻灭夜郎之事，仅称克且兰，降夜郎。这说明《后汉书》所称的灭夜郎事件并不存在。毕竟此后夜郎国还是存在的。

如果从《华阳国志》所载庄蹻从楚国出军溯沅水出且兰伐夜郎至滇池的路线来看，夜郎地处今贵州西部及重点在西南部一带的观点也是成立的。

但唯一遗憾的是，《华阳国志》称庄蹻将且兰国改为牂柯国，但在此后，则且兰国还是存在的，却未见其称牂柯国。故《华阳国志》所载也不一定准确。

《华阳国志》所载此段史料也不是第一手资料，其原型出自东汉班固所著《汉书》。

《汉书》"西南夷两粤朝鲜传"载："始楚威王时，使将军庄蹻将兵循江上，略巴、黔中以西。庄蹻者，楚庄王苗裔也。蹻至滇池，方三百里，旁平地，肥饶数千里，以兵威定属楚。欲归报，会秦击夺楚巴、黔中郡，道塞不通，因乃以其众王滇，变服，从其俗以长之。"①

对比《汉书》和《华阳国志》所载，可知内容变化很大。

《汉书》称庄蹻出征的方向是巴郡、黔中郡以西，《华阳国志》称是克伐且兰、夜郎；而路径也不一致，《华阳国志》称循沅江，而《汉书》则称是循长江；又出征时间也不同，《华阳国志》称是楚顷襄王时，《汉书》则称是楚威王时，楚威王是楚顷襄王的爷爷。

这是完全不同的时间和不同的线路。《汉书》中并未提及庄蹻出征经过且兰、夜郎。

由于《汉书》是国志，《华阳国志》是地方史，又《汉书》所著时间早于《华阳国志》和《后汉书》，因此上述《华阳国志》、《后汉书》所称庄蹻（豪）溯沅水入滇伐夜郎的原型为《汉书》所载"庄蹻将兵循江上入滇"事件。

因此上述有关关于夜郎国在今贵州西部及西南部的判断就不能成立。这完全是《华阳国志》和《后汉书》从《汉书》所载史料中演化出来的。

《汉书》所载的这段史料也不是原创，而是从《史记》中传录而来。

此《史记》"西南夷列传"载："始楚威王时，使将军庄蹻将兵循江上，略巴、黔中以西。庄蹻者，故楚庄王苗裔也。蹻至滇池，方三百里，旁平地，肥饶数千

---

① 班固：《汉书》，中华书局 1964 年版，第 3838 页。

里，以兵威定属楚。欲归报，会秦击夺楚巴、黔中郡，道塞不通，因还，以其众王滇，变服，从其俗以长之。"①

此段文字《汉书》、《史记》所载内容完全相同，仅个别字稍异。《史记》是记载夜郎国的第一部也是最权威的史料。《史记》作者司马迁不仅亲自到西南一带考察过，且其生活时代夜郎国仍存，且正经历汉武帝对夜郎国一步步侵占谋夺的全过程。司马迁在《史记》中提到夜郎和滇在汉武帝时独受王印，而 1956 年在云南滇池附近石寨山古墓群果然出土了汉滇王印。可见其所载滇与夜郎两国的史料可信度极高。

《汉书》承袭《史记》，所载基本无误，但为什么《华阳国志》和《后汉书》要将《史记》、《汉书》所载史料改编演化呢？

主要是《史记》、《汉书》所载庄蹻将兵伐滇后，"欲归报，会秦击夺楚巴、黔中郡，道塞不通，因还，以其众王滇，变服。"晋常璩认为秦击夺楚巴、黔中郡是在楚顷襄王时期，而不在其爷爷在位的楚威王时。因此将时间改成楚顷襄王时。

楚威王是楚宣王之子，宣王三十年（前 340）去世，楚威王熊商继位，威王十一年（前 329），熊商去世，其子熊槐即位，是为楚怀王。

而秦击夺楚巴、黔中郡则在楚顷襄王时际。秦楚所载时间一致。

据《史记》"秦本纪第五"记载，"（秦昭襄王）十七年，错攻楚。赦罪人迁之南阳。白起攻赵，取代光狼城。又使司马错发陇西，因蜀攻楚黔中，拔之。""三十年（前 277），蜀守若伐楚，取巫郡及江南为黔中郡。"②

《史记》"楚世家"也载：

（楚顷襄王）十九年（前 280），秦伐楚，楚军败，割上庸、汉北地予秦。二十年，秦将白起拔我西陵。二十一年，秦将白起遂拔我郢，烧先王墓夷陵。楚襄王兵散，遂不复战，东北保于陈城。二十二年（前 277），秦复拔我巫、黔中郡。

（楚顷襄王）二十三年（前 276），襄王乃收东地兵，得十余万，复西取秦所拔我江旁十五邑以为郡，距秦。③

可知秦击夺楚巴、黔中郡在公元前 277 年。

但此时楚威王已去世五十二年。

此南宋马端临作《辨庄蹻考》也称：按《史记》及《汉书》皆云：楚威王使庄蹻略巴黔，以西至滇池，欲归会秦，夺楚巴黔中郡，因以其众王滇，后十馀岁，秦灭之。又按楚自威王后，怀王立，三十年，至顷襄王之二十二年，秦昭襄王遣兵攻楚，取巫黔中郡也。《后汉史》则云顷襄王时，庄豪王滇，豪即蹻也。若庄蹻自威王时将兵略地，属秦。陷巫黔中郡，道塞不还，凡经五十二年，岂得如此淹久，或恐《史记》谬误。

① 司马迁：《史记》，中华书局 1963 年版，第 2993 页。
② 司马迁：《史记》，中华书局 1963 年版，第 212—213 页。
③ 司马迁：《史记》，中华书局 1963 年版，第 1735 页。

　　故常璩和范晔当也是这么想的，于是就是将楚威王改成楚顷襄王。

　　但这一改，又发现问题，因为楚顷襄王要遣将使兵西进滇池，只能在二十二年（前 277）之前。但当时巴郡、蜀郡已经被秦所占，庄蹻不可能循长江西进，因此要改从沅江而上，而循沅江而进，则必须穿越且兰国及夜郎国境，于是只能克且兰、夜郎，否则通不过。这就是《华阳国志》"周之季世，楚顷襄王遣将军庄蹻泝沅水出且兰以伐夜郎，植牂柯，系船于是。且兰既克，夜郎又降，而秦夺楚黔中地，无路得反，遂留王滇池。"之由来。

　　至范晔时，看到《华阳国志》此条史料又发现了问题。因庄蹻曾是楚怀王时期的反叛人士，据《荀子》"议兵"载：楚"兵殆于垂沙，唐蔑（昧）死，庄蹻起，楚分而为三四"。指的是楚怀王二十八年（前 301），楚将唐昧被齐、魏、韩联军大败于垂沙（今河南唐河西南），他率领人民起义，曾攻至楚都郢（今湖北荆州西北）。而此人是否为楚庄王后裔不详，但范晔认为《史记》所载楚威王时有庄蹻，而《荀子》称楚怀王时也有庄蹻，故在楚襄王时再有庄蹻必有史不合，故在《后汉书》将其改名为庄豪。而关于灭夜郎之记载，或以为常璩所称是降夜郎，而范晔认为降就是灭，他不想原文照抄，由于将降改成灭字，但后人看来意义又不一样了。

　　此即庄豪（蹻）入滇及伐夜郎史事之由来。

　　但实际上司马迁所载可能没错。

　　楚威王景翠在位时期，正是楚国较为强盛的时期。据《史记》"楚世家"记载：楚威王七年（前 333），楚军曾与齐师大战于徐州，击败齐国，进围徐州。

　　楚国在楚威王时的版图，西起大巴山、巫山、武陵山，东至大海，南起五岭，北至汝、颖、沂、泗，囊括长江中下游以及支流众多的淮河流域，根据《史记》"苏秦列传"记载，苏秦曾对楚威王说："楚，天下之疆国也；王，天下之贤王也。西有黔中、巫郡，东有夏州、海阳，南有洞庭、苍梧，北有陉塞、郇阳，地方五千馀里，带甲百万，车千乘，骑万匹，粟支十年。此霸王之资也。"①

　　楚威王的父亲是楚宣王，为其打下了坚实的疆域基础。据《史记》"卷五·秦本纪第五"载："孝公元年，河山以东疆国六，与齐威、楚宣、魏惠、燕悼、韩哀、赵成侯并。淮泗之间小国十余，楚、魏与秦接界，魏筑长城，自郑滨洛以北，有上郡。楚自汉中，南有巴、黔中。"《史记正义》注曰："楚北及魏西与秦相接，北自梁州汉中郡，南有巴、渝，过江南有黔中、巫郡也。"②

　　这说明在楚宣王、楚威王时期，楚国的西部边境已至巴地一带，而当时巴渝以西一带为僰侯国③，蜀郡势力尚未至今宜宾地区。僰侯国北部门户即是今宜宾，汉设犍为郡时已称僰道，《史记》载秦常頞开五尺道置吏焉。④ 因此楚威王时庄蹻

　　① 司马迁：《史记》，中华书局 1963 年版，第 2259 页。
　　② 司马迁：《史记》，中华书局 1963 年版，第 202 页。
　　③ 《史记·西南夷列传》正义注，中华书局 1963 年版，第 2993 页。
　　④ 《史记·西南夷列传》，中华书局 1963 年版，第 2993 页。

循江而上所降灭的当是该僰侯国。

因此，《史记》所载楚威王时庄蹻循江上入滇是可能的，因为巴渝一带已是楚国西境，楚军只可循江上经僰侯国即可南下进入滇地。而蜀郡当是尚在僰侯国以北，并未及至今长江沿岸。楚军入滇不经过蜀地。

从《史记》所载秦楚史料，可知司马迁认为在楚宣王、楚威王之际，楚国实力强大，是入滇的最佳时机，并且也是有实力的。故所载庄蹻循江入滇在楚威王时。

但常璩撰《华阳国志》在提及巴国历史时，则记载在公元前316年秦灭巴蜀，已置巴郡。

此《华阳国志》"卷三蜀志"载：

周慎王五年（前316）秋，秦大夫张仪、司马错、都尉墨等从石牛道伐蜀。蜀王自于葭萌拒之，败绩。王遯走，至武阳，为秦军所害。其相、傅及太子退至逢乡，死于白鹿山，开明氏遂亡。凡王蜀十二世。冬十月，蜀平，司马错等因取苴与巴。

周赧王元年（前314），秦惠王封子通国为蜀侯，以陈壮为相。置巴郡。以张若为蜀国守。戎伯尚强，乃移秦民万家实之。三年，分巴、蜀置汉中郡。六年，陈壮反，杀蜀侯通国。秦遣庶长甘茂、张仪、司马错复伐蜀，诛陈壮。七年（前308），封子恽为蜀侯。司马错率巴、蜀众十万，大舶船万艘，米六百万斛，浮江伐楚，取商于之地为黔中郡。[1]

常璩认为巴蜀一带早在周慎王五年（前316）已被秦名将司马错攻取。此《华阳国志》"卷一巴志"也载："周显王时，楚国衰弱，秦惠文王与巴、蜀为好。蜀王弟苴侯私亲于巴。巴、蜀世战争。周慎王五年（前316），蜀王伐苴侯，苴侯奔巴，巴为求救于秦。秦惠文王遣张仪、司马错救苴、巴，遂伐蜀，灭之。仪贪巴、苴之富，因取巴，执王以归，置巴、蜀及汉中郡，分其地为三十一县。仪城江州。司马错自巴涪水（此巴涪水可能指今重庆北部一带）取楚商于地为黔中郡。"[2]

由此可知，常璩在《华阳国志》认为巴郡所置于周慎王五年（前316）司马错降蜀灭巴之际。并以江州为巴仪城。

但《史记》中却未有载秦灭巴之事。

《史记》中主要提及秦伐蜀，于秦惠文王时，"九年，司马错伐蜀，灭之。"但此蜀国后又复国，"十一年，公子通封于蜀。""十四年，伐楚，取召陵。丹、犁臣，蜀相壮杀蜀侯来降。"《史记》"张仪列传"也提及"贬蜀王更号为侯，使陈庄相蜀。"这说明秦灭蜀后并未完全控制蜀地，蜀国尚存，且局势不大稳定。故直至秦昭襄王时，秦国才真正控制蜀国。此《史记》"卷五·十二本纪·秦本纪第

---

① 常璩：《华阳国志》，齐鲁书社2015年版，第29页。
② 同上，第3页。

五"也载，昭襄王"六年（前 301），蜀侯煇反，司马错定蜀。""二十七年（前 280），错攻楚。赦罪人迁之南阳。白起攻赵，取代光狼城。又使司马错发陇西，因蜀攻楚黔中，拔之。"①

这就是秦伐蜀及真正控制蜀国的历史，其在秦昭襄王时期，才真正将蜀地归入秦国。

《史记》中统篇没有提及秦司马错灭巴之事。又在"秦本纪第五"提及"楚自汉中，南有巴、黔中。"

这说明早在秦孝公（前 361—前 338 年在位）执政时期，当时的巴地已属楚境。

故常璩《华阳国志》巴志史料或另有出处，但明显与《史记》所载不符。

但《史记》中所载的另外一个问题，就是常璩提的"欲归报，会秦击夺楚巴、黔中郡，道塞不通"，如何破解。

黔中郡历史上曾有两处，一是楚置黔中郡，在楚江南地，另一处是秦置黔中郡，为秦伐楚以楚商于之地而设。

此上文《华阳国志》"卷三蜀志"已有载：周赧王"七年（前 308），封子煇为蜀侯。司马错率巴、蜀众十万，大舶船万艘，米六百万斛，浮江伐楚，取商于之地为黔中郡。"②

秦司马错取楚商于地所置的黔中郡在楚置黔中郡北侧。商于（於）是古地名，在今河南淅川县西南。又以为商于（於）系指商（今陕西商县东南）、于（於）（今河南西峡县地）两邑及两邑间的地区，即今丹江中下游一带。公元前 313 年秦国遣张仪诱使楚怀王齐国绝交，诈以割让商于之地六百里，即此。至前 308 年，司马错又率军攻取该地其余地区，设置黔中郡。

可知秦设黔中郡在此一带。

而楚之黔中郡被秦夺取是在公元前 277 年，《史记》载秦惠文王时"三十年（前 277），蜀守若伐楚，取巫郡及江南为黔中郡。"上文中已有提及。

因此《史记》所称庄蹻率楚军入滇后"欲归报，会秦击夺楚巴黔中郡，道塞不通"之事，可能所指为前 308 年司马错击夺楚巴之地置黔中郡之际。此时与楚威王在世时间稍为接近。

常璩以《华阳国志》所载秦伐巴蜀的历史为背景，以平蜀灭巴为原型，虚构了楚庄蹻率楚军溯沅江而上平且兰降夜郎的史料。

而后范晔又在常璩的基础上又作了改编和演化。因此与《史记》所载的文本进一步嬗化，也与历史的真相越来越远。

《史记》庄蹻入滇事件的演化，本质上是古代历史话语权的博弈。但总的来说，常璩的《华阳国志》属于地方志，其资料文本有些采集民间和传说。而司马

---

① 司马迁：《史记》，中华书局 1963 年版，第 207 页。
② 常璩：《华阳国志》，齐鲁书社 2015 年版，第 29 页。

迁作为国家体制内史官，其所著的《史记》准确度应超过《华阳国志》。因此无论是从所撰时间先后、还是史料来源等的权威性方面，庄蹻入滇事件应该遵循《史记》、《汉书》为准。即其史事为楚威王时，遣庄王后裔楚将庄蹻率军循长江而上入滇，平定滇池地区，建立滇国。

当然，庄蹻入滇的历史述事，可能也是滇国人自己所构建的中原文化认同。历史上可能并无此事件。因为如果庄蹻入滇是真实的，那么古滇国应该会有文字，但在 1956 年出土滇王之印的汉墓中，并无发现滇国有文字的痕迹。《史记》称"庄蹻以其众王滇，变服，从其俗以长之。"因也不足为信。但司马迁当也是采信自汉时滇国的自我历史文本，因此他可能也是转述整理者而已。

常璩《华阳国志》、范晔《后汉书》所载庄蹻（豪）溯沅江平且兰降夜郎的虚构故事文本在后世引发很大的影响。人们对且兰、夜郎的地理关系基本上以此为主认知，而此后的滇地有关地方政权，也将滇国创始人庄蹻（豪）降灭且兰国、夜郎国的叙事放入本地的方志予以记述，从而构建滇地政权的强大历史认同感和自豪感，后又不断将秦汉时期的且兰国、夜郎国都划入在滇地中，如以滇池附近认为是且兰国①，筑且兰城居之②，又认为汉夜郎国在今云南曲靖一带，还将牂柯郡的许多郡县也都压缩至云南境内，此在清代之际的云南地方志中尤为明显。这也是夜郎国会被考证到今贵州西部一带的主要原因。

---

① 东汉应劭注《史记》称且兰国即苴兰国。
② 清冯甦编道光《滇考》（道光元年临海宋氏刻本）卷上第 2 页载："（庄蹻）欲归报，会秦击夺楚巴、黔中郡，道塞不通，因还筑苴兰城居之，以声教诱服诸彝，彝人皆悦，共推蹻为君长，蹻变服从其俗以王之。"

明清贵州主流文献背景下的牂柯江研究

——以贵州东南部都江流域为夜郎国中心论证

＊本文作者方冶文，香港中文大学历史系比较与公众历史专业硕士研究生。

一、《史记》背景下的牂柯江原型考察及判析

夜郎国见载始于西汉司马迁《史记》中，"西南夷君长以什数，夜郎最大；其西靡莫之属以什数，滇最大。"又载：（汉武帝）建元六年，大行王恢击东越，东越杀王郢以报。恢因兵威使番阳令唐蒙风指晓南越。南越食蒙蜀枸酱，蒙问所从来，曰"道西北牂柯，牂柯江广数里，出番禺城下"。蒙归至长安，问蜀贾人，贾人曰："独蜀出枸酱，多持窃出市夜郎。夜郎者，临牂柯江，江广百馀步，足以行船。南越以财物役属夜郎，西至同师，然亦不能臣使也。"蒙乃上书说上曰："南越王黄屋左纛，地东西万馀里，名为外臣，实一州主也。今以长沙、豫章往，水道多绝，难行。窃闻夜郎所有精兵，可得十余万，浮船牂柯江，出其不意，此制越一奇也。诚以汉之彊，巴蜀之饶，通夜郎道，为置吏，易甚。"上许之。①

故可知舟船通航番禺水道是古夜郎国所临牂柯江的最主要标志性符号。

考今贵州境内河流，主要有八大水系，分属两大流域。苗岭以北属于长江流域，有牛栏江水系、乌江水系、赤水河水系和沅江水系四大水系。苗岭以南属于珠江流域，也有四大水系，它们是南盘江水系、北盘江水系、红水河水系和都柳江水系，这些河流的水都通至汉南越国都番禺（今广东广州市）。

在贵州境内属珠江流域的四大水系中，其中又以南盘江、北盘江、濛江（以上均为红水河干支流）及都柳江为主要河道。

南盘江为珠江正源，发源于云南省曲靖市沾益县马雄山东麓，向西南又转东北流经云南曲靖、陆良、宜良、华宁、弥勒、开远、泸西、罗平，贵州省兴义、安龙、册亨，广西隆林等县市。南盘江出云南省后为贵州、广西的界河，在贵州省望谟县蔗香乡附近与北盘江汇合后称红水河。南盘江流域贵州涉及区域较少，仅为兴义市与安龙县、册亨县，并且为省域界河。贵州西部之地主要涉及北盘江

---

① 司马迁：《史记》，甘肃民族出版社 1997 年版，第 851-852 页。

流域，包括六盘水、安顺、黔西南等市州。

北盘江发源于云南省沾益县乌蒙山脉马雄山西北麓，东北流经宣威市，后入贵州省境为滇黔界河，至可渡河口两岸均进入贵州省境，后向东南流经今六盘水市、黔西南州境内，在册亨县双江口与南盘江汇流，称红水河。北盘江总落差1985 米，上中游河面狭小，两岸坡陡，多悬岩绝壁，滩险林立，水流湍急，不能行舟。至下游段河流比降放缓，局部地区可通行木船至红水河，但不能通航至红水河中下游地区。清雍正九年贵州学政晏斯盛作《黔中水道考》载："可渡河（北盘江）……又东至永宁州西、安南县东，是为盘江，有桥曰盘江桥，为入滇孔道，两山夹行，水势湍骏，不利操舟。……盘江水又南至永丰州西南，而东南过泗城府，入于粤，达于海。"[1]

虽然北盘江下游望谟、贞丰、册亨一带之水注入红水河后可以入粤达海，但并不表明可以通航至广州。由于古代以来直至近现代其沿岸地区并没有形成稍有影响的航运码头，说明此水道并非粤间的航运线路。

此清宣统《贵州地理志》"卷八安顺府兴义府普安厅"载："此二府一厅居贵阳之西南，属盘江流域者也……（北盘江）过永宁州西有铁锁桥，又东南会于南盘江，其下流即红水河也，此江水深流急，不便舟楫，舟行入北盘江可至白磨渡，入南盘江及马别河可至黄草坝（即兴义县），然行者甚少，地多瘴气，著自古著，至今犹然。"[2]

可知南北盘江仅局部通航，不便舟楫，又古代北盘江一带地多瘴气，行者甚少。该志中还提及"《三国志·李恢传》（蜀将李恢）击（反臣）朱褒，大破之，追奔逐北，南至盘江，东接牂牁（水）。"[3]

这说明在三国时期，盘江与牂柯江就乃是不同的两条河流，且牂柯江在盘江的东侧。

上世纪八十年代广西修志时也对历史上所称的"盘江为牂柯江说"予以调查研究，考证结果称：

据贵州省水利水电勘测设计院所发表的《珠江流域贵州部分北盘江水系概述》一文材料，北盘江自岔河进入贵州省内约 100 公里，河谷多为 V 型峡谷，谷坡陡峻，人烟稀少，只在下游河段行驶小木船。……其中盘江桥至贞丰董冈河段，两岸削壁特多，滩险流急，百层附近可通木船。百层至双江口河段……，仅能通行木船。盘江汇流入红水河，蔗香至三江 617.2 公里，共有滩险 278 处，平均 2.3 公里就有一处。河中礁石洲和散礁屹立，星罗棋布，航槽弯曲狭窄，通航条件甚差，分段通航木帆船，从盘江一直通航红水河的船舶不多。直至今日贵州交通厅还在进行南北盘至红水河的通航试验，1985 年两次通航试验已取得成功，

---

① 清黄培杰：道光《永宁州志》，道光十七年刊本，（台湾）成文出版社 1967 年版，第 36 - 37 页。

② 清宣统二年《贵州地理志》，1966 年贵州图书馆复制油印本，第 56 页。

③ 同上，第 57 页。

但也只到天峨、东兰等地，还不能全部通航直下梧州、广州。贵州的同志看到北盘江在贵州境内的某些河段可以通航，正符合古籍所说"江广百余步，足以行船"，可是他们并不了解南北盘江汇流入广西红水河的地形，是从高原陡坡急剧下降的河道，通航条件恶劣，全线通航有困难。①

广西方志界否定南北盘江下游红水河舟通广州，可知古夜郎国都就不可能是在南北盘江及红水河流域一带。

故明清时期所纂辑的《贵州通志》基本上都没有采纳南北盘江是牂柯江的观点。

二、明清贵州主流文献中的牂柯江说及其演变

贵州最早编纂的几本贵州省志受《三国志·李恢传》"南至盘江，东接牂牁"的影响，都将夜郎国中心定位在贵州中部南侧的程番府（即今惠水县）一带，以位于盘江以东发源于贵阳市南郊的濛江定为牂柯江。

如贵州明代建省后所编修的第一部省志"弘治《贵州图经新志》"在该志首页"地理之图"中，标识程番府左右两边及下方为牂柯江（即濛江）②。

又稍后所纂的第二部省志"嘉靖《贵州通志》"也载："程番府，汉为牂柯郡，郡有牂柯江，自东北西流至地名木星入洞，二十余里复出，可通舟楫，抵番禺城下。光武时牂牁大姓自牂柯江入贡即此。"③ 又载："牂柯江，在（程番）府城南，有二，一自金筑司东北流绕府左，一自上马桥东流入广西泗城州，岔番禺城下。"④

再后所编纂的贵州第三部省志"万历《贵州通志》"仍以濛江为牂柯江。该志"卷三定番州山川"载曰："牂柯江，州南，源出西北三十里濛潭，南流至地名破蚕，入广西泗城州，出番禺城下，入南海。"⑤

但在万历《贵州通志》中，也收录有一篇隆庆末及万历初任贵州提学使郑旻所撰的《牂柯江解》一文，该文则提出盘江为牂柯江之说："牂柯江迹始见唐蒙，汉武因通道夜郎，置郡，近罗念菴作《广舆图》，谓乌撒七星关水即牂柯江，源析流为盘江，经泗城州称右江，达泗会番禺入海。"⑥

郑旻所参考的是明嘉靖八年（1529）状元江西吉安人罗洪先（字念庵）《广舆

---

① 《牂牁江考证》，《广西地方志》1986 年第 4 期。

② 明沈庠，弘治《贵州图经新志》，贵州省图书馆影印本，目录前的卷首图中。

③ 明谢东山修：嘉靖《贵州通志》，嘉靖三十四年（1555）天一阁藏本，"卷之一建置沿革"第48 页。

④ 同上，"卷之二山川"第 48 页。

⑤ 日本藏中国罕见地方志丛刊，万历《贵州通志》（原刊本为明万历二十五年（1597）所刻），书目文献出版社 1990 年版，"卷三定番州山川"第 11 页。

⑥ 同上，"卷二十三艺文"第 42 页。

图》，但书以七星关河为北盘江上游而图注为牂柯江就已经是错了，七星关河在今毕节市一带，实为乌江的上源，而非盘江上源。与北盘江、南盘江均没有关系。

此清雍正九年贵州学政晏斯盛作《黔中水道考》已澄清："盘江，《广舆图》以为牂柯江水。水出滇南小金沙江，至威宁府界，东南流为可渡河，……小金沙江，一名北金沙江，来自吐番，由云南丽江府之塔城关入中国，经鹤庆、姚安、武定、东川诸府，至四川之叙州府，与岷江合，入于东海。与盘江之从粤以入于南海者，源流迥异。则郑氏后说，与《广舆图》所载俱舛矣。"①

实际上郑旻在撰《牂柯江解》中也提到"今盘江滩濑狞恶，虚无人行，岂古今时异势殊耶。"② 说明他对北盘江为牂柯江之说也是疑虑的，主要是受了罗洪先《广舆图》的影响。

罗洪先、郑旻所提出的北盘江（亦包括南盘江）为牂柯江说，影响极为有限，万历《贵州通志》没有采纳此说，只在志末的"艺文"中载列郑旻之文，仅作为一种学术观点而已。

其后明代万历中期任贵州巡抚的郭子章也于万历三十一年在所撰《黔记》中否定此说，郭子章仍坚持濛江说："定番州诸水：城西二十里有九曲江，城南有牂柯江，源出西北三十里濛潭，南流至破蚕入广西泗城州，出番禺入南海。"③

这说明在明代，当时的主流观点认定发源于濛潭的濛江（上游又称涟江）为牂柯江。

濛江今又称蒙江，是西江干流红水河的支流，发源于贵阳市花溪区党武乡摆牛，上游称涟江，流经惠水县、罗甸县，合从紫云县流经下来的格凸河，始称濛江，又向南至双江口注入红水河。濛江于云贵高原斜坡地带，多灰岩峰丛山地和峰丛漏斗洼地，河流有伏流河段，自摆所以后河流常年潜入沉积层，中下游呈现河面无水现象，仅洪水时河槽才短时泄洪。

濛江干支流规模不大，上游水势更小，不通舟楫，而其下游红水河也不通与广州的航运。

因此至清代以后，清初康熙年间曾任贵州巡抚的田雯在其所著《黔书》中就否定了濛江说，其撰《牂柯江》称：

> 《史记》云牂柯江广数里，出番禺城下。后世求其地而不得，遂以为在定番城南，源出濛潭，流入破蚕至泗城州通番禺入南海。而郭青螺（即郭子章）又引《汉书》郡有牂柯江通番禺城下，光武时牂柯大姓自牂柯江入贡之语以实之，不知定番虽通粤西，而番禺则属广东，其城南之水仅仅一线，时

---

① 清黄培杰：道光《永宁州志》，道光十七年刊本，（台湾）成文出版社 1967 年版，第 36 - 37 页。

② 日本藏中国罕见地方志丛刊：万历《贵州通志》（原刊本为明万历二十五年（1597）所刻），书目文献出版社 1990 年版，"卷二十三艺文"第 42 页。

③ 明郭子章：《黔记》，北京国家图书馆藏万历三十一年（1603）原刻本，"卷之八山水志上"第 18 页。

断时续，未闻有以舟楫，何以云数里之广，而当时大姓又何以由此入贡，亦未详于志文之故耳。①

田雯是山东德州人，康熙三年（1664）进士，曾任提督江南学政，康熙二十六年（1687）为江苏巡抚，不久又调任贵州巡抚。田雯认为濛江水势“仅仅一线，时断时续”，且从没有听说通航运，故否认了濛江为牂牁江之说，但他又提出了“乌江说”：

按且兰即今之遵义，夜郎即今之桐梓，则牂柯江，即今日之乌江，自遵过湄瓮至印江入思南城西之巴江水，其地有牂柯城旧址，汉牂柯守陈立据思邛，诏夜郎王将兵破之。牂柯旧治既在思南，则牂柯之江宜在思南。②

田雯称“且兰就是遵义，夜郎就是桐梓。”力主“牂柯旧治即在思南，则牂柯之江宜在思南。”实际上他文中有许多观点都没有定论，有些是错误的，如且兰、牂柯旧治都与沅水有关，不可能在遵义、思南，而桐梓更在乌江之北，关键是乌江是长江支流，航运不能直达番禺。

由于乌江不是珠江流域水系，故田雯乌江为牂柯江之说历史上不大被重视和接受。因此其说也未被此后不久编纂的康熙《贵州通志》所采纳。该《贵州通志》为康熙三十六年所刊行，志中收录有曾任贵州巡抚田雯的不少诗文，但并未收集其关于乌江为牂牁江的观点和文章。

康熙《贵州通志》为先后出任贵州巡抚的卫既齐、阎兴邦所修，薛载德等纂。该志仍以濛江为牂牁江。载曰：“牂柯江，源出濛潭，绕（定番州）城南流至破蚕入广西泗城州过番禺入南海。或以为即庄蹻入滇所经之处。”③

但在雍正年间起，随着对贵州千里苗疆的开发，以及改土归流深入至境域山川尽处，域内主要河流现状更加清晰呈现，濛江为牂柯江之说开始动摇。

出版于乾隆初年的《贵州通志》主要提出都江为牂柯江之说。

清乾隆《贵州通志》“卷五山川”载：“都江，在独山州城东南，即独山江之下流，一曰紫泉，一曰遯水，一曰牂柯，《山海经》所谓浪水。《水经注》所谓南至郁林，东至苍梧，又东至高要由番禺入海者也。汉武帝伐南越发夜郎精兵下牂柯江，同会番禺，疑即此。”④

乾隆《贵州通志》将都江称为遯水、牂柯，就是肯定了都江就是《史记》所载临夜郎国而通番禺的牂柯江。

都江发源于贵州省独山县南部，东南流经今三都县、榕江县、从江县，入广西壮族自治区境三江侗族自治县后称融江（又称溶江），到柳城以下称柳江。全长310余公里。都江古称古州江，后与广西的柳江段并称为都柳江。

乾隆《贵州通志》是贵州建省以来所纂最系统全面的方志，为曾任云贵广西

①② 清田雯：《黔书》（嘉庆十三年刻本），民国贵阳文通书局印本，“上卷”第46页。

③ 清卫既齐等：康熙《贵州通志》，“卷六山川贵阳府”第4页。

④ 清鄂尔泰等：《贵州通志》，乾隆六年（1741）刻本，“卷五山川都匀府独山州”第23页。

三省总督、时任内阁首辅的鄂尔泰及贵州总督张广泗任总裁，名士靖道谟、杜诠等具体纂修。在此之前，明代以来贵州通志已有数次修纂，但都较粗糙，鄂尔泰、张广泗雍正版通志于乾隆六年（1741）重修成书，共八十万字。此志是现今研究贵州地方史的主要资料，具有较高文献价值。

鄂尔泰、张广泗因曾对云贵及广西地区实行改土归流，故对此三省地理状况及水利系统有深入研究和调查。雍正及乾隆初年，在平定苗岭诸苗后，两位贵州最高长官还曾修浚了1200里的清水江和300余里的都江，为苗疆开发建设作出有重要贡献。作为云贵总督的鄂尔泰等官员也曾在濛江及南北盘江流域实施改土归流，如果这些河流也能有水运之利，则两位封疆大吏必也开发通航了。

正是因为对贵州水系河流的考察和勘校，鄂尔泰、张广泗、靖道谟、杜诠及乾隆《贵州通志》作出了都江就是牂柯江的判断。这就从对贵州地理考证的基础上确定了夜郎国中心就在都江流域这一带。

至此以后，都江说成为主流。

曾任贵州巡抚、乾隆二十年（1755）升任云贵总督的爱必达在其著作《黔南识略》中也力主都江为牂柯江之说。他称：

都江源出府西二十里之邦水司，……在都匀者统曰都江，……至独山曰独山江，至古州曰古州江，入广西境为龙江，又名柳江，又名浔江，至粤东入海。按都江即古之豚水，又曰遰水，……谓之牂牁水，汉武帝时，唐蒙请发精兵下牂柯会番禺是也。今黔中诸水入粤者三，盘濛二水虽入粤不通舟楫，惟都江自独山三脚屯浮舟直达粤东，盛水可两旬至，唐蒙所谓出越不意制越者，当由此。《黔书》以入楚之乌江为牂柯，郑旻又以不通舟楫之盘江为牂柯，迄无定论，后人又泥于且兰故地为今遵义湄潭，遂以牂柯江仍属乌江，不知黔中久沦荒徼，汉所称夜郎牂柯且兰等地皆辽阔方数千里，非可执今之一郡一县而论之。以今之水证汉书发兵下江同会番禺之说，则都江为古牂牁江，舍此则无可以会于番禺者矣。[1]

爱必达在此文中又彻底否定了乌江说、盘江说和濛江说，当时盘江和濛江流域都已改土归流，设置州县，故境内山川地理及航运水利等底数更清，爱必达称"盘濛二水虽入粤不通舟楫"，跟现在的考察结果已经一致。当时，都江的航运已经较为发达，正是在目睹且比较此入粤三江的古今之势后，爱必达提出只有都江才是真正的古牂柯江，并且舍此贵州就没有其他河流能浮舟至番禺者了。

清乾隆中期出任独山州学正的谢庭薰也曾作《牂柯江考》，并针对有人以清雍正之际未开苗疆前都江不通航运之观点而否定都江为牂柯江说，而在文中予以批驳："或曰三脚屯江（即都江）雍正七年开苗疆河道始有商船往来，不知向来特陷于蛮境商船不敢行耳，开河者以江原可行舟不过于头滩二滩等滩略划其乱石耳，试思三脚屯以上之水道及盘江、濛江，昔人岂不欲开以行舟而究能开以行舟否。"[2]

---

① 清爱必达：《黔南识略》（乾隆十四年修），道光二十七年罗氏刻本，"卷八都匀府"第3-4页。

② 胡皓羽：《三合县志略》，民国二十九年排印本，"卷五水道"第9页。

清道光年间的贵州按察使后署任云贵总督的吴振棫在所著《黔语》"卷上牂柯江"亦云："牂柯江，今都江也。源出都匀府境，至独山径都江厅入古州，汇榕江、车江，西折而南，过下江厅界，至丙妹入广西境，为龙江，亦名柳江。经怀远、雒容诸县界，至广东南海县入海。"①

三、以都江为牂柯江的航运实证及认定

由于古今贵州境内浮船直下南越国都番禺只有都江一条水道，并且此道亦是从巴蜀来往粤广的最便捷通道。故夜郎国中心在都江流域一带应是毫无疑义的。

清代著名学者赵翼乾隆年间以广州知府升任贵州贵西道道台，所走的即是这条粤黔间最便捷的都江水道，并在经过今广西三江县时作《怀远县鸡翼滩》诗，曰"竭来怀远城，逆流溯牂柯"。时怀远县治在今三江县丹洲镇一带。

都江水道直至民国及中华人民共和国成立以后仍在发挥作用。此贵州《三都水族自治县志》载："解放前，境内交通十分闭塞，仅靠都柳江作为内河航道与两广相通。""境内水路运输历史悠久……是滇黔山货及两广海盐、百货交流的重要口岸。"② 1980年以后，随着公路运输的兴起，都江水运才逐渐萧条。

都江水道上的最大码头是榕江县城古州，其位于都江与榕江河、车江河三江交汇处，向为贵州东南要津和物资集散地，昔日航道上百舸争流，乃黔桂两省水上交通之枢纽。光绪《古州厅志》有载都江航运繁华盛迹，称曰："雍正年间逆苗滋扰，总督鄂尔泰奏都江一水来自黔之都匀直达广西之柳庆，……上自三脚屯至三洞，下自诸葛洞至溶洞，浚浅滩辟险碛，伐巨林凿怪石，乞今舟楫邮号往来如织。"③ 吴振棫《黔语》"卷上开通都江之利"亦载："雍正间，鄂文端（即鄂尔泰）以都江三水自都匀达粤之柳庆，……陆行可舆，水行可舟，两省文符，迅疾如驶。于是粤盐得行于黔，设总埠于古州，而分子埠于黎平，诸郡县闾阎无食淡之患。商贾日众，南海百货，亦捆载而至，古州遂为一都会云。"④

旧时古州沿江开有大量商铺，晚清时建有粤西、广东、福建、湖广、江西、四川、贵州、五省会馆等八大会馆（见光绪《古州厅志》）⑤，市业繁荣。从粤西、广东等外省会馆可知都江与两广地区航运繁盛。

其实以都江为牂柯江，早在隋唐时就已成习说和认可。

唐初融州（今广西融水县一带）已有临牂县，以临牂柯江而得名，县设于唐武德年间，就位于今都江下游沿岸。此《旧唐书》载："融州，下，隋始安郡之义

---

① 胡皓羽：《三合县志略》，民国二十九年排印本，"卷五水道"第10页-第11页。

② 三都水族自治县志编纂委员会编，《三都水族自治县志》[M]，贵州人民出版社，1992年，第528-529页。

③ 清余泽春：《古州厅志》，光绪十四年（1888）刻本，"卷之一地里志"第7页。

④ 胡皓羽：《三合县志略》，民国二十九年排印本，"卷五水道"第11页。

⑤ 清余泽春：《古州厅志》，光绪十四年（1888）刻本，"卷二祠宇"第11页。

熙县。武德四年平萧铣，置融州，复开皇旧名，领义熙、临牂、黄水、安修四县。六年，改义熙为融水。贞观十三年，省安修入临牂。天宝元年，改为融水郡。乾元元年，复为融州。"①

可知早在唐初及之前即以都江为牂柯江。

唐代中期柳宗元任柳州刺史时，也曾作诗《柳州寄京中亲故》曰："林邑山连瘴海秋，牂柯水向郡前流。劳君远问龙城地，正北三千到锦州。"从此诗看他认为都江即为牂柯江。此民国《贵州通志》亦载："以都江为牂牁江者唐人已有是说，柳子厚（即柳宗元）诗'牂柯水向郡前流'是也。"②

至宋代，著名地理学家、浙江永嘉人周去非曾任广西静江府（即今桂林市）通判，他也主张都江说，其在所著《岭外代答》称："融州之外，牂柯江是也，其源自西南夷中来，武帝发夜郎下牂柯，即出此也。"③ 这里融州城外江水即融江，为都江下游一段，上游即都江，再下游至柳州称柳江。

明代，福建人、曾任广西提学佥事的魏濬在《西事珥》也云："牂柯江，既与龙、融二江会，过柳州。"④

中华人民共和国成立后，广西方志界有关学者经过系统考证，也认定都江"通航条件则甚佳。历代都有通航记录，自汉代后，唐代贞观年间曾在三都、榕江、合江等县地设置应州。是川、黔、桂物资运输的孔道，是著名的商道，宋代广西在钦州设立博易场，开展对外贸易，四川商人贩运蜀锦到钦州出售，换回海货珍宝，每年往返一次，获取厚利，宋代蜀商很可能走这条水路。明清时期，这里是一条运输繁忙的水道，至今贵州三都一带的人民还流传着：'一船桐油下江去，十船货物上江来。'柳州为广西最大的木材集散地，其实很多木材是从贵州经融江浮水运来，贵州所缺的食盐、白糖则从广西运去。"并称"上述分析，曾与贵州交通、水利专家交换意见，他们亦认为符合实际。广西交通厅李炳臻工程师，长期从事航道工作，就通航条件方面亦提出与此类似看法。"⑤

结　论

总之，以临牂柯江的夜郎国都在都江流域一带是古代最主流的说法，不仅提出最早，并且也有通航的实证。因此夜郎国的中心应在贵州东南部都江沿岸地区。

此外，在《史记》的记载中，没有提到夜郎与滇国的互动，但是明确记载有

---

① 后晋刘昫等：《旧唐书》"卷四十一·志第二十一地理四·剑南道东西道九岭南道五管十·融州"，见简体标点本《二十五史》，线装书局 2007 年版，第 358 页。

② 任可澄等：民国《贵州通志》，1947 年版，"前事志二"第 34 页。

③ 宋周去非：《岭外代答》（淳熙五年刻本），商务印书馆 1936 年版，"卷一地理门·广西水经·牂牁江"第 6 页。

④ 任可澄等：民国《贵州通志》，1947 年版，"前事志二"第 34 页。

⑤ 《牂牁江考证》《广西地方志》期刊 1986 年第 4 期。

南越与夜郎之间的密切关系,上文中已提及"南越以财物役属夜郎"及从夜郎出兵伐南越是近道等,还称:"夜郎侯始倚南越,南越已灭,会还诛反者,夜郎遂入朝。"① 可知南越与夜郎之间不仅货物贸易交往频繁,还是政治上的准盟友关系。南越是夜郎的主要依靠国。这也说明夜郎国的国都应该是临近于南越国政治和经济中心方向的,因此设在贵州东南部都江一带的概率最大。

　　基于以上综合因素,笔者认为夜郎国的中心应该在贵州东南部都江流域一带。

---

① 　司马迁:《史记》,甘肃民族出版社 1997 年版,第 845 页。

司马迁故里的文庙具有鲜明的元代建筑特征

＊本文作者薛希婷，韩城市金城文管所党支部书记。

陕西省韩城市是世界文化名人司马迁的故乡，是中国第二批历史文化名城，韩城古城是历史文化名城悠久历史和灿烂文化的实物见证。韩城文庙位于古城东南部，是这些灿烂文化的重要组成部分，是西北地区 14 世纪以来保存最完整的元代古建筑群，是国家级重点文物保护单位。

一、韩城文庙的建筑布局

韩城文庙是中国县一级最大的孔庙。她由四个大院和五座主体建筑组成，占地 16000 多平方米，从建筑布局看，以大成殿为中心，南北形成一条长 200 余米的中轴线。排在中轴线上的棂星门、戟门、大成殿、明伦堂和尊经阁是文庙的五座主体建筑，与之相应的四个大院布局规范，体态恢宏，首尾呼应，一气贯通。坐落在中轴线两侧的碑亭、碑楼、两庑、碑林、掌酒司、典库司和书斋都是对称配列。既各自独立，又相互照应，相连互通。

旧时，韩城文庙阻断了庙前的学巷，车马均绕行马道巷。庙院则由东西"贤关""圣域"两个黉门进入。黉门前东西各有一座木制牌坊，东书"德配天地"，西书"道冠古今"。进黉门，南面是一座高大的五龙照壁，名曰"万仞宫墙"。与五龙壁正对的是文庙的第一座建筑——棂星门。过棂星门正中是文庙的规范建筑"泮池"，池上通双孔石桥，称"泮桥"。大院两侧分别是"更衣亭"和"致斋所"。院中还有对称的六座碑亭和碑楼，是明清两代六次修缮文庙的记事碑。第一个大院西侧有乡贤祠，史圣司马迁赫然名列首位。

由甬道向北是文庙的第二座建筑"戟门"。戟门原名大成门，宋初建隆年间诏孔庙门两侧立戟十六支，以示尊孔，后改为戟门。过戟门进入第二个院落，这里是祭孔的主要场所。正北是大成殿，大成殿是敬奉孔子牌位的地方。东西两侧分别是东庑和西庑，各 13 间，列放着孔子弟子及儒家先贤的牌位。

出该院北边的东西角门即为马道巷。巷北是明伦堂院，院门上书"正谊明道"。院中开四门，分别以"礼门""义路""悬规""植矩"命名，蕴含着浓浓的儒文化气息。院内正北是明伦堂，院两侧为东西碑林、掌酒司和典库司。

明伦堂后辟中门，门额背面题字为"由仁义行"。入第四院，正面高台上是尊经阁，旧为学宫藏经书的地方。院内两边配东、西书斋，各六间，旧时为儒学生员的书房。

四进院之外还配有名宦祠、乡贤祠，牲舍神厨，文昌祠、启圣祠，教谕宅、训导宅、射圃亭、敬一亭等，不一而论。

所有主体建筑和配列建筑，主次分明，曲直有序，布局严谨，肃穆庄严。

二、韩城文庙的主体建筑具有元代建筑的结构形式和建筑风格

由于民族偏见的历史原因，长期以来，元代建筑的价值一直被忽视，专题研究数目寥寥，全面研究是个空缺。韩城的元代建筑，相对于明清建筑的数量，占比较小，而仅存的 30 余处有的还被张冠李戴。

韩城文庙始建年代不详。唐贞观四年（630 年），太宗下诏："天下学皆各立周、孔庙。"自此各地纷纷建立孔庙。韩城文庙就是在这样的大背景下创建的，大成殿前的千年古柏可为侧证。又从韩城文庙中现存的宋代建筑痕迹，并参照唐贞观二年（628 年）在韩城古城内修建的庆善寺来看，韩城文庙始建年代应为唐贞观年间。始建之初，确实初制简朴，其恢弘规模是经过包括金、元两代在内的历代重修扩建才形成的。

韩城文庙现存 62 通碑石（含碑亭、碑楼内），其中明代刻制 18 通，清代刻制 44 通。修建类碑记 29 通（明 8 通，清 21 通），记事类碑记 33 通（明 10 通，清 23 通）。可见，韩城文庙始建以后至少进行了 29 次以上的大修、维修和补建。据《韩城市文物志》记载：韩城文庙"金正大初（1224—1228），增大面积，规整扩建"。可见，在从金开始，韩城文庙就进行过大规模的修缮和扩建。

韩城文庙自始建以来，既是崇祀儒学始祖孔子的场所，又是传授儒家思想、教授生徒、培育人才的学府，旧称学宫、县学。现存韩城最早的一部县志——明万历三十五年邑人张士佩主持编修的《韩城县志》记载，"学宫，初参错民居而迫隘，堪舆家叹之。邑民杨福厚以五十金易院二区而广西南，程爱以地五亩而扩东北"。由于民族偏见的原因，编撰者避开了修缮的时间；以后韩城历代编修的清康熙续志、乾隆县志、嘉庆续志、民国续志都原文照搬，避开了修缮时间。但据《韩城市文物志》关于"金正大初，增大面积，规整扩建"的记载，最早的修缮确实发生在金正大初年（1228）。金正大六年（1229 年）蒙古军队就占领了韩城。唐贞观年间韩城文庙始建以后，国家经历了"五代十国"、军阀割据，宋辽金夏、政权对峙，几百年的动乱。元至元八年（1271）元世祖忽必烈公布《建国号诏》建立元朝，实现了国家空前规模的统一。忽必烈在完成统一后，大尊儒术，以文治管理国家，下令袭历代旧典，命人在元大都北京修建宣圣庙。那么在国势

强大、尊孔日隆的元至元年间，加上韩城自司马迁始，就尊孔重文，此时大修甚至重建文庙的可能性很大。也许金正大年间那次"规整扩建"，不到一年，就政权更迭，也应该是在元代完成的。据此认定韩城文庙的主体建筑是元代建筑是合理可信的。本文就韩城文庙中的主体建筑棂星门、戟门、大成殿、明伦堂和尊经阁的建筑特点逐一解剖分析，探究其元代建筑的主要特征：

棂星门是文庙的大门。建在两级总高0.80米的台基之上，并列三道，中高侧低，中宽3.77米，两侧各宽3.02米。门为坊式木结构建筑，单檐悬山顶，屋面布琉璃甬瓦。高台垂带踏道，梁架用通天柱。柱间施榫卯枋和下立枋，靠柱作门框，并雕饰门簪。两柱斗栱为五昂九铺作穿斗式重栱，重栱有蚕头。额坊上补间铺作为修饰华丽的如意斗栱，分别为七、五、三攒，相互交叉，布满空间。两立柱直通层顶，柱头饰以琉璃浮雕盘龙、花卉套筒和宝葫芦攒尖顶替代了脊吻，俗称通天柱，现代人解释，寓孔子的人格精神顶天立地之意。笔者认为，蒙古人信奉"长生天"，亦有让长生天接地，保佑蒙古人的一统天下与天地永存之意。

戟门平面横长9.24米，纵宽5.68米。单檐悬山顶，布甬瓦，抬梁分心式，四椽栿。斗栱四铺作，出单昂，重栱计心造。面阔三间，当心间3.32米，次间3.21米。门额悬木刻"戟门"二字的华带立匾。门外两侧为八字墙，对称嵌以彩色琉璃雕龙。门内八字墙面彩绘凤凰。戟门，原名大成门，宋初建隆三年（962）诏孔庙门立戟16支。因立戟于门，故称戟门。

大成殿是文庙最主要的建筑。高大雄伟，建在高台基之上，平面横长19.16米，纵宽12.66米。单檐歇山顶，歇檐式，梁架抬梁式，八椽栿。金柱八根。面阔明三暗五间，明三间当心间7.04米，次间6.06米，暗五间当心间4.80米，次间4.18米，稍间3.00米。进深八椽12.66米，前檐施一根通长柱额代替普拍枋，斗栱六铺作，出双昂，重栱计心造。屋面布琉璃甬瓦，正脊饰以龙形鸱吻，张口吞脊，尾部上卷。墙体厚而收分大。殿前是横13.67米，纵4.60米以石栏围绕的月台，石栏面雕饰蟠虬纹。月台前正中宽4.85米，长2.60米的坡道和踏道，中铺设的是长2.57米，宽0.89米的青石浮雕坡道。两旁是阶台踏道，坡道与踏道之间中部各置以石雕像，其背上横置一根可卸的雕盘龙杠，唯皇帝和科举中魁者祭孔，方可取掉龙杠通过此道。大成殿两侧，对称配建东庑和西庑。庑为廊式，单檐悬山顶，各13间，通阔45.80米，中三间面阔各3.80米，其余各间面阔为3.50米。进深8.74米，廊宽2.10米。古为供奉孔子弟子和儒家先贤之所。

明伦堂平面横长20米，纵宽13.07米。单檐硬山顶，抬梁式，六椽栿。金柱共10根，当心间金柱纵各3根，次稍间金柱纵各2根。前檐斗栱五铺作，重栱计心造。为儒学生员学习的场所。

尊经阁整体建在高3.68米、横长22.94米、纵宽16.33米的砖砌高台之上。高台四周筑有高1米的花格护栏墙，南有宽2.61米的垂带中踏道。尊经阁台基高0.66米、长17.40米、宽9.34米。尊经阁主体平面外长14.80米、宽7.05米，内长9.90米、宽4.67米。重檐歇山顶，通柱10根，面阔3间。当心间3.50米，次间 3.20 米，廊柱 18 根，四周回廊。斗栱五铺作双昂，重栱计心造，补间铺作华栱。屋顶布甬瓦，浮雕花卉琉璃脊，中饰高阁，鸱吻张口吞脊，尾部上伸。

韩城文庙元代古建筑群与其它古建筑群相比较，自身的个性特征主要表现在建筑的平面布局，规模形制、建筑用材等方面，粗犷豪气、体态恢宏。虽经历代的不断修缮，但其元代建筑特征仍十分明显。

元代相继在韩城市芝川镇修缮了司马迁祠墓，在韩城古城内修建了东营、西营、南营、北营、中营，五座军营庙宇，又修建了普照寺和彰耀祠等二十几座寺院。尤其是忽必烈入主中原之后秉持起用儒生、尊重儒学的尊儒观，大规模修缮文庙也在必然之列。比照韩城其他元代建筑，参照文庙主体建筑的特征衡量，韩城文庙的主体建筑属元代建筑确信无疑。

三、韩城文庙的六大元代建筑特征

纵观韩城文庙建筑的文化元素，结合韩城其他元代建筑的特点，韩城文庙可归纳出以下六个鲜明的元代建筑特征：

1. 在大木构架上更趋简单

大木作是中国古代木构架房屋建筑中负担结构构件的制造和木构架的组合、安装、树立等工作的专业。房屋设计属于大木作。

虽然韩城文庙的古建筑群经过大修、维修变化很大，但其在大木构件的做法上却仍保留元代建筑的基本特征：元代建筑与宋代建筑相比更趋简单，这种从简去华的风尚，也牵动元代以至后来木构技术的一系列变化。比如韩城文庙戟门采用四架椽屋分心用二柱的方式，用一根通长的材料作四椽栿，它的两端交于前后外檐铺作上。四椽栿上再施驼峰和交栿斗。简支平梁，平梁上立蜀柱，施丁华抹颏栱、脊槫，脊槫两侧以叉手固持。这种大额式构架做法和将大额式构架和传统式构架相结合的样式，在具体使用中虽然吸收了一些韩城地方特色，但整体特征不变。相对于宋代建筑法则更趋简单。

2. 平面柱网的变化

元代之前的"减柱法"虽然通过大内额与托架减少了内柱数量，但梁架与檐柱仍然清楚地表示了开间多少。韩城文庙大成殿在平面上有沿袭旧法的传统式，在构架上前后檐柱对缝，柱网整齐，在大额之下进行移柱和减柱的大额式构架。解剖韩城文庙大成殿"明三暗五"的构建，即六架椽屋前檐大额式三间，后檐柱传统式五间，梁栿五间。前廊部分出于实用目的，采用大额式构架，减去两根檐柱。韩城北营庙寝殿也是这种形式，单檐歇山顶，前檐面阔三间，并向里退进一个步架，面阔就变成五间。这种平面柱网灵活多变，面阔与建筑规模的关系和传统式构架一致是元代建筑的又一鲜明特征。

3. 墙体收分显著，厚实稳重的立面特点

元代建筑多为悬山顶，布甬琉璃脊，举折平缓，两际出檐深远，墙体收分显著，厚实稳重，山柱与角柱在墙内，微露柱头，有生起。韩城文庙大成殿在这个特征上的表现最为明显。

4. 斗栱用材尺度大幅减少

元代建筑中开始出现了斗栱尺度大幅减少的趋势。斗栱形式简洁，配置疏朗，一般不用补间铺作。外檐出一至两跳，习用假昂，昂下多带华头子，大量运用翼形栱，材、栔尺寸比《宋式营造法》减少很多。韩城文庙大成殿材、栔所用大额式架构的材宽为 12.2 厘米，材高为 18.8 厘米，栔高为 9.8 厘米。材宽、高比为 1：1.54，相当于宋制的六等材。这又是韩城文庙确为元代建筑的一个特征。

5. 大额式构架结构使用中的进步

在大额式构架结构中，元代建筑在大木件用材方面没有统一的规律，在局部构件结构处理上也很随便，不拘泥于固定格式。比如叉手断面变小，托脚的使用比较普遍。有些构件是从无到有的，比如扶脊木是在元代之后才出现并广泛使用的建筑构件，穿插方也是元代才开始出现，前端交在檐柱头，后端插入金柱内的穿插方，在结构上是一个进步的表现。元代建筑表现出了变革中的随意、粗狂的风格。

6. 在建筑装饰上兼容并蓄，体现了蒙汉文化的有机结合

从韩城文庙元代建筑的装饰上看，它在继承宋、金建筑装饰的基础上，又吸收了中亚建筑装饰的手法，砖雕比较盛行、琉璃色彩趋向多样化。元代建筑首先改造了原有的瓦条屋脊形式，代之以砖作屋脊。这一创举，大大节省了工力。从此以后，砖雕已由建筑基座部分转向屋顶以上其他部分，正式走上了建筑装饰的道路。

通俗讲，韩城文庙的元代建筑多为悬山顶，墙体稳重厚实收分大，前檐柱额多为通担，平面网柱减少，装饰简洁。这些是认识和研究元代建筑特征和风格的重要而宝贵的依据。司马迁在《史记》中专列《匈奴列传》《南越列传》《东越列传》《朝鲜列传》《西南夷列传》《大宛列传》等篇章，主张中华大融合、民族大团结。元代的统治者和地方当权者正是崇拜司马迁这一思想，不仅修缮了司马迁祠的司马迁墓，也修缮了韩城文庙，应当是可信的。

从历史谜团中还原汉初五星聚井的真相

＊本文作者顾跃挺，三江学院文学与新闻传播学院教授。

汉代史籍里记载的汉高祖初年五星会聚于井宿，因混杂着真实历史事件，血腥战争，王朝更迭天命思想，天文历算和历法改革，行星运动规律，占星术，岁差，著作人的人文史观等诸多因素，成为两千年未解的历史之谜。从汉文帝时期《五星占》发轫，司马迁与班固的隔时空"暗战"，南北朝时期的公开争论，延续到宋、明学者的案头悬疑，到现在的电子计算机技术应用于查疑考证，对于这条史料一直难有合理的解释。本文采用考古天文学和历史学相结合的方法，使用星象软件回推初汉前三年的天象，逐月考察五星的聚合度，并一一检视各家假说，笔者认为汉初的五星聚井天象，不是出于某一特定日期的天象，而是经过民间星占家们在刘邦崛起的历史进程中，根据天象观测逐步完善，并附会天命。在动荡的年代，这一天象发挥着聚集人心的作用。到史学家将其编入正史时，已经与实际天象严重不符。司马迁对五星聚井时间的记载比较隐晦，不同于班固等人。作者分析司马迁的写法后面的深层用意，他虽然自觉地服从大一统的天命史观，在《天官书》里表达了严密的天象体系，但严谨的良史不会为天命去刻意迎合造假，总体而言，他忠实于自己的良知和史实，在赞赏汉王朝兴起符合天命的同时，对汉王朝的黑暗历史和现实持批判态度，这点曲折地反映在对于汉初五星聚井的表述上。

一、《史记》里的五星聚井

五大行星齐聚于一宿被认为是祥瑞天象。《开元占经》引用石申的话："岁星所在，五星皆从而聚于一舍，其下之国，可以义致天下。"[①]《史记·天官书》记载："五星分天之中，积于东方，中国利；积于西方，外国用兵者利。五星皆从辰星而聚于一舍，其所舍之国可以法致天下。"《天官书》中用大段篇幅详细列举了两星合、三星合、四星合与各种灾难的关系，只有五星合是吉祥的天象。《汉书·天文志》也有类似的表述。

司马迁在《天官书》里拿刘邦入秦时发生的天象来印证："汉之兴，五星聚于东井。"汉之兴可以指汉高祖元年，或者指汉初几年。《高祖本纪》里没有此天

---

① （唐）瞿昙悉达《开元占经》卷十九·五星占二 https：//ctext.org/wiki.pl？if＝gb&chapter＝938291&remap＝gb。

象的记录；在《张耳陈馀列传》里，宾客甘公劝说赵王张耳投奔刘邦时追述"汉王之入关，五星聚东井。东井者，秦分也。先至必霸。楚虽强，后必属汉……故耳走汉。张耳谒汉王，汉王厚遇之。"从该列传的事件铺陈顺序来判断，甘公说此番话时发生在汉元年末，可能是九月，而耳走汉、谒汉王发生在汉二年。按照秦和初汉使用的颛顼历，汉元年九月的下一个月是汉二年十月。司马迁这两处史料为五星聚井定下了整整一年的区间：汉元年十月（前207年冬）到汉元年九月（前206年秋）。

　　东井即二十八星宿中的井宿，井宿距度为33°，按照分野学说，秦地从井宿16°开始，经过鬼宿（距度4°）到柳宿8°结束，柳宿距度15°，所以与秦地对应的星空区域为（33－16＋1）＋4＋8＝30°。这就要求被观测的诸星体在这一区域，方可被认为是秦地分野。二十八宿属于北极－赤道坐标体系，井、鬼、柳三宿的距星分别为井宿一（双子座μ）、鬼宿一（巨蟹座θ）、柳宿一（长蛇座δ）。井宿里比较有名的星官有南河三星、北河三星。示意如下并与现代星座图相对应：

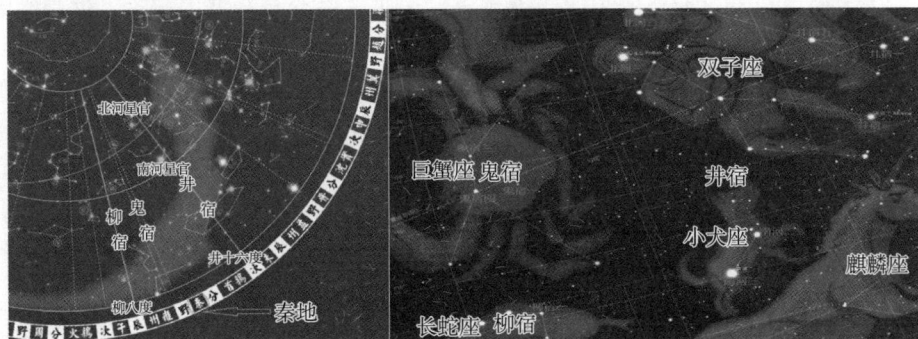

图1　秦地对应的井宿、鬼宿、柳宿及现代天文学星座

左图：秦地在两白实线之间，占据30°宿度。白虚线代表二十八星宿的分界线。右图：对应西方星座图，右上双子座，左上巨蟹座，左下长蛇座。

二、《汉书》《两汉纪》等史书的记载疑点

　　东汉史学家班固在《汉书·高帝纪上》里十分明确地给出了五星聚井出现的具体年月："元年冬十月，五星聚于东井。沛公至霸上。"冬十月是指公元前207年11月14日—12月13日。《汉书·天文志》又做了补充，说四星皆从岁星而升，岁星主"义"，更契合了刘邦受天命、诛暴秦的正义行动："汉元年十月，五星聚于东井，以历推之，从岁星也。此高皇帝受命之符也……与秦民约法三章，民亡不归心者，可谓能行义矣，天之所予也。五年遂定天下，即帝位。此明岁星之崇义，东井为秦之地明效也。"不过这段话也承认，当时人们并没有确切看到五星升落的详情，而是星占家们于事后通过历算推测四星随木星升落（以历推之）。

　　其他史籍基本沿用以上两种记载，如编年体《两汉纪·高祖皇帝纪》保留了

《汉书》的记载，去掉了"以历推之"："汉元年冬十月，五星聚于东井，从岁星也。"南朝史书《宋书·符瑞上》则综合了《史记》《汉书》的说法："高帝为沛公，入秦，五星聚于东井，岁星先至，而四星从之。占曰：'以义取天下。'"《宋书·天文志》："五星聚者有三，周、汉以王，齐以霸。周将伐殷，五星聚房。齐桓将霸，五星聚箕。汉高入秦，五星聚东井。"明代藏书家郎瑛《七修类稿·天地类》："五星聚房，殷衰周昌。五星聚箕，诸弱齐强。五星聚井，楚败汉兴。五星聚尾，安史之乱。五星聚奎，大宋开世。"

《资治通鉴》里没有关于此天象的记录，但保留了刘邦醉中斩蛇的传说。

三、后世及当代对于《汉书》史料的质疑及验证

"汉元年十月，五星聚东井"这一史料向为古今学者所重视，他们对此天象出现的时间有所质疑，在推演否认的同时也谨慎提出五星聚井时间，但分歧很大。学者甄尽忠有过简略的综述。[1]《魏书》记录了高允与崔浩的辩论，这是笔者迄今发现的最早质疑。高允说："天文历数不可空论。夫善言远者必先验于近。且汉元年冬十月，五星聚于东井，此乃历术之浅……案《星传》，金水二星常附日而行。冬十月，日在尾箕，昏没于申南，而东井方出于寅北。二星何因背日而行？是史官欲神其事，不复推之以理。"一年多后，崔浩通过自己推演，承认高允是正确的："果如君语，以前三月聚于东井，非十月也。"高允直接指出了史官造假的动机。崔浩是在公元 450 年夏天被杀的，这场辩论以及崔浩的推测，距离高祖入秦后 660 年左右。

《资治通鉴》编撰之一、北宋史学家刘攽在注解《汉书》时同意高允的观点："按历，太白辰星去日率不过一两次，今十月而从岁星于东井，无是理也。"苏轼却不同意高允和刘攽的判断，"以余度之，十月为正，盖十月乃今之八月尔。八月而得七月节，则日犹在翼、轸间，则金、水聚于井亦不甚远。"[2]他认为当时的太阳应该在翼、轸两宿间，这样，金水两星聚东井也是可能的。

明末清初学者顾炎武在《日知录》里也有专门的研究记录，梁氏（梁玉绳）在此评注曰："《通鉴》不载汉五星聚东井事，良是。"[3]

现代学者努力复原当时天象，和先贤一样，他们发现在高祖元年（前 207）冬十月刘邦入秦之际，五星没有聚在一起。还有学者论证在冬季里，水、金两星不可能运行到井宿。以下介绍我们对于汉初三年天象进行的推演，我们使用的工具是 2022 年 1.22.5 版 Stellarium（天文馆）星象模拟软件，并汇入美国国家航空

---

① 甄尽忠：《论汉代十二次及二十八宿分野模式的发展及其政治功能》，《邯郸学院学报》2017年第 1 期。

② （宋）苏轼《东坡志林》卷三·技术"辩五星聚东井"。

③ （清）顾炎武，黄汝成撰，栾保群校点：《日知录集释（全三册）》，中华书局 2020 年版，卷三十第 1505－1506 页"五星聚"。

航天局（NASA）专门针对古天文研究而开发的精确校验数据包①。我们以"天"为步长，重点部分以"小时"和"分钟"为步长，快速模拟公元前 207—前 205 年 3 年的全年天象，验证历史上和当代学者的推测。

1. 公元前 207 年全年天象，重点验证《汉书》记录以及高允和崔浩的推测：以前三月聚于东井，非十月也

颛顼历汉元年十月的前三月应该是秦二世三年七月。我们设观测地在西安，模拟公元前 207 年 1 月 1 日—9 月 15 日天象：土星从毕宿（金牛座）慢慢移向井宿；金，水在虚宿，危宿。木，火在娄宿。

土星在 7 月份到达井宿（双子座）边缘；木星起初在鲸鱼座，6 月到 9 月中旬，进入娄宿（白羊座）；金星从鲸鱼座移动到白羊座，9 月中旬到达毕宿（狮子座中心），与轩辕十四合；3 月，水星在鲸鱼座，6 月接近双子座，8 月中旬—9 月中旬，在室女座。6 月到 9 月中旬，火星在摩羯座（牛宿）。可见，1 月到 9 月中旬没有发生过五星聚井。崔浩的推测不成立。班固：汉元年冬十月，五星聚于东井。

席泽宗通过程序演算，证明此史料为假。我们模拟公元前 207 年 9 月 15 日—12 月 31 日天象：10 月中旬，木星在鲸鱼座，水星在人马座，金星在天秤座，土星在井宿（双子座）。火星在双鱼座。11 月中旬，前四星位置变化不大，火星运动于双鱼座和危宿之间。12 月中旬，木星在鲸鱼座和娄宿（白羊座）之间，水星在人马座，金星在柳宿（长蛇座），土星在猎户座和毕宿（金牛座）顶部之间。火星在双鱼座。即在此期间，金星从狮子座过渡到室女座再到天秤座，水星从室女座过渡到天秤座。模拟显示只有土星在井宿，可以证明在刘邦入秦当月到年底，没有发生过五星聚井。

前 207 年，五星的黄道经度位置（每月 1 日日落时分）

月										
1 月	木星	37°	土星	56°	火星	349°	金星	258°	水星	252°
2 月	木星	11°	土星	55°	火星	9°	金星	296°	水星	294°
3 月	木星	16°	土星	56°	火星	27°	金星	331°	水星	347°
4 月	木星	23°	土星	59°	火星	47°	金星	9°	水星	14°
5 月	木星	30°	土星	62°	火星	67°	金星	46°	水星	12°
6 月	木星	37°	土星	66°	火星	86°	金星	84°	水星	62°
7 月	木星	43°	土星	70°	火星	105°	金星	121°	水星	118°
8 月	木星	48°	土星	73°	火星	125°	金星	158°	水星	141°
9 月	木星	50°	土星	76°	火星	145°	金星	195°	水星	138°
10 月	木星	50°	土星	77°	火星	165°	金星	230°	水星	188°
11 月	木星	47°	土星	76°	火星	185°	金星	262°	水星	235°
12 月	木星	43°	土星	74°	火星	206°	金星	286°	水星	234°

---

① https：//ssd.jpl.nasa.gov/ftp/eph/planets/linux/

从此表可算出每月五星的聚合度，4 月份日落后，五星的黄道跨距为 50°。7、8、9 月，五星跨距约为 78°、110°到 145°，因此不可能发生像崔浩所推演的五星聚井。

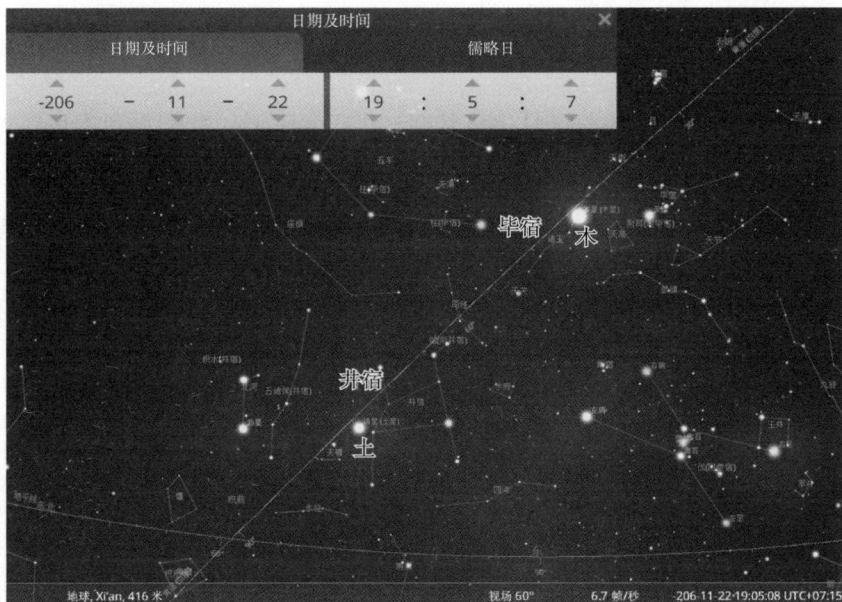

图 2 前 207 年 11 月（汉元年十月），刘邦入秦时，日落后在西方只见水、金两星，东方地平线上木星率先随毕宿升起，井宿里的土星随后升起。软件采用儒略天文历，—206 年代表公元前 207 年

2. 公元前 206 年天象，验证席泽宗的推测

席泽宗在论文里给出高祖元年七月初三的五星相对于太阳的位置，他是以地面能否观察到五星为标准。[①]这一天，水、金在柳宿，土、木在井宿，但由于火星在娄宿（白羊座），距离其他行星太远，与井宿隔了五宿，所以作者只好以"五星连珠"来解释史料。且木星在中间，与《汉书》记载不符。

我们按照席泽宗提出的日期进行模拟，基本与他的报告相一致：

行星在黄道广度上跨距太大，接近 110°。火星位于领头位置，木、土星先露出，金水星几乎同时升起，随后太阳升起，这样，地面上可见五星。

---

① 席泽宗：《中国天文史上的一个重要发现——马王堆汉墓帛书中的"五星占"》，《中国古代天文文物论集》，中国社会科学院考古研究所编，文物出版社 1989 年版，第 57 页。汉高祖元年七月对应儒略历前 206 年 8 月 5 日—9 月 4 日，七月初三即儒略历前 206 年 8 月 8 日，与公历相差约 1.5 天。我们定为公元前 206 年 8 月 6 日。

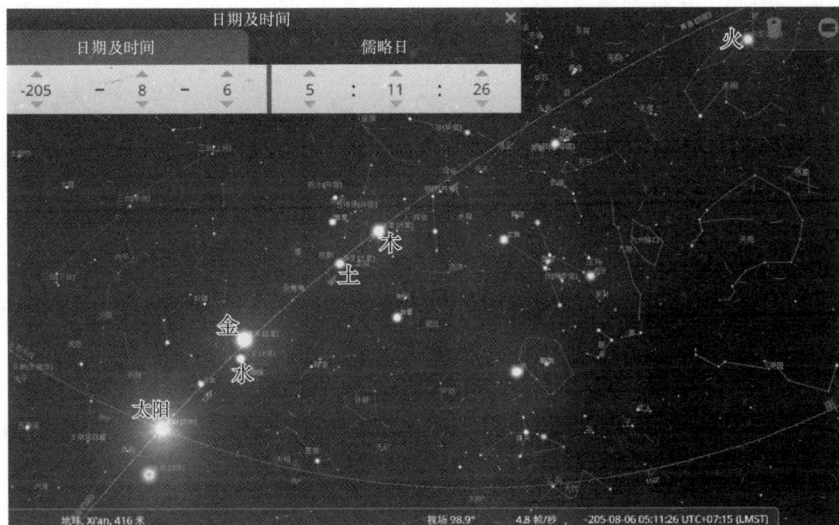

图 3　公元前 206 年 8 月 6 日，高祖元年，太阳在东北地平线上，水 111°，金 109°，在柳宿，土 86°，木 77°，在井宿，火星 2°，在娄宿（白羊座）。

前 206 年，五星的黄道经度位置（每月 1 日日落时分）

1 月	木星	40°	土星	71°	火星	236°	金星	278°	水星	278°
2 月	木星	42°	土星	70°	火星	256°	金星	279°	水星	329°
3 月	木星	47°	土星	71°	火星	279°	金星	304°	水星	354°
4 月	木星	52°	土星	73°	火星	298°	金星	332°	水星	351°
5 月	木星	59°	土星	76°	火星	321°	金星	9°	水星	42°
6 月	木星	59°	土星	78°	火星	340°	金星	30°	水星	80°
7 月	木星	72°	土星	84°	火星	355°	金星	82°	水星	123°
8 月	木星	78°	土星	87°	火星	3°	金星	120°	水星	120°
9 月	木星	82°	土星	90°	火星	358°	金星	158°	水星	174°
10 月	木星	84°	土星	91°	火星	349°	金星	196°	水星	218°
11 月	木星	82°	土星	90°	火星	351°	金星	235°	水星	218°
12 月	木星	79°	土星	88°	火星	2°	金星	273°	水星	241°

7—8 月：实际上是四星聚井，木星引导

3. 公元前 205 年全年天象，重点验证黄一农的推测

台湾天文史学家黄一农按照五星相聚不超过黄经差 30°的取舍标准，给出一张公元前 2000 年到公元后 2000 年肉眼可见的五星会聚天象表，共有 107 次，其中汉初仅有一次是在公元前 205 年 5 月份，即在高祖二年[①]，据他推导，5 月 15 日左右，五星全部在井宿。我们进行回推，在这一日期前后，五星在鬼宿和井宿

---

① 黄一农：《社会天文学史十讲》，复旦大学出版社 2004 年版，第 51—52 页，第 63—64 页。

内，且相距在 30°左右的宿度，见下图。

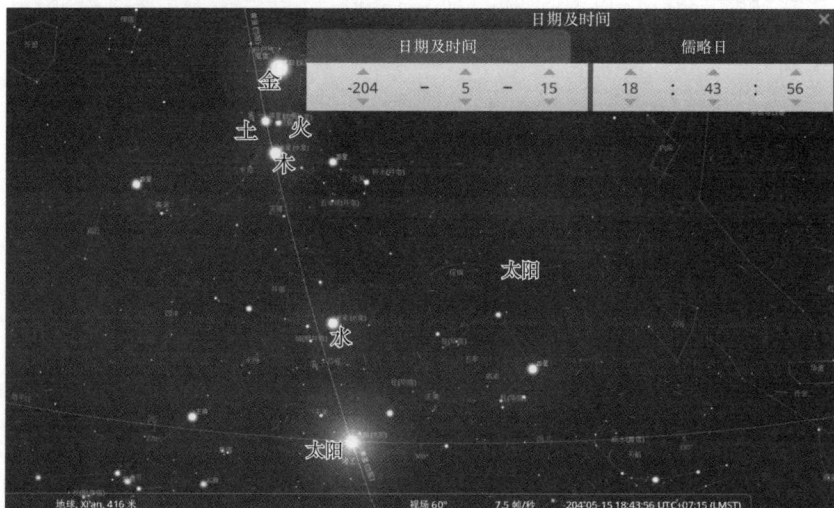

图 4　高祖二年，公元前 205 年 5 月 15 日落日时分，几乎完美的"五星聚井"；水星 64°，岁星 85°，土、火星 89°，金星 94°，严格遵守聚度小于等于 30°

前 205 年，五星的黄道经度位置（每月 1 日日落时分）

1 月	木星	77°	土星	87°	火星	10°	金星	295°	水星	267°
2 月	木星	74°	土星	85°	火星	27°	金星	333°	水星	323°
3 月	木星	74°	土星	84°	火星	43°	金星	9°	水星	332°
4 月	木星	77°	土星	85°	火星	62°	金星	45°	水星	341°
5 月	木星	82°	土星	87°	火星	80°	金星	82°	水星	34°
6 月	木星	119°	土星	91°	火星	99°	金星	111°	水星	91°
7 月	木星	95°	土星	95°	火星	118°	金星	134°	水星	102°
8 月	木星	102°	土星	98°	火星	137°	金星	135°	水星	109°
9 月	木星	108°	土星	102°	火星	158°	金星	123°	水星	165°
10 月	木星	113°	土星	104°	火星	178°	金星	139°	水星	208°
11 月	木星	115°	土星	105°	火星	199°	金星	170°	水星	200°
12 月	木星	115°	土星	104°	火星	221°	金星	204°	水星	232°

五星聚井从 5 月 15 日延续到 6 月初

四、我们关于五星聚井的真相还原

　　以上通过软件得到的模拟显示，席泽宗和黄一农的天象复原工作是极其严谨的，两人具有严格的数学天文学背景，无论是他们亲自设计的软件还是使用国际软件，精密度均很高。然而，席泽宗认为在关键的高祖元年，没有发生五星会聚，而是五星连珠，当然也就不存在五星聚井。黄一农把五星聚井定于高祖二年（前205），将史籍记录的天象时间推迟了一年。且席和黄的天象推测都不是以木星打头，这样全盘推翻《史记》和《汉书》的记载，在学界难以被接受。

我们认为，鉴别汉初五星聚井不是一个单纯的科技问题，如果拘泥于以地面可见或以30°聚度为判别标准，可能得不到历史真相。必须联系到特殊的时代背景，必须铭记占星术的本质是以天命附会为主、天象观测为辅。我们从《汉书》"以历推之，从岁星"得到一个重要启发，为什么一个简单的由哪颗星引导的问题，需要历算来推算？说明当时观测留下的记录里并没有把五星聚井当成重点，前人掺杂了一些占星方面的想象，导致后人无法理解需要历推。据此，也是基于上述的天象回推，我们换种思路推测，汉初五星聚井并不是以哪次固定时间的天象为基础，而是西汉初年的皇家星占学家们将不同时段的行星观测记录杂糅在一起，并附会天命，其开端是在前207年下半年初冬，高祖入秦之际，日落后木星从东方率先升起，星占学家们根据《甘石星经》对于岁星的吉祥描述，为刘邦制造符合天命的瑞符，此时尚没有形成五星聚井的概念。刘邦义军只是众多农民起义军中的一支，对时局还没有发展到举足轻重的地步，当时充其量也就是岁星当空的吉兆。

以后随着刘邦军事实力的增强，在楚汉战争中显露头角，才慢慢有了五星聚井这种天子级别的吉兆，尤其在刘邦战胜项羽后，才有后世的星占学家们设计出来的。他们根据帛书《五星占》的观测记录，拼凑出五星聚井天象。《五星占》详细描述了五星的恒星周期，有木星、土星和金星的70年行度表，在"与东井晨出东方"栏下有汉高祖元年、二年等。[①]比如在前206年8月，四星聚井，跨度51—42°，木星引导；而四星聚是不吉利的象征，故星占学家们把高祖入秦之际的木星升空改为五星聚井。到前205年春夏之交，出现真正的五星聚井，跨度30°，水星引导，虽然也很吉利，但总归不如木星。总之，星占学家们按照真命天子的一般性征兆，拼凑出完整的五星聚井，并将天象安在高祖入秦之际。

《史记·天官书》已经将天文观测资料赋予浓浓的天命色彩，但对五星聚井天象时间进行了模糊化处理；《汉书·高帝纪上》《汉书·天文志》（作者马续）"五星聚井，从岁星"，标志着星占家们对原始观测资料经过层累性加工和取舍，为刘邦量身定制的瑞符的最终完成。这是本文的假设，下面从中国古代天命观的角度，进一步考察汉初的五星聚井天象。

五、先秦及秦汉时期的天命观

中国古代传统文化将星辰变化与人间治乱联系起来。观天星占之术兴起于西

---

① 裘锡圭主编、复旦大学出土文献与古文字研究中心、湖南省博物馆：《长沙马王堆汉墓简帛集成》，中华书局2014年版，卷四第238—239页；第433—442页。

周，之前的殷商虽有频繁的占筮活动，但基本限于对祖先崇奉上，属于文化水平较低的原始形态。① 文王用蓍草改造八卦，客观上促进了数字在占卜中的应用，加快了天文学和占星术的融合发展，《易》曰："观乎天文，以察时变。""天垂象，观凶吉。"与商朝的天帝合一、帝祖合一的绝对王权不同，周人构造新的天命论，贯彻以德配命的思想，体现在《尚书》《诗经》《左传》等史籍。②

孔子很重视德行，他对《易经》的诠释，从重祭祀、重"占"转到重"德"："《易》，我后其祝卜矣，我观其德义耳也。幽赞而达乎数，明数而达乎德，又仁守而义行之耳。赞而不达乎数，则其为之巫，数而不达于德，则其为之史。史巫之筮，向之而未也，好之而非也。后世之士疑丘者，或以《易》乎？吾求其德而已，吾与史巫同途而殊归者也。君子德行焉求福，故祭祀而寡也；仁义焉求吉，故卜筮而希也。祝巫卜筮其后乎？"③ 孔子认为君子用其仁义得到吉利，祭祀神灵和祝巫卜筮只不过是末端小事。

战国时期是我国各种思想蓬勃发展的重要时期，诸子百家学说盛行，天地、阴阳、四时、五行等是他们的考察对象，尝试解说自然现象的成因及其变化法则。其中阴阳家发展出一整套阴阳五行哲学学说，"深观阴阳消息，而作迂怪之变。"（司马迁语）在这一时期形成了从文学，中医，到易经哲学的一系列伟大作品，诞生了中国最早的天文学著作《甘石星经》。

西汉大儒董仲舒融合了先秦诸子学说，继承并创新了儒家政治，发展为天人感应、天人合一的天命史观，把包括天象的所有自然现象都用来解释社会政治衰败的结症，在肯定君权天授的同时，又以天象示警，异灾谴告来鞭策约束帝王的行为。他的政治学说构成了西汉主流思想。董仲舒身体力行，在《灾异占》中写道："日无故白无光，其主不死，国乃不昌。青无光，天下人民相食，主去。日赤无光，天下兵起，大旱。日黄无光，天下主失德，名山崩，地动。日黑无光，臣下为政。"④ 古代天命史观在学者董京泉的近作里有较完整的阐述。⑤

东汉科学家张衡在其天文学著作《灵宪》里总结了星占之术的观念基础："星也者，体生于地，精成于天，列居错跱，各有迪属……在野象物，在朝象官，在人象事。"⑥一定的天象必有人事祸福随其后，某些人事变动可有天象之兆为预示，这是长期占据中国社会思想界主流的天命观。

---

① 陈来：《古代思想文化的世界——春秋时代的宗教、伦理与社会思想》，生活·读书·新知三联书店 2009 年版，第 50 页。

② 郭智勇：《观相百家》，广西师范大学出版社 2017 年版。

③ 萧延中：《中国思维的根系——研究笔记》，中央编译出版社 2020 年版，第 90－242 页"第 5 章'天命'：宇宙秩序的政治意涵"。

④ （唐）瞿昙悉达《开元占经》卷五·日占一。

⑤ 董京泉：《中国古代哲学思想集萃》，学习出版社，2022 年 4 月，第 262－270 页。

⑥ （东汉）张衡《灵宪》已经失传，此段话摘自范晔《后汉书·志第十·天文上》刘昭注"言其时星辰之变，表象之应，以显天戒，明王事焉。"

六、司马迁的批判性天命史学观

司马迁的父亲司马谈任职太史令，掌天时星历，曾专门师从西汉著名天文学家唐都学习天文①，司马迁得到家传，因此具有丰富的天文学知识和观测经验，他自觉地将天人合一的天命观体系应用于天文观测实践，在星占学著作《天官书》中第一次将星象体系全面揭示出来，由于是父子两人的工作积累，故被称为"司马氏星官体系"。人君失德，天上日食，他们系统性地将人间的等级尊卑搬到天上，一方面将君权天授具象化，另一方面是利用天象异常来警示统治者。司马迁"究天人之际"，首先就是以天象的异变来推究"天道"和"人道"之间的感应关系，揭示"天命"如何支配和控制人间的社会变化。②所以在《史记》里常有天象和其他自然现象的刻画描写，甚至有超自然的现象叙述。总体上，他笃信星占术，将之视为士族阶层参与王朝决策、限制王权的一个重要手段。在局部上又能根据天文学原理，否定某些异常天象的警示作用。比如，长期以来，人们认为月食是上天警告将发生某种灾祸，司马迁通过对观测资料的分析发现，月食现象是有周期性的，于是他很自然地得出结论，"月蚀，常也。"③

司马迁没有在最容易为皇室涂脂抹粉的《高帝本纪》里提及五星聚井，而是分别在《天官书》《张耳陈馀列传》里提到这个对于汉王朝的兴起至关重要的天象，这样的写法增加了历史分析的复杂度。司马迁生于公元前 145 年，如果在他出生之前已有"元年冬十月，五星聚东井"的说法，以他一贯严谨的史学态度以及相当丰富的天文学知识，一定会对此进行推演验证。④他隐含地否认此天象发生在元年十月；他借甘公之口，追述此敏感天象的出现时间。之所以他只是笼统提到"汉之兴"而没有确定具体年月，我们分析是他做了天象回推后，发现没有证据支持；但又不能漏掉这个天象（这在统治者看来是大逆不道的）。这样必然与当时的主流思想发生冲突，从而使得他本来就不幸的人生遭遇雪上加霜。汉武帝在重新起用司马迁时，给予他待遇更优渥的中书令职位，但是相较于原先的太史令，地位更卑下，而且攻击司马迁的仍大有人在，他不得不谨小慎微，以防再次遭不测之祸。同样作为历史学家，他客观地记下了当时的五星聚井的社会传闻，故他在时间上进行了模棱两可的处理，分散在两处叙述。

司马迁相信大汉朝的兴起是符合天命的，在他看来，只有天命论才能解释秦汉之际发生的剧烈社会变革。但他更加接受的是孔子重视德行和董仲舒天人合一

---

① （西汉）司马迁《史记·天官书》："夫自汉之为天数者，星则唐都，气则王朔，占岁则魏鲜。"

② 赵继宁：《由"三五"论司马迁"究天人之际"思想》，《甘肃理论学刊》2012 年第 4 期。

③ 薄树人：《试论司马迁的天文学思想》，《史学史研究》1982 年第 3 期。

④ 司马迁也是很好的历法学家，曾与唐都、邓平、落下闳等人共同编制太初历。"余观史记，考行事，百年之中，五星无出而不反逆行"（摘自《天官书》）即为一例，在这里，他说明五大行星皆有逆行的现象，从而纠正了《甘石星经》里只有火星有逆行的说法。

的天命论，学界有大量论述，兹不赘述。①②作为史学家，他记录有关五星聚井的传说，但不违心地去迁就人们所附会的天象发生时间。正如他记叙的刘邦斩蛇故事，司马迁决不会相信所谓赤帝子的神话。而且司马迁的记述是一带而过。不虚美，不隐恶。相较而言，《汉书·天文志》的作者马续在描述此天象时不惜笔墨大肆吹捧刘邦，为汉王室歌功颂德的意味非常浓厚。

我们通过司马迁对于本例天象的叙述安排，揭示他善于思考，不从流俗，不趋炎附势，在统治者面前保持一定的独立精神和独立人格。背后的深层原因是他有意识地、有选择性地将天象的吉凶征兆当做对帝王的政治和德行的警示，指出帝王的失政，这是他的使命所在，是他的史学观的核心宗旨。因此本文把司马迁的天命史学观定义为批判性的：不是批判天命本身，而是借天命批判现实，以天道论人道，将天命学说转变成限制帝王暴政和专制的工具。这是董仲舒提倡天人合一学说的初衷，但在司马迁手里完成了严密的星象表达和推演体系。

① 张大可：《司马迁评传》，商务印书馆 2013 年版。

② 陈文洁：《司马迁之志》，华东师范大学出版社 2015 年版，第 17—63 页。

非文辞不为功

＊本文作者徐同林，南京传媒学院教授。

　　子产当政时，郑"国小而逼，族大宠多"，处境艰困，但经过内部自上而下的一系列改革，外部确立并坚持"从晋和楚"的外交方针，致使郑国一度中兴，他也受到了包括孔子在内的当时众多名流政要的尊崇。更有讨伐陈国后，戎服献捷于晋。对此，小他20岁的孔子由衷赞叹："《志》有之：'言以足志，文以足言。'不言，谁知其志。言之无文，行而不远。晋为伯，郑入陈，非文辞不为功。慎辞哉！"这是孔子针对此事的感叹，也是具有理论高度的概括。"言之无文，行而不远。"遂成为格言警句。而有关的事件与背景，则渐渐淡出人们的视野。其实，故事本身既曲折生动，又意蕴深邃。而且涉及文韬与武略，文治与武功，文攻与武备。

　　"晋为伯，郑入陈，非文辞不为功"，先看"晋为伯"。

　　晋文公重耳是继齐桓公首霸之后的第二位霸主，在位不到十年，便成就霸业，这不是偶然的，更不是侥幸的。其父晋献公（？－前651），晋武公之子，春秋时期的晋国第19任君主，在位26年。即位后尽灭同宗大族，巩固君位。对外奉行尊王政策，提高声望。攻灭戎耿，消灭强敌虞虢，史称其"并国十七，服国三十八"。这为后来其子晋文公的霸业奠定雄厚根基。可惜，其晚年骊姬乱政，废黜太子驱逐群公子。公子重耳流亡19年8国（翟卫齐曹宋郑楚秦），其间"狐、赵之徒，出从重耳，陷敌困卫、逃齐脱楚，人有不堪其忧者矣；乞食投块、观浴操戈，人有不堪其辱者矣；风羁雨绁、过都历邑，人有不堪其劳者矣。"（吕祖谦《左氏博议》）备尝艰难困苦，最后在有些诸侯尤其齐桓公礼遇、秦穆公护送下回国夺得君位。于公元前636年为第22任国君。

　　重耳逃亡期间，晋国经历弑君两次和立君两位的动荡不安，他还被几位国君派人追杀过多次。故他深知贤能辅佐及人心向背的重要。夺得君位，面对乱象丛生，人心惶惶，杀气腾腾，"文公修政，施惠百姓。赏从亡者及功臣，大者封邑，小者尊爵。未尽行赏，周襄王以弟带难出居郑地，来告急晋。晋初定，欲发兵，恐他乱起，是以赏从亡未至隐者介子推。推亦不言禄，禄亦不及。……介子推从者怜之，乃悬书宫门……文公出，见其书，曰：'此介子推也。吾方忧王室，未图其功。'使人召见，则亡。遂求所在，闻其入绵上山中，于是文公环绵上山中而封之，以为介推田，号曰介山，'以记吾过，且旌善人'。"（《史记·晋世家》，以下未注者略。）介子推是追随他流亡的忠臣之一，他割股奉君，以及晋文公寒食禁火的传说，皆本于此。这其中，凝聚人心，举贤授能，记过旌善，文辞与事功，相辅相成，相得益彰。

值得一提的是，晋文公行赏时忘了介子推，后来却封山旌表，甚至寒食设节，前后似有矛盾龃龉处。当初即位行赏时忘记了介子推，是时值周室内乱，但出兵勤王后还是不及介子推，等到有人鸣不平，搜山无果，传说焚山三面，介子推仍然慨然抱树而死。晋文公这才醒悟过来，感恩，行赏，民心不可违，乃封山祭奠，并设立寒食节。对此，"太史公曰：晋文公，古所谓明君也，亡居外十九年，至困约，及即位而行赏，尚忘介子推，况骄主乎？"这是说，司马迁也认为，明君如晋文公者，尚且会行赏时忘却有功有恩的忠臣介子推。这其实是一种亘古至今的误解。

原来，晋文公的行赏是有原则和规格的。当时，从亡的一个小臣壶叔曾质问晋文公："君三行赏，赏不及臣，敢请罪。"文公报曰："夫导我以仁义，防我以德惠，此受上赏。辅我以行，卒以成王，此受次赏。矢石之难，汗马之劳，此复受次赏。若以力事我而无补吾缺者，此受次赏。三赏之后，故且及子。"晋人闻之，皆说。这里说得很清楚了，文公的行赏，首要是重德行仁义的引导完善，其次才是冲锋陷阵汗马之劳的体力庇荫。那么，介子推只能排列末等。加之介子推本人的性格与意愿，自然不在优先考虑的范围。（另参见《韩非子·难一》晋文公之赏。）

一方面，介子推已经隐居，一方面，晋文公深谙并尊重其耿介不群的性格，也不想为难他。但是，追附介子推的人，以及许许多多的普通民众，不能接受忠心耿耿却得不到封赏，有恩于君却归隐山林并被忘在脑后。最终，迫于强大的舆情压力，晋文公封山记过，设节旌表。这一番操作，尽显圣明君主的大度与智慧。转祸为福，因败为功。用文辞致歉，实乃纠错挽回的明智之举，也是成本最小的建功之道。

随后不久的城濮之战，晋文公一战成名。这是周襄王二十年（前632）晋、楚两国在卫国城濮（山东鄄城西南）地区进行的争夺中原霸权的首次大战。晋文公兑现当年流亡楚国许下"退避三舍"的诺言，令晋军后退，避楚军锋芒。利用楚将子玉率军冒进之机，而大败楚军。"退避三舍"的文辞，既许诺于战前，又运用于战中。

经此一战，晋国大胜，晋文公建立了霸权，楚国北进受挫。中原诸侯无不朝宗晋国。这年夏，晋文公是在郑国践土大会诸侯，并向襄王献俘。周襄王策命晋文公为"侯伯"。晋文公要求诸侯"皆奖王室，无相害也。有渝此盟，明神殛之，无克祚国"。"践土之盟"与齐桓公的"葵丘之盟"正好相距20年，晋文公在"尊王"的旗帜下，顺理成章地登上了霸主宝座，一跃而为春秋时代的第二位霸主。周王《晋文侯令》，晋文公及践土会盟的其他诸侯签立的盟誓，便是"晋为伯"不可或缺的核心文辞。

以上是一位霸主的内政外交文攻武备的文辞之用之妙。

再看"郑入陈"。

那是在城濮之战80余年之后的春秋中期。曾经是晋文公称霸的晋国和楚庄王称霸的楚国，一北一南仍把郑国夹在当中，晋楚长期的争霸不仅二虎相争，两败俱伤，而且中小诸侯首鼠两端，疲于奔命，弭兵休战，乃天下大势，众望所归，这就是郑国的腹背受敌的现状，也是力图突围的良机。处于中原之中的郑国，在晋楚争霸的夹缝之中，不得不朝晋暮楚，前后摇摆，左右为难。幸有"春秋第一人"，郑国子产（约前585—前522），"孔子最为推崇的义兄"，登场了。

公元前548年（郑简公十八年），在苦苦告求无果，没有得到霸主晋国首肯的情况下，忍无可忍的郑国子产与子展一起率军攻入陈国国都，进行报复惩戒。大获全胜的郑军保持克制和谨慎，并不扰掠其宫室，而是狠狠教训一顿后班师凯旋。但是，霸主晋国却是绕不开的一道坎。先斩还必须后奏。请看子产如何化解晋国指斥的呢？

你可能没有想到，子产不是点头哈腰地赔不是，而是身着戎服，雄赳赳气昂昂地迈进晋国的大堂。"郑子产献捷于晋，戎服将事。"子产呈献攻陈的捷报，穿着军服而来。

接待子产的晋国士庄伯劈头质问，陈国有什么罪过，要你出头来讨伐？子产回答说：陈国是我们周朝的后代，至今还依靠周王室的庇护。我们屡次救难扶困，可他恩将仇报。我因此在去年请求攻打陈国，可未得贵国之令，反而有了陈国依仗楚国撑腰来攻我的东门之役。在陈兵经过之途中，水井被填，树木被砍，生灵涂炭，惨无人道。幸上天诱导我心，启发攻陈之念。那陈国罪有应得。因此，我们敢于前来献功报捷。

晋人曰："何故侵小？"对曰："先王之命，唯罪是讨。昔天子之地千里，诸侯之地百里。今大国之地数千里。若无侵小，何以至焉？"意指以大侵小，以强吞弱，举目皆然。国无大小，唯罪是讨。

晋人曰："何故戎服？"对曰："我先君郑武公、郑庄公，为周平王、周桓王卿士。城濮之役，晋文公布命，曰：'各复旧职！'命我郑文公戎服辅王，以授楚捷，不敢废王命故也。"郑先君皆为周王卿士，城濮之役，晋文公布命，各复旧职，戎服辅王！随后的践土之盟，就在郑国举行的，以此奠定晋国的霸业。当然，这是弦外之音。

士庄伯不能再诘，回复于当政的赵文子。文子曰："其辞顺，犯顺不祥。"乃受之。

冬十月，子展相郑伯如晋，拜陈之功。子西复伐陈，陈及郑平。

其实，在求令不得，而计划攻打陈国的时候，子产就已经筹划设计了如何向晋国报备。陈国恩将仇报，罪该严惩。但更能说动晋国的是，晋郑同为周室护卫，而且晋文公曾命郑文公戎服辅王。我这是在遵行你祖晋文公之命。何错之有？这才是关键和要害！

闻此，仲尼赞叹道："晋为伯（霸），郑入陈，非文辞不为功。慎辞也！"（《左传·襄公二十五年》）刘勰曰："国侨（子产）以修辞捍郑。"（《文心雕龙·才略》）子产的戎服献捷，是其修辞捍卫郑国的突出一例。子产的戎服献捷，是这场外交战的点睛之笔。不同寻常的是，这次的文辞之功，不是城濮之战的战前战中，而是在战后。

《孙子兵法·谋攻》："百战百胜，非善之善者也；不战而屈人之兵，善之善者也。故上兵伐谋，其次伐交，其次伐兵，其下攻城。"战争艺术的最高境界，不是百战百胜，而是不战而屈人之兵。这就"非文辞不为功"。上兵伐谋，其次伐交，其次伐兵，其下攻城，也是"非文辞不为功"，只不过文辞运用的得法与否，高下多寡，以及工巧拙劣的不同差异，决定和影响战局的成败得失。齐桓公"尊王攘夷""九合诸侯，一匡天下"，楚庄王"不鸣则已一鸣惊人"，秦穆公"五羖大夫"《尚书·秦誓》悔过，越王勾践"卧薪尝胆"灭吴霸越……可以说，春秋五霸"非文辞不为功"。

其实，纵观历代战争史，"非文辞不为功"不仅是指"晋为伯，郑入陈"，也不仅是在战前、战时或战后，文辞之用贯穿于一场战争的全程，文辞之功亦尽显于人类战争的历史。

医学鼻祖希波克拉底教导我们："医生有三大法宝：语言、药物、手术刀。"丘吉尔说：朝为布衣暮为卿相——除非演讲。"There is nothing like oratory, it is a skill that can turn a commoner into a king."（Winston Churchill）《史记》《文心雕龙》："三寸之舌，强于百万之师。"南朝梁简文帝《舌赋》："夫三端（文士之笔锋，武士之剑锋，辩士之舌锋）所贵，三寸著名。"这些都一再阐明文辞建功的首要与不朽。

孔子"非文辞不为功"所蕴涵的军事思想、文学思想、战略思想诚不容疏忽。当今世界，话语、话语权、话语体系，信息战、舆论战、心理战，面对和跨越"修昔底德陷阱""中等收入陷阱""金德尔伯格陷阱""傲慢与偏见陷阱"，无不要发挥文辞的妙用，来建立不世之功。

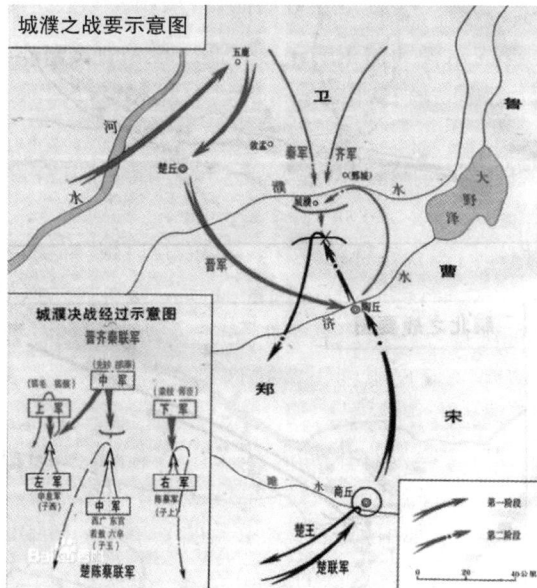

城濮之战要示意图

城濮决战经过示意图

曹搜昧大夫不祥以男女熟別御止也免喪服擁社抱
社主票自係持命梳縈檜首獻欽告以脩臣禮于美子
庭別守數俘數其所獲之俘明無他讁掠徒除以安定之
師兵待陳亂故正是泉官備其所藏以安定之

七月己巳同盟于重丘齊成故也〇八月〔今山東東昌府有重丘城〕

秋

鄭子產獻捷于晉戎服將事晉人問陳之罪對曰昔虞
閼父為周陶正以服事我先王我先王賴其利器用也
與其神明之後也庸以元女大姬配胡公而封諸陳以
備三恪則我周之自出至于今是賴桓公之亂蔡人欲
立其出我先君莊公奉五父而立之蔡人殺之我又與

子产戎服献捷书影

《史记》精神对家族构建良好声誉的影响

——以明代浙江乌程凌氏家族为例

＊本文作者马富罡，陕西师范大学文学院博士研究生。

　　《史记》是一部兼具文学、史学的重要典籍。它自问世以来，其传播与接受就已开始。两千多年来，随着历史的发展、科技的进步、社会的变革，《史记》的接受方式和重心不断变迁，其精神特质也不断影响着接受者。特别是明代中后期，在复古思潮、科举考试等诸多因素的影响下，《史记》的市场需求急剧增加，出现了大量与《史记》相关的文本、选本、评点本，同时出现了整个家族几代人接受《史记》的情况，比如浙江吴兴的毛氏家族、浙江乌程凌氏家族。这些家族成员研读《史记》，挖掘《史记》的精神特质，创作与《史记》相关的文学作品。同时，家族成员深受《史记》精神的影响，历代成员奋发向上，促进了家族的发展，为家族赢得良好声誉，逐步成为当地名门望族。以下以浙江吴程凌氏家族为例，探究其在《史记》精神的影响下，家族成员如何奋发图强，构建家族良好声誉，逐步发展为当地的名门望族。

　　浙江乌程晟舍凌氏因凌敷入赘浙江吴兴闵氏而定居于此。凌敷，字达夫，生于永乐甲辰（1424），卒于正德辛未（1511），由凌敷的生卒年可知其迁入晟舍的时间约为明代中叶。晟舍凌氏人才辈出，凌敷儿子凌震，博览群书，颇有文名，曾任黔阳县学训导，提督宝山书院。凌濛初祖父凌约言为嘉靖十九年（1540）举人，授南直隶全椒知县，历任沔阳知州、雇州府同知，官至南京刑部员外郎，著有《史记评钞》《汉书评钞》《病稿偶录》等。凌濛初父亲凌迪知，嘉靖三十五年进士，授官工部郎中，因陷害被贬为定州同知，后升大名府通判，又升常州府同知，后罢官回乡，经营刊刻、售卖书籍、著述34年，著有《史汉评林》《两汉隽言》等等。凌濛初叔父凌稚隆，一生功名蹭蹬，史书记载较少，其生卒年皆不可考，活动年间在明万历时期，著名的史学家，从事书籍刻印、售卖活动，著有《万姓类苑》《史记评林》《汉书评林》《史记纂》《文林绮绣》等，书籍雕制精良，为后世藏书家珍视。其中《史记纂》朱墨套印，刊于万历七年（1579），为现见最早的套印本。凌濛初是明代著名的文学家，同时凌氏家族经营套版印刷也是从凌蒙初开始。因创作《初刻拍案惊奇》《二刻拍案惊奇》而闻名遐迩。

　　凌氏是集读书人、士大夫、学者、作家、出版商为一身的名门望族，家族成员及时把握市场动态，在编纂、刊刻、售卖《史记》相关书籍时，深受《史记》

影响，践行《史记》优良品质，《史记》对家族成员的精神取向、家族发展方向以及家族的商业活动等多个方面都产生了深远的影响。这在一定程度上促进了家族的发展，对古代文化事业的发展做出了很大贡献。而《史记》精神对家族成员的良好影响主要表现在以下三个方面。

一、培养了家族成员的优良品质

《史记》塑造了众多优秀人物形象：屈原、伍子胥、句践、季布等人无不命运多舛；司马迁更在身受宫刑深受宫刑的绝境中"隐忍就功名""发愤著书"，子承父志，以惊人的毅力完成了《史记》。这种开拓进取、坚韧不拔、尊崇道义等特有的精神特质对读者的精神取向产生了深远的影响。凌氏家族成员长期研习《史记》，自然深受《史记》的感染，他们在生活、为官、著书立说等多个方面无不践行着《史记》所表现出的优良品质。

《史记评林》由凌稚隆主持编纂，更是凌氏家族几代人的心血。父亲凌约言独推崇司马迁，编纂的《史记评钞》，辑录前人评论，但凌稚隆认为此书并不完备，他决心"追本世业，以成先志"，广泛搜集善本，终辑成《史记评林》一百三十卷。这一举措深受司马迁承其先志完成《史记》精神的影响。长兄凌迪知在编纂过程中多有合作，互相启发者。徐中行在《史记评林序》中即云："凌氏以史学显著，自季默有概矣，加以伯子稚哲所录，殊致而未同归，以栋按其义，以成先志，集之若林，而附与司马之后。"① 家族成员互相鼓励，团结协作，使得《史记评林》在当时得到较高的评价。

凌氏家族成员大多具有正直、刚毅、百折不挠的性格，在为官中也表现出忧国忧民的崇高品质。凌约言任职全椒令时，"贼师"尚诏起"窥南都"，大郡皆作鸟兽散，而他却誓众死守，募勇操练，致使威名大震。凌迪知因看不惯官场黑暗，毅然辞官归隐，著书立说，保持自我高洁的人格。凌濛初多年科场不中"乃作《绝交举子书》，为归隐计，将于杼山、戴山间营一精舍，以终老焉"②。凌义渠官至南京光禄寺卿，听闻京城失陷，崇祯帝自缢，回家后烧书自尽，以死守节。凌氏家族成员在现实中的这种忧患黎元、不畏权势、勇于担当的行为，正是《史记》忧国爱国、崇尚德义、开拓进取、坚忍不拔精神的延续和发扬，这也是《史记》对凌氏家族成员精神取向影响的结果。

二、塑造了"以诗书传家"的优秀家风

司马谈临终前对司马迁说道："今汉兴，海内一统，明主贤君忠臣死义之士，

---

① （明）凌稚隆：《史记评林》卷首，明万历二年至四年凌氏刻本。

② （清）郑龙采：《别驾初成公墓志铭》，载于《学林漫录》第5集《曲目丛拾》，由周绍良抄录，中华书局1982年版，第97页。

余为太史而弗论载，废天下之史文，余甚惧焉，汝其念哉！"司马迁也践行了父亲遗愿，最终完成了"究天人之际，通古今之变，成一家之言"的伟大著作。凌氏家族继承这一精神，以诗书传家，几代人都有文集流传于世：凌约言有诗文集《凤笙阁简抄》《椒沔集》《病稿偶录》行于世。同时期著名文学家、文坛后七子之一的王世贞评价其："独推史迁氏，非阳浮慕之。"凌迪知罢官回家后著述 34 年，著有《史汉评林》《楚骚绮语》《两汉隽言》《文选锦字》《名世类苑》等等。凌濛初文学创作方面，有诗文类《国门集》《国门乙集》《鸡讲斋诗文》；小说类《初刻拍案惊奇》《二刻拍案惊奇》；杂剧《北红拂》《虬髯翁》《蓦忽姻缘》《闹元宵》《刘伯伦》《祢正平》《桃花庄》等十三种；传奇《衫襟记》《合剑记》《雪荷记》三种。史学著作《倪思史汉异同补评》《左传合鲭》《战国策概》《十六国春秋删正》等，曲学著作《潭曲杂札》《西厢记五本解证》《红袖曲谱》《燕筑讴》等。目前凌氏家族文学作品部分散佚，我们从现存传世作品和时人对其作品的评价中也可略窥《史记》对凌氏家族的影响。

凌迪知对司马迁及其《史记》高度认同。认为："太史公叙事，前后脉络自贯"①，又认为："太史公于凡士之隐忍而不死者，必啧啧不容口。岂其本志哉！无非欲以自明，而舒其愤闷无聊之情耳。"② 还认为："子长之文豪，如老将用兵，纵骋不可羁，而自中于律。"凌迪知为了更好地创作类似秦汉风格的古文，分门别类地辑录《史记》中的华丽词句，进而编纂成《太史华句》，如此可见《史记》对凌迪知影响之深。

凌濛初在创作《二刻拍案惊奇》时，接受了司马迁的"尚奇"精神。《二刻拍案惊奇序》中这样写道："即空观主人者，其人奇，其文奇，其遇亦奇。因取其抑塞磊落之才，出绪余以为传奇，又降而为演义，此《拍案惊奇》之所以两刻也。其所捃撮，大都真切可据。即间及神天鬼怪，故如史迁纪事，摹写逼真，而龙之踞腹，蛇之当道，鬼神之理，远而非无，不妨点缀域外之观，以破俗儒之隅见耳。"在人物塑造方面，在继承司马迁"实录"精神的基础上，根据人物环境，结合时代背景，塑造出明代后期的商人形象。

凌氏家族的文学作品，数量众多，内容又以冷峻的笔法直面现实，对当时、后代都有深远影响，逐渐形成了"以诗书传家"的优良家风，家族声誉也随之提升。

三、构建了富有社会责任的商业模式

《史记·货殖列传》塑造了众多春秋战国至西汉的工商业者形象，是中国"古代史书中唯一一篇专门为工商业者树碑立传的文字"。其中"素封论"道出了

---

① （明）凌稚隆：《史记评林》卷九十一，明万历二年至四年凌氏刻本。

② 同上，卷一百。

商人的价值与应该有的社会地位。《史记·货殖列传》中写道："德者，人物之谓也。今有无秩禄之奉，爵邑之人，而与之比者，命曰：'素封'。"① 又说："由是观之，富无经业，则货无常主，能者辐凑，不肖者瓦解。千金之家比一都之君，巨万者乃与王者同乐。岂所谓'素封'者邪？非也？"凌濛初对"素封论"充分肯定，因此在《二刻拍案惊奇》为我们描绘出随着价值观改变所出现的社会景象：人们不再将科举作为人生的唯一选择，而乐于走商贾之路，希望通过经商发迹进而实现人生理想与得到社会的肯定。凌氏家族的刻书、售书活动在凌濛初这一代达到鼎盛，父辈虽然纂刻了不少书籍，但套版印刷则是从凌濛初开始。在凌濛初的努力下，凌氏家族创立了以慎选底本、刊刻精美著称的"凌版"，从而获得相当广大和稳定的书籍销售市场。他们对历史文化的保存和传播，特别是在普及文化，满足群众需要以及促进印刷术发展方面作出了重大的贡献。

《史记·货殖列传》塑造了范蠡从功成名就的政治家转为出色的商人这一形象。他先帮助越王句践成功灭吴，随之急流勇退，转而走进经济领域，凭借"善治生者，能择人而任时"的理念转型成为一名成功商人。而凌氏家族在经商活动中也成功地抓住了商机。凌稚隆相继编纂、刊刻《史记评林》《史记纂》的目的是因为："《评林》行，而自馆署以至郡邑学官，毋不治太史公者矣。"② 凌迪知编纂的《太史华句》，也有部分原因是为了满足市场需求。《四库全书总目》这样评价："司马迁史家巨擘，文岂可句摘，句又岂可华目。盖王、李割剥秦、汉之风，至明季而未殄，故书肆尚镂此等书，以投时好耳。"③ 凌氏家族结合自身优势，及时了解市场动态，最终使其家族商业活动兴盛。

在经营过程中，凌氏家族按市场规律办事，富有担当，与同里闵氏"两家当日，席丰履厚，其贤者伏居乡里，不问世事。诵诗读书之余，专以刻书相竞"。这一经营手段正践行了司马迁"夫纤啬筋力，治生之正道也，而富者必用奇胜"的思想。凌濛初注重底本选择，书籍纸墨俱佳，正文、评点眉目清楚，色彩鲜明，引起藏书者喜欢。胡应麟《少室山房笔丛》卷四云："余所见当今刻本，苏常为上，金陵次之，杭又次之，近湖刻、歙刻骤精，遂与苏常争价。"

凌氏家族几代人研习《史记》，汲取营养，受《史记》长时间的影响，家族成员在品质塑造、文学创作、商业活动等方面均有杰出的表现，这对家族构建良好声誉至关重要。这也正是《史记》的魅力之所在：它所宣扬自强不息、奋发向上的传统精神，经历代读者的净化、升华后变为现实精神，影响和指导着一代又一代接受者砥砺前行。

---

① （汉）司马迁：《史记》，中华书局 2014 年版，第 3969—3970 页。
② （明）凌稚隆编，马雅琴整理：《史记纂》，商务印书馆 2013 年版。
③ （明）凌迪知编，赵望秦、李云飞整理：《太史华句》，陕西师范大学出版总社 2015 年版，第222 页。